Verbale Aggression

Diskursmuster
Discourse Patterns

Herausgegeben von
Beatrix Busse und Ingo H. Warnke

Band 16

Verbale Aggression

Multidisziplinäre Zugänge
zur verletzenden Macht der Sprache

Herausgegeben von Silvia Bonacchi
unter Mitarbeit von Mariusz Mela

DE GRUYTER

ISBN 978-3-11-064648-1
e-ISBN (PDF) 978-3-11-052297-6
e-ISBN (EPUB) 978-3-11-052093-4

Library of Congress Cataloging-in-Publication Data
A CIP catalog record for this book has been applied for at the Library of Congress.

Bibliografische Information der Deutschen Nationalbibliothek
Die Deutsche Nationalbibliothek verzeichnet diese Publikation in der Deutschen National-bibliografie; detaillierte bibliografische Daten sind im Internet über http://dnb.dnb.de abrufbar.

© 2019 Walter de Gruyter GmbH, Berlin/Boston
Dieser Band ist text- und seitenidentisch mit der 2017 erschienenen gebundenen Ausgabe.
Druck und Bindung: CPI books GmbH, Leck
♾ Gedruckt auf säurefreiem Papier
Printed in Germany

www.degruyter.com

Inhalt

Einleitung

Silvia Bonacchi
Sprachliche Aggression beschreiben, verstehen und erklären
   Theorie und Methodologie einer sprachbezogenen
   Aggressionsforschung —— 3

I Zum Ausdruck verbaler Aggression

Urszula Topczewska
Was sind aggressive Sprechakte?
   Zu Theorie und Methodologie von pragmalinguistischen Untersuchungen
   zur verbalen Aggression —— 35

Agnieszka Piskorska
On the strength of explicit and implicit verbal offences
   A relevance-theoretic view —— 51

Ewa Wałaszewska
The offensiveness of animal metaphors
   A relevance-theoretic view —— 73

Björn Technau
Aggression in Banter
   Patterns, Possibilities, and Limitations of Analysis —— 89

Silvia Bonacchi & Bistra Andreeva
Aggressiv oder supportiv?
   Phonetische Disambiguierung von *mock impoliteness* (Banter-Äußerungen)
   im Vergleich Deutsch-Polnisch —— 123

Paweł Bąk
**Offene und versteckte Aggression im Gebrauch von Dysphemismen
und Euphemismen —— 145**

II Verbale Aggression in Praxisfeldern

Marie-Luise Alder & Michael B. Buchholz
Kommunikative Gewalt in der Psychotherapie —— 171

Magdalena Olpińska-Szkiełko
Ist Fehlerkorrektur im Fremdsprachenunterricht ein aggressives Verhalten? —— 209

Joanna Szczęk
„Von Ihrer Bewerbung können wir keinen Gebrauch machen"
Zu den Strategien des Neinsagens in den Antwortbriefen auf Bewerbungen —— 219

III Hassrede und Ideologie

Maria Paola Tenchini
Zur Multi-Akt-Semantik der Ethnophaulismen —— 245

Arvi Sepp
Kulturhistorische Blicke auf die Sprache des Dritten Reiches und die antisemitische Hassrede
Victor Klemperers Auseinandersetzung mit der verbalen Verletzung im Nationalsozialismus —— **269**

Jörg Meibauer
„Um den Schädling zu vernichten"
Propaganda, Hass, Humor und Metapher im Kindersachbuch: „Die Kartoffelkäferfibel" (1935) und „Karl Kahlfraß und sein Lieschen" (1952) —— **289**

Stefan Hartmann & Nora Sties
Implizite Aggression in Onlinekommentaren anlässlich der Debatte um rassistische Sprache in Kinderbüchern —— 305

IV Inszenierungen verbaler Aggression

Konstanze Marx
„Doing aggressive 2.0"
Gibt es ein genderspezifisches sprachliches Aggressionsverhalten
in der Social-Media-Kommunikation? —— **331**

Francesca D'Errico, Isabella Poggi, & Rocco Corriero
The leader's voice and communicative aggression in social media —— **357**

Giulia Pelillo-Hestermeyer
**Politische Clowns in Klartext-Manier: Expressivität und Aggressivität
in Zeiten transnationaler Öffentlichkeit** —— **377**

Bogusława Rolek
Verbale Aggression in parlamentarischen Debatten —— **401**

Manuel Ghilarducci
Verbale Aggression im Realsozialismus und ihre Literarisierung —— **425**

Monika Leipelt-Tsai
Inszenierte Aggression in poetischer Sprache
    Herta Müllers Romane *Herztier* und *Atemschaukel* —— **447**

Autorinnen und Autoren —— **471**

Namenregister —— **479**

Sachregister —— **489**

Einleitung

Silvia Bonacchi
Sprachliche Aggression beschreiben, verstehen und erklären

Theorie und Methodologie einer sprachbezogenen Aggressionsforschung

1 Menschliche Aggression mag Kostümierungen

Aggression ist für *Sprachwissenschaftler* – im ursprünglichen Sinne des Wortes für Forscher, die sich mit Sprache *in toto* wissenschaftlich beschäftigen – ein verhältnismäßig neuer und zweifelsohne kein einfacher Forschungsgegenstand. Nicht nur, weil es keine deutliche begriffliche Abgrenzung zwischen unterschiedlichen (offenen und versteckten, latenten und manifesten) sprachlichen Aggressionsformen gibt, sondern weil Aggression an sich nicht einfach zu definieren ist. Die erste Frage, die sich für Forscher der sprachlichen Aggression stellt, ist: Wie steht sprachliche Aggression zur physischen Aggression? In welchem Sinne kann man von einem „aggressiven Sprachgebrauch" sprechen? Was bedeuten Ausdrücke wie „durch Sprache verletzen", „verbal angreifen"? Für den Sprachwissenschaftler stellt sich also primär die Frage: Wie ist der Wirklichkeitsbereich zu definieren, der durch den Ausdruck „sprachliche Aggression" erfasst wird und der zum Gegenstand sprachwissenschaftlicher Forschung werden kann? Es gilt also zu klären:

a. In welchem Sinne kann man die Handlungszusammenhänge, die die Aggressionstheorie(n) begründen, auf die Sprache bzw. auf das sprachliche Handeln übertragen?
b. Wie lässt sich sprachliche Aggression als Untersuchungsgegenstand der sprachbezogenen Forschung konstituieren?
c. Welche Forschungsziele sollen von einer sprachbezogenen Aggressionsforschung verfolgt werden?

In der ethologischen und (neuro)psychologischen Fachliteratur wird Aggression[1] meistens als ein Ensemble von biologischen, psychologischen und sozialen

---
[1] Es gibt in der Fachliteratur Konsens darüber, dass „Aggression" von „Aggressivität", die das Potenzial für aggressives Verhalten bei Tieren und Menschen bezeichnet, zu unterscheiden ist. Vgl. dazu Wahl 2009: 2.

Mechanismen beschrieben, die der Selbsterhaltung des Individuums oder der Gattung in lebenskritischen Momenten und in Konfliktsituationen dienen, somit grundsätzlich als Mittel bzw. „Device" zur Selbsterhaltung und Fortentwicklung der Gattung in der Tierwelt betrachtet wird, das Menschen als Teil ihrer genetischen Ausstattung geerbt haben. Dies stimmt aber nur zum Teil: Einerseits ist Aggression der grundlegende evolutionsgeprägte Abwehr- und Angriffsmechanismus, den wir mit unseren „Gattungsgeschwistern" (den Tieren) teilen, andererseits hat der Mensch sehr komplexe Formen der Aggression bzw. eine Aggression *sui humani generis* entwickelt. Dazu gehört auch sprachliche Aggression, die – wie Sprache – eine ausschließlich menschliche Domäne ist.

Menschliche Aggression kann die unterschiedlichsten Formen annehmen: von offener physischer Aggression, die sich in brachialen gewalttätigen Handlungsformen, in physischen Angriffen – etwa im Fall sexueller Aggression – und anderen gewalttätigen Aktionen und Reaktionen realisiert bis hin zu indirekter, versteckter, latenter Aggression, die viel subtiler wirkt und subliminal zu spüren ist – etwa am Arbeitsplatz und in der Familie, oder in Form von verdeckten Dominanzspielen in der Partnerschaft. Menschliche Aggression mag Kostümierungen und tritt in allerlei Verkleidungen auf – als moralischer Druck, als Galanterie, sogar als liebevolle Fürsorge. Nicht nur die Stammesgeschichte aggressiver Verhaltensformen bei Menschen ist im steten Wandel, sondern auch die Szene der Akteure von Aggressionsakten ändert sich fortwährend im Laufe der Zeit: bis vor kurzem galt Aggression explizit oder implizit als Männerdomäne, in der Zwischenzeit befassen sich viele Forschungsansätze gezielt mit Aggressivität bei Frauen, Kindern bzw. mit Gruppen von Menschen (z.B. Minderheiten), die bislang nur unter der Opferperspektive betrachtet wurden (vgl. dazu u.a. Bauer 2006, Bereswill 2006, Burton/Hafetz et al. 2007).

Aggression unter Menschen wird meistens sozial stigmatisiert, allerdings gefährden aggressive Verhaltensformen die soziale Ordnung nicht immer. Es gibt zahlreiche prosoziale Aggressionsformen: dazu gehören Formen inszenierter Aggression, die nicht nur auf unterschiedlichen Schaubühnen der *social media* theatralisiert werden, sondern auch in aggressiven Rollenspielen, wie etwa in Videogames, beim Sport[2], in der Kunst oder in der Sexualität[3] ausgelebt werden. Zu den prosozialen Formen gehört vor allem ritualisierte Aggression, deren lindernde Wirkung als „Ablassventil" für sozial unterdrückte Aggressionstriebe immer wieder betont wird (vgl. etwa Rost 1990: 321–335). Aggression hat einen kathartischen Effekt, reinigt von lähmenden oder quälenden seelischen

---

2 Vgl. u.a. Gabler 1976.
3 Vgl. Sigusch 2013: 167–186.

Zuständen und entlädt negative Energien: Kulturgemeinschaften, die aggressive Energie in ritualisierte Formen umlenken können (etwa Sport, Spiele, Aufführungen, Sexualität), können mit zerstörerischen Tendenzen im sozialen Miteinander besser umgehen (Bonacchi 2012: 132–133).

Menschliche Aggression in all ihren Formen ist von je her etwas Komplexes und Ambivalentes, etwas zugleich Abstoßendes und Anziehendes. Ihre grundsätzliche Ambiguität wird auch durch die Wortetymologie belegt: Das Wort „Aggression" ist ein in beinahe allen europäischen Sprachen vorkommender Internationalismus[4] lateinischer Herkunft, der auf das Substantiv „aggressio, aggressiōnis" zurückzuführen ist, das wiederum eine Ableitung aus dem Partizip II „aggressus sum" der Verbform (Deponens) „aggredī" ist. Das Verb hatte primär die neutrale Bedeutung „herangehen", „sich an jemanden wenden"[5], erst sekundär – wohl auf der Basis einer euphemistischen Verwendung – nahm es die Bedeutung „angreifen" an. „Herangehen", „sich an jemanden wenden" und „angreifen" sind skalare Handlungen, die ineinander übergehen und nicht notwendig bedrohlich für den Anderen sein müssen.[6] Die Wortetymologie zeigt, dass damit eine Annäherung intendiert ist, die erst ab einem bestimmten Moment und unter bestimmten Voraussetzungen zu einer Bedrohung wird. Aggression als grundsätzlich ambivalentes Phänomen ist etwas Anziehendes, ein „Faszinosum" (Wahl 2009: 2): Sie liefert ein aufregendes Theater, in dem Zuschauer und Akteure ihre Rollen im „Rätsel der Katharsis" (Leipelt-Tsai 2008: 14) tauschen können. Menschliche Aggression fasziniert und bannt, nicht zuletzt auf Grund der freigesetzten Affekte und der sie nährenden starken Emotionen: Sie steht mit Hass, Liebe, Angst, Frust im engen Zusammenhang, jagt Schrecken, Furcht, Schauer ein, sie provoziert Wut, Ohnmacht oder Rebellion, sie erweckt Lust, Überlegenheit und Schadenfreude (Wahl 2009: 2).

Der Wissenschaftler darf diesem Faszinosum aber nicht erliegen, er muss aus diesem Ambivalenten, schwer Kategorisierbaren, Abstoßenden oder umgekehrt Anziehendem etwas empirisch Erklärbares machen. Wissenschaft soll möglichst objektiv beschreiben bzw. begriffliche Rahmen für eine möglichst objektive

---

[4] Als Internationalismus tritt das Wort in den meisten europäischen Sprachen auf: Deutsch: „Aggression", Englisch: „aggression", Französisch: „aggression", Italienisch: „aggressione", Spanisch: „aggresión", Portugiesisch: „agressão", Polnisch: „agresja", Russisch: „агрессия" (agressiya).
[5] Diese Bedeutung wird durch das Präfix ad- ausgedrückt (assimiliert dann in ag-gressus: „herangerückt", vgl. auch „con-gressus" (zusammengekommen bzw. zusammengerückt) und „pro-gressus" (vorgerückt).
[6] Für eine umfassende Erklärung vgl. Leipelt-Tsai in diesem Band und Leipelt-Tsai 2008: 31, 40–42.

Beschreibung schaffen, im weiteren Schritt Zusammenhänge im beschriebenen Geschehen hervorheben, im letzten Schritt erklären bzw. Erklärungsmodelle entwerfen und auf ihre Gültigkeit hin prüfen. Es ist die Aufgabe aller sprachbezogenen Disziplinen, die unterschiedlichen Aggressionsformen in der Sprache und durch Sprache zu beschreiben, ihre Grundmechanismen zu erklären, schließlich die gewonnenen Einsichten in Anwendungs- bzw. Praxisfeldern umzusetzen.

2 Aggression als Forschungsgegenstand

An dieser Stelle ist es angebracht, einen kurzen Schritt zurück in die Geschichte der Aggressionsforschung zu machen. Das wissenschaftliche Interesse für Aggression hat sich in unterschiedlichen Disziplinen entwickelt und zu einer Reihe von Begriffsbestimmungen[7] geführt, die sich nicht immer mit dem Erkenntnisinteresse des Sprachwissenschaftlers kongruent erweisen. Eine Rekonstruktion der Begriffsgenese kann Aufschluss darüber geben, wie es zu den aktuellen Begriffsbestimmungen gekommen ist.

Die ersten modernen Studien über Aggression entstanden im Rahmen der Biologie, der Ethologie und der Psychologie; bis heute liefern diese Disziplinen grundlegende Ansätze zur Begriffsbildung in der Aggressionsforschung (für einen ausführlichen Überblick vgl. Heinze 2012). Bezüglich der Erklärung der Mechanismen, die dem aggressiven Verhalten zugrunde liegen, wird in der klassischen psychologischen Fachliteratur vor allem auf drei theoretische Modelle hingewiesen: a) auf den triebtheoretischen (Freud 1905, Freud 1912–1913, Freud 1930)[8] und instinkttheoretischen Ansatz (Lorenz 1963), b) auf die Frustrations-Aggressions-Theorie der Forschungsgruppe der Universität Yale (vgl. Dollard/ Doob et al. 1939, weiter entwickelt u.a. von Leonard Berkowitz 1965, 1969 und 1993), c) auf die Theorie der Aggression als Resultat von Lernprozessen (Lerntheorien, u.a. Bandura 1973).

Sowohl der trieb- als auch der instinkttheoretische Ansatz verstehen Aggression als angeborenes Verhalten, das der Erhaltung des Individuums und der Gattung dient. Zur Veranschaulichung dient das etwas vereinfachende Modell des

---

[7] Diese Mehrheit an Definitionen, die in den verschiedenen Disziplinen entstanden sind, führt dazu, von „Aggressionen" im Plural zu sprechen (vgl. etwa Harten 1995), statt von Aggression als einheitlichem Phänomen.

[8] In seinen Werken setzt sich Freud intensiv mit Aggression auseinander. Als Grundsteine für die Entwicklung seiner Ansichten können „Drei Abhandlungen zur Sexualtheorie" (1905), „Totem und Tabu" (1913) und „Das Unbehagen in der Kultur" (1930) betrachtet werden.

Dampfkessels: aggressive Energie, die grundlegend für die Selbsterhaltung des Individuums in seiner Umwelt ist, wird ständig „produziert" und erhöht den Druck im Kessel, der immer wieder „abgelassen" werden muss und naturgemäß nach Entladung drängt, was zum kathartischen Effekt führt: Das Ausleben aggressiver Triebe führt zur Reinigung bzw. zur Befreiung und ist insofern lustbetont. Daher sei aggressives Verhalten in hohem Maße nicht kontrollierbar, Aggressionsformen seien wenig anfällig für Sozialisierungs- und Erziehungsprozesse und daher kaum zu bewältigen. Nach dem triebtheoretischen Ansatz erfülle der Aggressionstrieb in der Tierwelt wichtige biologische Funktionen für das Überleben und die Vermehrung: die Bestimmung und Verteidigung des Lebensraumes, das Jagdverhalten, die Festlegung von Hierarchien, die Verteilung der Ressourcen und der Schutz eigener Nachkommen. Erst beim Menschen wird dieser angeborene Instinkt zu einem Problem, da in einer zivilisierten Menschenwelt meist keine einfache „Entladung" aufgestauter Aggression zugelassen wird. In seinem Buch „The Anatomy of Human Destructiveness" (1973) nimmt Erich Fromm diese Grundannahmen als Ausgangspunkt für die Entwicklung seiner Aggressionstheorie, in der er zwischen biologisch vorgegebener „bösartiger destruktiver Aggression" (auf den Vernichtungstrieb rückführbar) und sittlich orientierter „gutartiger defensiver Aggression" zur Beseitigung vitaler Drohungen unterscheidet.

Die Frustrations-Aggressions-Hypothese entwickelt im Prinzip den triebtheoretischen Ansatz weiter. Nach dieser Theorie entstehen aggressive Impulse vor allem durch Frustration, die durch die Versagung eines Triebwunsches entsteht. Die psychische Energie, die ursprünglich auf ein Ziel gerichtet ist, kann sich in aggressive bzw. zerstörerische (objektzerstörerische, alterzerstörerische oder selbstzerstörerische) Energie verwandeln. Der aggressive Impuls kann sich sowohl gegen die tatsächliche oder vermeintliche Ursache der Versagung richten als auch gegen ein anderes Aggressionsziel, das dann als Ersatz für die Entladung fungiert (Dollard/Doob et al. 1939: 7). Falls die Entladung der negativen Energie auf das ursprüngliche Aggressionsziel sanktioniert oder aus unterschiedlichen Gründen unmöglich ist, kann eine Verschiebung des Aggressionsziels oder eine Änderung der Aggressionsform erfolgen. Verbale Aggression als das Ergebnis einer Verschiebung, die zum Teil sanktionspräventiv motiviert ist, sei beispielsweise zu begrüßen. Nach Berkowitz führt Frustration nur unter bestimmten Bedingungen zur Aggression, insbesondere dann, wenn ein aversives Erleben mit hoher emotionaler Erregung einhergeht (Berkowitz 1965: 360–362). Demzufolge sei zwischen durch Frustration ausgelöster reaktiver Aggression und proaktiven Aggressionsformen zu unterscheiden.

Aus der Perspektive des lerntheoretischen Ansatzes entwickelt sich aggressives Verhalten in Abhängigkeit von den jeweiligen Verstärkern. Die Auftretenswahrscheinlichkeit einer aggressiven Reaktion wird erhöht bzw. verringert, wenn sie durch Belohnung bzw. Strafe verstärkt wird (durch „soziales Lernen", vgl. Bandura 1979: 70–77[9]). Vor allem proaktive Aggression sei geplant, kontrolliert und von vorausgegangenem sozialem Lernen und externen Verstärkungen (Umweltbedingungen) abhängig. Nach Bandura kann aggressives Verhalten im Sinne des Modelllernens modifiziert werden (Bandura 1979: 85–133). Zu ähnlichen Schlussfolgerungen kommen die Vertreter des „General Aggression Models", die von einer engen Interdependenz zwischen biologischen Variablen, Umweltbedingungen und Persönlichkeitsstruktur ausgehen (deWall/Anderson et al. 2011: 246).

Diese Grundannahmen haben eine Reihe von Studien[10] angeregt, die versucht haben, Aggression bei Tieren und Menschen zu erklären. In seiner Studie „Social Development: The Origins and Plasticity of Interchanges" (1979) hat der Verhaltensforscher Robert B. Cairns den Zusammenhang von sozialer Entwicklung und Bewältigung von Aggressionstrieben aus entwicklungspsychologischer Perspektive gezeigt (Cairns 1979, Cairns/Cairns et al. 1989). In Anlehnung an diese Studien haben Paul Gendreau und John Archer in ihrer Arbeit „Subtypes of Aggression in Humans and Animals" (2005) eine multidimensionale Klassifikation aggressiven Verhaltens bei Tieren und Menschen entwickelt, die auf der Klassifizierung von Vorläuferphänomenen, Erscheinungsweisen und Konsequenzen der Aggression basiert.[11] Die Erscheinungsweisen („behavioral manifestations") bestehen in direkten und indirekten Handlungen, durch die aggressive Impulse

---

9 Vgl. dazu die Theorie der positiven und aversiven Verstärker bei der „instrumentellen Konditionierung" im verbalen Verhalten (Skinner 1957).
10 Zahlreiche Tierverhaltensforscher haben versucht, aggressives Verhalten zu klassifizieren. Feshbach (1964) unterschied grundsätzlich zwischen „feindseliger Aggression" (hostile aggression) und „instrumenteller Aggression", die das Ziel verfolgt, eine Ressource zu gewinnen oder Befriedigung zu erlangen. Dieses im Prinzip dualistische Begriffssystem zur Klassifizierung aggressiven Verhaltens auf der Grundlage von Gegensatzpaaren (offen vs. verdeckt, reaktiv vs. proaktiv, affektiv vs. raubtierhaft, defensiv vs. offensiv, sozialisiert vs. untersozialisiert, feindselig vs. instrumentell, impulsiv vs. geplant) wurde dann weiter ausgebaut bzw. präzisiert. Moyer (1968) klassifizierte mehrere Kategorien aggressiven Verhaltens (Raubtieraggression, Aggression zwischen Männchen, durch Furcht ausgelöste Aggression, durch Gereiztheit ausgelöste Aggression, Territorialverteidigung, mütterliche Aggression, instrumentelle Aggression, sexualitätsbezogene Aggression) bei Menschen und Tieren hinsichtlich ihrer Funktionen und der ihnen zugrunde liegenden Reize. Wilson (1975) unterschied zwischen territorialer, dominanter, sexueller „kompetitiver" Aggression und einer auf Verteidigung gegen Raubtiere gerichteten defensiven bzw. „projektiven" Aggression (so auch Archer 1988).
11 Gendreau/Archer warnen entschieden vor der Gefahr des „Zoomorphismus" vs. „Anthropomorphismus" in der Aggressionforschung und bieten einen umfassenden Forschungsüberblick (2005: 25–29).

eine beobachtbare Form annehmen; als Konsequenzen geben Gendreau/Archer die „Wirkung auf die Anderen" und „die Wirkung auf das Selbst" („impact on others" und „impact on self") an. Die Wirkung auf die Anderen besteht im physikalischen oder seelischen Schmerz, der Anderen zugefügt wird. Die Wirkung auf das Selbst wird in Anlehnung an Cairns 1979 als „long-term social reward" und „immediate social reward" (langfristige oder kurzfristige soziale Belohnung) beschrieben (Gendreau/Archer 2005: 30). Als konstante „Vorläuferphänomene" sind sowohl bei Tieren als auch bei Menschen folgende Mechanismen zu erkennen: a) zunächst neurobiologische Mechanismen, die hirnphysiologisch (neokortikal oder subkortikal) vermittelt sind; dann b) ein bestimmter aggressiver Entwicklungsverlauf, der mit umweltinduzierten Bedingungen verbunden ist; schließlich c) auslösende Kontexte (etwa eine Drohung oder ein Bedürfnis). Gendreau und Archer unterscheiden grundsätzlich zwischen „aversiver Aggression" (zur Vermeidung bestimmter Situationen, wenn etwa auf Bedrohung oder Schmerz mit einem Angriff reagiert wird) und einer „Aggression der Begierde", wenn etwa eine Situation oder ein Objekt (z.B. ein Paarungspartner) gesucht wird (Gendreau/Archer 2005: 33–34). In einer ähnlichen Art und Weise verortet der Neurowissenschaftler Jaak Panksepp in seiner Studie „Affective Neuroscience: The Foundations of Human and Animal Emotions" (1998) im Gehirn der Lebewesen ein „Lust und Schmerz regulierendes System" (Panksepp 1998: 164), in dem Aggression eine zentrale Rolle spielt. Drei Subtypen von Aggression seien zu unterscheiden: die Raubtieraggression, die auf einem suchenden appetitiven Motivationssystem basiert, die affektive oder wütende Aggression, die im Furcht- und Wutsystem verortet ist, und die Aggression unter Männchen, bei der keine genauen Hirnkorrelate nachzuweisen sind (Panksepp 1998: 41–43). Der aggressive Impuls kann neokortikal – wo eine Kontrolle über Verhaltensreaktionen ausgeübt wird – oder subkortikal vermittelt werden. Je nachdem, welche Gehirnregionen durch externe bedrohliche oder schmerzliche Reize aktiviert werden, kommt es zu furcht- oder ärgerinduzierter, defensiver oder offensiver Aggression.

3 Verbale Aggression: Symbolizität und Indexikalität

Aggressive Impulse sind beim Menschen im Vergleich zu Tieren viel stärker sozial gesteuert, auch wenn sich die neurobiologischen Mechanismen ähneln mögen. Erst der Mensch entwickelt (vor allem sanktionspräventiv motiviert) in vollem Umfang die Möglichkeit, aggressive Impulse zu kontrollieren, zu unterdrücken und schließlich zu verwandeln bzw. zu verschieben – Letzteres auch durch symbolische Übertragung, wie etwa in der Sprache oder in der Kunst. Symbolische Aggressionsformen sind eine besondere Ausprägung aggressiven Verhaltens, sie können über die kommunikative Funktion hinaus eine ausgeprägt expressive und sogar kreative Qualität annehmen, die in physischer Aggression nicht vorhanden ist.

Sprachliche Aggression behauptet sich somit als ein Forschungsgebiet, in dem sich die evolutionsgebundene Perspektive – im Unterschied zur Erforschung physischer Aggression – nicht immer durchsetzen kann. Für den Sprachwissenschaftler stellt sprachliche Aggression – aus der Sicht ihrer handlungsleitenden Dimension verbale und nonverbale Aggressionsakte, also nicht nur die verbale Kommunikation, sondern auch Gestik, Mimik, proxemisches Verhalten – nicht so sehr eine Verschiebung physischer Aggression dar, sondern sie ist eine Aggressionsform *sui generis*, die vor allem durch ihre – in der Terminologie Peirces – starke Symbolizität (system- und gebrauchsgebundene Zeichenhaftigkeit) und Indexikalität (Zeigekraft) trifft. Ein Grundmerkmal der aggressiven Kommunikation ist ihr somatischer und affektiver Charakter, d.h. die Tatsache, dass sie in emotional aufgeladenen psychophysischen Zuständen verankert ist. Aggressionsakte sind insofern nicht nur indexikalisch in dem Sinne, dass sie mit Emotionen eng verbunden sind und auf diese Emotionen deiktisch hinweisen, sondern sie sind der unmittelbare Ausdruck dieser Emotionen durch den Körper.[12] Der Grundmechanismus ist ähnlich dem der Performativa: Der Aggressionsakt wird im eigentlichen Vollzug der Äußerung realisiert. Sprachliche Aggressionsakte sind zwar indexikalisch, aber keine „ursprünglichen Performativa" (nach Austin 1972: 89–93, Deklarationen nach Searle 1982: 46), wie etwa Versprechen, Auffordern, Behaupten. Meine Äußerung: „Du bist ein Versager!" ist primär keine Assertion, die etwas feststellt (bzw. ein Referent x [= *Du*] mit einer Prädikation y [= *Versager*] verbindet), sondern durch die Oberflä-

---

12 Die Diskussion über die Indexikalität von Beleidigungswörtern hat sich vor allem im Bereich der Pejorativa entwickelt (für einen umfassenden Überblick vgl. Technau 2016: 133–140). Kaplan (2004) betrachtet abwertende Ausdrücke (Pejorativa) als indexikalisch, indem er zwischen deskriptiven Ausdrücken, die etwas beschreiben, und indexikalischen Ausdrücken, die etwas anzeigen, unterscheidet. Der deskriptive Ausdruck (1) „Kaplan was promoted" und der expressive Ausdruck (2) „The damn Kaplan was promoted" entsprechen beide dem Wahrheitsgehalt, aber in der expressiven Äußerung (2) wird über den propositionalen Gehalt hinaus die negative Einstellung des Sprechers zu Kaplan („damn") indexikalisch angezeigt („true with an attitude", vgl. dazu Technau 2016: 40 und Gutzmann 2013). Saka (2007) integriert in seiner „attitudinal semantics" die Sprechereinstellung in die semantische Analyse. Richard (2008) prägt den Begriff „think terms" zur Bezeichnung der Ausdrücke, die sowohl zur Kategorisierung als auch zum Ausdruck einer Sprechereinstellung dienen.

chenstruktur der Assertion[13] vollziehe ich einen Aggressionsakt, der: a) meinen emotionalen Zustand (etwa der Wut als expressive Bedeutungskomponente) und möglicherweise meine (aversive) Attitüde zum Adressaten ausdrückt sowie b) eine Neuverteilung des interaktionalen Handlungsraums *hic et nunc* erzielt (der Sprecher wird verstärkt, der Adressat wird eingeengt). Auf Grund ihres indexikalischen expressiven Charakters sind Aggressionsakte in Zeit und Raum nicht „übertragbar" („nondisplaceable", vgl. dazu Potts 2007a: 257–260) und nicht von Assertiven ableitbar. Sie können keine vergangenen Einstellungen oder Emotionen ausdrücken, sondern sie sagen immer etwas über die aktuell vorliegende Äußerungssituation aus. Sie lassen sich deswegen mit wahrheitskonditionalen Kategorien nicht widerlegen bzw. negieren.

Wenn sich Konsens herstellen lässt, dass menschliche Sprachen als symbolische Ausdruckssysteme mit ikonischen und indexikalischen Anteilen aufzufassen sind, dann ist sprachliche Aggression ein Untersuchungsgegenstand von allen Disziplinen, die sich mit Menschen als semiotischen und expressiven Wesen beschäftigen, also nicht nur von Ethologie, Psychologie und Soziologie, sondern zunehmend auch von Sprachwissenschaft, Semiotik, Kulturologie, Didaktik und Pädagogik, historischen und hermeneutischen Wissenschaften – etwa Literaturwissenschaft, Geschichte, Kulturwissenschaft(en). Es wird immer deutlicher, dass sprachbezogene Aggressionsforschung aus dieser Vielfalt unterschiedlicher disziplinärer Ansätze an Ausdifferenzierung gewinnt, auch wenn die damit verbundene notwendige Methodenübertragung zu einer für Linguisten *sensu stricto* nicht immer günstigen terminologischen Anpassung sowie zu einer begrifflichen und methodologischen Hybridisierung führen kann.

Solche Hybridisierungen einerseits sowie definitorische Eingrenzungsversuche andererseits sind mit der Begriffsgeschichte eng verbunden. Im Falle der sprachbezogenen Aggressionsforschung wird dies besonders klar. Die erste Plattform für Studien über sprachbezogene Aggressionsformen war das Journal *Maledicta – The International Language of Verbal Aggression*, das 1977 von Reinhold Aman gegründet und bis 2005 relativ regelmäßig veröffentlicht wurde. Aus neuerer Zeit sind das *Journal of Aggression, Conflict and Peace Research* (seit 2009) und das *Journal of Language Aggression and Conflict* (seit 2013) zu nennen. Die ersten wichtigen modernen Studien über verbale Aggression begannen in den 70er Jahren des letzten Jahrhunderts, vor allem mit den soziopragmatischen Studien über Zugehörigkeitsmarker in Subkulturen (vgl. exemplarisch Labov 1972); in

---

[13] Formalisiert: y (*Versager* als konkrete Eigenschaft) gehört zur Menge S der Eigenschaften der Person x (Du) = $y \in S(x)$. Zu der logisch-formalen Struktur von Beleidigungen Gutzmann/McCready 2016.

den 80er und 90er Jahren fand die verbale Aggressionsforschung in den Gender Studies und in der diskursanalytischen und soziopragmatischen Forschung wichtige Anregungen. Vor dem Hintergrund von fast fünfzig Jahren sprachbezogener Aggressionsforschung ist heute im Nachhinein eine starke „Metaphorisierung" im terminologischen Gebrauch der Fachliteratur zur sprachbezogenen Aggression festzustellen, die darauf zurückzuführen ist, dass sprachliche Aggression als eine „Art" physischer Aggression betrachtet wurde und dass der theoretische Rahmen zur Untersuchung physischer Aggression zunächst in den ersten Untersuchungen über sprachliche Aggression einfach *in toto* übernommen wurde. Das Buch *Gewalt durch Sprache* von Senta Trömel-Plötz (1997) trägt den programmatischen Untertitel „die Vergewaltigung von Frauen in Gesprächen"; Judith Butler eröffnet ihre Studie *Hass spricht* (engl. *Excitable Speech: A Politics of the Performative*, 1997) mit dem Kapitel „Wie Sprache verletzen kann".[14] Hermann/Kuch (2007), Herausgeber des Sammelbandes *Verletzende Worte. Die Grammatik sprachlicher Missachtung* (2007), schreiben in ihrer Einführung: „Mit Sprache können wir Gewalt nicht nur beschreiben, ankündigen und androhen, sondern auch selbst Gewalt zufügen" (Hermann/Kuch 2007: 7). Bei all diesen wichtigen Studien wird erstaunlicherweise ausgeblendet, dass „Sprache" an sich nicht „verletzen" kann. Es sind immer Akteure (Individuen, Gruppen, aber auch Institutionen), die durch sprachliches Handeln Wirkungen hervorrufen, die von den Interaktanten – in unmittelbarer oder mittelbarer psychologischer Evidenz – als „verletzend", „erniedrigend" oder gar „gewalttätig" empfunden bzw. bezeichnet werden (können).

Der Übergang von individueller bzw. personaler zur kollektiven bzw. „anonymen" sprachlichen Gewaltausübung wird vor allem in soziologischen Studien thematisiert. In der soziologischen Fachliteratur wird der Zusammenhang von Aggression, institutioneller Gewalt und Machtausübung aus verschiedenen Perspektiven erleuchtet. Diese Studien haben vor allem den Machtaspekt in den Mittelpunkt ihres Interesses gestellt, den Terminus „Gewalt"[15] begrifflich defi-

---

14 Butler sieht Aggression in der Sprache als performativen Sprechakt schlechthin und spricht diesbezüglich von „souveränen performativen Äußerungen" (Butler 1997: 114–131).
15 Das Wort Gewalt geht auf die germanische Verbalform: gi-waltan, waldan (ahd. waltan, heute: walten in der Bedeutung: stark sein, beherrschen, mit dem soziativen Präfix gi-, vgl. lat. valere), aus dem Indoeuropäischen *val zurück. Das „Chronologische Wörterbuch des deutschen Wortschatzes" Elmar Seebolds registriert als Bedeutung: walten, herrschen, in seiner Gewalt haben (Seebold 2001: 307). Bereits hier ist eine Mehrdeutigkeit des Wortes impliziert, die einen „Kompetenzbegriff" (*potestas*) und einen „Aktionsbegriff" (*violentia*) verbindet. Gewalt bezeichnet die Macht als gesellschaftlich normierte Aggression. Für eine umfassende Rekonstruktion der Wortgeschichte sei auf Bonacker/Imbusch (^{5}2010: 75–76), Faber/Ilting et al. 1982, Röttgers/Sahner 1978 sowie auf Ghilarducci und Leipelt-Tsai in diesem Band hingewiesen.

niert und mit „institutioneller" Aggression in Verbindung gesetzt. Der Friedensforscher Johan Galtung (1975) prägte in seiner gleichnamigen Studie den Begriff der „strukturellen Gewalt", der die strukturelle Dimension der Machtausübung durch Institutionen, Religionen und Ideologien bezeichnet. Strukturelle Gewalt wird durch Strukturen (vor allem Institutionen) einer bestehenden Gesellschaftsformation ausgeübt und drückt sich in Werten und Normen aus, die die Funktion haben, Machtverhältnisse zu legitimieren. Beispiele für strukturelle Gewalt seien nach Galtung das Schulsystem, die Gesetzgebung sowie die Gestaltung von Diskursen durch die Medien. Die strukturelle Gewalt habe einen ausgeprägt aggressiven Charakter und enge das Individuum ein, obwohl sie oft von den Opfern nicht einmal als Gewalt wahrgenommen wird. 1993 präzisierte Galtung sein Gewaltkonzept und entwarf das Modell eines Gewaltdreiecks, in dem er strukturelle Gewalt, kulturelle Gewalt und personale Gewalt miteinander verband.[16]

Die Frage nach den Mechanismen der „symbolischen Gewalt" ist das Thema einer Reihe von Arbeiten des französischen Soziologen Pierre Bourdieu. Symbolische Gewalt sichert die Anerkennung von Herrschaftsordnungen vorzugsweise auf eine „sanfte" Art, indem sie diese als natürlich oder selbstverständlich erscheinen lässt (Bourdieu 1997). Sie transportiert einen „verborgenen Sinn", der meistens unreflektiert als „normal" angenommen wird. Manchmal wird dieser verborgene Sinn thematisiert, entlarvt und abgelehnt. Diese Ablehnung kann zu „männlichen Formen" der Gewaltausübung führen, die weniger subtil und gewalttätiger sind (Bourdieu 2005). „Symbolische Gewalt" arbeitet nach Bourdieu vorzugsweise mit Bildern, die unbewusst gespeichert werden und das Fühlen, Denken und Handeln durch Sinndeutungen subtil lenken können, sie kann aber auch in die Sprache eingewoben sein. Symbolische Gewalt sei durch einen bestimmten Habitus der Akteure erst möglich: entweder in Dispositionen zum Herrschen oder in Dispositionen zur Unterwerfung (vgl. dazu Schmidt/Woltersdorff 2008, Bonacker/Imbusch ⁵2010: 89–91). Diese soziologischen Arbeiten über Gewalt haben eine Reihe von ethischen Fragen über die menschliche Natur angeregt, die vor allem in philosophischen Studien[17] weiter entwickelt worden

---

16 Personale Gewalt sei die Gewalt, die ein Akteur gegen einen Adressaten direkt anwendet. Strukturelle Gewalt bezeichne die Organisationen, Gesetze, manifeste gesellschaftliche Strukturen, die prozesshaft den Menschen unterdrücken. Kulturelle Gewalt sei dagegen „invariant" und diene der Legitimation der direkten und der strukturellen Gewalt. Sie sei in Religion und Ideologie, in Sprache und Kunst, Wissenschaft und Recht, Medien und Erziehung verankert (Galtung 1993: 54–58).
17 Hier sind vor allem die Studien im Rahmen der philosophischen Anthropologie und der humanistischen Ethik zu nennen, darunter Erich Fromms *Psychoanalyse und Ethik* (1946) und Hannah Arendts *The Human Condition* (1958).

sind. Sie haben dann besonders in literaturwissenschaftlichen Untersuchungen[18] heuristische Weiterentwicklungen gefunden.

Im Rahmen der linguistischen Untersuchungen über sprachliche Aggressionsformen wurde der Gewalt- und Machtbegriff zum Begriff der „interaktionalen Macht" umgedeutet. Die Verteilung der interaktionalen Macht und die Besetzung von diskursiven Positionen rückt in den pragmalinguistischen Analysen sprachlicher Aggressionsformen in den Vordergrund.

4 Sprechtheoretisch und relevanztheoretisch orientierte pragmalinguistische Studien

Sprachliche Aggression rückte erst in den 90er Jahren des letzten Jahrhunderts in den Mittelpunkt des Forschungsinteresses der Pragmalinguistik, einer linguistischen Disziplin, die sich vor allem mit der handlungsleitenden Dimension von Äußerungsakten und der beziehungsgestaltenden Funktion der Sprache befasst. Insbesondere die unterschiedlichen Ausprägungen der Sprechakttheorie und die (Un)Höflichkeitsforschung haben wichtige Anregungen zur pragmalinguistisch orientierten Aggressionsforschung geleistet.

Als Grundannahme der sprechakttheoretisch orientierten pragmalinguistischen Forschung in der Tradition Austins und Searles gilt die Unterscheidung zwischen dem, was wir als die sprachliche „Oberflächenstruktur" (die Lokution bzw. der Äußerungsakt, das Gesagte) bezeichnen können, der „Tiefenstruktur" (die Illokution bzw. das Gemeinte, das aus Emotionen, Volitionen und Kognitionen besteht) und den Wirkungen „in der Welt" (die Perlokution) eines gegebenen Sprachverhaltens.[19] Die Austinsche Lokution ist nach Searle der propositionale bzw. prädikative, somit referentielle Akt, der im Äußerungsakt realisiert wird (Searle 1971: 40–43). Die Untersuchung der Lokution ist offensichtlich die Domäne, in der Linguisten sich zu Recht am „sichersten" fühlen. Erst nach der Analyse der lokutionären Struktur kann der Linguist den Äußerungsakt als Ausgangspunkt für die Rekonstruktion der Illokution und der Interpretation der per-

---

18 Für einen Überblick über die literarischen Studien vgl. Leipelt-Tsai 2008: 23–31, sowie Ghilarducci, Leipelt-Tsai und Sepp in diesem Band.
19 Im Folgenden wird trotz der terminologischen und begrifflichen Einwände, die im Rahmen dieser Diskussion aufgeworfen worden sind, Austins Terminologie benutzt, weil die Unterscheidung zwischen sprachlicher „Oberfläche" (Lokution), psychologischer Motivation („Tiefenstruktur" oder Illokution) und Wirkungen in der Welt (Perlokution) eine Analyse von direkten und indirekten Formen der verbalen Aggression ermöglicht.

lokutionären Wirkungen betrachten. Im Einklang mit diesen Annahmen kann eine „aggressive Äußerung" (als lokutionärer Akt) als das „Oberflächenergebnis" eines feindlichen illokutionären Aktes betrachtet werden, der einen bestimmten perlokutionären Effekt beim Empfänger auslöst bzw. auslösen will/kann.[20] So kann der Empfänger sich in Folge eines lokutionären Aggressionsaktes – etwa im Falle, in dem der Sprecher Pseudovokative[21]/Beleidigungswörter in Form von Vulgarismen oder Dysphemismen benutzt, um den Adressaten anzusprechen – „beleidigt" bzw. „bedrängt" fühlen (Perlokution), weil er davon ausgeht, dass der Sprecher damit eine aggressive (ihm aversive, feindliche, angreifende) Illokution – etwa durch die Sprechakte „beleidigen", „drohen", „beschimpfen"[22] – realisiert. Der Adressat kann aber auch – zum Beispiel im Falle von indirekter Aggression, etwa bei der Verwendung von Euphemismen[23] – einen aggressiven illokutionären Akt als solchen nicht gleich erkennen, weshalb er sich unter Umständen nicht wehrt[24]. Umgekehrt kann eine Äußerung, die nicht aggressiv intendiert ist, als aggressiv vom Gesprächspartner rekonstruiert werden, weil dieser z.B. von nicht adäquaten Annahmen über das vom Sprecher Gemeinte ausgeht – so im Falle von Banter-Äußerungen bzw. *mock impoliteness*.[25] Eine wichtige Implikation dieser Annahme ist, dass es keine aggressiven Äußerungen *per se* gibt[26], sondern dass es immer darum geht, den illokutionären Akt und den perlokutionären Effekt eines bestimmten lokutionären Aktes zu bestimmen.

Es liegt nahe, dass Linguisten sich manchmal den illokutionären Strukturen (dem „Gemeinten") gleich zuwenden müssen, um zu einer korrekten Deutung der lokutionären Struktur zu gelangen. Das ist eine heuristische Arbeit, die einige methodologische Schwierigkeiten mit sich bringt. Bei Aggressionsakten können unterschiedliche aversive bzw. aggressive Illokutionen vorausgesetzt werden: Der Sprecher könnte beispielsweise seinen Hörer erschrecken, einschüchtern, erniedrigen, herabwürdigen, drohen, beleidigen, beschimpfen wollen. Bei einem Aggressionsakt besteht der illokutionäre Zweck (Austin 1972: 169–170 und Searle 1982: 16) darin, den eigenen emotionalen Zustand zum Ausdruck zu bringen,

---

20 Vgl. den Beitrag von Topczewska in diesem Band.
21 Vgl. dazu d'Avis/Meibauer 2013.
22 Vgl. dazu Mikołajczyk 2007, Havryliv 2009, Peisert 2004 und Taras 2013.
23 Vgl. Bąk und Szczęk in diesem Band.
24 Hier seien die Studien über Mobbing (u.a. Sevinç 2011, Katzer 2014) erwähnt.
25 Vgl. Piskorska, Technau, Bonacchi/Andreeva in diesem Band.
26 Anders wird in den so genannten „moralistischen Ansätzen" zur verbalen Aggression vertreten, etwa in den Studien über Pejoration und Hassrede, die von der Annahme ausgehen, dass Beleidigungswörter an sich eine besondere Extensionalität bzw. Null-Extensionalität vermitteln, vgl. etwa Hornsby 2001 und Hom/May 2013.

den interaktionalen Handlungsraum des Gesprächspartners einzuengen, um die eigene (vor allem interaktionale) Macht zu behaupten, dem Anderen interaktionale Rechte abzusprechen und ihn herabzuwürdigen bzw. abzuwerten. Sprachliche Aggression hat in diesem Sinne mit Kontrolle des interaktionalen Raums bzw. mit proxemischem Verhalten *sensu largo* zu tun. Beides, „Gewalt durch Sprache" und „Gewalt in der Sprache", bezeichnet primär eine interaktionale Machtausübung, also eine Gewalt im ursprünglichen Sinne des Wortes, die auf eine Neuverteilung der interaktionalen Rechte abzielt und die schließlich zur sozialen Aussonderung und Diskriminierung führen kann[27]. An dieser Stelle stellt sich die Frage, wie sprachliche bzw. interaktionale Machtausübung aufzufassen ist und was eigentlich „passieren" muss, damit Sprache bzw. sprachliches Handeln schmerzhaft einengt – und insofern auch verletzt. Im Falle von physischer Aggression wird der Andere physikalisch eingeengt, unterdrückt, verletzt; bei verbaler Aggression erfolgt in erster Linie eine Einengung des interaktionalen Handlungsspielraums des Gegenübers durch den Aggressor: Der Adressat, seine Welt und seine Werte werden aberkannt, seine Würde negiert, seine diskursive Rolle fremdbestimmt, seine interaktionalen Rechte verweigert (z.B. das Recht, gehört oder mit Respekt behandelt zu werden). Bei interaktionaler Einengung geht es meistens darum, dass der Adressat zu einem defensiven oder reaktiven interaktionalen Verhalten „gezwungen" wird.

Besonders wichtig für die Analyse der illokutionären Tiefenstruktur von Aggressionsakten ist die Untersuchung der so genannten „Illokutionsindikatoren". Zu den prototypischen Oberflächenstrukturen für verbale Aggressionsakte gehören Satztypen (etwa direktive und limitative Satztypen bzw. Imperativsätze, verdiktive Satztypen bzw. Pseudovokative, Exklamationen und Assertionen), morphologische Wortbildungsmittel (Präfixe und Präfixoiden, Suffixe[28]), Wortstellung, Thema-Rhema-Gliederungsmuster, Fokussierungsverfahren, performative Verben, pejorativer Wortschatz (Dysphemismen), Expletive,[29] Diminutiv- und Augmentativbildungen,[30] abwertende Metaphern, metonymische Figuren und Topoi sowie nonverbales und paraverbales Verhalten wie Prosodie, proxemisches Verhalten (vor allem angreifende Gestik und Mimik). Vor allem im Bereich der Pejoration sind in jüngster Zeit Studien veröffentlicht worden, die erhellende

---

27 Vgl. dazu Ghilarducci und Meibauer in diesem Band.
28 Vgl. dazu Gutzmann 2011 und Finkbeiner/Meibauer et al. 2016: 2–14.
29 So etwa im Englischen *fucking, bloody, freaking*, im Deutschen *Scheiß*, im Italienischen *cazzo* (Schwanz), im Polnischen *kurwa* (Hure).
30 Etwa im Polnischen sind Diminutivbildungen tendenziell meliorativ, Augmentativbildungen pejorativ (so etwa bei Hypokoristyka, vgl. Bonacchi 2013: 191).

Einsichten über die Mechanismen der sprachlichen Aggression gebracht haben (Havryliv 2003, Finkbeiner/Meibauer et al. 2016, Technau 2016). Dabei wurde die sprachbezogene Aggressionsforschung an die Diskussion über die Semantik und Pragmatik der Pejorativa im Rahmen unterschiedlicher Bedeutungstheorien gekoppelt (vgl. Hornsby 2001, Kaplan 2004, Potts 2007a und 2007b, Williamson 2009, Croom 2011, Camp 2013, Whiting 2013, Hom/May 2013, für einen Überblick vgl. Technau 2016). Als besonders wichtig hat sich bei der Untersuchung der Aggressionsakte die Bestimmung der „illokutionären Kraft" erwiesen, die grundlegend für die Frage ist, warum man mit Sprache „verletzen" kann: Die Ausübung „sprachlicher Gewalt" besteht in hohem Maße in der Realisierung von Äußerungsakten, die eine starke illokutionäre Kraft haben. Mit „illokutionärer Kraft" wird die „Schlagkraft" bzw. Direktheit bezeichnet, mit der eine Illokution durch die Lokution vorgebracht wird („Unterschiede in der Stärke oder Intensität, mit welcher der illokutionäre Witz vorgebracht wird", vgl. Searle 1982: 22). So ist ein Imperativsatz wie etwa: „Halt die Klappe!" die Satzform, die wohl die höchste illokutionäre Kraft für einen Direktiv besitzt, der darauf abzielt, den Partner zur Ruhe zu bringen.[31] An dieser Stelle ist eine linguistische Mehr-Ebene-Analyse angebracht, die referentielle, expressive, evaluative (in diesem Falle pejorative) und skalare Bedeutungskomponenten (s. dazu ausführlich Technau 2016: 133–141) verbindet. Der Imperativsatz ist die prototypische Satzform für Direktive, die Verwendung der Pejorativbezeichnung „Klappe" (pejorative Bedeutungskomponente) für /Mund/ (referentielle Bedeutungskomponente) erhöht noch die illokutionäre Kraft der Äußerung (skalare Bedeutungskomponente) und indiziert, dass der Satz nicht nur einen Befehl ausdrückt, gegen den sich der Sprecher kaum wehren kann, sondern indexikalisch auch eine deutliche – abwertende, einschüchternde – Einstellung zum Adressaten zum Ausdruck bringt (expressive Bedeutungskomponente).

Die dritte wichtige Analyseebene für die sprechakttheoretisch orientierte Aggressionsforschung ist die der perlokutionären Ziele bzw. Wirkungen der aggressiven Sprechakte, d.h. die Änderungen, die in der Folge des Vollzugs eines aggressiven Aktes in der Welt eintreten. Die perlokutionäre Dimension (*doing something by saying something*[32], Austin 1972: 112) ist allerdings ein kritisches

---

[31] Das Direktiv könnte auch durch die aus der Sicht der illokutionären Kraft viel schwächere Äußerung: „Könntest du bitte leiser sein?" realisiert werden.
[32] Vgl. Austin 1972: 112: „So bot sich der Ausweg an [...] ganz grundsätzlich zu überlegen, was es alles bedeuten kann, daß etwas Sagen etwas Tun heißt; das man etwas tut, *indem* man etwas sagt; ja daß man *dadurch, daß* man etwas sagt, etwas tut [*doing something by saying something*, S.B.].

Gebiet für die linguistische Forschung, vor allem aus methodologischer Sicht. Hier eröffnen sich zwar für den Linguisten wichtige Forschungsperspektiven, zugleich erfordern diese Studien aber multidisziplinäre Expertisen: Psychologen, Soziologen und Kulturologen sind hier aufgerufen, ihren Beitrag in der Bewertung von quantitativen und qualitativen Daten zu leisten. An dieser Stelle ist eine Reihe von Arbeiten zu erwähnen, die den „Verletzungseffekt" bzw. Beleidigungseffekt mit qualitativen und quantitativen Methoden untersucht haben. Hier sei an die Studien von Jay (2009) und Jay/Jay (2015), sowie an die Studien über Hate-Speech (vgl. u.a. Delgado/Stefancic 2004, Anderson/Haslanger et al. 2012, Meibauer 2013, Anderson/Lepore 2013, Hom/May 2013, Poggi et al. und Tenchini in diesem Band) erinnert. Diese Arbeiten haben gezeigt, dass sprachliche „Verletzungen" als Effekt von kommunikativen Praktiken in konkreten sozialen Gebrauchskontexten sowie in Diskursivierungsprozessen von Interaktionstypen in Raum/Zeit-Koordinaten zu betrachten sind. In der Untersuchung der perlokutionären Wirkungen von aggressiven Sprechakten ist es besonders wichtig, diachronische[33], varietätslinguistische bzw. soziolinguistische und diskursanalytische Methoden in die Analyse einzubringen.[34]

Die Studien über Aggression, die aus den Annahmen der Relevanztheorie (Sperber/Wilson 1986) hervorgegangen sind, fokussieren vor allem auf den Beleidigungseffekt als „Relevanzphänomen", das aus einer Reihe von Inferenzprozessen hervorgeht.[35] Die Relevanztheorie greift die Grice'sche Annahme auf, dass das grundlegende Element menschlicher Kommunikation der Ausdruck und die Interpretation von kommunikativen Intentionen sei.[36] Die zentrale These der Relevanztheorie ist, dass die Relevanzerwartungen, die durch eine Äußerung ausgelöst werden, vorhersehbar und deutlich genug sind, um den Hörer zur vom Sprecher intendierten Bedeutungsrekonstruktion zu führen. Der Beleidigungseffekt stecke also nicht in den Worten *per se*, sondern sei ein Relevanzphänomen,[37] der nur unter der Voraussetzung erzielt wird, dass Sprecher und Hörer ein bestimmtes Wissen über das Gesprächssetting, den äußeren und inneren Kontext teilen und dieses im kommunikativen Austausch aktualisieren. Denn erst in Bezug auf den Gesprächskontext (*conversational setting*) und auf den inneren Kontext (*cognitive setting*) der

---

33 Vor allem in Bezug auf Bedeutungswandelprozesse.
34 Vgl. Sepp und Meibauer in diesem Band.
35 Vgl. die Beiträge von Piskorska und Wałaszewska in diesem Band.
36 Vgl. Grice 1989: Essays 1–7, 14, 18.
37 Vgl. Sperber/Wilson (1995: 125) erweitern den Relevanzbegriff Grice' u.a. durch die folgenden Prinzipien: „an assumption is relevant in a context to the extent that its contextual effects in this context are large" und „an assumption is relevant in a context to the extent that the effort required to process it in this context is small".

Interaktanten wird eine beleidigende Äußerung (*insult*) zur einer tatsächlichen Beleidigung (*offence*). Der Gebrauch einer beleidigenden Äußerung sei tatsächlich als eine „Evidenz" einer beleidigenden Intention des Sprechers zu betrachten kraft des Prinzips der gegenseitigen Offensichtlichkeit (*being mutual manifest*), das sich im kleineren interpretatorischen Aufwand (inferentielle Aufgabe) seitens des Hörers zeigt. Zugleich kann diese Äußerung durch einen komplexeren inferentiellen Aufwand und die Mechanismen der epistemischen Vigilanz (Sperber/ Clément et al. 2010) als eine oblique, indirekte Äußerung anerkannt werden (etwa im Falle von Sarkasmus, wo eine supportive Oberflächenstruktur, etwa die eines Kompliments, eine aggressive Illokution birgt) und die ihr zugrunde liegende aggressive Intention rekonstruiert werden[38]. Durch die Relevanztheorie werden nicht nur Formen der indirekten/impliziten Aggression erklärt, sondern auch der so genannte Echo-Effekt (etwa bei aggressiver Ironie), der zur Bestimmung der Dynamik von Aggressionsakten in Gruppen beitragen kann. Aggressionsakte werden nicht nur durch eine aversive Illokution dem Adressaten gegenüber motiviert, sondern sie sind auch Mittel der Selbstinszenierung und der Eigenpositionierung in der Gruppe, vor allem in Bezug auf hierarchische Positionen. Aggressionsakte verstärken nicht nur die Machtposition des Aggressors, sondern sie dienen zur Abgrenzung der In-Gruppe von der Out-Gruppe, des Eigenen vom Fremden. Das Opfer (sei es eine Person oder eine Personengruppe oder eine Ideologie) wird somit zum Gegenstand projektiver Prozesse (Sündenbock-Bildung, vgl. Girard 1987), wodurch die Gruppe ihren inneren Halt bekommt.

5 Verbale Aggression und Unhöflichkeit

Parallel zu den genannten sprechakttheoretisch und relevanztheoretisch orientierten Studien sind im Rahmen der (Un)Höflichkeitsforschung eine Reihe von Untersuchungen zur sprachlichen Aggression durchgeführt worden. Bei sprachlicher Aggression betonen Unhöflichkeitsforscher den Angriff auf das Gesicht[39] des Gesprächspartners, dem eine interaktionale Würde abgesprochen und der somit zum „Opfer" wird. Die Tatsache, dass das pragmalinguistische Inter-

---

[38] Vgl. Mateo/Yus 2013: 96: „The ostentive stimulus displayed by the communicator leads so clearly to an insulting interpretation that the interlocutor expends little effort in deriving this interpretation."
[39] *Face* nach Goffman 1967, vgl. dazu Culpeper 2011: 24–31, Bousfield 2008, Locher/Watts 2008: 79, 96–98, Terkourafi 2008: 45, Locher/Bousfield 2008: 1, Havryliv 2009: 17–19, Bonacchi/Mela 2015: 269–272.

esse für sprachliche Aggression vor allem im Rahmen der Studien über verbale Unhöflichkeit entstand, hat dazu geführt, dass relativ lange Unhöflichkeit und verbale Aggression als verwandte Erscheinungen betrachtet und die sie jeweils designierenden Ausdrücke synonym verwendet wurden.[40] Die Eingliederung der sprachlichen Aggression in die Unhöflichkeitsforschung hat zu einer Verwechselung bzw. mangelnden Ausdifferenzierung zwischen diesen Forschungsgegenständen geführt, die sich zwar in bestimmten Formen überlappen (vgl. Bonacchi 2013: 159), aber grundsätzlich zu unterscheiden sind. Diese Ungenauigkeit führte zur Einsicht in die Notwendigkeit der Bestimmung eines begrifflichen Rahmens zweiter Ordnung (*second order framework*, vgl. Watts/Ehlich/Ide 1992: 3–4) für Aggression, der allerdings *bis dato* noch nicht vorliegt.

Vor dem Hintergrund einiger Versuche einer Begriffsbestimmung zweiter Ordnung für Unhöflichkeit (vgl. Bousfield 2008: 33–42, Terkourafi 2008, Culpeper 2011: 71–111, Bonacchi 2013: 78–83) ist davon auszugehen, dass Unhöflichkeit primär mit sprachlichem und kulturellem Wissen (bzw. mit dessen Ausbleiben), Aggression dagegen immer mit Emotionen und psychophysischen Zuständen emotionaler Ladung verbunden ist, auch wenn diese, wie im Falle kalter Aggressionsformen, unterdrückt sind.[41] Zugleich wurde dabei festgestellt, dass sowohl bei der Analyse von Unhöflichkeit als auch von verbaler Aggression eine bloße Analyse der Oberflächenstruktur unzulänglich ist. „Höfliche" Äußerungen (etwa „danke!" oder „bitte!") können aggressiv sein – wie im Falle von Sarkasmus bzw. *mock politeness* –, unhöfliche Äußerungen können nicht aggressiv sein – z.B. wenn jemand sich nicht korrekt bedankt, weil er einfach die Höflichkeitskonventionen nicht kennt. Banter-Äußerungen – *mock impoliteness*, eigentlich Äußerungen mit einer derogativen Oberflächenstruktur, aber supportiver Illokution – liefern ein hervorragendes Beispiel dafür, dass aggressive Äußerungen vom Sprecher supportiv intendiert und auch als supportive Akte vom Adressaten interpretiert werden können, wenn ein bestimmtes Bündel an performativen Eigenschaften (Prosodie, Gestik, Mimik, proxemisches Verhalten) vorhanden ist.[42] Die im Prinzip „offene" kontextuelle Evaluierung bzw. die Möglichkeit einer „Rekontextualisierung" von offensiven Akten (Culpeper 2011: 207) ist in der Tat

---

40 „Aggression" als Begriff erster Ordnung (d.h. im unmittelbaren Sprachgebrauch, ohne wissenschaftliche Reflexion) wird oft mit Gewalt, Unhöflichkeit, Rauheit und eben auch Unhöflichkeit und Grobianismus gleichgesetzt, sowie zudem mit einer Reihe interaktionaler Phänomene verbunden – etwa mit Dominanz, Aversivität, Angriffslust, Bedrängnis.

41 Steiner/Silverman et al. (2011) führen die Unterscheidung von heißer Aggression (abgekürzt: RADI – für Reaktive, Affektive, Defensive, Impulsive Aggression) und kalter Aggression (abgekürzt: PIP – für Proaktive, Instrumentelle, Planerische Aggression) aus.

42 Vgl. McKinnon/Prieto 2014, Bonacchi 2014, Bonacchi/Andreeva in diesem Band.

an performative bzw. multimodale Disambiguierungsverfahren gebunden, die die Interaktanten teilen, weil diese sich durch verfestigte kommunikative Praktiken in gegebenen Gruppen etabliert haben. So lässt sich feststellen, dass bei verbaler Aggression wie in kaum einem anderen Kommunikationsbereich der ganze Körper als kommunikatives Display zum Tragen kommt. Aggressive Kommunikation ist grundsätzlich körperbasiert, das Zusammenspiel der kommunikativen Displays (verbales, vokales und kinetisches Display) erschließt sich dem Forscher oft erst durch eine komplexe multimodale Analyse.

Resümierend lässt sich feststellen, dass die sprachbezogene sprechakttheoretisch und relevanztheoretisch orientierte Aggressionsforschung sich vor allem mit folgenden Fragen beschäftigt:

a. Inwiefern sind aggressive Äußerungen das Oberflächenergebnis von komplexen mentalen Prozessen mit feindlicher/aggressiver Intention? Welche Rahmungsstrukturen werden dabei aktiviert? Was sind die „Glückensbedingungen" eines aggressiven Sprechaktes? Unter welchen Bedingungen gelingt oder scheitert etwa ein Aggressionsakt, z.B. eine Beleidigung oder eine Einschüchterung? An dieser Stelle ist vor allem eine Analyse von Konzeptualisierungsverfahren von Belang.
b. Was führt dazu, dass Äußerungen, die aggressiv intendiert werden, auch als aggressiv interpretiert werden? Und was führt wiederum dazu, dass eine nicht als aggressiv intendierte Äußerung als aggressiv interpretiert werden kann bzw. was führt dazu, dass der Empfänger sich dadurch angegriffen, beleidigt, gekränkt fühlt? Hier ist eine eingehende Analyse von kommunikativen Praktiken, von kontextuellen Faktoren und von performativen Voraussetzungen erforderlich.
c. Inwieweit lassen sich die Emotionen, die Aggressionsakten zugrunde liegen, sprachlich indizieren?
d. Welche multimodalen Komponenten werden in Aggressionsakten aktiviert?

6 Ausblick: Expressivität und soziale Schaubühnen

In jüngster Zeit wurde immer mehr Aufmerksamkeit der Ausdruckskraft (Expressivität[43]) und der rituellen Dimension von Aggressionsakten geschenkt. Die Inszenierung von Aggressionsakten[44] etwa in der Kunst oder auf unterschiedlichen

---

43 Vgl. Pelillo-Hestermeyer, Poggi et al. und Rolek in diesem Band.
44 Vgl. die Beiträge von Ghilarducci und Leipelt-Tsai in diesem Band.

sozialen Schaubühnen (etwa im Internet[45] oder in der Politik[46]) ist ein mächtiges Spektakel, das Schauspieler und Zuschauer verbindet. Aggression prägt immer mehr diskursive Praktiken, in den Medien nehmen immer komplexere Formen mediatisierter Aggression zu – *doing aggressive*[47] als neuer Slogan, der Erfolg und hohe „Gefällt-mir-Klick-Rate", also „Audience" verspricht. Zugleich wird immer mehr der „befreiende" spielerische Effekt vom aggressiven Sprachgebrauch deutlich, was der Erfolg von Smart-Phone-Apps wie etwa „Wildes Deutsch"[48] belegt. Auch hier lassen sich breite Aufgabenfelder für die sprachbezogene Aggressionsforschung definieren.

Als Fazit meiner Ausführungen möchte ich festhalten, dass sprachliche Aggression ein besonders fruchtbarer Gegenstandsbereich für Sprachwissenschaftler ist. Damit verbinden sich wissenschaftliche Aufgaben, die vor allem in bedeutsamen Praxisfeldern – etwa in einer korrekten Gestaltung von Autoritätsverhältnissen, in der Optimierung von didaktischen und pädagogischen Prozessen[49], in therapeutischen Interaktionen[50], in der Prävention des sprachlichen Missbrauchs, in einer sozial positiven Übertragung von aggressiven Bedürfnissen – mit Gewinn eingesetzt werden können.

Die Autorinnen und Autoren dieses Bandes hoffen, einen Beitrag dazu zu leisten.

7 Die Beiträge des Bandes

Im vorliegenden Band werden unterschiedliche theoretische und methodologische Zugänge zur sprachbezogenen Aggressionsforschung präsentiert. Nicht nur die handlungsleitende Dimension von verbalen Aggressionsakten, sondern auch die Gestaltung von aggressionsbezogenen kommunikativen und diskursiven Praktiken, ihre Gebundenheit an Medien sowie ihre breiten Wirkungsfelder (etwa in therapeutischen und didaktischen Prozessen) werden in den Mittelpunkt der einzelnen Beiträge gestellt. Der Band ist in vier Teile gegliedert: „Zum Ausdruck

---

45 Vgl. Hartmann/Sties in diesem Band.
46 Vgl. Rolek, Pelillo-Hestermeyer und Poggi et al. in diesem Band.
47 Vgl. Marx in diesem Band.
48 Vgl. WildesDeutsch. Online unter: https://play.google.com/store/apps/details?id=com.app ‹4.10.2016›.
49 Vgl. Olpińska-Szkiełko in diesem Band.
50 Vgl. Alder/Buchholz in diesem Band.

verbaler Aggression", „Verbale Aggression in Praxisfeldern", „Hassrede und Ideologie", „Inszenierungen verbaler Aggression".

Die erste Sektion „Zum Ausdruck verbaler Aggression" enthält Beiträge, die auf den Zusammenhang von lokutionärer Oberflächen- und illokutionärer Tiefenstruktur aggressiver Sprechakte eingehen. In ihrem Beitrag *Was sind aggressive Sprechakte* zeigt Urszula Topczewska, dass aggressive Sprechakte sich durch eine Wechselbeziehung zwischen den Interaktionspartnern konstituieren, die durch Äußerungen in bestimmten Kontextbedingungen aggressive Illokutionen ausdrücken oder zur Aggression veranlasst werden. Aggression lässt sich in diesem Sinne als ein soziales Phänomen auffassen; diese soziale Bedingtheit sei aber handlungsleitend zu untersuchen. Agnieszka Piskorska setzt sich in ihrem Beitrag *On the strength of explicit and implicit verbal offences* aus relevanztheoretischer Perspektive mit dem Problem der direkten und indirekten Aggression am Beispiel von Banter-Ausdrücken auseinander. Sie geht vor allem auf die inferentiellen Mechanismen ein, die die Rekonstruktion von konventionellen und konversationellen Implikaturen ermöglichen. In ihrem Beitrag *The offensiveness of animal metaphors* geht Ewa Wałaszewska ebenfalls aus relevanztheoretischer Perspektive auf den Beleidigungseffekt von tierbezogenen Metaphern ein. Sie beschreibt dabei allgemeine Konzeptualisierungsmechanismen und spezifische kulturgebundene Prozesse, die der Offensivität von Tiermetaphern zugrunde liegen. Björn Technau analysiert in seinem Beitrag *Aggression in Banter* Banter-Äußerungen als ein weit verbreitetes interaktionales Phänomen zwischen sozialer Bindung und Abgrenzung. Der Beitrag beschreibt vor dem Hintergrund der in der Forschung vorgeschlagenen Herangehensweisen die wichtigsten Aspekte von Banter, beleuchtet die einzelnen Rollen der verschiedenen Interaktionsteilnehmer sowie deren jeweilige Evaluierungsprozesse und Interpretationsmöglichkeiten. Die theoretischen Überlegungen werden durch die konversationsanalytische Aufbereitung authentischer Banter-Fälle abgerundet. In ihrem Beitrag *Aggressiv oder supportiv? Phonetische Disambiguierung von mock impoliteness* zeigen Bonacchi/Andreeva, dass das Zustandekommen eines aggressiven oder supportiven Sprechaktes in der Verwendung von Banter-Äußerungen nicht nur von der adäquaten Rekonstruktion von inferentiellen Mechanismen seitens der Adressaten abhängt, sondern auch an konkrete performative Leistungen (Prosodie, Gestik, Mimik) der Akteure gebunden ist, die wiederum in den einzelnen Sprachen variieren. Im Beitrag gehen die Autorinnen auf die phonetische Disambiguierung im Vergleich Deutsch-Polnisch ein. In seinem Beitrag *Offene und versteckte Aggression im Gebrauch von Euphemismen und Dysphemismen* setzt sich Paweł Bąk mit dem aggressiven Gebrauch von Euphemismen und Dysphemismen auseinander. Neben der offenen verbalen Aggression bespricht der Autor auch die seltener untersuchten Aspekte der verdeckten Aggression, d.h. verbale

Angriffe durch Euphemismen sowie die mögliche nichtaggressive Wirkung von Dysphemismen.

Die zweite Sektion „Verbale Aggression in Praxisfeldern" enthält Beiträge, die den aggressiven Sprachgebrauch und seine möglichen Funktionen in unterschiedlichen Kontexten und Anwendungen zeigen. Alder/Buchholz gehen in ihrem Beitrag *Kommunikative Gewalt in der Psychotherapie* auf den Begriff der „kommunikativen Gewalt" im Rahmen der Beziehung Psychotherapeut–Patient ein und setzen diesem „kommunikative Empathie" entgegen. Am Beispiel transkribierter therapeutischer Sitzungen werden gewaltaffine Formen beschrieben, die sowohl von Therapeuten wie von Patienten ausgehen können. Erstmalig werden milde und grobe Formen von Empathie-Blendung beschrieben, mittels derer insbesondere Patienten ihrem Therapeuten Empathie erschweren oder sogar unmöglich machen. Magdalena Olpińska-Szkiełko wendet sich in ihrem Beitrag *Ist Fehlerkorrektur im Fremdsprachenunterricht ein aggressives Verhalten?* dem Problem des Korrekturverhaltens in didaktischen Kontexten zu. Sie geht auf die Frage ein, ob die Fehlerkorrektur im Fremdsprachenuntereicht (z.B. rotes Durch- oder Unterstreichen von fehlerhaften Textstellen) als aggressives Verhalten angesehen werden kann und macht auf mögliche Verbesserungen aufmerksam, die den Lernprozess positiv beeinflussen können. In ihrem Beitrag *Von Ihrer Bewerbung können wir keinen Gebrauch machen* beschäftigt sich Joanna Szczęk mit der Textsorte des Absagebriefes. Sie hinterfragt, inwiefern die Strategien des Neinsagens sich im Lichte der (Un)Höflichkeitstheorie und der Aggressionstheorie analysieren lassen und veranschaulicht das anhand einiger Fallbeispiele.

Die dritte Sektion „Hassrede und Ideologie" enthält Beiträge, die den Zusammenhang von symbolischer Gewalt, Hassrede und rassistischer Ideologie zeigen. Paola Tenchini schlägt in ihrem Beitrag *Zur Multi-Akt-Semantik der Ethnophaulismen* eine Theorie der vielschichtigen Semantik in der Analyse der abwertenden Bezeichnungen von Personengruppen vor. Ausgangspunkt der Analyse ist das Ethnonym „Zigeuner", das im Allgemeinen die Angehörigen einer meistens mit Sinti oder Roma identifizierten „nomadischen" Bevölkerungsgruppe bezeichnet. Sie geht dann auf die semantischen Mechanismen der Diskriminierung aus sprechakttheoretischer Perspektive ein und verbindet sie in einer integrativen Semantik. In seinem Beitrag *Kulturhistorische Blicke auf die Sprache des Dritten Reiches und die antisemitische Hassrede* zeigt Arvi Sepp, wie die vom deutschen Romanisten jüdischer Abstammung Victor Klemperer in seinem Tagebuch untersuchte Sprache des Dritten Reichs (Lingua Tertii Imperi) als Hassrede verstanden werden kann. Unter Rückgriff auf Judith Butlers Analyse der Subjektkonstituierung des verletzenden Sprechens in „Haß spricht" und Erving Goffmans stigmatheoretische Untersuchung der Folgen von Ausgrenzung und Diskriminierung in *Stigma* wird eine Neuperspektivierung von Klemperers Sprachkritik der verbalen Aggression geboten. Jörg Meibauer analysiert in seinem Beitrag „*Um den Schädling zu vernichten*" – *Propaganda, Hass, Humor und Metapher im Kindersachbuch* die Kindersachbücher „Die Kartoffelkäferfibel" (1935) und „Karl Kahlfraß und sein Lieschen" (1952), die den Kartoffelkäfer und seine Bekämpfung zum Gegenstand haben. Obwohl beide Bücher sich konventioneller Formen des Humors bedienen, enthalten sie deutliche propagandistische Elemente und entlarven sich somit als verdeckte Instrumente der Hassrede. In ihrem Beitrag *Implizite Aggression in Online-Kommentaren anlässlich der Debatte um rassistische Sprache in Kinderbüchern* befassen sich Hartmann/Sties mit Leserkommentaren, die auf die Entscheidung des Thienemann-Verlages reagieren, heute als rassistisch wahrgenommene Begriffe aus dem Kinderbuch „Die kleine Hexe" von Otfried Preußler zu tilgen. Es wird gezeigt, dass viele Kommentare generalisierende, oft rassistische Stereotype über bestimmte Personengruppen beinhalten, diese jedoch beispielsweise durch Ironie, sprachliche Kreativität oder durch den Einsatz von Zerrbeispielen „tarnen" und ihren aggressiven Gehalt dadurch teilweise annullierbar machen. Statt direkter verbaler Aggression zeigt sich in diesen Beiträgen somit eine implizite Aggression, die auf verschiedene Indirektheitsstrategien zurückgreift.

Die vierte Sektion „Inszenierungen verbaler Aggression" enthält Beiträge, die die unterschiedlichen Inszenierungsformen und -formate verbaler Gewalt in den Medien und in fiktionalen Texten untersuchen. Konstanze Marx geht in ihrem Beitrag *Doing aggressive 2.0* der Frage nach, ob es ein genderspezifisches sprachliches Aggressionsverhalten in der Social-Media-Kommunikation gibt bzw. ob das höhere Aggressionspotenzial, das Männern durch einschlägige Studien zugesprochen wird, sich auch für das Verhalten in Sozialen Medien bestätigen lässt – ein Bereich, der primär auf Verbalinteraktion basiert. In ihrem Beitrag *The leader's voice and communicative aggression in social media* präsentieren Poggi/D'Errico/Corriero ein sozialkognitives Modell für Sprachdiskreditierung in der politischen Kommunikation. Durch eine exemplarische Fallanalyse der Reaktionen auf die Beleidigung der italienischen Politikerin Laura Boldrini seitens des Politikers Beppe Grillo werden die Mechanismen der sexuellen verbalen Aggression beleuchtet und gezeigt, wie sie in den Sozialen Medien verstärkt werden. Giulia Pelillo-Hestermeyer untersucht in ihrem Beitrag *Politische Clowns in Klartext-Manier: Expressivität und Aggressivität in Zeiten transnationaler Öffentlichkeit* die Entstehung und Eskalation eines diplomatischen Konflikts durch die transnationale und transmediale Vernetzung im Internet von Diskursen und Texten vielerlei Art (Zeitungen, Blogs, Kommentare, YouTube Videos usw.) auf Deutsch, Italienisch, Spanisch und Englisch. Eine pragmalinguistische und diskursanalytische Auseinandersetzung mit entsprechend vielfältigen Mediendiskursen zeigt, dass die Transnationalisierung des Konflikts zu diversen Rekontextualisierungen des Geschehens führt, welche wiederum mit einer Multiplizierung der Deutungen und einer Verstärkung der Aggressivität einhergehen. Diese Beobachtungen illustrieren das Problem des „Kontextdefizits" im Rahmen von inter- und transkultureller Kommunikation, ein Problem, das u.a. im Hinblick auf die Entwicklung einer demokratischen europäischen Öffentlichkeit von zentraler Bedeutung erscheint. In ihrem Beitrag *Verbale Aggression in parlamentarischen Debatten* analysiert Bogusława Rolek Parlamentsdebatten unter dem Gesichtspunkt eines aggressiven Sprachgebrauchs. Dabei geht sie insbesondere auf die Wirkung der „doppelten Dialogizität" und des so genannten „Boomerang-Effekts" ein. In seinem Beitrag *Verbale Aggression im Realsozialismus und ihre Literarisierung* untersucht Manuel Ghilarducci Formen verbaler Aggression in drei Werken: Vladimir Sorokins „Frohes Neues Jahr", Marek Hłaskos „Die Arbeiter" und Kurt Drawerts „Schweigen". Die politisch intendierte Sprachgewalt im Realsozialismus wird im Lichte der Dichotomie *violentia* und *potestas* eingehend analysiert und somit die Komplexität literarisierter sprachlicher Aggression gezeigt. Monika Leipelt-Tsai zeigt in ihrem Beitrag *Inszenierte Aggression in poetischer Sprache*, dass Aggression in der poetisch-literarischen Sprache sich nicht nur in einem motivischen, sondern auch performativ in einem strukturellen Zusammenhang aufspüren lässt. Mit der theoretischen Trennung der Begriffe ‚Aggression' als Berührung einer Grenze in Differenz zu dem Begriff der ‚Gewalt' als Grenzüberschreitung wird der Frage nachgegangen, wie Aggression in literarischen Texten thematisch und als strukturelles Moment formuliert wird. Die Analyse von Herta Müllers Romane „Herztier" und „Atemschaukel" demonstriert exemplarisch, wie bzw. ob diese Differenzierung in der Praxis der Lektüre gelingen kann.

Literatur

Arendt, Hannah (1958): *The Human Condition*. Chicago: University of Chicago Press.
Anderson, Luvell/Lepore, Ernie (2013): „Slurring Words". In: *Noûs* 47(1), 25–48.
Anderson, Luvell/Haslanger, Sally/Langton, Rae (2012): „Language and Race". In: Gilian Russel/Delia Graff Fara (Hgg.): *The Routledge Companion to Philosophy of Language*. London: Routledge, 753–767.
Archer, John (1988): *The Behavioral Biology of Aggression*. Cambridge: Cambridge University Press.
Austin, John L. (1972): *Zur Theorie der Sprechakte*. Stuttgart: Reclam.
Bandura, Albert (1973): *Aggression. A Social Learning Analysis*. Englewood Cliffs, NY: Prentice Hall
Bandura, Albert (1979): *Aggression. Eine sozial-lerntheoretische Analyse*. Stuttgart: Klett-Cotta.

Bauer, Brigitte (2006): „Sanftmütige Männer – dominante Frauen: Wut und Aggression unter der Geschlechterperspektive". In: Margherita Zander/Luise Hartwig et al. (Hgg.): *Geschlecht Nebensache? Zur Aktualität einer Gender-Perspektive in der Sozialen Arbeit.* Wiesbaden: VS, 258–270.

Bereswill, Mechthild (2006): „Weiblichkeit und Gewalt – grundsätzliche Überlegungen zu einer undurchsichtigen Beziehung". In: Margherita Zander/Luise Hartwig et al. (Hgg.): *Geschlecht Nebensache? Zur Aktualität einer Gender-Perspektive in der Sozialen Arbeit.* Wiesbaden: VS, 245–257.

Berkowitz, Leonard (1965): „Some Aspects of Observed Aggression". In: *Journal of Personality and Social Psychology* 2(3), 359–369.

Berkowitz, Leonard (1969): „The Frustration-Aggression Hypothesis Revisited". In: Leonard Berkowitz (Hg.): *Roots of Aggression: A Re-Examination of the Frustration-Aggression Hypothesis.* New York: Atherton Press, 1–28.

Berkowitz, Leonard (1993): *Aggression. Its Causes, Consequences, and Control.* New York: McGraw-Hill.

Bonacchi, Silvia (2012): „Zu den idiokulturellen und polykulturellen Bedingungen von aggressiven Äußerungen im Vergleich Polnisch – Deutsch – Italienisch". In: Magdalena Olpińska-Szkiełko/Sambor Grucza et al. (Hgg.): *Der Mensch und seine Sprachen.* Festschrift für Professor Franciszek Grucza. Frankfurt a.M. et al.: Lang, 130–148.

Bonacchi, Silvia (2013): *(Un)Höflichkeit. Eine kulturologische Analyse Deutsch – Italienisch – Polnisch.* Frankfurt et al.: Lang.

Bonacchi, Silvia (2014): „Rituale des Alltags und habitualisiertes Verhalten im (un)höflichen Miteinander. Komplimentierverhalten und Scheinbeleidigungen". In: Paweł Bąk/Bogusława Rolek et al. (Hgg.): *Text–Satz–Wort. Studien zur germanistischen Linguistik.* Rzeszów: WUR, 29–45.

Bonacchi, Silvia/Mela, Mariusz (2015): „Multimodal Analysis of Conflict: A Proposal of a Dynamic Model". In: Francesca D'Errico/Isabella Poggi et al. (Hgg.): *Conflict and Multimodal Communication.* Berlin et al.: Springer, 267–294.

Bonacker, Thorsten/Imbusch, Peter (⁵2010): „Zentrale Begriffe der Friedens- und Konfliktforschung: Konflikt, Gewalt, Krieg, Frieden". In: Peter Imbusch/Ralf Zoll (Hgg.): *Friedens- und Konfliktforschung: Eine Einführung.* Wiesbaden: Verlag für Sozialwissenschaften, 67–142.

Bourdieu, Pierre (1997): Eine sanfte Gewalt. Pierre Bourdieu im Gespräch mit Irene Dölling und Margareta Steinrücke. In: Irene Dölling/Beate Krais (Hgg.): *Ein alltägliches Spiel. Geschlechterkonstruktionen in der sozialen Praxis.* Frankfurt a.M.: Suhrkamp, 218–230.

Bourdieu, Pierre (2005): *Die männliche Herrschaft.* Frankfurt a.M.: Suhrkamp.

Bousfield, Derek (2008): *Impoliteness in Interaction.* Amsterdam, Philadelphia: John Benjamins (= Pragmatics and Beyond New Series 167).

Burton, Leslie/Hafetz, Jessica/Henninger, Debra (2007): „Gender Differences in Relational and Physical Aggression". In: *Social Behavior and Personality* 35, 41–50.

Butler, Judith (1997): *Excitable Speech. A Politics of the Performative.* New York: Routledge.

Butler, Judith (2006): *Haß spricht. Zur Politik des Performativen.* Frankfurt a.M.: Suhrkamp.

Cairns, Robert B. (1979): *Social Development. The Origins and Plasticity of Interchanges.* San Francisco, CA: WH Freeman & Co.

Cairns, Robert B./Cairns, Beverley D./Neckerman, Holly J. et al. (1989): „Growth and Aggression. 1. Childhood to Early Adolescence". In: *Developmental Psychology* 25, 320–330.

Camp, Elisabeth (2013): „Slurring Perspectives". In: *Analytic Philosophy* 54(3), 330–349.
Croom, Adam M. (2011): „Slurs". In: *Language Sciences* 52, 36–45.
Culpeper, Jonathan (2011): *Impoliteness: Using Language to Cause Offence*. Cambridge: Cambridge University Press.
Delgado, Richard/Stefancic, Jean (2004): *Understanding Words that Wound*. Boulder: Westview Press.
deWall, C. Nathan/Anderson, Craig A./Bushman, Brad J. (2011): „The General Aggression Model: Theoretical Extension to Violence". In: *Psychology of Violence* I, 245–258.
d'Avis, Franz/Meibauer, Jörg (2013): „Du Idiot! Din Idiot! Pseudo-vocative Constructions and Insults in German (and Swedish)". In: B. Sonnenhauser/P. Noel Aziz Hanna (Hgg.): *Vocative!* Berlin et al.: de Gruyter, 189–217.
Dollard, John/Doob, Leonard W./Miller, Neal E./Mowrer, O. Hobart/Sears, Robert R. (1939): *Frustration and Aggression*. New Haven, CT: Yale University Press.
Faber, Karl-Georg/Ilting, Karl-Heinz/Meier, Christian (1982): „Macht, Gewalt". In: Otto Brunner/Werner Conze et al. (Hgg.): *Geschichtliche Grundbegriffe*. Bd. 3. Stuttgart, 817–935.
Finkbeiner, Rita/Meibauer, Jörg/Wiese, Heike (Hgg.) (2016): *Pejoration*. Amsterdam et al.: John Benjamins.
Feshbach, Seymour (1964): „The Function of Aggression and the Regulation of Aggressive Drive". In: *Psychological Review* 71, 257–272.
Freud, Sigmund (1905): „Drei Abhandlungen zur Sexualtheorie". In: Sigmund Freud (1975): *Studienausgabe*. Bd. 5: *Sexualleben*. Frankfurt: Fischer, 37–134.
Freud, Sigmund (1913): „Totem und Tabu". In: Sigmund Freud (1975): *Studienausgabe*. Bd. 9: *Fragen der Gesellschaft, Ursprünge der Religion*. Frankfurt: Fischer, 287–444.
Freud, Sigmund (1930): „Das Unbehagen in der Kultur". In: Sigmund Freud (1975): *Studienausgabe*. Bd. 9: *Fragen der Gesellschaft, Ursprünge der Religion*. Frankfurt: Fischer, 191–270.
Fromm, Erich (1954): *Psychoanalyse und Ethik*. Stuttgart, Konstanz (erste Aufgabe: 1946).
Fromm, Erich (1973): *The Anatomy of Human Destructiveness*. New York: Holt, Rinehart and Winston.
Gabler, Hartmut (1976): *Aggressive Handlungen im Sport*. Schorndorf: Hofmann.
Galtung, Johan (1975): *Strukturelle Gewalt*. Reinbek bei Hamburg: Rowohlt.
Galtung, Johan (1993): „Kulturelle Gewalt". In: Landeszentrale für politische Bildung Baden-Württemberg (Hg.): *Aggression und Gewalt*. Stuttgart: Kohlhammer, 52–73.
Gendreau, Paul/Archer, John (2005): „Subtypes of Aggression in Humans and Animals". In: Richard E. Tremblay/Willard W. Hartup et al. (Hgg.): *Developmental Origins of Aggression*. New York: Guilford, 25–46.
Girard, René (1988): *Der Sündenbock*. Zürich: Benziger.
Goffman, Erving (1967): *Interaction Ritual: Essays on Face-to-Face Behavior*. New York: Anchor Books.
Grice, Paul (1989): „Logic and Conversation". In: Paul Grice: *Studies in the Way of Words*. Cambridge, MA et al.: Harvard University Press, 22–40.
Gutzmann, Daniel (2011): „Expressive Modifiers & Mixed Expressives". In: Olivier Bonami/Patricia Cabredo Hofherr (Hgg.): *Empirical Issues in Syntax and Semantics* 8, 123–141.
Gutzmann, Daniel (2013): „Expressives and Beyond. An Introduction to Varieties of Use-Conditional Meaning". In: Daniel Gutzmann/Hans-Martin Gärtner (Hgg.): *Beyond Expressives. Explorations in Use-Conditional Meaning*. Leiden: Brill, 1–58.

Gutzmann, Daniel/McCready, Eric (2016): „Quantification with Pejoratives". In: Rita Finkbeiner/ Jörg Meibauer et al. (Hgg.): *Pejoration*. Amsterdam et al.: John Benjamins, 75–101.

Harten, Hans Christian (1995): *Sexualität, Mißbrauch, Gewalt. Das Geschlechterverhältnis und die Sexualisierung von Aggressionen*. Opladen: Westdeutscher Verlag.

Havryliv, Oksana (2003): *Pejorative Lexik. Untersuchungen zu ihrem semantischen und kommunikativ-pragmatischen Aspekt am Beispiel moderner deutschsprachiger, besonders österreichischer Literatur*. Frankfurt a.M. et al.: Lang.

Havryliv, Oksana (2009): *Verbale Aggression. Formen und Funktionen am Beispiel des Wienerischen*. Frankfurt a.M. et al.: Lang.

Heinze, Jürgen (2012): „Aggression in Humans and Other Animals – A Biological Prelude". In: Hans-Henning Kortüm/Jürgen Heinze (Hgg.) (2016): *Aggression in Humans and Other Primates. Biology, Psychology, Sociology*. Berlin et al.: de Gruyter, 1–8.

Herrmann, Steffen K./Kuch, Hannes (2007): „Verletzende Worte. Eine Einleitung". In: Steffen K. Herrmann/Hannes Kuch (Hgg.): *Verletzende Worte. Die Grammatik sprachlicher Missachtung*. Bielefeld: transcript, 7–30.

Hom, Christopher/May, Robert (2013): „Moral and Semantic Innocence". In: *Analytic Philosophy* 54(3): 293–313.

Hornsby, Jennifer (2001): „Meaning and Uselessness: How to Think about Derogatory Words". In: *Midwest Studies in Philosophy* 25(1), 128–141.

Jay, Timothy (2009): „The utility and ubiquity of taboo words". In: *Perspectives on Psychological Science* 4(2), 153–161.

Jay, Kristin L./Jay, Timothy (2015): „Taboo Word Fluency and Knowledge of Slurs and General Pejoratives. Deconstructing the Poverty-of-Vocabulary-Myth". In: *Language Sciences*, 1–9.

Kaplan, David (2004): *The Meaning of Ouch and Oops. Exploration in the Meaning as Use*. Online unter: http://eecoppock.info/PragmaticsSoSe2012/kaplan.pdf <4.08.2016>.

Katzer, Catarina (2014): *Cybermobbing. Wenn das Internet zur W@ffe wird*. Berlin, Heidelberg: Springer.

Labov, William (1972): „Rules for Ritual Insults". In: David Sudnow (Hg.): *Studies in Social Interaction*. New York: Free Press, 120–169.

Langton, Rae (1993): „Speech Acts and Unspeakable Acts". In: *Philosophy & Public Affairs* 22(4), 293–330.

Leipelt-Tsai, Monika (2008): *Aggression in lyrischer Dichtung. Georg Heym – Gottfried Benn – Else Lasker-Schüler*. Bielefeld: transcript.

Locher, Miriam A./Bousfield, Derek (2008): „Introduction: Impoliteness and Power in Language". In: Derek Bousfield/Miriam A. Locher (Hgg.): *Impoliteness in Language*. Berlin et al.: de Gruyter, 1–13.

Locher, Miriam A./Watts, Richard J. (2008): „Relational Work and Impoliteness: Negotiating Norms of Linguistic Behavior". In: Derek Bousfield/Miriam A. Locher (Hgg.): *Impoliteness in Language*. Berlin et al.: de Gruyter, 77–100.

Lorenz, Konrad (1963): *Das sogenannte Böse. Zur Naturgeschichte der Aggression*. Wien: Borotha-Schoeler Verlag.

McKinnon, Sean/Prieto, Pilar (2014): „The Role of Prosody and Gesture in the Perception of Mock Impoliteness". In: *Journal of Politeness Research* 10(2), 185–219.

Meibauer, Jörg (2013) (Hg.): *Hassrede/Hate Speech. Interdisziplinäre Beiträge zu einer aktuellen Diskussion*. Gießen (http://geb.uni-giessen.de/geb/volltexte/2013/9251/ <10.11.2013>.

Mateo, José/Yus, Francisco (2013): „Towards a Cross-Cultural Pragmatic Taxonomy of Insults". In: *Journal of Language Aggression and Conflict* 1(1), 87–114.

Mikołajczyk, Beata (2007): „Der Sprechakt DROHEN und seine Ausführung im Deutschen und im Polnischen". In: Franciszek Grucza/Magdalena Olpińska et al. (Hgg.): *Germanistische Wahrnehmungen der Multimedialität, Multilingualität und Multikulturalität*. Warszawa: Euro-Edukacja, 256–268.

Moyer, Kenneth E. (1968): „Kinds of Aggression and Their Psychological Basis". In: Communication in Behavioral Biology 2, 65–87.

Panksepp, Jaak (1998): *Affective Neuroscience. The Foundations of Human and Animal Emotions*. Oxford: Oxford University Press.

Peisert, Maria (2004): *Formy i funkcje agresji werbalnej. Próba typologii*. Wrocław: WUWr.

Potts, Christopher (2007a): „The Expressive Dimension". In: *Theoretical Linguistics* 33(2), 165–198.

Potts, Christopher (2007b): „The Centrality of Expressive Indices. Reply to the Commentaries". In: *Theoretical Linguistics* 33(2), 225–268.

Richard, Mark (2008): *When Truth Gives Out*. Oxford: Oxford University Press.

Rost, Wolfgang (1990): *Emotionen. Elixiere des Lebens*. Berlin et al.: Springer.

Röttgers, Kurt/Sahner, Heinz (1978) (Hgg.): *Gewalt*. Basel, Stuttgart.

Saka, Paul (2007): „Hate Speech". In: Paul Saka (Hg.): *How to Think about Meaning*. Berlin, Heidelberg: Springer, 121–153.

Searle, John R. (1971): *Sprechakte. Ein sprachphilosophischer Essay*. Frankfurt a.M.: Suhrkamp.

Searle, John R. (1982): *Ausdruck und Bedeutung*. Frankfurt a.M.: Suhrkamp.

Seebold, Elmar (2001): *Chronologisches Wörterbuch des deutschen Wortschatzes: Der Wortschatz des 8. Jahrhunderts (und früherer Quellen)*. Berlin et al.: de Gruyter.

Sevinç, Elif Topkaya (2011): *Mobbing with a Gender Perspective: How Women Perceive, Experience and Are Affected from it?* Unveröff. Masterarbeit. Online unter: http://citeseerx.ist.psu.edu/viewdoc/download;jsessionid=13B7D9D9F3F6251297E0910B902F4674?doi=10.1.1.633.6175&rep=rep1&type=pdf <24.6.2016>.

Sigusch, Volkmar (2013): *Sexualitäten. Eine kritische Theorie in 99 Fragmenten*. Frankfurt a.M. et al.: Campus.

Skinner, Burrhus Frederic (1957): *Verbal Behavior*. Englewood Cliffs, NJ: Prentice-Hall.

Schmidt, Robert/Woltersdorff, Volker (Hg.) (2008): *Symbolische Gewalt*. Konstanz: UVK.

Sperber, Dan/Wilson, Deirdre (1986/²1995): *Relevance: Communication and Cognition*. Oxford: Blackwell.

Sperber, Dan/Clément, Fabrice/Heintz, Christophe et al. (2010): „Epistemic Vigilance", In: *Mind & Language* 25(4), 359–393.

Steiner, Hans/Silverman, Melissa/Karnik, Nirianjan S. et al. (2011): „Psychopathology, Trauma and Delinquency: Subtypes of Aggression and Their Relevance for Understanding Young Offenders". In: *Child and Adolescent Psychiatry and Mental Health* 5, 1–11. Online unter: https://www.ncbi.nlm.nih.gov/pmc/articles/PMC3141659/ <4.08.2016>.

Taras, Bożena (2013): *Agresja. Studium semantyczno-pragmatyczne*. Rzeszów: WUR.

Technau, Björn (2016): *Beleidigungswörter. Die Semantik und Pragmatik pejorativer Personenbezeichnungen*. Unveröff. Diss., Mainz.

Terkourafi, Marina (2008): „Toward a Unified Theory of Politeness, Impoliteness, and Rudeness". In: Derek Bousfield/Miriam A. Locher (Hg.): *Impoliteness in Language*. Berlin et al.: de Gruyter, 45–74.

Trömel-Plötz, Senta (Hg.) (1997): *Gewalt durch Sprache. Die Vergewaltigung von Sprachen in Gesprächen*. Frankfurt a.M.: Fischer.

Watts, R.J./Ide, S./Ehlich, K. (Hgg.) (1992): *Politeness in Language. Studies in its History, Theory and Practice*. Berlin et al.: de Gruyter.

Williamson, Timothy (2009): „Reference, Inference and the Semantics of Pejoratives". In: Joseph Almog/Paolo Leonardi (Hgg.): *The Philosophy of David Kaplan*. Oxford: Oxford Univerity Press, 137–158.

Whiting, Daniel (2013): „‚It's not What You Said, It's the Way you Said It'. Slurs and Conventional Implicatures". In: *Analytic Philosophy* 54(3), 364–377.

Wilson, Edward O. (1975): *Sociobiology. The New Synthesis*. Cambridge, MA.: Belknap Press/ HUP.

Wahl, K. (2009): *Aggression und Gewalt. Ein biologischer, psychologischer und sozialwissenschaftlicher Überblick*. Heidelberg: Spektrum.

Zander, Margherita/Hartwig, Luise/Jansen, Irma (Hgg.) (2006): *Geschlecht Nebensache? Zur Aktualität einer Gender-Perspektive in der Sozialen Arbeit*. Wiesbaden: VS.

Teil I: Zum Ausdruck verbaler Aggression

Urszula Topczewska
Was sind aggressive Sprechakte?
Zu Theorie und Methodologie von pragmalinguistischen
Untersuchungen zur verbalen Aggression

Abstract: Aggressive speech acts are constituted by an interrelation between the interacting partners who, through their utterances in certain contextual conditions, express (illocution) or stimulate (perlocution) aggression. In this sense, aggression is a social phenomenon, and the present essay tries to pragmalinguistically grasp the socially conditioned nature of verbal aggression by means of Austin's two categories mentioned before.

1 Einleitung

Eine verbale Äußerung gilt als aggressiv, wenn sie von zumindest einem der Teilnehmer der kommunikativen Interaktion (Sprecher, Adressat bzw. beobachtender Teilnehmer) als aggressiv empfunden wird (Caprara/Pastorelli 1989). Im vorliegenden Beitrag wird der Frage nachgegangen, welche Faktoren dazu beitragen, dass einer Äußerung aggressive Bedeutung zugeschrieben und die Äußerung selbst als aggressiver Sprechakt interpretiert wird. Reicht hierzu allein eine feindliche Intention des Sprechers, oder muss auch die Wirkung seiner Sprechhandlung als konstitutives Merkmal verbaler Aggression mit berücksichtigt werden? Mit verbaler Aggression sind hier Äußerungen gemeint, mit denen darauf abgezielt wird, einen anderen und sein Wertesystem direkt oder indirekt anzugreifen und/oder ihn seinerseits zu einem solchen Angriff zu veranlassen. Offensichtlich gibt es auch nicht intendierte verbale Aggression, d.h. Fälle, in denen Aggression allein als perlokutionärer Effekt (Beleidigtsein, Empörung, Verärgerung, Angst usw.) erscheint, ohne dass die entsprechende Illokution feststellbar wäre. Der Sprecher hat zwar keine aggressive Intention, aber er gebraucht ein Äußerungsmuster, das in der gegebenen Situation als aggressiv interpretiert werden kann. Wenn sprachliche Bedeutungen als soziale Entitäten angesehen werden, sind Aggression auslösende Äußerungen ebenfalls den so genannten aggressiven Sprechakten zuzurechnen.

Die gängige Herangehensweise an verbale Aggression im sprechakttheoretischen Zusammenhang zeichnet sich dadurch aus, dass eine emotional begründete Expressivität als distinktives Merkmal aggressiver Sprechakte angenommen wird (vgl. z.B. Schumann 1990: 260). Ihnen liege eine bewusste oder unbewusste feindliche Intention zugrunde, Angst bzw. Frustration, Wut, Zorn und andere negative Gefühle sprachlich auszudrücken, oder auch direkt der Wille, negative Emotionen bei anderen hervorzurufen (vgl. Peisert 2004: 21). Da aggressive Sprechakte wie etwa Beschimpfung, Fluchen, Verwünschung, Drohung oder aggressive Aufforderung Gefühle und Einstellungen des Sprechers zum Ausdruck bringen, werden sie im Anschluss an Searle (1985) den Expressiva zugerechnet (vgl. z.B. Ermen 1996: 36–37, Havryliv 2009: 22–23). Im Folgenden soll diese Ansicht in Frage gestellt werden, indem dafür argumentiert wird, dass die illokutionäre Rolle einer Äußerung weder notwendiges noch hinreichendes Definitionsmerkmal aggressiver Sprechhandlungen ist. Es soll zugleich die intuitive Einsicht überprüft werden, dass der perlokutionäre Effekt genauso signifikant für die Konstitution eines aggressiven Sprechakts ist wie die einschlägige Sprecherintention.

Die folgende Reflexion über die methodologische Fundierung von pragmalinguistischen Untersuchungen zur verbalen Aggression beginnt mit einer Diskussion des Austinschen Ansatzes zur Sprechakttheorie, in der u.a. das gegenseitige Verhältnis von Illokution und Perlokution thematisiert wird. In einem zweiten Schritt wird die soziale Bedingtheit verbaler Aggression mithilfe der beiden Kategorien herausgestellt, und auf dieser Grundlage werden aggressive Sprechakte als relationales Phänomen erläutert. Anschließend sollen die herausgearbeiteten Voraussetzungen für eine handlungstheoretische Bestimmung aggressiver Sprechakte ausformuliert werden.

2 Was tut man, wenn man etwas sagt?

Sprache erfahren wir in der Regel in Form von Äußerungen in kommunikativen Interaktionen, die absichtlich ausgeführt werden und auf eine Wirkung abzielen. Soziales Handeln ist ohne Sprache kaum denkbar, denn sie stellt nicht nur ein effektives Instrument zur Lösung von Koordinationsproblemen dar, sondern konstituiert die soziale Wirklichkeit mit, schafft vielfältige soziale Relationen und soziale Funktionen (vgl. Searle 2010). Diese werden durch Sprechhandlungen konstruiert und angeeignet, und umgekehrt wird durch sozial etablierte Verhaltensregeln auch der Sprachgebrauch maßgebend geprägt. Der Gebrauch von Sprache in sozialen Handlungen ist stets in gesellschaftliche und situative Kontexte eingebettet, und erst in diesen Kontexten erhält er eine Bedeutung.

Austin (1973) fasst eine Sprechhandlung als soziale Handlung auf, die in ihrer Situations- und Gesellschaftsbedingtheit, d.h. unter Bezug auf „die gesamte

Sprechsituation" (Austin 1973: 52) beschrieben werden soll. Die Handlung wird durch das Sagen interpretierbarer und somit bedeutungsvoller Zeichen realisiert, wobei das Sagen einen dreifachen Akt darstellt: einen lokutionären (*act of saying something*), einen illokutionären (*act in saying something*) und einen perlokutionären (*act by saying something*). Alle drei werden gleichzeitig vollzogen, z.B.: das Äußern einer Versprechung (lokutionärer Akt) fällt mit dem Versprechen-wollen (illokutionärer Akt) und dem Erfreuen, Erschrecken bzw. Verärgern durch die Versprechung (perlokutionärer Akt) zusammen.

Der lokutionäre Akt, der in Austins *How to Do Things with Words* als Akt des Äußerns von Worten charakterisiert wird, besteht aus drei weiteren Teilakten (vgl. Austin 1973: 92–93), und zwar dem Äußern von Lauten (phonetischer Akt), dem Äußern von sprachlichen Strukturen (phatischer Akt) und dem Äußern von wahrheitsfunktionalen Bedeutungen (rhetischer Akt[1]). Bereits auf dieser Handlungsebene wird die Bedeutung einer Äußerung kontextualisiert: Der rhetische Akt besteht darin, dass einer sprachlichen Struktur (Phem) Wahrheitswerte zugeschrieben werden, was allein aufgrund sprachlicher Regeln kaum möglich ist und erst unter Berücksichtigung des Kontextes (sei es auch nur eines Standardkontextes für bestimmte Äußerungstypen) erfolgt. Austin wörtlich: „[...] it is important to remember that the same pheme [...] may be used on different occasions of utterance with a different sense or reference, and so be a different rheme" (Austin 1973: 97). Austin stellt auch klar, dass erst der rhetische Akt die Äußerungsbedeutung mit konstituiert: „The pheme is a unit of *language*: its typical fault is to be nonsense – meaningless. But the rheme is a unit of *speech*; its typical fault is to be vague or void or obscure, &c." (Austin 1973: 98). Zwar kann einer sprachlichen Struktur (einem Phem) ein semantischer Wert auch kontextunabhängig zugeschrieben werden, aber diese Zuschreibung stellt keine vollständige Proposition dar, was Kissine (2013) am Beispiel des Satzes *John is tall* aufzeigt: „[...] we cannot determine the proposition [...] unless we know, from the context, whether John is tall for an eight-year-old boy, for a basket-ball player, for an American [...]" (Kissine 2013: 16).

Das, was man tut, *indem* man etwas äußert, wird von Austin illokutionärer Akt genannt. Der Akt wird konstituiert durch das Ausdrücken einer kommunikativen Intention mithilfe der gegebenen Äußerung, wobei die Mitteilung, die mit diesem Akt ausgedrückt wird, nicht zur wahrheitsfunktionalen Bedeutung der Äußerung (zu ihrer Proposition) gehört. Die illokutionäre Rolle bzw. Funktion der

---

[1] Bei Searle wird dieser Akt vom Äußerungsakt unterschieden und propositionaler Akt genannt, dessen Teilakte Referenz und Prädikation sind (vgl. Searle 1973: 40–54).

Äußerung² betrifft dagegen die eigentliche Art und Weise, wie die Lokution vom Sprecher gebraucht wird: um zu fragen, zu antworten, zu behaupten, zu versprechen, zu warnen, sich zu verabreden, einzuladen³ usw. Wenn man den lokutionären Akt vollzieht, vollzieht man *eo ipso* den illokutionären (vgl. z.B. Austin 1973: 98) – vorausgesetzt, der Hörer macht mit, denn wird die illokutionäre Funktion einer Äußerung nicht oder falsch verstanden, handelt es sich um keinen gelungenen illokutionären Akt, sondern lediglich um einen Versuch, diesen Akt durchzuführen (vgl. Austin 1973: 115, 117)⁴.

Das, was *durch* das Äußern von Worten bewirkt wird, und zwar die Auswirkungen der jeweiligen Äußerung auf das Denken, Fühlen und Handeln des Kommunikationspartners, nennt Austin perlokutionärer Akt (vgl. Austin 1973: 101). Dieser besteht im Herbeiführen einer Reaktion des Hörers auf die kommunikative Intention des Sprechers, die über das Verstehen der Illokution hinausgeht. Im Unterschied zur Illokution glückt die Perlokution nicht erst dann, wenn die Reaktion den perlokutionären Zielen des Sprechers entspricht, sondern schon dann, wenn der Hörer auf diese Ziele überhaupt reagiert (akzeptierend oder ablehnend). Als Perlokution gilt also die vom Hörer tatsächlich herbeigeführte (auch nur zugelassene, wenn nicht ausdrücklich gewollte) Wirkung einer Äußerung, die mit bestimmten Konsequenzen des Akts des Äußerns und des Akts des intentionalen Kommunizierens verbunden ist (vgl. Austin 1973: 116). Welche Konsequenzen sind hierfür ausschlaggebend? Beziehen sie sich lediglich auf die Beeinflussung der Einstellungen des Hörers oder auf eine Veränderung der äußeren Welt? Und schließlich: Von wem werden die perlokutionären Effekte herbeige-

---

2 Austin verwendet *function* synonym zu *illocutionary force*, meidet dagegen den Terminus *meaning*, den er für die propositionale Bedeutung reserviert (vgl. Austin 1973: 99–100). Hermanns (1990: 50) bemerkt hierzu: „[...] nur aus Gründen der schärferen Kontrastierung zu der *vor* Austin *allein* als ‚Bedeutung' bezeichneten Bedeutung entscheidet sich Austin [...] für den mit ‚meaning' synonymen Ausdruck ‚force'". Zur irreführenden Übersetzung von *force* als *Kraft* vgl. Hermanns (1985).

3 Die einem illokutionären Akt zugrundeliegende Intention hängt eng mit Emotionen zusammen, über die ebenso wie über die entsprechende Intention sozial konstruiertes und somit geteiltes Wissen besteht. Denn Emotionen sind nicht nur physiologisch bedingt, sondern auch kulturabhängig, insofern sie auf kulturell bedingten Weltvorstellungen und Wertschätzungen basieren. Die Kultur stellt dem Sprecher sozial anerkannte Verhaltensmuster bereit, die jeweils als situationsangemessen gelten und die Herausbildung bestimmter Emotionen fördern. Zur wechselseitigen Beziehung zwischen Emotionen und Kognitionen vgl. Schwarz-Friesel (2007).

4 Nach Petrus (2009: 15–16) ist nicht tatsächliches, sondern lediglich „normatives" Verstehen (durch konventionale Explizitheit Verstehen garantieren) Voraussetzung für den Vollzug eines illokutionären Akts.

führt? Besteht tatsächlich eine kausale Relation zwischen dem Akt des Äußerns und der Perlokution?

Der Status perlokutionärer Akte ist bereits bei Austin problematisch. Es sind einerseits vom Sprecher verursachte Akte, andererseits ist für ihre Ausführung nicht der Sprecher verantwortlich. Die Beteiligung des Hörers an einem perlokutionären Akt beschränkt sich nicht auf die passive Reaktion auf das Gesagte, beispielsweise auf das Verstehen des Gesagten (vgl. Gu 1993). Die kommunikative Beeinflussung des Hörers ist zwar nur dann möglich, wenn die Proposition einer Äußerung und die Intention des Äußernden – etwa über logische Schlüsse bzw. Implikaturen – verstanden werden (vgl. Austin 1973: 110–111). Eine Perlokution muss aber keine direkte Folge eines lokutionären und eines illokutionären Akts sein (vgl. Marcu 2000: 1722–1724). Insbesondere das Gelingen des illokutionären Akts bildet keine notwendige Bedingung für den perlokutionären (vgl. Austin 1973: 113); vielmehr kann oft „erst die Perlokution [...] Illokution und Proposition *intersubjektiv*, das heißt für beide Seiten, *fest*stellen" (Feilke 1996: 149). Sozial sanktionierte Feststellungen der propositionalen Bedeutung und illokutionären Funktion von Äußerungen können sich erst als Resultat von Sprechhandlungen herausstellen.

Die notwendige Bedingung für den perlokutionären Akt, der durch eine Äußerung auftritt, ist, dass Perlokutionen „always include some consequences" (Austin 1973: 107), z.B. dadurch, dass ich jemandem zu schweigen befehle, bringe ich ihn zum Schweigen; dadurch, dass ich ihn duze, beleidige ich ihn; dadurch, dass ich ihn zum Kaffee einlade, mache ich ihm Freude. Es sind jeweils kausale (natürliche) Konsequenzen einer Sprechhandlung, die beim Hörer auftreten (vgl. Austin 1973: 111), und diese können nach Austin vom Sprecher intendiert sein oder auch nicht (vgl. Austin 1973: 105)[5]. Eine nicht intendierte Wirkung könnte u.U. etwa die folgende sein: „by saying that I am a friend of Chomsky's, I convince you that I am a pathological liar" (Kissine 2013: 12).

Als perlokutionärer Effekt im ersten Beispiel, d.h. bei der Aufforderung zum Schweigen, tritt allerdings eine doppelte Handlung auf: Bevor der Hörer zu schweigen beginnt, wird er vom Sprecher davon überzeugt, dass dieses Verhalten notwendig ist. Erst durch die Beeinflussung der Einstellungen des Hörers kommt der „sichtbare" Effekt der Sprechhandlung zustande[6]. Das Schweigen ist also eine Folge des Überzeugt-Werdens. Möglich ist, dass der Hörer sich nicht überzeugen

---

5 Anders argumentieren Bach/Harnish (1979), die als konstitutiv für den perlokutionären Akt die vom Sprecher intendierte Wirkung einer Äußerung erachten.
6 Zu Perlokutionen als „objektiven" Veränderungen der äußeren Welt vgl. Gu (1993: 422), Kurzon (1998: 574).

lässt und gegen die Sprecherintention handelt, aber auch in diesem Fall gehört das Nicht-Überzeugt-Werden zur Perlokution des Sprechakts, die von Kissine (2013: 14) wie folgt verstanden wird: „[...] as long as an event is caused by an utterance it can be described as a perlocutionary effect, and the causal relation (together with the relata) as a perlocutionary act". Diesem Ansatz sind die folgenden Ausführungen verpflichtet. Das Beispiel des Zum-Schweigen-Bringens kann in diesem Sinne wie folgt beschrieben werden: Wer die Handlung des Schweigens ausführt, ist der Hörer, nicht der Sprecher. Aus dieser auf Gu (1993) zurückgehenden Beobachtung darf aber nicht geschlossen werden, dass es der Hörer ist, der den perlokutionären Akt ausführt[7]. Es ist jeweils der Sprecher, der den Hörer zum Schweigen bringt oder nicht, bzw. ihn davon überzeugt oder nicht. Die Perlokution wird ebenso wie die Illokution interaktiv vollzogen.

Searle (1973) hat diese Dimension von Sprechhandlungen weitgehend außer Acht gelassen. Perlokutionen als Wirkungen von Sprechhandlungen wurden von ihm programmatisch aus dem Interessengebiet der Sprechakttheorie ausgeschlossen, weil sie lediglich hörerseits auftretende Effekte – seien es intendierte oder nicht intendierte – einer Sprechhandlung sind, die außerdem nicht regelmäßig auftreten bzw. nicht in jedem Fall mit einer Äußerung verknüpft werden können (Searle 1973: 73). Insofern sie sich auf das Verstehen der Sprecherintention beziehen, können sie nach Searle (1973: 74–75) als illokutionäre Effekte aufgefasst werden. Auch diese Effekte stellen Akte des Hörers (wie die perlokutionären) dar, hängen aber direkt vom Erkennen der Sprecherintention ab[8]. Die perlokutionären Effekte können dagegen vom Sprecher nur eingeschränkt beeinflusst werden: Sie werden durch seine Äußerung lediglich veranlasst, keineswegs aber regelmäßig bestimmt. Sie seien somit keine Sprechakte, sondern allenfalls „Hörakte", die systematisch kaum zu erfassen seien, denn im Unterschied zu regelgeleiteten illokutionären Akten seien sie höchstens durch Konventionen bestimmt[9], denen keine konstitutiven Regeln zugrunde lägen (vgl. Searle 1973: 113)[10].

---

[7] Diese Ansicht wird von Kissine (2013) mit Recht als Fehler betrachtet, denn „when two events are causally related, the availability of a description of these two events as a single action depends on the possibility of describing the first event as an action, not on the impossibility of describing the second one as an action" (Kissine 2013: 13).
[8] Anders werden die beiden Arten von Effekten bei Petrus (2002: 11–13) unterschieden. Illokutionen lassen sich seiner Meinung nach allein dadurch vollziehen, dass der Sprecher auf konventionale Weise deutlich macht, dass er sie vollziehen möchte.
[9] Perlokutionäre Effekte können auch nicht konventioneller Art sein, während illokutionäre jeweils durch sprachliche Regeln sichergestellt werden.
[10] Zur Diskussion des Ansatzes von Searle vgl. auch Henn-Memmesheimer (2006: 202–203).

Anders lässt sich die Position Searles (2010) interpretieren. Während der illokutionäre Akt durch konstitutive Regeln mit einer Äußerung verbunden und durch die Rekonstruktion subjektiver Intentionen erklärbar ist, werden die Rahmenbedingungen für diese Akte durch gesellschaftliche Strukturen und das Wissen um diese Strukturen geschaffen. Es ist das kollektiv geteilte Wissen, dass sich auf kollektive Intentionen zurückführen lässt, die allerdings nicht auf individuelle Intentionen reduzierbar sind: „It is only in virtue of collective recognition that this piece of paper is a twenty-dollar bill, that Barack Obama is president of the United States, that I am a citizen of the United States, that the Giants beat the Dodgers three to two in eleven innings, and that the car in the driveway is my property" (Searle 2010: 8). Die kollektiven Intentionen können individuelle Handlungen *regeln*, insofern diese auf Kooperation angewiesen sind. Hier eröffnet m.E. Searles Konzeption der *We-Intentions* einen Spielraum für die sprachwissenschaftliche Modellierung der Perlokutionen, die aufgrund gemeinsamen Wissens als Effekte von Sprechhandlungen vom Hörer vollzogen und vom Sprecher antizipiert werden können. Dabei ist anzunehmen, dass die perlokutionären Effekte umso vorhersagbarer sind, je stärker eine sprachliche Handlung institutionell abgesichert ist (wie etwa in Tauf-, Heirats- oder Kaufsituationen).

An dieser Stelle sei noch bemerkt, dass Austins Konzeption der Sprechakte als handlungstheoretische Weiterführung des Bühlerschen Zeichenmodells verstanden werden kann[11]. Bühler (1934) wies darauf hin, dass sprachliche Bedeutungen nicht nur die „objektiven" Tatsachen in Form von Propositionen symbolisch darstellen, sondern auch die nichtpropositionalen Einstellungen gegenüber diesen Tatsachen, d.h. Gefühle und Handlungsintentionen, mit einbeziehen. Entsprechend den Bühlerschen Funktionen von sprachlichen Zeichen – und von Sprache, die von Bühler auch als Handlung konzipiert wurde – erfüllt der lokutionäre Akt eine symbolische Funktion, der illokutionäre eine symptomische bzw. eine expressive und der perlokutionäre eine appellative bzw. eine impressive Funktion. Diese Uminterpretation des Organonmodells ist dem Bühlerschen Denken insofern nicht fremd, als Bühler selbst, obwohl er keine Sprechhandlungstheorie aufstellte, auch darauf hinwies, dass sprachliche Bedeutungen in kommunikativen Interaktionen hervorgebracht werden, und folglich „den

---

[11] Die Idee, das Bühlersche Zeichenmodell als Modell kommunikativer Handlung umzuinterpretieren, geht auf Hermanns (1995) zurück, der allerdings lediglich die Triade Kognition–Emotion–Volition und nicht das sprechakttheoretische Paradigma für die Diskussion heranzieht. Unter Berufung auf Bühlers Paradox „Ein Zeichen ist drei Zeichen" entwickelt Hermanns (1995) seine Konzeption dreier Dimensionen der lexikalischen Bedeutung, die er später diskursanalytisch umformuliert (vgl. z.B. Hermanns 2005).

Ursprung der Semantik nicht beim Individuum, sondern bei der Gemeinschaft" (Bühler ³1965: 38) identifizierte. Nicht zuletzt mit seiner These von der sozial begründeten Semantizität der Sprache hing auch seine Forderung zusammen, Bedeutungen als soziale Entitäten im Rahmen einer Sprechakttheorie zu untersuchen – ein Postulat, dem die traditionelle Sprechakttheorie nicht gewachsen war, das aber in diskurslinguistischen Untersuchungen Geltung gefunden hat (vgl. z.B. Spieß 2011, Topczewska 2012b).

3 Was konstituiert einen aggressiven Sprechakt?

Sprachliche Aggression ist ein sozialer Akt, der durch eine Sprechhandlung zustande kommt und mit einer feindlichen Intention ausgeführt oder von Rezipienten des Sprechakts als feindlich interpretiert wird bzw. werden kann. Im letzteren Fall bleibt die feindliche Sprecherintention zwar aus, der Rezipient fühlt sich aber angegriffen (sozial geschädigt bzw. eingeschränkt) und ggf. zu aggressivem Verhalten veranlasst[12].

In Anschluss an Motsch/Pasch (1986) sollen hier folgende Merkmale als konstitutiv für einen aggressiven Sprechakt angenommen werden:
- Aktivität des Handelnden (Handlung im engeren Sinne);
- Zielgerichtetheit (Handlungsintention);
- Kontextbedingungen, die die Intention realisierbar machen (Handlungskontext);
- Konsequenzen der realisierten Intention, also die beabsichtigte und die tatsächliche Reaktion des Hörers auf die Handlung und Handlungsintention des Partners (Handlungswirkung).

Die Handlung im engeren Sinne entspricht der Austinschen Lokution; Handlungsintention und Handlungswirkung sind dagegen die wichtigsten Elemente der Illokution bzw. der Perlokution. Motsch/Pasch (1986) nehmen an, dass die Handlungsintention rational begründet sei, d.h. der Handelnde müsse überzeugt sein, dass die Handlungsbedingungen hinlänglich erfüllt seien und die Handlung im gegebenen Kontext zum beabsichtigten Ziel führen könne:

> „Mit einer illokutiven Handlung unterbreitet der Sprecher dem Hörer ein Koordinationsangebot. Er berücksichtigt dabei bestimmte soziale und individuelle Bedingungen der

---

[12] Zu Begriff und typischen Ausdrucksformen sprachlicher Aggression vgl. z.B. Kiener (1983), Hundsnurscher (1997), Bonacchi (2012).

Handlungsbeteiligten und übernimmt oder erteilt Verpflichtungen bezüglich der Konsequenzen seines Angebots. Hält sich ein Sprecher aufrichtig und korrekt an die mit dem Typ der illokutiven Handlung verbundenen Bedingungen und Konsequenzen, muss ein direkt angesprochener Hörer auf das Angebot reagieren, es sei denn, er gibt zu erkennen, daß er kooperationsunwillig ist" (Motsch/Pasch 1986: 25).

Die Reaktion des Hörers wird durch seine eigene verbale oder nonverbale Äußerung mitgeteilt. Darin manifestieren sich die durch den Sprecher hervorgerufenen Kognitionen, Emotionen und Handlungsintentionen, also die perlokutionären Effekte der Äußerung des Sprechers, deren Bedeutung erst im Lichte der Antwort des Hörers vervollständigt wird, indem unter Bezugnahme auf die im Kontext disambiguierte propositionale Bedeutung und die ebenso kontextuell bedingte kommunikative Funktion (illokutionäre Bedeutung) der Äußerung ihre soziale Wirkung (perlokutionäre Bedeutung) erschlossen wird.

Als ausschlaggebend für die Konstitution eines Sprechakts wird traditionell die Sprecherintention angenommen, die die illokutionäre Bedeutung der Handlung bestimmt und in indirekten Sprechakten wie dem folgenden Beispiel implizit ausgedrückt wird.

Professor A zum Kollegen B:
A: Weißt du, wo ich Informationen zu dieser Frage finden kann?
B: Hm, einige Angaben bietet ja schon das Lexikon X.
A: Aha! Wie heißt dieses Lexikon genau?
B: (überrascht): Was, das kennst du nicht? Ich dachte, das benutzt du längst.
 +> Das musst du doch kennen, du Idiot.
A: Nein, das kenne ich nicht.

Bs zweite Äußerung ist aufgrund ihrer illokutionären Bedeutung eindeutig als aggressiver Sprechakt anzusehen, wobei es sich um eine verdeckte Aggression handelt, die durch die Rekonstruktion der konversationellen Implikatur offengelegt werden muss. Der Hörer hat auf die Implikatur nicht reagiert, auch wenn er sie möglicherweise erkannte. Seine Antwort verrät auch nicht, inwiefern seine emotionale Einstellung zu B durch Bs Äußerung beeinflusst wurde, ob er wütend, verletzt oder verunsichert ist. Was er mit der Antwort zeigt, ist lediglich, dass er den Vorwurf Bs zur Kenntnis genommen hat und trotzdem das Gespräch höflich weiterführen will. Ein Vorwurf als Ausdruck der Verärgerung über einen Sachverhalt ist eine Art Aufforderung, sich zu entschuldigen oder sich zu rechtfertigen, was ggf. zu Gegenvorwürfen führt (vgl. Hundsnurscher 1997: 366), aber der intendierte Effekt tritt im obigen Beispiel nicht ein, und die Perlokution der analysierten Äußerung Bs ist mit keiner Aggression verbunden.

Dass die Perlokution einer Äußerung ihrer Illokution nicht notwendigerweise oder nicht vollständig entspricht, zeigt auch das folgende Beispiel auf, das kommunikative Interaktionen im Kontext eines Vortrags wiedergibt und vor allem aufgrund seiner perlokutionären Bedeutung als aggressiver Sprechakt zu klassifizieren ist.

Während des Vortrags korrigiert der Zuhörer A einen Fehler des Referenten:
A (in guter Absicht): Ich glaube, Ihre Angabe ist nicht ganz zutreffend, der Ausländeranteil in Deutschland beträgt eher neun als acht Prozent.
B (scherzhaft): Es gibt einen Ausdruck für solche Typen wie dich: Besserwisser!
A (beschämt): Ich wollte mich wirklich nicht besserwisserisch verhalten!
B: Keine Sorge, das war nur als Scherz gemeint! Besserwisserisch bin ich manchmal selber.

Die erste Äußerung von B wirkt aggressiv und verletzt den Hörer, obwohl der Sprecher keine solche Intention hatte. Da sich der Hörer A verletzt fühlt, erzählt er das Erlebnis weiter, und sein Kollege C, der bei dem Vortrag nicht anwesend war, fragt später den Sprecher B:
C: Stimmt es, dass du A beschimpft hast?
B: Nein, ich habe ihn nicht beschimpft, nur einen kleinen Scherz gemacht, der ihn sehr betroffen gemacht hat. Ich habe ihn getröstet, so gut ich konnte.
C: Es ist gut, dass du diesen Scherz gemacht hast. A braucht manchmal einen Dämpfer.

Die Perlokution der scherzhaften Äußerung von B (Verletzung des Selbstgefühls des Hörers, Beschädigung seines Images in der Gruppe) bildet sich zunächst im Bewusstsein des Adressaten heraus und betrifft seine Einstellungen: Kognitionen (Erkennen des eigenen Fehlverhaltens), Emotionen (Beschämung) und Handlungsintentionen (der Wille, sich für die geäußerte Korrektur zu rechtfertigen). Erst daraus folgen weitere Reaktionen des Hörers (seine Entschuldigung, das Weitererzählen des Erlebnisses, zukünftiges bescheideneres Auftreten) und die Reaktionen seiner Kollegen (klärendes Gespräch, Lob für B). Insbesondere im Falle einer öffentlichen Beschimpfung/Beleidigung bzw. Beleidigung in Abwesenheit des Opfers ist die Reaktion anderer Individuen für den perlokutionären Akt von Bedeutung, z.B.: „Wird jemand öffentlich beschimpft, so können die Chancen dieser Person ernstgenommen zu werden, u.U. sinken, auch wenn sie die Beschimpfung nicht als solche versteht" (Luginbühl 1999: 80).

Verzichtet man wie Searle auf die Einbettung von Sprechakten in den interaktiven Zusammenhang eines kommunikativen Handelns, sind Perlokutionen für eine linguistische Analyse uninteressant. Berücksichtigt man aber auch die Hörerreaktion als handlungskonstituierend, müssen die durch eine Äußerung beim Hörer verursachten Effekte mit zur Äußerungsbedeutung gerechnet werden. Diese Erkenntnis hat erhebliche methodologische Konsequenzen für die

Klassifikation eines Sprechakts: Nicht nur die illokutionäre Bedeutung ist hierfür ausschlaggebend, sondern auch die sich aus der Reaktion des Hörers ergebende perlokutionäre Bedeutung. Die Reaktion ist dabei kein willkürlicher, sondern ein weitgehend konventioneller Akt, dessen konstitutive Regeln zwar nicht genuin sprachlich, wohl aber sozial etabliert sind.

4 Aggression als perlokutionärer Effekt

Kommunikative Handlungen haben zum Ziel, eine Reaktion bei den Adressaten dadurch hervorzurufen, dass die Adressaten die kommunikative Intention des Handelnden bzw. das Ziel seiner Äußerung erkennen. Erkannt werden soll vor allem, dass die Äußerung auf sie bezogen ist und dass mit der Äußerung eine Wirkung auf sie beabsichtigt wird. Ob die kommunikative Funktion der Äußerung entsprechend der Sprecherabsicht erkannt und die beabsichtigte Reaktion des Hörers herbeigeführt wird, kann von verschiedenen Faktoren abhängen. Im Folgenden sollen einige Fälle besprochen werden, in denen die Illokution und die Perlokution dadurch divergieren, dass Sprecher und Hörer unterschiedliche Handlungskonventionen anwenden. Es wird eine Reihe von Sprechakten analysiert, die eine wütende (oder traurige) Reaktion beim Hörer hervorrufen, obwohl sie vom Sprecher harmlos gemeint waren, zum Beispiel:

1. überschwängliches Lob (etwa *Du sprichst besser Englisch als ich,* gesagt vom native speaker zum Anfänger) kann vom Hörer als Spott aufgefasst werden und eine aggressive verbale (oder nonverbale[13]) Abwehrreaktion auslösen wie etwa *Lass mich in Ruhe, Willst du mich verarschen?*;
2. ein Scherz kann als Angriff empfunden werden und den Hörer zu einer ironischen, ebenfalls aggressiven Antwort vom Typ *Wirklich lustig, Sehr witzig, Ha, ha, Find ich gar nicht witzig* veranlassen, auch wenn der Sprecher keine beleidigende Intention hatte;
3. Anweisungen sowie empathische Bemerkungen über das Aussehen oder Verhalten des Anderen vom Typ: *Du siehst müde aus, Kannst du dir nicht was anderes leisten als Aldi, du Arme?, Du bist so schweigsam* können als Kritik verstanden werden und Reaktionen vom Typ *Was für eine Unterstellung?,*

---

[13] Perlokutionäre Effekte verbaler Akte können mit denen nonverbaler Handlungen korrelieren. Sich umdrehen und wortlos weggehen hätte im vorgegebenen Kontext dieselbe Abwehrwirkung wie die angeführten verbalen Antworten.

Was erlaubst du dir eigentlich?, Was geht dich das an?, Das ist ja wohl meine Sache hervorrufen;

4. Ratschläge können als Besserwisserei aufgefasst werden und Verletzung oder Verunsicherung auslösen, was Antworten wie *Du traust mir wohl gar nicht zu, das selbst zu entscheiden, Glaubst du, das weiß ich nicht selbst?, Meinst du?* signalisieren;

5. angreifende Fragen wie: *Kennst du das Lied nicht? Es ist so verbreitet* sind vom Sprecher oft als purer Ausdruck des Erstaunens (allerdings ohne Einfühlung in den Partner) gemeint, werden vom Hörer aber als Vorwurf empfunden und fordern ihn zu Antworten wie *Glaubst du etwa, jeder muss das kennen, was du kennst?* heraus;

6. Erzählungen von Kuriosa können vom Sprecher zur bloßen Unterhaltung vorgebracht, vom Hörer aber als Zeichen dafür interpretiert werden, dass der Sprecher sich als belesener, gebildeter, welterfahrener, weitgereister o.ä. darstellen will.

Es kann sein, dass der jeweils angegebene perlokutionäre Effekt dadurch eintritt, dass 1) der Sprecher den Hörer vorher schon öfter kritisiert, ausgelacht, verunsichert, herabgesetzt u.ä. hat, 2) dass der Hörer öfters Erfahrung mit den gegebenen Sprechakten gemacht hat, wenn vorher eine angespannte Stimmung herrschte, 3) dass der Hörer übersensibel ist oder auch 4) dass die harmlosen Äußerungen mehrmals den Anfang eines Konflikts bildeten. Im Kontext, und nicht in der Sprechhandlung selbst, ist dann die Bedingung dafür gegeben, dass eine Äußerung als aggressiv interpretiert wird und der Hörer sich folglich betroffen, verärgert, bedroht, verletzt, verunsichert oder beschämt fühlt[14].

Der jeweilige perlokutionäre Effekt macht die perlokutionäre Bedeutung der gegebenen Äußerung aus. Der semantische Status dieser Bedeutung resultiert daraus, dass sie sich als konstitutiv für die Bedeutung von Äußerungstoken im Sinne von Levinson (2000) bzw. für die Sprecherbedeutung im Sinne von H.P. Grice (1968) erweist. Perlokutionen als Bedeutungen, die auf bestimmte kommunikative Kontexte verweisen bzw. diese evozieren, gehören offensichtlich zur Pragmatik, ihre systematische Rekonstruktion könnte aber – parallel zur Rekonstruktion lexikalischer Bedeutungen durch Rückgriff auf Sprecherbedeutungen – auch durch eine diskursiv begründete, allerdings nicht auf der

---

[14] Alle diese Gefühle sind typische Wirkungen aggressiver Handlungen. Eine perlokutionäre Äußerungsbedeutung kann mit der Zeit so weit konventionalisiert werden, dass die jeweilige Äußerung als Routineformel zum Ausdruck dieser Gefühle lexikalisiert wird. Zu Routinisierungsprozessen am Beispiel der Tropik vgl. Topczewska (2012a: 165–171).

Wortebene verbleibende, sondern auf der Ebene der Sprechakte ansetzende und im Sinne von Hermanns (1995 und 2007) verstandene Semantik geleistet werden.

5 Fazit

Perlokutionen sind ebenso wie Illokutionen kein Bestandteil von Sprache, wohl aber ein Aspekt ihrer Verwendung im kommunikativen Zusammenhang. Das, was ein Sprecher *mit* einer sprachlichen Äußerung beim Kommunikationspartner erreichen will, versteht die Sprechakttheorie als Illokution; das, was *durch* die Äußerung beim Kommunikationspartner tatsächlich bewirkt wird (gemäß der kommunikativen Intention des Sprechers oder auch gegen diese Intention), ist entsprechend den obigen Ausführungen als Perlokution zu verstehen.

Aggressive Sprechakte können in gleichem Maße durch Sprecher wie durch ihre Rezipienten und durch den Kontext bedingt sein. Sie konstituieren sich durch eine Wechselbeziehung zwischen den Interaktionspartnern: Sprecher geben jeweils einen Anlass zur aggressiven Interpretation ihrer Äußerung – möglicherweise allein durch den Akt des Sprechens[15] – auch unabhängig davon, ob der Äußerung tatsächlich eine ablehnende oder feindliche Intention zugrunde liegt oder nicht, und ggf. ob sie direkt (offene Aggression) oder indirekt (versteckte Aggression) ausgedrückt wird. Im Falle vorhandener feindlicher Intention kann der perlokutionäre Effekt hinzutreten, allein die Feststellung dieser Intention ist aber ausreichend, um von einem aggressiven Sprechakt reden zu können. Das Nichtvorhandensein einer feindlichen Sprecherintention schließt aber nicht aus, dass der Sprechakt trotzdem als Akt verbaler Aggression verstanden wird.

Bei der Identifikation aggressiver Sprechakte muss also eine Sprechhandlung in ihrer Gesamtheit betrachtet werden. Für ihre Feststellung kann sowohl die Lokution als auch die Illokution und Perlokution eines Sprechakts entscheidend sein. Zu den Indikatoren der Aggression auf der lokutionären Ebene gehören etwa aggressive Lexik (Vulgarismen, Schimpfwörter, Herabwürdigungen, Tabubrüche), aggressive Intonation oder aggressive Gesten. Die Lokution allein entscheidet aber noch nicht über die Zugehörigkeit zu den aggressiven Sprechakten.

---

15 Vgl. etwa das Beispiel von Kissine (2013: 14): „[...] it is easy enough to imagine a context in which an utterance has causal effects because of its linguistic structure: that is, qua phatic act (and independently of its meaning or force). For instance, during World War II, there were plenty of circumstances in which (over)hearing a sentence in German caused fear in French people independently of what was said; being frightened was, in such cases, a perlocutionary effect of the utterance's linguistic properties".

Selbst vulgäre Äußerungen müssen nicht notwendigerweise mit einer feindlichen bzw. als feindlich interpretierten Intention und einer entsprechenden Reaktion des Hörers korrelieren. Es gibt zwar gesellschaftliche Konventionen, die Maßstäbe für eine sozial akzeptierbare Interpretation festlegen, aber die Konventionen können je nach sozialer Gruppe variieren. Aggression ist in diesem Sinne ein soziales Phänomen. Aggressive Sprechakte stellen dementsprechend ein interaktives Phänomen dar, und es sind letzten Endes die Interaktanten, die durch Äußerungen in bestimmten Kontextbedingungen Aggression ausdrücken (Illokution) oder zur Aggression veranlasst werden (Perlokution).

Ausschlaggebend für die Begriffsbestimmung aggressiver Sprechakte scheint die Reaktion des Hörers zu sein. Wenn die illokutionäre Funktion einer Äußerung von ihm missverstanden und der Äußerung ggf. auch entgegen einer individuellen Handlungsintention eine aggressive Funktion zugeschrieben wird, glückt ein gut gemeinter Sprechakt wie Lob, Scherz, empathische Bemerkung, Anweisung, Ratschlag nicht, sondern es wird vom Sprecher lediglich versucht, einen solchen Akt durchzuführen. Was dagegen tatsächlich kommunikativ vom Sprecher geleistet wird, ist ein Aggression auslösender Akt, vorausgesetzt, dass sich der Hörer kooperativ verhält und seine Reaktion von den geltenden kollektiven Konventionen und Erwartungen nicht erheblich abweicht. Denn potentiell jede Äußerung kann aufgrund einer mangelnden Kompetenz in Bezug auf das kulturelle Wissen, einer falsch eingeschätzten Empfindsamkeit des Interaktionspartners oder einer anderen Einschätzung kontextueller Faktoren als aggressiv bzw. Aggression auslösend interpretiert werden. Aber nur eine Interpretation, die den Searleschen We-Intentions bzw. kollektiven Denk-, Fühl- und Wollensweisen Rechnung trägt, kann soziale Geltung beanspruchen. Andererseits entscheidet nicht das beabsichtigte, sondern das tatsächlich erreichte Handlungsresultat über die perlokutionären Effekte einer Sprechhandlung und somit über das Gelingen einer Illokution.

Perlokutionen, die aufgrund der kollektiven Intentionen auf geregelte Weise durch Äußerungen ausgelöst werden, beziehen sich nicht nur auf das Gesagte, sondern auch auf Parameter der jeweiligen Handlungssituation, z.B. das Eingeständnis des Beleidigtseins, also die gelungene Beleidigung, kategorisiert eine Person neu und kann auch weiter funktionalisiert werden, etwa zum Aufbau von Misstrauen, Schüren von aggressiven Gefühlen usw., wobei dieselbe sprachliche Kategorisierung der Perlokution in bestimmten Kontexten auch positiv gewertet werden kann, z.B. als Wille zur Konfliktverarbeitung, Zivilcourage, Aufgeschlossenheit u.ä. Situationelle Umstrukturierungen dieser Art sind offenbar kein Bestandteil von Äußerungen als Sätzen, wohl aber von Diskursen, in denen die Äußerungen vorkommen und die kollektive Denk-, Fühl- und Wollensweisen in der Serialität der sie zum Ausdruck bringenden sprachlichen Phänomene aufzeigen.

Literatur

Austin, John L. (1973): *How to Do Things with Words*. Cambridge, MA: Harvard University Press.
Bach, Kent/Harnish, Robert M. (1979): *Linguistic Communication and Speech Acts*. Cambridge et al.: MIT Press.
Bonacchi, Silvia (2012): „Zu den idiokulturellen und polykulturellen Bedingungen von aggressiven Äußerungen im Vergleich Polnisch – Deutsch – Italienisch". In: Magdalena Olpińska-Szkiełko/Sambor Grucza et al. (Hgg.): *Der Mensch und seine Sprachen*. Festschrift für Professor Franciszek Grucza. Frankfurt a.M. et al.: Lang, 130–148.
Bühler, Karl (1934): *Sprachtheorie. Die Darstellungsfunktion der Sprache*. Jena: Fischer.
Bühler, Karl (1927/³1965): *Die Krise der Psychologie*. Stuttgart: Fischer.
Caprara, Gian Vittorio/Pastorelli, Concetta (1989): „Toward a Reorientation of Research on Aggression". In: *European Journal of Personality* 3, 121–138.
Ermen, Ilse (1996): *Fluch–Abwehr–Beschimpfung. Pragmatik der formelhaften Aggression im Serbokroatischen*. Frankfurt a.M. et al.: Lang.
Feilke, Helmuth (1996): *Sprache als soziale Gestalt. Ausdruck, Prägung und die Ordnung der sprachlichen Typik*. Frankfurt a.M.: Suhrkamp.
Grice, Herbert P. (1968): „Utterer's Meaning, Sentence-Meaning and Word-Meaning". In: *Foundations of Language* 4, 225–242.
Gu, Yueguo (1993): „The Impasse of Perlocution". In: *Journal of Pragmatics* 20, 405–432.
Havryliv, Oksana (2009): *Verbale Aggression. Formen und Funktionen am Beispiel des Wienerischen*. Frankfurt a.M. et al.: Lang.
Henn-Memmesheimer, Beate (2006): „Zum Status perlokutiver Akte in verschiedenen sprachwissenschaftlichen Theorien". In: Kristel Proost/Edeltraud Winkler (Hgg.): *Von Intentionalität zur Bedeutung konventionalisierter Zeichen*. Festschrift für Gisela Harras zum 65. Geburtstag. Tübingen: Narr, 199–218.
Hermanns, Fritz (1985): „Sprechkrafttheorie. Zu einem Fall von Sprachmagie in der Sprachwissenschaft". In: *Grazer linguistische Studien* 23, 35–63.
Hermanns, Fritz (1990): „Innere Akte. Zu einer Neubegründung der Sprechakttheorie aus dem Geiste der Phänomenologie". In: *Zeitschrift für germanistische Linguistik* 18, 43–55.
Hermanns, Fritz (1995): „Kognition, Emotion, Intention. Dimensionen lexikalischer Semantik". In: Gisela Harras (Hg.): *Die Ordnung der Wörter. Kognitive und lexikalische Strukturen*. Berlin et al.: de Gruyter, 138–178.
Hermanns, Fritz (2005): „,Krieg gegen den Terrorismus'. Über die Bedeutungen des Wortes Terrorismus im Diskurs der Medien und Experten". In: Claudia Fraas/Michael Klemm (Hgg.): *Mediendiskurse. Bestandaufnahme und Perspektiven*. Frankfurt a.M. et al.: Lang, 142–168.
Hermanns, Fritz (2007): „Diskurshermeneutik". In: Ingo H. Warnke (Hg.): *Diskurslinguistik nach Foucault. Theorie und Gegenstände*. Berlin et al.: de Gruyter, 187–210.
Hundsnurscher, Franz (1997): „Streitspezifische Gespräche". In: Gerhard Preyer/Maria Ulkan et al. (Hgg.): *Intention–Bedeutung–Kommunikation. Kognitive und handlungstheoretische Grundlagen der Sprachtheorie*. Opladen: Westdeutscher Verlag, 363–375.
Kiener, Franz (1983): *Das Wort als Waffe. Zur Psychologie der verbalen Aggression*. Göttingen: Vandenhoeck & Ruprecht.
Kissine, Mikhail (2013): *From Utterances to Speech Acts*. Cambridge: Cambridge University Press.

Kurzon, Dennis (1998): "The Speech Act Status of Incitement: Perlocutionary Acts Revisited". In: *Journal of Pragmatics* 29, 571–596.
Levinson, Stephen C. (2000): *Presumptive Meanings. The Theory of Generalized Conversational Implicature*. London et al.: MIT.
Luginbühl, Martin (1999): *Gewalt im Gespräch. Verbale Gewalt in politischen Fernsehdiskussionen am Beispiel der „Arena"*. Frankfurt a.M. et al.: Lang (= Zürcher Germanistische Studien 54).
Marcu, Daniel (2000): "Perlocutions: The Achilles' Heel of Speech Act Theory". In: *Journal of Pragmatics* 32, 1719–1741.
Motsch, Wolfgang/Pasch, Renate (1987): „Illokutive Handlungen". In: Wolfgang Motsch (Hg.): *Satz, Text, Sprachliche Handlung*. Berlin: Akademie-Verlag, 11–79.
Petrus, Klaus (2002): „Was sind illokutionäre Akte?" In: *Linguistische Berichte* 190, 131–156.
Petrus, Klaus (2009): „Intention und Konvention in Sprechakten, neu überdacht". Online unter: http://www.meaning.ch/images/stories/NeuIntentionKonvention.pdf <15.09.2011>.
Peisert, Maria (2004): *Formy i funkcje agresji werbalnej. Próba typologii*. Wrocław: WUWr.
Schumann, Hanna Brigitte (1990): „Sprecherabsicht: Beschimpfung". In: *Zeitschrift für Phonetik, Sprachwissenschaft und Kommunikationsforschung* 43, 259–281.
Schwarz-Friesel, Monika (2007): *Sprache und Emotion*. Tübingen et al.: Francke.
Searle, John R. (1973): *Sprechakte. Ein sprachphilosophischer Essay*. Frankfurt a.M.: Suhrkamp.
Searle, John R. (1985): *Intentionality. An Essay in the Philosophy of Mind*. Cambridge: Cambridge University Press.
Searle, John R. (2010): *Making the Social World. The Structure of Human Civilization*. Oxford: Oxford University Press.
Spieß, Constanze (2011): *Diskurshandlungen. Theorie und Methode linguistischer Diskursanalyse am Beispiel der Bioethikdebatte*. Berlin, New York: de Gruyter.
Topczewska, Urszula (2012a): *Konnotationen oder konventionelle Implikaturen?* Frankfurt a.M. et al.: Lang.
Topczewska, Urszula (2012b): „Kognition–Emotion–Volition. Fritz Hermanns' Beitrag zur linguistischen Diskursanalyse". In: *Zeitschrift des Verbandes Polnischer Germanisten* 1, 386–398. Online unter: http://www.ejournals.eu/ZVPG/Tom-2012/Numer-4-(2012)/art <15.10.2014>.

Agnieszka Piskorska
On the strength of explicit and implicit verbal offences

A relevance-theoretic view

Abstract: This paper deals with the strength of verbal offence potentially experienced by recipients of offensive utterances, arguing that implicated offences may be perceived as stronger than those expressed explicitly. First, I explore the relationship between the linguistic form of an utterance, its interpretation and actually experiencing the perlocutionary effect of being hurt. Then I briefly discuss the various inferential processes postulated within Relevance Theory to account for the fact that the contextual interpretation of an utterance typically departs from the encoded linguistic meaning. Since such processes operate both on the level of explicature and implicatures, in the case of the former they may contribute to diluting the literally expressed insult, whereas in the case of the latter they often strengthen the effect on the addressee. The mechanism of "strong effect by means of weak implicatures" involves communicating an array of weak implicatures, which jointly evoke a strong impression. The point argued in this paper is complementary to the views expressed in (im)politeness studies, on which indeterminacy of implicatures lets the speaker avoid responsibility for potentially offensive content.

1 Introduction

Every utterance can perform a number of functions at the same time, some of which are fulfilled by the proposition communicated explicitly and others by the implicature(s) of the utterance. When Greg says to Inez

(1) *It is twenty past.*

the explicit content of his utterance informs her that the time is twenty minutes past the hour and the implicature may be a directive urging her to hurry up. The fact that the speaker's crucial point can be communicated implicitly rather than explicitly has been acknowledged within classical pragmatic theories, such as Grice's theory of implicatures (Grice 1989a, 1989b) or Speech Act Theory (Searle

1969). Yet, there seems to prevail an intuition that explicit communication is stronger than implicit communication. This could appear particularly true of utterances carrying offensive content: one feels tempted to think that using explicit derogatory terms or being overtly hostile should have a greater effect on the hearer than merely implying some aggressive message. This paper seeks to demonstrate that it need not be so that offensive words invariably carry serious offence and that implied content cannot be perceived as being very hurtful. For instance, calling someone "an idiot" does not have to be perceived as meaner than implying that the addressee is intellectually inept.

My other objective will be to account for this in terms of the relevance-theoretic model of communication on which both the explicit content of an utterance, referred to as explicature, and implicatures are arrived at by the hearer in the process involving spontaneous inference, with the utterance and contextual resources used as input in that process (Sperber/Wilson 1995). I shall try to establish which inferential processes operating within the explicature can be responsible for diminishing the strength of the apparently offensive message and which mechanisms may make an implicit offence hurtful. Assuming as Relevance Theory (RT) does that literalness and figurativeness form a continuum, the illustrative examples discussed below are closer to the literal end of the scale. They are not to be read as instances of teasing or banter, as this would require a separate treatment from the one offered here.

I propose to define verbal offence as an act of communication intended to be interpreted by the hearer as one that makes him/her experience a negative affective response, such as feeling hurt, humiliated, debased or in some other way degraded[1]. Verbal offence so conceived constitutes a subset of phenomena referred to by the umbrella term "impoliteness"[2], defined as the use of strategies designed to have the effect of social disruption, "...oriented towards attacking face" (Culpeper 1996: 350). The notion of face, originating from Goffman and described as "an image of self delineated in terms of approved social attributes"

---

[1] In line with most relevance-theoretic literature, my focus is on the comprehension process and the resulting set of mental representations entertained by the hearer. The perspective is therefore psychological rather than sociological and for this reason issues related to how impoliteness affects the interlocutors' social standing vis-à-vis each other, or how impoliteness can be used to exercise power in relationships (cf. Locher 2004, Wartenberg 1990) will not be discussed. My definition of causing verbal offence corresponds with that put forward by Vangelisti (2007: 122), who evokes hearers' feeling "hurt when they believe someone said or did something that caused them emotional pain".

[2] Impoliteness is also believed to arise out of ignorance of social norms, even if no intention to hurt the hearer is present on the speaker's side (cf. Culpeper 2011, Haugh 2013).

(Goffman 1967: 5) provided a foundation for much politeness and impoliteness research (e.g. Brown/Levinson 1987; Culpeper 1996, 2009, 2011; cf. also Bargiela-Chiappini/Haugh 2009). Apart from making an appeal to this notion, many works on (im)politeness (e.g. Haugh 2014) derive their theoretical claims from the distinction between explicit and implicit communication. Unlike Relevance Theory, which explains inferential communication in terms of recognising the speaker's intention, Haugh's (2013, 2014) approach relies more on the role of convention in conveying meaning and does not consider the recognition of a speaker's intention to be crucial for a(n) (im)politeness implicature to arise. In the discussion of the implicitly communicated offence, I shall consider the differences between the implications of the two alternative approaches.

It also has to be stated that this paper addresses a potential rather than real offensive power of utterances since to examine their real offensiveness it would be necessary to use them in authentic contexts. But even if this was done, for instance in a corpus study, some effects would certainly pass unnoticed, since individuals who get offended may choose to ignore the offence, or pretend to do so. On the other hand, the predictions on potential offensiveness seem to lend themselves to experimental testing, which may be attempted in the future as a follow-up to the present considerations.

The structure of the paper is as follows: section 2 explores the notion of verbal offence and its relationship to understanding communicated assumptions, section 3 revises the relevance-theoretic concepts of explicature, implicature and strength of communication, section 4 analyses examples of explicit and implicit offences assessing their potential impact on the hearer and at the same time attempting an explanation in terms of RT pragmatics. The last section presents some concluding remarks.

2 What it takes to be offended

It is a widespread intuition that understanding the speaker-intended content and force of an utterance does not automatically render communication successful because speakers aim not only to be understood but also to be believed, or to have the content of the utterance accepted by the hearer. The relationship between understanding and believing has been addressed within relevance-theoretic research on epistemic vigilance (Mascaro/Sperber 2009, Sperber et al. 2010), a suite of cognitive mechanisms guarding individuals against being misinformed or deceived. The issue of believing and accepting the proposition expressed by an utterance is to some extent analogous to experiencing a speaker-intended perlocutionary effect (Austin 1975). When performing a speech act meant to hurt, humiliate, offend, or in some other similar way negatively affect the hearer, the speaker succeeds insofar as the hearer understands the utterance and develops an affective response envisaged by the speaker, i.e. feels hurt, humiliated, offended and such like. Since hearers can be immune to verbal offence, understanding an utterance together with its force does not entail that the intended perlocutionary effect will take place. For instance, when a colleague of John's criticises his conference presentation by saying

(2) *Nobody could get what you were talking about*

although John understands the utterance and recognises his colleague's intention to humiliate him, he may still remain unaffected, either because he finds the utterance false and the criticism ill-founded, or, even if he thinks the criticism is deserved, because he does not care what the speaker thinks of him. Interestingly, the perlocutionary effect does not seem to hinge on believing the speaker: should the speaker succeed in hurting John, this may happen without John's believing that his talk was messy or unclear; in many cases recognising the speaker's intention to be hurtful suffices in making the hearer actually feel hurt. This does not appear to be a necessary condition either, as the hearer can also be offended by the content of the utterance, without representing the speaker-intended force of an utterance as a full-fledged mental assumption[3].

The picture sketched so far appears to be quite complex, then: for offence to take place, the hearer can, but does not have to accept the utterance as true and s/he can, but again, does not have to, overtly represent the speaker's offensive intention. But since this paper deals with the potential of communicated content for carrying offensive meaning, it does not seem necessary to tease apart all of the hearer's mental states that lead to them being offended. Instead, it suffices to observe two consequences that follow from the formulation "communicated content" if one accepts Grice's (1989c) and Sperber/Wilson's (1993, 1995) postulate that communication is intentional and overt: first, the intention to hurt the hearer has to be present and second, the utterance has to be understood. Thus,

---

[3] The idea that utterances can effectively communicate their illocutionary force without hearers forming a distinct mental representation of that force was put forward by Sperber and Wilson (1995), and developed by Blakemore (1999). Nicolle (2000), in turn, argues that recognising an utterance's force is crucial for complete understanding. Cf. also Grice's (1989c) considerations on the role of recognising the speaker's intentions in getting the hearer to entertain a response to an utterance.

this paper adopts a different perspective on what counts as an insult from that offered by Mateo/Yus (2013), who treat "underlying intentionality" and "understanding" as two criteria, which can be met or not, in their system of four parameters that give rise to the taxonomy of insults.

The presence of a derogatory term in an utterance, even if such a term refers to the hearer or predicates a quality of the hearer, does not necessarily testify to the presence of an intention to insult the hearer. Gibbs (2007) observes frequent occurrences of negative statements used to convey positive messages, such as "'Dumb bitch!' said to someone who just solved a difficult problem" (Gibbs 2007: 350) and analyses them as instances of jocularity, which according to Gibbs' approach is a subtype of irony. Mateo/Yus (2000, 2013) acknowledge that by producing an insult, speakers "paradoxically may want to praise" addressees or they "may wish to reinforce social bonding" (Mateo/Yus 2013: 95). To account for this paradox, the authors note that in some circles, using an overtly flattering expression would be against general rules of behaviour observed in these groups, therefore derogatory terms have taken over the function of expressing admiration, praise etc. Similarly, Croom (2013: 190) observes that the in-group use of slurs "carries with it a positive, non-pejorative meaning or significance when used by in-group speakers" and treats such uses as "mock impoliteness". Bianchi (2014) goes on to develop a relevance-theoretic analysis of appropriated slurs in terms of echoic use and dissociation, thereby proposing an account of mock impoliteness that parallels the RT approach to irony. Her theoretical proposal was however preceded by a more general relevance-theoretic account of banter in terms of pretence put forward by Nowik-Dziewicka (2012). The pretence-based account of mock impoliteness seems to be more appropriate than Bianchi's echoic account, since using appropriated slurs among group members bears little resemblance to irony. It should also be mentioned that other authors, e.g. Potts (2007), claim that derogatory terms may fail to carry offensive meaning because they generally lack propositional content. Being carriers of expressive content instead, they only serve the purpose of conveying the speaker's affect. This line of analysis is further developed in the RT framework by Blakemore (2011), who treats expressive meaning in non-conceptual terms.

Observations to the effect that implicit communication can have a strong negative impact on the hearer have also been put forward, mostly by researchers examining the effects of implicit criticism expressed by ironic utterances (Colston 1997, 2002; Colston/O'Brien 2000; Wilson 2006). In their view, advancing critical comments by means of irony enables the speaker to be more hurtful or hostile than s/he would otherwise be using literal criticism. The analogy between non-ironic utterances as discussed in this paper and ironic ones, however, does not extend beyond the level of effects, since irony relies on its own specific communicative mechanisms. More direct empirical support for the claims regarding the strength of implicit aggression put forward in this paper comes from a study by Leets/Giles (1997), who found that implicit racial offences are considered to be more hurtful in comparison to explicit offences when used in in-group interaction, whereas the opposite is true in interactions with non-members of the ethnic group targeted.

The relationship between offensiveness and explicitness/implicitness was also addressed within (im)politeness studies. The classical works on politeness (e.g. Brown/Levinson 1987) tended to associate politeness with indirectness, i.e. implicitness, and hence explicit face-threatening acts were considered more impolite and potentially offensive. This relationship was re-examined by Culpeper (2011: Chapter 5), who presented empirical data indicating that the most face-threatening acts were those which were at the same time indirect and unconventional. Terkourafi (2015) discussed analogical findings concerning politeness, and it can be concluded that both these studies lend some support to the point I am arguing in this paper – that implicit offences can be considered highly impolite or hurtful. Neither Culpeper (2011) nor Terkourafi (2015) discuss the implicitness-offensiveness relationship from a cognitive perspective, though.

Communicating potentially offensive content by implicatures is also a major topic dealt with by Haugh (2014), who adopts the Gricean (1989a, 1989b) and relevance-theoretic (Sperber/Wilson 1995) stance that implicatures can come with varying degrees of strength and determinacy (see section 3 below for details). The author posits that the indeterminacy of implicatures, i.e. the uncertainty as to whether some implicature is intended and what exactly it communicates affords the interlocutors a possibility of negotiating meaning and effectively diminishing the speaker's accountability for potentially offensive content. One of the examples used by Haugh to argue his point is the famous faint recommendation case originally put forward by Grice (1989a: 33)

(3) *Dear Sir, Mr. X's command of English is excellent, and his attendance at tutorials has been regular. Yours, etc.*

Written as testimonial for a candidate for an academic position, (3) clearly fails to provide a recommendation that could be considered adequate under the circumstances[4]. As pointed out by Capone (2009: 57), the most likely interpretation of (3) involves two implicatures: that the writer does not support the candidate's application for the job and that the writer thinks the candidate is not a very good

---

4 Cf. Wałaszewska (2002) on "damning by faint praise".

philosopher, both of which are to some extent indeterminate, since it is not clear what exactly the writer thinks about the candidate's qualifications and how committed she is to that opinion. In Haugh's (2014: 124) parlance "this indeterminacy affords the writer space in which to negotiate exactly what is meant by his testimonial at a later time if what he meant by it is brought into question. The writer could argue, if challenged, for instance, that he is not implying that Mr. X is a poor philosopher, but simply not saying he is a good philosopher". The view that the weak character and indeterminacy of impoliteness implicatures dilutes offensiveness will be readdressed in section 4.

At this point, it might be useful to systematise the notions of explicit and implicit verbal offence for the sake of the forthcoming analysis. Although using an overt derogatory term in an utterance is not a decisive indicator of an offensive intention, in many cases offensive words are deployed as genuine insults. The speaker can say (4) to express his/her disappointment and hurt the hearer

(4) *You are not helpless. You're simply stupid.*

There are also ways to be rude without using any vocabulary marked in a dictionary as derogatory. In such cases, illustrated with (5) and (6) below, the offence is still explicit, as the proposition expressed by an utterance carries a negative judgement about the hearer

(5) *You sing out of tune.*
(6) *This conversation is a waste of my time for me.*

A negative judgement can also be expressed as an implicature of an utterance

(7) a. *I will ask my mother to give you* her *recipe for apple cake.*
(7) b. implicature: *Your cake is horrible.*
(8) a. *It will surely be of interest to you that the book is available in paperback.*
(8) b. implicature: *The hearer's looks betray his low financial status.*

It has to be noted that explicit offences such as (4), (5) and (6) also carry negative implicatures which additionally contribute to the impact of these utterances. More precisely, then, the term "explicit offence" refers to acts conveying aggression at both the explicit and implicit levels. For the sake of brevity, however, I shall still refer to them as explicit offences in contradistinction to utterances like (7a) and (8a), whose main insulting power lies in their implicatures. Before I move on to elucidating differences between the comprehension mechanisms operating in the two groups, in the next section I shall provide a brief overview of the relevance-theoretic approach to explicit and implicit communication as well as offer some remarks on strong and weak communication.

3 Explicature, implicature and strength of communicated assumptions

Sperber/Wilson (1995) define an explicitly communicated assumption, referred to as explicature, as "a development of a logical form encoded by U" (Sperber/Wilson 1995: 182), where U is the utterance. An implicature, on the other hand, can be simply defined as an assumption which is communicated but not explicitly. In practical terms, explicatures are obtained partly by decoding the conventional meaning of words and structures and partly by inference, whereas implicatures are obtained only by inference. In comparison to the Gricean notion of "what is said", explicatures are believed to rely on inferential processes to a much greater extent. In their original formulation, Sperber/Wilson (1995: Chapter 4.3) mention three inferential sub-tasks involved in the recovery of an explicature, namely reference assignment, disambiguation, and enrichment operating on vague or indeterminate expressions, such as "will" (when?), or "too small" (for what?). As RT evolved, postulates were put forward to acknowledge the contribution of other inferential processes to explicitly communicated assumptions (Carston 1997, 1998; Wilson 2003; Wilson/Carston 2007). In the picture that has emerged, the process of concept adjustment is of particular importance for the present considerations and will be discussed below.

First of all, it has to be noted that concepts expressed as constituents of utterances may not strictly correspond to the encoded meanings of words used (cf. Carston 2002, Wilson 2003, Wilson/Carston 2007):

(9) *I'm reading a student's term paper.*

The conventional meaning of the relevant sense of the verb "to read" is to become familiar with content represented in graphic form. The meaning of the concept expressed in (9) is however more precise: the speaker is thinking of a specific kind of reading, one that requires special concentration and brings about effects that differ from reading, say, a tabloid. Therefore, it can be concluded that the communicated concept READ*[5] is narrower than the encoded concept "read" and

---

[5] The communicated concept, also referred to as an ad hoc concept as it is created in a particular

that to understand the speaker-intended explicature, the hearer has to recover the concept READ* in the process of inferential comprehension.

Some ad hoc concepts have broader, or looser denotations than their encoded counterparts:

(10) *My new TV set is flat.*

As of current technology, a TV set cannot be completely flat, but it can be FLAT*, i.e. of relatively small depth as compared to old type TV sets. Here, the communicated concept is conceived of more loosely than the encoded concept and it is the former that becomes part of the explicature.

Interestingly, lexical narrowing and broadening can operate on the same encoded concept within one utterance:

(11) *My cat is a dog.*

It can be argued that the communicated concept DOG* is in some ways broader and in some ways narrower than the encoded concept "dog". It is broader because it is predicated of a cat, so naturally its denotation goes beyond the biologically defined species, and it is narrower because the speaker's cat may not display all properties characteristics of dogs.

As is accepted within the RT framework (e.g. Carston 2002), communicated concepts almost invariably diverge from encoded concepts. It follows then, that word meanings as encoded in the mental lexicon rarely figure as constituents of utterances without any pragmatic modification. The extent of such modification, i.e. the degree to which an ad hoc concept departs from its encoded counterpart is constrained by the principle of relevance, the universal cognitive mechanism governing communication[6]. Besides, before a tentative interpretation is accepted by the hearer, it is verified by the epistemic vigilance mechanisms, which not only monitor for the interpretation being truthful but also for its being optimally relevant in the context of assumptions available to the hearer (Mazzarella 2013; Padilla Cruz 2012, 2013). Therefore, if an utterance is accepted as a whole, the

---

communication situation, is conventionally capitalised and marked with an asterisk.

6 Put informally, interpretation of utterances is geared towards the maximisation of relevance, i.e. obtaining an optimal balance between cognitive gains and the cost of processing information. The pursuit of relevance controls all the inferential mechanisms involved in comprehension. For fully formalised definitions see Sperber/Wilson 1995: Chapter 3.

meanings of individual ad hoc concepts communicated as constituents of the utterance are in a way sanctioned by epistemic vigilance mechanisms.

When speakers produce an utterance, they do not necessarily intend to assert the content of its explicature: we might say things we are not sure of, or not completely serious about. Take example (11) – even with the modified concept DOG* denoting some dog-like properties of a cat, the speaker may not wish to fully endorse the proposition expressed by the utterance, for example if his/her intention was to merely introduce some lighter tone into a conversation with a friend, who insisted that they did not like cats. The fact that there is a variety of propositional attitudes speakers can hold towards utterances and a variety of speech acts speakers can perform by means of them is captured in the RT framework as a construct called higher-level explicature, i.e. a description under which an explicitly expressed assumption can be embedded (Wilson/Sperber 1993, on propositional attitude cf. also Wilson 1994). When the speaker says P, the hearer can optionally (as long as it contributes to the overall relevance of the utterance) represent to himself a higher-level-explicature as below

(12) *The speaker says/believes/fancies/warns against etc. P*

Higher-level explicatures are developed fully inferentially and can accommodate a vast array of propositional attitudes and speech-act descriptions. As far as the former are concerned, they can range from full endorsement to complete dissociation, as in the case of a speaker saying "Exciting movie" ironically on walking out of the cinema half way through a boring movie. The issue of propositional attitude cannot be addressed in all its complexity here, suffice it to say that it is another inferential communication mechanism that affords the speaker a possibility of distancing him/herself from the literally expressed content.

As was mentioned above, implicatures are communicated assumptions constructed fully inferentially. As Sperber/Wilson (1995) point out, implicatures can vary in strength, from those strongly communicated by the speaker to those only marginally intended. When Antonio invites Inez to the cinema and she replies

(13) a. *I am busy tonight*

meaning that she will be BUSY* "doing something related to work" rather than BUSY** "going out with someone else", she is likely to be strongly implicating

(13) b. *I won't go to the cinema tonight.*

Possibly, albeit less strongly she may be implicating

(13) c. *I won't go out tonight.*

and still less strongly

(13) d. *I don't want to be disturbed.*

On the other hand, although (13e) corresponds with the reality, it is not even weakly intended by the speaker and is therefore an implication, not an implicature of (13a) (cf. Sperber/Wilson 2008):

(13) e. *I won't run a marathon tonight.*

As has been demonstrated above, both explicatures and implicatures communicated by an utterance involve a degree of indeterminacy. Whereas in the case of implicatures this seems to be expected, (cf. Grice 1989a, 1989b; Sadock 1978), explicit content is typically treated as determinate[7]. Let us dwell on the interpretation of (13a) stipulated above to explore this issue further. Assume that Inez is translating a book and that she still has a hundred pages to finish the job. At the moment when Antonio suggests going to the cinema she is not certain whether she will be translating in the evening or taking a nap, exhausted as she is by staying up late the previous night. Thus, what she communicates explicitly can be represented as follows

(13) f. *Inez weakly predicts that she will be BUSY* on the evening of the utterance*

where "Inez weakly predicts" is a higher-level explicature under which the basic explicature "she will be BUSY* on the evening of the utterance" is embedded. Note that there are at least two sources of indeterminacy within (13f): the ad hoc concept BUSY*, which may be used rather loosely to communicate that Inez won't be available (rather than merely engaged in some activity in accordance with the encoded meaning of "busy") and the expression of attitude, which is that of possibility rather than full support for the assumption so developed. On the other hand, implicature (13b) appears to be fully determinate, and indeed, it would be difficult to see how (13a) could achieve any relevance if the speaker did not intend to be fully committed to this implicature.

---

[7] Jodłowiec (2015: 111–112) expresses the opinion that the indeterminacy of explicatures is also commonly attested.

In many situations, however, a set of communicated implicatures does not include one that stands out from the others and makes the main contribution to relevance. What the speaker intends in such cases is rather to indicate a direction where the hearer should seek relevance rather than communicate a specific determinate implicature. For example, when answering a question about how she would like to spend her Christmas break, Inez replies

(14) *I would like to hibernate.*

Arguably, (14) communicates an array of weak and rather indeterminate implicatures, none of which may be even specifically represented in the hearer's mind. However, what these implicatures jointly communicate is sufficient to answer the question the speaker was asked. In Sperber/Wilson's (2015: 138) formulation, the processing of (14) evokes an impression – "a change in the manifestness of an array of propositions which all bear on our understanding the same phenomenon, answering the same question, or deciding on the same issue". Although each of the implicatures taken individually only marginally affects the hearer's representation of the world, they jointly produce fairly tangible effects and can provide a basis for the hearer's judgments and decisions.

Two preliminary conclusions can be drawn from the observations presented above. One is that the degree of explicitness does not correlate with the determinacy and strength of a communicated assumption: for some utterances, explicatures display relatively greater indeterminacy and are communicated more weakly than implicatures. The other conclusion is that when an utterance achieves relevance by communicating an array of highly indeterminate and weak implicatures, they can jointly have a fairly specific effect on the hearer. In both cases of implicit communication – that with one or a few strong implicatures and that with a vast number of weak ones, the hearer can experience a determinate and strong perlocutionary effect: Inez's implicit refusal in (13a) can disappoint Antonio and her vague reply in (14) may, e.g. prevent him from asking further questions. In the next section, these observations will be applied to analyses of offensive utterances.

4 RT, explicit and implicit insults

The aim of this section is to analyse how inferential comprehension processes postulated within RT can weaken the impact of explicitly expressed offensive messages and to contrast such cases with examples of implicit insults which seem to be rather strong. To start with, consider two examples (15 and 16) illustrating explicit offences: Mary and Mark are partners in a law firm. He answers a phone call from a prospective client to whom he talks rudely. Mary gets angry and says

(15) *You're an idiot, Mark, you've scared him off!*

The meaning of the encoded concept "idiot" as a foolish or senseless person carries highly offensive overtones. But Mary does not wish to communicate to Mark that one of his personal traits is stupidity. This example captures the intuition that speakers using derogatory terms of the "idiot" or "fool" type would rarely subscribe to their encoded meanings, since the intention behind such utterances is to express dissatisfaction and evaluate one's behaviour rather than advance an opinion on the interlocutor's character and (lack of) wisdom. It is then postulated that the communicated concept IDIOT* diverges from its encoded meaning and denotes on this particular occasion a person who is irresponsible, irritating, or merely acting in a way that displeases the speaker. Thus, the quality of being an IDIOT* predicated of Mark is limited in scope and perceived as less offensive relative to the encoded meaning. Such a diluted understanding of the ad hoc concept IDIOT* is consistent with the overall interpretation intended by Mary, who obviously wishes to incite Mark to change his conduct, which would not be possible if he was truly foolish and senseless. Consequently, an interpretation including the encoded concept "idiot" would be inconsistent with what they both know about Mark – that he is a successful lawyer with good communication and interpersonal skills. With this kind of knowledge mutually available to the interlocutors, the literal interpretation would be rejected by the hearer's epistemic vigilance mechanism.

On a different day, Mark is trying to solve a difficult problem and Mary offers to help find a solution. Mark rejects her offer by saying

(16) a. *You won't manage.*

This example belongs to the category of offensive utterances which express a negative judgement or opinion about the addressee without using a derogatory word. Here, the utterance's potential for carrying an offensive message at the explicit level lies in communicating to Mary that her competence is insufficient to solve the problem Mark is working on. Telling someone that they will not manage to solve a difficult professional problem is a serious accusation and may be a major threat to the hearer's face (cf. section 1). In this case, however, there are two inferential paths which can be intended by the speaker and followed by the hearer to diminish the impact of this message. First, let us note that the basic explicature itself can be enriched to

(16) b. *Mary will not manage to do the task in the time scheduled*

since the temporal scope of "will" has to be inferentially bound. It has to be emphasised that indeterminacy as to whether such enrichment is part of speaker's meaning is intended, as it enables the speaker to express a negative judgement and at the same time to mitigate its possible impact on the hearer. In other words, the speaker achieves an effect which could be dubbed "having one's cake and eating it too" – he wants to advance a humiliating remark and yet leave open a possibility that the criticism is limited and has a practical justification. A degree of indeterminacy in explicatures is therefore an intrinsic property of theirs which, if intentionally exploited by the speaker, can give rise to communicative effects, such as those described above (cf. also Jodłowiec 2015). This situation should be seen as distinct from indeterminacy being a source of misunderstanding (Yus 1999), which can occur when hearers resolve indeterminacy in a different way than that envisaged by the speaker.

Besides this, the speaker may not be fully committed to the explicitly expressed proposition, in which case the explicature (16b) would be embedded under a propositional attitude of potentiality rather than certainty:

(16) c. *The speaker thinks it is possible that Mary will not manage to do the task in the time scheduled.*

With such a propositional attitude, the potential offensiveness of (16a) is further diluted by its lower epistemic status. Arguably, the element of doubt present in the higher-level explicature can even turn utterance (16a) into an expression of concern rather than criticism.

As was mentioned in section 2, explicit offences can be additionally backed by implicatures, which in this case could include

(16) d. *Mary's competence is limited*
(16) e. *Mark does not value Mary's professional competence*

As they stand, both (16d) and (16e) appear to be hurtful, but it has to be noted that they are likely to share indeterminacy with the explicature from which they are derived. If the propositional attitude towards the explicature of (16a) is weaker than full endorsement, the implicatures likewise receive a small degree of support from the hearer. In this case, the indeterminacy on the level of explicit and implicit content seems to contribute to the speaker's diminished responsibility for committing a face-threatening act.

Let us now turn to utterances which express criticism and offence completely implicitly. To illustrate the point, consider the following: John went to a conference and met a former colleague who, as John had always surmised, was jealous of his professional success. When John presented his original research preceded by a brief overview, the colleague commented:

(17) a. *An interesting overview.*

Although (17a) does not state explicitly that John's paper was nothing more than an overview, one cannot help but draw the implicatures

(17) b. *John's paper did not include any original ideas.*
(17) c. *John's performance was weak and disappointing.*

Contextual assumptions concerning what kind and quality of contribution is expected of an academic presenting a conference paper are highly salient and easily available to both interlocutors. Thus, implicatures (17b) and (17c) are fairly strong and carry a high degree of offensive potential. The situation illustrated via (17 a–c) is similar to example (3) presented in section 2, where claims by Capone (2009) and Haugh (2014) were discussed on the indeterminacy of implicatures conveyed. It seems that even though the implicatures (17b–c) may be somewhat indeterminate with respect to their content, they still seem to convey a rude and contemptuous attitude towards the hearer.

Consider another example: John met his former student B, who did not manage to write a BA thesis under John's supervision. John has been informed that the student managed to complete the thesis under another supervisor and obtained a degree.

(18) a. *John: Congratulations!*
(18) b. *Student: Thanks! My second supervisor was competent and helpful.*

Once again, although the proposition expressed by utterance (16b) does not put blame for not completing the thesis directly on John, the former supervisor, the implicatures conveyed do convey biting criticism:

(18) c. *My first supervisor was not competent or helpful.*
(18) d. *My first supervisor is responsible for my failure.*

Here, the premises on which implicatures (18c) and (18d) hinge are also highly salient and strongly manifest to both interlocutors. They include assumptions that B failed to complete his BA thesis when John was his supervisor and that according to B, a supervisor's competence and helpfulness is conducive to a student's success. Thus, the implicatures carrying criticism and potential for offence receive strong support from the speaker and are likely to emerge as fully determinate assumptions at the hearer's end.

Unlike in the previous examples, the rhetorical question (19b) used in reply to (19a) does not appear to convey a determinate implicature:

(19) a. *Antonio: Would you like to watch „The X Factor" with me?*
(19) b. *Inez: What makes you think I'd be interested?*

It cannot be clearly specified if Inez is casting doubt on her willingness to spend time with Antonio or merely to watch "The X Factor". It is equally indeterminate whether her apparent reluctance is based on what she thinks about this TV show, or on what she thinks about Antonio's judgement on her taste regarding TV shows. The range of such weak implicatures may jointly create what Sperber/ Wilson (2015) call an impression (as discussed in section 3) of hostility, which can negatively affect the hearer's face. As illustrated by utterance (19b), even if all implicatures conveyed are weak and highly indeterminate, they can nevertheless create a fairly strong impression and exert a considerable offensive effect on the hearer.

The examples discussed in this section were intended to illustrate how the pragmatic processes involved in comprehension influence the potential offensiveness of utterances. On the one hand, processes operating on the level of explicature may drive the actual interpretation away from the literally expressed offence and dilute its impact on the hearer (examples 15–16). It has to be pointed out that in such cases offence is still intended and expressed, only its perceived gravity is lesser than could be expected judging by the encoded content of the utterances. On the other hand, implicit offences can be felt to be hurtful and strong. In many cases this is so since implicatures are strongly backed by contextual assumptions and definitely intended by the speaker (examples 17–18). However, it appears that even weak implicatures can give rise to a strong impression of hostility or rudeness on the part of the speaker since such implicatures exert their impact collectively (example 19).

The picture sketched by Haugh (2014), in which impoliteness implicatures diminish the face-threatening impact of communication due to their indeterminacy, can thus be complemented in two ways. First, the meaning of explicitly expressed insults and negative comments is not equally (or not in the same way) offensive across contexts, since explicatures communicated by utterances can also be indeterminate with respect to the content of communicated concepts and with respect to the speaker's commitment to the proposition expressed. Second, the indeterminacy of implicatures does not always act towards diminishing the speaker's accountability for their potential offensiveness: as has been shown, strong implicatures or strong impressions created by sets of weak implicatures can have a strong impact on the hearer.

It also seems that the indeterminacy of representations does not necessarily make them easily negotiable between discourse participants. When an act of verbal offence is explicit, the hearer can express objections against the speaker using derogatory words or voicing unfair opinions. When faced with implicit offences, victims are often virtually defenceless. If they tried to rebut the criticism or reject humiliation, they would have to verbalise the implicatures. This may be a real challenge, since if the implicatures are indeterminate, it is indeed difficult or impossible to express their meaning explicitly. Besides this, attempts at defending oneself may in fact aggravate the situation, as they render the offence more conspicuous. For instance, it seems that the person who was criticised by utterance (17a), would hardly be better off if he replied saying "But my talk was highly innovative!". Such an act would make him accountable for the assumption that the originality and worth of his presentation might be doubted – an effect which would clearly be undesirable from his point of view.

5 Conclusions

As is generally acknowledged, the interpretation and perlocutionary effects of an utterance may not correspond with the literal meanings of the words used. Instead, the meaning and force of an utterance arise out of the interaction between what is literally expressed and the context of use. In the case of utterances with overtly offensive content, this means that the use of derogatory words may not cause offence at all, or may cause it to a limited extent. On the other hand, despite a lack of overtly offensive terms, some utterances can be used to express biting criticism at the level of implicated content. Much of the attention given to these phenomena in the literature has been focused on what can be called the appropriated use of insults. Such uses involve meaning reversal, or normative reversal, in which words conventionally regarded as insults are used as indicators of belonging to the same group or community. This strategy, with intimacy built into it as an underlying premise and as an aim which becomes re-established every time an appropriated insult is used, could be summarised by the following description: the speaker and hearer can afford to use offensive terms addressed to each other because they share enough contextual assumptions and common ground to override general linguistic conventions. Implicit offensive messages, on the other hand, have been extensively studied in relation to irony, with conclusions put forward that ironic implicit criticism can be perceived as stronger than literal criticism. This paper has brought to light another two types of utterances in which the degree of derogation does not correspond to the explicit-implicit divide, both comprising non-figurative utterances used with an intention to offend the hearer. In one type, an offence expressed at the explicit level is diminished with respect to the encoded meaning of the words used, and in the other type, the offence or humiliation expressed implicitly is perceived as strong and hurtful. The latter may even happen when an utterance conveys weak implicatures as long as a set of such implicatures jointly evokes an impression – a cognitive effect involving a weak change in a vast number of assumptions.

My aim has been to demonstrate how inferential comprehension mechanisms envisaged in Relevance Theory can work towards diluting or augmenting the offensive potential of an utterance. This was based on the assumption underlying the relevance-theoretic framework that both explicatures and implicatures communicated by an utterance may involve a degree of indeterminacy. The point concerning explicit offences was that they may be perceived as weaker than the encoded meaning of a word would suggest, since the encoded meanings may not in fact be communicated. One inferential mechanism responsible for the gap between encoded concepts and communicated concepts is ad hoc concept construction, involving narrowing, broadening or a combination of the two. Another pragmatic factor that detaches the actually communicated utterance from the literally expressed content is propositional attitude, which can be that of possibility or doubt rather than full endorsement. Each of these mechanisms separately and in concert can bring about the effect of significantly diminishing the impact of a potentially severe offence. When it comes to implicitly communicated insults, their effect hinges on the individual or joint strength of the implicatures carrying them. Many implicatures are highly determinate and can be communicated with maximum strength, hence an implicit offence can also be perceived as strong and deeply hurtful. In other cases, an impression evoked by a wide array of weak and indeterminate implicatures can also be strong enough to negatively impact on the hearer's face. Besides, as mental representations which do not surface in discourse, implicatures are much less available for meaning negotiation between interlocutors. In fact, offence-carrying implicatures seem to be cancellable only on paper since an attempt to undermine such an implicature would lead to even greater discomfort on the part of the targeted victim.

It has to be emphasised that the inferential comprehension mechanisms discussed with respect to the strength of offences are universal in the sense that they operate in all communication. The choice to communicate a message more explicitly or more implicitly lies with a speaker no matter what the content or purpose of an utterance is. Needless to say, speakers need not be aware of the nature of pragmatic processes in order to exploit their effects. All they do is produce an utterance which is "the most relevant one compatible with the communicators' abilities and preferences" (Sperber/Wilson 1995: 270). Thus, by applying the ordinary principles of inferential communication, speakers can at the same time hurt hearers and calibrate the magnitude of offence to match their actual intention.

The relevance-theoretic framework puts cognitive and universal aspects of communication at the centre of attention, with much less interest being expressed in social and community-specific issues pertaining to verbal offences. This does not mean, however, that such issues are excluded from the analysis. Considerations of social or even institutional factors also have a bearing on cognitive aspects of communication and are reflected on the one hand in the speaker's expressive choices of what is appropriate relative to the speaker-hearer's social standing, and on the other hand in the range of contextual assumptions brought forth in the interpretation process. Thus, despite the fact that social factors related to verbal offences are not expressly addressed in the present analysis, they can be said to inherently figure in the relevance-theoretic framework.

References

Austin, John (1975): *How to Do Things with Words*. Cambridge, MA: Harvard University Press.
Bargiela-Chiappini, Francesca/Haugh, Michael (eds.) (2009): *Face, Communication and Social Interaction*. London: Equinox.
Bianchi, Claudia (2014): "Slurs and Appropriation: An Echoic Account". In: *Journal of Pragmatics* 66, 35–44.
Blakemore, Diane (1991): "Performatives and parentheticals". In: *Proceedings of the Aristotelian Society* 91, 197–213.
Blakemore, Diane (2011): "On the Descriptive Ineffability of Expressive Meaning". In: *Journal of Pragmatics* 43(14), 3537–3550.
Brown, Penelope/Levinson, Stephen C. (1987): *Politeness: Some Universals in Language Usage*. Cambridge: Cambridge University Press.
Capone, Alessandro (2009): "Are Explicatures Cancellable? Towards a Theory of the Speaker's Intentionality". In: *Intercultural Pragmatics* 6 (1), 55–83.
Carston, Robyn (1997): "Enrichment and Loosening: Complementary Processes in Deriving the Proposition Expressed?". In: *Linguistische Berichte* 8 (= Special Issue on Pragmatics), 103–127.

Carston, Robyn (1998): "Postscript". In: Asa Kasher (ed.): *Pragmatics. Critical Concepts*. London: Routledge, 464–477.

Carston, Robyn (2002): *Thoughts and Utterances. The Pragmatics of Explicit Communication*. Oxford: Blackwell.

Colston, Herbert L. (1997): "Salting a Wound or Sugaring a Pill: the Pragmatic Functions of Ironic Criticism". In: *Discourse Processes* 23, 25–45.

Colston, Herbert L. (2002): "Contrast and Assimilation in Verbal Irony". In: *Journal of Pragmatics* 34, 111–142.

Colston, Herbert L./O'Brien, Jennifer (2000): "Contrast and Pragmatics in Figurative Language: Anything Understatement Can Do, Irony Can Do Better". In: *Journal of Pragmatics* 32, 1557–1583.

Croom, Adam M. (2013): "How to Do Things with Slurs: Studies in the Way of Derogatory Words". In: *Language & Communication* 33, 177–204.

Culpeper, Jonathan (1996): "Towards an Anatomy of Impoliteness". In: *Journal of Pragmatics* 25(3), 349–367.

Culpeper, Jonathan (2009): *Impoliteness: Using and Understanding the Language of Offence*. Online unter: http://www.lancs.ac.uk/fass/projects/impoliteness <01.06.2016>.

Culpeper, Jonathan (2011): *Impoliteness: Using Language to Cause Offence*. Cambridge: Cambridge University Press.

Gibbs, Raymond W. (2007): "Irony in Talk Among Friends". In: Raymond W. Gibbs/Herbert L. Colston (eds.): *Irony in Language and Thought*. New York: Lawrence Erlbaum, 339–360.

Goffman, Erving (1967): *Interaction Ritual: Essays on Face-to-Face Behavior*. New York: Anchor Books.

Grice, Paul (1989a): "Logic and Conversation". In: Paul Grice: *Studies in the Way of Words*. Cambridge, MA: Harvard University Press, 22–40.

Grice, Paul (1989b): "Further Notes on Logic and Conversation". In: Paul Grice: *Studies in the Way of Words*. Cambridge, MA: Harvard University Press, 41–57.

Grice, Paul (1989c): "Utterer's Meaning and Intentions". In: Paul Grice: *Studies in the Way of Words*. Cambridge, MA: Harvard University Press, 86–116.

Haugh, Michael (2013): "Speaker Meaning and Accountability in Interaction". In: *Journal of Pragmatics* 48, 41–56.

Haugh, Michael (2014): *Im/Politeness Implicatures*. Berlin: de Gruyter.

Jodłowiec, Maria (2015): *The Challenges of Explicit and Implicit Communication*. Frankfurt a.M.: Peter Lang.

Leets, Laura/Giles, Howard (1997): "Words as Weapons – When Do They Wound? Investigations of Harmful Speech". In: *Human Communication Research* 24(2), 260–301.

Locher, Miriam A. (2004): *Power and Politeness in Action. Disagreements in Oral Communication*. Berlin: de Gruyter.

Mascaro, Olivier/Sperber, Dan (2009): "The Moral, Epistemic and Mindreading Components of Children's Vigilance towards Deception". In: *Cognition* 112, 367–380.

Mazzarella, Diana (2013): ",Optimal Relevance' as a Pragmatic Criterion: The Role of Epistemic Vigilance". In: *UCL Working Papers in Linguistics* 35, 20–45.

Mateo, José/Yus, Francisco (2000): "Insults: A Relevance-Theoretic Taxonomical Approach to their Translation". In: *International Journal of Translation* 12(1), 97–130.

Mateo, José/Yus, Francisco (2013): "Towards an Intercultural Pragmatic Taxonomy of Insults". In: *Journal of Language Aggression and Conflict* 1(1), 87–114.

Nicolle, Steve (2000): "Communicated and Non-Communicated Acts in Relevance Theory". In: *Pragmatics* 10 (2000), 233–245.
Nowik-Dziewicka, Ewa (2012): "Banter and the Echo/Pretence Distinction". In: Ewa Wałaszewska/Agnieszka Piskorska (eds.): *Relevance Theory: More than Understanding*. Newcastle upon Tyne: CSP, 245–259.
Padilla Cruz, Manuel (2012): "Epistemic Vigilance, Cautious Optimism and Sophisticated Understanding". In: *Research in Language* 10(4), 365–386.
Padilla Cruz, Manuel (2013): "Meta-Psychological Awareness of Comprehension and Epistemic Vigilance of L2 Communication in Interlanguage Pragmatic Development". In: *Journal of Pragmatics* 59(A), 117–135.
Potts, Christopher (2007): "The Centrality of Expressive Indexes. Reply to Commentaries". In: *Theoretical Linguistics* 33(2), 255–268.
Sadock, Jerrold M. (1978): "On Testing for Conversational Implicature". In: Peter Cole (ed.): *Syntax and Semantics 9: Pragmatics*. New York: Academic Press, 281–297.
Searle, John R. (1969): *Speech Acts. An Essay in the Philosophy of Language*. Cambridge: Cambridge University Press.
Sperber, Dan/Wilson, Deirdre (1995): *Relevance: Communication and Cognition*. Oxford: Blackwell.
Sperber, Dan/Wilson, Deirdre (2008): "A Deflationary Account of Metaphors". In: Raymond W. Gibbs (ed.): *The Cambridge Handbook of Metaphor and Thought*. Cambridge: Cambridge University Press, 84–105.
Sperber, Dan/Wilson, Deirdre (2015): "Beyond Speaker's Meaning". In: *Croatian Journal of Philosophy* XV/44, 117–149.
Sperber, Dan/Clément, Fabrice/Heintz, Christophe et al. (2010): "Epistemic Vigilance", In: *Mind & Language* 25(4), 359–393.
Terkourafi, Marina (2015): "Conventionalization: A New Agenda for Im/Politeness Research". In: *Journal of Pragmatics* 86, 11–18.
Vangelisti, Anita L. (2007): "Communicating Hurt". In: Brian H. Spitzberg/William R. Cupach, (eds.): *The Dark Side of Interpersonal Communication*. New Jersey: Lawrence Erlbaum, 121–142.
Wałaszewska, Ewa (2002): "Damning by Faint Praise and Praising by Faint Damns – a Relevance-Theoretic Approach to Implicated Condemnation and Commendation". In: Elżbieta Mańczak-Wohlfeld (ed.): *Proceedings of the Tenth Annual Conference of the Polish Association for the Study of English*. Kraków: Jagiellonian University Press, 125–132.
Wartenburg, Thomas (1990): *The Forms of Power. From Domination to Transformation*. Philadelphia: Temple University Press.
Wilson, Deirdre (1994): "Relevance and Understanding". In: Gillian Brown/Kirsten Malmkjær et al. (eds.): *Language and Understanding*. Oxford: Oxford University Press, 25–58.
Wilson, Deirdre (2003): "Relevance Theory and Lexical Pragmatics". In: *Italian Journal of Linguistics/Rivista di Linguistica* 15, 273–291.
Wilson, Deirdre (2006): "The Pragmatics of Verbal Irony: Echo or Pretence?" In: *Lingua* 116, 1722–1743.
Wilson, Deirdre/Sperber, Dan (1993): "Linguistic Form and Relevance". In: *Lingua* 90, 1–25.
Yus, Francisco (1999): "Misunderstandings and Explicit/Implicit Communication". In: *Pragmatics* 9(4), 487–517.

Ewa Wałaszewska
The offensiveness of animal metaphors

A relevance-theoretic view

Abstract: The paper examines how animal metaphors are communicated and understood, considering that such metaphors have been known since Antiquity and are universally common. First, uses of animal metaphors are described, focusing on their use as insults or terms of abuse. It seems that the source of these metaphors most often include animals' appearance, behaviour, habitat, cultural and economic utility as well as their intelligence and character. Such metaphors are usually directed at a person's physical appearance, sexual organs, sexual behaviour or human mental and psychological properties. The range of meanings triggered by these metaphors has been described and explained by reference to dehumanization, the Great Chain of Being or interrelations between taboo, closeness and edibility. It is argued that relevance theory provides a well-motivated explanation of how these meanings get communicated and how the associated emotional effects arise. At the propositional level, concepts lexicalized as words referring to or associated with animals are modified and, as ad hoc concepts, are included in the proposition expressed, or explicature, with modifications involving broadening and narrowing or the combination of the two processes. Emotional effects, such as offensiveness, on the other hand, are considered to be non-propositional and non-paraphrasable and accounted for by postulating a range of weak implicatures (poetic effects) or impressions identifiable by "metacognitive awareness".

1 Introduction

Discussions of metaphor quite often make use of animal metaphors and such metaphors are regularly encountered in everyday communication and easily understood. This paper aims to review several perspectives that have attempted to explain, one way or another, the ubiquity and universality of these metaphors, and to describe and account for the range of meanings communicated by them. Apart from linguistic studies, the phenomenon of animal metaphors has attracted the attention of philosophers, social psychologists and anthropologists; therefore, this article seeks to gather valuable insights from these various strands of research. Such varied perspectives help to show what makes animal metaphors successful as instruments of verbal aggression. Finally, a relevance-theoretic approach is applied to selected examples of animal metaphors to show how the resulting – typically offensive or even aggressive – interpretations are communicated and how emotions triggered by such metaphors may affect the process of interpretation.

2 The meaning and use of animal metaphors

Animal metaphors have been used as illustrations of metaphor since Antiquity, e.g. Aristotle's metaphor *The lion rushed* (with *lion* referring to a man), and they include such classic examples as the oft-quoted *Richard is a gorilla* (Searle 1979) or *My lawyer is a shark* (Glucksberg 2001, see also Ritchie 2013). Based on her corpus findings, however, Deignan (2005: 48, 2006: 111) observes that nominal metaphors of the form *A is B* are relatively infrequent in "naturally-occurring language" and clearly less frequent than verb metaphors typically describing human characteristics or behavior. Moreover, as indicated by Deignan (2006: 111), "when a word referring to an animal is used metaphorically [...], it often takes the form of a verb in addition to any nominal metaphorical meaning." For example, English words such as *pig, wolf, monkey, rat, bitch* and *dog* can be used to convey metaphorical meanings as both nouns and verbs, which can be illustrated with expressions such as *a bunch of racist pigs* or *He had probably pigged out in a fast food place* (Deignan 2005: 48).

An interesting subset of verb metaphors focusing on human behavior involves verbs literally describing sounds produced by animals. Such verbs are metaphorically used to describe human verbal behavior, for example *bumble* ('speak in a stuttering and faltering way'), *cackle* ('laugh in a loud unpleasant way') or *chirp* ('speak with a high voice'). Such metaphors "refer to the speaker's evaluation of the verbal behaviour in terms of the impact it has on the audience (e.g. boring, dull), the quality (e.g. appealing, ugly), [and] the composition (e.g. elegant, disorganised)" (Simon-Vandenbergen 2003: 240). Another important group of metaphors involves the use of animal body parts or associated objects or places, e.g. *paw, mane, pigsty* or the Polish *pysk* [lit. 'muzzle'] or *ryj* [lit. 'snout'] (for Polish and Spanish examples, see e.g. Chamizo Domínguez/Zawisławska 2006: 152–153).

The undeniable ubiquity of animal metaphors in languages seems to be related to the natural human inclination towards metaphoric expression which, as Lawrence (1997: 1) has aptly observed, "finds its greatest fulfillment through reference to the animal kingdom." According to the structural anthropologist Lévi-Strauss, it is animals that "[permit] the embodiment of ideas and relations conceived by speculative thought" (1964: 89). In other words, the human mind employs animals "as repositories of shared concepts and values", which necessarily involves emphasizing certain traits of a species while ignoring others (Lawrence 1997: 2–3). It seems that, on the one hand, animal metaphorization leads to merging humans and animals at the conceptual level (humans take on animal properties while animals take on human ones); on the other, it shows that, though related to humans, animals are different and precisely because of this contrast they may be used for the identification of human characteristics (Lawrence 1997: 3–4).

3 Animal metaphors as terms of endearment and abuse

Even though animal metaphors can be used to express a wide variety of meanings, they are typically associated with two extremes of meaning. At one extreme are terms of endearment (e.g. pet names for children or lovers); at the other extreme are expressions which convey negative evaluation (hostility, disgust, contempt, etc.), for example slurs, insults and other forms of verbal aggression. There is, however, a certain imbalance in the way animal names are used as terms of address. Firstly, they are more frequently employed as terms of abuse than as terms of endearment, which may be associated with the observation that animal metaphors typically serve to describe human behaviors and characteristics regarded as inferior or undesirable (e.g. Low 1988, Newmark 1988, Hsieh 2006). For example, in their study of vocative uses of animal names in Serbian, Halupka-Rešetar and Radić (2003: 1891) have shown that even though a certain number of animal vocatives, typically diminutives, are used to signal affection and closeness, the majority are used for hurling invectives (see also Gwiazdowska 2010). Secondly, it seems that fewer animal names occur in expressions evaluated positively than in slurs and insults.

Halupka-Rešetar and Radić (2003: 1899) suggest that what typically motivates metaphorical usage in endearments is the appearance, in particular the size, of an animal. Small size (relative to other members of the species) is usually associated with immaturity and helplessness, which necessitate constant care and protection, and are all three assumed to be characteristic of young animals. That is why it is the names of young animals that provide a great source of endearments; interestingly, this also applies to species which are not generally liked by people. In Halupka-Rešetar and Radić's (2003: 1899) words: "Small size, immaturity and helplessness motivate the protective attitude toward […] young animals;

this, in turn, provides a basis for metaphoric transfer and the addressor's use of these names as terms of endearment [...]" The properties of small size, immaturity, helplessness or innocence can also be associated with the use of diminutive markers, which can transform otherwise neutral or even derogatory animal-related words into terms of endearment, for example, the Polish vocatives *myszko* [lit. 'mouse-DIM'], *rybko* [lit. 'fish-DIM'], *rybeńko* [lit. 'fish-double-DIM'] or *piesku* [lit. 'dog-DIM'] (Biel 2004: 181–182).[1] It is worth noting that, as terms of endearment, animal metaphors in English are less productive than such metaphors in Polish, which may be related to the fact that, unlike Polish, English does not have a productive category of diminutive capable of neutralising negative associations and triggering positive ones (Biel 2004: 183, see also Bonacchi 2012[2]).

In the case of animal names used as terms of abuse, metaphorical usage is most frequently motivated by the following animal-related topics: appearance (size, shape, color of fur, etc.) and behavior (specifically eating habits, but also movement, etc.) (listed by both Martsa 1999: 77 and Halupka-Rešetar/Radić 2003: 1896), habitat (the natural environment of a certain animal) and relation to people (different aspects of cultural and economic utility of a particular animal) (listed by Martsa 1999: 77), and intelligence (e.g. imputed stupidity) and character (e.g. imputed carelessness, indecency, garrulousness) (mentioned by Halupka-Rešetar/Radić 2003: 1896). If small size is associated with expressing affection, large size is related to offensive usage. Large size typically involves excessive body weight, which implies slow and heavy movements, clumsiness or gracelessness and general unattractiveness. For example, the abusive term of address *you cow!* picks out the size, weight and movement typical of cows, which are metaphorically projected onto the addressee of this expression to yield a negative evaluation of her appearance and movement.

In their corpus-based analysis of Spanish and Polish animal metaphors regarded as insults, Chamizo Domínguez and Zawisławska (2006) show that such metaphors are usually directed at a person's physical appearance, sexual organs, sexual behavior or human mental and psychological properties. With respect to physical characteristics, such metaphors typically highlight "sloppiness and ugliness [especially distortion of a figure e.g. shortness, shapeless body – too fat or too thin; old age and, more seldom, a peculiar way of dressing)" (Chamizo Domínguez/Zawisławska 2006: 145), e.g. the Polish *krowa* [lit. 'cow'] 'shapeless woman' or the Spanish *pava* [lit. 'turkey-hen'] 'dirty and dull woman'. As regards

---

[1] On vocative uses of animal diminutives in Polish, see also Bonacchi (2013: 192–193).
[2] This paper discusses both the toning down of (animal) dysphemisms through diminutive forms and their intensification through augmentative forms.

sexual activity, animal metaphors tend to emphasize sexual behavior generally not sanctioned by society: prostitution, homosexuality, (women's) promiscuity or wives' unfaithfulness, e.g. the Polish *flądra* [lit. 'flounder'] 'whore' or the Spanish *mariposa* [lit. 'butterfly'] 'queer, poof' (Chamizo Domínguez/Zawisławska 2006: 146–147). Animal metaphors associated with mental and psychological properties of humans typically pick out stupidity, meanness, cunningness and immorality or indecency, e.g. the Polish *padalec* [lit. 'blindworm'] 'mean man' or *baran* [lit. 'ram'] 'stupid man' and the Spanish *borrica* [lit. 'she-donkey'] 'stupid woman' or *lagarta* [lit. 'female lizard'] 'sly woman'. Chamizo Domínguez and Zawisławska (2006: 153–155) also mention names of animal sounds, behaviors, states and secretions which can be metaphorically used as insults directed at humans, e.g. the Polish *gęgać* [lit. 'to gaggle'] 'to talk gibberish', *zdechnąć* [lit. about animals 'to die'] 'to die' and *ścierwo* [lit. 'carcass'] 'bastard' or the Spanish *cacarear* [lit. 'to cluck'] 'to strut/boast about'. Since animal secretions are generally felt to be highly repulsive and disgusting, it is not at all surprising that insults based on their names are fairly common across languages, e.g. the Polish *gnój* [lit. 'manure'] 'shitface' or the Spanish *carroña* [lit. 'decaying carcass, carrion'] 'trash (people)'. The latter example shows that names of dead animal bodies are likely to be used as metaphors for immoral or evil people.

It is worth noting that animal metaphors can be used to judge individuals on the basis of their personal activities and idiosyncratic characteristics as well as to pass judgments on whole groups. In the latter case, animal metaphors may function as totems for groups such as sports teams "so that a person identifies with a team by referring to herself by the animal's name" (Haslam/Loughnan/Holland 2013: 36) or as ethnonyms, applied to particular ethnic groups. As rightly observed by López Rodríguez (2009: 79–80), ethnic or social groups considered marginal, or for some reasons treated as "the other" (e.g. immigrants, homosexuals and also women), are likely to be negatively evaluated.

4 Dehumanization

The concept of "the other" seems closely linked to the notion of dehumanization, investigated by social psychologists such as Zimbardo (2007: 297–323), Haslam, Loughnan and Sun (2011) and Haslam, Loughnan and Holland (2013); it occurs when a particular group or individual is viewed as less than human or is likened to a nonhuman. As Zimbardo aptly puts it: "Dehumanization is like a cortical cataract that clouds one's thinking and fosters the perception that other people are less than human" (2007: xii). In other words, dehumanization involves denial of humanness, defined on the basis of folk understanding of what it is to be human. It appears that there are two types of humanness which are referred to as 'human nature' and 'human uniqueness'. Human nature encompasses qualities such as openness, warmth and emotionality; if these attributes are denied to a person or a group, they are seen as machine- or object-like. This is referred to as 'nature-based' or 'mechanistic dehumanization'. On the other hand, human uniqueness is based on qualities such as civility, refined (secondary) emotions, rationality and language, which are believed to distinguish humans from different species of animals; if these attributes are denied, a person or a group is perceived as animal-like. In other words, humans subjected to 'animalistic dehumanization' are conceptualized "as lacking uniquely human qualities, and thus unintelligent, irrational, wild, amoral, unrefined, and coarse" (Haslam/Loughnan/Holland 2013: 30).

Both mechanistic dehumanization and animalistic dehumanization occur along a continuum of explicitness with varying degrees of subtlety. In the case of animalistic dehumanization, at one extreme are those offensive animal metaphors that explicitly deny humanness by blatantly communicating that certain individuals or human groups are animals; at the other are those metaphorical uses that involve implicit humanness denial by conveying that certain individuals or groups lack (some) uniquely human attributes, or to put it differently, that they are close to animals (Haslam/Loughnan/Holland 2013: 25). To illustrate blatant animalistic dehumanization, Haslam, Loughnan and Holland use the now-classic examples of the 'Jews as vermin' metaphor present in Nazi propaganda or the 'Africans as nonhuman apes' metaphor employed in racist contexts. Zimbardo (2007: 314) gives an example of the mass killing and rapes of Tutsis, motivated and justified by the idea that Tutsis were nothing more than cockroaches and thus deserved extermination. Importantly, these examples show that animalistic dehumanization "may take two forms based on revulsion and degradation, respectively" (Haslam/Loughnan/Holland 2013: 37). If a metaphor involves disgusting animals (e.g. vermin, cockroaches, leeches, rats, or even pigs), it triggers strong negative reactions such as aversion or revulsion and as a consequence is considered to be highly offensive and therefore aggressive. Likening people to "demeaning animals" such as apes or dogs is degrading or debasing, but it is clearly less offensive (which is not to say that racist comments could be justified in any way).

Implicit humanness denial is regarded as more subtle since it involves more covert ways such as ascribing fewer human characteristics or making an implicit or non-conscious association with animals. It seems that for Haslam, Loughnan and Holland implicit animalistic dehumanization boils down to infrahumanization "as the infrahumanized are not directly likened to animals and the infrahumanizer may not be aware of perceiving them as lesser humans" (2013: 32).

5 The Great Chain of Being

Another explanation of the fact that the majority of animal metaphors are negative or pejorative is rooted in the concept of the Great Chain of Being (Lovejoy 1936), ultimately derivable from Aristotle's and Plato's writings. According to this view, all beings form a universal vertical hierarchy that descends from God through angels, humans, animals, plants to inanimate matter such as minerals. Each being in the chain possesses all of the attributes of those below with an addition of superior attributes. Since humans are higher-level beings than animals, they possess all the attributes of higher-order animals such as dogs, and additionally some superior attributes such as "capacities for abstract reasoning, aesthetics, morality, communication, highly developed consciousness" (Lakoff/Turner 1989: 168). The structure of the chain implies two things: (1) that certain properties are shared with lower beings, e.g. humans share with animals certain instinctive behaviors, and (2) that the attributes characteristic of a particular level are not shared with lower-level beings, e.g. animals are basically characterized by their instincts, which are not shared with lower-level beings such as plants or minerals. In other words, the most characteristic properties of beings at a certain level are those which are not shared with lower-level beings. On the assumption that one of the main properties distinguishing humans from animals is their ability to use cool reason, if they succumb to irrational emotion, they become like animals, and hence move down in the hierarchy (Goatly 2006: 24). Such a descent will most likely be accompanied by negative evaluation.

Lakoff and Turner (1989: 172) comment on the conceptual usefulness of the great chain by stating that it helps to "comprehend general human character traits in terms of well-understood nonhuman attributes and [...] to comprehend less well-understood aspects of the nature of animals [...] in terms of better-understood human characteristics."[3] In their discussion of the conceptual metaphor underlying everyday expressions such as *Sam is a pig* or *Richard is a gorilla*, Lakoff and Turner (1989: 193–194) observe that the properties of dirtiness

---

[3] An interesting attempt at the application of the Great Chain of Being to the explanation of animal metaphors (zoosemy) understood as a cognitive mechanism underlying the phenomenon of semantic change can be found in Kiełtyka and Kleparski (2005) or Kiełtyka (2005).

and messiness, and aggressiveness and violence assumed to be characteristic of pigs and gorillas, respectively, are in fact human character traits. What happens is that first such human character traits are attributed to animals to understand their behaviour in human terms; in other words, animals are personified. Second, such "human-based animal characteristics" are used for comprehending human behavior and characteristics (Kövecses 2010: 152). This shows that there are two conceptual metaphors responsible for the metaphorical meaning of animal and animal-related words, namely, ANIMALS ARE HUMANS and HUMANS ARE ANIMALS. Interestingly, even though the two metaphors cancel each other out, "the real metaphorical work is not cancelled out" (Lakoff/Turner 1989: 196). For example, the interpretation of the expression *Achilles is a lion* involves "understand[ing] the character of Achilles in terms of a certain instinctive trait of lions which is already metaphorically understood in terms of a character trait of humans" (Lakoff/Turner 1989: 195). The joint operation of the two metaphors that cancel each other out brings about the metaphorical understanding of "the steadfastness of Achilles' courage in terms of the rigidity of animal instinct" (Lakoff/Turner 1989: 195).

6 An anthropological approach: taboo, edibility and closeness

On the assumption that animals are lower forms of life, it is not surprising that animal names are used for describing undesirable behaviors and properties. However, as shown by the expression *Achilles is a lion*, this is not always the case – there exist a number of animal terms associated with positive human characteristics. It seems that the positive or negative values attached to animal names reflect culture-based views (López Rodríguez 2009: 81). A possible explanation of why certain animal metaphors have (more) derogatory power while others are not (clearly) considered to be offensive is suggested by Leach (1964) in his anthropological study showing the relationship between taboo, animal edibility and animal-related abusive terms (Leach 1964: 30). Considering human relations with animals based on closeness and edibility, Leach (1964: 44, see also López Rodríguez 2009: 84) enumerates four categories of animals:
- pets (very close and strongly inedible, e.g. dogs, cats)
- farmyard animals (tame, but not very close; mostly edible, e.g. cows, pigs)
- game/field animals (not tame, but, in a sense, subjected to human control; typically edible, e.g. quails, boars)

– wild animals (remote, not subject to human control, inedible, e.g. lions, eagles)

Based on Leach's categories, it is possible to claim that most names denoting familiar animals, or in other words, animals subject to human control, are used to describe human qualities. Typically, this usage is abusive but not necessarily so. The category of wild animals, which are less known and hence more distant from humans, is less frequently used to characterize humans, and when it is used, such animal names typically capture desirable or positive human qualities. It needs to be mentioned that apart from the four categories, Leach also introduces the category of vermin (e.g. rats, mice, moles, certain insects, bugs, fleas, lice, parasitic worms). This category, in Leach's terms, "cuts across the others" in that vermin stay close to humans but they are not subject to human control. Therefore, animals in this category are regarded as repulsive and using their names to describe people will be considered highly offensive.

7 A relevance-theoretic perspective on animal metaphors

The range of meanings associated with animal metaphors is partly explained by the approaches presented above, whether in terms of denial of humanness, hierarchy of life forms or interrelations between taboo, closeness and edibility. What remains to be explained is how these meanings get communicated and how emotional effects arise.

Relevance theory is a comprehensive account of human communication originally developed by Dan Sperber and Deirdre Wilson (1986/1995), which has proved to be both psychologically real and empirically verifiable. One of the pivotal assumptions of this framework is that an utterance is only a clue to the meaning intended by the speaker, and that the comprehension process requires of the hearer some inferential work based on the speaker's utterance and the context. At every stage of the comprehension process, the hearer is guided towards the speaker's meaning by expectations of relevance raised by the very act of communicating. Relevance is understood as a property of inputs to cognitive processes (external stimuli or internal representations) and as such it depends on the balance of the positive cognitive effects (e.g. true conclusions or revisions of existing assumptions) gained by an individual and the mental effort expended by an individual to derive these effects. Thus conceived, relevance plays an important role in human cognition and communication, which is explained in detail in the two principles of relevance. According to the Cognitive Principle of Relevance (Wilson/Sperber 2012: 6), "[h]uman cognition tends to be geared to the maximisation of relevance," which means that human perceptual mechanisms will automatically attend to relevant stimuli and human retrieval mechanisms will automatically activate relevant assumptions to make it possible for human inferential mechanisms to process them in the most effective way. The Communicative Principle of Relevance, which focuses on the role of relevance in communication, states that every utterance addressed to someone conveys a presumption of its own optimal relevance (Sperber/Wilson 2008: 89). What is presumed is that the speaker has chosen the most relevant utterance with regard to her[4] abilities and preferences, and that the hearer has an automatic expectation that the speaker's utterance will be at least relevant enough to be worth processing. This presumption forms the grounds for a special relevance-guided comprehension heuristic used by the hearer in interpreting the speaker's meaning. According to this heuristic, the hearer follows the path of least effort while constructing an interpretation of the speaker's utterance, and treats the first interpretation that satisfies his expectations of relevance as the one intended by the speaker (Sperber/Wilson 1986/1995: 260–266; Wilson/Sperber 2012: 7).

Basically, there are two approaches to metaphor in the relevance-theoretic framework. Both are referred to as 'deflationary' since they treat metaphors as "a range of cases at one end of a continuum that includes literal, loose and hyperbolic interpretations" (Wilson/Sperber 2012: 97) and neither of them carries an assumption that metaphor involves a departure from a norm of communication. The major difference between these two approaches to metaphor boils down to the status of the proposition expressed (Clark 2013: 266). According to the earlier approach, the proposition expressed by a metaphorical statement is not part of what is communicated, i.e. it does not constitute an explicature.[5] The other approach has arisen from recent advances in lexical pragmatics, in particular from the need to distinguish between lexicalized (lexically encoded) concepts and those communicated (pragmatically modified). It is related to the assumption generally accepted in relevance theory that the concept communicated by the use of a particular word does not have to be (and typically is not) identical to the concept encoded by that word (e.g. Carston 2002, Wilson 2003, Vega Moreno 2007).

---

[4] Following a common convention in relevance theory, the speaker is referred to as 'she' and the hearer as 'he'.

[5] In relevance theory, an explicature is understood as a development of the linguistically encoded logical form of the sentence or phrase uttered. Hence, an explicature is the meaning the speaker intended to communicate, different from an implicature (Allot 2010: 72–73).

In relevance theory, lexicalized (lexically encoded) concepts are regarded as mental addresses which make accessible different kinds of mentally represented information via three entries: logical, lexical and encyclopaedic (Sperber/Wilson 1986, 1995; see also Carston 2002). The logical entry contains "some logical specification of the concept" (Sperber/Wilson 1986/1995: 92) without providing its full definition: it specifies logical relations that a particular concept has with other concepts. For example, the concept COW is assumed to have one-way inferential links to the concept ANIMAL, which means that one of the logical properties of COW is 'animal of a certain kind'. The lexical entry for a concept includes phonetic and grammatical properties of a word encoding that concept. It is worth noting that speakers necessarily share the logical entry associated with a particular concept, and, if they use the same language, they also share the same lexical entry. On the other hand, the encyclopaedic entry may vary from speaker to speaker since it is, to a large extent, based on an individual's beliefs (though there is a considerable overlap). The encyclopaedic entry "contains information about [the concept's – E.W.] extension and/or denotation: the objects, events and/or properties which instantiate it" (Sperber/Wilson 1986, 1995: 87; for discussion, see Pilkington 2010: 164–165). In the case of COW, it gives access to various kinds of information about cows, their appearance and behaviour, social and cultural stereotypes associated with cows, etc. For example, for most English speakers, a cow is a grazing animal that can be eaten, whereas for Hindus, a cow is a sacred animal which must not be consumed.

Using this approach, in the process of utterance interpretation, lexically-encoded concepts are pragmatically (inferentially) modified and such modified concepts become part of the proposition expressed, or in other words, they contribute to the explicature of the utterance under interpretation. Concepts which are not lexicalized, but inferred pragmatically by hearers "in response to specific expectations of relevance" are referred to as ad hoc concepts (Carston 2002: 322). Ad hoc concepts are created as a result of the operation of the pragmatic processes of broadening or narrowing. It is important to note that the two accounts do not differ with respect to the set of implications that will be derived from a metaphorical statement – these will be exactly the same using both approaches.

In the process of narrowing, a word is used "to convey a more specific sense than the encoded one, with a more restricted denotation [...]" (Wilson/Carston 2007: 232). For example, in (1), the lexically encoded concepts BIRD and DOG can be used to communicate more specific ad hoc concepts:

1) The bird grabbed the dog and carried it away.

The concept BIRD is used to convey the ad hoc concept BIRD*[6], which is narrower in that it denotes eagles or hawks or other large birds of prey which are strong enough to lock their talons on a dog and lift it. The concept DOG is also narrowed; the communicated ad hoc concept DOG* is likely to denote only toy dogs such as Chihuahuas and Yorkshire terriers, which are quite small and light.

The process of lexical broadening involves the use of a word "to convey a more general sense than the encoded one, with a consequent expansion of the linguistically-specified denotation" (Wilson/Carston 2007: 234). According to relevance theory, cases of broadening may range from almost imperceptible, as shown by the approximation in (2), to substantial, which is illustrated by the hyperbole in (3), with no sharp cut-off point between the two extremes.

2) I've just unloaded *a tonne* of smalti tiles (ok, it was 963 kilograms) off the truck.
3) My bag weighs a tonne.

In (2), the word *tonne* is intended to be interpreted as communicating the ad hoc concept TONNE*, whose denotation includes not only things which weigh exactly 1,000 kilograms (TONNE), but also those whose weight is so close to 1,000 kilograms that it justifies such a use of the word. In other words, the differences between the lexically encoded concept TONNE (1,000 kilograms) and TONNE* (close to TONNE) are inconsequential for the purpose at hand. The speaker's use of the same word in the hyperbole in (3) will be interpreted as communicating the substantially broadened ad hoc concept TONNE**, whose denotation includes not only things that weigh exactly 1,000 kilograms, but also things which are simply very heavy, or heavier than expected.

On the relevance-theoretic approach, metaphor is assumed to involve broadening or, as is the case in the majority of examples, both broadening and narrowing. In the example below, the lexically-encoded concept MANE is broadened, but there is no narrowing. The created ad hoc concept MANE* denotes not only manes characteristic of animals such as horses and lions but also hair on a person's head; in other words, "the term for an animal body part is extended to a human body part."

4) Henry was proud of his mane. (Wilson/Sperber 2012: 111)
5) You should go to a good stylist once in a while and have that mane tamed![7]

---

6 In the relevance-theoretic literature, stars are standardly used to mark ad hoc concepts.
7 The example comes from the British National Corpus.

The metaphor seems to be based on fairly central properties of the lexicalized category such as the length and thickness of an animal's mane which remain unchanged in the ad hoc concept. Example (4) does not seem to be negative; example (5), however, conveys the meaning of the undesirability of animal-like hair. Most likely the speaker is not aware of the fact that by the choice of the word *mane* they implicitly deny humanness to the addressee.

As an example of metaphor based on the interaction of broadening and narrowing, Wilson and Sperber (2012: 119) use the following utterance:

6) [woman to uncouth suitor] Keep your paws off me!

The pragmatically conveyed ad hoc concept PAWS* has been both broadened to include human hands which are large and clumsy, and narrowed to exclude, for example, a cat's paws which are soft and gentle or a lion's paws which are strong. The ad hoc concept carries a number of implications concerning the suitor and his behavior, namely that he is "clumsy, gross, lusting like a beast" (Wilson/Sperber 2012: 120), none of which are strongly implicated by the speaker. In Wilson and Sperber's (2012: 122) words: "The utterance [...] achieves optimal relevance by making a strong explicit request that the hearer remove his PAWS*, and weakly implicating that he is behaving clumsily and grossly" because he is (like) a beast, which is undoubtedly offensive.

In relevance theory, weak implicatures are associated with so-called poetic effects, which "result from the accessing of a large array of very weak implicatures in the otherwise ordinary pursuit of relevance" (Sperber/Wilson 1986/1995: 224). In other words, poetic effects can be described as non-propositional effects, i.e. effects which do not trigger mental representations but emotions and may affect or change the mental state of the hearer or the speaker (Moeschler 2009). Poetic effects are thus related to affective rather than cognitive effects and as such they cannot be paraphrased (without loss). In Sperber and Wilson's (1986/1995: 224) words "[such] effects create common impressions rather than common knowledge." In his discussion of the relevance-theoretic approach to non-propositional effects, Moeschler (2009) claims that "non-propositional effects are rarely isolated from propositional effects;" on the contrary, the two types of effect are generally interrelated. In other words, whenever implicatures are triggered, they are accompanied by some additional effects such as pleasure, or disgust, contempt, and aversion as in the case of offensive animal metaphors. These additional effects may reinforce (or block) the derivation of certain implicatures.

The most recent relevance-theoretic approach to non-paraphrasable effects such as those observable in metaphorical uses (Wilson 2013) is based on the notion of 'impression', which involves the communication of something much vaguer than a belief or a set of beliefs, and "which is not necessarily reducible to a set of individually represented beliefs." Using this approach, paraphrasability occurs along a continuum. This continuum is anchored at one end by cases where the speaker's meaning is fully determinate or paraphrasable and at the other end by cases involving the communication of impressions, where the speaker's meaning is not at all paraphrasable, i.e. fully indeterminate. Since metaphors, especially poetic metaphors, are closer to the indeterminate end of the continuum, they are not amenable to paraphrase. It seems that the non-paraphrasability of offensive animal metaphors can be explained along the same lines.

It is also important to note that the intended meaning of metaphors, in particular those creative ones, is best described as a wide range of weak implicatures which can be identified not by enumeration, but by "metacognitive awareness (e.g. by registering that an act of communication has had a certain psychological effect on us – shaming us, pleasing us, or making us see things in a new light, etc.)" (Wilson 2013). The recently developed notion of 'metacognitive awareness (acquaintance)' seems well-suited to the description of the intended import of animal metaphors, which, in most cases, is the expression of negative evaluation or emotions, or simply offence.

8 Conclusion

It is undeniable that animal metaphors are ubiquitous, which suggests that there is a universal tendency to describe humans, their behaviors and characteristics in terms of animals. It is also undeniable that animal metaphors tend to be offensive, and hence have the potential to serve as instruments of verbal aggression. The latter phenomenon has been approached from various perspectives, for example, by employing the psychological notion of dehumanization, or denial of human nature or uniqueness, by invoking the powerful philosophical concept of the Great Chain of Being, or by referring to the anthropological analysis of the characteristics of particular animal species in terms of taboos associated with them, their edibility and their closeness to humans. Assuming the cognitive approach to human communication offered by relevance theory, it is possible to explain not only how intended metaphorical meanings are communicated and interpreted at the propositional level but also how non-propositional effects (emotions) are achieved. Using this approach, in the case of animal metaphors, the intended meanings will be communicated by the broadening (and narrowing) of the concepts associated with animal-related words. Furthermore, the offensiveness of these pragmatically modified concepts, just as with other emotional effects, follows from a range of weak implicatures, or impressions, which are identified by metacognitive awareness.

References

Allott, Nicholas (2010): *Key Terms in Pragmatics*. London: Continuum.
Biel, Łucja (2004): *Distance in English and Polish*. Unpublished Ph.D. thesis. University of Gdańsk.
Bonacchi, Silvia (2012): "Höfliche Funktionen der nominalen Alteration im interlingualen (italienischen, polnischen und deutschen) Vergleich". In: Katarzyna Grzywka/Małgorzata Filipowicz et al. (eds.): *Kultura–Literatura–Język. Pogranicza komparatystyki*. Vol. 2. Warszawa: Instytut Germanistyki Uniwersytetu Warszawskiego, 1429–1443.
Bonacchi, Silvia (2013): *(Un)Höflichkeit. Eine kulturologische Analyse Deutsch – Italienisch – Polnisch*. Frankfurt a.M. et al.: Lang.
Chamizo Domínguez, Pedro/Zawisławska, Magdalena (2006): "Animal Names Used as Insults and Derogation in Polish and Spanish". In: *Philologia Hispalensis* 20, 137–174.
Carston, Robyn (2002): *Thoughts and Utterances. The Pragmatics of Explicit Communication*. Oxford: Blackwell.
Clark, Billy (2013): *Relevance Theory*. Cambridge: Cambridge University Press.
Deignan, Alice (2005): *Metaphor and Corpus Linguistics*. Amsterdam, Philadelphia: John Benjamins.
Deignan, Alice (2006): "The Grammar of Linguistic Metaphors". In: Anatol Stefanowitsch/Stefan Th. Gries (eds.): *Corpus-Based Approaches to Metaphor and Metonymy*. Berlin, New York: de Gruyter, 106–122.
Glucksberg, Sam (2001): *Understanding Figurative Language*. Oxford: Oxford University Press.
Goatly, Andrew (2006): "Humans, Animals, and Metaphors". In: *Society & Animals* 14(1), 15–37.
Gwiazdowska, Agnieszka (2010): "¿El hombre es un animal irracional? Sobre el concepto de estupidez en los zoomorfismos fraseológicos del polaco y del español". In: *Kwartalnik Neofilologiczny* LVII 2010/2, 163–169.
Halupka-Rešetar, Sabina/Radić, Biljana (2003): "Animal Names Used in Addressing People in Serbian". In: *Journal of Pragmatics* 35, 1891–1902.
Haslam, Nick/Loughnan, Steve/Holland, Elise (2013): "The Psychology of Humanness". In: Sarah J. Gervais (ed.): *Objectification and (De)Humanization,* Nebraska Symposium on Motivation 60. New York: Springer, 25–51.
Haslam, Nick/Loughnan, Steve/Sun, Pamela (2011): "Beastly: What Makes Animal Metaphors Offensive?". In: *Journal of Language and Social Psychology* 30(3), 311–325.
Hsieh, Shelley Ching-yu (2006): "A Corpus-Based Study on Animal Expressions in Mandarin Chinese and German". In: *Journal of Pragmatics* 38, 2206–2222.
Kiełtyka, Robert (2005): "Zoosemic Terms Denoting FEMALE HUMAN BEINGS: Semantic Derogation of Women Revisited". In: *Studia Anglica Posnaniensia* 41, 167–186.
Kiełtyka, Robert/Kleparski, Grzegorz A. (2005): "The Ups and Downs of the Great Chain of Being: The Case of Canine Zoosemy in the History of English". In: *SKASE Journal of Theoretical Linguistics* 2, 22–41.
Kövecses, Zoltán (^{2}2010): *Metaphor: A Practical Introduction*. Oxford: Oxford University Press.

Lakoff, George/Turner, Mark (1989): *More than Cool Reason: A Field Guide to Poetic Metaphor.* Chicago et al.: University of Chicago Press.
Lawrence, Elizabeth (1997): *Hunting the Wren. Transformation of Bird to Symbol.* Knoxville: University of Tennessee Press.
Leach, Edmund (1964): "Anthropological Aspects of Language: Animal Categories and Verbal Abuse". In: Eric H. Lenneberg (ed.): *New Dimensions in the Study of Language.* Cambridge: MIT Press, 23–64.
Lévi-Strauss, Claude (1964): *Totemism.* trans. by R. Needham. London: Merlin Press.
López Rodríguez, Irene (2009): "Of Women, Bitches, Chickens and Vixens: Animal Metaphors for Women in English and Spanish". In: *Cultura, Lenguaje y Representación/Culture, Language and Representation* 7, 77–100.
Lovejoy, Arthur O. (1936): *The Great Chain of Being. A Study of the History of an Idea.* Cambridge, MA: Harvard University Press.
Low, Graham D. (1988): "On Teaching Metaphor". In: *Applied Linguistics* 9(2), 125–147.
Martsa, Sándor (1999): "On Exploring the Conceptual Structure of Folk Knowledge: The Case of Animal Terms". In: *Linguistica e Filologia* 9, 73–87.
Moeschler, Jacques (2009): "Pragmatics, Propositional and Non-Propositional Effects: Can a Theory of Utterance Interpretation Account for Emotions in Verbal Communication?". In: *Social Science Information* 48(3), 447–464.
Newmark, Peter (1988): *Approaches to Translation.* Hemel Hempstead: Prentice Hall.
Pilkington, Adrian (2010): "Metaphor Comprehension: Some Questions for Current Accounts in Relevance Theory". In: Belén Soria/Esther Romero (eds.): *Explicit Communication: Robyn Carston's Pragmatics.* Houndmills, Basingstoke: Palgrave Macmillan, 156–172.
Ritchie, L. David (2013): *Metaphor.* Cambridge: Cambridge University Press.
Searle, John R. (1979): *Expression and Meaning.* Cambridge: Cambridge University Press.
Simon-Vandenbergen, Anne-Marie (2003): "Lexical Metaphor and Interpersonal Meaning". In: Anne-Marie Simon-Vandenbergen/Miriam Taverniers et al. (eds.): *Grammatical Metaphor: Views from Systemic Functional Linguistics,* 223–255.
Sperber, Dan/Wilson, Deirdre (1986/²1995): *Relevance: Communication and Cognition.* Oxford: Blackwell.
Sperber, Dan/Wilson, Deirdre (2008): "A Deflationary Account of Metaphors". In: Raymond W. Gibbs (ed.): *The Cambridge Handbook of Metaphor and Thought.* Cambridge: Cambridge University Press, 84–105.
Vega Moreno, Rosa E. (2007): *Creativity and Convention: The Pragmatics of Everyday Figurative Speech.* Amsterdam, Philadelphia: John Benjamins.
Wilson, Deirdre (2003): "Relevance and Lexical Pragmatics". In: *Rivista di Linguistica* 15(2), 273–291.
Wilson, Deirdre (2013): "Figurative Utterances and Speaker's Meaning". A talk given at the workshop *Go Figure 2013: Understanding Figures of Speech,* 20–21 June 2013, University of London.
Wilson, Deirdre/Carston, Robyn (2007): "A Unitary Approach to Lexical Pragmatics: Relevance, Inference and Ad Hoc Concepts". In: Noel Burton-Roberts (ed.): *Pragmatics.* Houndmills, Basingstoke: Palgrave Macmillan, 230–259.
Wilson, Deirdre/Sperber, Dan (2012): *Meaning and Relevance.* Cambridge: Cambridge University Press.
Zimbardo, Philip (2007): *The Lucifer Effect: Understanding How Good People Turn Evil.* New York: Random House.

Björn Technau
Aggression in Banter

Patterns, Possibilities, and Limitations of Analysis

Abstract: This paper focusses on the interactional phenomenon of banter and the possibilities and limitations of its analysis. It traces the steps and relevant aspects typically involved in a banter situation and discusses the different roles and evaluation processes of speakers, listeners and analysts respectively. Due to their combination of an impolite or even aggressive surface structure and bonding components, banter utterances typically result in interpretative variation that seems to be part of their very nature. The theoretical approach is backed by conversation analyses of some real banter examples collected within a speech community of college students and young graduates in Mainz, Germany.

1 Introduction

Understanding banter is not an easy task, especially for analysts who do not belong to the in-group in which the object of their investigation occurs. They usually lack important background information about the group, in particular, its relational structure and conversational history. But even for members of the investigated group, interpretations of banter are often far from clear and can thus result in wildly differing perceptions and dealings with the situation at hand. Academic approaches informed by conversation analyses have provided useful insights into the phenomenon and yet, it seems impossible to find a theoretical framework that provides us with a clear-cut answer to the question of how to correctly interpret a specific instance of banter in context. In the following paper, it is my purpose to bring together the most important features of banter covered thus far in the literature and to verify them with my own audio data collected within circles of friends in Germany. It is the continuous collection and analysis of such data that will gradually expand our knowledge and understanding of banter.

My paper is composed of five parts that trace the steps typically involved in a banter situation and discuss the possibilities researchers have to keep track of them.

2 Approaching Banter

Banter has been approached and analyzed as a subset of teasing (Haugh 2010) or within humorous interaction (Kotthoff 1996: 2010), typically under the assumption of a continuum from bonding to dissociation. The assumption of such a continuum is necessary, given the diverse interpretations for one and the same banter activity by both people directly involved in the activity and those that are not (such as out-group analysts). Haugh/Bousfield (2012: 1104) distinguish between jocular mockery and jocular abuse, both instances of banter, that are interactionally achieved if, both, speaker and hearer(s) project and interpret the meanings/actions as such given the background knowledge that both the speaker and recipients (whether direct or indirect addressees) are assumed to have access to.

Research on banter typically builds on politeness theory (Leech 1983, Brown/Levinson 1987) and Goffman's (1955) face concept. Inspired by such notions as the Cooperative Principle and the conversational maxims established by Paul Grice in 1967 (Grice 1989, Meibauer 2006), Leech (1983) established the Politeness Principle (PP) and several maxims of politeness such as the Tact Maxim to account for the principles governing polite interaction. In order to be polite, a speaker has to gear their contributions in a conversational exchange towards a maximization of advantages for the hearer, thus considering three pragmatic scales: a cost-benefit scale, an optionality scale, and an indirectness scale. It was also Leech (1983: 144) who created the term "mock impoliteness" for utterances that are impolite on the surface but polite via implicature. In this regard, he distinguished between the Irony Principle by which we identify an utterance to be impolite and untrue, and the Banter Principle by which we recognize the irony as being a means to be polite and show solidarity. For Culpeper (2011), flouting the Maxim of Quality is but only one means of signaling a banter situation. He defines banter more broadly, "in terms of an understanding on the part of a participant that the contextual conditions that sustain genuine impoliteness do not apply" (Culpeper 2011: 208). However, banter cannot be convincingly accommodated within a framework of im/politeness. Banter is neither intended to be polite nor perceived as such. Even Leech himself seems to have adjusted his view accordingly; in his 2014 book he does not simply speak of a polite interpretation anymore, but of a "polite (or rather, 'camaraderic') interpretation" (2014: 238), thus highlighting an aspect of banter that is far more important than mere politeness: the indicating and strengthening of relational connections. Therefore, I agree with Haugh/Bousfield (2012: 1102) that "mock impoliteness should be treated as a social evaluation in its own right rather than being subsumed within a theory of impoliteness;" it is "something conceptually distinct" (Haugh 2015: 293). Despite their close relationships and many overlaps, banter, mock impoliteness, and relational work should not be equated with one another. Banter is a social phenomenon most prominently accomplished through mock impoliteness. It is a common human means to entertain as well as to establish, confirm, and strengthen friendly relations. Another social function it can serve is the concealment of aggression, thereby allowing the speaker to perform an aversive act in a nonviolent way (Bonacchi 2014b: 353).

Goffman's face concept has proven to be fruitful when analyzing banter in context (Brown/Levinson 1987; Kotthoff 1996, 2010; Günthner 1996), especially in the sense of Arundale's (2010: 2079) revised version that explains "face as a relational and interactional phenomenon arising in everyday talk/conduct, as opposed to a person-centered attribute understood as determining the shape of an individual's utterance." Haugh (2010, 2013) adopts Arundale's relational approach to face in order to show how face interpretations evolve in context, how they are co-constituted and reflexive, how they influence future interpretations and how they may themselves occasion banter within groups.

3 Motivation for Banter

Since provocation is one of its integral parts, banter can be considered risky behavior, and one might ask why speakers actually take this risk. Below, I will briefly point out some motivations for banter. Note that these motivations are intertwined and not mutually exclusive:
a. Dealing with conflicts / problem solving / expression of criticism
b. Joining in the power game / winning, demonstrating, increasing power
c. Relational work / marking of in-group membership / consolidating friendly relations
d. Humorous entertainment

One potential reason to initiate banter is certainly the intention to criticize and simultaneously mitigate the criticism by choosing a playful or humorous mode (Mulkay 1988: 67). "Humor can definitely be used to cushion face-threats" (Kotthoff 1996: 299). In this way, banter can have a problem-solving or even conflict resolution function (Kádár/Bax 2013: 82). In other cases, banter might be less about mere criticism than it is about fierce power play. Culpeper (2011: 215) speaks of cloaked coercion that is on the brink of genuine impoliteness. Employing vulgarisms, for instance, conflicts with social taboos and might be a means of impolite behavior in aggressive and offensive speech acts (Bonacchi 2014a: 37–38). Insulting someone by using a racist or sexist slur is an extreme example that might attack the victim's social identity and "can be a means of controlling others as well as maintaining dominant groups in society at the expense of others" (Culpeper 2011: 199–200). It is still possible, though, that the use of such a slur is based on a friendly illocution and followed by a friendly interpretation, since banter can even be accomplished through mock insults (Bonacchi 2014a: 41). If such an exercise of power goes beyond what is considered legitimate in a group, we are probably dealing with a case of abuse of power (Culpeper 2011: 219). A friendly illocution is what distinguishes banter from genuinely impolite acts such as offensive comments that are based on a hostile or aggressive illocution that aims to destroy the hearer and his value system (Bonacchi 2013: 159). Such acts are strongly associated with the use of violence (psychologically and physically) and are thus distinct from banter (even though both banter and offensive acts share an impolite surface structure and touch on considerations of power). In the case of banter, power plays can be seen as an (entertaining) game in which the players compete for points, "a kind of competition where one scores 'points' by creating insults that would be incredibly offensive if taken seriously" (Haugh 2015: 294). "In plain language, S scores at O's expense [O = other person(s), mainly the addressee]" (Leech 2014: 235). Scoring means to outplay competitors, to trump their utterances, to go one better, to get the laughs. In this regard, banter often requires a great deal of originality and quick-wittedness. The image of a game was already employed by Goffman (1955), in reference to aggressive face-work:

> The purpose of the game is to preserve everyone's line from an inexcusable contradiction, while scoring as many points as possible against one's adversaries and making as many gains as possible for oneself. An audience to the struggle is almost a necessity. The general method is for the person to introduce favorable facts about himself and unfavorable facts about the others in such a way that the only reply the others will be able to think up will be one that terminates the interchange in a grumble, a meager excuse, a face-saving I-can-take-a-joke laugh, or an empty stereotyped comeback of the "Oh yeah?" or "That's what you think" variety. The losers in such cases will have to cut their losses, tacitly grant the loss of a point, and attempt to do better in the next interchange. (Goffman 1955: 315)

Aggression can be part of both of the motivations discussed so far, the motivation to criticize, and the motivation to gain power. But what type of aggression are we dealing with here? There are various manifestations of aggression and a myriad of causes on different levels that can only be approached interdisciplinarily. Wahl (2009: 19) speaks of a complicated network of factors that lead to aggressive behaviors, "bio-psycho-soziale Mechanismen," that are operative in between the different levels of evolution, genes, history, society, culture, socialization, ontogeny, brain processes, emotion, cognition, motivation, behavior and its consequences. He makes it explicitly clear that there is usually no linear correlation between these mechanisms and aggressive behavior, but rather soft couplings with certain follow-up probabilities. Several suggestions have been made on how to categorize different types of aggression, typically boiling down to some dualistic system, e.g. open vs. concealed aggression (cf. Wahl 2009: 8–9). Steiner (2011) broadly groups together some of these divisions in the following way: "acts of reactive, affective, defensive and impulsive aggression [RADI], on one hand, and acts of proactive, instrumental and planned aggression [PIP]" (Steiner 2011: 3) on the other. RADI aggression is also labelled as emotionally "hot" aggression and PIP aggression as emotionally "cold" aggression. For the purpose of this paper, I would like to gear the reader's attention towards the following distinctions: open vs. concealed, and reactive vs. proactive aggression. The latter distinction also touches on the speaker/hearer distinction, for the potential aggression of the speaker (the banter subject) is typically proactive, whereas the aggression triggered in the hearers (the banter target and the audience) is typically reactive. Both speakers and hearers can choose ways to conceal their aggression, and banter might come in handy as a means to do so. If the concealment fails or if the aggression is made open on purpose, we will probably witness a switch from a rather light-hearted banter mode to a serious mode of confrontation and conflict. Since banter predominantly occurs among interlocutors in close relationships, I consider the respective aggression relational (see Murray-Close et al. 2010 on relational aggression in adulthood). Murray-Close et al. (2010: 396) show that the association with anger, hostility and impulsivity is stronger for reactive relational aggression than for proactive relational aggression. This might be a reason why we rarely see banter targets aggressively counterstrike. Another reason for this is that through an aggressive reaction, the hearer would openly define the speaker's (concealed) intention to be hostile and thus render the whole exchange (which was until then potentially still open to a humorous and face-enhancing interpretation) into a serious, face-threatening one. "While mock impoliteness is framed so as to avoid offence, the door is still open to an evaluation of the action in question by some participants as disguising an 'impolite' stance on the part of the speaker" (Haugh 2015: 293). However, due to our socialization, we are rather hesitant to communicate such an impolite, face-threatening uptake, because "a person's performance of face-work, extended by his tacit agreement to help others perform theirs, represents his willingness to abide by the ground rules of social interaction" (Goffman 1955: 316). In other words, socialized interlocutors are expected to stick to these rules of social interaction, sometimes even beyond their comfort zone. Openly defining a banter utterance as a serious face-threat would cast doubts on the mutual acceptance of these rules and thus would be a deviation from them. When insults are framed as non-serious, "treating them seriously is positioned as a sanctionable matter in such contexts" (Haugh 2015: 294). Therefore, the inhibition threshold for the banter target to point out a potential aggression of the banter subject (by reacting aggressively himself, for instance) is quite high and probably much higher than the inhibition threshold for the banter subject to initiate the banter in the first place. The initiator of the banter has the advantage that his conversational move including a potentially concealed aggression is more likely to be interpreted as jocular than the reaction of his target, whose potentially aggressive counter move is likely to be seen as a humorless reaction from someone who cannot take a joke. Also, in contrast to the proactive move, the reactive one has to be spontaneous and therefore typically lacks a comparable elaborateness and/or creativity.

The effects on relational connections are the most prominently discussed in the literature on banter (Leech 1983, Kotthoff 1996, Arundale 2010, Culpeper 2011, Bonacchi 2013, Leech 2014, Haugh 2015, among others). We can distinguish between several effects on different levels that might all coincide in one banter activity. Through her banter performance, a speaker may signal her in-group membership toward the other group member(s) and, potentially, toward an overhearing outgroup audience. She thereby confirms and maybe even strengthens the already existing bonds. Obviously, this motivation won't suffice for a positive effect on the relationship(s). The banter target(s) (and/or the banter audience) must approve of the positive intentions behind the banter activity, through laughter for instance, because otherwise contrary effects might be triggered and the relationship jeopardized. Thus, the target (and/or the audience) finalizes the banter activity and determines its success. Their reaction will not only be perceived by the speaker but also by all the other hearers, which may be in-group members themselves or not. So the effects, whether positive or not, potentially bear on three different parties at least: the subjects directly involved (speaker and target(s)), other listening in-group members, and overhearers from the outgroup.[1] But how can impolite language and behavior be a means of marking or even strengthening a friendship?

> The rationale behind this is that if two or more people find it possible to exchange insults and other impolite remarks, and at the same time to treat these as nonserious, or even amusing, they share a powerful way of signaling their solidarity. In addressing a person

---

[1] Note that the publication of real banter examples exposes the performance to another party, the readers, who were not present in the situation and thus did not feature in the considerations of the involved speakers. Therefore, it is sometimes impossible for this party of outsiders to really comprehend and analyze the respective banter, especially to judge its intensity and success from the perspective of the people that were present and therefore considered by the performers.

> who is distant from S [speaker] in vertical or horizontal distance, S could not risk using impolite language without serious risk of causing offense. Hence, banter is not normally used between people who are of unequal power status, or who are strangers. And the use of banter itself can therefore be a signal of solidarity and camaraderie. (Leech 2014: 239)

> [T]hrough violating the niveau of politeness it is indexed that a relationship has such a firm foundation that it is no longer dependent on politeness or courtesy. (Kotthoff 1996: 306)

Power and relationships are fundamental issues people deal with in society. Wahl (2009: 72–73) considers them important in evolutionary terms and sees them in connection with some basic emotions including joy, anger, anxiety, empathy, love, hate, grief, and insecurities. He claims that these emotions can lead to aggression when dealing with fundamental life issues such as partnerships, social groups, and hierarchies. Through evolution, animals and humans have not only developed the capability of exercising aggression, but also of curbing it, thereby preventing more serious forms like physical violence and lethal injuries (Wahl 2009: 34). In this regard, banter might be considered a form of curbed aggression, similar to certain displays of superiority in the animal kingdom.

What I find somehow undervalued in the literature is the motivation to entertain and be entertained by humorous banter activities. Kotthoff, for instance, focuses on humor in fact, but mainly in connection to its effects on the relational structure within the group: "Humor can strengthen group solidarity, which is affirmed by inclusive laughter; but it can also exclude people" (Kotthoff 1996: 301). While this is certainly true, I would also like to draw attention to the entertainment level in isolation, for a change, since I believe this level to be at the very heart of many instances of banter. In these cases, then, the motivation triggering the banter activity will be less about the urge to criticize or to consolidate power and friendly relations than about the enjoyment of a shared laughter. In many cases, (mutual) entertainment might even be the main motivation for the friends to meet in the first place: they want to spend quality time with each other, not confined by any rules (such as rules of courtesy for instance) in a relaxed atmosphere that contrasts with their everyday work and daily routines. Being entertained by funny and creative utterances, including banter, might represent the highlights of their friendship and will thus be sought after. It is high-quality entertainment, for in contrast to watching a comedy, the humorous turns have a direct personal connection that is inaccessible to outsiders. This behavior will ultimately strengthen their bonds, but this is more a desirable side effect than the main reason for the creativity in their conversational moves. I think the reason why analysts are mostly concentrated on the relational level when discussing the humorous aspects of banter is due to their outsider perspective. The signaling of solidarity is oftentimes the only level they have access to. The entertaining aspects of banter are often rooted in the groups' conversational histories and are thus concealed to outsiders. Naturally, for those analysts, banter appears to be more about the marking of in-group membership, since this is the message reserved for them.

> Even though, the insights and astute observations of fine discoursal details of CA [conversation analysis] are significant, it should be noted that a disagreement [or an entertaining value for that matter] emerging in the current interaction may have roots not just in previous turns of the same interaction but also in previous interactions whose effect may not be discernible to the analyst. (Sifianou 2012: 1558)

Culpeper (2011: 234–235), however, goes beyond personal histories when it comes to the question of how impoliteness can actually be entertaining. He identifies five sources of pleasure that can be involved in entertaining impoliteness: emotional pleasure, aesthetic pleasure, voyeuristic pleasure, the pleasure of being superior, and the pleasure of feeling secure. The fact that people find "nasty stuff" like impoliteness entertaining should not be surprising, according to Culpeper (2011: 234): "people were entertained by gladiatorial shows and are still entertained by boxing matches and rugby." Wahl (2009: 2) points out that aggression and violence are fascinating because of the affects and emotions they release, among which he enumerates delight, superiority, and schadenfreude.

4 Performing Banter

In order to initiate a banter activity, a speaker has to consider a multitude of contextual information and decide on its basis how far he can actually go with his provocation. Whether his act is going to be successful or not is for the hearer(s) to decide, and will be discussed in section 5 of this paper. In the following section, I will point to some of these speaker considerations and some of the emerging patterns of such banter performances.

The first thing a speaker has to be aware of is the discursive roles of all the interlocutors involved, including his own. The success of his banter activity depends highly on the adequacy of his role-taking. Bonacchi (2013: 235–236) calls this faculty "diskursive Kompetenz" (*discursive competency*) and qualifies it as the speaker's knowledge of the mutual expectations regarding rituals. Kádár/Bax (2013: 73) distinguish between in-group rituals referring to "the ritual practices formed by smaller social units (relational networks)" and social rituals, "which count as 'normative' on a wider, 'social' level." These rituals can extend to banter activities as well, which brings Culpeper (2011: 212) to assume that the respective impoliteness formulae "become further conventionalised for the politeness effects of the contexts in which they are regularly recontextualised." Even though I would not call these effects polite, it is certainly true that through banter an impolite utterance can become so familiar in a group of friends that it will hardly strike any of them as impolite anymore. Radcliffe-Brown speaks of "joking relationships" when such practices are part of a relationship's nature. According to him, the joking relationship is "a peculiar combination of friendliness and antagonism" (Radcliffe-Brown 1940: 196), "a relation between two persons in which one is by custom permitted, and in some instances required, to tease or make fun of the other, who in turn is required to take no offence" (Radcliffe-Brown 1940: 195). Haugh (2010: 2115) considers banter possible between unacquainted interlocutors as well, but his examples of such instances are all very mild forms of banter. Banter, at least in its extreme forms, will predominantly occur among closely related interlocutors, in in-groups rather than on the wider social level.

There seem to be certain recurring topics that are used for banter. Haugh/Bousfield (2012: 1110), for instance, find the following common target themes in their Australian and British datasets: "current/past relationships, sexual preference and prowess, habits/personality, gaming, items of cultural significance, and lacking an appropriate degree of modesty." Interestingly enough, every single one of these topics can be found in my German data as well, even though it was only collected on two occasions and is thus a much smaller dataset than that of Haugh/Bousfield (2012). This suggests a potential cross-linguistic choice of banter topics, something that should be investigated empirically, through further collection of conversation data. For the speaker, anyway, this means that his choosing a typical banter topic might render the intended uptake easier. As noted above, these intentions can be (purely) humorous in nature and yet, or because of it, never secure the same uptake by all listeners, because each individual "may also vary in their willingness to treat certain topics in the playful manner required by humour" (Mulkay 1988: 53).

After choosing a topic for his banter activity, a speaker has yet to frame it, that is apply it to the respective context while providing hints at how he wants his utterance to be understood. In many cases, he will be able to rely on the knowledge his friends have about his personality and attitudes, so that his use of a racial slur, for instance, would strikingly contrast with his well-known non-racist attitudes. Using slur terms might represent an extreme form of banter, at least from an outsider's perspective, such as the analyst's. Some in-groups, however, might have developed some ritual concerning a certain slur term and, because of its repetitious use within the group, will readily accept it as non-serious. Besides relying on in-group knowledge and rituals, a speaker can additionally highlight his utterance as banter through "certain traditional non-verbal mitigating devices like prosody, by means of which swearwords could be disarmed in certain spoken interactional contexts" (Kádár/Bax 2013: 81). Bianchi (2014) describes non-derogatory in-group uses of slur terms as echoic, building on echo theory by Sperber/Wilson (2007): "[I]n-groups echo derogatory uses in ways and contexts that make manifest the dissociation from the offensive content" (Bianchi 2014: 43). The idea is that the speaker echoes a social norm that is opposed to his own attitudes. Goffman (1955: 313) had a similar idea when speaking of a projected self behind face-threatening acts that are (allegedly) intended to be funny: "When a person claims that an act was meant in jest, he may go on and claim that the self that seemed to lie behind the act was also projected as a joke" (Goffman 1955: 313). Technau (2016) shows that non-pejorative uses of slur terms are not reserved for members of the respective target group. They are, to be more precise, common among speakers who reject the derogation of the group and, in certain contexts, echo the respective slurs in order to make their own opposing views manifest.

Another quality that might be crucial for humorous intentions to be successfully conveyed is creativity. Certainly, this is a quality some people are more gifted with than others, so it cannot really count as a strategy. Nevertheless, creativity comes in handy when involved in banter activities of power play and competition: "if one is attacked, one responds in kind or with a superior attack. And to achieve a superior attack requires creative skills" (Culpeper 2011: 234). Fritz (2006: 56) points out that a group's shared knowledge is conducive to verbal creativity, especially within groups of adolescents. According to him, it is offensive and other evaluative communications in particular that trigger semantic creativeness. One should add humorous or entertaining communications too, for when speakers engage in humor, they often entertain through the creation of new words and fictionalizations, and they use stylistic devices such as exaggeration, ambiguity, and contradiction that help them create interpretative multiplicity, "a kind of 'controlled nonsense'" (Mulkay 1988: 4).

All of the different strategies to mark an impolite utterance as non-serious can easily be subsumed under face-work and its various individual and cultural manifestations: "Each person, subculture, and society seems to have its own characteristic repertoire of face-saving practices" (Goffman 1955: 309).

5 Evaluating Banter

Evaluating banter in context is a complex task that often leads to different interpretations by the people involved in the situation. Interestingly, all of the participants are considered in the individual interpretation processes and mutually influence one another. Haugh (2013: 61) points out that an analysis of interpersonal evaluations needs to be informed by a consideration of all participants in the interaction in question, since "both speakers and hearers have their own distinct and often independent interests in regards to how they evaluate talk and conduct." On the reception side, Haugh further distinguishes between addressees, side participants, bystanders, listeners, and eavesdroppers. For the purpose of this paper, it shall suffice to say that there is a variety of different interpreting roles, and that for each of these roles we can assume certain interpretations to be more likely to arise than others. One of the reasons for differing interpretations, besides differences in individual taste, is the different degrees of access that participants have to the single cues, partly due to their respective roles. Research on im/politeness has shown that "it is constituted not through linguistic or non-linguistic behaviour per se but through evaluations of such behaviour" (Haugh 2013: 52). Even though I do not think politeness to be the evaluation result of any banter activity, I certainly agree that the evaluative moment is crucial and an integral part of banter. During such evaluation processes, an individual places the respective banter on a continuum from bonding to dissociation. The very difficulty of this task and the imprecision of its outcomes are common features of banter and maybe even the reason why speakers perform it.

We have already seen that there are many aspects to consider when we want to understand banter in context. But what are the various cues that help a hearer arrive at their interpretations? I consider the following to be most important:
a. Speaker intentions
b. Speaker competencies
c. Discursive roles
d. Relational and conversational histories
e. Rituals
f. Specific context features
g. Lexical information
h. Non-verbal cues

Whatever we believe to be the true intentions behind a speech act will heavily influence our perception of it. If a non-native speaker uses an impolite linguistic form, for instance, we are more likely to accept it as unintentionally impolite and thus less hurtful than from a native speaker who should know better. And if we know that a native speaker uses an impolite formula with the intention to make a joke, we are likely to find this less hurtful than if we know that his intention really was to be impolite. This is confirmed by McKinnon/Prieto (2014) who found a main effect of speaker intention in their experiments on the perception of mock impoliteness. Aggressive behavior perceived to be intentional is considered more severe, and yet, "(full) intentionality is not an essential condition for impoliteness" (Culpeper 2011: 52). As possible intentions for banter, I briefly discussed criticism, power play, relational work, and humorous intentions in section 3. All of these intentions can overlap to different degrees, and a hearer has to find out the extent of that in the particular banter situation he finds himself in. It is the very nature of banter to combine and activate different layers of meaning at the same time, which means that the speaker's intentions are also oftentimes multi-layered. Even if we detect the speaker's intention to be humorous, we are still dealing with the question (intrinsic to humor) of how much seriousness the speaker intended to convey, a question we typically try to answer in cooperative efforts: "The indeterminate nature of the boundary between serious and humorous content leaves that boundary open to social negotiation" (Mulkay 1988: 69).

Our view of the speaker's intentions is not only influenced by how we estimate his linguistic competencies but also by how we estimate his cultural and communicative competencies, including his command of politeness conventions. Bonacchi (2013: 229) points out that politeness calls for empathetic and emotive competencies that allow us to adopt the perspective of others, as well as pragmatic competencies that enable us to participate in polite interaction in the first place. Since such competencies are developed in social interaction over time, they may vary from person to person and yet have to be considered a shared cultural experience, our way to learn about social norms: "The general capacity to be bound by moral rules may well belong to the individual, but the particular set of rules which transforms him into a human being derives from requirements established in the ritual organization of social encounters" (Goffman 1955: 319). According to Haugh (2013: 57), "the moral order is what grounds our evaluations of social actions and meanings as 'good' or 'bad', 'normal' or 'exceptional', 'appropriate' or 'inappropriate' and so on [...]." Our banter evaluations are not only rooted in the moral order, they are co-constituted through interaction and thus also occasion subsequent social actions (Haugh 2013: 59). In other words, evaluations in context are shaped by social norms, and conversely, social norms are shaped by evaluations in context.

The evaluation process is also influenced by the discursive roles interlocutors mutually assign to one another in interaction, which in turn is influenced by the relationships between them. The roles of the interlocutors come with certain discursive positions capturing their stances in the interaction, e.g. criticizing, supporting, ironizing, etc. (Bonacchi 2013: 234). The roles follow certain norms, like personality norms and group membership norms, that provide us with further information about the personalities of the interlocutors. The assignment of roles and role-taking determine the illocutionary force of the speech acts and can change from discourse to discourse for one and the same individual (Bonacchi 2013: 235). Nevertheless, the roles are neither randomly chosen nor newly assigned for each and every context; they are embedded in the interlocutors' relational and conversational histories that typically play a crucial role in banter activities. Of course, interlocutors who look back on a long friendship share some detailed knowledge about each other, including their individual sensitivities and boundaries. This knowledge comes in handy for banter, for it functions as a touchstone of how far the provocation can actually go. This is why we find the more intense banter examples predominantly within circles of friends. Among strangers, banter can also occur (Haugh 2010) but only to an extent that is compatible with a more universal behavioral code. One could even say that the closer the friendship the more intense banter can get, which is also why banter has been used to index close relationships, by in-groups toward outgroups for instance, or by screenplay writers in order to highlight the relationship quality of their movie characters (Kotthoff 2010: 88). Circles of friends often even develop their own norms that are specifically different from those we find universally applicable. They do that in order to distinguish themselves and stand out from the crowd:

> [C]ertain social groupings look upon certain well-established, socially negotiated and culturally mandated forms of ritual behaviour as superficial or inadequate, and that such (peer) groups are likely to 'invent' and perform rituals that differ, somewhat if not considerably, from traditional, highly conventionalised social rituals. (Kádár/Bax 2013: 77)

Such in-group rituals only emerge in communities with a relational history, and thus the mastery of these rituals functions as a "membership indicating device" (Kádár/Bax 2013: 78). Most importantly for the evaluation of a banter activity, in this regard, is that its understanding might be bound to in-group membership. But even if it is possible for an outsider to actually see into a certain in-group ritual, it might still be designed such that outsiders detest it, for example when positive value is placed on swearing, burping, or, as Haugh/Bousfield (2012: 1112) point out for the reception side, on "not taking yourself too seriously." Sticking to that ritual might count as cool within the in-group and as a way of identifying with this group and its deviation from social conventions. When adolescents coin their own words for friends, for example, it is "not because efficient reference demands it – in adult company, they resignedly fall back on the standard terms – but because it implies a special conception of those relationships and hence signals a distinct social identity" (Nunberg 2013: 23).

Besides in-group membership, there are potentially some more properties of a speaker that are taken into account in a hearer's evaluation process. Culpeper (2011: 54) points out that it is the "kind of person you perceive to be saying something [that] will affect your evaluation of what they say." But what actually constitutes the perception of that "kind of person?" People will answer this question quite differently, and theorists trying to do so typically skate on thin ice. Obviously, there are individual differences in what is considered an important property of a speaker when it comes to the evaluation of his banter. It has been argued, for instance, that banter is predominantly found among young males (Kotthoff 2010). The association between banter and male gender has been rejected by Leech (2014: 241) and by Kádár/Bax (2013: 79) who, following Locke (2011), point out that "ritualised aggression has always been part of both female and male (linguistic) behavior." The most interesting observation in this regard is the one by Culpeper (2011: 199) who believes that many banter activities are indeed associated with masculinity, but that this association might be positively valued and aspired by men and women alike: "The point is that such behaviours may be associated with positive values, and it may suit participants – whether male or female – to use such behaviours to project a masculine identity as a face claim." In their study, Murray-Close et al. (2010: 393) did not find any gender differences in overall levels of relational aggression; "however, males were most likely to engage in peer-directed proactive and reactive relational aggression whereas females were most likely to engage in romantic relational aggression."

Another property in question is the cultural background of the speaker. Even though banter is generally considered universal (Radcliffe-Brown 1940), there is still some evidence of cultural differences in its manifestations. Haugh/Bousfield (2012) identify some differences between their Australian and British datasets concerning the topics used for jocular mockery and abuse. Whether such differences are just coincidental or in fact rooted in cultural differences is something we can only determine by extensive further data collection. Bonacchi (2013: 199) shows that, in contrast to German and Polish speakers, Italian men often use banter appellatives in intimate communications among themselves:

IT1: **Ciao, bastardo! Quanto tempo che non ti si vede ... hai avuto da fare con le donne?**
Hey, bastard! Long time, no see ... What's going on with the women in your life?

IT2: **Ciao, vecchio mio! Ma che dici, ho avuto da fare col lavoro ...**
Hey, dude [old man]! What are you talking about? I'm occupied with work – that's what's going on.

Another association often referenced in the literature is that between banter and target group membership, especially when it comes to non-pejorative uses of slur terms (Brontsema 2004, Saka 2007, Croom 2013, Anderson/Lepore 2013, Hom/May 2013, among others). The idea is that a successful non-pejorative use of a slur term is only possible for members of the respective target group. Since non-pejorative uses are about confounding the underlying (racist/homophobic/sexist etc.) ideas, they do ultimately hint at the speaker's opposite attitude. Attitudes and modes of use, however, cannot be properly drawn from the sexuality, skin color, nationality, or religion of the speaker. There are members of target groups who are indeed prejudiced against their own group themselves, and there are members who are strictly opposed to any kind of use of slur terms, be it a pejorative or a non-pejorative use. Aside from that, we find non-target group members who successfully use these terms non-pejoratively among their friends. Target group membership certainly renders a non-pejorative reading easier, since "the more features that the interlocutors share in common, [...] the less likely it would be that derogation would occur between them" (Croom 2013: 193). The more reliable factor, however, is their friendship, the mutual knowledge about their attitudes. It is important to consider social factors within speaking communities when discussing non-pejorative uses. What matters in all cases is the relationship among the interactants, not their skin color, religion, sexual orientation, or whatever the respective slur targets (Technau 2016).

Properties like a person's sex, age, cultural background, etc., are certainly oftentimes taken into account when banter is evaluated. However, we will always be able to find exceptions to the interpretation patterns allegedly prompted by those properties. Some of them will be shown and analyzed in section 6 of this paper. What we should keep in mind is that most if not all of the banter patterns we discover are mere tendencies, which is due to banter being an (often) creative act that is subject to personal taste and whose very nature is to remain imprecise. We cannot tell from the linguistic form alone whether an act is supposed to be considered polite, impolite, funny, conjunctive, or whatever. It has long been proven that meanings are generated through an interaction between both context and language. For banter this means that a conventionalized impoliteness formula, for instance, can be interpreted as friendly in a particular context and when marked accordingly. In their evaluation processes, hearers go beyond the lexical level and draw on contextual information (Larsen et al. 2010) and nonverbal cues including gestures: "many features of facial expressions may not just be arbitrary, but may be reliable indicators of an emotion state" (Tooby/Cosmides 2010: 127). McKinnon/Prieto (2014) experimentally investigated the role of situational and discourse contexts as well as prosodic and gestural patterns in the evaluation process of mock vs. genuine impoliteness utterances. They provided participants with audio and video files of isolated target sentences including slurs that were produced in a mock impoliteness vs. genuine impoliteness situational context and asked them to rate the extent to which the speaker was (a) insulting and (b) joking. In another experiment, they additionally provided a discourse context that either matched up with the target utterance or created a mismatch and asked participants to not only rate the impoliteness and mocking degree but also the degree of appropriateness between the situational prompt and the target utterance. In the genuine impoliteness condition utterances, speakers used a higher pitch range, furrowed their eyebrows and made a palm towards the center gesture. For mock impoliteness, the most consistent gestural feature was a smile. Interestingly, the visual input was only critical to the evaluation of mock impoliteness, meaning that it allowed listeners to detect it more easily, regardless of the presence of a matched or mismatched context. For the evaluation of genuine impoliteness, however, participants needed nothing but mere audio input in order to detect it easily. In sum, McKinnon/Prieto (2014) show that an evaluation of an intended mock impoliteness utterance generates more uncertainty in listeners and is more dependent on the active use of gestural cues than an evaluation of an intended genuine impolite utterance. "These results provide evidence that mock impoliteness triggers a more complex evaluation procedure of a phenomenon that lies on the boundary between polite and impolite behavior" (McKinnon/Prieto 2014: 185).

As we have seen, evaluating banter is a complex task during which people draw on many aspects, including discursive roles, relational and conversational histories as well as lexical, contextual, and visual cues. It stands to reason that such a complex task must lead to different interpretations, partly also due to personal traits, sensitivities, and the social skills of the hearers. The interpretative variation is part of banter's nature, for banter is about activating different layers of meaning at the same time, in order to cushion a criticism, for instance, or in order to achieve humorous effects: "humour depends on the active creation and display of interpretative multiplicity" (Mulkay 1988: 4). It is also important to keep in mind that the evaluations do not simply differ randomly from person to person; there are certain (cultural, ritual, societal) tendencies we can detect, and yet, these tendencies are "not always consistent across individuals from the same 'social group' […], or even within the same individual over time" (Haugh 2013: 56). After having evaluated a banter activity (i.e. placing it on a continuum from bonding to dissociation), a hearer, especially the target of the banter, still has to respond to it and thereby finalize the act. According to Haugh (2010: 2108), "[r]esponses to mockery generally fall into three broad categories: (1) rejecting the mockery as untrue or exaggerated, (2) going along with or making the pretence of accepting the mockery, or (3) ignoring the mockery." The important thing is that once a banter activity is initiated, it will put all the hearers under pressure to take a stance, because no matter what they do, it will count as a response to the banter. There is no loophole.

6 Conversation Analyses of Some Banter Examples

Now let us have a look at some real banter examples that were all collected within the same speech community: native German graduates in their late twenties from Mainz, Germany. The audio recordings were created in late 2010 during two informal dinner conversations. At the time of the recordings, the interlocutors had already been friends for some 20 years, thus sharing a long conversational history with each other and building an intimate in-group. They all belong to the same circle of friends, yet came together in different constellations these two nights. In Group A, we have seven interlocutors, Kerstin, Torsten, Bernd, Niko, Dennis, Peter, and Steffi, three of whom – Kerstin, Torsten, and Bernd – are also part of Group B that additionally hosts Shannon, Michael, and Juli. They were all born and raised in Germany. Juli has a Korean background and Shannon has a Vietnamese background. Peter, Kerstin, and Bernd are gay, while all the others are straight, and Shannon and Michael are married. In order to guarantee authenticity, the participants were informed about the data collection only after the recordings, when each of them was provided with the opportunity to delete the material. However, they all agreed on the transcription of the audio files and the publication of their conversations. I also provided them with my analyses of their (banter) activities in order to get my interpretations approved from the very experts themselves. Of course, all of their names are anonymized in the transcriptions.

Our first example starts with Kerstin's bitching about an absent person, Julia, who is known by all the interlocutors. As it turns out, the reason for Kerstin's bitching is an earlier situation in which Julia had overestimated her own looks and had ranked them higher than those of Kerstin and Steffi. All of a sudden, during her evolving talk, Kerstin becomes a banter target herself. From that moment, it is Torsten, the initiator of the banter, who scores by getting the laughs, and Kerstin cannot but respond to this.

Group A
(1) MISSY ELLIOT
1 Kerstin: **also WENN jemand verbraucht aussieht dann die julia.**
             So if there is anyone looking worn-out, this would be Julia.
2 Bernd: **hoho.**
3 Kerstin: **tschuldigung also ich-**
4   **[selbst ICH fühl mich sehr verBRAUCHT]** ...
             Sorry, I mean,
             [Even I feel worn-out myself] ...

5	Niko:	**[hahaha.]**
6	Kerstin:	**... aber ich fühl=mich=im=gegensatz=zur=julia SAUFRISCH.**
		...but in contrast to Julia I feel super fresh.
7	all:	**HAHAHA.**
8	Kerstin:	**hehe. (? ?)**
9	Dennis:	**(? ?)**
10	Torsten:	**[(? ?)]**
11	Bernd:	**[(? das beste hatte?)] die julia neulich zu MIR gesagt**
12		**hat als die sich irgendwie n video von BEyonce oder was**
13		**[reingezogen haben oder so]** ...
		[(? The best thing was ?)] when Julia recently told me, when [watching a Beyonce video, ...]
14	Kerstin:	**[JA, auf dem (? ?)]**
		[Yes, (? ?)]
15	Bernd:	**da(h)=hatse=gemei(h)nt a(h)lso haha- hamse erst beide so**
16		**gescherzt so=nach=m=Motto: wenn=wir=ein=bisschen**
17		**=trainieren=sehen=wir=so=aus...**
		... she wa(h)s like "Well-" haha, so both were joking, like: If we exercise a bit, we gonna look like her...
18	Kerstin:	**[nee nee nee nee. nee NEE pass-]**
		[No, no, no, no. No, no, wait-]
19	Bernd:	**[und=dann=sagt=die=julia=nur=so]** **"naja ICH bin nah dran"**
		[and then Julia was just like] "Well, I am close to that."
20	Dennis:	**[hohoho]**
21	Kerstin:	**[ja pa(h)ss auf]. nee es Eher so dass wir**
22		**ALle=da=gehockt=ham=un=die=STEFfi=un=ich=ham=gesagt=so**
23		**"DAS schaffen wir's LEben nich me(h)r hahaja. (?so oft?)**
24		**julia so "naja also ICH bin nah dran"**
		[Yes, li(h)sten]. No, it was rather like we were all sitting together, and Steffi and I were like "Oh, we will never reach that in our lives." And Julia was like "Well, I am close to that."
25	Bernd:	**[hehehe.]**
26	Kerstin:	**[hahaha.] wir so "ja(h)a RIGHT"**
		[hahaha.] We were like "Ye(h)a, right."
27	Bernd and Steffi:	**hehe.**
28	Kerstin:	**hier wer julias oRANgenhaut ma gesehn**
29		**[hat, am ARSCH ey, der weiß GANZ genau...]**
		I mean, anyone who ever saw Julia's cellulite, [knows once and for all, my ass...]
30	all:	**[hohoho]**

31	Kerstin:	**...das wird das war schon mit ZWÖLF nicht**
32		**[möglich und des wird mit zwounzwanzig und zwoundreißig**
33		**AUCH net mehr möglich.]**
		... it wasn't possible at age twelve,
		[and neither at twenty-two nor will it be possible at thirty-two.]
34	all:	**[hahaha]** ((Bernd claps his hands))
35	Kerstin:	**also ich bin net BEsser aber weißte ich mach mir**
36		**[wenigstens keine illusionen ja]**
		You know, I am not better but I do not have
		[illusions about it at least.]
37	Torsten:	**[bei dir reichts vielleicht noch für] MISsy elliot!**
		[In your case it might be just enough to pass for] Missy Elliot.
38	all:	**HAHA [HAHAHAHA.]** ((laughing out loud for ten seconds))
39	Kerstin:	**[ja, missy elliot- missy elliot sieht wenigstens**
40		**gut aus.]**
41		**gut, da ha(h)m, da können die SCHÖNheitschirurgen des**
42		**viele geld einiges dabei zu- beigetragen ham aber- weißte**
43		**ich und die steffi wir machen uns wenigstens wir machen**
44		**uns wenigstens keine illuSIOnen, ja. wir**
45		**[WISsen dass (es) so(h)o weit is.]**
		[Well, Missy Elliot- Missy Elliot looks good at least.] Fair enough, plastic surgeons will have played a big part in contributing to this- but, you know, Steffi and I, at least we do not have illusions about it. We just [know that our ti(h)me ha(h)s co(h)me.]
46	Torsten:	((skeptical gesticulation))
47		**[hm hm, bin mir nich sicher]**
		[Uh=huh, I am not too sure about that.]
48	all:	**[hehe]**
49	Kerstin:	**ja(h)a, wir WISsen dass es niemals so=sein=wir-**
50		**un=die=julia=so: "naja, also ICH bin nah dran. in zwei**
51		**WOCHen, [i(h)n zwei WOCHen, seh ich genAU so aus."]**
		Ye(h)s, we just know that it will never happen, however Julia is just like: "Well, I am close to that. Just give me two weeks, [i(h)n about two weeks, I'll look exactly like her."]
52	all:	**[hehehe]**
53	Bernd:	**[des war so geil!]**
		[That was so awesome!]
54	Torsten:	**[LEIder] nisch hehe**
		[Unfortunately] not hehe.

Since Julia is absent, Kerstin's initial act cannot count as banter proper, for banter calls for the target to be present in the situation. Yet, Kerstin's act has a lot in common with banter, for it is certainly her motivation to criticize Julia's behavior and to entertain an audience that consists of close friends only. The success of her enterprise becomes evident through the laughs and clapping she receives while she is talking (2, 5, 7, 25, 27, 30, 34). It is interesting to note, however, that the incident that had triggered Kerstin's bitching about Julia in the first place is not mentioned until quite late in the transcript and also communicated by someone else, namely Bernd, who intervenes vehemently and at a noticeably fast pace (11–19). At first, Kerstin had indeed only pointed out that Julia is allegedly bad-looking (worn-out), more so than anyone else (1), even more so than Kerstin herself, who feels worn-out, too (4), but when compared to Julia, she feels "super fresh" (6). This last statement causes a roar of laughter in the group (7), probably because calling yourself "super fresh" is an act of boasting that strikingly conflicts with the (cultural, social) value placed on modesty. It is also probable that Kerstin created this conflict deliberately to echo and thereby mock Julia's own over-estimation, to achieve humorous effects and/or to score by getting laughs (it is in fact the loudest laugh she will get from the group in this episode). The reasons for Bernd to intervene could be manifold, as well: By getting the others to understand that Kerstin's bitching is somewhat justified by Julia's prior behavior, he could be said to actually perform face-work on Kerstin's behalf. It is also possible, however, that he (only) wants to score the points for the punchline of the story (19), which is suggested by his speech tempo and his ignoring of Kerstin's attempts to regain the speaking role (14, 18). The story is about a situation in which Julia, Steffi and Kerstin had watched a music video by the American singer Beyoncé, and Steffi and Kerstin agreed that they would never be able to achieve such a good figure as Beyoncé's, whereupon Julia stated that she herself, however, is actually quite close to having Beyoncé's figure. Kerstin seems to find this self-assessment totally unjustified and thus funny. She ironically confirms it on behalf of Steffi and herself and laughs about it (26). She then seems to almost get obsessed about it and reports on Julia's real looks, in particular her alleged cellulite (28–29). She continues to state that there had never been any chance for Julia to get close to Beyoncé, neither at age 12, nor at 22 or 32 (31–32). The harshness of her statements might build on Julia's absence that night, for it is possible that in an actual banter situation (with Julia present), her criticism would have been couched more cautiously, her potential aggression better concealed. But even in her absence, the statements seem to go a bit too far for the audience, since their laughs become darker (30). When Kerstin additionally states that, contrary to Julia, she would at least not cherish illusions about her own potential (35–36), Torsten finally obstructs the flow and makes Kerstin the new target for the audience to laugh about. Since the figure of Beyoncé is reportedly impossible to reach for Kerstin, Torsten jokingly suggests that Kerstin's case might just be enough to pass for Missy Elliot (37), an American singer known for being chubby until a few years ago. His quick-witted comment causes the loudest and longest-lasting laugh in this segment of the friends' dinner conversation (38). That the entertaining value of his utterance is not perceived in the same way by all the interlocutors becomes clear by Kerstin's reaction who, as the target of the banter, responds by rejecting it: While the others are still laughing, she tries to switch to a serious mode by stating that Missy Elliott looks good at least (39–40), which can be characterized as a po-faced response (Haugh 2013: 64). She also continues (humorously) talking by entertaining the idea that Missy Elliot owes her good looks to plastic surgeons (41–42). The laughing sound she integrates into her utterance (41) could also hint at her merely making the pretense of accepting Torsten's banter. "[I]t is important to note that receipting the mockery as jocular through laughter does not necessarily mean recipients are accepting or going along with it" (Haugh 2010: 2108). Kerstin tries to get back to the point where she was getting the laughs by repeating and slightly expanding parts of the story that had brought her the laughs earlier. Interestingly, she now no longer communicates her lack of illusions about her own looks in the first person singular but in the first person plural, thereby including Steffi, which might be a means of (re-)gaining solidarity (43–44). Torsten nevertheless continues the banter activity by mimicking doubts about Kerstin's and Steffi's lack of illusions (47). Kerstin seems a bit stressed in the whole banter situation, for her sentences become erroneous (41–42), and she integrates some laughing sounds into her speech, both being potential signs of her desperate wish to get back to scoring points again. She even repeats the punchline (50) and tries to make it funnier by altering and extending it: She pretends that Julia did not only say that she was close to Beyoncé's figure but that she could actually look the same within two weeks (51). This enterprise is somewhat successful or at least accepted: Kerstin receives the laughs again (52), Bernd confirms the humorous effects of her utterance (53), and even the banter subject himself, Torsten, continues Kerstin's latest fictionalization of Julia's exaggerated self-estimation by evaluating the said two-week timeframe as unfortunately impossible for Julia (54), thereby supporting Kerstin's face again.

In another segment of the same dinner conversation, it is again Kerstin who is the target of Torsten's banter. Torsten's behavior thus seems to be at odds with Kotthoff's (2010: 94) view that banter among friends calls for a regular changing of targets in order not to become an instance of mobbing. It is not at odds, however, with a much earlier work, namely that of Radcliffe-Brown (1940: 195) who distinguishes two varieties of joking relationships, one of which explicitly allows for asymmetrical teasing: "A jokes at the expense of B and B accepts the teasing good humouredly but without retaliating; or A teases B as much as he pleases and B in return teases A only a little." Radcliffe-Brown (1940: 195) makes it very clear that "[s]tandardized social relationships of this kind are extremely wide-spread, not only in Africa but also in Asia, Oceania and North America." It is quite impossible to judge from the collected data alone how Torsten and Kerstin would each place their relationship on a continuum from bonding to dissociation. One of the reasons for the asymmetry in their banter activities could simply be that Torsten is semantically more creative and glibber, an aptitude that seems to be highly appreciated among his friends. On the other hand, the harshness and frequency of his banter activities and the fact that Kerstin's sometimes irritated reactions barely stop him from performing them could also hint at a higher potential for aggression on his part. However, as a matter of fact, the two of them are still friends in 2017.

Torsten's entertaining banter creativity ("Missy Elliot") is again revealed in this following segment. The friends are inquiring about a girl that Kerstin started dating recently and whom only a few of them have actually met yet. The segment starts with Torsten creating the fiction that the friends have already received a report about the new girl being a

(1) "krankenBRUder"[2] (2).

Besides the creative word formation, it is also the sophistication of his formulation[3] and his slow speech tempo that hint at his switching to the humorous mode.

Group A
(2) KRANKENBRUDER / THE MALE NURSE
1   Torsten: **[was÷UNS÷zugetragen÷wurde]÷ist÷dass es sich hier**
2   **um÷einen÷krankenBRUder÷handelt.**
            It was reported to us that we are actually dealing with a "Krankenbruder" here.
3   all: **hehe (4.0)**
4   Kerstin: **was?**
            What?

---

[2] The German word for *nurse* is *Krankenschwester* (lit. sister for the sick), inverted by Torsten here into the newly created word *Krankenbruder* (lit. brother for the sick).

[3] *Jemandem etwas zutragen* in German is an archaic and figurative way to say *reporting something to someone* and clearly conflicting with the diction normally used in that in-group, hence indicating the switch to the humorous mode.

5	Torsten:	**hast DU doch erzählt.**
		That's what you said.
6	Kerstin:	**wie krankenbruder?**
		What do you mean? Krankenbruder?
7	Torsten:	**ja, du hast gemeint die olle sieht aus wie heinz WÄscher**
		Well, you said the chick looks like Heinz Wäscher.
8	Kerstin:	**WAS?**
9	all:	((dark snorting sound))
10	Torsten:	**na, des die [n bisschen MASkulin is. JA, gude mosche]**
		Well, that [she is a bit masculine. Yes, hello!]
11	Kerstin:	**[ach, krankenBRUder, aja, jetz verSTEH isch.]**
12		**also was heißt n bisschen maskulin, also ich mein, mehr**
13		**als ich jetz- also**
		[Aah, "Krankenbruder," yes, now I get it.]
		Well, by "a bit masculine" I mean, more so than myself, you know.
14	Torsten:	**ja gut (? was ?) mehr als ich? aber is gut. nee**
		All right (? what ?) "more so than myself"? But it's okay. No!
15	Kerstin:	**nee, ich hab nich gesagt, die is MASkulin, ich hab gesagt**
16		**äh, man würdes, wenn du drauf achtest, schon erkennen**
17		**dass sie ne lesbe is.**
		No, I didn't say she is masculine, I said, um, you can tell she is a lesbian, if you focus on that.
18	Torsten:	**hm=hm.**
19	Niko:	**"wenn du drauf achtest"**
		"If you focus on that"
20	Kerstin:	**ja, das hat aber auch nich UNbedingt was damit zu tun ob**
21		**sie jetz hier so'n HOLZfällerhemd und kurze HAAre hat,**
22		**sondern du würdstes einfach direkt [raffen]**
		Yes, that does not necessarily mean, though, that she has one of these lumberjack shirts and short hair. You would just get it right away.
23	Dennis:	**[HAT=se?]**
		[Has she?]
24	Peter:	**haha**
25	all:	**HAHAHA.**
26	Torsten:	**ihr könnt sie euch gerne ma bei MALEbook angucken.**
		Feel free to check her out on Malebook.
27	all:	**hahaha**
28	Kerstin:	**nee, och mann. aber es war ja, ich hab nich gesagt dass**
29		**sie MASkulin is=sondern=hab=nur gesagt: sie is ne lesbe.**

30		**also find ich, also also, bei mir is der alARM**
31		**angesprungen.**

> No, come on! It was like, I did not say she is masculine, I only said she is a lesbian. That's how I felt, at least, well, my alarm was definitely set off.

32	all:	**hahaha**
33	Bernd:	**na gut, du hastse auf der SCHWUCHtelparty gesehen, das**
34		**war glaub ich [(nich schwer)].**

> Well, but you also saw her at this faggot party, so it wasn't that hard, I suppose.

35	Niko:	**[HAHAHA]**
36	Kerstin:	**[der war aber auch so da]**

> [Regardless of that.]

37	Torsten:	**[mensch, da warste aber] SEHR intelligent.**

> [Man, good job.] Very intelligent.

Since "Krankenbruder" is a newly created word, it takes Kerstin a while to finally understand what Torsten has actually said. It is not until line 11 that she gets it, simultaneously with Torsten's explanation that he was hinting at the girl's masculinity, something that Kerstin had supposedly pointed out herself earlier. Part of his explanation is a fictionalization of Kerstin's earlier statement about the girl, namely that she looked like Heinz Wäscher, an ugly and short-tempered character from a German satire about showbiz, *Kein Pardon*,[4] a movie that is known and cherished by all of the interlocutors in the group. Torsten also calls the girl

(2) "olle" (7),

which is a slang word for a woman, especially a woman that is in a relationship, in this case in a relationship with Kerstin. Interestingly, the moment of realization is linguistically marked by both Kerstin and Torsten in the same way: they switch to the local dialect that they usually do not use. Torsten says

(3) "gude mosche,"[5] (good morning) (10)

---

[4] Kerkeling, Hape (1993): Kein Pardon. Starring Hape Kerkelin, Heinz Schenk. Rialto Film. Germany.
[5] The German standard would be *Guten Morgen*.

in order to comment on Kerstin's late uptake, and Kerstin communicates her insight by saying

(4) "jetz verSTEH isch"[6] (now I get it) (11).

Code switching occurs quite often in this group of friends, typically when acting in the humorous mode. In this regard, Kerstin might employ the dialect as a means of accepting or even appreciating Torsten's banter act (in front of her friends), but she also switches back to the serious mode/standard German quite quickly and mitigates Torsten's report. She explains that a characterization of the girl as

(5) "n bisschen MASkulin" (a bit masculine) (10)

is only true in comparison to herself, as she obviously feels less masculine (12–13). Torsten seems unsatisfied with Kerstin's rectification of his report, quotes her explanation and pretends to accept it (14). Kerstin, however, continues with her explanation and makes it even stronger by disputing Torsten's report and claiming she had never put it that way (15). Instead, she claims to have said that the girl would only strike you as a lesbian if you paid attention to it (16–17). Torsten's confirming uptake of that statement is ironic (18). At this point, Niko joins in Torsten's banter activity by quoting the condition clause of Kerstin's sentence that had rendered it somewhat funny (19). Accordingly, Kerstin's justification is now directed toward Niko. She explains that the said condition is not about the girl having

(6) "so'n HOLZfällerhemd und kurze HAAre" (a lumberjack shirt and short hair) (21)

but that her homosexuality is just otherwise easy to detect. After Niko's support of Torsten's banter activity, it is now also Dennis who joins in by ironically asking Kerstin whether the girl actually has these stereotypical lesbian features she just named (23).[7] His pseudo-question causes a roar of laughter in the group and is followed by another creative turn from Torsten. He utters a fictitious continuation of Kerstin's explanation,[8] saying that the friends can check the girl out on

---

[6] The German standard would be *Jetzt verstehe ich*.
[7] By playing with stereotypes (about her own sexuality) Kerstin is probably also trying to achieve humorous effects.
[8] Note that both Torsten and Niko use the same strategy, "expressing humour by animating the voice of others" (Kádár/Bax 2013: 81), which is a common practice.

(7) "MALEbook" (26),

another newly created word based on the social networking service Facebook that is used by all of the interlocutors in this group. Torsten thereby alludes to the common practice among his friends of checking out unknown people via the online service. Thus, his turn builds on in-group rituals and is entertaining at the same time. Also, he teases Kerstin with it, for it renders her mitigating explanation void and returns to a perception of her friend as overly masculine again. Accordingly, Torsten scores points by getting the laughs and ridiculing Kerstin's attempts to defend her new friend. Kerstin's dissatisfaction about this becomes obvious in her next turn that she starts with

(8) "nee, och mann" (No, oh man) (28),

resonating her exhaustion and maybe even anger at Torsten's preventing her from implementing her objective to explain and set things straight about her girlfriend. Blocking the accomplishment of goals typically leads to anger in the person that was pursuing them (Wahl 2009: 72). Kerstin repeats her denial of Torsten's report and concludes by reducing the whole thing to her own perception, namely that when she met the girl, her alarm was set off (28–31). This imagery triggers another laugh in the group that is credited to her account but also a continuation of the tease by yet another in-group member. Bernd qualifies her statement by pointing out that Kerstin met the girl

(9) "auf der SCHWUCHtelparty"[9] (at this faggot party) (33)

which should have made it very easy to detect her homosexuality. When Kerstin defends her stance by clarifying seriously that the identification of the girl as a homosexual was possible regardless of the party being a gay party (36), Torsten ironically concludes from that new piece of information that Kerstin's recognition of the girl's homosexuality was very intelligent (37). According to Leech (2014),

---

9 *Schwuchtelparty* is a term that has been used in that group for many years. Its first component, *Schwuchtel*, is a slur term for gay people, but since its non-pejorative use has become ritualistic in that group of friends, it has lost its full derogatory power for them. The reader of this paper might still perceive its full force, for he is lacking access to the group's conversational history including rituals. Note also that the homosexuality of the speaker himself is totally irrelevant in this context (cf. Technau 2016).

Torsten's statement would be an instance of mock politeness accomplished via the Irony Principle:

> The Irony Principle is a *second-order principle* because it is impossible to understand a remark to be ironic unless we understand it as superficially observing the PP. [...] the reason for treating an apparently polite utterance as impolite is that the polite interpretation is unsustainable – and is presumably meant to be so. (Leech 2014: 233)

It is obviously not Torsten's intention to flatter Kerstin for having acted in a very intelligent way. His motivation is a banter motivation, probably also covering humorous intentions: "[I]rony tends to be more complex, ingenious, witty, and/or entertaining than a straight piece of impoliteness. An advantage of this is that it boosts the face of the ironist while attacking the face of the target" (Leech 2014: 235).

The next two examples are taken from another informal dinner conversation with partly the same interlocutors. One of the new actors is Shannon who has a Vietnamese background that becomes exploited for humorous effects. In the first example, the friends are talking about digital picture frames which had recently become popular back then.

Group B
(3) DER DIGITALE BILDERRAHMEN / THE DIGITAL PICTURE FRAME
1   Bernd: **[der VAter vom] DAvid zum beispiel is ja voll drauf**
2   **abgefahren, aber also ich selbst halt da nicht so viel**
3   **von.**
          David's dad, for instance, was totally into it; I, on the other hand, don't really like them.
4   Torsten: **((rülpst)) geht mir ähnlich.**
          ((burps)) Same here.
5   Shannon: **ich glaub ELtern gefällt das immer.**
          I think parents always like that.
6   Bernd: **hast du einen verschenkt oder warum verteidigst du die**
7   **bilderrahmen?**
          Did you give one as a present, or why do you defend these picture frames?
8   Torsten: **weil die viel [ko(h)sten wahrschei(h)nlich.]**
          Probably because they are e(h)xpensi(h)ve.
9   Shannon: **[wir haben einen seinem] papa**
10   **geschenkt.**
          [We gave one to his] dad.
11 Bernd: **ah.**

12	Michael:	**[der ihn nicht benutzt.]**
		[...who does not use it.]
13	Shannon:	**[mein BRUder hat-]**
		[My brother has-]
14	Bernd:	**DER? benutzt er ihn?**
		Who does what? Does he use it?
15	Michael:	**der ihn NICHT benutzt.**
		Who does NOT use it!
16	Bernd:	**hm.**
17	Michael:	**[(? ?)]**
18	Shannon:	**[also meine eltern ham ja von kai und janine einen**
19		**geschenkt bekommen-]**
		[So my parents got one from Kai and Janine-]
20	Bernd:	**[wenigstens EHRlich. ich vermute nämlich dass davids]**
21		**VAter auch drauf SCHEIßT und nu(h)r so**
22		**tu(h)t als fänd ers geil.**
		[At least you are being honest. I am sure David's] father doesn't give a shit either and just pre(h)tends to find it awesome.
23	Michael:	**jaa, muss man schon asiAte sein, um das GEIL zu finden.**
		Yes, one has to be Asian in order to find that awesome.
24	Torsten, Bernd:	**hehehe.**
25	Michael:	**also da es sowohl deinem opa als auch deinen eltern**
26		**[(?glaub ich gefallen hat?)]**
		Well, since your grandpa as well as your parents [(?liked it, I think?)]
27	Torsten:	**[nee, dann machen wir das mit dem]**
28		**RÜCKprojektionsfernseher und dazu eine karaoke-cd**
29		**wahrscheinlich.**
		[No, in that case let's do] the rear projection TV and the karaoke CD on top.
30	Michael:	**hehehe.**
31	Juli:	**hehehe.**

The segment starts with Bernd pointing out that his roommate David gave one of these digital picture frames as a present to his father who did actually like it a lot, whereas Bernd himself thinks poorly of them (1–3). Torsten shares Bernd's view and agrees with him; his confirmation is preceded by a burp (4). No one seems to pay attention to it; there are no laughs or comments on Torsten's burping. This again is rooted in the group's rituals where behaviors such as burping, that are considered face-threatening, rude and disgusting elsewhere, are accepted if not appreciated as funny. It is a ritual that, like farting, can be observed in many in-groups (Kádár/Bax 2013: 84) and a common practice among young males to distinguish themselves from others in this way: "Disgust plays a central role in the humor of boys and adolescent males, who use it to tease, to question or confront adult norms, and to establish status within their peer groups" (Rozin 2010: 769). It is Shannon's positive statement about the frames (5) that triggers the banter episode in this segment. Bernd provocatively asks her whether she ever gave such a frame as a present herself or why she would otherwise defend them (6). Torsten weighs in and answers the question simultaneously with Shannon who, in contrast to Torsten, answers in a serious mode and indeed confirms Bernd's assumption by admitting she and her husband Michael gave one to Michael's father (9–10). Torsten, however, switches to a humorous mode by employing a recurring joke rooted in the group's conversational history and by integrating laughter into his utterance (8). It is known by all the interlocutors that Shannon is often inquiring about the prices of whatever items they are talking about. All of them, including Shannon herself, regularly refer to this trait of hers, often by imitating her voice when asking "How much did that cost?" Michael continues his wife's serious explanation but directs it to the humorous mode by adding that his father never used their gift (12). Shannon, however, continues in the serious mode and refers to her brother and sister-in-law who gave a digital picture frame to her parents (18). After having made certain that he got Michael's addition to Shannon's story right (14–16), Bernd jokingly states that not using the gift is at least honest and that he assumes his roommate's father does not "give a shit" either (21) and merely pretends to appreciate the frame (22). It is Shannon's husband Michael who starts sprinkling the fictionalization with stereotypes about Asians. He says that one has to be Asian in order to find the digital frames awesome (23),[10] which causes some laughter from Bernd and Torsten. Michael then even tries to provide empirical support for the adduced stereotype by mentioning Shannon's parents and grandfather who all seemed to like it (26). Amused by the stereotyping play, Torsten continues it by pretending to consider a rear projection TV and a karaoke CD[11] as presents for them. He receives laughs from Michael and Juli, which shows that his politically incorrect fictionalization is potentially enjoyable for both members and non-members of the group the stereotype targets.[12]

---

10 "Asians are often stereotyped as people who love technology" (Gerber/Du Plessis 2009: 51).
11 Initiated in Japan in the 1970s, karaoke is nowadays a world-wide phenomenon, yet still strongly associated with Asian countries (cf. Ocampo/Danico 2014: 578).
12 Juli has a South Korean background, whereas Michael does not.

This becomes even more obvious in the next segment of the conversation in which it is Shannon herself who evokes an Asian stereotype in order to achieve humorous effects. Her act is especially important for my paper, for it should bring some evidence to my earlier claim that banter does not always have to include criticism or concealed coercion. Admittedly, since she refers to herself, her act won't fall within any of the common definitions of banter. But we can see that the humor she employs is in the same vein like the humor that is readily theorized as banter, the only difference being that, by definition, a banter utterance always refers to someone other than the speaker himself. Accordingly, Shannon's act cannot be considered as banter proper, but I would like to use it as support for my thesis that with their banter activities, speakers sometimes pursue nothing but the intention to entertain. The accomplishment of such a purpose is hard to prove for a context in which the respective utterance is directed at someone else, because we can never say for sure how this person feels about it. This is an advantage we have in our last example, for there is no one but Shannon herself who gets targeted by her utterance, thus the act and its evaluation virtually coincide in one person. Her act can neither count as a self-directed face-threat nor as a means of consolidating her power. The only intention left is to entertain and laugh together with her friends, an intention that I believe to also sometimes be the exclusive motivation behind banter among close friends.

(4) KNORPEL / GRISTLE
1 Torsten: **die shannon hat füllung verschmäht, ich möchte sie**
2 **denunzieren.**
   Shannon ignored the stuffing. I want to inform against her.
3 Kerstin: **[hast du (? ?)]**
   [Did you (? ?)]
4 Juli: **[(? ?)]**
5 Shannon: **[ich KANN] einfach nicht mehr. ich hab hier auch nicht**
6 **alles peNIbel abgeknibbelt wie es sich für'n asiaten**
7 **gehört.**
   [I just can't] eat anymore. I also did not perform a very fastidious gnawing, as should be done by a good Asian.
8 all: **[hahaha.] 01:51:28-0**
9 Shannon: **[die KNORpel hab ich stehen gelassen.]**
   I left the gristle.
10 Torsten: **damals nachm KRIESCH ja…**
   Well, back then, after the war…

The segment starts with Torsten's fake indignation at Shannon not finishing the stuffing on her plate. Like in our first example, he marks the humorous mode with a somewhat sophisticated formulation (1–2). The better entertainment, however, is created by Shannon this time who expands on Torsten's fake criticism of her by pointing out that she did not gnaw the bones properly either, something she pretends to be expected of an Asian (5–7). Her statement becomes funny through her associating the expectation of "a fastidious gnawing" with Asian culture, even including a gusto for gristle (9) that most people would find disgusting. Torsten builds on the fact that Shannon left an edible item and echoes the voice of an elderly person from Germany complaining about the spoiled younger generation who never had to suffer food shortages after the war (10). Associating the leaving of gristle with a spoiled generation is funny in itself. Torsten speaks in dialect again to further clarify his own dissociation from the statement.

7 Conclusion

Banter is a social phenomenon most prominently accomplished through mock impoliteness. It is a common human means to entertain as well as establish, confirm, and strengthen friendly relations. Since banter is neither intended to be polite nor perceived as such, it cannot be convincingly accommodated within a framework of im/politeness. It is true that mock impoliteness can index a relationship's good quality, for it shows that the relationship is so strong that it does not depend on courtesy. This does not mean, however, that politeness principles are simply inverted in these relationships. We have to break away from mere binary distinctions such as polite/impolite, face-threatening/face-saving, insulting/complimentary, or aggressive/friendly, because the motivation for banter and its evaluation from different perspectives are much more complex and call for a continuum that covers all the shades and nuances banter has for both people directly involved and those that are not. Most banter patterns we discover are mere tendencies, which is due to banter being an (oftentimes) creative act that is subject to personal taste and whose very nature is to remain imprecise. Asymmetrical teasing does not necessarily contradict friendly relations and might sometimes simply be rooted in individual interests and aptitudes. In order to be entertaining, for instance, banter often requires a great deal of originality and quick-wittedness, a quality some people are more gifted with than others.

The many remaining open questions about banter can only be answered through a continuous collection and analysis of data from real contexts. In this vein, we have already discovered a lot of recurring patterns of banter performances and evaluations, many of which still have to be verified empirically, such as for instance typical banter topics, cultural differences, and banter being a domain of young males. With this paper, I have added further indications that need to be investigated and compared with data from different languages, cultures, generations, social classes, and so on. The complexity of banter and the variation of its performances and evaluations have important implications for the analysis of banter, because the researcher has to be aware of his own role, which is probably that of an outsider, and be realistic about the possibilities and limitations of his analysis accordingly.

Transcription conventions

[ ]	overlapping speech
(1.0)	numbers in brackets indicate pause length
(? ?)	uncertainty about the transcription
=	latched utterances
:	elongation
÷	talk is markedly slowed or drawn out
-	word cut-off
NOwhere	stressed syllable
hu(h)nde	uttered laughingly
hahaha	laughing
HAHAHA	roar of laughter
hehehe	moderate laughter
hohoho	dark-sounding laughter
((coughing))	extra contextual or non-verbal information
hm, nee	monosyllabic uptake
hm=hm	dissyllabic uptake
CAPS	markedly loud

References

Anderson, Luvell/Lepore, Ernie (2013a): "Slurring Words". In: *Noûs* 47(1), 25–48.
Arundale, Robert B. (2010): "Constituting face in conversation. Face, facework, and interactional achievement". In: *Journal of Pragmatics* 42, 2078–2105.
Bianchi, Claudia (2014): "Slurs and Appropriation. An Echoic Account". In: *Journal of Pragmatics* 66, 35–44.
Bonacchi, Silvia (2013): *(Un)Höflichkeit. Eine kulturologische Analyse Deutsch – Italienisch – Polnisch*. Frankfurt a.M. et al.: Lang.

Bonacchi, Silvia (2014a): "Rituale des Alltags und habitualisiertes Verhalten im (un)höflichen Miteinander. Komplimentierverhalten und Scheinbeleidigungen". In: Paweł Bąk/ Bogusława Rolek et al. (eds.): *Text–Satz–Wort. Studien zur germanistischen Linguistik.* Rzeszów: WUR, 29–45.

Bonacchi, Silvia (2014b): "Scheinbeleidigungen und perfide Komplimente. kulturologische Bemerkungen zur obliquen Kommunikation in interkultureller Perspektive". In: Andrzej Kątny/Katarzyna Lukas et al. (eds.): *Deutsch im Kontakt und im Kontrast. Festschrift für Andrzej Kątny zum 65. Geburtstag.* Frankfurt a.M. et al.: Lang, 341–356.

Brontsema, Robin (2004): "A Queer Revolution. Reconceptualizing the Debate over Linguistic Reclamation". In: *Colorado Research in Linguistics* 17(1), 1–17.

Brown, Penelope/Levinson, Stephen C. (1987): *Politeness: Some Universals in Language Usage.* Cambridge et al.: Cambridge University Press.

Croom, Adam M. (2013): "How to Do Things with Slurs: Studies in the Way of Derogatory". In: *Language & Communication* 33, 177–204.

Culpeper, Jonathan (2011): *Impoliteness. Using Language to Cause Offence.* Cambridge: Cambridge University Press.

Fritz, Gerd (^{2}2006): *Historische Semantik.* Stuttgart: Metzler.

Gerber, Karien/Du Plessis, Neeltje (2009): *Marketing Communication.* Cape Town: Pearson Education South Africa.

Goffman, Erving (1955): "On Face-Work. An Analysis of Ritual Elements in Social Interaction". In: *Psychiatry: Journal for the Study of Interpersonal Processes* 18(3), 213–231.

Grice, Paul (1989): "Logic and Conversation". In: Paul Grice: *Studies in the Way of Words.* Cambridge, MA et al.: Harvard University Press, 22–40.

Günthner, Susanne (1996): "Zwischen Scherz und Schmerz. Frotzelaktivitäten in Alltagsinteraktionen". In: Helga Kotthoff (ed.): *Scherzkommunikation. Beiträge aus einer empirischen Gesprächsforschung.* Opladen: Westdeutscher Verlag, 81–109.

Haugh, Michael (2010): "Jocular Mockery, (Dis)affiliation, and Face". In: *Journal of Pragmatics* 42, 2106–2119.

Haugh, Michael (2013): "Im/Politeness, Social Practice and the Participation Order". In: *Journal of Pragmatics* 58, 52–72.

Haugh, Michael (2015): *Im/Politeness Implicatures.* Berlin et al.: de Gruyter.

Haugh, Michael/Bousfield, Derek (2012): "Mock Impoliteness, Jocular Mockery and Jocular Abuse in Australian and British English". In: *Journal of Pragmatics* 44, 1099–1114.

Hom, Christopher/May, Robert (2013): "Moral and Semantic Innocence". In: *Analytic Philosophy* 54(3), 293–313.

Kádár, Dániel Z./Bax, Marcel M.H. (2013): "In-Group Ritual and Relational Work". In: *Journal of Pragmatics* 58, 73–86.

Kotthoff, Helga (1996): "Impoliteness and Conversational Joking: On Relational Politics". In: *Folia Linguistica* 30(4), 299–325.

Kotthoff, Helga (2010): "Humor mit Biss zwischen sozialer Konjunktion und Disjunktion". In: Sybille Krämer et al. (eds.): *Gewalt in der Sprache. Rhetoriken verletzenden Sprechens.* Paderborn: Fink, 61–96.

Larsen, Jeff T./Berntson, Gary G. et al. (2010): "The Psychophysiology of Emotion". In: Michael Lewis/Jeannette M. Haviland-Jones et al. (eds.): *Handbook of Emotions.* New York: Guilford Press, 180–195.

Leech, Geoffrey (1983): *Principles of Pragmatics.* London et al.: Longman.

Leech, Geoffrey (2014): *The Pragmatics of Politeness.* New York: Oxford University Press.

Locke, John L. (2011): *Duels and Duets. Why Men and Women Talk so Differently.* Cambridge et al.: Cambridge University Press.

McKinnon, Sean/Prieto, Pilar (2014): "The Role of Prosody and Gesture in the Perception of Mock Impoliteness". In: *Journal of Politeness Research* 10(2), 185–219.

Meibauer, Jörg (2006): "Implicature". In: Keith Brown (ed.): *Encyclopedia of Language and Linguistics.* Vol. 5. Oxford, Amsterdam: Elsevier, 568–580.

Mulkay, Michael Joseph (1988): *On Humour. Its Nature and its Place in Modern Society.* Cambridge: Polity Press.

Murray-Close, Dianna/Ostrov, Jamie M. et al. (2010): "Proactive, Reactive, and Romantic Relational Aggression in Adulthood: Measurement, Predictive Validity, Gender Differences, and Association with Intermittent Explosive Disorder". In: *Journal of Psychiatric Research* 44(6), 393–404.

Nunberg, Geoffrey (2013): *Slurs Aren't Special.* Berkeley, California.

Ocampo, Anthony Christian/Danico, Mary Yu (eds.) (2014): *Asian American Society. An Encyclopedia. Association for Asian American Studies.* Los Angeles, California: SAGE Publications.

Radcliffe-Brown, Alfred R. (1940): "On Joking Relationships." In: *Africa: Journal of the International African Institute* 13(3), 195–210.

Rozin, Paul/Haidt, Jonathan et al. (^{3}2010): "Disgust". In: Michael Lewis/Jeannette M. Haviland-Jones et al. (eds.): *Handbook of Emotions.* New York: Guilford Press, 757–776.

Saka, Paul (2007): "Hate Speech". In: Paul Saka (ed.): *How to Think about Meaning.* Berlin, Heidelberg: Springer, 121–153.

Selting, Margret (1998): "Gesprächsanalytisches Transkriptionssystem (GAT)". In: *Linguistische Berichte* 173, 91–122.

Sifianou, Maria (2012): "Disagreements, Face and Politeness". In: *Journal of Pragmatics* 44, 1554–1564.

Steiner, Hans/Silverman, Melissa/Karnik, Niranjan S. et al. (2011): "Psychopathology, Trauma and Delinquency: Subtypes of Aggression and Their Relevance for Understanding Young Offenders". In: *Child and Adolescent Psychiatry and Mental Health* 5, 1–11. Online unter: https://www.ncbi.nlm.nih.gov/pmc/articles/PMC3141659/ <4.08.2016>.

Technau, Björn (2016): "The Meaning and Use of Slurs: An Account Based on Empirical Data". In: Rita Finkbeiner/Jörg Meibauer et al. (eds.): *Pejoration.* Amsterdam, Philadelphia: John Benjamins, 187–218.

Tooby, John/Cosmides, Leda (2010): "The Evolutionary Psychology of the Emotions and Their Relationship to Internal Regulatory Variables". In: Michael Lewis/Jeannette M. Haviland-Jones et al. (eds.): *Handbook of Emotions.* New York: Guilford Press, 114–137.

Wahl, Klaus (2009): *Aggression und Gewalt. Ein biologischer, psychologischer und sozialwissenschaftlicher Überblick.* Heidelberg: Spektrum.

Wilson, Deirdre/Sperber, Dan (2007): "On Verbal Irony". In: Raymond W. Gibbs/Herbert L. Colston (eds.): *Irony in Language and Thought. A Cognitive Science Reader.* New York: Lawrence Erlbaum Associates, 35–55.

Silvia Bonacchi & Bistra Andreeva
Aggressiv oder supportiv?

Phonetische Disambiguierung von *mock impoliteness* (Banter-Äußerungen) im Vergleich Deutsch-Polnisch[1]

Abstract: The "Banter Principle" describes cases in which an offensive utterance (for example: German: "Du Arsch!" or Polish: "Ty draniu") is not addressed by the speaker to the interlocutor with an aggressive intention, but it is intended to be an expression of admiration which reinforces the relationship with the Addressee. In addition, use of such language reinforces social ties, i.e. identity and a sense of affiliation to the group. The use of banter utterances is quite unstable, since they can always switch from a face-enhancing to a face-threatening or aggressive act. The appropriate reconstruction of the intended meaning (aggressive or supportive meaning) depends not only on the conversational setting, on the relation of the speakers, on the mental presuppositions of the interlocutors, and on the mutual acceptance of the communicative means, but also on specific performative features, like as a proper use of voice. The paper presents the results of a pilot studies on phonetic cues of banter utterances in German and Polish.

1 *Mock impoliteness* und *mock politeness* als indirekte Sprechakte

Geoffrey Leech bezeichnete in *Principles of Pragmatics* (1983) jene Interaktionen, in denen das Gemeinte nicht direkt vom Gesagten herzuleiten ist, als Fälle *obliquer Kommunikation* (Leech 1983: 97). Aus der Sicht der illokutionären Struktur haben wir es bei obliquer Kommunikation mit indirekten Sprechakten zu tun, in denen der Sprecher „zwar meint, was er sagt, aber darüber hinaus noch etwas mehr meint" (Searle 1982: 51). Indirekte Sprechakte sind solche, „bei denen ein illokutionärer Akt indirekt, über den Vollzug eines andern, vollzogen wird" (Searle 1982: 52). In indirekten Sprechakten „konkurrieren" zwei illokutionäre Rollen: eine primäre Illokution (was der kommunikativen Intention des Spre-

---

[1] Der vorliegende Aufsatz geht teilweise auf Andreeva/Bonacchi (2015) zurück.

chers entspricht), und eine sekundäre Illokution (was sich aus der wörtlichen Bedeutung des Satzes rekonstruieren lässt) (Searle 1982: 54).

Paradebeispiele für oblique Kommunikation und indirekte Sprechakte sind Scheinbeleidigungen[2] (*mock impoliteness*, vgl. Leech 1983: 142–144, Bonacchi 2014) und Sarkasmus (*mock politeness*, vgl. Culpeper 1996: 356). Im Falle von Scheinbeleidigungen wird eine supportive Illokution durch eine derogative Äußerung (z.B. „du Arsch!" nicht als Beleidigung, sondern als Ausdruck der Bewunderung), im Falle von Sarkasmus eine feindliche bzw. aggressive Illokution durch eine supportive Äußerung (etwa ein Kompliment, z.B. „Tolle Arbeit!" als ironisches Lob bzw. als Kritik für eine schwache Leistung) realisiert. Brown/Levinson (1987: 221) betrachten Sarkasmus als *off-record*-Strategie, die auf Ironie und Ambiguität basiert. Weitere Linguisten betrachten Sarkasmus als *mock politeness* und weisen ihm eine aggressive Illokution zu[3]. Durch Sarkasmus tritt also die aggressive Illokution „kostümiert" auf, möglicherweise um mögliche Sanktionen, die direkten Aggressionsformen drohen, zu vermeiden.

Sowohl Sarkasmus als auch Scheinbeleidigungen sind Gegenstand zahlreicher linguistischer Untersuchungen gewesen[4], bei denen vor allem auf die illokutionären Mechanismen und auf die besonderen Sprecher-Attitüden[5] eingegangen wurde.[6] Die Tatsache, dass diese indirekten Äußerungen vom Rezipienten adäquat verstanden werden, wird auf unterschiedliche Art und Weise erklärt: durch einen erhöhten Kooperationsgrad zwischen Interaktanten (als Fälle der in-group-Kommunikation, vgl. Žegarac 1998 und Mateo/Yus 2010), oder als Relevanzeffekt bzw. als „kontextueller Effekt" (Sperber/Wilson 2002: 113–115, Blakemore 2002, Carston 2006). Nach einer genaueren Analyse zeigt sich, dass bei korrekter Rekonstruktion der kommunikativen Intention des Sprechers nicht immer ein höherer inferentieller interpretatorischer Aufwand seitens des Interlokutors erforderlich ist, sondern dass diese Äußerungen oft ohne großen interpretatorischen Aufwand unmittelbar korrekt verstanden werden. Es wurde auch gezeigt, dass nicht nur der Kontext *sensu lato*, sondern auch die Modalitäten der Realisierung (vor allem Gestik, Mimik, Stimme) wesentlich dazu beitragen,

---

[2] Die wörtliche Übersetzung von „mock impoliteness" ist Scheinunhöflichkeit, allerdings wird hier der Ausdruck „Scheinbeleidigungen" (Bonacchi 2014) wegen des offensiven (und nicht so sehr unhöflichen) Charakters der pseudovokativen Formen (nach d'Avis/Meibauer 2013) bevorzugt.
[3] Vgl. Culpeper 1996, Haiman 1998, Kaufer 1981, Rockwell 2000/2006, Leggit/Gibbs 2000, Wilson 2013.
[4] Für *mock impoliteness* vgl. Leech 1983: 142–144, Nowik-Dziewicka 2012, Culpeper 2012, Bonacchi 2013 und 2014, sowie die Beiträge in diesem Band von Björn Technau und Agnieszka Piskorska.
[5] Für den Attitüde-Begriff vgl. Arndt/Janney 1987: 139, 379–380 und Richard 2008: 20–26.
[6] Für einen umfassenden Forschungsüberblick vgl. Bonacchi 2014.

dass die intendierte Bedeutung vom Interaktanten adäquat rekonstruiert wird (vgl. Stadler 2006, Culpeper 2011, McKinnon/Prieto 2014, Sendlmaier et al. 2016). In diesen Studien über die multimodale Dimension dieser Sprechakte wurde gezeigt, dass der jeweilige Adressat imstande ist, die vom Sprecher intendierte Bedeutung dank dessen „performativer Leistung" zu rekonstruieren bzw. zu verstehen. Es geht also nicht nur um die besondere Beziehung zwischen Sprecher und Adressat,[7] sondern auch um ein von Sprecher und Adressat geteiltes Wissen darüber, welche Realisierungsbedingungen bzw. Erwartungen – eine entsprechende Gestik, Mimik, Kontextbedingungen, Prosodie – erfüllt werden müssen, damit das Gemeinte trotz des Gesagten richtig rekonstruiert wird. Sowohl im Falle des Sarkasmus als auch im Falle der Scheinbeleidigungen kann es passieren, dass die Intention des Sprechers nicht erkannt wird und der indirekte Sprechakt misslingt, weil einige Merkmale im Merkmalsbündel fehlen – das ist zum Beispiel der Fall, wenn etwa ein Gruppenfremder versucht, Banter-Äußerungen zu realisieren, und dabei z.B. das Sprechtempo nicht richtig abstimmt und erwartete Dehnungen ausbleiben (vgl. dazu auch Technau 2016: 228). Also muss ein phonetisches Merkmalbündel realisiert werden, damit der indirekte Sprechakt disambiguiert wird. Da die phonetische Realisierung von sarkastischen Äußerungen schon Gegenstand zahlreicher Untersuchungen[8] gewesen ist, wird im Folgenden eine Pilotstudie über die phonetische Realisierung von Scheinbeleidigungen in Polnisch und Deutsch präsentiert. Es soll dabei gezeigt werden, wie Sprecher dieser Sprachen dieses Merkmalbündel konstituieren.

2 Theoretische Rahmen für die Interpretation der Daten

In den Untersuchungen zur phonetischen Realisierung von (un)höflichen Äußerungen ist man lange grundsätzlich von der Annahme ausgegangen, dass es universale Aspekte gibt, die durch die biologischen Codes bestimmt sind. Gussenhoven (2002) setzt voraus, dass Sprecher und Hörer in der Kommunikation von universalen Aspekten der Prosodie Gebrauch machen. Demnach werde eine sup-

---

[7] Im Falle der Scheinbeleidigungen: „Ich darf so sprechen, weil wir Freunde sind" (vgl. Leech 1983), im Falle des Sarkasmus als *off-record-Strategie* (Brown/Levinson 1987: 221), die ermöglicht, direkte Sanktionen zu vermeiden.
[8] Zu den phonetischen Merkmalen von Sarkasmus vgl. Cheang/Pell 2008 und Nakassis/Snedeker 2002.

portive (im Folgenden „positive") bzw. eine derogative (im Folgenden „negative") Sprecherattitüde grundsätzlich durch unterschiedliche prosodische Parameter realisiert bzw. signalisiert. Gussenhoven (2002: 47) nimmt drei biologische Codes an: den *frequency code*, den *effort code* und den *production code*. Der *production code* basiert auf der Tatsache, dass während der Ausatmungsphase ein gradueller Energieverlust stattfindet und das durchschnittliche F0-Niveau allmählich absinkt. Der *effort code* besagt, dass die Sprecher ihren Produktionsaufwand je nach Wichtigkeit der Konstituenten permanent ändern. Wichtige Konstituenten werden mit größerem Aufwand (*effort*) und demnach mit einer präziseren Artikulation produziert als ihre angrenzenden weniger wichtigen Konstituenten, was sich im akustischen Signal in Exkursion der Tonhöhenbewegungen und einem global vergrößerten Tonhöhenumfang niederschlägt. Die affektive Interpretation des *effort code* könnte unter anderem den Eindruck der Zuvorkommenheit und der Hilfsbereitschaft wecken. Der *frequency code* (übernommen von Ohala 1983/1984/1994) bezieht sich auf die Korrelation der Größe des Kehlkopfs mit der Geschwindigkeit der Stimmlippenschwingungen. Der Zusammenhang zwischen der Grundfrequenz und der Körpergröße wurde in der nonverbalen Kommunikation vieler Spezies festgestellt (Bolinger 1964, Morton 1977). Größere Individuen haben größere Kehlköpfe. Die Stimmlippen in den größeren Kehlköpfen haben eine größere Masse und schwingen langsamer als die kürzeren und dünneren Stimmlippen in den kleineren Kehlköpfen. Deshalb produzieren größere Stimmlippen im Vergleich zu kleineren Stimmlippen eine tiefere Grundfrequenz. Dementsprechend wird eine tiefere Tonhöhe mit größeren Individuen assoziiert und eine höhere Tonhöhe mit kleineren Individuen. Die affektive Interpretation des *frequency code* ermöglicht es, Dominanzverhältnisse bzw. Machtverhältnisse anhand der prosodischen Realisierung zu deuten. Grundsätzlich gilt, dass, je tiefer die Grundfrequenz eines Sprechers ist, desto dominanter und bedrohender er „klingen" kann, und je höher die Grundfrequenz eines Sprechers ist, desto submissiver und unsicherer er „klingen" kann. Obwohl weitere Faktoren (wie idiosynkratrische Variation und kulturelle Bedingtheit) zu Abweichungen von diesem Grundsatz führen können (vgl. dazu Chen et al. 2004, Grauwunder/Winter 2010), liefert er die Basis für die Studien über die Prosodie der Höflichkeit und Unhöflichkeit (vgl. dazu u.a. McKinnon/Prieto 2014).

Im Allgemeinen lässt sich feststellen, dass eine Interpretation des *frequency code* und des *effort code* in Bezug auf den *gesichtsverstärkenden* bzw. *gesichtsgefährdenden* Charakter von (Un)Höflichkeitsakten dazu führt, dass eine höhere Grundfrequenz und ein größerer Stimmtonumfang als Merkmale der supportiven bzw. höflichen, eine tiefere Grundfrequenz und ein geringerer Stimmtonumfang als Merkmale der feindlichen/derogativen bzw. unhöflichen Sprechakte interpretiert werden können. Diese Annahme wird in der vorliegenden Studie anhand der Daten geprüft. Vor allem wird auf die Frage eingegangen, in welchem Grade die Grundfrequenz mit anderen prosodischen Parametern korreliert, um einen gegebenen Effekt beim Hörer auszulösen.

Die vorliegende Studie wird durch folgende Fragestellungen strukturiert:
- Was ist die prosodische Ausprägung der positiv/supportiv vs. negativ/derogativ intendierten Sprecherattitüde?
- Unterscheiden sich polnische und deutsche Sprecher/Hörer in der Ausnutzung der akustischen Parameter?
- Sind einzelne Sprecher innerhalb einer Sprache genauso unterschiedlich wie Sprecher verschiedener Sprachen?

3 Produktionsexperiment

Im Folgenden werden die Ergebnisse des Produktionsexperiments präsentiert. Um zu untersuchen, ob die „supportive" bzw. „derogative" Bedeutung einer Äußerung mit den verschiedenen akustischen Parametern des Sprachsignals im Polnischen und im Deutschen korreliert, wurden vier „offensive Äußerungen" pro Sprache aufgenommen, die von den Sprechern als supportiv bzw. derogativ intendiert waren. Die vier Äußerungen wurden mit fester verbaler Information (lexikalische Bedeutung) und offener vokaler Information (offene vokale Realisierung) festgelegt. Vier polnische und vier deutsche Muttersprachler (jeweils 2 Männer und 2 Frauen) wurden gebeten, die Äußerungen in der derogativen (negativen) und supportiven (positiven) Valenz zu realisieren. Das Durchschnittsalter der deutschen Sprecher war 29 Jahre und der Sprecherinnen 32 Jahre. Bei den polnischen Muttersprachlern war das Durchschnittsalter für die Sprecher 34,5 und für die Sprecherinnen 34.

Die vorgegebenen deutschen Testsätze waren:
(1) *Du bist ein Arsch!*
(2) *Hey, Alter, was machst du denn hier!*
(3) *Du hast es geschafft, du Sau!*
(4) *Ach, du hast ja sowieso immer eine Eins, Du Penner!*

Die vorgegebenen polnischen Testsätze waren:
(1) *Ale z ciebie pies na baby!*
    (dt. wörtliche Übersetzung: „Du bist aber ein Weiberhund!")
(2) *Ty draniu!*
    (dt. wörtliche Übersetzung: „Du Schurke!")
(3) *Ty diable! Zniszczyłeś całą konkurencję!*

(dt. wörtliche Übersetzung: „Du Teufel! Du hast alle Konkurrenten vernichtet!")
(4) Ale ty zaliczasz te laseczki, ty złamasie!
(dt. wörtliche Übersetzung: „Du kriegst alle Mädels rum, du Invalidenschwanz!")[9]

Die Äußerungen wurden mehrmals als Reaktion auf einen von dem Versuchsleiter situativ beschriebenen Kontext produziert. Der Kontext sollte den SprecherInnen die Aufgabe erleichtern, sich je eine Situation vorzustellen, in der sie die jeweilige Äußerung als freundlich (kumpelhaft supportiv) bzw. unfreundlich (feindlich/aggressiv) benutzen würden. Danach hörte sich jede(r) SprecherIn alle Produktionen an und entschied, welche die beste (die „am meisten gelungene") Realisierung war. Diese wurde akustisch analysiert und im Perzeptionsexperiment benutzt. Insgesamt wurden 32 Äußerungen pro Sprache (4 SprecherInnen x 4 Äußerungen x 2 Valenzen) ausgewertet.

Eine Vielzahl an Untersuchungen hat gezeigt, dass Messungen, bezogen auf Grundfrequenz, Intensität und Sprechtempo in Bezug auf die supportive bzw. derogative Sprecherattitüde unterschiedlich sein können (Murray/Arnott 1993, McKinnon/Prieto 2014). In unserer Studie wurden daher folgende akustische Parameter mithilfe des Programms Praat abgeleitet:

a. durchschnittliche Grundfrequenz für die Gesamtäußerung – gemessen nach Ausschluss der oberen und unteren 5,5%, um Ausreißer wegen Oktavsprüngen zu vermeiden;
b. Tonhöhenumfang (gemessen in Halbtönen) – nach Ausschluss der oberen und unteren 5,5% (um Ausreißer wegen Oktavsprüngen zu vermeiden) wird der tiefste und der höchste F0-Wert pro Äußerung ermittelt. Die Differenz zwischen diesen beiden Messpunkten ergibt den Tonhöhenumfang für die jeweilige Äußerung;
c. Durchschnittliche Intensität für die Gesamtäußerung;
d. Intensitätsumfang (gemessen in Dezibel) – pro Äußerung wird der tiefste und der höchste Intensitätswert ermittelt. Die Differenz zwischen diesen beiden Messpunkten ergibt den Intensitätsumfang für die jeweilige Äußerung;

---

[9] In den polnischen Testsätzen wurden beleidigende Pseudovokative (vgl. d'Avis/Meibauer 2013) benutzt: „pies na baby" (wörtlich: „Weiberhund", Beleidigung durch Animalisierung), „ty draniu" (wörtlich: „du Schurke"), „ty diable" (wörtlich: „du Teufel", Beleidung durch Verletzung des religiösen Tabus), „ty złamasie" (wörtlich: „Du gebrochener (Schwanz)", Beleidigung durch Verletzung des sexuellen Tabus). Für eine breitere Analyse der Offensivität vgl. Bonacchi 2012.

e. durchschnittliche Silbendauer (gemessen in Millisekunden) – wird durch Division der Dauer der gesamten Äußerung durch die Anzahl der Silben pro Äußerung berechnet.

Um die Effekte der jeweiligen Sprecherattitüde auf die einzelnen akustischen Parameter zu untersuchen und eventuelle Unterschiede zwischen den Sprachen festzustellen, wurden Lineare Gemischte Modelle (LMM) mit dem jeweiligen Wert des Parameters als abhängige Variable, Satz als Zufallsfaktor, Attitüde (freundlich bzw. positiv/unfreundlich bzw. negativ) und Sprache (Deutsch/Polnisch) als feste Faktoren sowie ihre möglichen Wechselwirkungen gerechnet. Tukey Post-hoc Tests, soweit geeignet, wurden ebenfalls durchgeführt.

Die Werte der F0-bezogenen Parameter (durchschnittliche Grundfrequenz und Stimmumfang) unterscheiden sich in den beiden Sprachen und in den beiden Attitüden nicht signifikant voneinander (s. Abb. 1 und Abb. 2). Die Daten zeigen allerdings eine Tendenz zur Erhöhung des Stimmumfangs in der positiven Attitüde in beiden Sprachen.

Es hat sich herausgestellt, dass Sprache und Attitüde einen Haupteffekt auf die durchschnittliche Intensität haben. Die Gruppe der polnischen SprecherInnen spricht signifikant lauter als die Gruppe der deutschen SprecherInnen (F [1, 9,222] = 108,8648, p<0,001), und die Äußerungen in der derogativen Intention (negative Sprecherattitüde) über die Sprachen hinweg sind signifikant lauter als die in der supportiven Intention (positive Sprecherattitüde) (F [1, 48] = 8,6758, p<0,01). Die Analyse zeigt auch eine signifikante Interaktion zwischen Sprache und Attitüde (F [1, 48] = 28,4029, p<0,001). Die polnischen SprecherInnen sind um 4,27 dB lauter in der negativen Attitüde. Die deutschen SprecherInnen sprechen hingegen gleich laut in beiden Bedingungen (s. Abb. 3). Die SprecherInnen beider Gruppen benutzen einen größeren Intensitätsumfang in der negativen Attitüde (F [1, 48] = 5,9529, p<0,05) – s. Abb. 4).

Die Bar Plots in Abb. 5 zeigen die durchschnittliche Silbendauer im Deutschen und im Polnischen in der negativen (dunkelgrau) und in der positiven (hellgrau) Attitude. Die statistische Analyse zeigt einen signifikanten Effekt der Attitüde (F [1, 48] = 7,6198, p<0,01) sowie eine Interaktion zwischen Attitüde und Sprache (F [1, 48] = 8,9792, p<0,01). Die deutschen SprecherInnen sprechen schneller in der positiven Attitüde. Die durchschnittliche Silbendauer in der negativen Attitüde ist um 33,06 Millisekunden länger im Vergleich zur positiven Attitüde. Polnische SprecherInnen zeigen diesen Unterschied nicht.

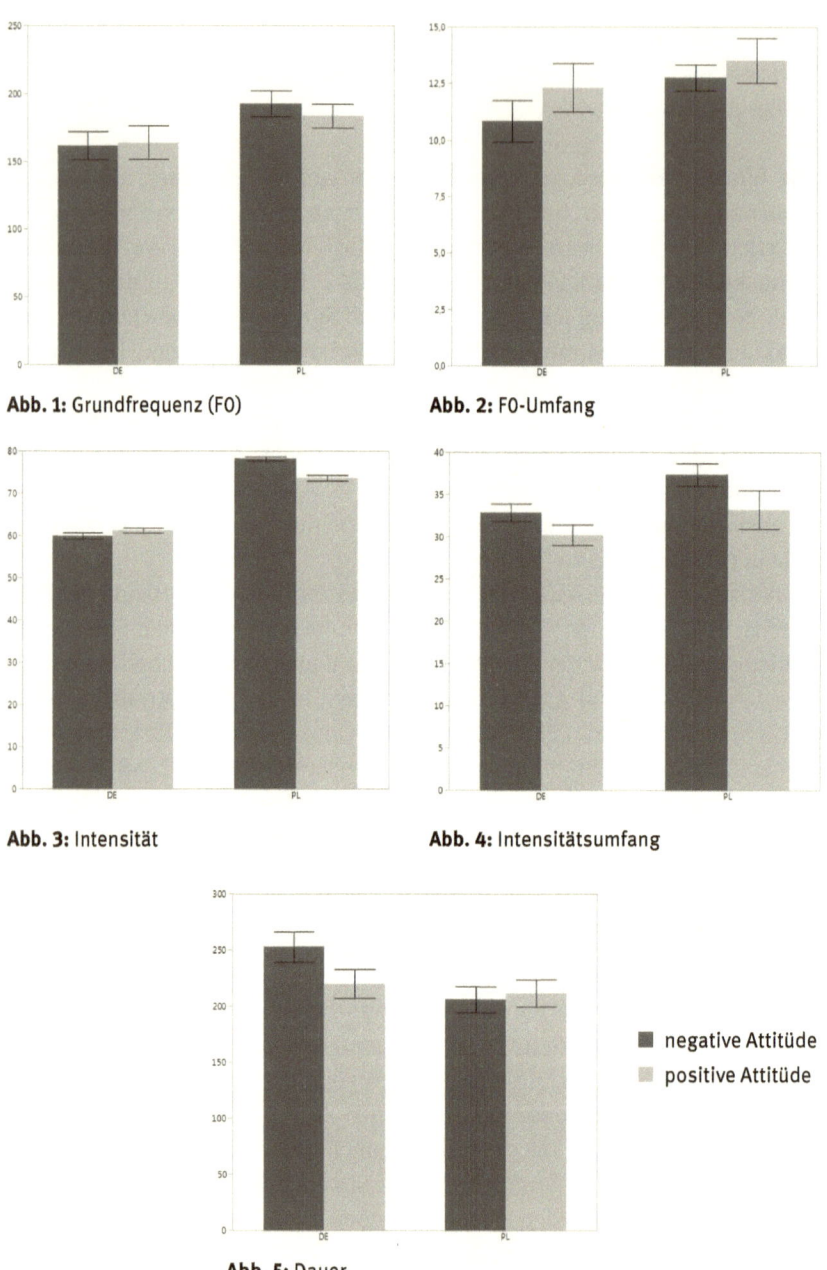

Abb. 1: Grundfrequenz (F0)
Abb. 2: F0-Umfang
Abb. 3: Intensität
Abb. 4: Intensitätsumfang
Abb. 5: Dauer

Zusätzlich wurden die nuklearen Tonakzente in jeder Äußerung nach der ToBI-Konvention etikettiert (G-ToBI für die deutschen (vgl. Grice/Baumann 2002 und

Grice/Baumann/Benzmüller 2005) und eine angepasste ToBI-Version für die polnischen Daten). Die verwendete Notationskonvention stammt aus dem autosegmental-metrischen Ansatz der Intonationsbeschreibung, die sich in Anlehnung an die Arbeiten von Pierrehumbert (1980), Beckman/Pierrehumbert (1986) und Pierrehumbert/Beckman (1988) entwickelt hat. Dieser Ansatz verwendet zwei Töne: H(igh)-Töne, die als Gipfel, und L(ow)-Töne, die als Täler im Grundfrequenzverlauf realisiert werden. Diese Töne sind an bestimmte Punkte in einer Äußerung geknüpft und haben keine absoluten Werte, sondern sind auf der phonologischen Beschreibungsebene relativ. Es gibt monotonale Tonakzente (z.B. H* oder L*) und bitonale Tonakzente (z.B. L*+H, H+L*). Der Ton mit dem Stern wird mit der akzentuierten Silbe assoziiert, d.h. gesternte Töne werden als Gipfel oder Täler auf der akzentuierten Silbe realisiert. Ungesternte Töne in einem Tonakzent werden vom gesternten Ton durch einen gewissen Zeitabstand getrennt. ‚!' kennzeichnet die Herabstufung eines H-Tons (*downstep*) in Relation zu einem vorangehenden H-Ton. ‚^' kennzeichnet die Erweiterung des Stimmumfangs bei einem H-Ton (*upstep*) in Relation zu einem vorangehenden H-Ton. ‚<' und ‚>' kennzeichnen jeweils einen späten und einen frühen Gipfel in Relation zu den Grenzen der Akzentsilbe.

Die deutschen SprecherInnen benutzen folgende Tonakzente H*, L*, H+L*, L+H*, H+!H* (s. Tabelle 1). H* ist der unmarkierte Akzent des deutschen Toninventars (s. Abb. 6). Er zeichnet sich durch einen Tonhöhengipfel aus, der meistens gegen Ende der Akzentsilbe erreicht wird.

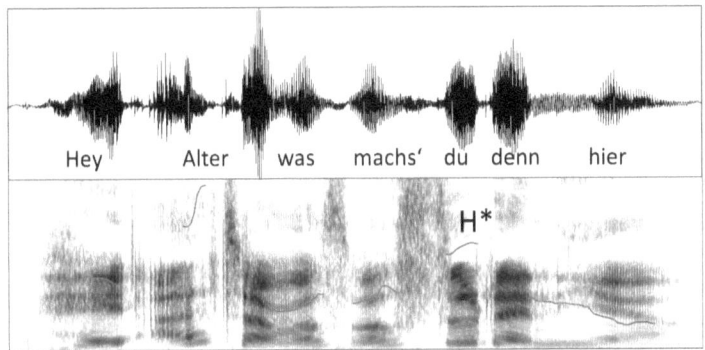

Abb. 6: „Hey, Alter, was machst du denn hier!", realisiert von der Sprecherin JJ in der negativen Sprecherattitüde (Tonakzent H*)

Bei dem L*-Tonakzent wird ein Tal im F0-Verlauf erreicht. Er zeichnet sich durch eine tiefe Stimmlage im unteren Drittel des Sprechstimmumfangs aus. Bei L+H* findet ein steiler Anstieg auf der akzentuierten Silbe statt, und der Tonhöhengipfel wird erst spät in der akzentuierten Silbe (manchmal auch danach) erreicht (s. Abb. 7). Auf der Silbe vor dem Akzent (oder zu Beginn der Akzentsilbe) wird ein Tiefpunkt erreicht – die Kontur fällt bis dahin also ab, falls genügend Silben vor dem Akzent zur Verfügung stehen. Oft ist der Stimmumfang erweitert. Der bitonale Akzenttyp H+!H* zeichnet sich durch einen Fall auf der akzentuierten Silbe von einer hohen in eine mittlere Stimmlage aus. Die vorangehende Silbe ist höher. Bei H+L* ist die akzentuierte Silbe tief. Der Tonhöhen-Gipfel befindet sich unmittelbar vor der Akzentsilbe. Bei den Akzenttypen H* und L+H* wird die akzentuierte Silbe als hoch oder steigend wahrgenommen, bei H+!H* als hochfallend, bei L* und H+L* als tief. Zusätzlich entsteht bei H+L* der Eindruck eines großen Tonhöhensprungs in eine tiefe Stimmlage.

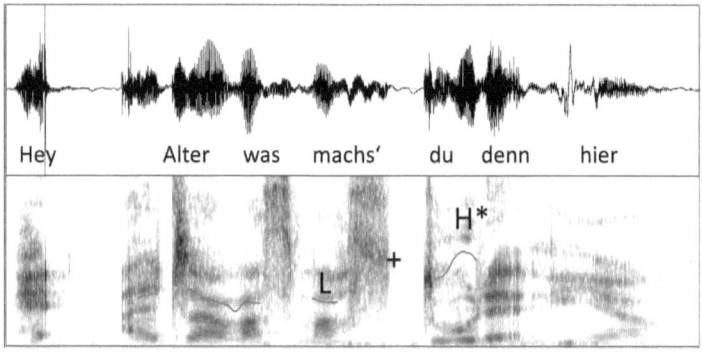

Abb. 7: „Hey, Alter, was machst du denn hier!", realisiert von der Sprecherin JJ in der positiven Sprecherattitüde (Tonakzent L+H*)

In Tabelle 1 sind die realisierten nuklearen Tonakzente pro SprecherIn, Testsatz und Bedingung für die deutschen Daten angegeben. Es fällt auf, dass sowohl die hohen/steigenden Tonakzente als auch die tiefen/fallenden Tonakzente gleichmäßig in den positiven und negativen Bedingungen verteilt sind. Die SprecherInnen haben in der positiven/freundlichen Attitüde 11 Mal (10 H* und 1 L+H*) und in der negativen/unfreundlichen Attitüde ebenfalls 11 Mal (7 H* und 4 L+H*) hohe/steigende nukleare Akzente realisiert. Tiefe/fallende nukleare Tonakzente wurden 5 Mal in den freundlichen Realisierungen (1 L*, 2 H+!H* und 2 H+L*) und 5 Mal in den unfreundlichen Realisierungen festgestellt (1 L*, 3 H+!H* und 1 H+L*).

Tabelle 1: Nukleare Tonakzente, realisiert von den deutschen SprecherInnen pro Bedingung und Äußerung

Sprecher-Innen	Satz 1		Satz 2		Satz 3		Satz 4	
	positiv	negativ	positiv	negativ	positiv	negativ	positiv	negativ
FZ (m)	H* (du)	H* (du)	H* (du)	H* (du)	H+!H* (Penner)	H+!H* (Penner)	H+L* (Sau)	H+!H* (Sau)
RM (m)	L+H* (du)	L+H* (machst)	H* (A:rsch)	L+H* (Arsch)	L* (Penner)	H* (Penner)	H+L* (Sau)	H* (Sau)
SK (f)	H* (du)	L+H* (du)	H* (du)	H* (Arsch)	H* (Penner)	H* (Penner)	H* (Sau)	H+!H* (Sau)
JJ (f)	H* (du)	L+H* (du:)	H* (du)	H* (A:rsch)	H+!H* (Penner)	H+L* (Penner)	H* (Sau)	L* (Sau)

Aus der Tabelle wird ersichtlich, dass im Falle des Testsatzes 2 die beiden Sprecherinnen genauso wie die Sprecher hohe/steigende nukleare Tonakzente realisieren, aber im Unterschied zu den Sprechern disambiguieren sie zwischen der freundlichen und unfreundlichen Attitüde, indem sie den Nuklearakzent in der freundlichen Bedingung auf dem Wort ‚du' und in der unfreundlichen Bedingung auf dem Wort ‚Arsch' realisieren. Auffällig ist der männliche Sprecher FZ, der bei den Testsätzen 1, 2 und 3 in beiden Bedingungen den gleichen nuklearen Akzent benutzt.

Die von den polnischen SprecherInnen benutzten nuklearen Tonakzente sind H*, ^H*, !H*, L+H*, L+!H*, H+!H* und L* (s. Tabelle 2). Der H*-Akzentton zeichnet sich durch einen Tonhöhengipfel aus, der meistens am Anfang der Akzentsilbe erreicht wird. Die akzentuierte Silbe hört sich hoch an. Eine Tonhöhenmodifikation von H* ist durch Downstep oder Upstep möglich (!H*, ^H*). Der L*-Tonakzent zeichnet sich durch eine tiefe Stimmlage im unteren Drittel des Sprechstimmumfangs aus. Die akzentuierte Silbe hört sich tief an. Bei einem L+H* wird unmittelbar vor oder in der akzentuierten Silbe ein tiefer Zielpunkt erreicht, danach folgt ein Anstieg. Der Tonhöhengipfel wird erst spät in der akzentuierten Silbe erreicht. Oft ist die Silbe gedehnt (s. Abb. 8). Bei diesem Tonakzent ist ebenfalls eine Tonhöhenmodifikation durch den Downstep möglich (L+!H*).

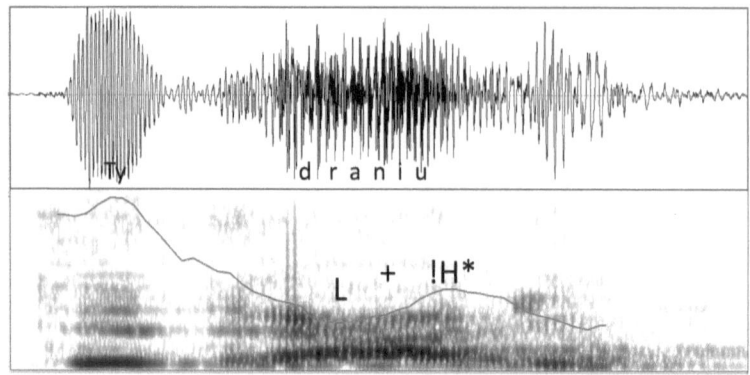

Abb. 8: „Ty draniu" (Du Schurke), realisiert vom männlichen Sprecher RG in der positiven Sprecherattitüde (Tonakzent L+!H*)

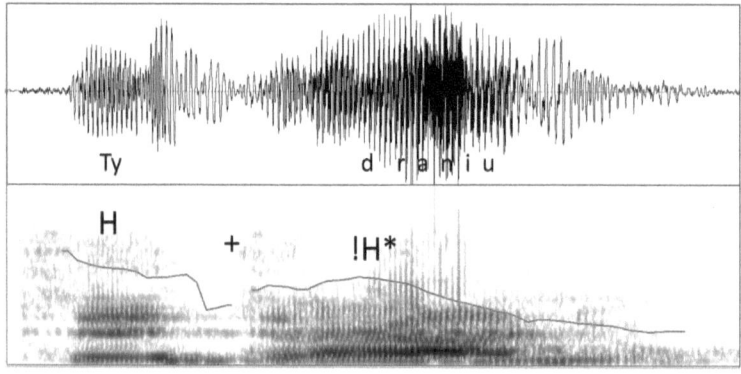

Abb. 9: „Ty draniu" (Du Schurke), realisiert vom Sprecher RG in der negativen Sprecherattitüde (Tonakzent H+!H*)

Der bitonale Akzenttyp H+!H* zeichnet sich durch eine mittlere Stimmlage der akzentuierten Silbe aus. Der Tonhöhen-Gipfel befindet sich unmittelbar vor der Akzentsilbe (s. Abb. 9). Die Gipfelakzente kann man generell in 2 Gruppen aufteilen: Tonakzente mit frühem Gipfel (H*, !H*, ^H*, H+!H*) und Tonakzente mit spätem Gipfel (L+H*, L+!H*).

In Tabelle 2 sind die realisierten nuklearen Tonakzente pro SprecherInnen, Testsatz und Bedingung für die polnischen Daten angegeben.

Tabelle 2: Nukleare Tonakzente, realisiert von den polnischen SprecherInnen pro Bedingung und Äußerung

Sprecher-Innen	Satz 1		Satz 2		Satz 3		Satz 4	
	positiv	negativ	positiv	negativ	positiv	negativ	positiv	negativ
RG (m)	L*H-H% (baby)	H* (pies)	L+!H* (draniu)	H+!H* (draniu)	L+!H* (diable)	^H* (diable)	L* H-H% (złamasie)	H+!H* (złamasie)
AD (m)	L+!H* (baby)	^H* (baby)	L+H* (draniu)	H* (draniu)	L+H* (diable)	^H* (diable)	!H* (złamasie)	H+!H* (złamasie)
PM (f)	!H* (baby)	H* (pies)	L+!H* (draniu)	L+H* (draniu)	L+H* (diable)	^H* (diable)	L+H* (ty)	H+!H* (złamasie)
LG (f)	!H* (pies)	H* (pies)	L+!H* (draniu)	H* (draniu)	L+!H* (diable)	^H* (diable)	H+!H* (złamasie)	H+!H* (złamasie)

Bei genauerer Betrachtung der Tabelle wird ersichtlich, dass im Unterschied zu den deutschen SprecherInnen die polnischen SprecherInnen eine deutliche Präferenz für späte Gipfel in der freundlichen Attitüde und für frühe Gipfel in der unfreundlichen Attitüde haben. In der freundlichen Attitüde realisieren die SprecherInnen 10 Mal Akzente mit späten Gipfel (4 L+H* und 6 L+!H*) und 4 Mal mit frühem Gipfel (3 !H* und 1 H+!H*). In der unfreundlichen Attitüde wurden 15 Mal nukleare Tonakzente mit frühem Gipfel produziert (5 H*, 5 ^H* und 5 H+!H*). Nur Sprecherin PM realisiert in dieser Bedingung einmal einen L+H* nuklearen Akzentton. Sprecher RG benutzt in der freundlichen Bedingung zweimal den tiefen L*, aber seine nukleare Intonationskontur ist steigend. Nach der tiefen akzentuierten Silbe steigt die Tonhöhe bis zum Ende der Äußerung hin an.

4 Perzeptionsexperiment

Im Folgenden werden die Ergebnisse des Perzeptionsexperiments präsentiert. Die im Produktionsexperiment realisierten 32 Äußerungen pro Sprache (4 SprecherInnen x 4 Äußerungen x 2 Attitüden) dienten als Stimuli für das Perzeptionsexperiment. 49 polnische Versuchspersonen (Durchschnittsalter: 20,22; Standardabweichung: 4,83) haben die polnischen Stimuli und 29 deutsche Versuchspersonen (Durchschnittsalter: 28,97; Standardabweichung: 7,37) haben die deutschen Stimuli beurteilt. Alle Versuchspersonen waren Muttersprachler ohne Beeinträchtigung der Hörfunktion. Sie hatten die Möglichkeit, die Äußerungen so oft zu hören, wie sie wollten. Die Reihenfolge der Äußerungen wurde randomisiert, um eine Verzerrung der Ergebnisse zu vermeiden. Das Ausfüllen jedes online-Fragebogens nahm ca. 10–15 Minuten in Anspruch.

Abb. 10: Online-Fragebogen

Das Perzeptionsexperiment wurde mittels der Internet-Plattform „Sosci-Survey" (https://www.soscisurvey.de/) durchgeführt. Die polnischen und deutschen Teilnehmer an der online-Befragung wurden gebeten, sich die 32 Stimuli anzuhören und auf einer kontinuierlichen Skala anzugeben, wie „freundlich" oder „unfreundlich"[10] die jeweilige Äußerung gemeint war (s. Abb. 10). Pro Sprache wurden Lineare Gemischte Modelle mit Urteil (z-transformiert) als abhängige Variable, Stimulus und Versuchsperson als Zufallsfaktor, Attitüde (freundlich/unfreundlich) und SprecherInnen (4 pro Sprache) als feste Faktoren sowie alle ihre mögliche Wechselwirkungen gerechnet. Tukey Post-hoc Tests, soweit geeignet, wurden ebenfalls durchgeführt.

Die statistische Analyse der Daten zeigt einen Haupteffekt bezüglich der Attitüde ($F[1, 24] = 24{,}9708$, $p<0{,}001$). Das bedeutet, dass die deutschen Versuchspersonen die Attitüden in den Stimuli signifikant unterschiedlich beurteilt haben. Der Mittelwert der Urteile für die positive Attitüde ist 0,45 und für die negative -0,45. Jedoch wurde eine Interaktion zwischen Attitüde und SprecherInnen ($F[1, 24] = 4{,}9621$, $p<0{,}01$) gefunden. Diese Interaktion hat eine Auswirkung auf die Interpretation des Haupteffekts und bedeutet, dass die intendierte Attitüde nicht bei allen SprecherInnen erkannt wurde. Tabelle 3 enthält die Mittelwerte der Urteile für die Stimuli, aufgeteilt nach SprecherInnen und Attitüde, sowie die Ergebnisse der t-tests. Daraus

---

[10] Bei „freundlich" im Sinne von „supportiv" und „unfreundlich" im Sinne von „derogativ" wurde auf lebensweltliche Bezeichnungen zurückgegriffen, damit die Probanden, die kein linguistisches Fachwissen hatten, die Anweisungen korrekt verstehen konnten. Die Teilnehmer basierten ihre Urteile auf ihrem intuitiven Wissen, ihnen wurden keine Definitionen von „freundlich" und „unfreundlich" gegeben.

wird ersichtlich, dass die Versuchspersonen nicht imstande waren, zwischen den intendierten Attitüden der männlichen Sprecher FZ und RM zu differenzieren.

Tabelle 3: Mittelwerte der Urteile pro SprecherIn und Attitüde

FZ (m) positiv	negativ	RM (m) positiv	negativ	SK (f) positiv	negativ	JJ (f) positiv	negativ
-0,05	0,03	0,39	-0,37	0,47	-0,57	0,98	-0,87
nicht signifikant		nicht signifikant		p<0,001		p<0,001	

Die Balkendiagramme in Abb. 11 veranschaulichen die Ausnutzung des F0-Umfangs, des Intensitätsumfangs und der Dauer der vier deutschen SprecherInnen. Die SprecherInnen benutzen systematisch das Sprechtempo und mit Ausnahme von Sprecherin JJ den Intensitätsumfang, um die (Schein-)Beleidigung zu signalisieren – sie benutzen ein langsames Sprechtempo und einen größeren Stimmumfang, wenn sie eine unfreundliche Attitüde intendieren. In Bezug auf den Stimmumfang wenden die männlichen und die weiblichen Sprecherinnen unterschiedliche Strategien an. Wie schon beschrieben, liegt die symbolische Natur der Tonhöhe im Sinne des *frequency code* primär auf der Andeutung von Stärkerelationen. Im Sinne des *effort code* (Gussenhoven 2002) ist der Stimmumfang auf Entgegenkommen zurückzuführen. Während die Sprecherinnen SK und JJ einen größeren Stimmumfang in der freundlichen Attitüde benutzen, reduziert Sprecher RM den F0-Umfang in dieser Bedingung, und Sprecher FZ benutzt den gleichen Stimmumfang in beiden Attitüden. Diese widersprüchlichen akustischen *Cues* behindern höchstwahrscheinlich die Versuchspersonen bei der Erkennung der intendierten Sprechereinstellung.

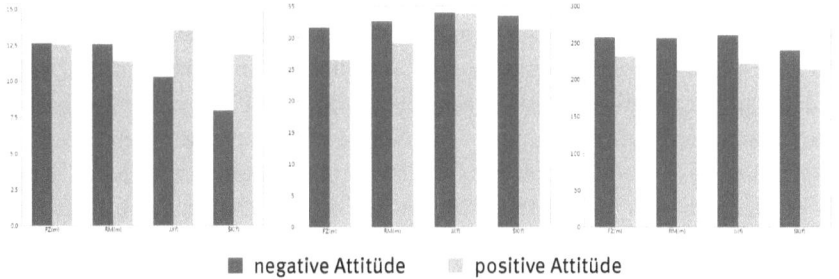

Abb. 11: F0-Umfang (links), Intensitätsumfang (in der Mitte) und mittlere Silbendauer (rechts) der SprecherInnen in der positiven (hellgrau) und negativen (dunkelgrau) Bedingung (Deutsch).

Ein Haupteffekt bezüglich der Attitüde (F [1, 24] = 69,9345, p<0,001) und der SprecherInnen (F [3, 24] = 7,8547, p<0,001) tritt im Perzeptionsexperiment der polnischen Äußerungen auf. Die Versuchspersonen haben die Attitüden der Stimuli signifikant unterschiedlich beurteilt. Die Stimuli mit der positiven Attitüde wurden im Schnitt mit dem Wert 0,50 beurteilt, die Stimuli mit der negativen Attitüde mit -0,50. Tabelle 4 enthält die Mittelwerte der Urteile für die Stimuli, aufgeteilt nach SprecherInnen und Attitüde. Daraus wird ersichtlich, dass die negative Attitüde von Sprecher AD und die positive Attitüde von Sprecherin PM nicht überzeugend erkannt werden. Beide Werte sind in der Nähe des Mittelpunktes der Skala 0. Es verhält sich genau umgekehrt mit der Erkennung der positiven Attitüde bei Sprecher AD 0,90 und der negativen Attitüde bei Sprecherin PM -0,83. Bei der auditiven Beurteilung der realisierten Äußerungen wurde festgestellt, dass bei der Realisierung aller supportiven Äußerungen Sprecher AD gelächelt hat. Sprecherin PM hat eine auffällig veränderliche Stimmqualität (behaucht, hart, rauh).

Tabelle 4: Mittelwerte der Urteile pro SprecherIn und Attitüde

| RG (m) | | AD (m) | | PM (f) | | LG (f) | |
positiv	negativ	positiv	negativ	positiv	negativ	positiv	negativ
0,55	-0,41	0,90	-0,06	0,11	-0,83	0,43	-0,71

Die Balkendiagramme in Abb. 12 veranschaulichen die Ausnutzung des F0-Umfangs, des Intensitätsumfangs und der Dauer der vier polnischen SprecherInnen. Es fällt auf, dass die SprecherInnen die akustischen Parameter zum Signalisieren der jeweiligen Sprechereinstellung sehr unterschiedlich einsetzen. Sprecher RG und Sprecherin LG haben einen höheren Stimmumfang in der freundlichen Attitüde, Sprecher AD und Sprecherin PM in der unfreundlichen Attitüde. Was das Sprechtempo anbelangt, unterscheiden sich die SprecherInnen in der Wahl ihrer Strategie extrem voneinander. Im Vergleich zur positiven Attitüde ist Sprecher RM langsamer, und Sprecher AD und Sprecherin LG sind schneller in der negativen Attitüde. Sprecherin PM macht keinen Gebrauch vom Sprechtempo zur Kennzeichnung der intendierten Sprechereinstellung. Darüber hinaus ist sie in beiden Bedingungen langsamer als der Rest der SprecherInnen. Nur in Bezug auf den Intensitätsumfang zeigen die SprecherInnen eine gewisse Systematik: abgesehen von Sprecherin AD haben sie einen größeren Intensitätsumfang in der unfreundlichen Attitüde.

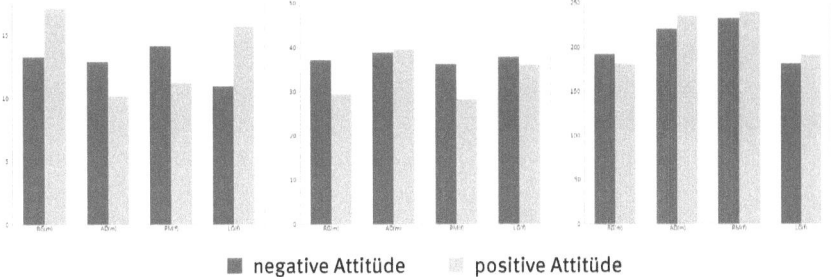

Abb. 12: F0-Umfang (links), Intensitätsumfang (in der Mitte) und mittlere Silbendauer (rechts) der SprecherInnen in der positiven (hellgrau) und negativen (dunkelgrau) Bedingung (Polnisch).

5 Fazit

Unsere Studie hat unterschiedliche phonetische Profile bei der Produktion von supportiven und derogativen Äußerungen im Deutschen und im Polnischen gezeigt. Das Gelingen des indirekten Sprechaktes der Scheinbeleidigung (*mock impoliteness*) in den untersuchten Sprachen (verstanden als Anerkennung durch den Hörer der supportiven Intention des Sprechers trotz des Gebrauchs einer derogativen Lokution) hängt nicht nur von kontextuellen Faktoren und von der adäquaten Rekonstruktion von Implikaturen ab, sondern ist auch an „performative" Faktoren („wie" etwas gesagt wird) gebunden, die in kommunikativen Praktiken festgehalten und durch Wiederholung verstärkt werden. Unter den phonetischen Merkmalen, die für das Gelingen dieses Sprechaktes relevant sind, wurden in der vorliegenden Studie die durchschnittliche Grundfrequenz, der Tonhöhenumfang, die durchschnittliche Intensität, der Intensitätsumfang, die durchschnittliche Silbendauer und die nuklearen Tonakzente untersucht.

Die Ergebnisse des Produktionsexperimentes haben gezeigt, dass bei der Realisierung solcher Sprechakte SprecherInnen auf ein Instrumentarium zurückgreifen, bestehend einerseits aus kontinuierlichen prosodisch-phonetischen Parametern und andererseits aus kategorialen intonatorischen Merkmalen, die in unterschiedlichen Graden der Kombination eingesetzt werden können. Das Perzeptionsexperiment hat gezeigt, dass hinsichtlich des perlokutionären Effektes die Wahl der eingesetzten Mittel eine wichtige Rolle bei der Erkennung der intendierten Attitüde spielt. In beiden Sprachen hat sich gezeigt: Wenn die SprecherInnen bei der Produktion der jeweiligen Attitüden die entsprechenden relevanten phonetischen und intonatorischen Merkmale nicht benutzt (vor allem Grundfrequenz) und dieses auch nicht durch eine ausbalancierende Verwendung von anderen Merkmalen (z.B. Intensität oder Sprechtempo) kompensiert haben, wurden diese Attitüden von den HörerInnen nicht (eindeutig) erkannt.

In Bezug auf die anfangs definierte Problemstellung lässt sich das Ergebnis wie folgt zusammenfassen:
- Die negative oder positive Valenz von Äußerungen kann auf der Grundlage von graduellen phonetischen und kategorialen intonatorischen Merkmalen auch ohne kontextuelle Informationen korrekt rekonstruiert werden (signifikanter perlokutiver Effekt, vgl. auch House 2008)[11].
- Bei der Produktion von *mock impoliteness* geht es um ein Merkmalsbündel, bei dem Tonakzent, Grundfrequenz, Intensität, Dauer, Stimmqualität (aber auch nichtverbale Vokalisierungen: Lächeln/Lacher) die wichtigsten Komponenten sind. Die vorliegende Studie zeigt, dass zwar die Grundfrequenz ein wichtiger Faktor ist, der zum Gelingen des Sprechaktes der *mock impoliteness* (supportive Tiefenstruktur mit derogativer Oberflächenstruktur) führt, allerdings ist dieser Faktor immer mit anderen phonetischen Faktoren verbunden, und nur das daraus resultierende Bündel ist entscheidend dafür, ob der Sprechakt gelingt oder nicht. Dieses Ergebnis relativiert die Aussagekraft des *frequency code* und des *effort code*.

Bei den untersuchten Produktionen der polnischen und deutschen SprecherInnen lässt sich Folgendes feststellen:
- Bei den polnischen und den deutschen SprecherInnen ist ein größerer Intensitätsumfang in der negativen Attitüde festzustellen.
- Bei den deutschen SprecherInnen sind größere Dauerwerte in der negativen Attitüde festzustellen.
- Bei den polnischen SprecherInnen ist in beiden Attitüden eine größere Durchschnittsintensität als bei den Deutschen festzustellen.
- Die polnischen und die deutschen SprecherInnen verwenden unterschiedliche Akzenttypen. Die polnischen SprecherInnen zeigen eine deutliche Präferenz für späte Gipfel in der freundlichen Attitüde und für frühe Gipfel in der unfreundlichen Attitüde.

---

11 Dies relativiert die Kontext-Hypothese, vgl. Wilson/Wharton (2006: 1559): „First, prosodic inputs to the comprehension process range from the ‚natural' (e.g. an angry, friendly or agitated tone of voice) to the properly linguistic (e.g. lexical stress or lexical tone). Second, the effects of prosody are highly context-dependent: prosodic information interacts with information from many other sources during the comprehension process, and the same prosodic input may have different effects on different occasions."

Die Ergebnisse des Produktions- und Perzeptionsexperiments haben gezeigt, dass in beiden Sprachen eine relativ hohe Intersprecher-Variabilität festzustellen ist. Es soll schließlich betont werden, dass die Ergebnisse dieser Studie als qualitativ zu betrachten sind und in weiteren Studien[12] geprüft und durch weitere Variablen erweitert werden sollen.

Literatur

Andreeva, Bistra/Bonacchi, Silvia (2015): „Freundlich oder feindlich? Zur illokutionären Struktur und phonetischen Realisierung von indirekten supportiven und derogativen Sprechakten am Beispiel von Scheinbeleidigungen (*mock impoliteness*)". In: *Applied Linguistics/ Lingwistyka Stosowana* 15, 1–19.

Andreeva, Bistra/Bonacchi, Silvia/Barry, William J. (2016): „Prosodic Cues of Genuine and Mock Impoliteness in German and Polish". In: Jon Barnes, Alejna Brugos et al. (Hgg.): *Proceedings of the International Conference of Speech Prosody* (SP8) 2016, Boston (31.5.2016/3.6.2016), (DOI: 10.21437/SpeechProsody.2016).

Arndt, Horst/Janney, Richard W. (1985): „Politeness Revisited: Cross Modal Supportive Strategies". In: *International Review of Applied Linguistics in Language Teaching* 23(4), 281–300.

Arndt, Horst/Janney, Richard W. (1987): *Intergrammar. Toward an Integrative Model of Verbal, Prosodic and Kinesic Choices in Speech*. Berlin: de Gruyter.

Beckman, Mary E./Pierrehumbert, Janet B. (1986): *Intonational Structure in English and Japanese*. In: Phonology Yearbook 3, 255–310.

Blakemore, Diane (2002): *Relevance and Linguistic Meaning*. Cambridge: Cambridge University Press.

Bolinger, Dwight L. (1964): „Intonation across Languages". In: J.H. Greenberg/C.A. Ferguson et al. (Hgg.): *Universals of Human Language*. Vol. 2: Phonology. Stanford: Stanford University Press, 471–524.

Bonacchi, Silvia (2012): „Zu den idiokulturellen und polykulturellen Bedingungen von aggressiven Äußerungen im Vergleich Polnisch – Deutsch – Italienisch". In: Magdalena Olpińska-Szkiełko/Sambor Grucza et al. (Hgg.): *Der Mensch und seine Sprachen*. Festschrift für Professor Franciszek Grucza. Frankfurt a.M. et al.: Lang, 130–148.

Bonacchi, Silvia (2013): *(Un)Höflichkeit. Eine kulturologische Analyse Deutsch – Italienisch – Polnisch*. Frankfurt a.M. et al.: Lang.

Bonacchi, Silvia (2014): „Scheinbeleidigungen und perfide Komplimente: kulturologische Bemerkungen zur obliquen Kommunikation in interkultureller Perspektive". In: Andrzej Kątny/Katarzyna Lukas et al. (Hgg.): *Deutsch im Kontakt und im Kontrast*. Festschrift für Andrzej Kątny zum 65. Geburtstag. Frankfurt a.M. et al.: Lang, 341–356.

Brown, Penelope/Levinson, Stephen C. (1987): *Politeness: Some Universals in Language Usage*. Cambridge et al.: Cambridge University Press.

---

[12] Vgl. auch Andreeva/Bonacchi/Barry (2016).

Carston, Robyn (2002): *Thoughts and Utterances. The Pragmatics of Explicit Communication.* Oxford: Blackwell.

Cheang, Henry S./Pell, Marc D. (2008): „The Sound of Sarcasm". In: *Speech Communication* 50, 366–381.

Chen, Aoju/Gussenhoven, Carlos/Rietveld, Toni (2004): „Language-specificity in the Perception of Paralinguistic Intonational Meaning". In: *Language and Speech* 4, 311–350.

Culpeper, Jonathan (1996): „Towards an Anatomy of Impoliteness". In: *Journal of Pragmatics* 25(3), 349–367.

Culpeper, Jonathan (2011): „It's Not What You Said, It's How You Said It!". Prosody and impoliteness. In: Linguistic Politeness Research Group (Hg.): *Discursive Approaches to Politeness.* Berlin et al.: de Gruyter, 57–83.

Culpeper, Jonathan/Bousfield, Derek/Wichmann, Anne (2003): „Impoliteness Revisited: with Special Reference to Dynamic and Prosodic Aspects". In: *Journal of Pragmatics* 35, 1545–1579.

d'Avis, Franz/Meibauer, Jörg (2013): „Du Idiot! Din Idiot! Pseudo-vocative Constructions and Insults in German (and Swedish)". In: Barbara Sonnenhauser/Patrizia Noel Aziz Hanna (Hgg.): *Vocative!* Berlin et al.: de Gruyter, 189–217.

Goffman, Erving (1986): *Interaktionsrituale. Über Verhalten in direkter Kommunikation.* Frankfurt a.M.: Suhrkamp.

Grauwunder, Sven/Winter, Bodo (2010): „Acoustic Correlates of Politeness: Prosodic and Voice Quality Measures in Polite and Informal Speech of Korean and German Speakers". In: *Proceedings of the International Conference for Speech Prosody* 2010, Chicago 5/2010, Speech Prosody 2010, 1–4.

Grice, Martine/Baumann, Stefan (2002): „Deutsche Intonation und GToBI". In: *Linguistische Berichte* 191, 267–298.

Grice, Martine/Baumann, Stefan/Benzmüller, Ralf (2005): „German Intonation in Autosegmental-Metrical Phonology". In: Sun-Ah Jun (Hg.): *Prosodic Typology: The Phonology of Intonation and Phrasing.* Oxford: Oxford University Press, 55–83.

Gussenhoven, Carlos (2002): „Intonation and Interpretation: Phonetics and Phonology." In: Bernard Bel/Isabelle Marlien (Hg.): *Proceedings of Speech Prosody* 2002, Aix-En-Provence: Université de Provence, 47–57.

Gussenhoven, Carlos (2014): *The Phonology of Tone and Intonation.* Cambridge: Cambridge University Press.

Haiman, John (1998): *Talk is cheap: Sarcasm, alienation and the evolution of language.* New York: Oxford University Press.

Haugh, Michael (2015): *Im/Politeness Implicatures.* Berlin et al.: de Gruyter.

House, Jill (2008): „Constructing a Context with Intonation". In: *Journal for Pragmatics* 38, 1542–1558.

Kaufer, David S. (1981): „Understanding Ironic Communication". In: *Journal of Pragmatics* 5, 495–510.

Ladd, D. Robert (1996): *Intonational Phonology.* Cambridge: Cambridge University Press.

Leech, Geoffrey (1983): *Principles of Pragmatics.* London et al.: Longman.

Leggitt, John S./Gibbs, Raymond W. (2000): „Emotional Reactions to Verbal Irony". In: *Discourse Processes* 29, 1–24.

Mateo, José/Yus, Francisco (2013): „Towards a Cross-Cultural Pragmatic Taxonomy of Insults". In: *Journal of Language Aggression and Conflict* 1(1), 87–114.

McKinnon, Sean/Prieto, Pilar (2014): „The Role of Prosody and Gesture in the Perception of Mock Impoliteness". In: *Journal of Politeness Research* 10(2), 185–219.

Morton, Eugene S. (1977): "On the Occurrence and Significance of Motivation-Structural Rules in Some Bird and Mammal Sounds". In: *The American Naturalist* 111, 855–869.
Murray, Iain R./Arnott, John L. (1993): "Toward the Simulation of Emotion in Synthetic Speech: A Review of the Literature on Human Vocal Emotion". In: *Journal of the Acoustical Society of America*, 93(2), February 1993, 1097–1108.
Nakassis, Constantine/Snedeker, Jesse (2002): "Beyond Sarcasm: Intonation and Context as Relational Cues in Children's Recognition of Irony". In: A. Greenhill/M. Hughs et al. (Hgg.): *Proceedings of the Twenty-Sixth Boston University Conference on Language Development*. Somerville, Mass: Cascadilla Press, 429–440.
Nowik-Dziewicka, Ewa (2012): "Banter and the Echo/Pretence Distinction". In: Ewa Wałaszewska/Agnieszka Piskorska (Hgg.): *Relevance Theory. More than Understanding*. Newcastle upon Tyne: CSP, 245–259.
Ohala, John J. (1983): "Cross-Language Use of Pitch: An Ethological View". In: *Phonetica* 40, 1–18.
Ohala, John J. (1984): "An Ethological Perspective on Common Cross-Language Utilization of F0 in Voice". In: *Phonetica* 41, 1–16.
Ohala, John J. (1994): "The Frequency Code Underlines the Sound Symbolic Use of Voice Pitch". In: L. Hinton et al. (Hgg.): *Sound symbolism*. Cambridge: Cambridge University Press, 325–247.
Pierrehumbert, Janet B./Beckman Mary E. (1988): *Japanese Tone Structure*. Cambridge, MA: MIT.
Pierrehumbert, Janet B. (1980): *The Phonology and Phonetics of English Intonation*. Ph.D thesis, MIT.
Richard, Mark (2008): *When Truth Gives Out*. Oxford: Oxford University Press.
Rockwell, Patricia (2000): "Slower, Louder: Vocal Cues of Sarcasm". In: *Journal of Psycholinguistics Research* 29, 483–495.
Rockwell, Patricia (2006): *Sarcasm and Other Mixed Messages. The Ambiguous Ways People Use Language*. New York: The Edwin Mellen Press.
Searle, John R. (1982): "Indirekte Sprechakte". In: J.R. Searle (Hg.): *Ausdruck und Bedeutung*. Frankfurt a.M.: Surkamp, 51–79.
Sendlmaier, Walter/Steffen, Ines/Bartels, Astrid (2016): "Pejorative Prosody". In: R. Finkbeiner/J. Meibauer et al. (Hgg.): *Pejoration*. Amsterdam et al: John Benjamins, 21–40
Sperber, Dan/Wilson, Deirdre (1981): "Irony and the Use-Mention Distinction". In: P. Cole (Hg.): *Radical Pragmatics*. New York: Academic Press. Reprinted in: S. Davis (Hg.) (1991): *Pragmatics. A Reader*. Oxford: Oxford University Press, 550–563.
Sperber, Dan/Wilson, Deirdre (2002): *Relevance: Communication and Cognition*. Cambridge, MA: Harvard University Press.
Sperber, Dan (1984): "Verbal Irony: Pretense or Echoic Mention? In: *Journal of Experimental Psychology: General* 113, 130–136.
Stadler, Stefanie Alexa (2006): *Multimodal (Im)politeness: The Verbal, Prosodic and Non-Verbal Realization of Disagreement in German and New Zealand English*. Unveröff. Diss., University of Auckland, Universität Hamburg.
Technau, Björn (2016): *Beleidigungswörter. Die Semantik und Pragmatik pejorativer Personenbezeichnungen*. Unveröff. Diss., Johannes-Gutenberg-Universität zu Mainz.
Wilson, Deirdre/Sperber, Dan (1992): "On Verbal Irony". In: *Lingua* 87, 53–76.
Wilson, Deirdre/Wharton, Tim (2006): "Relevance and Prosody". In: *Journal of Pragmatics* 38, 1559–1578.

Wilson, Deirdre (2013): „Irony Comprehension: A Developmental Perspective". In: *Journal of Pragmatics* 59, 40–56.
Žegarac, Vladimir (1998): „What Is ,Phatic Communication'?" In: V. Rouchota/A. Jücker (Hgg.): *Current Issues in Relevance Theory*. Amsterdam et al.: John Benjamins, 327–362.
Zwaan, Rolf/Radvansky, Gabriel (1998): „Situation Models in Language Comprehension and Memory". In: *Psychological bulletin* 123(2), 162–185.

Liste der Abbildungen (die Urheberrechte liegen bei den Autorinnen)

ABB. 1: Grundfrequenz (F0)
ABB. 2: F0-Umfang
ABB. 3: Intensität
ABB. 4: Intensitätsumfang
ABB. 5: Dauer
ABB. 6: „Hey, Alter, was machst du denn hier!", realisiert von der Sprecherin JJ in der negativen Sprecherattitüde (Tonakzent H*)
ABB. 7: „Hey, Alter, was machst du denn hier!", realisiert von der Sprecherin JJ in der positiven Sprecherattitüde (Tonakzent L+H*)
ABB. 8: „Ty draniu" (Du Schurke), realisiert vom männlichen Sprecher RG in der positiven Sprecherattitüde (Tonakzent L+!H*)
ABB. 9: „Ty draniu" (Du Schurke), realisiert vom Sprecher RG in der negativen Sprecherattitüde (Tonakzent H+!H*)
ABB. 10: Online-Fragebogen
ABB. 11: F0-Umfang (links), Intensitätsumfang (in der Mitte) und mittlere Silbendauer (rechts) der SprecherInnen in der positiven (hellgrau) und negativen (dunkelgrau) Bedingung (Deutsch)
ABB. 12: F0-Umfang (links), Intensitätsumfang (in der Mitte) und mittlere Silbendauer (rechts) der SprecherInnen in der positiven (hellgrau) und negativen (dunkelgrau) Bedingung (Polnisch)

Liste der Tabellen (die Urheberrechte liegen bei den Autorinnen)

TABELLE 1: Nukleare Tonakzente, realisiert von den deutschen SprecherInnen pro Bedingung und Äußerung
TABELLE 2: Nukleare Tonakzente, realisiert von den polnischen SprecherInnen pro Bedingung und Äußerung
TABELLE 3: Mittelwerte der Urteile pro SprecherIn und Attitüde
TABELLE 4: Mittelwerte der Urteile pro SprecherIn und Attitüde

Paweł Bąk
Offene und versteckte Aggression im Gebrauch von Dysphemismen und Euphemismen

Abstract: The article sheds light on the connection between euphemism, dysphemism, and verbal aggression. Dysphemisms mostly appear with a pejorative effect in the literature, whereas euphemisms appear with a preventive or mitigating function. The concept of this article is based on the conviction that euphemisms and dysphemisms are not to be understood as expressions that inherently contain an enhancing or disavowing function. Rather, they involve euphemistic or dysphemistic acts, respectively, whose success (i.e. effect) is determined by all sorts of factors, and not only by lexical meaning. Among other things, the perlocutionary effect depends on the situational and linguistic context, on the relationship between the interactants (i.e. discourse participants), on their roles in the discourse, and on the individual characteristics of the interactants (i.e. language competence, discourse competence, awareness, empathy, aggressiveness etc.). In addition to overt verbal aggression, the article also considers rarely investigated aspects of covert aggression based on examples of private and public discourse; that is, verbal attacks through euphemisms and non-aggressive effects of dysphemisms. At the center of these considerations are the prevention of aggression, overt and covert forms of verbal aggression, and intended (i.e. intentional) and unintended (i.e. unintentional) hostility. The article discusses with which communicative factors and in which speech acts certain expressions have a euphemistic (i.e. polite) or dysphemistic (i.e. aggressive) effect, and, furthermore, which factors constitute euphemisms and dysphemisms. This discussion highlights the most important features of these.

1 Einleitung

Im vorliegenden Beitrag wird versucht, den Zusammenhang von Euphemismus, Dysphemismus und verbaler Aggression zu beleuchten. Unter (verbaler) Aggression werden nachstehend in Anlehnung an die einschlägige Literatur, insbesondere an Bonacchi (2012, 2013), diverse (sprachliche) Verhaltensformen verstanden, denen eine feindliche Intention (aggressive Illokution) zugrunde liegt. Mit einem aggressiven Akt zielt der Sprecher u.a. darauf ab, den sozialen

Frieden bzw. das rituelle Gleichgewicht zwischen den Gesprächspartnern zu zerstören, das Image und Wertsystem des Interaktanten anzugreifen, seinen Handlungsraum und seine Handlungsfreiheit einzuschränken (vgl. Bonacchi 2012: 133, Bonacchi 2013: 106). Den Überlegungen liegt die Überzeugung zugrunde, dass – um bereits vorzugreifen – Euphemismen und Dysphemismen nicht als Ausdrücke zu verstehen sind, denen die aufwertende bzw. desavouierende Funktion innewohnt (vgl. auch Bąk 2012: 48, 88, 96). Vielmehr handelt es sich bei ihnen um jeweilige euphemistische oder dysphemistische Akte, deren Gelingen durch allerhand außersprachliche Faktoren und zweifellos nicht nur durch die so genannte konventionelle oder lexikalische Bedeutung determiniert wird. Unter den diversen Problemen des Gebrauchs von Euphemismen und Dysphemismen werden üblicherweise u.a. das aggressive Potential von Dysphemismen und die vorbeugende bzw. abmildernde Wirkung von Euphemismen angesprochen (vgl. u.a. Crespo Fernández 2008, Fischer 2007, Zöllner 1997). Beide Phänomene verbindet die gleiche Referenz.[1] In dem Gefüge Euphemismus-Dysphemismus-Aggression erscheinen die Dysphemismen zumeist mit pejorativer und hervorhebender Wirkung, Euphemismen dagegen mit meliorativer Funktion. In diesem Zusammenhang sollen jedoch neben der offenen verbalen Aggression auch die seltener thematisierten Aspekte der verdeckten Aggression beachtet werden, d.h. auch verbale Angriffe durch Euphemismen sowie die nicht desavouierende Wirkung von Dysphemismen. Der Zusammenhang der Pejorativa und Meliorativa wurde bereits im soziolinguistisch-pragmatischen Rahmen diskutiert (u.a. von Leech 1983, 2005 oder Bonacchi 2014). Im wissenschaftlichen Diskurs zum Euphemismus wurde diese Problematik dagegen nicht hinreichend gewürdigt. In weiteren einschlägigen Untersuchungen scheinen somit besonders Erkenntnisse aufschlussreich, die die indirekt realisierte Aggression betreffen. Hier ist mit weiteren relevanten Untersuchungsergebnissen zu rechnen.

Im Zentrum der Diskussion zum besagten Zusammenhang von Euphemismen und Dysphemismen mit der verbalen Aggression sollen also u.a. die Vermeidung von Aggression, offene und verdeckte Formen der verbalen Aggression, intendierte und auch nicht intendierte Feindlichkeit stehen. Von Bedeutung sind in diesem Kontext das Konzept des positiven und negativen Gesichts (Goffman 1967), der positiven und negativen Höflichkeit (Brown/Levinson 1987) sowie die von Leech (1983) herausgearbeiteten Strategien der Indirektheit (*hinting*

---

[1] Dies ermöglicht eine metaphorisch-dysphemistische Umdeutung (*Verbum Proprium:* „Wachstumsbeschleunigungsgesetz", Euphemismus „mutig", Dysphemismus „Harakiri"): „Was Merkel **‚mutig'** nennt [= Wachstumsbeschleunigungsgesetz], bezeichnen die fünf Wirtschaftsweisen hingegen als **‚finanzpolitisches Harakiri'**" [...] (Handelsblatt 208, 28.10.2009: 2).

strategy).² Auf diese Aspekte, auch auf die Unterscheidung von Strategien der Unhöflichkeit (*on-record* und *off-record impoliteness* von Culpeper 2005) geht Silvia Bonacchi (2013: 83) ein. Ihre Typologie³ bietet einen vielversprechenden Ausgangspunkt zur Betrachtung von Euphemismen und Dysphemismen im Kontext der Aggression.⁴ Wie angedeutet, wurde in der Literatur bereits die Ansicht artikuliert, dass Euphemismen und Dysphemismen nicht *per se* euphemistische bzw. dysphemistische Ausdrücke sind (vgl. Bąk 2012: 48, 86–90). Es gilt immer noch der Frage nachzugehen, unter welchen kommunikativen Faktoren und in welchen Sprechakten bestimmte Ausdrücke als euphemistisch (und beispielsweise höflich) bzw. dysphemistisch (und aggressiv) wirken, fernerhin was die Indikatoren für die Konstituierung von Euphemismen und Dysphemismen sind. Nicht alle damit verbundenen Aspekte können im Folgenden angesprochen werden. Es gilt hierbei jedoch, die wichtigsten Akzente darzulegen, die in der weiteren Reflexion und Untersuchungen mit beachtet werden sollten. Mit diesem Herangehen wird an die bereits erwähnten Arbeiten zur verbalen Aggression von Bonacchi (2011, 2012, 2013, 2014), Havryliv (2009), Mikołajczyk (2007, 2008), Meibauer (2013a), an die Untersuchungen von Euphemismen und Dysphemismen u.a. von Zöllner (1997), Reutner (2009) und Bąk (2012), sowie an andere für diese Betrachtung relevante Forschungsansätze angeknüpft, die gemeinsam den Zusammenhang von Aggression, Euphemismus und Dysphemismus aufzeigen können. Dies soll auch Perspektiven für eine aufschlussreiche Diskussion über die Entstehungsbedingungen und -mechanismen, Formen sowie den Status von Euphemismen und Dysphemismen schlechthin eröffnen. Diese Aspekte sollten in weiteren Untersuchungen des Materials aus verschiedenen (privaten, öffentlichen und fachlichen) Diskursen, unter deren inhaltlicher und modaler Differenzierung und auch kontrastiv unter die Lupe genommen werden.⁵

---

2 Nicht wegzudenken sind in diesem Zusammenhang selbstverständlich die Grundannahmen der Sprechakttheorie von Austin 1972 und Searle 1991.
3 Bonacchi steuert für die Diskussion über Höflichkeit, Unhöflichkeit und Aggression relevante Erkenntnisse bei, u.a. schlägt sie eine Klassifikation der Höflichkeitsakte (als *Präsentative, Supportive, Reparative*) und der Unhöflichkeitsakte (*Arrogative, Offensive, Limitative, Unreziproke*) vor (Bonacchi 2013).
4 Zum Zusammenhang des verhüllenden Euphemismus mit dem Face-Paradigma von Goffman siehe Mikołajczyk 2008: 186-197.
5 Zu Ebenen der sprachwissenschaftlichen Betrachtung am Beispiel von Hass vgl. Meibauer 2013b: 4–7.

2 Offene verbale Aggression

In der tradierten Auffassung des Dysphemismus[6] wird oft primär die direkte, offensive Ausdruckweise verstanden, deren Funktion es ist, eine Diskreditierung oder Diffamierung des Hörers (oder auch eines Dritten) zu bewirken (vgl. bei Allan/Burridge 1991: 11–31, Fischer 2007: 111–130, Crespo Fernández 2008: 95–110).[7] Der Dysphemismus wird dort im Allgemeinen als Gegenstrategie des Euphemismus verstanden, er erscheint als Mittel der Diffamierung und Ausdruck von Missbilligung gegenüber Personen oder Sachverhalten (vgl. Zöllner 1997: 391–402).[8] Der Dysphemismus fungiert in der Literatur als Gegenpol des Euphemismus (vgl. Allan/Burridge 1991, Fischer 2007, Crespo Fernández 2008, Prędota 2013), d.h. er entsteht durch Ersetzung eines neutralen bzw. euphemistischen Ausdruckes durch einen hervorhebend negativ wertenden Ausdruck.

Als typische Erscheinungsformen des Dysphemismus werden in der Literatur hierzu zumeist Tabu verletzende, pejorative Lexeme angeführt. Des Öfteren wird der Dysphemismus als Legitimierung von Vulgarismen aufgefasst (vgl. Dembska 2005: 101). Im Englischen haben diese Funktion beispielsweise Lexeme: **(1)** *bitch, dumbass, idiot, jerk, louse, monkey, motherfucker, snake, son of a bitch* und vielerlei andere Beleidigungen (Allan/Burridge 1991: 28). Im Polnischen und Deutschen sind hierzu auch zu erwähnen: **(2)** *Ty szmato/‚Du Schlampe', Draniu/‚Schurke!', Ale z ciebie świnia!/‚Du bist aber eine Sau/ein Schwein!', Ty głąbie/‚Dummkopf!', Odwal się kretynie/‚Hau ab, du Idiot'* etc. Die Verwendung derartiger Ausdrücke in direktem Bezug auf konkrete Personen kann als aggressiv *par excellence* wirken oder als solches angesehen werden. Im Gebrauch offenbart sich ihre aggressive Potenz. In der neueren Literatur wird gezeigt, dass Dysphemismen keine absolut dysphemistischen Ausdrücke sind. Die in Sprechakten vorkommenden Pejorativa, die auf den ersten Blick eindeutig scheinen können, können darüber hinaus unter bestimmten pragmatischen Bedingungen in Meliorativa umkippen (vgl. Bonacchi 2014: 341–356). Als Scheinbeleidigungen bauen z.B. die Banter-Ausdrücke die Distanz zwischen den Gesprächspartnern ab. Dies ist allerdings nur unter bestimmten sozialen Bedingungen möglich, beispielsweise wird bei dieser Funk-

---

[6] Auch „Kakophemismus" genannt (vgl. Tesch 1978: 212). Zum „Schimpfwort" vgl. bei Meibauer 2013b: 4–7.
[7] Zur sprachlichen Abwertung (Pejoration) und Aufwertung (Melioration) im Zusammenhang mit Hass vgl. bei Meibauer 2013b: 4–7.
[8] Oft mit dem Zweck, den Gesprächspartner zu beleidigen oder „die für [...] [den Sprecher] und seine Absichten günstigen Aspekte einer Information hervorzuheben und so den Hörer zu manipulieren" (Zöllner 1997: 394).

tion ein bestimmter Grad an Intimität in der Relation zwischen den Interaktanten vorausgesetzt (vgl. Bonacchi 2014: 351).

In Anlehnung an Bonacchi (2012, 2013), die im Zusammenhang mit der Unhöflichkeit und der verbalen Aggression die nachstehenden Intentionen aufzählt, ist m.E. als aggressiv diejenige dysphemistische Ausdrucksweise zu verstehen, deren Ziel es ist, den sozialen Frieden und das rituelle Gleichgewicht zwischen den Interaktanten zu zerstören, das Image sowie Wertsystem des Gesprächspartners anzugreifen und/oder seinen Handlungsraum einzuschränken (vgl. Bonacchi u.a. 2012: 133, Bonacchi 2013: 106). Dysphemismen können somit im Rahmen von Unhöflichkeitsakten sowie als aggressives Verhalten betrachtet werden (vgl. Meibauer 2013b: 5), sie dienen zur Realisierung von unhöflichen, feindlichen und aggressiven Illokutionen.[9] Darüber hinaus entspringen sie dem Bedürfnis des Sprechers nach Direktheit und Expressivität der Ausdrucksweise.[10] Sie haben – wie Bonacchi in einem anderen Zusammenhang zeigt – eine kathartische Wirkung und ermöglichen es, Frustrationen abzureagieren (vgl. dazu Bonacchi 2012: 132, Bonacchi 2014: 341–356). Als prototypisch dysphemistisch werden daher direkte Sprechakte aufgefasst, da sie eine expressive Ausdrucksweise ermöglichen. Dies veranschaulichen die zuvor angeführten Pejorativa ((1), (2)).[11] In der Diskussion über die Realisierung von aggressiv-dysphemistischen Illokutionen ist jedoch auch die Möglichkeit der Indirektheit zu beachten, die (als weniger offensichtlich) lange Zeit in der einschlägigen Literatur unbeachtet blieb. Neben dem *Arrogativ*[12] und dem *Offensiv* (dem verbalen Angriff und Ausdruck von Feindlichkeit *par excellence*) unterscheidet Bonacchi auch *Limitative* und die *Unreziproke* (Bonacchi 2013: 160). Die *Limitative* entsprechen den *aversiven Exerzitiven* Austinscher Prägung (Austin 1972) und zielen auf die Einschränkung des Spielraums des Interaktanten ab. Die *Unreziproke* spiegeln wiederum die antidialogische Haltung wider (vgl. Bonacchi 2013: 160). Diesen diversen Akten entsprechen verschiedene Formen des gegen andere Menschen gerichteten verbalen und nonverbalen Verhaltens, durch das in

---

9 An dieser Stelle sei an die Notwendigkeit erinnert, zwischen verbaler Aggression, Aggression schlechthin und Aggressivität zu unterscheiden (vgl. Bonacchi 2012: 132).
10 Zöllner erkennt das Bewusste bei der Auswahl von euphemistischen oder dysphemistischen Ausdrücken an. Die Dysphemismen betrachtet sie als „Vehikel für Emotionen" (vgl. Zöllner 1997: 400). Hierzu sagt sie: „Mit Hilfe von Dysphemismen wird Mißbilligung und Verachtung, aber auch Ärger und Wut ausgedrückt." (Zöllner 1997: 396, vgl. auch Schwarz-Friesel 2007).
11 Sie werden lexikographisch erfasst und oft zur Veranschaulichung der verbalen Aggression und Vulgarität auch ohne Kontext herangezogen.
12 Beim *Arrogativ* besteht der illokutionäre Akt darin, dass durch Beleidigungen, Vulgarismen und herabwürdigende Ausdrücke die Überlegenheit des Sprechers bekundet wird (vgl. Bonacchi 2013: 158–159).

bestimmten sozialen und situativen Zusammenhängen das rituelle Gleichgewicht beeinträchtigt und der Gesprächspartner ausgelacht, herabgewürdigt, aus einer sozialen Gruppe ausgeschlossen oder entwaffnet werden kann. Solche Probleme gehören auch zum komplexen Paradigma von Erscheinungsformen und Mechanismen der weit gefassten verbalen Aggression.[13] Die verbale Aggression steht in einer engen Beziehung zur (verbalen) Unhöflichkeit (vgl. aber Bonacchi 2013: 80, 87, 160). Allerdings kommen die beiden Kategorien (jeweils im engeren Sinne) nur in bestimmten Typen der Unhöflichkeitsakte zur Deckung, d.h. bei den offensiven Unhöflichkeitsakten, den Offensiven (auch Aggressiva genannt), bei denen „[...] eine aggressive Illokution vorhanden [ist], die darauf abzielt, den Hörer, seine Welt und sein Wertesystem anzugreifen und zu zerstören." (Bonacchi 2013: 160) Hierzu gehören Vulgarismen, Unterstellungen, Herabwürdigungen.[14]

3 Versteckte verbale Aggression: Entwaffnung

Als entwaffnend gelten in Anlehnung an die vorstehend herangezogene Auffassung Formen der indirekt realisierten verbalen Angriffe, mit denen der Gesprächspartner in die Enge getrieben wird. Diese Wirkung zeichnet verbale Verhaltensformen aus, die auf Implikaturen oder Präsuppositionen beruhen. Dies sei unter Rückgriff auf Jörg Meibauer mit den folgenden klassischen Beispielen für konversationelle Implikaturen exemplifiziert, dem Satz:

(3) „An dieser Universität kommen einige Professoren vorbereitet in ihre Seminare."

und dem Eintrag im Bordbuch:

(4) „Heute, 27. März, ist der Kapitän nicht betrunken" (zit. nach Meibauer 2002: 218).

Durch ähnliche verbale Verhaltensweisen kann der Sprecher das Gesicht eines Menschen bedrohen, seine Würde antasten, seine Kompetenzen, Unschuld oder

---

13 Den Zusammenhang von Unhöflichkeit und Hass spricht Meibauer (2013b: 5) an.
14 An dieser Stelle sei Bonacchi zugestimmt, die meint, „dass Unhöflichkeit oft mit Nicht-Höflichkeit und mit verbaler Aggression vermengt ist, im besten Falle als Momente eines Kontinuums, die sich nur auf Grund der ‚Intensität' des ‚virtual offence' unterscheiden lassen". (Bonacchi 2013: 80).

moralische Haltung in Frage stellen. Dabei kann sich der Besprochene oft kaum verteidigen, der Sprecher dagegen ist selbst abgesichert. Er kann auch (bei einer zu unangemessenen Wirkung oder einer außer Kontrolle geratenen Gesichtsbedrohung) die angedeutete (implikatierte) Bedeutung zurücknehmen. Die konversationelle Implikatur[15] bietet dann eine fakultative, d.h. keine zwingende Lesart und kann jederzeit gestrichen werden (mehr dazu bei Meibauer u.a. 2001: 33, vgl. auch Schwarz-Friesel 2007: 25). Durch ähnliche Formen der Teilnahme am Diskurs kann ein Redner darüber hinaus als erfolgreicher Rhetoriker beim Publikum auf positive Resonanz stoßen. Er kann auch durch indirekte Äußerungsformen seine interaktionale Macht behaupten (vgl. Bonacchi 2013: 83–89, 243). Erwähnenswert ist hierbei die bekannte Äußerung von Otto Graf Lambsdorff, dem Bundesminister für Wirtschaft unter Helmut Kohl. Von einem Abgeordneten zur eindeutigen, entscheidenden Antwort gezwungen, erwiderte er mit der Gegenfrage:

(5) „Antworten Sie mal Ja oder Nein auf die Frage, ob es stimme, daß Sie aufgehört haben, Ihre Frau zu schlagen." (SPIEGEL 42/1977: 73)

Damit brachte er den anderen Diskursteilnehmer zum Schweigen. Da jede bejahende oder verneinende Antwort die präsupponierte Gewalt hätte bestätigen müssen, blieb dem Interaktanten wenig bzw. kein Spielraum zum verbalen Handeln und zur Verteidigung übrig.

Bei vielen Sprechakten besteht keine Übereinstimmung zwischen dem lokutiven, illokutiven und perlokutiven Akt. Man kann auch in diesem Zusammenhang mit Fällen (indirekter Sprechakte) rechnen, in denen auf den ersten Blick dysphemistische (lokutive) Akte nicht der Desavouierung oder Diffamierung dienen (vgl. Bonacchi 2014: 341–356). Ebenso sind Äußerungen mit euphemistischer Oberflächenstruktur (Äußerungsform), die diffamierende, feindliche und aggressive illokutive Funktionen haben, zu erwarten (u.a. als Sarkasmus, vgl. Leech 1983: 142–143, Bonacchi 2013: 59–60).

Nachstehend sei auf Euphemismen als Äußerungen hingewiesen, bei denen die euphemistische Illokution mit der Äußerungsform übereinstimmt, d.h. der Sprecher auf die Vermeidung bzw. Abmilderung der Pejorativität abzielt. Darüber hinaus sollen die Euphemismen auf die aggressive Wirkung hin untersucht werden, unter Umständen können sie dann z.B. als verdeckte Formen der verbalen Aggression angesehen werden. In der weiteren Diskussion hierzu soll jedoch auch beachtet werden, dass der intendierte (perlokutive) Effekt verfehlt werden

---

15 Auch solche verbalen Verhaltensformen sind im Rahmen von Euphemismen zu betrachten (vgl. Zöllner 1997: 81–82). Zu Implikaturen vgl. Meibauer 2006: 568–580.

kann.[16] Den Zusammenhang von Frustration und diversen Formen offener und verdeckter Aggression (im Hinblick auf die Möglichkeit, Frustrationen abzureagieren) zu beleuchten, mag dagegen anderen, interdisziplinär[17] angelegten und die multimodale Komplexität berücksichtigenden Analysen vorbehalten bleiben.

4 Euphemismus und verbale Aggression

Der Terminus Euphemismus wurde bislang in der Fachliteratur in den einzelnen Disziplinen (Stilkunde, Rhetorik, Literaturwissenschaft, Sozio- und Pragmalinguistik, Lexikographie und Semantik) unterschiedlich begrifflich geprägt. In allgemeinen Wörterbüchern, populärwissenschaftlichen Quellen, in älteren und neueren, sprachwissenschaftlichen und literaturwissenschaftlichen Lexika werden beim Euphemismus oft primär ästhetische Gesichtspunkte hervorgehoben (vgl. Bąk 2012: 21–22). Besonders oft wird der Euphemismus mit der sozialen Kategorie Tabu verbunden (vgl. u.a. Reutner 2009: 19–36). Mehrere Definitionen des Euphemismus berücksichtigen seine persuasive Dimension (vgl. Forster 2009: 74). Nicht zuletzt wird das Euphemisieren im Sinne der Verhüllung mit der Kategorie Höflichkeit in Beziehung gesetzt (vgl. Zöllner 1997: 76–79). Dem Euphemismus werden im allgemeinen Diskurs zwei Hauptfunktionen zugeschrieben, nämlich „Verhüllung" und „Verschleierung". In der Literatur wird die Verhüllung als „sozial anerkannt", „vereinbart" oder „usuell" betrachtet (vgl. Luchtenberg 1985: 152, Rada 2001: 84 oder Forster 2009: 44). Sie hängt mit der diskursiven Kompetenz der Interaktanten zusammen, kann Ausdruck von Höflichkeit und nicht das Ergebnis eines strategischen Kalküls sein. Bei der Einteilung der euphemistischen Ausdrücke in verschleiernde einerseits und verhüllende andererseits kann es sich jedoch nicht um Arten von Euphemismen *per se* handeln (vgl. Bąk 2012: 48, 86–90). Es sind vielmehr Ausdrücke und Äußerungen, mit denen die Sprecher in konkreten Sprechakten bestimmte Illokutionen verfolgen. Diese können z.B. durch Höflichkeit, Empathie, Professionalität oder Stilempfinden motiviert sein (verhüllende Euphemismen) oder es werden mit ihnen interessenabhängige, verschleiernd strategische (auch manipulative) Ziele verfolgt. Der verschleiernde oder verhüllende Charakter des Euphemismus ist mit der Intention des Sprechers und der vollzogenen Illokution verbunden (s. nachstehende Belege). Zur

---

[16] Aus Platzgründen werden hier nicht alle diese Aspekte besprochen, auch nicht die Fälle der nichtdysphemistischen illokutiven Funktion von Dysphemismen (vgl. aber dazu bei Bonacchi 2014: 341–356).
[17] Es sei damit für ein Herangehen plädiert, das psychologische Aspekte mit einbezieht.

Exemplifizierung von Illokutionen in euphemistischen Äußerungen sollen daher nicht nur Einzellexeme herangezogen werden, denn die Realisierungsformen des Euphemismus betreffen beinahe alle Ebenen von Sprache (Wörter, Phrasen, Sätze, Texte) sowie diverse (stilistische, phonetische, orthographische, metasprachliche und andere) Mittel, auch Präsuppositionen und Implikaturen.

5 Euphemistische Illokution(en)

An dieser Stelle sei noch kurz auf eine in der Literatur zum Euphemismus artikulierte, m.E. im Zusammenhang mit der verbalen Aggression wichtige Ansicht hingewiesen. In Anlehnung an Allan/Burridge (1991: 7) unterscheidet Nicole Zöllner (1997: 402–404) *dysphemistische Euphemismen* (d.h. dysphemistische Lokutionen mit euphemistischer Illokution)[18] und *euphemistische Dysphemismen* (Ausdrücke mit euphemistischer Oberflächenstruktur und dysphemistischer Illokution). In dieser Unterscheidung, die – zumindest auf den ersten Blick – als etwas kompliziert erscheinen mag, steht jeweils das Bezugswort (*Euphemismus* oder *Dysphemismus*) für die illokutive Funktion. Das Attribut bezeichnet dagegen den lokutiven Charakter des Sprechaktes. *Dysphemistische Euphemismen* sind somit als Fälle der dysphemistischen Lokutionen bei euphemistischer Illokution zu verstehen, *euphemistische Dysphemismen* stellen wiederum Äußerungen mit euphemistischer Oberflächenstruktur mit dysphemistischer Illokution dar. Als Beispiele für *dysphemistische Euphemismen* zieht die Autorin Umschreibungen für *Menstruation* heran, die von Personen (z.B. Männern) verwendet werden, die die tabuisierte direkte Bezeichnung (*Verbum Proprium*) aus Scheu vor dem Tabu nicht benutzen wollen. Als Beleg für *euphemistische Dysphemismen* gibt Zöllner dagegen durch lautliche Modifizierung gebildete Ersatzwörter für *shit* (u.a. **(6)** *shoot, sugar, shucks*) an.[19] Im Fall des *euphemistischen Dysphemismus* (z.B. *shoot* für *shit*) steht die Illokution der Pejorativität vom ersetzten bzw. vermiedenen *Verbum Proprium* nahe.[20] Bei den dysphemistischen Euphemismen zielt der Spre-

---

[18] Zöllner arbeitet selbst nicht mit den Kategorien der Pragmalinguistik, unter deren Heranziehung die Phänomene Euphemismus und Dysphemismus hier diskutiert werden.
[19] An dieser Stelle sei betont, dass in der einschlägigen Literatur die beiden Strategien als euphemistisch gelten (vgl. z.B. Reutner 2009: 119–129).
[20] Im angeführten Beispiel kann jedoch der perlokutive Effekt unter Umständen auch verfehlt werden. Dies kann mit diversen Aspekten pragmatischer Natur, aber auch mit mangelnder Sprachkompetenz zusammenhängen, etwa wenn vom Interpreten *shoot, sugar* oder *shucks* nicht mit *shit* in Verbindung gebracht werden.

cher (illokutiv) z.B. darauf ab, den Effekt von Unappetitlichkeit zu vermeiden, die eine direkte, tabuisierte Bezeichnung auslösen könnte. Ausschlaggebend ist die vom Sprecher intendierte Bedeutung, d.h. der perlokutive Effekt: Beleidigung vs. Vermeiden von Missfallen, Unappetitlichkeit oder – an anderer Stelle – Konflikten. Die jeweilige Bedeutung, die im Rahmen des verbalen Handelns realisiert wird, ist also eine beim Adressaten angenommene Wirkung.[21] Eine wichtige Rolle spielen hierbei gesellschaftliche Sanktionen. In vielen Fällen muss die pragmatische Bedeutung durch Implikatur rekonstruiert werden. In diesem Zusammenhang sei an die von Bonacchi aufgegriffene „Strategie der Obliquität" von Leech (1983: 97) erinnert. Man kann an mehreren unterschiedlich motivierten Euphemismen beobachten (s. nachstehende Belege), dass „[...] die Illokution einer Äußerung in Bezug auf eine andere Äußerung, die nicht möglich ist (weil nicht erlaubt, zu schwach, unhöflich, inadäquat etc.) einen subsidiären Zweck hat". (Bonacchi 2014: 350). Diese Feststellung trifft auf die Euphemismen als sozial sanktionierte Formen verbalen Verhaltens bestens zu.

Zöllners Terminus *euphemistischer Dysphemismus* erinnert direkt an den von Havryliv (2009) herangezogenen Beleg für die zwar orthographisch euphemisierte[22], allerdings vulgäre Beschimpfung: **(7)** „Deine Mutter! Ich ***** deine ******" (Havryliv 2009: 149, Auslassungssternchen im Original). Dieses Beispiel zeigt, dass die aggressive Illokution der tabuisierten (direkten) Formulierung (des *Verbum Proprium*) beim Euphemismus bestehen bleibt. Der Euphemismus kann nicht als sterilisierende Paraphrase angesehen werden.[23] „Aggressive", so genannte *zynische Euphemismen* (Bachem 1979: 60) werden jedoch bewusst eingesetzt. Neben rituellen Beschimpfungen (vgl. Havrylivs 2009: 146–149), die der Identitätssicherung dienen und eine Zugehörigkeit zu sozialen Gruppen (Gruppenidentität) stärken, werden „Euphemismen" der letzten Art, d.h. *euphemistische Dysphemismen*, u.a. dann verwendet, wenn die Gesprächspartner meinen, der Interaktant könne auf (scheinbar) subtile Weise angegriffen werden, ohne dass sich der Angreifer selbst – z.B. der Unanständigkeit wegen –

---

21 In diesen Konzepten werden Spuren der auf die Sprechakttheorie zurückgehenden intentionalen Semantik von Grice (1979) sichtbar.
22 Zur Vielfalt an sprachlichen Realisierungsmöglichkeiten des Euphemisierens vgl. z.B. bei Reutner 2009: 121–151 oder Zöllner 1997: 129–158.
23 Hierbei sei die Meinung von Nora Sties angeführt, die sie in Anlehnung an Germann (2007) über die politische Korrektheit äußert. Sties zufolge ist „[...] wertfreie Darstellung der außersprachlichen Realität insbesondere bei sozialen Kategorien reine Fiktion [...]." (Sties 2013: 213–214).

angreifbar macht. Euphemismen werden u.a. wegen Sanktionen sozialen Charakters (Tabus) verwendet.[24]

Mit dem *euphemistischen Dysphemismus* in der Unterscheidung Zöllners (1997) ist der Dysphemismus in euphemisierter Form, dadurch jedoch nicht mit abgemilderter Wirkung, gemeint. Der illokutive sowie perlokutive Akt ist hier alles andere als selbstlose, uneigennützig motivierte Höflichkeit. Vielmehr ist es die Intention des Sprechers, in Bezug auf ihn selbst unangenehme, negative Effekte wie schlechter Ruf, Brandmarkung, Strafe etc. zu vermeiden (vgl. Bonacchi 2012: 140).[25] Ähnliches kann man u.a. in Bezug auf die euphemistische Auslassung **(8)** und Paraphrasen (**(9)** und **(10)**) in folgenden Sätzen sagen, mit denen ebenfalls die illokutive Beschimpfung realisiert wird:

(8) „Du kannst mich mal gern..."
(9) „Du kannst mich mal gern haben."
(10) „Der kann mich gernhaben."

Dadurch, dass in der Äußerung **(8)** das Verb nicht explizit zum Vorschein kommt, scheint es hier geradezu durch Abwesenheit zu glänzen, die Phrase wirkt immer noch anschaulich (wenn nicht anschaulicher). Die intendierte, beim Adressaten angenommene Bedeutung ist durchaus pejorativer Natur. Hier kann man zwar von der Möglichkeit der verhüllenden[26] Euphemisierung im Sinne der Beschönigung sprechen, sie ist allerdings u.a. durch Konventionen der Außenwelt, d.h. den Anstand sanktioniert. Das entsprechende Bild, das beim Adressaten entstehen soll, soll für ihn beleidigend sein. Der Sprecher hier intendiert jedoch zugleich den Effekt, von der Außenwelt als nichtaggressiver, zurückhaltender Interaktant wahrgenommen zu werden.

Ähnliche Euphemismen werden in diversen öffentlichen Diskursen realisiert, z.B. dort, wo an konkreten Personen Kritik geübt wird, wo es zu verbalen Ausein-

---

24 Es wird hier nicht auf den verhüllenden bzw. verschleiernden Euphemismus in vielerlei spezifischen Diskursen und Textsorten (z.B. Arbeitszeugnissen) eingegangen. Der Problematik des Euphemismus in Arbeitszeugnissen gebührt eine weitere Betrachtung im separaten Rahmen, wobei auch juristische Normen (vgl. Meibauer 2013b: 10) mit zu beachten sind.
25 In diesem Zusammenhang sei bewusst auf die in der Literatur zum Euphemismus tradierten Termini „dysphemistischer Euphemismus" oder „euphemistischer Dysphemismus" verzichtet (vgl. Zöllner 1997: 402–404). Stattdessen wird auf die Kategorien der Pragmalinguistik zurückgegriffen.
26 An dieser Stelle sei an den Unterschied zwischen der Verhüllung (Euphemismus im positiven bzw. neutralen Sinne) und der Verschleierung (mit strategisch-manipulativer Illokution) erinnert.

andersetzungen und Angriffen kommt. Am 14. September 2014 kam es bei einem Speedwayrennen in Leszno (Polen) zu einem Vorfall. Der Rennfahrer Krzysztof Buczkowski vom Team Grupa Azoty Unia Tarnów war von seinem Konkurrenten Nicki Pedersen (Fogo Unia Leszno) in einer Kurve derart bedrängt worden, dass er schwer stürzte und das Rennen abgebrochen werden musste. Pedersen war daraufhin wegen unsportlichen Fahrverhaltens vom Wiederholungsrennen ausgeschlossen worden. In einem anschließenden Interview im Fernsehen konnte Buczkowskis Teamkollege Kacper Gomólski seine Emotionen nicht verbergen und kommentierte das Verhalten des Kontrahenten auf folgende Weise:

(11) „Panu z numerem dziewięć [= Nicki Pedersen] brak piątej klepki."

Funktional übersetzt lautet der Satz auf Deutsch:

(11') ‚Der Herr mit der Nummer 9 [= Nicki Pedersen] hat nicht alle Tassen im Schrank.'

Obwohl die Kritik hier in beschönigender Form verbalisiert wird,[27] bedeutet die Euphemisierung keinesfalls, dass durch Beschönigung die aggressive Illokution entschärft wird. Die Illokution ist hier mit Emotionen des Sprechers verbunden, die euphemistische Form ihrer Verbalisierung ist das Ergebnis einer bewussten Entscheidung. Der phraseologisch realisierte Euphemismus dient hier weniger der Milderung des Urteils als der Absicherung des Sprechers, der in den Massenmedien keine direkten Dysphemismen benutzen darf. Die Illokution seiner (immer noch emotionsgeladenen) Äußerung hat – im Sinne der bereits herangezogenen „Strategie der Obliquität" – einen subsidiären Zweck in Bezug auf die nicht mögliche, d.h. nicht erlaubte, tabuisierte Äußerung (vgl. Bonacchi 2014: 341–356).

Die aggressive Illokution kann in vielen indirekten Äußerungen durch Implikatur rekonstruiert werden. Ähnlich wie es beim Bordbuch-Eintrag in dem von Jörg Meibauer herangezogenen Beleg sichtbar ist (4), sind bei der Interpretation immer die außersprachlichen (u.a. situationskommunikativen) Faktoren zu beachten und hierbei deren jeweilige Relevanz, z.B. Grad der Tabuisierung (vgl. Bonacchi 2012: 137), Status und Rolle der Diskursteilnehmer im jeweiligen Diskurs, nicht zuletzt Modalitäten der Interaktion u.v.a. Hierfür sei als Beispiel eine Erwiderung aus dem Internetforum zu Klimaschutz und globaler Erwärmung angeführt. Auf kontroverse Thesen eines Forum-Mitglieds über Weltver-

---

27 Den Status der Verhüllung haben die Euphemismen oft in Form von Idiomen (vgl. Rada 2001).

schwörungen von Umweltschützern und „Climategate", erwidert ein Teilnehmer des Forums:[28]

(12) „Ich bin kein Psychiater, ich kann Ihnen da nicht helfen."

Der Autor der Äußerung verzichtet in der Interaktion auf einen direkteren Angriff. Sein Ziel ist es nicht, das Gesicht des Interaktanten öffentlich und direkt zu bedrohen. Die Illokution ist nichtsdestoweniger unfreundlich. Der Sprecher versucht jedoch durch die Indirektheit der ironischen Formulierung rhetorisch zu glänzen: Rhetorische Mittel sind in einem Forum von Relevanz. An anderen Stellen seiner Aussagen zeigt sich derselbe Teilnehmer sachkundig und äußert sich fachlich zum diskutierten Thema. Er agiert im sanktionierten Rahmen der Forum-Mitgliedschaft und kritisiert die Aussage nicht direkt als ‚irrational' oder – direkter und dysphemistischer – als ‚dumm' bzw. ‚blöd'. Nichtsdestoweniger kann durch die Implikatur – d.h. den Verstoß gegen die Maxime der Relevanz – die implikatierte Bedeutung entschlüsselt werden.

6 Höflich intendierte euphemistische Äußerungen

Viele Quellen verbinden die Euphemisierung verhüllender Prägung mit der Konventionalisiertheit von (verbalen) Verhaltensformen, mit der Emotionalisierung der Diskurse, mit Sensibilisierung, mit Empathie und/oder Höflichkeit der Diskursteilnehmer (vgl. Leech 1983: 147, Zöllner 1997: 76–78, Reutner 2009: 194–201, Bonacchi 2013: 63 und 184). Als verhüllend kann man unter Rückgriff auf Grices Konzept der Konversationsmaximen (Grice 1975), auf Leechs Höflichkeitsmaximen (Leech 1983) und auf die Auffassung der Höflichkeit von Brown und Levinson (vgl. Brown/Levinson 1987: 2007)[29] diejenige Euphemisierung betrachten, der die Intention zur Aufrechterhaltung der Kommunikation, der Kooperation (vgl. Grice 1975), der Vermeidung jeglicher Diffamierung oder Diskreditierung von Diskursteilnehmern zugrundeliegt. Mit dem auf Goffman (1967) zurückgreifenden Ansatz zur positiven und negativen Höflichkeit von Brown/Levinson (1987), mit den Höflichkeitsmaximen von Leech (1983) und besonders mit Goffmans Konzept

---

[28] Online unter: http://www.salvia-community.net/Globale_Erwaermung_Entlarvtl-t12675-s15.html <15.9.2014>.
[29] Von Brown und Levinson wird der Euphemismus nicht direkt angesprochen, allerdings werden hier Aspekte beachtet, die die Präsenz von Euphemismen in Diskursen voraussetzen können (vgl. Brown/Levinson 1987: 49, 177, 216, 223 und 226).

des *rituellen Gleichgewichts* (1986) wird gewissermaßen eine höhere Ebene, d.h. die der Pflege von Kommunikation und der Wahrung des Gesichtes des Gesprächspartners erreicht (vgl. Mikołajczyk 2008: 186–197, Bonacchi 2011: 212). Das harmonische, reziproke Verhältnis zwischen den Interaktanten kann durch entsprechendes respektvolles Verhalten, unter Wahrung von gewissen höheren Werten, v.a. der Würde des Menschen (als *Sakrum*) gewährleistet werden (vgl. Goffman 1967: 25 und Bonacchi 2011: 214–224). Dabei werden – einerseits – der eigene Handlungsraum, das eigene Image sowie – andererseits – das Territorium des Interaktanten und sein Gesicht respektiert. In diesem Gefüge wird darüber hinaus vom Individuum die eigene Identität bestätigt. Wird jedoch verbal in die Würde des Menschen eingegriffen (vgl. Bonacchi 2012: 133–134, 2013: 160) oder sein Handlungsraum eingeschränkt (Bonacchi 2012: 243), kann – um dies hier zumindest allgemein anzusprechen – von einem direkt oder indirekt realisierten aggressiven bzw. als aggressiv empfundenen verbalen Verhalten die Rede sein, d.h. man kann es mit aggressiver Illokution und aggressiver Perlokution zu tun haben.

Im einschlägigen Diskurs erscheinen die Euphemismen als Mittel, die es ermöglichen, Konfliktsituationen zu vermeiden, zu deeskalieren und den Diskurs (auch strategisch) in friedlicher Atmosphäre zu führen.[30] In einem Gespräch im privaten polnischen Nachrichtensender TVN24 kritisierte am 19. September 2014 Jacek Sasin, Politiker der größten Oppositionspartei in Polen (PiS), die wiederholte Ernennung von Bartosz Arłukowicz zum Gesundheitsminister der neuen Regierung. Bartosz Arłukowicz habe – so Sasin – im polnischen Gesundheitswesen alles kaputt gemacht. Im Gespräch mit Jacek Protasiewicz von der Regierungspartei (PO) und dem Moderator Jarosław Kuźniar (TVN24) hören wir:[31]

(13A) Jacek Sasin (PIS): „Der Mann [= Bartosz Arłukowicz] hat im polnischen Gesundheitswesen alles kaputt gemacht." [direkter Vorwurf]
(13B) Jacek Protasiewicz (PO): „Die Situation im Gesundheitswesen hat sich doch deutlich verbessert. Vergleichen Sie es mit der Lage vor 15 Jahren." [Verteidigung]
(13C) Jacek Sasin (PIS) zu Protasiewicz (PO): [lächelnd] „Vielleicht vergleichen wir es mit den Zeiten der Volksrepublik Polens?" [Ironie, Argumentieren durch *ad-absurdum*-Führen]

---

[30] Sie sind im Rahmen von *Präsentativen*, *Supportiven* und *Reparativen* zu erörtern (Bonacchi 2013).
[31] An dieser Stelle wird die funktionale Übersetzung des Gesprächs angeführt.

(13D) Jarosław Kuźniar (Moderator, TVN24) zu Protasiewicz (PO): „Immerhin geben Sie zu, dass die Situation im Gesundheitswesen **nicht rosig ist**."
[Reparativ]

In der Auseinandersetzung miteinander werfen sich Politiker Negatives direkt (in **(13A)** und **(13B)**) bzw. indirekt vor **(13C)**.[32] Auf das Gesicht des Gesprächspartners wird dabei wenig geachtet. Anders gestaltet sich die Interaktion zwischen dem Moderator und den Politikern. Abgesehen von der politischen Gesinnung des Journalisten und seiner Sympathie, die in der Interaktion auch von Bedeutung sind, kann die Art und Weise, auf die der Moderator dem Repräsentanten der Regierungspartei Schwächen im Gesundheitswesen vorwirft **(13D)**, als diplomatisch bewertet werden. Zwar teilt Kuźniar die kritische Haltung gegenüber der Situation im Gesundheitswesen mit dem Oppositionellen Jacek Sasin, will jedoch nicht das rituelle Gleichgewicht zerstören, zumindest nicht in der Interaktion mit Jacek Protasiewicz. Mit dem *Reparativ* **(13D)** wird die Gesichtsbedrohung entschärft.

Beim Gebrauch von vielen Euphemismen ist es schwierig, objektiv und eine wahrscheinlich durch (politische) Interessen geprägte Intention zum strategischen Handeln auszuschließen (vgl. Bąk 2012: 40, 140, 162). Anders ist es im Fall des Understatements und der Litotes als Mittel der Abschwächung, mit denen der Sprecher ihn betreffende positive Aspekte (seinen Erfolg, seine hervorragenden Leistungen etc.) gedämpft, zurückhaltend, unaufdringlich, mit weitgehender Vorsicht und ohne allzu expressive Ausprägung anspricht. Dies korrespondiert mit der Auffassung des positiven Gesichts von Goffman (1967), der Höflichkeit von Brown/Levinson (1987) und der Maxime der Bescheidenheit von Leech (1983). Das rituelle Gleichgewicht kann aufrechterhalten werden, besonders wenn die Maxime der Bescheidenheit und die Maxime der Zustimmung (nach Leech 1983) eingehalten werden (vgl. aber auch Bonacchi 2013: 58–59). Im nachstehenden kurzen Dialog erwidert der Interaktant in **(14B)** auf das Kompliment **(14A)** mit der auf sein Haus bezogenen Litotes und einem indirekten Gegenkompliment **(14C)**:

- **(14A)** Sie haben ein wunderschönes Haus gebaut. [Lob]
- **(14B)** Na ja, es ist **nicht schlecht**. [Litotes] **(14C)** Aber Ihrem Haus fehlt doch auch nichts! [Gegenkompliment]

Die sprecherbezogene zurückhaltende Verhüllung eines positiven Sachverhaltes in Form des Understatements spielt bei der Erhaltung des rituellen Gleichgewichts

---

32 Letzteres ist auch im weiteren hier nicht angeführten Teil des Gesprächs zu erkennen.

wie in **(14B)** eine große Rolle (Wahrung der Maxime der Bescheidenheit). Gemäß der tradierten Auffassung des Euphemismus gelten Understatements nicht als Euphemismen, weil das *Verbum Proprium* hier keine Aufwertung erfährt. Als euphemisierte *Verba Propria* gelten – gemäß allen Definitionen des Euphemismus – negativ wertende Ausdrücke. Nichtsdestoweniger kann man ausgerechnet hier die Intention zu einer nichtstrategischen Verhüllung feststellen, d.h. mit hoher Wahrscheinlichkeit die Absicht zur Verschleierung und Manipulation ausschließen.[33] Das ausschlaggebende Indiz für die Unterscheidung des verhüllenden vom verschleiernden Charakter der Euphemisierung soll die (verhüllende oder verschleiernde) Illokution darstellen und nicht nur formale Aspekte wie die phraseologische oder metaphorische Realisierung des Euphemismus, die Lexikalisiertheit etc. (vgl. aber Luchtenberg 1985: 152). Daher kann m.E. das Understatement in einer ähnlichen illokutiven Funktion, d.h. aufgrund der gesichtswahrenden Wirkung als verhüllend *par excellence* angesehen werden. Durch die indirekte, verhüllende Ausdrucksweise und eine dadurch erreichte Zurückhaltung bei der Verbalisierung von diversen Aspekten können eventuelle gesichtsbedrohende Akte vermieden, gemildert bzw. repariert werden. In diesem Zusammenhang kann man von den *Vermeidungsstrategien* (im Sinne Goffmans 1986: 21–24) oder vom Wiedergutmachen gesichtsgefährdender Sprechakte durch *Reparativa* (ebenda: 25–30) sprechen (s. **(13D)**).[34] In anderen Fällen gestaltet sich die Interpretation von Euphemismen viel komplizierter. Auch diese Problematik soll im Zusammenhang mit der verbalen Aggression und deren Vermeidung zur Sprache kommen.

7 Feindliche Illokution und Euphemismus

In diversen, hauptsächlich öffentlichen Diskursen, in politischen und wirtschaftsdeutschen Diskursen, jedoch auch in privater Kommunikation wird man ständig mit dem vorgespielt-verhüllenden bzw. instrumentalisierenden Umgang mit Tabus oder Höflichkeitskonventionen konfrontiert. Es sind hier Fälle der Instrumentalisierung der verhüllenden Euphemismen gemeint (vgl. bei Bąk 2012: 40, 140,

---

[33] Dies ist der Gegensatz zur euphemistischen Darstellung von unangenehmen Sachverhalten, die den Sprecher betreffen, z.B. wenn Uli Hoeneß 2013 beim Verdacht der Steuerhinterziehung euphemistisch einen *schweren Fehler* eingesteht (FAZ 23. April 2014).
[34] Im Zusammenhang mit der Besprechung von Problemen oder Handicaps, die den Gesprächspartner betreffen, sind auch weitere Aspekte wie der Gebrauch von Diminutiva, Konjunktiv etc. als Mittel der Abschwächung der negativen Aussage zu beachten (vgl. dazu Bąk 2012: 169–175).

162), wenn Sprachbenutzer konventionalisierte („verhüllende") euphemistische Ausdrücke strategisch, zu persuasiven Zwecken, d.h. mit strategischer Illokution einsetzen. Jedoch fällt die Abgrenzung der manipulativen und nichtmanipulativen Illokution oft sehr schwer. Sie setzt beim Diskursteilnehmer entsprechendes Welt- sowie Fachwissen voraus. Ohne das Wissen ist die Bewertung der Illokution äußerst schwierig oder überhaupt nicht möglich. Darüber hinaus stellen besonders in der fachexternen Kommunikation Asymmetrien im Welt- und Fachwissen einen nicht zu unterschätzenden Faktor dar. So ist es etwa im Fall des Wirtschaftsdeutschen, der Medizin sowie der Politik. Asymmetrien dieser Art können Ursachen eines verfehlten perlokutiven Aktes sein. Oft wird jedoch von ihnen bewusst Gebrauch gemacht, z.B. wenn der Sprecher für das Gelingen einer verschleiernden Illokution bei den Rezipienten Defizite in ihrem Wissen annimmt. Dies manifestiert sich u.a. darin, dass man bewusst beispielsweise nach den Termini, Fremdwörtern oder Polysemen als Euphemismen greift. Wird vom Rezipienten die verschleiernde Illokution durchschaut, kann die ihm gegenüber angewendete Euphemisierung als Versuch der Gehirnwäsche (vgl. Awdiejew 2006: 15–16), als Missachtung, Eingriff in seine Würde etc. empfunden werden.

Die Erfahrung der verschleiernden Euphemisierung, der Instrumentalisierung der verhüllenden Euphemismen, jedoch besonders die Wahrnehmung vieler bloßstellender, zynischer Euphemismen (vgl. Bachem 1979: 60, Bąk 2012: 165–168) wie
(15) *Kollateralschaden, Freisetzungen, Reduzierungen, Sonderbehandlung, weiche Ziele* etc., wirkt sich auf die Wahrnehmung der Euphemismen bei den Rezipienten negativ aus. Sie können als Betrug wahrgenommen werden. Nicht ohne Grund werden Euphemismen durch immer neuere Umschreibungsformen ersetzt (s. **(18)** und **(19)**). Die Bloßstellung (Enthüllung) von *zynischen Euphemismen* in Diskursen zeigt, wie der Gebrauch von Euphemismen leicht ins Gegenteil umschlagen kann, sodass der Euphemismus eine dysphemistische Funktion erhält und zur Diskreditierung oder Diffamierung von angesprochenen oder besprochenen Personen führen bzw. dienen kann. Euphemismus und Dysphemismus kommen in vielen Arbeiten dementsprechend oft gemeinsam vor: einerseits als adversative, andererseits wiederum als komplementäre Kategorien (vgl. u.a. bei Allan/Burridge 1991, Fischer 2007, Crespo Fernández 2008, Prędota 2013). Die Demaskierung der verschleiernden Euphemismen, oder genauer der ihnen zugrundeliegenden verschleiernden Illokution, d.h. die Demaskierung als Tarn- und Unwörter, betrifft v.a. die Propaganda, die politischen und wirtschaftsdeutschen Diskurse, aber auch andere Bereiche des gesellschaftlichen Lebens. Nicht ohne Grund werden die Euphemismen oft mit Kategorien wie Unwort, Beleidigung, Zynismus assoziiert (vgl. Balzer 2007: 57–60; Bąk 2012: 165–169, 208, 217–221, 251–253).

Bei Bonacchi lesen wir, „Höflichkeitsakte sind Kommunikationsakte […], die zur Realisierung von höflichen Äußerungen bzw. Gesprächsschritten dienen."

(Bonacchi 2013: 125). Die auf den ersten Blick banal anmutende Feststellung bringt eine wichtige Erkenntnis auf den Punkt: Höflichkeit und der verhüllende Charakter des Euphemismus sind nicht an der Äußerungsform allein zu erkennen. Bei der Interpretation und beim Zustandekommen des perlokutiven Effektes fallen die Intention, der illokutive Akt und vielerlei variable Faktoren pragmatischen Charakters ins Gewicht. Durch eine höfliche Oberflächenstruktur zeichnet sich u.a. die Ironie aus (vgl. *Irony Principle* von Leech 1983). Liegt einer verbalen Verhaltensform noch eine gegen eine Person gerichtete feindliche Illokution zugrunde (Bonacchi 2013: 60), so kann sie einen aggressiven Akt darstellen. Als Beispiel hierfür sei eine Situation herangezogen: In einer öffentlichen Verteidigung seiner Doktorarbeit bedankte sich der Doktorand bei der Gutachterin dafür, dass sie in ihrem Gutachten die Anzahl der Wörter in dem Schlusswort der bewerteten Dissertation **(16)** „sorgfältig durchgezählt hat". Letzteres war jedoch einer der kritischen Punkte in dem Gutachten, in dem u.a. das zehnzeilige Schlusswort als äußerst kurz beurteilt wurde. Die „Danksagung" wurde somit als ein in sarkastischer Form realisierter verbaler Angriff empfunden. Aufgrund von weiteren Faktoren[35] kann dieser perlokutive Effekt mit an Sicherheit grenzender Wahrscheinlichkeit als vom Sprecher intendierter Akt angesehen werden (vgl. auch Bonacchi 2013: 60, 82, 156–158, 243). Mit der auf der Oberfläche höflichen Äußerung hat man es hier mit keiner Bekundung von Dank oder Lob zu tun, sondern mit einer antidialogischen Illokution, durch die die Gutachterin zu einer Verteidigung gezwungen wurde. Nicht zu Unrecht konstatiert ein Protagonist in Heinrich Bölls „Billard um halb zehn" Folgendes: „Höflichkeit ist doch die sicherste Form der Verachtung." (Böll 2002: 209) Ähnliches kann man bei Euphemismen feststellen, bei denen die verhüllende Illokution nicht an der Oberfläche allein zu erkennen ist.

Die Bildung und Verwendung vieler Euphemismen ist durch politische Korrektheit motiviert (vgl. Zöllner 1997: 211–228 und Reutner 2009: 296–312). Letztere wird im Allgemeinen als importierte Verhaltensweise (*Political Correctness*) angesehen, die elementare Sünden der zivilisierten Menschheit erkennt und diesbezügliche Diffamierungen meidet (vgl. dazu bei Glück/Sauer 1997: 115 oder Freese 1999: 15). Auf politischer Korrektheit beruhende Euphemismen kommen primär in öffentlichen Diskursen vor, was u.a. Kollokationen wie „sozial schwach" und „mit Migrationshintergrund", nachstehend in der „Wirtschaftswoche" **(17)**, veranschaulichen können:

---

[35] Aus Platzgründen wird u.a. nicht auf folgende Aspekte eingegangen: multimodale Faktoren im Verhalten des Sprechers (Mimik, Gestik, Proxemik), Rollen der Diskursteilnehmer (Doktorand vs. Gutachter), Konvention beim (non-)verbalen Verhalten im Dissertationsverfahren in der jeweiligen Kultur etc.

(17) „In Zukunft würden sogenannte lokale Bildungsbündnisse eingerichtet, ‚um Kinder besser fördern zu können', sagt Cornelia Quennet-Thielen, Staatssekretärin im Bundesbildungsministerium – ‚vor allem für Kinder aus **sozial schwachen Familien** und solche **mit Migrationshintergrund**.'" (Wirtschaftswoche 3. April 2010: 21)

Auch politisch korrekte Ausdrucksformen – mögen sie der antidiskriminierenden Haltung und der Verbreitung von diskriminierenden Einstellungen vorbeugen oder nicht (vgl. Glück/Sauer 1997: 115, Freese 1999: 15, Sties 2013: 213–214) – sind im pragmatischen Rahmen zu betrachten. Die Intention bei der Bildung und Verwendung von politisch korrekten Euphemismen soll generell die Empathie sein. Diese Einordnung lässt sich beispielsweise in Bezug auf den Appell vornehmen, mit dem Personen mit *Migrationshintergrund* von der Stadt Lübeck aufgefordert wurden, an einem von der Stadt organisierten Workshop teilzunehmen, um gemeinsam Maßnahmen gegen Diskriminierung und xenophobe Vorurteile auszuarbeiten: Der am 14. Dezember 2010 in der Stadtzeitung veröffentlichte Aufruf wurde mit der Überschrift *Haben Sie Migrationshintergrund?* versehen.[36] Ähnlich wie es bei vielen *Präsentativa* der Fall ist (vgl. Bonacchi 2011: 267), wird hier der Modus der Kooperation bestimmt und bekundet: Es ist die Intention, die Würde der Interaktanten zu wahren. In sehr vielen anderen Fällen des Gebrauchs von „politisch korrekten" Euphemismen erweist sich allerdings die Vermeidung von negativen Konnotationen durch die Ersetzung eines pejorativen *Verbum Proprium* als Fiktion (vgl. Sties 2013: 213–214). Durch Inflationierung der Euphemismen, welche ihre Präsenz in Diskursen bewirkt, kommt es zur Entstehung von diversen Euphemismus-Ketten: Verblasste Euphemismen müssen durchgehend durch neue ersetzt werden (vgl. Bachem 1979: 59, Reutner 2009: 44, Bąk 2012: 61 und Prędota 2013: 110):

(18) *Invalide* (statt *Krüppel*) – *Behinderter* (statt *Invalide*) – *Mobilitätseingeschränkter* (statt *Behinderter*)...

oder:

(19) *Prostituierte* (statt *Hure*) – *Callgirl* (statt *Prostituierte*)...

Viele in der Oberflächenstruktur politisch korrekte Euphemismen werden allerdings bewusst mit beleidigender, sarkastischer Illokution verwendet. Außer der

---

36 Online unter: http://stadtzeitung.luebeck.de/archiv/artikel/id/24172 <14.9.2014>.

Inflationierung der Euphemismen ist auch dieser Aspekt, d.h. der intendierte umgekehrte Effekt der Euphemisierung zu beachten. Ein hoher Grad an Unangemessenheit der Form des Euphemismus, d.h. Kontrast (bzw. Diskrepanz) zwischen dem ersetzten, tabuisierten, pejorativen Ausdruck und dem auffälligen, weil gekünstelt meliorativen Euphemismus ermöglicht unter bestimmten weiteren pragmatischen Faktoren die dysphemistische Wirkung. Dies trifft u.a. auf folgende Ausdrücke zu, die dysphemistisch gebraucht werden können:

(20) *Floor-and-window-Manager* (statt: *Gebäudereiniger, Putzfrau*), *moralisch anders* (statt *böse*), *kosmetisch anders* (statt: *hässlich*), *anderweitig logisch* (statt: *dumm*)...

Liegt dem bewussten Gebrauch von ähnlichen, an konkrete Menschen gerichteten Ausdrücken[37] eine feindliche Illokution zugrunde, kann hierbei von Sarkasmus die Rede sein. Bei dem intendierten Effekt der Beleidigung wird vom Sprecher u.a. die Empfindlichkeit einer Person in puncto ihrer Behinderung, Zugehörigkeit zu einer Minderheit etc. beachtet. Der perlokutive Effekt der Beleidigung erfolgt durch Implikatur. Hat man es mit einem nicht intendierten Akt der Beleidigung (als verfehltem Akt) zu tun, so kann die Implikatur eventuell gestrichen werden, d.h. die nicht intendierte Gesichtsbedrohung kann durch ein *Reparativ* wiedergutgemacht werden. Die Wirkung des indirekten Angriffes und der Kränkung hängt mit dem Grad der Tabuisierung und mit der jeweiligen Relevanz von weiteren pragmatischen Aspekten zusammen. Der sarkastische Effekt stellt aber solche Verhaltensformen in eine Reihe mit den dysphemistischen Ausdrücken, mit denen unter bestimmten situativen Bedingungen eine Person gekränkt und stigmatisiert werden kann. Letzteres ist ein gemeinsamer Nenner von direkten (offenen) und nichtdirekten (verdeckten) Formen des verbalen Angriffes. Die Beleidigung, die erst durch Implikatur (re-)konstruiert werden muss, ist m.E. nicht weniger schmerzhaft. Dies ist der Fall, obwohl m.E. vom Angreifer die Entladung von Frustrationen durch verdeckte Formen der Aggression nicht vollständig realisiert werden kann.

---

37 Dies hat nicht mehr nur mit Kategorien der Lexikologie zu tun, sondern stellt eines der Charakteristika der auch durch pragmatische Faktoren bedingten Relativität des Euphemismus dar (vgl. Bąk 2012: 62–66).

8 Fazit

Der Euphemismus erweist sich als ein Mittel, mit dem der Sprecher beim Adressaten die Konstituierung einer Bedeutung intendiert. Der vom Sprecher beim Adressaten beabsichtigte Effekt der Verhüllung ist eine Bedeutung, von der der Sprecher weiß, dass sie – im Idealfall – nicht die negativen Konnotationen des *Verbum Proprium* umfasst. Daher werden die jeweiligen negativen Aspekte in einer für den Adressaten akzeptablen, erträglichen Form vermittelt. Dadurch kann ein verhüllender Euphemismus als ein Höflichkeitsakt gelten. Eine strategische (verschleiernde) Euphemisierung kann – ähnlich wie die Instrumentalisierung der auf Empathie beruhenden (auch politisch korrekten) Euphemismen – beinahe als doppelter Betrug angesehen werden. Der perlokutive (auch der verfehlte) Effekt ist – wie bereits angedeutet – von vielen Faktoren abhängig, u.a. vom situativen und sprachlichen Kontext, von der Relation zwischen den Interaktanten, von ihren Rollen im Diskurs (z.B. Chef vs. Mitarbeiter), nicht zuletzt von den individuellen Eigenschaften der Interaktanten (Sprachkompetenz, diskursive Kompetenz, Sensibilisierung, Empathie, Aggressivität etc.). Von der Relevanz der jeweiligen Faktoren ist weiters abhängig, ob eine Äußerung als gesichtswahrend, ironisch oder als sarkastisch (wie **(20)**) gedeutet wird. Der sarkastische perlokutive Effekt hat m.E. mit dem Grad der Tabuisierung zu tun, zugleich auch mit der Intensität, mit welcher in die Würde des betroffenen Individuums eingegriffen wird. Den gemeinsamen Nenner der indirekten Akte der verbalen Aggression (mit euphemistischer Äußerungsform) und der direkten Akte der Desavouierung (durch Dysphemismen) ist die feindliche, aversive oder aggressive Illokution. Bei den verschleiernden Euphemismen ist letztere jedoch mit dem Effekt der Wahrnehmung des Euphemismus als doppelter Betrug verbunden.

Die hier diskutierte komplexe Problematik kann im Rahmen dieses Beitrags nicht erschöpfend behandelt werden. Sie erfordert daher ein Herangehen in einem umfangreichen interdisziplinären Rahmen, in dem u.a. die multimodale Komplexität an mehreren Belegen für Interaktionen berücksichtigt werden kann. Solchen (auch weiteren) Analysen bleibt daher vorbehalten, u.a. den Zusammenhang von Frustration, diversen Formen offener und verdeckter Aggression sowie nicht intendierte Effekte der „euphemistischen" Akte zu untersuchen sowie andere relevante Aspekte der Kommunikation herauszuarbeiten.

Literatur

Allan, Keith/Burridge, Kate (1991): *Euphemism & Dysphemism. Language Used as Shield and Weapon*. New York et al.: Oxford University Press.

Austin, John L. (1972): *Zur Theorie der Sprechakte*. Stuttgart: Reclam.

Awdiejew, Aleksy (2006): „Polityczna poprawność". In: Grażyna Habrajska (Hg.): *Rozmowy o komunikacji. 1. Poprawność polityczna*. Łask: Leksem, 15–16.

Bachem, Rolf (1979): *Einführung in die Analyse politischer Texte*. München: Oldenbourg.

Balzer, Bernd (2007): „O Sancta Euphemia". In: Norbert Honsza/Helmut Skowronek et al. (Hgg.): *Zbliżenia Interkulturowe. Polska–Niemcy–Europa./Interkulturelle Annäherungen. Polen–Deutschland–Europa. Polityka–Kultura–Społeczeństwo*. Pismo Wyższej Szkoły Studiów Międzynarodowych w Łodzi. 1/2007. Wrocław, 57–60.

Bąk, Paweł (2012): *Euphemismen des Wirtschaftsdeutschen aus Sicht der anthropozentrischen Linguistik*. Frankfurt a.M. et al.: Lang.

Bonacchi, Silvia (2011): *Höflichkeitsausdrücke und anthropozentrische Linguistik*. Warszawa: Euro-Edukacja.

Bonacchi, Silvia (2012): „Zu den idiokulturellen und polykulturellen Bedingungen von aggressiven Äußerungen im Vergleich Polnisch – Deutsch – Italienisch". In: Magdalena Olpińska-Szkiełko/Sambor Grucza et al. (Hgg.): *Der Mensch und seine Sprachen. Festschrift für Professor Franciszek Grucza*. Frankfurt a.M. et al.: Lang, 130–148.

Bonacchi, Silvia (2013): *(Un)Höflichkeit. Eine kulturologische Analyse Deutsch – Italienisch – Polnisch*. Frankfurt a.M. et al.: Lang.

Bonacchi, Silvia (2014): „Scheinbeleidigungen und perfide Komplimente: kulturologische Bemerkungen zur obliquen Kommunikation in interkultureller Perspektive". In: Andrzej Kątny/Katarzyna Lukas et al. (Hgg.): *Deutsch im Kontakt und im Kontrast. Festschrift für Andrzej Kątny zum 65. Geburtstag*. Frankfurt a.M. et al.: Lang, 341–356.

Brown, Penelope/Levinson, Stephen C. (1987): *Politeness: Some Universals in Language Usage*. Cambridge et al.: Cambridge University Press.

Brown, Penelope/Levinson, Stephen C. (2007): „Gesichtsbedrohende Akte". In: Steffen K. Herrmann/Sybille Krämer et al. (Hgg.): *Verletzende Worte. Die Grammatik sprachlicher Missachtung*. Bielefeld: transcript, 59–88.

Crespo Fernández, Eliecer (2008): „Sex-Related Euphemism and Dysphemism: An Analysis in Terms of Conceptual Metaphor Theory". In: *Atlantis. Journal of the Spanish Association of Anglo-American Studies* 30, 2, 95–110.

Dembska, Katarzyna (2005): „Próba leksykograficznego opisu eufemizmów współczesnego języka rosyjskiego (na przykładzie semantycznego pola seksu)". In: Alicja Pstyga (Hg.): *Słowo z perspektywy językoznawcy i tłumacza*. Bd. 2. Gdańsk: WUG, 101–107.

Fischer, Fiorenza (2007): „Reichensteuer, Bagatellsteuer, Deppensteuer. Euphemismen und Dysphemismen im wirtschaftspolitischen Diskurs". In: Dorothee Heller/Piergiulio Taino (Hgg.): *Italienisch-deutsche Studien zur fachlichen Kommunikation*. Frankfurt a.M. et al.: Lang, 111–130.

Freese, Peter (1999): *Political Correctness: Zum Umgang mit der Sprache in einer globalisierten Welt*. Paderborn: Universität-Gesamthochschule.

Forster, Iris (2009): *Euphemistische Sprache im Nationalsozialismus*. Bremen: Hempen.

Germann, Sibylle (2007): *Vom Greis zum Senior. Bezeichnungs- und Bedeutungswandel vor dem Hintergrund der Political Correctness*. Hildesheim et al.: Georg Olms Verlag.

Glück, Helmut/Sauer, Wolfgang Werner (1997): *Gegenwartsdeutsch*. Stuttgart/Weimar: J.B. Metzler.
Goffman, Erving (1967): *Interaction Ritual. Essays on Face-to-Face Behavior*. New York: Anchor Books.
Goffman, Erving (1986): *Interaktionsrituale. Über Verhalten in direkter Kommunikation*. Frankfurt a.M.: Suhrkamp.
Grice, Herbert Paul (1975): „Logic and Conversation". In: Peter Cole/Jerry L. Morgan (Hgg.): *Syntax and Semantics 3: Speech Acts*. New York: Academic Press, 41–58.
Grice, Herbert Paul (1979): „Intendieren, Meinen, Bedeuten". In: Georg Meggle (Hg.): *Handlung, Kommunikation, Bedeutung*. Frankfurt a.M.: Suhrkamp, 2–15.
Havryliv, Oksana (2009): *Verbale Aggression. Formen und Funktionen am Beispiel des Wienerischen*. Frankfurt a.M. et al.: Lang.
Leech, Geoffrey (1983): *Principles of Pragmatics*. London et al.: Longman.
Leech, Geoffrey (2005): „Politeness: Is There an East-West-Divide?" In: *Journal of Foreign Languages* 6, 1–30.
Luchtenberg, Sigrid (1985): *Euphemismen im heutigen Deutsch. Mit einem Beitrag zu Deutsch als Fremdsprache*. Frankfurt a.M. et al.: Lang.
Meibauer, Jörg (^{2}2001): *Pragmatik. Eine Einführung*. Tübingen: Stauffenburg.
Meibauer, Jörg et al. (2002): *Einführung in die germanistische Linguistik*. Stuttgart/Weimar: J.B. Metzler.
Meibauer, Jörg (^{2}2006): „Implicature". In: Keith Brown (Hg.): *Encyclopedia of Language and Linguistics*. Vol. 5. Oxford, Amsterdam: Elsevier, 568–580.
Meibauer, Jörg (Hg.) (2013a): *Hassrede/Hate Speech. Interdisziplinäre Beiträge zu einer aktuellen Diskussion*. Gießen: Gießener Elektronische Bibliothek.
Meibauer, Jörg (2013b): „Hassrede – von der Sprache zur Politik". In: Jörg Meibauer (Hg.) (2013a): *Hassrede/Hate Speech. Interdisziplinäre Beiträge zu einer aktuellen Diskussion*. Gießen: Gießener Elektronische Bibliothek, 1–16.
Mikołajczyk, Beata (2007): „Der Sprechakt DROHEN und seine Ausführung im Deutschen und im Polnischen". In: Franciszek Grucza/Magdalena Olpińska et al. (Hgg.): *Germanistische Wahrnehmungen der Multimedialität, Multilingualität und Multikulturalität*. Warszawa: Euro-Edukacja, 256–268.
Mikołajczyk, Beata (2008): „Wyrażenia znieważające jako leksykalne środki realizacji aktów zagrażających twarzy na przykładzie języka niemieckiego i polskiego". In: Andrzej Kątny (Hg.): *Kontakty językowe i kulturowe w Europie*. Gdańsk: WUG, 186–197.
Prędota, Stanisław (2013): „Phraseologismen als Euphemismen im Niederländischen und Polnischen". In: *Academic Journal of Modern Philology*. Vol. 2, 109–118.
Rada, Roberta (2001): *Tabus und Euphemismen in der deutschen Gegenwartssprache. Mit besonderer Berücksichtigung der Eigenschaften von Euphemismen*. Budapest: Akadämiai Kiadö.
Reutner, Ursula (2009): *Sprache und Tabu: Interpretationen zu französischen und italienischen Euphemismen*. Tübingen: Niemeyer.
Schwarz-Friesel, Monika (2007): *Sprache und Emotion*. Tübingen et al.: Francke.
Searle, John R. (1991): *Intentionalität. Eine Abhandlung zur Philosophie des Geistes*. Frankfurt a.M.: Suhrkamp.
Sties, Nora (2013): „Diskursive Produktion von Behinderung: Die marginalisierende Funktion von Personengruppenbezeichnungen". In: Jörg Meibauer (Hg.) (2013a): *Hassrede/Hate Speech. Interdisziplinäre Beiträge zu einer aktuellen Diskussion*. Gießen: Gießener Elektronische Bibliothek, 194–222.

Tesch, Gerd (1978): *Linguale Interferenz: theoretische, terminologische und methodische Grundfragen zu ihrer Erforschung*. Tübingen: Narr.
Zöllner, Nicole (1997): *Der Euphemismus im alltäglichen und politischen Sprachgebrauch des Englischen*. Frankfurt a.M. et al.: Lang.

Teil II: **Verbale Aggression in Praxisfeldern**

Marie-Luise Alder & Michael B. Buchholz
Kommunikative Gewalt in der Psychotherapie

Abstract: The contribution criticizes the circularity of the widespread psychological concept of aggression and proposes to replace it by a concept of violence. Hence, a meaningful way to talk of communicative violence becomes possible, the counterpart of which is communicative empathy. Illustrated by transcribed therapy sessions some situations with violence potential are described, they can originate from both, therapist and patient. For the first time mild and rough forms of empathy-dazzling are described by which especially patients complicate or disenable the therapeutic empathy task. Communicative violence proves as "interruptor" of empathy in the special sense, that the dimension of "my mind is with you" which, according to Harvey Sacks, silently accompagnies every conversation, is suspended.

1 Einführung

Beim Stichwort „Gewalt" in Verbindung mit Psychotherapie stellt sich zu schnell meist nur jener assoziative Zusammenhang ein, der sexuelle Ausbeutung der Patientin durch den Therapeuten in den Blick nimmt. Die Verbindung mit der öffentlichen Diskussion um den sexuellen Missbrauch von Kindern zieht dann rasch die Psychotherapie insgesamt in ein Umfeld, wo sie leicht oder leichter diskreditiert und skandalisiert werden kann. Tatsächlich jedoch hat sich im Feld der Psychotherapie eine deutliche Sensibilisierung für das Thema seit dem Anfang der 1980er Jahre weit verbreitet, Berufsverbände haben Ethik-Kommissionen eingesetzt, die solchen Fällen nachgehen. Aus den Verbänden wurden Mitglieder ausgeschlossen. Es gab durch das Buch von Phyllis Chesler (1972) einen weltweit wirkenden starken Impuls, denn diese Autorin, selbst als Psychotherapeutin tätig, hatte Frauen interviewt, die von ihren Therapeuten ausgebeutet worden waren. Die Erzählungen waren eindrücklich genug, um intensive Reaktionen nach sich zu ziehen.

Innerhalb der internationalen Psychoanalyse hatte sich insbesondere Gabbard (1994) dieses Themas angenommen und beschrieben, dass solchen Vorfällen eine bestimmte Abfolge eignet: kleine Grenzüberschreitungen – die Stunde wird verlängert, ein Arm berührt, die Hand länger festgehalten bei Begrüßung oder Verabschiedung – werden, wenn sie nicht sofort korrigiert werden, das Einfallstor zu weiteren Schritten wie intensiveren Berührungen, Nachgesprächen nach der Sitzung, Verwendung bestimmter anstößiger Vokabeln. So baut sich allmählich ein Zyklus von scheinbaren Vertraulichkeiten auf, dem zu entkommen der Patientin/dem Patienten immer schwerer fallen muss.

Es ist keine Frage, dass solche Vorkommnisse in der Psychotherapie unter keinen Umständen zu tolerieren sind, Nachwirkungen sind verheerend, Wirkungen in lokalen Ausbildungsinstitutionen bis in die zweite und dritte Generation von Ausbildungsteilnehmerinnen spürbar und für das öffentliche Bild der Psychotherapie katastrophal. Zum Glück kommen diese Verfehlungen seltener vor als die Skandalisierung suggeriert, aber auch nicht zu selten. Gabbard (1994) schätzt etwa 10% aller Therapeuten aller Schulen als anfällig für solche Verfehlungen ein.

2 Zur kommunikativen Gewalt

Mit der Begriffsbestimmung *kommunikativer* Gewalt gibt es aus psychologisch-psychotherapeutischer Perspektive einige Probleme, die hier angesprochen werden sollen. Sie sind praxeologischer und begrifflicher Natur; wir wollen nacheinander auf sie eingehen.

Das erste anzusprechende Problem entsteht, wenn in therapeutischen Praxen Patienten und Patientinnen erscheinen, die eine Psychotherapie fordern, in der sie unter keinen Umständen über Sexualität zu sprechen wünschen. Über die Häufigkeit sind keine genauen Zahlen bekannt. Eine solche Forderung wäre, würde sie eingehalten, eine extreme Limitierung der Leistungsfähigkeit von Psychotherapie; würde sie nicht eingehalten, kann sie als kommunikative Gewalt selbst wiederum beklagt werden. Wird dieser Wunsch geäußert unter Hinweis auf die bekannten Gefahren des sexuellen Missbrauchs in Psychotherapien, könnte dies eine Folgewirkung öffentlich-medialer Diskussionen sein, die deshalb freilich nicht beklagt werden sollten.

Ein anderes Problem stellt sich mit der ausschließlichen Fixierung auf männliche Gewalt gegenüber Frauen. Welche anderen Formen kommunikativer Gewalt sich überhaupt in therapeutischen Praxen ereignen, wie sie bestimmt werden und von anderen Operationen abgegrenzt werden können, erweist sich als schwierige Aufgabe. Aber gerade der Versuch der Vermeidung des schwierigen Terrains schafft eine Fokussierung auf skandalisierungsfähige Themen und riskiert durch Tabuisierung zugleich Einschränkungen dessen, was gute Psychotherapie zu leisten vermag. Von größter Schwierigkeit ist die begriffliche Bestimmung. Wir wollen hier einen Versuch machen, indem wir einen Umweg gehen.

In der psychotherapeutischen Prozessforschung hatte man lange mit Fragebögen Daten erhoben, um Veränderungen von Sitzung zu Sitzung meßbar zu machen. Schließlich hatte man entdeckt, dass man auf diese Weise nicht das Geschehen in der Sitzung selbst, sondern andere kognitive Objekte, „Meinungen über" das Geschehen, erfasst. Seitdem ist in vielfältiger Hinsicht eine Diskussion darüber im Gange, in welcher Weise man audio- oder videographierte Daten aus Sitzungen erheben (Diskretionsprobleme) und evaluieren kann. Dabei lässt sich beobachten, dass die Umstellung der Aufmerksamkeit von kognitiven Objekten auf konversationell-interaktive „Events" einer Sitzung völlig neue Beobachtungen erbringt, die wiederum andere Theoretisierungen nötig machen (Überblick bei Buchholz 2012). Die Rolle der Schweigepausen etwa (Frankel/Levitt et al. 2006), die Synchronie der körperlichen Bewegungsmuster (Tschacher/Tomicic et al. 2012) oder die Rhythmisierung des Sprechens (Buchholz/Spiekerman/Kächele 2015) während einer Sitzung zeigen völlig neue Zusammenhänge auf. Eine Folge davon ist, dass es immer unbestimmbarer wird, was mit *seelischer* oder *psychischer* Gewalt *genau* gemeint ist. Sinnvoll wird es, von *kommunikativer* Gewalt zu sprechen, da solche Akte durch „talk-in-interaction" vollzogen werden. Die *seelische* Komponente wäre Wirkung solcher kommunikativer Prozesse, welche beobachtet werden können. Eine nächste Frage schließt sich an:

Kann und sollte man Gewalt von „Aggression" unterscheiden?

Zwei Autoren haben manche Schwierigkeiten des Aggressionsbegriffs herausgestellt (Bushman/Anderson 2001, Bushman/Anderson 2002). Die Unterscheidung zwischen „heißer", impulsiver Aggression und „kalter", geplanter Aggression ist nicht aufrecht zu erhalten. Sie stammt aus der juristischen Welt, wo man mit Hilfe der Annahme einer Abkühlungsphase Unterschiede zwischen verschiedenen Verbrechen zu definieren versuchte. Reagiert jemand auf eine schwere Kränkung innerhalb sehr kurzer Zeit (30 Sekunden) mit Aggression, so wollte man annehmen, dass er unter die Macht seiner Impulse geraten sei und das wäre strafmildernd. Jemand hingegen, der erst zwei Tage später geplant gegen den Aggressor vorgehe, habe volle Verantwortung und müsse deshalb anders bestraft werden. Ihren Aufsatz von 2001 (Bushman/Anderson 2001: 273) leiten diese Autoren mit einem Zitat von George Bernard Shaw ein:

> If you strike a child, take care that you strike it in anger, even at the risk for maiming it for life. A blow in cold blood neither can nor should be forgiven.

Dieses Zitat macht nicht nur die „heiß-kalt"-Unterscheidung sehr schön deutlich, sondern zeigt auch, wie diese Unterscheidung in die alltagsweltlich-mundanen Deutungsregister vorgedrungen ist und sich mit der Psychologie des Versöhnens und Verzeihens verbindet. Jedoch wird diese Unterscheidung damit als Erklärung solcher Akte selbst unbrauchbar. Sie hielt sich lange in der Psychologie, etwa in der Diskussion um die Frage nach einem Aggressionstrieb. Die Autoren kommen zu dem überzeugenden Schluss, dass in jedem aggressiven Akt eine expressiv-impulsive zusammen *mit* einer instrumentellen Komponente steckt, diese aber nicht trennscharf voneinander abgegrenzt werden können.

Die Diskussion um einen Aggressionstrieb hat noch eine andere Unschärfe produziert. Das Konzept „Aggression" dient sowohl zur *Bezeichnung* dessen, was geschieht (etwa, wenn von einem „aggressiven Akt" gesprochen wird) als auch zu dessen *Erklärung*. Dann aber gerät man in unauflösbare Zirkel, wenn ein aggressiver Akt mit „Aggressionstrieb" oder „Aggressionsneigung" erklärt würde. Es ist, als wolle man Armut mit „poverté" erklären. Eine Befreiung aus dieser gedanklichen Falle scheint uns die mikroanalytische Betrachtung von Gewaltsituationen, wie sie von Collins (2008) vorgeschlagen wurde. Sie wird mit breiter Resonanz diskutiert (Aho 2013, Mazur 2009). Die Grundannahme ist die Umstellung von einer persönlichkeitspsychologischen Erklärung auf einen explikativen Situationismus. Danach gibt es beschreibbare Situationen, die ein Gewaltpotential freisetzen; sie haben verschiedene Komponenten: Wenn ein Täter entschlossen ist *und* über die nötigen technischen Mittel verfügt, wenn das Opfer da ist *und* schwach ist, und wenn „bystander" nicht anwesend sind oder nicht hindernd eingreifen. Die entscheidende Beobachtung von Collins (2009, 2013) fügt diesem Schema nun noch eine emotionale Komponente hinzu. Er beobachtet an zahllosen Beispielen, wie Menschen Gewalt meist sehr inkompetent ausüben, was per se gegen die Annahme eines entsprechenden „Triebes" spricht. Auch ihre mimischen Verhaltensweisen drücken Angst, nicht Wut aus. Diese Spannung von Inkompetenz (nicht verletzen zu können) und Angst (verletzt zu werden) bezeichnet er als „tension/fear". Sie zu überwinden braucht spezielles Training. Die Spannung selbst macht ungeübte Menschen allein schon wegen des rasenden Herzschlags unfähig, gezielt Schläge auszuteilen oder gar eine Waffe kompetent zu handhaben. Die meisten Menschen sind in einem emotionalen „Tunnel" von „tension/fear" und müssen Techniken in einem aufwendigen Ausbildungsgang entwickeln, um ihn zu verlassen und um Gewalt kompetent ausüben zu können.

Ein situationistischer Ansatz könnte bei der Analyse kommunikativer Gewalt weiter führen. Man muss nicht in die Tiefen der Persönlichkeit vordringen, bevor man nicht beobachtet und beschrieben hat, was eigentlich genau geschieht. Gerade in der Psychotherapie und in der Psychotherapieprozessforschung herrscht an genauen und detailreichen Beobachtungen erklecklicher Mangel, während die Deutungsangebote zugleich Konjunktur haben. Jüngstes Beispiel ist die öffentliche Diskussion, welche Diagnose – diese oder jene – der Kopilot des Germanwings-Fluges habe, der sein Flugzeug mit 150 Menschen Anfang März 2015 in den südfranzösischen Alpen an einer Bergwand zerschellen ließ.

Eine Studie zum „pull of hostility" (Lippe/Monsen/Ronnestad et al. 2008) könnte einem solchen situationistischen Ansatz zugeordnet werden. Aus einem großen Pool von transkribierten therapeutischen Behandlungen wurden 28 ausgewählt. Jeder Therapeut hatte eine erfolgreiche und eine nicht erfolgreiche Behandlung in diesem Pool, es wurden also 14 Therapeuten untersucht. Die Sitzungen selbst wurden in definierten Ausschnitten mit Standardverfahren (SASB)[1] evaluiert hinsichtlich von Dimensionen wie Dominanz oder symmetrischen Eskalationsstrategien. Wie erwartet zeigte sich, dass in Behandlungen, in denen Therapeuten schwierige Situationen symmetrisch beantworteten, etwa auf Schuldzuweisungen mit Schuldzuweisungen reagierten, der Behandlungserfolg schlechter war. Weil die Therapeuten aber selbst auch positive Behandlungserfolge hatten, konnte das nicht einer persönlichkeitsspezifischen Eigenart der Therapeuten attribuiert werden. Die Autoren sprechen vom „dance" der Eskalation. Dessen interaktive Mächtigkeit übersteuert gleichsam individuell-persönliche Komponenten.

Wir wollen hier versuchen, einen situationistischen Ansatz zu verfolgen, ohne vorab von einer abstrakten Gewalt-Definition auszugehen. Wir werden Beispiele präsentieren, die in kommunikativer Hinsicht als gewalt-affin angesehen werden können und erwarten uns von deren Beschreibung eine breiter aufgefächerte Möglichkeit der Analyse. Wir wollen diese Beispiele selbst analysieren, ohne schon zu verallgemeinernden Betrachtungen vorzudringen.

Zur Situation der Therapie gehört auch die folgende Überlegung: Da Menschen sich als autonome Wesen begreifen, ist allein schon das Aufsuchen einer Hilfsperson, wie es ein Therapeut in funktioneller Bestimmung ist, eine verletzungssensitive Unternehmung. Krämer (2007) hat mit Nachdruck die „Doppelkörperlichkeit" des Menschen herausgestellt in einem Sinn, der hier bedeutsam wird. Nicht nur menschliche Körper können *verletzt* werden. Da menschliche Individuen immer auch symbolvermittelt operieren, sich in einer kulturellen Zeit und in einem sozialen, nicht nur physikalischen Raum bewegen, werden sie interessant und können begehrt, oder auch als langweilig adressiert und abgelehnt werden. Sie können sich berührt fühlen und werden berührt, von Missachtung ebenso wie von Achtung und Beachtung. Verweigerung von Anerkennung oder gar Ignoranz gegenüber ihrer Person im Sinne eines basalen Resonanzentzugs (Buchholz/Gödde 2013) wird als Verletzung empfunden – eben wegen der „Doppelkörperlichkeit" kann ein verbaler Angriff wie einer auf den Körper aufgefasst werden und vermag entsprechende Folgen nach sich zu ziehen. Deshalb kann man sich *vergiftet* fühlen nach einem Gespräch oder geläutert, besudelt durch

---

1 „Structural Analysis of Social Behavior" – so heißt ein von Lorna Smith Benjamin (1974) in die Diskussion gebrachtes und sehr gebräuchlich gewordenes Evaluationsverfahren; deutsche Übersicht bei Tress et al. (1990).

einen Kontakt oder gehoben, durch einen Blick getroffen, verletzt oder aber geliebt. Es sind solche elusiven Momente, die wir hier in den Blick nehmen wollen, Augenblicke des Flüchtigen, die anderen zumeist entgehen, für die sich nachträglich durch Erzählen des Vorgefallenen meist eher Unglauben als Zeugenschaft erringen lässt. Wir wollen nicht Einseitigkeit praktizieren und von vorneherein die Therapeuten beschuldigen; wir wollen auch Beispiele dafür anführen, wenn gewaltsame Mächtigkeit vonseiten psychotherapeutischer Patienten ausgeht. Das ist keine Parteinahme für die eine oder andere Seite, das ist keine schlingernde Balance des Ausgleichs. Sondern Einsicht, wie riskant das therapeutische Unternehmen ist. Solche Momente sind flüchtig und werden meist nicht wirklich erinnert, sondern nur als „Gefühl" vergegenwärtigt bei denen, die etwas „abgekriegt" haben, von dem sie oft nicht zu sagen wissen, was es eigentlich war. Manchmal werden solche Momente durch „Gegenübertragungsanalyse" eher vernebelt als erhellt.

Das ist nicht unbedingt ein Wunder, weil die therapeutische Operationsweise unvermeidlich in den verletzungssensitiven Autonomiebereich eingreift, ja eingreifen muss, und das zugleich unter Berücksichtigung der Tugend fraglosen Respekts gegenüber dem Patienten, gegenüber seinen politischen oder ästhetischen Auffassungen, gegenüber seiner Lebensführung. Solcher Respekt jedoch muss balanciert werden von einer kunstvoll gehandhabten Respektlosigkeit (Frei/Michel et al. 2012, 2013; Valach 2012, 2013). Therapeuten wissen, dass gerade Praktiken der Lebensführung mitverantwortlich für die beklagte Symptomatik sind. Wer Kummer durch Essen bewältigt und dann wegen seiner Adipositas Behandlung sucht, wird etwas an seiner autonomen Lebensführung ändern müssen; wer Einsamkeit mit exzessiver Promiskuität bekämpft und sich in einem entsprechenden Zirkel verfängt, dem könnte keine therapeutische Hilfe zuteilwerden, wenn seine implizite „Lebenskunstlehre" von der Befriedigung aller Bedürfnisse nicht radikal in Frage gestellt werden dürfte. Dazu müssen Therapeuten einfühlsam „respektlos" sein können – und sofort stellt sich die Frage, wie solche heilsame Respektlosigkeit von kommunikativer Gewalt unterschieden werden kann?

Damit gelangt man weiter zur Frage, wieweit Empathie reichen kann oder auch reichen soll? Muss nicht manchmal auch in therapeutischen Dialogen Empathie begrenzt werden? Können oder sollen gar Therapeuten immer nur „mitgehen" oder haben sie nicht auch die Aufgabe, auf schädigende Verhaltensweisen hinzuweisen, schmerzhafte Zusammenhänge zu verdeutlichen, therapieresistente Einstellungen zu korrigieren? Therapeutisches Verstehen braucht Bedingungen.

Mit diesen Fragen wollen wir uns hier beschäftigen, können jedoch eher eine Sichtung der Probleme bieten als definitive Lösungen. Wir werden uns anhand von Transkriptausschnitten aus eigenen konversationsanalytischen Untersuchungen therapeutischer Dialoge (Peräkylä/Antaki 2008) mit diesen Fragen beschäftigen; wir werden uns hier nicht mit groben, körperlichen Formen von Gewalt, sondern mit „kleinen" Formen von gewalttätigem Sprechen beschäftigen, die die Sprecher nicht einmal mit bösen Absichten, sondern oft sogar mit edlen Absichten ausüben. Erkennbar wird Gewalttätigkeit an den Reaktionen. Damit machen wir von einem methodischen Grundprinzip der Konversationsanalyse (Schegloff 2007, Sidnell/Stivers 2013) Gebrauch. Jede Äußerung hat eine linguistische *Form*, ihre *Funktion* wird erkennbar am „zweiten Zug", der Antwort des Rezipienten. Bedeutung entsteht so lokal und situativ, indem alle nachfolgendende Äußerungen ein *Design* (Deppermann 2011, Hitzler 2013) erhalten, das die *Position* (Buchholz/Reich 2015, Salgado/Conha 2013) des zweiten Sprechers dem Ersten erschließbar macht.

Die gleichen methodischen Schritte – Form und Funktion, Design („Rezipienten Zuschnitt") und Positionierung – wollen wir für jene Äußerungen von Therapeuten verwenden, die eingetretene Beschädigungen zu „reparieren" suchen und so einen empathischen Zugewinn schaffen, der wiederum therapeutisch hilfreich wird.

3 Beispiel: Eine Eskalation

Schauen wir die Konversation zwischen einem männlichen Patienten und einer Psychoanalytikerin im Detail an[2]. Die Behandlung steht am Anfang, der Patient spricht über seine Freundin, die bisher eine Art Therapeutin für ihn gewesen sei. Hier wollen wir Aufmerksamkeit weniger auf Gesprächsinhalte, sondern auf die Gesprächsorganisation richten: wer spricht wie nach wem? Wie wird die Pause gehandhabt? Wer übernimmt den nächsten Redezug?[3]

1 P: ja. (--) das hat sie ähm (--) aber das ich konnte ihr das irgendwie nicht (--) das war
2 schon berechtigt also das war jetzt nicht übertrieben oder so und sie hat auch nicht

---

[2] Transkriptions-Konventionen im Anhang.
[3] Einen herzlichen Dank an Frau Christine Reuter, Göttingen, für die Überlassung dieses Beispiels aus ihrer entstehenden Dissertation.

3   (--) sie hats mir verboten wie es Frauen verbieten ((lacht)) das tut mir weh ich
4   möcht das nicht ((lacht)) also ähm
5   (15)
6   T: also die hat Angst dass sie sie verlieren könnte,
7   P: ja, (3) das äh (9) doch es ist irgendwie schon ja das hat sie
8   (27)

Drei besondere Merkmale der Äußerungsform des Patienten wollen wir hier festhalten:

a. Wendungen wie „schon berechtigt" sind „intensifier" in einer schwachen Form. Der Patient versichert sich selbst evaluierend, als wäre er in der Position eines anderen Sprechers, dass das „schon berechtigt" war.
b. Die Form der Litotes („das war jetzt nicht übertrieben oder so") wird, wie Bergmann (1980) beobachtet hatte, auch hier verwendet, um am Kontrast des Negativen eine andere, hier: freundliche Absicht herauszustellen.
c. Die vielfachen Selbstkorrekturen nach abgebrochenen Redestarts zeigen multiple Redeplanungen und -absichten, die gegen die Grice'sche Maxime der Quantität verstoßen (Grice 1975).

Hier lässt sich die Analyse von Design und Position anschließen: Die Analyse der Form zeigt, dass der Patient von einer externen Position aus spricht; er spricht *und* evaluiert kommentierend zugleich seine eigenen Äußerungen. Der „Zuschnitt" seiner Äußerung mit vielfachen Rede-Neustarts ist kaum adressatenorientiert; es ist selbst beim langsamen Lesen kaum verständlich, was er sagen möchte.

Die Funktion wird an der Reaktion der Therapeutin erkennbar. Indem der Patient seine eigenen Äußerungen evaluiert, schließt er zugleich die Therapeutin als Gesprächspartnerin aus. Er spricht, so wie es auch Streeck (2012) als einen für ängstliche Patienten typischen Modus beschrieben hat, eher mit sich selbst als adressatenorientiert; die selbst artikulierte Evaluation schließt die Kommunikation eher, als sie zu öffnen und, so meinte Streeck, bestätigt dem Patienten zugleich, wie einsam und unverstanden er sich fühlen könne. Für diese Interpretation spricht schließlich auch die 15 Sekunden lange Pause, nachdem er mitten im Satz abgebrochen hat.

Zugleich endet seine Rede mit einem „starter", dem „also ähm"; wenn man dabei Luft einzieht und dazu „also" sagt, zeigt man unmissverständlich an, dass man weitersprechen möchte. Dem widerspricht aber die lange Pause. Sie indiziert, dass der Patient den Redezug (engl. „turn") abgibt. Die Multimodalität der Konversation zerfällt; die Intonation geht nach oben, der Satz wird abgebrochen – dies alles zeigt an, dass hier keine übergaberelevante Stelle eines

Redezuges (transition relevant place) entsteht; doch im Gegensatz dazu kann die lange Pause von der Therapeutin genau so verstanden werden, als würde ihr hier bereits das Rederecht eingeräumt.

Ein „transition relevant place" bestimmt jenen Moment der Redezugorganisation, in welchem ein anderer Sprecher mit dem Sprechen einsetzen könnte. Er lässt sich hinsichtlich bestimmter Merkmale sehr genau bestimmen (Schegloff/Sacks/Jefferson 1974, Clayman 2013). Die Regeln der Redeübergabe, das ist für Psychotherapeuten gewiss interessant, vollziehen sich in gleichsam „sozialer Unbewusstheit"; sie können beobachtet, beschrieben und die Folgen ihrer Verletzung wiederum genau präzisiert werden. Offenbar sind sie auch interkulturell in gleicher Weise verbreitet (Stivers/Enfield et al. 2009). Damit sie „unkompliziert" gehandhabt werden können, müssen die verschiedenen Informationskanäle „gleichgestimmt" sein; hier jedoch geht die Stimme nach oben („high pitch"), während die lange Pause die Bereitschaft zur Übergabe des Rederechts einräumt.

Hier kann die Therapeutin es nur „falsch" machen. Indem sie den Redezug übernimmt und zu sprechen beginnt, reagiert sie auf die eine Hälfte der Aufforderung, die andere Hälfte wird durch ihre Turn-Übernahme ignoriert. Das ist ein charakteristischer „Slot", an dem sich bald der Vorwurf erheben wird, dass die Therapeutin dem Patienten ständig ins Wort falle (Streeck 2001).

Die Therapeutin übernimmt nun den Redezug mit direktem Anschluss des letzten gesprochenen Worts. Sie spricht, als würde sie *seine* Worte fortsetzen. Dabei könnte sie glauben, hilfreich und einfühlsam verbalisiert zu haben, was der Patient selbst noch nicht hat sagen können. Sie könnte meinen, eine Dialoghilfe geleistet zu haben. Dies auch deshalb, weil der Patient erneut eine lange, 27 Sekunden dauernde Pause macht, die ebenfalls von dem gleichen widersprüchlichen Konversationsformat eingeleitet wurde: Ein nicht beendeter Satz und zugleich die lange Pause. Bevor wir mit diesem Beispiel fortfahren, wollen wir einige theoretische Überlegungen einschieben.

4 Die „Interaktionsmaschine"

Vor dem von Levinson (2006) vorgeschlagenen Ausdruck „interaction engine" sollte man nicht zurückschrecken; er ist nicht mechanischer gemeint, als wenn Therapeuten etwa von „Abwehrmechanismus" sprechen. Freud sprach an vielen Stellen vom „psychischen Apparat".

Konversationsanalytiker haben ihren Blick v.a. darauf gerichtet, *wie* der Austausch zwischen Sprechenden organisiert wird. *Organisation* des Austauschs zu beobachten heißt, Äußerungsformate als Antworten der Teilnehmer auf stille

Fragen anzusehen; Fragen von der Art: „Wer spricht als nächster?", „Wer wählt den nächsten Sprecher?", „Welches Thema passt als nächstes?". Gesprächsteilnehmer lösen so sehr praktisch das Problem, sich nicht ständig gegenseitig ins Wort zu fallen. Konversationsanalytiker sehen ihre Äußerungen als Lösungen solcher alle Konversation durchziehenden Fragen.

Als Freud (1916) meinte, in der Psychoanalyse gehe nichts vor als ein „Austausch von Worten" (vgl. Scarvaglieri 2013), wollte er selbstverständlich nicht die Bedeutung von Gestik, Blick, Mimik ausschließen, sondern sich von nebulösen Unterstellungen distanzieren, in der Psychoanalyse geschehe eine Art hypnotischer Mesmerismus, suggestive Beeinflussung mit geheimnisvollen elektromagnetischen Kräften o.dgl. Er hatte von Breuers berühmter Patientin Anna O. das Wort von der „talking cure" übernommen. Freilich, vom „Austausch von Worten" geht eine gewisse rationalistisch scheinende Logik aus, die von metaphorischen Wendungen wie denen vom „(verbalen) Schlagabtausch" überschritten wird. Deshalb bezieht sich Bourdieu (1987: 148; 1990), wenn er auf G.H. Mead zu sprechen kommt und auf dessen Bemerkungen über den Schlagabtausch zwischen Boxern. Diese Praxis galt Mead, und Bourdieu schließt sich hier an, geradezu als Paradigma einer „Logik der Praxis": Jede Geste rufe eine Reaktion hervor, „jede Körperhaltung des Gegners" werde „wie ein gewichtiges Zeichen einer Bedeutung" behandelt. Die Logik der Praxis, so Bourdieu, werde schon von Mead dazu benutzt, um die Grenzen eines nur hermeneutisch Sinn auslegenden Verstehens des „Austauschs von Worten" zu überschreiten. Gumbrecht (1995: 136) erinnert daran, wie Jorge Luis Borges auf George Bernard Shaw verwies mit den Worten, bei der Sprache Shaws handele es sich um eine „Neu-Erfindung des Mittelalters"; er schreibe nämlich in einem Englisch, das zur Epoche von Jack Dempsey (damals Boxweltmeister) gehöre. Boxen dient als Bildspender für eine Metapher, die nicht selten in die konversationelle Sphäre übertragen wird. Auf diesem Hintergrund wundert es nicht, wenn Lakoff und Johnson (1980) ihre damals innovative Idee konzeptueller Metaphern geradezu am Beispiel von „Argument is War" exemplarisch illustrieren. Das Bildfeld des Krieges dient auch in akademischen Auseinandersetzungen oft genug für metaphorische Wendungen („Er musste seine Positionen räumen").

Diese Überlegungen lassen sich dahin fortführen, dass es eine Kontinuität gibt (Buchholz 2011) zwischen dem Gebärdencharakter gerade der frühen, kindlichen Interaktion (Braten 2009) und deren Fortsetzung in die Zeit des sprachlichen Symbolgebrauchs hinein; Mead (1934) sprach in einer Übernahme von Wilhelm Wundt bekanntlich von der „Lautgebärde". Die modernen kognitionstheoretischen Arbeiten zum *Enaktivismus* (Di Paolo/Rohde/Jaegher 2011), zum *extended mind* (Menary 2011), zur *embodied cognition* (Shapiro 2011) gewinnen ihr innovatives Profil gerade daher, dass sie sich von früheren, noch modularistischen oder genetischen Konzepten der „Kognition" vehement absetzen. Denken und Sprechen werden als *embodied* angesehen (für die Psychotherapie vgl. Buchholz 2014), die frühere Computer-Metapher des Geistes gilt als überwunden. „Embodied Interaction" (Streeck/Goodwin/LeBaron 2011) könnte als diejenige Perspektive angesehen werden, die beim „Austausch von Worten" auch mit dem „Schlagabtausch" rechnen kann und damit für Verletzungen durch Worte in einer Weise sensibilisiert, wie sie Krämer mit ihrem Begriff der „Doppelkörperlichkeit" beschrieben hatte (s.o.).

Wenn freilich „trouble" auftritt und man sich gegenseitig ins Wort fällt, gibt es eine breite Palette an „repair activities" (Egbert/Golato et al. 2009, Kitzinger 2013, Sidnell 2007), die für je verschiedene, präzis beschreibbare Umstände regelhaft und interkulturell stabil (Stivers/Enfield et al. 2009) als konversationelle Praxis auftreten. Erst, wenn diese Reparaturen versagen, steigert sich „trouble" in ernste Schwierigkeiten – zu Form und Funktion der Reparaturen ebenso wie zu deren Versagen wollen wir gleich noch mehr sagen.

Levinson (2006) zeigt, wie wichtig die „interaction engine" in der Evolution wurde. Menschen sind auf eine sehr tiefe Weise sowohl von Kooperation abhängig, als auch zu ihr in einer besonderen Weise befähigt. Die „interaction engine" sicherte, dass eine Äußerung als solche (und nicht etwa als „Lärm") gehört und beantwortet wurde, dass ein Blick einer Zeigegeste folgte, dass ein Schrei gehört wurde als einer aus Not und nicht einfach nur als Geräusch. Allmählich wurde Interaktion um kooperative Prinzipien herum organisiert.

Levinson spricht mit Bedacht von „interaction" und nicht etwa „conversation engine". Selbst wenn Menschen – wie etwa Aphasiker – nur noch über extrem reduzierte Gesprächsmöglichkeiten verfügen, ist zwar kaum Konversation, wohl aber Interaktion mit ihnen noch möglich (Jakobson 1955, Goodwin 2000/2012, Heschen/Schegloff 2003, Mellies/Winneken 1990). Das ist auch dann der Fall, wenn Menschen sich nicht lautlich, sondern nur durch spontane Zeichensprache verständigen müssen – fremdsprachlich, hinter einer Scheibe oder über größere Entfernungen hinweg.

Organisation der Interaktion um kooperative Prinzipien herum schließt ein, dass eine Antwort nicht etwa auf (sichtbares) Verhalten erfolgt, sondern auf unsichtbare, zunächst kurzfristige *Intentionen* und später auf längerfristige *Pläne* eines Sprechers und noch später auf *Imagines*. „Interaction is by and large cooperative" (Levinson 2006: 45). Interaktion produziert Verkettungen und Abfolgen, die von jedem Novizen einer Kultur erlernt werden können und die eine verlässliche Vorhersage des Verhaltens anderer erleichtern. Der entscheidende Schritt ist: Solche Verkettungen und Abfolgen sind nicht in abstrakten *Regeln,* sondern in situativen und lokalen *Erwartungen* gegründet. Interaktion ist deshalb nicht abhängig von Sprache, weil Erwartungen und Intentionen auch nicht-sprachlich kommuniziert und Kooperationen gesichert werden können. Interaktion geht lexikalisch-symbolischer Sprache voraus, sie ist insofern die „tiefere Schicht" der Sprache. Interaktion erzeugt aktuale und lokale Rollen in situierter kontextueller Produktion; es bilden sich Rollenpaare wie „Fragender-Antwortender", „Gebender-Nehmender" und diese Rollenpaare werden von den wechselseitigen Erwartungen bestimmt, sodass eine Interaktionsstruktur entsteht, die für die Lösung von kooperativen Aufgaben hinreichend stabil ist.

Diese Stabilität wird durch die je momentane Lösung des sog. Bindungsproblems erzeugt. Die eine Äußerung begleitenden Gesten, der mimische Ausdruck, die Prosodie (Couper-Kuhlen/Selting 1996) – dies alles bindet sich zu einem multimodalen Signalstrom, von dem ein hohes Maß an Passung zueinander erwartet wird, weil ein Hörer ansonsten die Intention des Sprechers nicht sicher verstehen kann. Es gibt eine körperliche Grundlage für solche Bindung (Franke 2008, Vuust/Wallentin et al. 2011, Dausendschön-Gay/Krafft 2002).

5 Zurück zum Beispiel

Mit diesen Klärungen können wir zum Beispiel zurückkommen und erkennen jetzt sofort, worin die Problematik hier besteht. Der Patient lässt mit seinem nicht-beendeten Satz erkennen, dass er weiter sprechen möchte; die beiden langen Pausen allerdings stehen dieser Erwartung entgegen, sie irritieren die therapeutische Hörerin, ob sie jetzt etwas sagen könne? Die Konversationskanäle sind nicht „gebunden" in dem Sinne, dass eine eindeutig entschlüsselbare Intention des Patienten für die Therapeutin erwartbar wäre. Handelt es sich um einen „transition relevant place" in dem Sinne, dass sie, ohne „trouble" zu erzeugen, etwas sagen könnte? Wird der turn an sie abgegeben oder nicht? Dies Muster wiederholt sich unmittelbar im Anschluss an diese Stelle:

1 P: ja, das kann sein also das ist jetzt glaub ich noch zu kurz (---) um das sagen zu
2   können aber
3   (6)
4 T: aber trotzdem könnte diese (---) war eben so mein Gedanke ob das nicht äh bei
5   Anke ein bisschen ich will nicht sagen Angst macht aber doch nicht nur nicht nur erf
6   Freude macht.

Erneut bringt der Patient seinen Satz nicht zu Ende, wieder lädt er mit längerer Pause zu sprechen ein, obwohl er seinen Satz abbricht. Wieder bleibt unklar, ob es sich um einen transition relevant place handelt. Und wieder kontinuiert die Therapeutin, indem sie mit dem letzten Wort des Patienten, „aber", fortfährt.

„Redezuginterne Pausen" (Schegloff 2007) kommen in vielen Dialogen vor, sie erhalten hier die beschriebene Ausgestaltung. Nur ein paar weitere dialogische Sequenzen dieser Art und wir sehen eine Eskalation in dieser Sitzung:

1	P:	also ich versuche da keinerlei Rivalität rein zu bringen aber (-) äh ich nehme das
2		schon wahr wenn das von ihm so zum Beispiel mal ein bisschen kommt also (-) ich
3		hab glaube ich das letzte Mal erzählt von vor zehn Tagen das Wochenende (-) da wo
4		die beiden sehr stark ausgerastet sind so (-) äh (4) da (-) hab ich schon so ein
5		bisschen gedacht er will schon wissen was los ist oder er will irgendwie (6) ja
6		gestern sind wir mit dem (-) gestern, vorgestern? gestern sind wir mit dem Auto äh
7		zum Hockey gefahren weil die beiden jetzt auch mal gucken wollten und sind da
8		mitgefahren u:nd (-) äh da hab ich (.) saß ich vorne und hab den Arm um *Name* (-)
9		ähm Sitz gemacht und da kam von hinten so ein kleiner Klopfer also
10		[(??)]
11	T:	[(??)]
12	P:	[(??)]
13	T:	[(??)] gehn Sie weg von meiner Frau
14	P:	nja, (2) äh also von ihm her sicherlich nicht bewusst sondern es war so von ihm her
15		so ne Art spielen (??) das
16	(3)	
17	T:	hm=hm,

Obwohl der Patient „keinerlei Rivalität" habe „reinbringen" wollen, ist diese doch plötzlich da: Wo die eckigen Klammern für die overlaps stehen, findet ein

Kampf ums Rederecht⁴ statt, den man beim Abhören vom Band nicht verstehen konnte. Jeder setzt zum Sprechen an, aber nur sehr kurz, einer dringt in den Rederaum des Anderen ein und dann inszeniert sich die Rivalität, die bewusst vermieden werden sollte, in der Gesprächsorganisation. Der Raum der Rede, das ist der metaphorische Container, in den die Rivalität „rein" gebracht wird.

Die Äußerungsformate der Therapeutin haben hier die Form von „Quasizitaten" (Buchholz 2003). Sie spricht, als würde sie den Patienten zitieren, als formuliere sie für ihn, was er nur noch nicht sagen könne. Mit dieser hilfreichen Absicht übersieht sie freilich, dass sie es nur falsch machen kann: entweder sie folgt den Hinweisen, dass der Patient weiter sprechen möchte oder aber, dass sie den Turn übernehmen soll – jedesmal könnte der Patient ihr anschließend vorwerfen, dass sie ihn „nicht verstanden" habe. Die Redeübergabe ist höchst ambivalent organisiert.

So wird es unvermeidlich die Therapeutin, die in den Raum der Rede eindringt, die sich das Rederecht unrechtmäßig zu nehmen scheint, der man es deshalb, wie in dem kleinen eskalierenden Redekampf, entwinden darf und die die Schuld auf sich zu nehmen hat, denn sie hat ja „angefangen" – so scheint es jedenfalls aus Sicht des Patienten. (Eine verwandte Beobachtung macht Streeck 2001). Gerade die hilfreiche Absicht trägt hier zum Zusammenprall bei.

6 Beispiel: Autonomie-sensible Motivkonstruktion

Wir entnehmen einem psychoanalytischen Erstinterview mit einem zwangsneurotischen Patienten, der als „Student" bezeichnet wird (Thomä/Kächele 1985), das nächste Beispiel. Der Patient hatte in den ersten Minuten die Vermutung geäußert, seine Zwangshandlungen könnten damit zusammen hängen, dass er als Kind beim Spielen im Wald von anderen Kindern in einen Holzstapel eingesperrt worden sei und nicht heraus gelassen wurde. Kurz nach der Schilderung dieses Erlebnisses zieht er sich in der Sitzung seine Jacke aus und dabei kommt

---

4 Schegloff (1987: 207) beginnt eine Erläuterung sozialer Organisation durch „talk-in-interaction" mit folgender Beschreibung: „When persons talk to each other in interaction, they ordinarily talk one at a time and one after the other. When their talk is not produced serially in this manner, they generally act quickly to restore ‚order'; someone quickly steps in to fill the silence; someone stops talking (or several someones do) to resolve the simultaneous talk; or if two or more of the participants continue talking, their talk takes on a special character of ‚competitiveness' (it is louder or higher pitched, for example)". Dieser Kampf ums Rederecht, diese „competitiveness" ist jener Boxkampf, von dem Bourdieu (2007) gesprochen hatte.

es zu folgender Gesprächssequenz, die wir zunächst isoliert, dann in einem weiteren Kontext analysieren wollen:

1 T: HIER HABEN Sie sich auch schon (1) .hhh fast eingeengt? gefühlt? ↑gerade? und
2   sich dann die Jacke ausgezogen?
3 P: pfff eingeengt? I glaub das war eher die Wärme ja doch (.) klar=

Die vom Therapeuten hier vorgenommene Gesprächsoperation ist heikel. Sie besteht aus drei verschiedenen Komponenten: a) eine durch das Partikel „auch" geleistete kognitive Verknüpfung der Situation des Eingeengtseins im geschilderten Kindheitserlebnis mit der Einengung durch die Gesprächssituation; b) ein konfrontativer Vorhalt mit einer sichtbaren Verhaltensweise in der Sitzung, nämlich dem Ausziehen der Jacke; c) eine Motivkonstruktion, nämlich die Behauptung, dass der Patient sich „fast eingeengt gefühlt" habe, die mit ansteigender Frageintonation formuliert wird.

Schon 1932 hatte Alfred Schütz (1932/1973) zwischen „um–zu" – und „weil"-Motiven unterschieden, die wir in alltäglichen Gesprächssituationen beständig vornehmen. In der Lebenswelt ist die teleologische Formulierung („um zu") nicht verboten, sie koexistiert mit den kausalen Motivbegründungen des „weil". Daran allerdings ist auffallend, dass solche Motiv-Zuschreibungen fast immer nur in Bezug auf die eigene Person gemacht werden. Sind sie an einen anderen adressiert, so fiel Schütz auf, gehen solche Motiv-Konstruktionen meist mit einer negativen Beifügung einher („Das machst Du *nur*, weil..."). Einem anderen Menschen ein Motiv zuzuschreiben, zumal eines, von dem er selbst nichts weiß, ist eine generell sehr heikle Unternehmung. Die Motivkonstruktion wird in aller Regel zurück gewiesen, weil eine solche Konstruktion als autonomieempfindlich gehört wird; der Andere weiß anscheinend besser, aus welchen Motiven das Ich gehandelt hat.

Andererseits ist die Erarbeitung von bislang ich-fremden Motiven eine exemplarische Beschreibung der Aufgabe in „aufdeckenden" Therapieverfahren. Der Therapeut muss geradezu solche Motivkonstruktionen vorbringen und rechnet dann mit einer Abweisung, die aus dem Autonomiebedürfnis des Patienten gespeist wird. Gesagt zu bekommen, *warum* man sich gerade die Jacke ausgezogen hat, stellt insofern ein „respektloses" Eindringen in die Autonomie-Sphäre des Patienten dar – und er reagiert mit einer Abweisung, in dem er ein eigenes Motiv, es sei wegen der Wärme, anfügt. Ob es sich hier in einem klinischen Sinne um eine Rationalisierung handelt, wollen wir dahin gestellt sein lassen. Wir halten fest, dass es in dieser Sequenz der Patient ist, dem das Motiv des Eingeengt-Seins zugesprochen wird.

Hier folgt der gesamte Kontext dieser Sequenz. Der Patient berichtet von seinem neu begonnen Studium, welches er nach dem Abbruch eines Jurastudiums aufnahm:

```
1    P:   un:d da hab ich also viele verschiedene Fächer, (.) dis is schoma (.) für
          mi ganz
2         positiv wenn i net immer auf öin so rumreite muss, gä? =
3    T:                                                          =hm=
4    P:                                                             =exzessiv, (-) i hab auch
5         viele äh angenehme Fächer; (.)
6    T:   ja:?
7    P:   so (.) was weiß ich viele sportliche Sache auch, (.)
8    T:   hm,
9    P:   n Kochkurs und halt so Medienpädagogische Fächer;
10   T:   ↓hm,
11   P:   und des: tut mir eigentlich ganz gut=
12   T:                                       =da können sie sich dann mehr entfalten
13   P:   ja:,
14   T:   da werden sie nicht durch Paragraphen so (--)
15   P:   eingeengt ja (-)
16   T:   HIER HABEN Sie sich auch schon (1) .hhh fast eingeengt? gefühlt?
          ↑gerade? und
17        sich dann die Jacke ausgezogen?
18   P:   pfff eingeengt? I glaub das war eher die Wärme ja doch (.) klar=
19   T:                                                                 =ja:?=
20   P:                                                                      =vermittelt
21        auch irgendwie [so
22   T:                  [ja? ja, hm;
23   (1)
24   T:   so? so? I MEI i könnt mir vorstelln das so der Raum:,
25   P:   der is scho (.) ziemlich klein ja
26   T:   KLEIN (-) dacht ich so: dass sie das Gefühl gekriegt hab[n
27   P:                                                          [aber mit Platzangscht hat
28   des ja ha h aber nicht[s also der könnt auch noch kleiner sein des
29   T:                    [nein
30   P:   würde mir [nichts ausmache
31   T:             [ja, ja, nee; a:ber; (-) vielleicht eingeengt;
32   (1.3)
33   T:   >Ah des< (-) is a Gefühl von mir (.)
34   P:   hm (-)
```

35 T: o::b das:: das wichtig wäre dass sie darauf achten ob sie sich eingeengt fühlen,
36 P: .hh des hab i viel zu lang (.) verna:chlässigt,

Die Bildung der autonomiesensiblen Motivkonstruktion erkennt man deutlich, wenn man sich vergegenwärtigt, wie der Therapeut zunächst den Patienten darauf anspricht, dass er sich „fast eingeengt gefühlt" habe. Die Aussage wird durch das Wörtchen „fast" gemildert, das der Erzeugung einer weichen Konversationsumgebung („soft conversational environment") dienlich ist. Er formuliert die Motivkonstruktion nicht nur weich und in Frageintonation, sondern hebt die Stimme hörbar an bei dem Wort, welches die gegenwärtige Situation mit der erzählten verbinden soll: „gerade" (Zeile 16). Dies könnte sein Bewusstsein über diese heikle Konfrontation verdeutlichen. Die Ablehnung der Motivzuschreibung des Patienten, der eine alternative Motivation anbietet, „die Wärme", führt den Therapeuten dazu, sich Schritt für Schritt auf seine Position zurückzuziehen, jedoch lässt er die Motivzuschreibung als seine Annahme in der Situation bestehen. Am Ende dieses Abschnitts ist es der Therapeut, der sagt: „vielleicht eingeengt. ah des is a Gefühl von mir". Es bleibt dabei kommunikativ unscharf, ob das Wort Gefühl hier die Bedeutung von „es ist mein Eindruck" hat oder ob sich sein Gefühl schon auf die folgende Empfehlung bezieht, nämlich ob es für den Patienten wichtig wäre, auf dieses Einengungsgefühl zu achten. Solche kommunikativen Unschärfen sind bei der Konfliktkommunikation vielfach beobachtet worden (Donnellon/Gray et al. 1986, Donnellon 1996). Die Unschärfe bezieht sich hier auf die Sprecherperspektive und bekommt so eine hintergründige Bedeutung: Das Gefühl des „Eingeengtseins", das zunächst eindeutig dem Patienten zugesprochen wurde, wird hier zurückgenommen; der Therapeut gesteht gleichsam einen Irrtum ein, ohne dass dies ausdrücklich so formuliert wäre – und der Patient kann damit „leben" und seinerseits anschließen mit der Bemerkung, dass er das „viel zu lang vernachlässigt" habe.

7 Die Korrekturmaschinerie

Im zitierten Abschnitt gibt es eine weitere autonomiesensible Konstruktion. Die Motivkonstruktion des Therapeuten, die sich als irrtümlich erwiesen hat, versteht der Patient, nun seinerseits irrtümlich, der Therapeut wolle ihm „Platzangst" nahelegen und reagiert darauf erneut mit einer leichten Irritation und dann einer deutlichen, nicht zu Ende gesprochenen Zurückweisung „aber mit Platzangscht hat des ja ha h aber nicht[s" – man muss ergänzen: „zu tun". Diese Korrektur ist für den Patienten wichtig, weil er sich ohne solche Korrektur „nicht richtig wahrgenommen" sehen müsste und seinerseits ohne solche Korrektur befürchten müsste, dem Therapeuten nicht die nötigen Hinweise für eine „korrekte" Auffassung seiner Störung zu geben. Der Therapeut bestätigt diese Korrektur mit einem „Nein" – auch hier kann ergänzt werden: „das hat nichts mit Platzangst zu tun".

Die Form einer solchen Korrektur durch den Therapeuten erfüllt zweierlei Funktionen:

a. Der Therapeut reagiert autonomiesensibel und nimmt seine Äußerung zurück, als er vom Patienten die entsprechenden Hinweise auf dessen Irritation erhält.
b. Die Zurücknahme selbst ist eine aktive Mitteilung, die den Patienten über die Positionierung des Therapeuten informiert; darüber nämlich, dass dieser bereit ist, seine Autonomie zu respektieren und nicht Deutungsoptionen etwa autoritär oktroyieren würde.

Aus der empirischen Säuglingsforschung ebenso wie aus der Beobachtung von Mutter-Kleinkind-Dialogen (Corrin 2010) weiß man recht gut, dass der weitaus größte Teil der alltäglichen Interaktion mit kleinen Kindern aus solchen „Reparaturen" besteht. Mütter verstehen die Absichten ihrer Kinder manchmal nicht und korrigieren erst nach deren weiterer Unmutsbekundung ihre eigenen Aktivitäten. Ein entsprechender Interaktionszyklus kann als Beitrag zur Entstehung eines „sense of autonomy" gesehen werden; Emde (1988) hat als erster darauf hingewiesen, dass hier schon vorsprachlich ein Modus der „relationship-on-relationship"-Konversation entsteht, der im Feld der entwickelten Sprachlichkeit als „Meta-Kommunikation" bezeichnet würde. In der sozialpsychologischen Spieltheorie hatte bereits Morton Deutsch (1958) darauf hingewiesen, dass selbst unter kommunikativ extrem restringierten Bedingungen, wobei die Spieler nur Züge machen können, ohne einander zu sehen oder zu sprechen, solche stillen Mitteilungen versucht werden, um dem Anderen die eigene Absicht, weiter kooperativ oder kompetitiv zu spielen, mitteilen zu können. Dieser Befund fügt sich nahtlos hier ein; Reparaturen sind nicht „Fehler", sondern selbst wichtige Mittel der autonomiesensiblen Konversation im therapeutischen Gespräch.

Eine solche Analyse bewegt sich auf der inhaltlich-semantischen Ebene und geht weiter zu den wechselseitigen Zuschreibungen und deren Korrekturen und Irrtumsanfälligkeiten. Sie zeigt, wie beide Beteiligte kontinuierlich daran arbeiten, einander ihre wechselseitigen Sprecherpositionen so mitzuteilen, dass gemachte Äußerungen Sinn entfalten und der *gehörte* Mitteilungssinn innerhalb eines Toleranzkorridors vom *geäußerten* intentional mitgeteilten Sinn ratifiziert werden kann. Freilich, jede Äußerung kann „so oder so" verstanden werden; damit Konversation voran schreiten kann, muss jeder Sprecher sich darauf verlassen können, dass ein gewisser Korridor von Übereinstimmung nicht verlassen bzw. rechtzeitig korrigiert wird. Wir sehen hier, wie eine Korrektur gegen die andere gleichsam getauscht wird.

Wir vermuten, dass die „Korrekturmaschine" auf der Basis jener Prinzipien arbeitet, die wir oben für die „Interaktionsmaschine" beschrieben haben.

8 Beispiel: Eindringen

Das folgende Beispiel stammt aus der 152. Psychoanalytischen Sitzung der Patientin Amalie, über die ausführlich Thomä und Kächele (1985) im zweiten Band des Ulmer Lehrbuches berichtet haben. Diese Stunde ist vielfach bereits (Erhardt/Levy et al. 2014, Kächele/Thomä 2003, Deppermann/Lucius-Hoene 2008, Kächele/Albani et al. 2006) untersucht worden. Diese Studien basieren auf der Ulmer Transkription (Mergenthaler/Kächele 1988), die sich allerdings in mancher Hinsicht beim erneuten Anhören der Audio-Aufzeichnungen als korrekturbedürftig erwiesen hat, weshalb wir hier aus einer neu angefertigten Transkription nach GAT-Standard (Hepburn/Bolden 2013) zitieren. Zum Kontext des hier vorgestellten Abschnitts so viel:

Die Patientin leidet an einem sog. Hirsutismus, einer männlichen Körperbehaarung, die medizinisch kaum und kosmetisch nur aufwendig zu behandeln ist. Verzweifelt darüber hatte sie sich in ein Kloster begeben, dies aber wieder verlassen und war Lehrerin geworden und hatte dann von den Möglichkeiten einer psychoanalytischen Behandlung gehört. In deren Verlauf gewinnt sie soviel an Selbstvertrauen und Mut, dass sie nach einer gewissen Zeit die erste sexuelle Beziehung zu einem Mann aufnimmt, in der sie körperliche Freuden entdeckt.

Die 152. Stunde beginnt sie mit einer Traumerzählung, über die sehr viel schon geschrieben worden ist (siehe dazu Buchholz/Spiekerman/Kächele 2015). Sie träumt, sie solle von einem Schwarzen von hinten mit einem Messer erdolcht werden und dabei sei ihr der Rock nach oben gerutscht. Angstvoll sei sie erwacht.

Während sie in dieser Traumerzählung Opfer einer männlichen Aggression zu sein scheint, wendet sich das Blatt; im Verlauf der Sitzung kommt sie immer mehr dazu, dass sie in den Kopf des Analytikers eindringen möchte. Sie möchte, wie sie rhythmisch sprechend betont (vgl. Buchholz/Spiekermann/Kächele in Druck) in den Kopf des Analytikers eindringen und in dieser Schilderung ihres Wunsches changiert sie schillernd zwischen einem metaphorischen und dinglichen Gebrauch des Wortes „Kopf". Es ist keineswegs nur so, dass sie in „die Gedankenwelt" ihres Analytikers eindringen möchte, sondern durchaus real in den Kopf. Sie kann eine „alte Geschichte" erinnern mit ihrem Vater, der immer viel zu weich gewesen sei:

```
1   P:  is ne ganz alte Befürchtung (3) dass Sie's nicht aushalten mein Vater hat
        ja nie was [ausgehalten
2   T:             [Ja:
3   (2)
4       Sie glauben gar nicht wie weich mein Vater [ist
5   T:                                             [mhm
6   (2)
7   P:  nix hat der ausgehalten=
8   T:                          =aber umso mehr ist dann wichtig ob mein Kopf
    noch
9       wirklich hart ist! Das steigert ja dann auch di::e (1) äh (.) >Härte des
        Zupackens.<
10  P:  hhhh
11  T:  de:nn wenn er hart ist dann muss man ja noch:: dann kann man ja eher
        aus=raus (.) kriegen ja! wie hart ist er nun nicht wahr?
12  P:  °ja° ja und man kann härter zupacken und=
13  T:                                           =Gena:u=
14  P:                                                  =Ja!=
15  T:                                                       =mh mh mh
16  P: und kann besser (1) bis aufs Messer kämpfen
```

Das Messer wird hier von den Beteiligten nicht, wie es vielleicht eine vulgäre Lesart der Psychoanalyse nahelegen könnte, als Sexualsymbol verstanden, sondern durchaus von der Patientin als Angriffswaffe in den Zusammenhang des Traums gebracht. Während sie jedoch während der Traumerzählung passiv das Messer fürchtet, wechselt sie ihre emotionale Positionierung hier. Ihr Wunsch nach einem Vater, der etwas ausgehalten hätte, wird vom Therapeuten nicht nur anerkannt, sondern er bietet sich gleichsam als „Sparringspartner" an (ab Zeile 6). Wenige Sätze später möchte sie in den Kopf des Therapeuten eindringen, als sie davon spricht, sie begegne manchmal auch anderen Menschen und betrachte deren Köpfe:

```
1   P:  schon ganz schlimm! Dann bin ich ja= [und hab andere Kö[pfe vermessen
2   T:                                       [JA               [mm mm  mh
3   P:  das hab ich (1) vielleicht im Studium mal getan
4   T:  Ja
5   (-)
```

6	P:	da hatt ich so ne Zeit
7	T:	Ja
8	P:	und das kam jetzt auch wieder (--) eben durch Sie ausgelöst worn
9	T:	hm hm
10	P:	und DA =will=ich=so ein GANZ (.) kleines bisschen (.) n Loch in den Kopf (.) in den
11	T:	°mhm°
12	P:	Kopf! In den Kopf (.) schlagn=
13	T:	=mhm ja=
14	P:	=und da ein bisschen was von=von °meinen
15		Gedanken rein tun° °°so.°° das kam mir
16	T:	mhm
17	P:	neulich (--) ob ich nicht ein bisschen IHR=Dogma (.) gegen MEINS austauschen kann
18	T:	mhhhh.=mm ((ansteigende Intonation))
19	P:	So=wie
20	T:	ja
21	P:	so=wie
22	T:	ja
23	P:	hhhh. So=wie Si::e (3) ich mir °vorstellen °°kann°°
24	(-)	
25	P:	Ihr Dogma in meins (1) rein zu tun
26	(2)	
27	P:	und dann ging es mit dem Kopf leichter zu sagen als
28	(2)	
29	T:	Ja
30	P:	ich hab's mir schon am (2) Mittwoch
31	T:	mhm
32	P:	°°gesagt°°
33	T:	Und dann wäre auch=wäre auch die Intensivierung Ihres Gedankens ins Kloster zu
34		gehen eine Möglichkeit mich herauszufordern zu einem Kampf
35	P:	mhm
36	T:	um Sie (.) nämlich zum Kampf der auch (.) bei dem Sie dann FEST=gehalten wür=den
37	(.)	
38	P:	hhhh
39	T:	nicht=nur selbst (.) FESThalten und ausprobieren wie wie
40		[>>°wieviel=ich=aushalt[e°<<

41	P:	[hhhh	[Ja
42	T:	sondern dass ich dann auch ENDLich! (1) in dem Kampf zeige wie!=sehr mir (.)	
43		daran=gelegen ist! dass Sie (.) NICHT ins Kloster geh[en sondern=der Welt	
44	P:		[zu meiner Mutter
45	T:	erhalten bleiben	
46	P:	ohja wahrscheinlich schon	

Die im Zusammenhang kommunikativer Gewalt stehende Stelle ist jene hier kursiv gesetzte Passage, in der sie rhythmisch akzentuiert wiederholend davon spricht,

1.	P:	und DA =will=ich=so ein GANZ (.) kleines bisschen (.) n Loch in den Kopf (.) in den
2.	T:	°mhm°
3.	P:	Kopf! In den Kopf (.) schlagn=
4.	T:	=mhm ja=

Fraglos sind solche Äußerungen der Patientin, löste man sie von ihrem Kontext, gewaltaffin. Die Formen der Äußerungen des Therapeuten jedoch machen es möglich, dass diese Gewalttätigkeit, vor der die Patientin sich träumend noch gefürchtet hat, ihr nun zugänglich wird als ein Bereich *eigener* Aktivität. Der Therapeut sieht sich bei Amalie ganz offensichtlich als aktiv Beteiligter am Prozess und schneidet seine Äußerungen so zu, dass sie als prozess-generiert auch von der Patientin gehört werden können. Die therapeutischen Äußerungen sind keine vorab schon bereitliegenden „Interventionen" für ein vordefiniertes „Problem".

Die Konversation löst hier ein wichtiges Problem: Einerseits suchen Menschen den Therapeuten wegen krankheitswertiger Störungen auf und erwarten, dass er eine Methode zur Heilung oder Linderung kennt. Andererseits wäre eine solche Behandlung des Patienten, die in ihm überwiegend kategorial einen „Fall von...(Angst, Depression, Zwang etc.)" sieht, geeignet, das therapeutische Bemühen von vorneherein zum Scheitern zu bringen. Der Patient müsste sich bei einer solchen kategorial-typisierenden Einordnung gerade in seiner individuellen Einmaligkeit und Besonderheit verfehlt fühlen. Die prozessgenerierten therapeutischen Äußerungsformate bewältigen dies Problem hier auf elegante Weise. Sie verwenden eine Form, die weniger als Rat oder Initiative daher kommt, sondern eher als jedesmalige konversationelle Antwort auf eine Thematisierung der Patientin. Sie kann sich als individuell-einmalig, nicht als „allgemeiner Fall" wahrgenommen sehen – und das ist eine autonomiesensible therapeutische Aktivität.

Die Patientin ihrerseits öffnet Bedeutungszugänge und akzeptiert deren Öffnung durch den Therapeuten, der am Ende des gezeigten Abschnitts davon spricht, dass die Patientin ihn in einer bestimmten Position sehen möchte – als den, der zeigt, was ihm an ihr gelegen sei. In der Andeutung, ihm möge daran gelegen sein, dass sie nicht ins Kloster gehe, sondern der Welt erhalten bleibe, bereitet sich das Thema von Liebe und Sexualität allmählich vor.

Die Ko-Konstruktion des empathischen Prozesses lässt sich hier en detail nachvollziehen. Die begleitenden, sehr reichhaltig modulierten prosodischen Äußerungsformate des Therapeuten werden wir in einer späteren Untersuchung genauer betrachten; ihre Form scheint vor allem die Funktion zu haben, der Patientin mitzuteilen, dass der Therapeut sich nicht ängstigt. Seine Angstfreiheit trotz gewaltaffiner Äußerungen der Patientin avanciert hier zu einer Bedingung dafür, dass die Gewaltsamkeit sich wandelt; man sieht sehr schön, wie Gewalt eine konversationelle Ko-Konstruktion wäre, an der ein Therapeut auf die eine oder eben auf die andere Weise beteiligt sein kann. Diese andere Weise hatte immer schon den Namen der Empathie bekommen, die hier als eine gegen das Entstehen von Gewalt realisierte Position beobachtet werden kann. Wir wollen zu einem nächsten Beispiel kommen, bei dem die Empathie mild „geblendet" wird, um von da aus zum Beispiel einer kommunikativen „Blendgranate" überzugehen.

9 Empathie-Blender

In jüngerer Zeit hat auch die *theoretische* Entwicklung nachvollzogen, was in dieser schon Anfang der 1970er Jahre durchgeführten Psychoanalyse *praktiziert* worden ist. Die Entdeckung der Spiegelneuronen (Ferrari/Gallese 2007, Gallese/Goldman 1998) hatte hier ebenso wichtige Impulse gegeben wie die Auseinandersetzung mit der Theory-of-Mind-Theory (Stueber 2006, Breithaupt 2009, Breyer 2013). Den gemeinsamen Fokus der Kritik, die an diesen Forschungen geübt wird, könnte man darin sehen, dass bislang Empathie als „Einbahnstraße" aufgefasst wurde. Die experimentellen Designs waren so angelegt, dass kaum herausgestellt werden konnte, dass richtig verstanden zu haben auch dem Empathisierenden so existentiell bedeutsam sein muss wie dem, der verstanden wird (Schlicht 2013). Empathie ist kein epistemologischer, sondern ein mutueller Prozess existentiellen Engagements, zu dessen Mitteln auch Musikalität – etwa die beschriebene Rhythmizität oder die melodische Prosodie des Therapeuten bei Amalie – gehört (weiterführend dazu Buchholz 2014). Es muss auch dem Therapeuten wichtig werden, dass seine Patientin versteht, wenn er sie zu verstehen sucht.

Empathie als gemeinsam erzeugter kommunikativer Prozess tritt somit an die Stelle einer „Einbahnstraßen"-Theorie der Empathie, wobei der eine mittels besonderer Fähigkeiten sich in die andere einfühle. Empathie wird als konversationelle Ko-Produktion verstanden, die die im Gespräch Beteiligten miteinander aufbauen. Heritage (2011) beschrieb solche Ko-Produktionen in Alltagsgesprächen und veranschaulichte Strategien der Gesprächsteilnehmer, um auf verschiedene Arten entweder andere dazu zu bringen, sich auf ihre Erzählungen einzustellen, oder Strategien, um auf bestimmte Erzählungen zu reagieren. Eine solche konversationelle Strategie der Hilfsnachfragen (engl. „ancillary questions") beschreibt etwa interessierte Nachfragen, die erkennbar dem Ziel dienen, dass der Hörer sich eine angemessene Vorstellung vom erzählten Geschehen machen kann; eine andere Strategie sind jene schon von Goffman (1978) beschriebenen „response cries", mit denen man reagiert, wenn man von den schmerzlichen Eingriffen beim Zahnarzt hört.

Solche alltäglichen Muster lassen sich auch in Therapiegesprächen finden, aber mit ihnen ist die Gesamtarchitektur der Empathie in therapeutischen Sitzungen nicht annähernd vollständig beschrieben. Hier wollen wir deshalb ein Beispiel anführen, in dem der Patient es dem Therapeuten geradezu erschwert, eine geschilderte Situation nachzuvollziehen. Strenger formuliert kann man dies auch als „Empathie-Blendung" benennen. Wenn Empathie als Antipode von Gewalt angesehen werden soll, gehören solche Beispiele auch in den Zusammenhang kommunikativer Gewalt.

Auch der hier herangezogene Ausschnitt stammt aus dem therapeutischen Erstgespräch des Ulmer „Studenten". Nach einer kurzen Begrüßung beginnt der Patient dem Therapeuten seine Symptome zu schildern. Er beschreibt seinen Zwang mit den folgenden Worten:

1. P: [(ja so)]=verhalten also so Kontrollzwang (--) und wenn i ja so (.) zum Beispiel (.) aus
2.   der Haustür rausgeh (.) >dann net< aber wenn ich reinngeh
3.   [dann guck i nach hinten=
4. T: [hm: =ja
5. P: und kontrolliere ob i auch nichts vergesse hab oder so

Der Patient möchte seinen Kontrollzwang anhand einer beispielhaften Situation beschreiben: „wenn i ja so (.) zum Beispiel". Dieser Ankündigung folgt ein Bild, dass er „aus der Haustür rausgeh". Nach einer Mikropause folgt eine scheinbare Korrektur und ein neues Bild seiner Situationsbeschreibung, wenn er „reingeht" in die Haustüre, entsteht. Dabei ist die Korrektur des ersten Bildes bzw. die Verneinung des ersten Beispiels „dann net" so gesetzt, dass sie erst nach einer Mikropause und in direktem Anschluss an das darauffolgende Bild angeführt wird. Hier entsteht eine Irritation durch die Unschärfe des präsentierten Bildes und der damit intendierten Einladung, sich seine Symptomatik buchstäblich vor Augen führen zu können: es bleibt unentscheidbar, ob er nun beim Rausgehen oder beim Ins-Haus-gehen seinen Kontrollzwang ausführt. Dieses Mismatch oder die Inkongruenz von vorgegebener Intention und Handlung und die daraus resultierende Irritation beschreiben Greenspan und Shanker (2007) und Buchholz (2014) eindrücklich.

Die Form dieses ambigen Äußerungsformats hat eine Funktion, der Therapeut reagiert irritiert, der weitere Gesprächsauszug in seinem Verlauf zeigt sein Bemühen, mit dem Mittel der Hilfsnachfragen sich ein zutreffendes Bild zu verschaffen – und wie er daran scheitert:

1. P: [(ja so)]=verhalten also so Kontrollzwang (--) und wenn i ja so (.) zum Beispiel (.) aus
2. der Haustür rausgeh (.) >dann net< aber wenn ich reinngeh
3. [dann guck i nach hinten=
4. T: [hm: =ja
5. P: und kontrolliere ob i auch nichts vergesse hab oder so
6. T: wenn Sie reingehen in die Haustü[re
7. P: [Ja wenn ich rausgeh net=
8. T: =dann: kontrolliern Sie
9. was;
10. (1.2)
11. P: ja was, also .hh
12. T: und wohin gucken Sie da? wenn Sie?
13. P: aufn Bode, (.) in der Regel
14. T: von draußen also draußen gucken [Sie?
15. P: [nee von dri >>also i geh scho in die Tür hinei
16. oder so<< [oder (.)vor der Tür eben
17. T: [hm   hm
18. P: dis wär jetz a ganz konkrete Sache
19. T: ↑hm hm

Der Therapeut versichert sich noch einmal, ob er sein Gegenüber richtig verstanden hat „wenn Sie <u>rein</u>gehen in die Haustü[re" (Zeile 6), der Patient äußert sich wieder mit dem irritierenden gegensätzlichen Bild „Ja wenn ich rausgeh net" (Zeile 7). Die Form der Zustimmung mit einem „Ja" muss den Therapeuten glauben lassen, das Zwangssymptom trete auf beim Reingehen, der nachfolgende Satzteil lässt offen, ob das „net" als ein tag[5] oder aber als Verneinung verstanden werden soll. Dieses „Spiel" geht in Zeile 14 weiter, der Therapeut fragt nach der Richtung „von draußen also draußen gucken Sie?" wobei auch hier unklar ist, ob er sich die Blickrichtung *von* draußen oder *nach* draußen vorstellt. Dieser Unklarheit begegnet der Patient wiederum mit einer neuen Perspektive „nee von dri >>also i geh scho in die Tür hinei" und löst wiederholend eine Irritation durch eine neue Sichtweise aus, „vor der Tür eben" (Zeile 16). Die zusammenfassende Bemerkung in Zeile 18 „dis wär jetzt a ganz konkrete Sache" mutet fast ironisch an und der Therapeut scheint diese ungewollte unkonkret „konkrete Sache" in dem hochangesetzten doppelten „hm hm" zu beantworten.

Solche Beispiele sind in therapeutischen Konversationen nicht selten, aber bisher u.W. nicht untersucht. Es handelt sich um ein mildes Beispiel einer empathischen Blendung; dem Therapeuten wird es gleichsam nachhaltig erschwert, sich die Situation, in der die Zwangssymptomatik des Patienten auftritt, mit dem inneren Sinn vorstellen zu können. Der Therapeut kann nachvollziehend gleichsam nicht „sehen", was da geschieht; seine Bemühung um Aufklärung mit Hilfe von nachfragenden „ancillary question" werden in einem ganz alltagspraktischen Sinn – hier unempathisch vonseiten des Patienten – abgewiesen; der Therapeut gibt an dieser Stelle auf und verschiebt seinen Klärungsbedarf auf einen späteren Zeitpunkt.

Solche Strategien sind ebenfalls nicht selten, in der therapeutischen Welt bekannt, jedoch nicht beschrieben. Wir wollen hier aus unserer Straftäterstudie (Buchholz/Lamott/Mörtl 2008) ein sehr viel drastischeres Beispiel einer „kommunikativen Blendgranate" anschließen, um daran deutlich zu machen, wie in therapeutischen Situationen manchmal Dinge geschehen, für die das Schema von Heritage (2011) nicht ausreicht. Kurz zum Kontext dieser Studie. Die Sexualstraftäter wurden nach aufwendigen gutachtlichen und staatsanwaltlichen Überprüfungen für eine sozialtherapeutische Station innerhalb des Gefängnisses zugelassen, nachdem ihre Prognose als hinreichend aussichtsreich beurteilt worden war. Hier nehmen sie an einer vollständig videografierten Gruppentherapie teil (Details bei Buchholz et al. 2008). Die Therapeuten regen die Teilnehmer u.a. an, ihre Tatnarrative zu entfalten, also zu berichten, wegen welcher Taten sie verurteilt im Gefängnis sitzen.

---

5 Als „tags" werden in der Konversationsanalyse jene „sweet little nothings" bezeichnet, mit denen in der Konversation Zustimmung eingefordert wird; andere Beispiele sind „gell", „ne?", das englische „isn't it", das schweizerische „oder?" etc. (vgl. Jefferson 2012).

Im Beispiel handelt es sich um das Gespräch *nach* einer solchen Erzählung; ein Gruppenmitglied, Sepp, stellt dem Erzähler Otto eine Nachfrage im Anschluss an dessen Tatnarrativ. Daraus war hervorgegangen, dass dem Erzähler Otto verboten ist, mit seinem Sohn Kontakt aufzunehmen.

1. Sepp B.: Mich würde interessieren (-) mit deinem Sohn. Warum darfst du
2. den erst,
3. wenn er 18 ist, sehen? Oder
4. (.)
5. Otto O.: Weil es passiert ist mit meinem Sohn=
6. Therapeut K.: =Was is passiert?
7. (1)
8. Otto O.: Seit ich ihn mal äh missbraucht [habe missbraucht habe (.)
9. Therapeut K.: [Bitte?
10. Otto O.: Obwohl es nicht stimmt (-) Er war nur dabei gewesen.
11. Therapeut K.: Er war dabei?
12. Otto O.: Er war dabei gewesen.
13. Therapeut K.: Dabei gewesen
14. Otto O.: Gut, ich erzähle noch einmal wie es passiert ist mit meinem Sohn. A:lso::
15. Therapeut K.: Das ist ja vielleicht auch wichtig.

Sepps Frage nach dem Narrativ zeigt (Heritage 2011, 2012, 2013) seinen „knowledge"-Status als K- (K minus) an; er zeigt mit der Frage, dass er etwas noch nicht verstanden hat bzw. nicht weiß. Auf eine solche Frage würden wir eine Information erwarten, die die beiderseitigen Wissensbestände so ausgleicht, dass der Fragende auf ein gleiches Wissensniveau wie Otto kommt. Etwa eine Äußerung von der Art: „weil das Gericht es untersagt hat" oder ähnliches. Otto aber bricht in die redezuginterne Pause nach dem „Oder" ein und liefert mit „Weil" beginnend eine Erklärung, die mit der Formulierung, „weil es passiert ist" sogleich eigene Akteurskompetenz verneint. Mit einem schnellen Anschluss reagiert darauf der Therapeut und jetzt wechselt Otto in ein Redeformat, das die eigene Akteurskompetenz anerkennt. Er sei es, der den Sohn missbraucht habe. Damit ist der Grund für das Besuchsverbot immerhin angedeutet.

Halten wir einen Augenblick hier inne. Otto antwortet auf Sepps Frage mit einer Kategorisierungsaktivität, die eher auf ihn bezogen ist als auf eine Veränderung des Wissensstatus des Fragenden. Im gleichen Zug referiert er auf sich selbst als einen Nicht-Beteiligten; er beginnt eine komplexe Transformation seiner Position innerhalb der juristischen Agenda: er wandelt sich vom Täter zum Zeugen. Auf diese Irritation, so kann man nun vermuten, reagiert der Therapeut mit dem

Overlap des „Bitte?" und Otto antwortet, als hätte der Therapeut schlecht gehört: er wiederholt den letzten Teil seiner Rede und fügt an, dass „es nicht stimmt". Der Sohn sei „nur dabei gewesen".

Wenn man Kindern zuhört, wie sie etwa sagen „Du bist wohl ma der Räuber", dann kann man die Kategorisierungsaktivitäten genau beobachten. Der Andere wird *als* „Räuber" kategorisiert, aber eben „nur zum Spaß". Die Kategorie des Spaßes wird durch die kleinen Partikel „wohl" und „ma" indiziert – man lasse sie gedanklich einmal weg und merkt sofort die Differenz.

Im Beispiel von Otto lasse man in Gedanken einmal das Partikel „nur" beiseite – dann wäre der Satz vollkommen trivial: dass jemand bei seinem eigenen Missbrauch dabei gewesen ist, kann unterstellt werden. Welche Last trägt das „nur"? Das „nur" indiziert eine Veränderung im Status des Sohnes, auch er avanciert von einem Opfer zu einem Zeugen, der „nur dabei gewesen" ist und die Art des Dabeigewesenseins transformiert sich in eine Art zufälliger Zeugenschaft. Diese Transformation in seiner Position wird seit Goffman als „footing" bezeichnet; man gerät gleichsam „auf anderen Fuß" miteinander (Goodwin 2007).

Diese Art der Analyse könnte verständlich machen, wie der Therapeut nun anschließt. Er reformuliert „Er war dabei?" und es kommt zu einer kleinen konversationellen Rochade dieser drei Worte; dreimal hintereinander wechseln Frage und Antwort mit gleichem Inhalt ab. Das hat einen bestimmten Effekt. Otto wird durch dieses komplexe konversationelle Manöver in eine Sprecher-Position *als Zeuge* eingerückt, während er zuvor von Sepp *als Täter* angesprochen worden war. Und noch mehr: die Sprecherposition als Zeuge wird vom Therapeuten ratifiziert, der sich in eine Zuhörerposition zurückzieht.

Bespricht man solche Szenarien mit anderen Therapeuten, ist es nicht ganz selten, dass diese den Kopf schütteln und sich wundern, dass der Therapeut das nicht mitbekommen habe. Man darf jedoch sicher sein, dass jedem therapeutisch Tätigen solche Dinge in der therapeutischen Praxis mehrfach täglich passieren; wir sprechen dann vielleicht von einem Angriff auf das Denken oder auf Verbindungen, ohne dass u.W. bislang je analysiert wurde, *wie* (die Frage nach der Form) solche Angriffe eigentlich genau ablaufen. Wenn ihnen eignet, dass man sie *als Teilnehmer* an einem solchen Gespräch *nicht mitkriegt*, dann – *kriegt man sie nicht mit*. Jedenfalls solange nicht, als man keine Transkripte, sondern nur Protokolle aus dem eigenen Gedächtnis, angefertigt möglicherweise nach einem langen Praxistag, zur Grundlage seiner Analysen macht.

Es sind jedoch diese Arten von kategorialen Verwirrungen, mit denen die therapeutische Hermeneutik kraftvoll außer Vollzug gesetzt wird. Die Theorie beschreibt das als „Angriff auf das Denken" (Bion 1963). Das beschreibt die *Funktion*. Unbewusstes und Abwehrmanöver finden jedoch erkennbar nicht in der Tiefe des Intrapsychischen, sondern in der Interaktion des *sozialen Unbewussten*, in konversationeller Inszenierung statt, die verstehende, hermeneutik-basierte Antwort-Möglichkeiten buchstäblich blendet. Aber es ist nicht so, dass dieses Unbewusste nur erschlossen werden müsste; das Beispiel zeigt präzise, dass es an der sicht- und hörbaren Oberfläche der Konversation erscheint, wenn man sich nur genau genug auf die Details einlässt (Buchholz 2011).

10 Abschließende Bemerkung

Bewusst haben wir uns in der Auswahl der Gesprächsauszüge auf solche beschränkt, in denen Gewalt innerhalb der sprachlichen Interaktion zu beobachten ist. Hier geht es weniger um Schadenszufügungen durch intime Grenzverletzungen, sondern um Feinheiten im therapeutischen Gespräch, bei denen die Verhandlung von Nähe und Distanz, die Rollen von „führen und folgen" und die Gestaltung der professionellen Beziehung von zentraler Bedeutung sind. Therapeut und Patient bewegen sich in einem konversationellen Feld, innerhalb dessen Rahmung sie ihre Positionen wechselseitig beeinflussen. Irritationen werden erzeugt durch inkongruente sprachliche Hinweise, z.B. durch ansteigende Intonation, die ein Weitersprechen andeutet, jedoch gefolgt von einer sehr langen Pause, welche wiederum dem anderen eine Turn-Übernahme signalisiert. Solche sprachlichen Feinheiten bilden einerseits die Beziehungsgestaltung ab und andererseits *etablieren* sie ein bestimmtes Beziehungsklima. Die Korrekturen, die innerhalb solcher Interaktionen vorgenommen werden, können neue Beziehungserfahrungen ermöglichen und je nachdem, was ihnen folgt, die therapeutische Beziehung stärken oder schwächen. Intentionen und innere Haltungen werden gegenseitig ermittelt und vermittelt, wobei sich ein gemeinsames empathisches Fundament bilden kann, auf dem interaktiv-sprachliche Gewaltakte ausbalanciert werden können, die das Fundament einerseits beeinflussen und andererseits von ihm getragen werden, wie am Beispiel von Amalie und der autonomiesensiblen Motivkonstruktionen gezeigt werden konnte. Welchen Einfluss diese sprachlichen Konversationen im therapeutischen Prozess haben, muss durch weitere Forschungen untersucht werden. Von Bedeutung dürften auch die kommunikativen „Blendungen" werden; sie sind mehr als „Gesichtswahrungen" im Sinne von Goffman (1955). Gesichtswahrungen sind defensive Manöver, die den eigenen Status gegen Beschämungsgefahren absichern; „Blendungen" hingegen sind an andere adressierte, gewalttätige Akte, die den verstehenden Nachvollzug durch den Anderen blockieren und dadurch etwas beschädigen. „Blendungen" sind im therapeutischen Prozess bislang nicht untersucht worden; hier werden Antworten erforderlich, die das Verstehen von Therapie als einem rein hermeneutik-analogen Verstehensprozess weit überschreiten. Die detaillierte konversationsanalytische Betrachtung macht sichtbar und belegt, was in der Therapeutik meist unter allgemeineren, auch etwas globaleren Konzepten (Übertragung/Gegenübertragung, Widerstand, projektive Identifizierung, Angriff auf das Denken etc.) verhandelt wird. Auch wenn wir von groben Gewaltformen ausgegangen sind, so haben unsere Beispiele zum „pull of hostility" (Lippe et al. 2008) doch zeigen können, wie komplex die notwendige Gratwanderung zwischen autonomiesensibler Konfrontation und verbalem Übergriff sich gestaltet. Das Thema sollte aus der Skandalisierung gelöst werden. Wie patientenseitige Aggressivität durch glückliche Handhabung eines erfahrenen und geschickten Therapeuten in einen, hört man nur das Band ab, beinah zarten „Ton" überführt werden kann, zeigt das Beispiel von Amalie. Dass manche „Blendungen" die so sehr erwünschte Empathie aktiv behindern, konnte an anderen Beispielen gezeigt werden. Weitere Forschungen werden die genaueren Bedingungen zu klären haben.

11 Anhang – Transkriptionskonventionen

((wort))	Kommentare des Transkribenten und nonverbale Geräusche
[	Überlappungen und Simultansprechen, Beginn markiert durch eckige Klammer, Überlappung endet mit jeweiligen Worten im Schriftbild. Bei abweichendem Schriftbild wird die Klammer an entsprechender Stelle geschlossen.
=	Direkter Redeanschluss
(.)	Mikropause
(-)	kurze Pause (ca. 0.25 -.50 Sek.)
(--)	mittlere Pause (ca. 0.50 Sek.)
(---)	längere Pause (ca. 0.75 -.95 Sek.)
(2.0)	gemessene Pause in Sek.
: ; :: ; :::	Dehnung, Längung, werden je nach Dauer durch Doppelpunkte angezeigt
WORT	wenn das ganze Wort laut gesprochen wird
°wort°	Wort oder Phrase wird leise gesprochen
!	Ausruf, Emphase
?	hoch steigende Intonation, Frageintonation
,	mittel steigende Intonation
;	mittel fallende Intonation

.	fallende Intonation
↑	auffälliger Tonhöhensprung nach oben
↓	auffälliger Tonhöhensprung nach unten
Wort oder wort	Ein Wort oder nur ein Teil des Wortes wird betont
>wort<	Wort oder Phrase wird schnell
>>wort<<	sehr schnell gesprochen
<wort>	Wort oder Phrase wird langsam;
<<wort>>	sehr langsam gesprochen
wort=wort	Worte werden zusammengezogen als wären sie eins, z.B. un=dann oder wenn Worte sehr schnell aneinander gedrängt gesprochen werden
.h	deutliches Einatmen, je nach Dauer wenn 0.80s dann .hhh
h	deutliches Ausatmen, je nach Dauer

Literatur

Aho, James (2013): *Randall Collins: Violence: A Micro-Sociological Theory*. Buchbesprechung. In: *Human Studies*, 36/1, 149–151.

Anderson, Craig A./Bushman, Brad J. (2002): „Human Aggression". In: *Annual Review Psychology* 53, 27–51.

Benjamin, Lorna Smith (1974): „Structural Analysis of Social Behavior (SASB)". In: *Psychological Review* 81, 392–425.

Bergmann, Jörg R. (1980): *Interaktion und Exploration. Eine konversationsanalytische Studie zur sozialen Organisation der Eröffnungsphase von psychiatrischen Aufnahmegesprächen.* Unveröff. Diss., Konstanz.

Bion, Wilfred R. (1963): „Eine Theorie des Denkens". In: *Psyche – Z psychoanal* 17(7), 426–435.

Bourdieu, Pierre (1987): *Sozialer Sinn. Kritik der theoretischen Vernunft*. Frankfurt a.M.: Suhrkamp.

Bourdieu, Pierre (1990): *Was heißt Sprechen? Zur Ökonomie des sprachlichen Tausches*. Wien: Wilhelm Braumüller Universitäts-Buchhandlung.

Braten, Stein (2007): „Introducing the Matrix and Multiple Layers of Intersubjectivity and Empathy". In: Stein Braten (Hg.): *Advances in Consciousness Research: v. 68. On Being Moved. From Mirror Neurons to Empathy*. Amsterdam, Philadelphia: John Benjamins, 1–21.

Braten, Stein (2009): „The Intersubjective Mirror in Infant Learning and Evolution of Speech". In: Stein Braten (Hg.): *Advances in Consciousness Research*: v. 76. Amsterdam, Philadelphia: John Benjamins.

Breithaupt, F. (2009): *Kulturen der Empathie*. Frankfurt a.M.: Suhrkamp.

Breyer, Thiemo (Hg.) (2013): *Grenzen der Empathie. Philosophische, psychologische und anthropologische Perspektiven*. München: Wilhelm Fink Verlag.

Buchholz, Michael B. (1993): „Metaphern in der ‚talking-cure' – die Rhetorik der ‚Arbeit am Widerstand'". In: Michael B. Buchholz (Hg.): *Metaphernanalyse*. Göttingen: Vandenhoeck & Ruprecht, 171–208.

Buchholz, Michael B. (1993): „Supervision in (de-)konstruktivistischer Absicht". In: Michael B. Buchholz (Hg.): *Metaphernanalyse*. Göttingen: Vandenhoeck & Ruprecht, 121–152.

Buchholz, Michael B. (1996/2003²): *Metaphern der ‚Kur'. Qualitative Studien zum therapeutischen Prozeß*. Gießen: Psychosozial-Verlag.

Buchholz, Michael B. (2011): „Körper–Bild–Szene–Geste–Sprechen. Wie alles zwangslos auseinander hervorgeht". In: *Analytische Kinder- und Jugendlichen-Psychotherapie*, 42(149), 7–35.

Buchholz, Michael B. (2012): „KANAMA–Integration von Konversations-, Narrations- und Metaphernanalyse: Ein Beitrag zur qualitativen Erforschung therapeutischer Gespräche". In: Matthias Ochs/Jochen Schweitzer (Hgg.): *Handbuch Forschung für Systemiker*. Göttingen: Vandenhoeck & Ruprecht, 215–240.

Buchholz, Michael B. (2012): „Mikroprozesse therapeutischer Interaktion studieren! Folgerungen aus Outcome- und Prozessforschung für die professionelle Praxis der Psychoanalyse". In: Brigitte Boothe/Peter Schneider (Hgg.): *Die Psychoanalyse und ihre Bildung*. Zürich: sphères.

Buchholz, Michael B. (2014): „Patterns of Empathy as Embodied Practice in Clinical Conversation – a Musical Dimension". In: *Frontiers in Psychology* 5, 349.

Buchholz, Michael B. (2014): „Die dunkle Seite der Bindungsmetapher. Vorüberlegungen zu Täter-Opfer-Beziehungen aus der Konversationsanalyse". In: Carl E. Scheidt/Gabriele Lucius-Hoene et al. (Hgg.): *Narrative Bewältigung von Trauma und Verlust*. Stuttgart: Schattauer, 135–149.

Buchholz, Michael B. (2014): „Die Feinheiten therapeutischen Sprechens – Konversationsanalyse eines psychoanalytischen Erstgesprächs". In: Irene Bozetti/Antje Niebuhr et al. (Hgg.): *Unerhört – Vom Hören und Verstehen*. Stuttgart: Klett-Cotta.

Buchholz, Michael B. (2014): „Embodiment. Konvergenzen von Kognitionsforschung und analytischer Entwicklungspsychologie". In: *Forum der Psychoanalyse* 30(1), 109–125.

Buchholz, Michael B./Gödde, Günter (2013): „Balance, Rhythmus, Resonanz: Auf dem Weg zu einer Komplementarität zwischen ‚vertikaler' und ‚resonanter' Dimension des Unbewussten". In: *Psyche* 67(9/10), 844–880.

Buchholz, Michael B./Lamott, Franziska/Mörtl, Kathrin (2008): *Tat-Sachen. Narrative von Sexualstraftätern*. Giessen: Psychosozial-Verlag.

Buchholz, Michael B./Reich, Uli (2015): „Dancing Insight. How a Psychotherapist uses Change of Positioning in Order to Complement Split-Off Areas of Experience". In: *Chaos and Complexity Letters* 8, 121–146.

Buchholz, Michael B./Spiekermann, Jane/Kächele, Horst (in Druck): „Rhythm and Blues! Amalie's 152nd session. From Psychoanalysis to Conversation and Metaphor Analysis – and Retour". In: *International Journal of Psychoanalysis*.

Bushman, Brad J./Anderson, Craig A. (2001): „Is It Time to Pull the Plug on the Hostile versus Instrumental Aggression Dichotomy?" In: *Psychological Review* 108, 273–279.

Clayman, Steven E. (2013): „Turn-Constructional Units and the Transition-Relevance Place". In: Jack Sidnell/Tanya Stivers (Hgg.): *The Handbook of Conversation Analysis*. Chichester, West Sussex, UK: Wiley-Blackwell, 150–167.

Collins, Randall (2008): *Violence – A Micro-Sociological Theory*. Princeton, Oxford: Princeton University Press.

Collins, Randall (2009): „The Micro-Sociology of Violence". In: *The British Journal of Sociology* 60, 566–576.

Collins, Randall (2013): „Entering and Leaving the Tunnel of Violence: Micro-Sociological Dynamics of Emotional Entrainment in Violent Interactions". In: *Current Sociology* 61, 132–151.
Corrin, Juliette (2010): „Hm? What? Maternal Repair and Early Child Talk". In Hilary Gardner/Michael A. Forrester (Hgg.): *Analysing Interactions in Childhood. Insights from Conversation Analysis*. Chichester, UK: Wiley-Blackwell, 23–42.
Couper-Kuhlen, Elizabeth (2012): „Exploring Affiliation in the Reception of Conversational Complaint Stories". In: Anssi Peräkylä/Marja-Leena Sorjonen (Hgg.): *Emotion in Interaction*. New York: Oxford University Press, 113–146.
Dausendschön-Gay, Ulrich/Krafft, Ulrich (2002): „Text und Körpergesten. Beobachtungen zur holistischen Organisation der Kommunikation". In: *Psychotherapie und Sozialwissenschaft* 1(4), 30–60.
Deppermann, Arnulf (2011): „The Study of Formulations as a Key to an Interactional Semantics". In: *Human Studies* 34, 115–128.
Deppermann, Arnulf/Lucius-Hoene, Gabriele (2008): „Positionierung als Verfahren der Interaktionskontrolle. Thematisierung, De-Thematisierung und symbolische Aufhebung des Abschieds in der letzten Stunde der Therapie ‚Amalie'". In: *Psychotherapie und Sozialwissenschaft* 10, 21–39.
Deutsch, Morton (1958): „Trust and Suspicion". In: *The Journal of Conflict Resolution*, 2(4), 265–279.
Di Paolo, Ezequiel A./Rohde, Marieke/Jaegher, Hanne de (2011): „Horizons for the Enactive Mind: Values, Social Interaction, and Play". In: John R. Stewart/Olivier Gapenne et al. (Hgg.): *Enaction. Toward a New Paradigm for Cognitive Science*. Cambridge Mass: MIT Press, 33–89.
Egbert, Maria M./Golato, Andrea/Robinson, Jeffrey D. (2009): „Repairing Reference". In: Jack Sidnell (Hg.): *Conversation Analysis – Comparative Perspectives*. Cambridge: Cambridge University Press, 104–132.
Emde, R.N. (1988): „The Effect of Relationships on Relationships: A Developmental Approach to Clinical Intervention". In: Robert A. Hinde/Joan Stevenson-Hinde (Hgg.): *Relationships within Families. Mutual Influences*. Oxford: Clarendon Press, 354–364.
Erhardt, Ingrid/Levy, Raymond A. et al. (2014): „Amalie Xs Musterstunde. Analysiert mit dem Psychotherapie Prozess Q-Set". In: *Forum der Psychoanalyse*, 30(4), 441–458.
Ferrari, Pier Francesco/Gallese, Vittorio (2007): „Mirror Neurons and Intersubjectivity". In: Stein Braten (Hg.): *On Being Moved. From Mirror Neurons to Empathy*. Amsterdam, Philadelphia: John Benjamins, 73–89.Franke, Elk (2008): „Raum–Bewegung–Rhythmus. Zu den Grundlagen einer Erkenntnis durch den Körper". In: Franz Bockrath/Bernhard Boschert/Elk Franke (Hgg.): *Körperliche Erkenntnis. Formen reflexiver Erkenntnis*. Bielefeld: transcript, 15–40.
Frankel, Ze'ev/Levitt, Heidi M./Murray, David M./Greenberg, Leslie S./Angus, Lynne E. (2006): „Assessing Silent Processes in Psychotherapy: An Empirical Derived Categorization System and Sampling Strategy". In: *Psychotherapy Research* 16, 627–638.
Frei, M./Michel, Konrad/Valach, Ladislav (2012): „Humorvolle Taktlosigkeit, Kreditierung interaktiv: ein gesprächsanalytischer Werkstattbericht". In: *Psychoanalyse–Texte zur Sozialforschung* 16 3/4(30), 458–471.
Frei, Michael/Michel, Konrad/Valach, Ladislav (2013): „Humor, Kreditierung und Vertrauensaufbau in einem Erstgespräch nach Suizidversuch. Theoretische und technische Überlegungen zur Verbindung des freudschen Konzepts der humoristischen Einstellung mit dem modernen technischen Konzept der Kreditierung". In: *Forum der Psychoanalyse* 29, 181–200.

Freud, Sigmund (2001): „Vorlesungen zur Einführung in die Psychoanalyse". In: Anna Freud/ Edward Bibring et al. (Hgg.): *S. Freud: Gesammelte Werke in 18 Bänden.* Band 11. Frankfurt a.M.: Fischer.
Gabbard, Glens O. (1994). „Psychotherapists who Transgress Sexual Boundaries with Patients". In: *Bulletin of the Menninger Clinic* 58, 124–135.
Gallese, Vittorio/Goldman, Alvin I. (1998): „Mirror Neurons and the Simulation Theory of Mindreading". In: *Trends in Cognitive Sciences* 2, 493–501.
Goffman, Erving (1978): „Response Cries". In: *Language* 54(4), 787–815.
Goffman, Erving (1955): „On Face-Work. An Analysis of Ritual Elements in Social Interaction". In: *Psychiatry* 18(3), 213–231.
Goldman, Alvin I. (2006): *Simulating Minds. The Philosophy, Psychology, and Neuroscience of Mindreading.* Oxford/New York: Oxford University Press.
Goodwin, Charles (2000): „Die Ko-Konstruktion von Bedeutung in Gesprächen mit einem Aphasiker". In: *Psychotherapie und Sozialwissenschaft* 2, 224–246.
Goodwin, Charles (2007): „Interactive Footing". In: E. Holt/R. Clift (Hgg.): *Reporting Talk. Reported Speech in Interaction.* Cambridge/New York: Cambridge University Press, 16–45.
Goodwin, Charles (2012): „Zeigegesten und kollaborative Bedeutungskonstitution in der Interaktion mit Aphasikern". In: Ruth Ayaß/Christian Meyer (Hgg.): *Sozialität in Slow Motion. Theoretische und empirische Perspektiven.* Festschrift für Jörg Bergmann. Wiesbaden: Springer, 405–419.
Greenspan, Stanley I./Shanker, Stuart G. (2007): *Der erste Gedanke. Frühkindliche Kommunikation und die Evolution menschlichen Denkens.* Weinheim: Beltz Verlag.
Grice, Herbert Paul (1975): „Logic and Conversation". In: Peter Cole/Jerry L. Morgan (Hgg.): *Syntax and Semantics 3: Speech acts.* New York: Academic Press.
Gumbrecht, Hans Ulrich (1995): „1926. Zwei Schlaglichter". In: *Merkur* 49(551), 131–144.
Hepburn, Alexa/Bolden, Galina B. (2013): „The Conversation Analytic Approach to Transcription". In: Jack Sidnell/Tanya Stivers (Hgg.): *The Handbook of Conversation Analysis.* Chichester, West Sussex, UK: Wiley-Blackwell, 57–77.
Heritage, John C. (2011): „The Interaction Order and Clinical Practice: Some Observations on Dysfunctions and Action Steps". In: *Patient Education and Counseling*, 84(3), 338–343.
Heritage, John C. (2007): „Intersubjectivity and Progressivity in Person (and Place) Reference". In: Nick J. Enfield/Tanya Stivers (Hgg.): *Person Reference in Interaction. Linguistic, cultural, and social perspectives.* Cambridge et al.: Cambridge University Press, 255–280.
Heritage, John C. (2011): „Territories of Knowledge, Territories of Experience: Empathic Moments in Interaction". In: Tanya Stivers/Lorenza Mondada et al. (Hgg.): *The Morality of Knowledge in Conversation.* Cambridge, New York: Cambridge University Press, 159–183.
Heritage, John C. (2012): „Epistemics in Action: Action Formation and Territories of Knowledge". In: *Research on Language & Social Interaction*, 45(1), 1–29.
Heritage, John C. (2013): „Epistemics in Conversation". In: Jack Sidnell/Tanya Stivers (Hgg.): *The Handbook of Conversation Analysis.* Chichester, West Sussex, UK: Wiley-Blackwell, 370–395.
Heschen, Claus/Schegloff, Emanuel A. (2003): „Aphasic Agrammatism as Interactional Artifact and Achievement". In: Charles Goodwin (Hg.): *Conversation and Brain Damage.* Oxford, New York: Oxford University Press, 231–283.
Hitzler, Sarah (2013): „Recipient Design in institutioneller Mehrparteieninteraktion". In: *Gesprächsforschung – Online-Zeitschrift zur verbalen Interaktion* 14, 110–132.

Jakobson, Roman (1955): „Aphasia as a Linguistic Problem". In: Heinz Werner (Hg.): *On expressive Language*. Worcester, Mass.: Clark University Press.

Jefferson, Gail (2012): „Das grausige Ne? Eine Untersuchung des Strebens nach Antwort nach der Antwort". In: Ruth Ayaß/Christian Meyer (Hgg.): *Sozialität in Slow Motion. Theoretische und empirische Perspektiven. Festschrift für Jörg Bergmann*. Wiesbaden: Springer, 299–333.

Kächele, Horst/Albani, Cornelia et al. (2006): „The German Specimen Case, Amalia X: Empirical Studies". In: *International Journal of Psychoanalysis*, 87(3), 809–826.

Kächele, Horst/Thomä, Helmut (2003): „Amalie X – Der Verlauf einer psychoanalytischen Therapie". In: Gerald Poscheschnik/Rosita Ernst et al. (Hgg.): *Psychoanalyse im Spannungsfeld von Humanwissenschaft, Therapie und Kulturtheorie*. Frankfurt a.M.: Brandes & Apsel.

Kitzinger, Celia (2013): „Repair". In: Jack Sidnell/Tanya Stivers (Hgg.): *The Handbook of Conversation Analysis*. Chichester, West Sussex, UK: Wiley-Blackwell, 229–257.

Krämer, Sybille (2007): „Sprache als Gewalt oder: Warum verletzen Worte?" In: Steffen K. Herrmann/Sybille Krämer et al. (Hgg.): *Verletzende Worte. Die Grammatik sprachlicher Missachtung*. Bielefeld: transcript, 31–48.

Kupetz, Maxi (2013): „Verstehensdokumentation in Reaktionen auf Affektdarstellungen am Beispiel von ‚das glaub ich'". In: *Deutsche Sprache*, 13(1), 72–96.

Lakoff, George/Johnson, Mark (1998): *Leben in Metaphern – Konstruktion und Gebrauch von Sprachbildern*. Mit einem Vorwort von Michael B. Buchholz. Heidelberg: Carl Auer. (Erstmals: Lakoff, George/Johnson, Mark (1980): *Metaphors We Live By*. Chicago: University of Chicago Press).

Levinson, Stephen C. (2006): „On the Human ‚Interaction Engine'". In: Stephen C. Levinson/Nick J. Enfield (Hgg.): *Wenner-Gren Center International Symposium Series. Roots of Human Sociality. Culture, Cognition and Interaction*. Oxford: Berg Publishers, 39–69.

Lippe, Anna L. von der/Monsen, Jon T. et al. (2008): „Treatment Failure in Psychotherapy: The Pull of Hostility". In: *Psychotherapy Research* 18, 420–432.

Levinson, Stephen C./Enfield, Nick J. (Hgg.) (2006): *Wenner-Gren Center International Symposium Series. Roots of Human Sociality. Culture, Cognition and Interaction*. Oxford: Berg Publishers.

Martinez, Claudio/Tomicic, Alemka/Medina, Lorena (2012): „Dialogical Discourse Analysis of Psychotherapeutic Dialogue: Microanalysis of Relevant Psychotherapeutic Episodes". In: *International Journal for Dialogical Science*, 6(1), 99–121.

Mayer, Andreas (2013): „Grenzen der Empathie im Angesicht von Opazität". In: Thiemo Breyer (Hg.): *Grenzen der Empathie. Philosophische, psychologische und anthropologische Perspektiven*. München: Wilhelm Fink Verlag, 109–136. (= Übergänge Vol. 63)

Mazur, Allan (2009): „A Hormonal Interpretation of Collin's Micro-Sociological Theory of Violence". In: *Journal for the Theory of Social Behavior* 39, 434–447.

Mead, George H. (1934/1973): *Geist, Identität und Gesellschaft*. Frankfurt a.M.: Suhrkamp.

Mellies, Rüdiger/Winnecken, Andreas (1990): „Aphasie und Emotion". In: Konrad Ehlich/Armin Koerfer et al. (Hgg.): *Medizinische und therapeutische Kommunikation*. Opladen: Westdeutscher Verlag.

Menary, Richard (Hg.) (2010): *Life and Mind. The Extended Mind*. Cambridge, MA: MIT Press.

Mergenthaler, Erhard/Kächele, Horst (1988): „The Ulm Textbank Management System: A Tool for Psychotherapy Research". In: Hartvig Dahl/Horst Kächele et al. (Hgg.): *Psychoanalytic Process Research Strategies*. Berlin, Heidelberg: Springer.

Peräkylä, Anssi (2004): „Making Links in Psychoanalytic Interpretations: A Conversation Analytical Perspective". In: *Psychotherapy Research* 14, 289–307.
Peräkylä, Anssi (2013): „Conversation Analysis in Psychotherapy". In: Jack Sidnell/Tanya Stivers (Hgg.): *The Handbook of Conversation Analysis*. Chichester, West Sussex, UK: Wiley-Blackwell, 551–575.
Peräkylä, Anssi/Antaki, Charles et al. (Hgg.) (2008): *Conversation Analysis and Psychotherapy*. Cambridge/New York: Cambridge University Press.
Pfänder, Stefan/Gülich, Elisabeth (2013): „Zur interaktiven Konstitution von Empathie im Gesprächsverlauf. Ein Beitrag aus der Sicht der linguistischen Gesprächsforschung". In: Thiemo Breyer (Hg.): *Grenzen der Empathie. Philosophische, psychologische und anthropologische Perspektiven*. München: Wilhelm Fink Verlag, 433–458. (= Übergänge Vol. 63)
Sacks, Harvey/Schegloff, Emanuel A./Jefferson, Gail (1974): „A Simplest Systematics for the Organization of Turn-Taking for Conversation". In: *Language* 50, 696–735.
Salgado, João/Cunha, Carla/Bento, Tiago (2013): „Positioning Microanalysis: Studying the Self through the Exploration of Dialogical Processes". In: *Integrative Psychological and Behavioral Science* 47, 143–161.
Scarvaglieri, Claudio (2013): *„Nichts anderes als ein Austausch von Worten": Sprachliches Handeln in der Psychotherapie*. Berlin: de Gruyter (= Reihe Germanistische Linguistik Vol. 298)
Schegloff, Emanuel A. (1987): „Between Macro and Micro: Contexts and other Connections". In: Jeffrey C. Alexander/Bernhard Giesen et al. (Hgg.): *The Micro-Macro Link*. Berkeley: University of California Press, 207–236.
Schlicht, Tobias (2013): „Mittendrin statt nur dabei: Wie funktioniert Kognition?" In: Thiemo Breyer (Hg.): *Grenzen der Empathie. Philosophische, psychologische und anthropologische Perspektiven*. München: Wilhelm Fink Verlag, 45–92. (= Übergänge Vol. 63)
Schütz, A. (1932/1973): „,Um-zu'- und ,Weil'-Motive". In: Heinz Steinert (Hg.): *Symbolische Interaktion. Arbeiten zu einer reflexiven Soziologie*. Stuttgart: Klett-Cotta.
Shapiro, Lawrence A. (2011): *Embodied Cognition. New Problems of Philosophy*. London: Routledge.
Sidnell, Jack (2007): „Repairing Person Reference in a Small Caribbean Community". In: Nick J. Enfield/Tanya Stivers (Hgg.): *Reference in Interaction. Linguistic, Cultural, and Social Perspectives*. Cambridge, New York: Cambridge University Press, 281–308.
Sidnell, Jack (2013): „Basic Conversation Analytic Methods". In: Jack Sidnell/Tanya Stivers (Hgg.): *The Handbook of Conversation Analysis*. Chichester, West Sussex, UK: Wiley-Blackwell, 77–100.
Sidnell, Jack/Stivers, Tanya (Hgg.) (2013): *The Handbook of Conversation Analysis*. Chichester, West Sussex, UK: Wiley-Blackwell.
Stivers, Tanya/Enfield, N.J./Brown, Penelope/Englert, Christina/Hayashi, Makoto/Heinemann, Trine/Levinson, Stephen C. et al. (2009): „Universals and Cultural Variation in Turn-Taking in Conversation". In: *Proceedings of the National Academy of Sciences of the United States of America* 106(26), 10587–10592.
Streeck, Jürgen (2012): „Nachhaltige Angst". In: Ruth Ayaß/Christian Meyer (Hgg.): *Sozialität in Slow Motion. Theoretische und empirische Perspektiven*. Festschrift für Jörg Bergmann. Wiesbaden: Springer, 447–462.
Streeck, Jürgen/Goodwin, Charles/LeBaron, Curtis D. (Hgg.) (2011): *Learning in Doing: Social, Cognitive and Computational Perspectives. Embodied Interaction: Language and Body in the Material World*. New York: Cambridge University Press.

Streeck, Ulrich (2001): „‚Ja, genau, genau'. Bestätigungen als Versuche des Patienten, die Kompetenz des Psychotherapeuten als eigene zu deklarieren – eine gesprächsanalytische Untersuchung". In: *Psychotherapie und Sozialwissenschaft* 3, 74–94.

Stueber, Karsten R. (2006): *Rediscovering Empathy. Agency, Folk Psychology, and the Human Sciences*. Cambridge, London: MIT Press.

Thomä, Helmut/Kächele, Horst (1985): *Lehrbuch der psychoanalytischen Therapie*. Bd. 1. Berlin et al.: Springer.

Tress, Wolfgang/Henry, William P./Strupp, Hans Hermann (1990): „Die Strukturanalyse sozialen Verhaltens (SASB) in Ausbildung und Forschung. Ein Beitrag zur ‚funktionellen Histologie' des psychotherapeutischen Prozesses". In: *Zeitschrift für psychosomatische Medizin und Psychotherapie* 36, 240–257.

Tschacher, Wolfgang/Tomicic, Alemka/Martinez, Claudio/Ramseyer, Fabian (2012): „Formen der Synchronie in dyadischer Interaktion". In: Erich H. Witte/Sybille Petersen (Hgg.): *Sozialpsychologie, Psychotherapie und Gesundheit*. Lengerich: Pabst Science Publishers, 38–57.

Vuust, Peter/Wallentin, Mikkel/Mouridsen, Kim/Østergaard, Leif/Roepstorff, Andreas (2011): „Tapping Polyrhythms in Music Activates Language Areas". In: *Neuroscience Letters* 494, 211–216.

Magdalena Olpińska-Szkiełko
Ist Fehlerkorrektur im Fremdsprachenunterricht ein aggressives Verhalten?

Abstract: The objective of the article is to reflect on the question whether error correction procedures employed by foreign language teachers can be perceived as an aggressive behavior. In the introducing part it is stated that error correction in foreign language teaching has had a long tradition and is broadly accepted as a necessary part of the leaning process both by learners and by teachers. Can error correction under these circumstances be understood as an aggressive behavior? The author's position upon this question is explained and justified. In the following section the practice of error correction in German as Foreign Language classes in Polish secondary schools is touched upon and analyzed. Some of the techniques widely used by German teachers, e.g. red crosses and red underlining in the learner's work or the teacher's concentration and comments only on the incorrect elements of the learner's work, can and should be perceived as the teacher's aggressive behavior towards the learner. Arguments for this assertion are further discussed in this part of the article. In the closing part the author tries to sum up the conclusions drawn from considering the presented matters and gives some implications for the didactic process with regards to the error correction practices.

1 Einführung

Ist Fehlerkorrektur im Fremdsprachenunterricht ein aggressives Verhalten? Dies ist sicherlich eine ungewöhnliche Betrachtungsweise, denn wir sind daran gewöhnt, dass Fehler im Prozess des Fremdsprachenlernens und -lehrens korrigiert werden müssen, und dass die Korrektur – verstanden als eine entsprechende Reaktion auf eine fehlerhafte sprachliche Äußerung des Lernenden (vgl. Königs 2003: 377) – unentbehrlich ist, um Lernfortschritte zu gewährleisten. Diese Auffassung finden wir sowohl in der Fachliteratur als auch in Aussagen von Lehrern (vgl. z.B. Werbińska 2000, Niżegorodcew 2007) bestätigt.

Dazu muss ausdrücklich bemerkt werden, dass sich die Einstellung zu Fehlern und ihrer Korrektur im Bereich sowohl der glottodidaktischen Forschung als auch der Unterrichtspraxis weitgehend geändert hat. Die früher vorherrschende

Meinung, wonach „jeder Fehler in jedem Fall auszumerzen und als vermeidbares Übel anzusehen sei" (Königs 2003: 377) gilt nicht mehr. Seit S. Pit Corder (hier: 1983) seine Überlegungen zu der sog. Schülersprache (*Interlanguage*) vorgestellt hat, werden Fehler als ein unvermeidlicher und notwendiger Bestandteil der Aneignung einer fremden Sprache angesehen. Es wird allgemein akzeptiert, dass Fehler Fortschritte der Lernenden anzeigen und insofern als etwas Positives im Lernprozess aufzufassen sind. Diese Position ist heutzutage nicht mehr umstritten (vgl. Königs 2003: 377).

Dementsprechend ist die Fehlerkorrektur im Fremdsprachenunterricht sicherlich „zivilisierter" geworden. Außer in einigen alternativen Methoden wie z. B. der Callan-Methode, wo jeder Verstoß gegen die vorgegebenen Sprachmuster sofort aufgegriffen und korrigiert wird, ist die glottodidaktische Diskussion – wie etwa im Bereich des kommunikativen Fremdsprachenunterrichts – eher durch die Fragen „nach dem Wer, Was, Wie und Wann der Fehlerkorrektur und vor allem nach dem Ob" (vgl. Königs 2003: 379) gekennzeichnet.

Dennoch wird in der Regel die Notwendigkeit der Fehlerkorrektur nicht in Frage gestellt. Die Praktiker – zumindest in Polen – sprechen sich ausdrücklich dagegen aus, dass Fehler im Fremdsprachenunterricht nicht korrigiert werden sollten. Sie sehen oft in der mangelnden Fehlerkorrektur die Gefahr, dass sich die Fehler der Lernenden „fossilisieren" (vgl. Werbińska 2000: 50–52).

2 Wie sieht die Praxis der Fehlerkorrektur heute aus?

Ich konzentriere mich im Folgenden auf die Fehlerkorrektur im Bereich des Schreibens und stütze mich dabei auf die vor kurzem in Lublin an der Maria-Curie-Skłodowska-Universität verteidigte Doktorarbeit von Iwona Machowicz (2013). I. Machowicz untersuchte in ihrem in den Jahren 2010–2011 durchgeführten didaktischen Experiment die Entwicklung der Schreibkompetenz mit Hilfe von ausgewählten, die Lernautonomie fördernden Maßnahmen bei 40 Studierenden im ersten und zweiten Semester der Angewandten Linguistik an der MCSU. In der ersten Phase des Experiments befragte I. Machowicz die Probanden zu ihren bisherigen (schulischen) Erfahrungen mit dem Verfassen von Texten auf Deutsch, daher ermöglicht ihre Untersuchung einen guten Einblick in die Praxis der Fehlerkorrektur und der damit eng verbundenen Bewertung und Benotung von schriftlichen Schülerarbeiten im Deutsch-als-Fremdsprache-Unterricht an polnischen Schulen[1].

Aus der Untersuchung (2013: 209–211) geht eindeutig hervor, dass bestimmte Verhaltensweisen sowie bestimmte Techniken bei der Fehlerkorrektur im DaF-Unterricht als typisch betrachtet werden können. In der überwiegenden Mehrheit der Fälle werden die Fehler entweder rot angekreuzt oder rot unterstrichen. Manchmal kennzeichnet der Lehrer „durch ein differenziertes Repertoire an Korrekturzeichen die als fehlerhaft erachteten Stellen eines durch den Lerner verfassten schriftlichen Textes" (Königs 2003: 378) oder korrigiert sie selbst, oft werden „jedoch keinerlei Hinweise darauf gegeben, wie sie zu verbessern sind und zwar, weder mit Hilfe von Korrekturzeichen noch durch Kommentare" (Machowicz 2013: 222). In den meisten Fällen werden die Lernenden nicht dazu ermutigt, ihre Fehler zu überdenken und eine korrigierte Fassung des Textes vorzulegen. Die überarbeiteten Versionen, falls sie überhaupt verfasst werden, werden nie neu bewertet und nehmen keinen Einfluss auf die Benotung – der Lernende bekommt stets eine Note (falls die Arbeit benotet wird) für die fehlerhafte Erstfassung. Manchmal (eher selten) ergänzen die Lehrer ihre Fehlerkorrekturen um einen Kommentar, in dem sie angeben, was und wie verbessert werden sollte. Noch seltener schreiben die Lehrer in ihren Kommentaren, was ihnen an den Schülertexten besonders gut gefallen hat. Wenn eine Besprechung des Textes zwischen dem Lehrer und dem Lernenden stattfindet, so werden meistens lediglich die Fehler im Text besprochen und keine anderen (positiven) Aspekte der jeweiligen schriftlichen Arbeit erwähnt. Dazu kann noch ergänzend festgestellt werden, dass die Lernenden äußerst selten einen Einfluss darauf haben, was sie schreiben – dies betrifft sowohl die Themen von schriftlichen Aufgaben als auch die Textsorten, die verfasst werden sollen – diese Entscheidungen trifft stets allein der Lehrer.

3 Erfüllen diese Verhaltensweisen den „Tatbestand" einer aggressiven Handlung?

Nach Silvia Bonacchi (2012: 133) umfasst sprachliche Aggression „verschiedene Formen sprachlichen Verhaltens (verbale Formen und sie begleitendes nonver-

---

[1] Ähnliche empirische Daten zur Einstellung von Lehrern gegenüber Schüler-Leistungen im Bereich des Sprechens und ihren Verhaltensweisen bei der mündlichen Fehlerkorrektur liegen mir nicht vor, deshalb werde ich auf diese Fragen nicht näher eingehen. Einige Anregungen zu diesem Thema findet man bei Kamińska 2011.

bales Verhalten) mit feindlicher Intention dem Ansprechpartner gegenüber oder Formen, die als solche interpretiert werden (können). Unter ‚feindlicher Intention' versteht man die illokutive Kraft eines Sprechaktes, die darauf abzielt, den Gesprächspartner anzugreifen, sein Selbstwertgefühl zu mindern, sein soziales Image zu schädigen und schließlich seinen Handlungsraum zu beschränken".

Fehlerkorrekturen in der oben geschilderten Form erfüllen durchaus diese Voraussetzungen:

- <u>Minderung des Selbstwertgefühls durch Kritik</u> – die (rote) Markierung der als fehlerhaft erachteten Stellen im Text des Lernenden vermitteln eine eindeutige Botschaft: „das hast du falsch gemacht"; dadurch, dass die Korrektur der Fehler durch den Lernenden nicht stattfindet bzw. nicht als seine Leistung anerkannt wird (die überarbeitete Fassung wird nicht neu bewertet und benotet), wird dem Lernenden zusätzlich noch vermittelt: „deine Versuche, es richtig zu machen, werden ignoriert".
- <u>Schädigung des Images in der Gruppe</u> – da die Fehlerkorrekturen meistens im Forum der Klasse stattfinden, können die Lernenden deutlich sehen, wie die anderen abschneiden und was sie ‚falsch gemacht haben'. Durch die Benotung wird dem Lernenden zusätzlich ein Platz in der Rangliste der Klasse zugewiesen. Darüber hinaus betrachten viele Lehrer die Fehlerkorrektur (besonders die Bewertung und Benotung von Schülerleistungen) als ein Instrument der Disziplinierung (sprich: Bestrafung) der Schülergruppe. G. Czetwertyńska (2007: 320, Übersetzung M.O.) äußert sich hierzu wie folgt: *„Sehr viele Lehrer bewerten ihre Schüler gar nicht gern. Sie tun es, weil sie es tun müssen, sind aber von der Zweckmäßigkeit der Bewertung nicht überzeugt [...]. Einige besonders empfindsame Lehrer mögen befürchten, dass sie ihren Schülern Unrecht tun; sie kommen nur schwer mit der Entscheidung über die Noten zurecht, die für die Schüler ein Urteil bedeuten, das sie an eine bestimmte Stelle auf der Rankingliste der Klasse platziert. Es gefällt ihnen nicht, dass sie entscheiden müssen, ob sie dem Schüler eine zweite Chance geben oder ihn bestrafen sollten. Es gibt auch Lehrer, die die Noten vorwiegend als Hilfsmittel betrachten, um im Klassenzimmer für Disziplin zu sorgen".*
- <u>Beschränkung des Handlungsraumes/des Rechts auf Selbstbestimmung</u> – Fehlerkorrektur mündet in vielen Fällen in eine Bewertung bzw. Benotung der Schülerleistungen, was unter Umständen einen großen Einfluss auf den weiteren Werdegang des betreffenden Schülers ausüben kann; im schlimmsten Fall erhält er das Urteil: „du hast die Prüfung nicht bestanden". Nebenbei bemerkt: Eine Einschränkung des Rechts auf Selbstbestimmung des Lernenden stellt auch die Tatsache dar, dass er seine Aufgaben im Lernprozess so gut wie nie selbst bestimmen kann.

An dieser Stelle muss fairerweise eingeräumt werden, dass seitens der meisten Lehrer ein solches aggressives Verhalten wahrscheinlich nicht als Aggression intendiert, sondern eher als Pflichtausübung aufgefasst wird, und dass die Fehlerkorrektur im Fremdsprachenunterricht zu den sozial akzeptierten aggressiven Verhaltensweisen gehört (vgl. Bonacchi 2012: 131–132). Außerdem geht aus einigen Untersuchungen hervor, dass die Lernenden selbst Fehlerkorrekturen wollen (Königs 2003: 380). Sie verlangen ausdrücklich nach der Korrektur und wünschen sich, dass möglichst alle ihre Fehler korrigiert werden. Dennoch, obwohl man mit einiger Gewissheit behaupten könnte, dass sich die meisten Lehrer, wenn sie Fehlerkorrekturen vornehmen, nicht in „einem psychophysischen Zustand der Aggression bzw. Aggressivität" (vgl. Bonacchi 2012: 131–132) befinden, kann ihr sprachliches und nicht sprachliches Verhalten trotzdem als aggressiv empfunden werden.

4 Formen der Fehlerkorrektur im Fremdsprachenunterricht als Formen sprachlicher Aggression

Bonacchi (2012: 135–137) unterscheidet in ihrer Abhandlung zwischen direkten und indirekten aggressiven Verhaltensweisen. Zu den offenen (direkten) Formen der sprachlichen Aggression gehören Verhaltensweisen, die im Fremdsprachenunterricht nur ausnahmsweise vorkommen. Es sind dies z.B.: Erniedrigung, Beleidigung, Spott, derbe und bewusst vulgäre Äußerungen, Gesten und mimische Ausdrucksweisen, chronemische Elemente wie Ins-Wort-fallen oder Nichtausreden-lassen[2], sowie parasprachliche Elemente wie das Anschreien. Auch die Verwendung von standardisierten aggressiven Äußerungen findet im Fremdsprachenunterricht normalerweise nicht statt. Im Fremdsprachenunterricht sind eher indirekte, verdeckte Formen der sprachlichen Aggression zu beobachten. Dazu gehören beispielsweise: nonverbale Aggressionsformen (wie rotes Ankreuzen oder Unterstreichen), Belehrungen und Äußerungen, in denen die Dominanz des Lehrers direkt ausgedrückt wird (Kommentare zu schriftlichen Schülerarbeiten, die sich auf Fehler und evtl. ihre Korrektur konzentrieren und positive Aspekte der Arbeit beiseite lassen), manchmal vielleicht auch Nagging (dazu gehören Ausdrücke wie z.B. „Bist du noch nicht fertig?, wie lange brauchst du noch, um

---

[2] Die letzteren Verhaltensweisen werden in der polnischen Kultur im Gegensatz zur deutschen – so S. Bonacchi (2012: 135) – nicht unbedingt als aggressiv empfunden.

die Aufgabe zu beenden?" usw.), Entwaffnung des Schülers durch Ironie und falsche Empathie (Äußerungen wie z.B. „Du bist aber mutig, so Deutsch zu sprechen...").

Aggressive Impulse im Fremdsprachenunterricht ergeben sich aus der Machtposition des Lehrers, sie entstehen aus dem Bedürfnis des Lehrers nach Dominanz, aber auch durch Frustration (vgl. Bonacchi 2012: 132–133) – die Lehrer sind frustriert, weil ihre Schüler keine (ausreichenden) Fortschritte machen, nicht gelernt haben, nicht geübt haben.

Jerzy Axer (2007: 325–326, Übersetzung M.O.) formuliert dies treffend auf folgende Weise:

> „Mit ein paar einfachen Strichen kann man eine Karikatur des Lehrers skizzieren, der mehrere Jahre dieselben Gedanken und Parolen wiederholte und daher völlig verblödete; er vergaß längst, dass er sich irren könnte, denn seine wehrlosen Schüler trauten sich nicht, ihn daran zu erinnern [...] Es ist eine Berufskrankheit, und ihre Quelle ist die Rolle, die der Lehrer traditionell besetzt. Er wird beauftragt, den jungen Menschen [...] seinen Willen, seine Weltanschauung aufzuzwingen. Die Quelle dieser Krankheit ist auch die übermäßige Macht des Lehrers sowie die absolute Abhängigkeit der Schüler von ihm, ebenso wie das Bedürfnis des Lehrers, seine Eitelkeit und seine Ambitionen zu befriedigen, seine Überheblichkeit und sein Despotismus, kurz gesagt – eine Lage, in der die Lehrer über die Schüler und Studenten herrschen".

5 Ausblick

Wie oben ausgeführt, halten sowohl die praktizierenden Fremdsprachenlehrer als auch die Fremdsprachenlernenden die Fehlerkorrektur im Fremdsprachenunterricht für notwendig. Ich vertrete ebenso die Meinung, dass ein Fremdsprachenunterricht ohne Fehlerkorrektur eher unvorstellbar wäre. Ich bin jedoch überzeugt davon, dass die Praxis der Fehlerkorrektur weitgehend überdacht und neu gestaltet werden sollte. Es darf nämlich nicht darüber hinweggesehen werden, dass sich die Fehlerkorrektur in der Form, die oben am Beispiel der Korrektur von schriftlichen Arbeiten geschildert wurde, negativ auf den Lernprozess auswirken kann.

5.1 Warum wirkt sich Fehlerkorrektur negativ auf den Lernprozess aus?

Viele Glottodidaktiker (vgl. Axer 2007: 327; Czetwertyńska 2007: 321) weisen darauf hin, dass der Prozess der Fehlerkorrektur, der Bewertung und der Benotung von Schüler-Leistungen in der Regel von negativen Emotionen wie etwa

Angst und Neid begleitet wird, und dass die Fehlerkorrekturen die wechselseitige Beziehung zwischen den beiden Kommunikationspartnern (Lehrer und Schüler) nicht fördern, sondern auf eine unangenehme Weise beeinflussen, beeinträchtigen und (zer)stören. Dies geschieht aus dem Grund, dass sich die Lernenden oft durch die Kritik an ihren Fehlern angegriffen fühlen. Kritik an einer Person wird nämlich üblicherweise als unhöflich angesehen, als „Angriff auf das Gesicht" dieser Person (vgl. Bonacchi 2012: 133). Und „unhöfliches Verhalten wird als aggressiv empfunden und löst eine Abwehrreaktion aus, die einen konstruktiven kommunikativen Austausch erschwert. In diesem Sinne ist aggressives Verhalten in Bezug auf dessen soziale Wirkungskraft immer negativ markiert und nicht präferentiell" (Bonacchi 2012: 134). Aggressivität „stellt ein Hindernis in der Kommunikation dar, weil sie der Kooperation der Interaktanten im Wege steht [...] Aggressives Verhalten beeinträchtigt das kommunikative Gleichgewicht zwischen Interaktanten", schreibt S. Bonacchi (2012: 133). Wenn man bedenkt, dass Kommunikation das oberste Ziel des Fremdsprachenunterrichts ist, ist die Antwort auf die oben gestellte Frage klar und deutlich.

5.2 Wie sollte die Fehlerkorrektur gestaltet werden, damit sie nicht als aggressives Verhalten empfunden wird und kein Hindernis im Lernprozess darstellt?

Eine ausführliche Antwort auf diese Frage würde den Rahmen dieser Ausführungen sicherlich sprengen. Dennoch möchte ich in Anlehnung an die oben angeführte Frage von Königs (2003: 379) „nach dem Wer, Was, Wie und Wann der Fehlerkorrektur und vor allem nach dem Ob" einige Postulate für die Unterrichtspraxis der Fehlerkorrektur aufstellen. Ich bin als Glottodidaktikerin davon überzeugt, dass man vor allem zwischen zwei Arten der Fehlerkorrektur, nämlich jener bei reproduktiven und rekonstruktiven Aufgaben, und jener bei kreativen Aufgaben deutlich unterscheiden muss, wobei bei den letzteren auf die Fehlerkorrektur eigentlich sogar weitgehend verzichtet werden sollte. Ich möchte an dieser Stelle nicht detailliert darauf eingehen, sondern nur bemerken, dass die Fehlerkorrektur bei reproduktiven und auch bei rekonstruktiven Aufgaben vielleicht nicht so stark als „Angriff auf das Gesicht" (Bonacchi 2012: 133) der lernenden Person empfunden wird, sodass sich die Lernenden im Falle einer Fehlerkorrektur bei diesem Aufgabentyp nicht so stark persönlich angegriffen fühlen, was im Falle einer Fehlerkorrektur bei kreativen Aufgaben sicherlich eher der Fall sein könnte. Falls sich der Lehrer/die Lehrerin für die Korrektur von fehlerhaften mündlichen oder schriftlichen Äußerungen in kreativen Aufgaben entscheidet, so müsste er/sie meiner Meinung nach Folgendes bedenken:

- Die Fehlerkorrektur sollte in jedem Fall als <u>eine Antwort auf die Bedürfnisse der Lernenden und als eine Hilfeleistung</u> verstanden werden. Viele Glottodidaktiker (vgl. z.B. Czetwertyńska 2007: 320) vertreten die Meinung, dass die Unterstützung des Lernenden in seinem Lernprozess eine der wichtigsten Funktionen der Leistungsbewertung ist. In der Fachliteratur spricht man deswegen lieber von *Feedback* als von Fehlerkorrektur. Mit diesem Begriff – Feedback – werden alle Reaktionen auf das sprachliche Verhalten der Lernenden bezeichnet (vgl. Königs 2003: 378), wobei der Begriff *Korrektur* um den Begriff *Reparatur* ergänzt wird. Mit dem Begriff Reparatur assoziiert man eine Verbesserung – die Leistung des Lernenden wird (als gut) anerkannt und es folgt eine Überlegung, was noch verbessert werden könnte. Der qualitative Unterschied zwischen Reparatur und Korrektur wird damit deutlich. Es wird in der Fachliteratur postuliert (vgl. Czetwertyńska 2007: 321), dass das Feedback eine möglichst detaillierte Rückinformation an den Lernenden darstellen und auf seine vielfältigen Fähigkeiten Bezug nehmen sollte – darunter auch solche, die durch herkömmliche Testverfahren nur schwer und begrenzt zu kontrollieren sind. Die Rückinformation sollte in Form von Hinweisen bereitgestellt werden, wie: was der Lernende als Nächstes unternehmen sollte, wo er zusätzliche Informationen suchen könnte, oder welche Themen und Fragen er im Weiteren ergründen sollte, um so zu erreichen, dass der Lernende interessiert, motiviert und mobilisiert wird. Damit ist auch das Postulat verbunden, die bisherige Leistungsbewertung und Leistungsbenotung komplexer und vielfältiger zu gestalten.
- Damit das Feedback von dem Lernenden als Hilfeleistung angenommen werden kann, muss er zuerst erkennen, dass er die Korrektur bzw. Reparatur braucht; er muss im Lernprozess einfach „soweit sein". Nur in diesem Fall ist die Rückinformation für ihn von Nutzen. Iwona Machowicz hat das erkannt und in ihrer Doktorarbeit (2013) postuliert, dass die Fehlerkorrektur als <u>Anfang des Lernprozesses</u> angesehen werden sollte. Sie hat in einem langfristig angelegten Projekt getestet, wie sich unterschiedliche Korrektur- und Reparaturverfahren, darunter z.B. die Bewertung von (Schreib)Leistungen durch Kommilitonen, kooperatives Schreiben, Förderung der Selbstreflexion und Selbstkorrektur u.a. auf die Leistungen der Germanistikstudenten im Schreibunterricht auswirken. Dabei führten die Studenten eine Art Portfolio, in dem sie die Endfassungen ihrer oft mehrmals überarbeiteten Texte sammelten. Benotet wurden, falls überhaupt, ausschließlich die im Portfolio aufbewahrten Texte. Die Ergebnisse dieses Experimentes waren mehr als überzeugend. Viele Studenten haben berichtet, dass sie ihre „Freude am Schreiben" entdeckt haben, dass sie sich ihrer Stärken und Schwächen besser bewusst wurden, dass sie Strategien zum weiteren selbstständi-

gen Lernen erworben haben. Dies bestätigt die in der Glottodidaktik längst präsente Ansicht, dass die Förderung des autonomen Lernens eine unentbehrliche Bedingung für den Erfolg des Lernprozesses darstellt. Es wird ausdrücklich postuliert, dass der Lehrer die Lernenden zu Selbständigkeit und Initiative anregen sowie ihre Autonomie akzeptieren sollte (Czetwertyńska 2007: 319, Niżegorodcew 2007: 220). Es wird die motivierende Funktion von Leistungsbewertung im Lernprozess unterstrichen, die mit der veränderten Form der Bewertung zusammenhängt. Wenn die Bewertung neu gestaltet und die informierende Funktion in den Vordergrund gestellt würde – schreibt G. Czetwertyńska (2007: 321) – so ließen sich auf diese Weise die negativen Emotionen einschränken sowie die Neugierde und Freude entfachen, die sich aus der Anerkennung von den kleinsten individuellen Erfolgen ergeben.

Literatur

Axer, Jerzy (2007): „Jak trudno jest oceniać w humanistyce". In: Hanna Komorowska (Hg.): Metodyka nauczania języków obcych w Polsce (1957–2007). Warszawa: CODN, 324–328.

Bonacchi, Silvia (2012): „Zu den idiokulturellen und polykulturellen Bedingungen von aggressiven Äußerungen im Vergleich Polnisch – Deutsch – Italienisch". In: Magdalena Olpińska-Szkiełko/Sambor Grucza et al. (Hgg.): Der Mensch und seine Sprachen. Festschrift für Professor Franciszek Grucza. Frankfurt a.M. et al.: Lang, 130–148.

Corder, S. Pit (1983): „Analiza błędu językowego". In: J.P.B. Allen et al. (Hgg.)/Jan Rusiecki (Hg. der poln. Ausgabe): Kurs językoznawstwa stosowanego, Bd. 2: Techniki w językoznawstwie stosowanym. Warszawa: WSiP, 116–131.

Czetwertyńska, Grażyna (2007): „Konstruktywizm a ocenianie kształtujące". In: Hanna Komorowska (Hg.): Metodyka nauczania języków obcych w Polsce (1957–2007). Warszawa: CODN, 317–322.

Kamińska, Jolanta (2011): „Ewaluacja osiągnięć uczniów w zakresie skutecznej komunikacji ustnej na lekcji języka obcego w gimnazjum". In: B. Niemiecko/M.K. Szmigiel (Hgg.): Ewaluacja w Edukacji. Koncepcje, metody, perspektywy. Kraków: Polskie Towarzystwo Diagnostyki Edukacyjnej, 387–395.

Königs, Frank G. (2003): „Fehlerkorrektur". In: K.-R. Bausch et al. (Hgg.): Handbuch Fremdsprachenunterricht. Tübingen, Basel: Francke, 377–382.

Machowicz, Iwona (2013): Portfolio als Instrument zur Förderung des autonomen Lernverhaltens der Studenten im universitären fremdsprachlichen Schreibunterricht: neue Erfahrungen und Perspektiven am Beispiel des Deutschen. Unveröff. Diss., Lublin: UMCS.

Niżegorodcew, Anna (2007): „Komunikacyjne nauczanie języków obcych – zalety i słabości". In: Hanna Komorowska (Hg.): Metodyka nauczania języków obcych w Polsce (1957–2007). Warszawa: CODN, 219–220.

Werbińska, Dorota (2000): „Metoda komunikacyjna – więcej blasków czy cieni?" In: Języki Obce w Szkole 4, 50–57.

Joanna Szczęk

„Von Ihrer Bewerbung können wir keinen Gebrauch machen"

Zu den Strategien des Neinsagens in den Antwortbriefen auf Bewerbungen

Abstract: Saying *No* is often problematic for the participants of speech events. In official situations where one has to take a particular stance, for example, in the case of refusal letters for job applications, it is especially problematic and causes the sender some discomfort. This is why the authors of refusal letters often utilize various refusal strategies interweaving refusal acts with other acts whose aim is to soften the refusal itself. The objective of this article is to analyze German refusal letters for job applications in the light of (Im)politeness Theory and to create a typology of techniques and strategies which takes into account the linguistic units participating in formulating refusal reactions and enabling the categorization of speech acts as polite or impolite.

1 Einleitung

„Vermitteln Sie eine Absage so konstruktiv wie möglich" (Hovermann 2009: 5) oder „Lieblose Absagen auf Bewerbungen schaffen immer auch ein negatives Image für Ihr Unternehmen" (Duden 2010: 234) – das sind nur einige Ratschläge aus Briefstellern und Ratgebern, die den „Absageschreibern" gegeben werden und dazu verhelfen sollen, Absageschreiben richtig zu verfassen. Diese Notwendigkeit, auf die Korrektheit in der Ausdrucksweise beim Verfassen von Absagen zu achten, ergibt sich daraus, dass ABLEHNEN zu den konflikthaften Sprachhandlungen gehört (vgl. Unwerth/Buschmann 1981, Kasper 1981: 196–197). Solche Sprachhandlungen können sowohl in der Ausdrucksweise als auch in den auf das ABLEHNEN folgenden Reaktionen emotional unterschiedlich geladen sein. Damit gehört das ABLEHNEN zur Gruppe derjenigen konflikthaften Sprachhandlungen, die das kommunikative Gleichgewicht zwischen den Kommunikationspartnern gefährden (vgl. Bonacchi 2011a: 168), wie es auch bei der Aggression der Fall ist.

Im Mittelpunkt des vorliegenden Beitrags stehen die Ausdrucksweisen des ABLEHNENs in Absagebriefen und die angewendeten Strategien des Neinsagens.

Es gilt zu überprüfen, inwieweit negative Antworten – Absagen auf Bewerbungen – neutral bis hin zu emotionsgeladen (vgl. Duszak 2003) und negativ markiert, darunter auch aggressiv, formuliert werden.

Als Bezugspunkt wird folgende Definition der *Aggression* herangezogen: „Aggression umfasst jene *Handlungen, mit denen die direkte oder indirekte Schädigung eines Individuums*, meist eines Artgenossen, *intendiert wird*"[1] (Merz 1965: 571, Hervorhebung J.S.). Es soll zugleich hervorgehoben werden, dass im Zentrum des Interesses die Erscheinungsformen der Aggression stehen[2], darunter v.a. sprachliche Manifestationen dieses Verhaltens[3], was sich aus der Beschaffenheit des Korpus ergibt. Unter *verbaler Aggression* werden sprachliche Verhaltensweisen, die „wyrządzają człowiekowi krzywdę lub chociażby powodują dyskomfort psychiczny."[4] (Wojtak/Brus 2005: 195–196) verstanden. Dabei spielt die sog. feindliche Intention eine große Rolle, da sie dem aggressiven Verhalten zu Grunde liegt und darauf abzielt „den Gesprächspartner anzugreifen, sein Selbstwertgefühl zu mindern, sein soziales Image zu schädigen und (…) seinen Handlungsraum zu beschränken" (Bonacchi 2012: 133). Um die Intention des Senders als aggressiv einschätzen zu können, „wystarcza, że w ocenie jednego przynajmniej uczestnika komunikacji interpersonalnej została ona uznana za taką"[5], wie Peisert (2004: 23) anführt.

Den Analysestoff stellen 253 Absageschreiben[6] dar, die im Zeitraum 2001–2012 gesammelt wurden. Es handelt sich um authentische Antworten von Firmen, Unternehmen und verschiedenen Institutionen auf Bewerbungen von Arbeitssuchenden, die sich aus der Notwendigkeit zu entwickeln scheinen, im Verlauf oder

---

[1] Vgl. auch die Explikation des Begriffs Aggression bei Taras (2013: 152). So auch bei Baron/Richardson (1994). Zu weiteren und neueren Explikationen des Begriffs vgl. Havryliv (2009), Havryliv (2009), Bonacchi (2012), Taras (2013).
[2] Vgl. die Unterscheidung zwischen zwei Ebenen von Aggression in Bonacchi (2012: 131–132) sowie das „semantische Studium" zum Begriff Aggression von Witorska (2005) und Erwägungen von Havryliv (2009).
[3] Auch „verbale Aggression" genannt, vgl. z.B. Peisert (2004); in der polnischsprachigen Forschungsliteratur verwendet man u.a. „agresja językowa" (Gajda 2002, Peisert 2004), „agresja słowna" (Duszak 2003), „dyskurs agresywny" (Gajda 2002) u.a.
[4] „dem Menschen Schaden zufügen oder auch nur sein psychisches Unbehagen verursachen" (Übersetzung: J.S.).
[5] „reicht es aus, dass sie in der Einschätzung von mindestens einem Teilnehmer der interpersonalen Kommunikation als solche eingestuft wird" (Übersetzung: J.S.).
[6] Sie werden *Absagebriefe, Ablehnungsschreiben, Absagen* genannt. Die Bezeichnung *Absageschreiben* beziehe ich auf alle Formen der negativen Antworten auf Bewerbungen: *Aperitif-Briefe, eigentliche Absageschreiben, Eisschreiben*. Zu den Unterschieden vgl. Szczęk (2006, 2007, 2009, 2011, 2015).

nach Abschluss des Bewerbungsverfahrens eine negative Antwort erteilen zu müssen. Das gipfelt darin, dass Absageschreiben immer mehr in die Gruppe formelhafter Texte rücken. Die Verfasser (= Absageschreiber) folgen dabei bestimmten Mustern, die eine gewisse Formelhaftigkeit nicht nur in der Form, sondern auch in der Sprache aufweisen, und Elemente bestimmter Strategien sind[7]. Das wird einerseits von sog. „Absagesammlern"[8] und andererseits von Textforschern bestätigt[9]: „[...] negative Antworten auf Bewerbungen stellen eine in Verwaltungen wie Unternehmen häufig anfallende kommunikative Aufgabe dar. Stehen für die Bewältigung dieser Aufgabe standardisierte Briefe zur Verfügung, so liegt die Vermutung nahe, dass bei deren Anfertigung auch sprachliche Muster Verwendung finden." (Drescher 1994: 117).

In der Analyse konzentriere ich mich auf die Sprachhandlung ABLEHNEN, die in den untersuchten Texten realisiert wird. Im Mittelpunkt stehen die von den „Absageschreibern" verfolgten Strategien des Neinsagens, die im Lichte der vorhandenen Literatur kritisch überprüft werden. Es wird dabei versucht, anhand der analysierten Beispiele die angewendeten Strategien auf der Achse zwischen nicht-aggressiv und aggressiv zu verorten.

2 Zur Textsorte Absageschreiben

Absagen als solche sind in der Textlinguistik bekannt. Schon längst gehören sie zum offiziellen Briefverkehr in Institutionen, die Mitarbeiter einstellen, da es zur offiziellen Schriftkultur gehört, auf Anträge, Bewerbungen, Angebote u.Ä. eine schriftliche Antwort zu erteilen. Da sich in letzter Zeit die ökonomische Lage auf dem Arbeitsmarkt dynamisch ändert, greifen die potentiellen Arbeitgeber immer öfter zu Absageschreiben. In diesem Kontext ist ein Wechselverhältnis zwischen der ökonomischen Situation und den damit verbundenen Erfordernissen sowie Bedürfnissen der Menschen und deren Manifestation in der Sprache in Form von konkreten Textsorten zu beobachten.

---

[7] Vgl. Szczęk (2015).
[8] = Bewerber.
[9] Als Beweis dafür kann man fertige Schablonen für Absageschreiben sowie Absagegeneratoren anführen, z.B. http://www.absagebewerbung.de/absagen-generator-absagen-individuell-zusammenstellen/ <13.09.2013>.

Unter *Absageschreiben* verstehe ich

> die 1. auf der Grundlage einer schriftlichen Bewerbung[10], 2. die von einem Kommunikationspartner (= Bewerber) 3. an den anderen Kommunikationspartner (= den potentiellen Arbeitgeber) gerichtet wird, 4. von dem anderen Kommunikationspartner (= dem potentiellen Arbeitgeber) verfasst werden, 5. und eine negative Entscheidung in Bezug auf die eingereichte Bewerbung enthalten. (Szczęk 2015: 48)

Im Lichte des Korpus kann man drei Typen von Absageschreiben – Textsortenvarianten – unterscheiden, die nach dem Kriterium der mitgeteilten Senderintention ermittelt werden:

1. *Aperitif-Briefe*, die über den Fortgang eines noch nicht beendeten Bewerbungsverfahrens informieren und dadurch vielleicht „Appetit" auf die künftige Stelle anregen. Sie werden auch „Zwischenbescheide" genannt (vgl. Menzel/Kuhn 1997: 357–358). In diesen wird der Eingang der Unterlagen bestätigt und um Geduld seitens des Bewerbers gebeten.
2. *Eigentliche Absageschreiben*, welche die höchste ausgebaute Textstruktur aufweisen und deren Ziel es ist, eine ablehnende Antwort auf eine Bewerbung zu erteilen.
3. *Eisschreiben*, auch Reserveschreiben genannt. In diesen wird den Bewerbern mitgeteilt, dass die ausgeschriebene Stelle schon besetzt ist, jedoch wird die Ablehnung zugleich damit verbunden, den Kontakt zu dem Bewerber aufrecht zu erhalten, um ihn bei Bedarf doch einzustellen. [...].[11]

3 Zur Makrostruktur der Absageschreiben

Unter Makrostruktur wird „die Grobeinteilung des Textganzen" (Engel et al. 2000: 88) verstanden, die sich auf die Strukturierung des Textes in Eröffnung, Hauptteil und Schluss bezieht. Innerhalb dieser Teile werden weitere thematische Elemente ausgegliedert, die im Folgenden in Bezug auf die Absageschreiben präsentiert werden:

1. Eröffnung:
– faktographische Informationen: Adresse des Absenders/Zeichen der potenziellen Arbeitgeber, Adresse des Empfängers, Ort und Datum des Briefes im rechten oberen Feld.

---

[10] Hier verstanden als Angebot.
[11] Vgl. http://www.p8n.net/5790.0.html ‹4.11.2007›.

- Betreffzeile, z.B.: *Ihre Bewerbung, Bewerbung für eine Mitarbeit, Ihre Bewerbung als ..., Ihre Bewerbung vom ..., Ihr Interesse an einer Mitarbeit*;
2. Hauptteil: Inhalt des Briefes:
a. Anrede: offiziell: *sehr geehrte(-r) Frau/Herr*; *Sehr geehrter Bewerber...*; vertraulich: *Liebe(-r) Frau.../Herr...*, *Lieber Bewerber*;
b. Bestätigungsformel:
- Feststellung der Tatsache, dass man sich beworben hat, z.B.: *Sie haben sich bei uns beworben*;
- Bestätigung und Dank für die Bewerbung: *Wir danken Ihnen für die Zusendung Ihrer Bewerbung*;
- Dank für das Interesse an der Arbeit: *Wir danken Ihnen für das unserem Hause entgegengebrachte Interesse*;
c. Beschreibung der Auswahlrituale, des Auswahlverfahrens: *Nach eingehender Prüfung Ihrer Bewerbungsunterlagen*; *Wir haben Ihre Unterlagen mit großer Aufmerksamkeit gelesen*;
d. Formulieren der Absage: *Leider müssen wir Ihnen mitteilen, dass eine Einsatzmöglichkeit in unserem Hause nicht gegeben ist*; *Bezüglich Ihrer Frage nach freier Mitarbeit müssen wir Sie enttäuschen*;
e. Nennen der Absagegründe: *Es steht uns keine Stelle zur Verfügung, die wir Ihnen im Hinblick auf Ihre Qualifikationen anbieten könnten*; *Aus personalwirtschaftlichen Gründen können wir leider keine Einstellungen vornehmen*;
f. Entschuldigung des potenziellen Arbeitgebers für die Erteilung der Absage: *Bitte haben Sie Verständnis dafür, dass wir unsere Entscheidung nicht näher begründen können*;
g. Aufwertung des Bewerbers: *Bitte betrachten Sie unsere Entscheidung nicht als Wertung Ihrer kreativen Leistung*;
h. Bitte um Verständnis: *Wir hoffen auf Ihr Verständnis*; *Wir hoffen, Sie haben Verständnis für unsere Absage*; *Bitte haben Sie Verständnis, dass wir diesen Weg der Absage wählen müssen*;
i. Dank für die Mühe, die man sich bei der Anfertigung des Bewerbungsschreibens gegeben hat: *Wir wissen, wie viel Arbeit es macht, eine Bewerbung aufzusetzen und die Unterlagen zusammenzustellen. Oft sitzt man das ganze Wochenende daran. Für Ihre Mühe bedanken wir uns*; *wir bedanken uns für Ihre Geduld und Ausdauer*;
j. Gutgemeinte Ratschläge für die weitere Arbeitssuche: *Wir bitten Sie, auf eventuelle Stellenanzeigen zu achten und sich gegebenenfalls auf eine konkrete Ausschreibung hin zu bewerben*;
k. Ausdruck des Bedauerns: *Wir bedauern, Ihnen keinen günstigeren Bescheid geben zu können*;

l. Wünsche für die weitere Arbeitssuche: *Wir wünschen Ihnen, dass Sie bald einen interessanten beruflichen Wirkungskreis finden werden; Für Ihre Zukunft alles Gute;*
m. Rücksendung der eingereichten Unterlagen: *Leider können wir die Unterlagen wegen der Vielzahl von Bewerbungen aus Kostengründen nicht mehr zurücksenden;*
3. Schluss:
a. Grußzeile: *Mit freundlichen Grüßen; Wir verbleiben mit freundlichen Grüßen, Mit besten Wünschen; Mit Bitte um Verständnis und den besten Grüßen;*
b. Unterschrift.

In der präsentierten Struktur von Absageschreiben finden sich einige thematische Teile, die potentiell aggressives sprachliches Verhalten evozieren können. Dazu gehören v.a. Formulieren der Absage und Nennen der Absagegründe, worauf im Weiteren eingegangen wird.

4 Zur Sprachhandlung Ablehnen

„Grundlegend für die individuelle sprachliche Handlung ist meines Erachtens die kulturelle Prägung der Sprecher und Sprecherinnen" stellt Grein (2008: 16) fest, was im Falle des ABLEHNHENs vollkommen zutrifft, denn ABLEHNEN gehört zu den Sprachhandlungen, die nicht leicht zu vollziehen sind und in ihrer Ausführung kulturell besonders geprägt sind. Jede Sprachkultur entwickelt nämlich ihre Strategien, um Ablehnung auszudrücken, und dies erfolgt unter dem Einfluss der in der jeweiligen Kultur geltenden Normen und Konventionen. Mikołajczyk (2007: 256) stellt fest, dass „(…) das Wissen um den angemessenen und zielführenden Sprachgebrauch eine notwendige Voraussetzung für verbale Kommunikation ist." Tomiczek (1992: 16) fasst dieses Phänomen folgendermaßen zusammen: „Rzadko też zdajemy sobie sprawę z tego, że każdy język dysponuje sporym potencjałem form, które nie tylko umożliwiają człowiekowi działanie w ramach przyjętych norm społecznych (konwencji), lecz jakże często w sposób subtelny, acz zamierzony stają się narzędziem bezpośredniego oddziaływania na partnera (partnerów) interakcji."[12]

---

12 „Sehr selten wird uns bewusst, dass jede Sprache über ein großes Potential an Formen verfügt, die dem Menschen nicht nur das Handeln im Rahmen der angenommenen sozialen Normen (Konventionen) ermöglichen, sondern auch sehr oft subtil, jedoch absichtlich zu einem Werkzeug werden, mit dessen Hilfe der Mensch auf den Partner (die Partner) der Interaktion einwirken kann" (Übersetzung J.S.).

Auch beim Neinsagen stellt die Sprache eine ganze Palette an Mitteln zur Verfügung, wobei aber zu beachten ist, dass

> NEIN-SAGEN als ein äußerst komplexes Handlungsmuster einzustufen ist, bei dessen oberflächensprachlicher Realisierung nicht nur soziale und interpersonale, sondern auch kulturelle Faktoren von einer nicht zu unterschätzenden Bedeutung sind, v.a. im Hinblick darauf, WAS durch ein NEIN zum Ausdruck gebracht wird, bzw. zum Ausdruck gebracht werden kann. (Fetzer 1998: 183, Hervorhebung im Original).

In den Absageschreiben dominiert die Absicht, eine ABLEHNUNG in Bezug auf die eingegangene Bewerbung auszudrücken. Bei Wagner (2001: 253) werden diese Illokutionen den Bedeutungen des Neinsagens subsumiert, das folgendermaßen definiert wird: „Nein-sagen[13] bedeutet Abgrenzung zum Partner und seiner Meinung. Der Sprecher geht auf eine gewisse Distanz. Er verweigert Anerkennung und Aufwertung und geht in die Gegenrichtung." (Wagner 2001: 446). Dabei schließt Neinsagen folgende Sprachhandlungen ein: VERNEINEN bei assertiven Entscheidungsfragen, ABSCHLAGEN bei direktiven Entscheidungsfragen, ABLEHNEN bei kommissiven Entscheidungsfragen, VERBIETEN bei deklarativen Entscheidungsfragen.

Je nach der Kommunikationssituation können diese Sprachhandlungen in ihrer Realisierung neutral bis hin zu aggressiv realisiert werden.

ABLEHNEN gehört zu den reaktiven und responsiven Sprechakten: es ist eine Reaktion-Äußerung auf eine Aktion-Äußerung (vgl. Gałczyńska 2003: 33), also eine Reaktion auf direktive Sprechakte, die dem ABLEHNEN vorangehen, wie auch Krüger (1993: 9) expliziert: „‚Zustimmen' und ‚Ablehnen' (...) erscheinen somit als sprachliche Handlungen, die potentiell durch verschiedene reaktiv gebrauchte Illokutionen realisiert werden können." Aus diesem Grunde müssen bei deren Analyse „(...) Relationen berücksichtigt werden, die zwischen reaktiven, Zustimmung oder Ablehnung signalisierenden Äußerungen und ihren initiativen, illokutiv bestimmbaren Bezugsäußerungen in Sprechhandlungssequenzen bestehen." (Krüger 1993: 19).

Bei Wagner ist ABLEHNEN[14] als „ein Antwortsprechakt auf eine vorausgegangene Aufforderung eines 1. Sprechers, z.B. EINLADEN, ANBIETEN" (Wagner 2001: 169). „Der Adressat dieser Aufforderung nimmt nun als 2. Sprecher negativ dazu Stellung. Er gibt dem 1. Sprecher zu verstehen, dass er nicht bereit ist, die Fremd- und Selbstverpflichtungen zu übernehmen, die sich für ihn aus der

---

13 Die Schreibweise entspricht der Schreibweise im Originaltext, vgl. Wagner (2001).
14 Benachbarte Sprechakte sind: ABSCHLAGEN, ABWEISEN, MISSBILLIGEN, VERWERFEN, VERWEIGERN, SICH-WEIGERN, FRAGEN (ABLEHNUNG), ABSTIMMEN, vgl. Wagner (2001: 369).

Aufforderung ergeben." (Wagner 2001: 169). Dementsprechend rechnet Wagner (2001: 169) die Sprechhandlung ABLEHNEN zur Illokutionsklasse der *Kommissiva* und stellt zu Recht fest, dass es sich von anderen Sprechakten[15] dieser Klasse dadurch unterscheidet, dass „ABLEHNEN sich nur Sprechakte lassen, die alternative Antworten zulassen." (Searle/Vanderveken 1985: 195).

Bei Wierzbicka (1987: 94, zit. in Gałczyńska 2003: 33) findet man die folgende Explikation:

> wiem, że chcesz, abym zrobił x (ponieważ tak powiedziałeś)
> myślę, że sądzisz iż to zrobię
> mówię: nie chcę tego zrobić i nie zrobię tego
> sądzę, że nie muszę tego zrobić jeżeli nie chcę
> mówię to ponieważ chcę żebyś to wiedział
>   sądzę że rozumiesz że x nie może się zdarzyć z tego powodu.[16]

Engel/Tomiczek (2010: 21) definieren ABLEHNEN als einen Sprechakt, mit dem „der Sprecher seinem Partner signalisiert, dass er dem Inhalt der (vom Partner formulierten) Voräußerung nicht zustimmt", und im Lichte der von Engel/Tomiczek (2010: 14) entworfenen Sprechakttypik wird der Sprechakt ABLEHNEN den partnerorientierten Sprechakten subsumiert, die dazu eingesetzt werden, um das Wissen des Partners zu vermehren.

Wegen ihres reaktiven Charakters sind ABLEHNUNGEN/ABSAGEN „sequenzabhängigen Sprechhandlungen" zuzuordnen (Hindelang 2010: 99–101, vgl. auch Wunderlich 1976: 300–301, und Fetzer 1998: 185), da sie nach *bestimmten* initialen Handlungen[17] erfolgen, denn „eine bestimmte Illokution zielt nicht auf eine beliebige, sondern auf eine spezifische Reaktion, die zwar nicht immer eintritt, aber mit einer gewissen Wahrscheinlichkeit rational wie konventionell zu erwarten ist." (Weigand 2003: 11).

Krüger (1993) zählt ABLEHNEN zu den Akten des AKZEPTIERENs und betrachtet sie als solche, die „konventionell auf REPRÄSENTATIVE folgen und perlokutive Effekte (...) – Ergebnisse eines durch den mit der initiativ-illokutiven Bezugsäußerung verbundenen perlokutiven Versuch ausgelösten kognitiven Prozesses – sprachlich exteriorisieren." (Krüger 1993: 30). Dabei betrachtet sie

---

[15] Es handelt sich hier um ABSCHLAGEN, ABWEISEN, VERWEIGERN, vgl. hierzu Wagner (2001: 169).
[16] Ich weiß, du willst, dass ich X mache (weil du es gesagt hast), ich denke, du meinst, dass ich das mache, ich sage: ich will es nicht machen und ich mache es nicht, ich denke, ich muss es nicht machen, wenn ich es nicht will, ich sage das, weil ich will, dass du es weißt, ich meine, du verstehst, dass aus diesem Grunde X nicht geschehen kann.
[17] Vgl. hierzu z.B. Grein (2007) oder Franke (1990).

Sprechakte des ABLEHNENs als „sequenzabhängige, primär reaktive sprachliche Handlungen (...), die sich in der Reaktion eines Kommunikationsteilnehmers auf vorangegangene Ereignisse (...) oder bestehende (...) Zustände manifestieren." (Krüger 1993: 5).

Hindelang (1980: 59) präsentiert den Sprechakt ABLEHNEN im sequenziellen Zusammenhang mit dem Sprechakt AUFFORDERN und nennt es „die Gesamtarchitektur des AUFFORDERUNGs-Spiels" (Hindelang 1980: 59), in der auch mögliche Reaktionen sichtbar werden. Er unterscheidet das sog. strikte und argumentative Ablehnen, wobei es das Ziel der argumentativen ABLEHNUNG ist, die Beziehung zwischen beiden Interaktanten aufrecht zu erhalten, indem zur Begründung der ABLEHNUNG Argumente angeführt werden, wie Hindelang (1980: 60) weiter erklärt:

> Liegt ihm [Sp_2 – J.S.] daran, Sp_1 durch seine Ablehnung nicht vor den Kopf zu stoßen, so wird er versuchen, Sp_1 durch Argumente dazu zu bewegen, von seiner Aufforderung Abstand zu nehmen. Er will so erreichen, dass Sp_1 einsieht, warum Sp_2 X nicht ausführt und möchte, dass Sp_1 die Gründe für die Ablehnung akzeptiert und somit die Ablehnung ratifiziert. Sp_2 ist so der Ausführung von X aus dem Weg gegangen, ohne dass dadurch die Beziehung zu Sp_1 gelitten hat.

Diese Art des ABLEHNENs trifft auf Absageschreiben zu und wird von folgenden Parametern bestimmt (vgl. Hindelang 1980: 60):
- das Gewicht der Handlung X, bemessen nach den Unannehmlichkeiten, dem zeitlichen oder finanziellen Aufwand oder dem Risiko bei der Ausführung von X.
- die Dringlichkeit der Situation, die von der Größe des Verlustes abhängig ist, den Sp_1 erleiden kann, wenn die Bitte abgeschlagen wird.
- die Nähe zwischen Sp_1 und Sp_2.

Bei Fritz (1982: 255–257) ist ABLEHNEN eine der möglichen Reaktionen auf einen VORSCHLAG. Er formuliert die These, dass ABLEHNEN eng an die Warum-Frage gebunden ist (Fritz 1982: 255) und unterscheidet folgende Möglichkeiten, die beim ABLEHNEN eines VORSCHLAGs in Frage kommen:
- die Bereitschaft zu X-en verweigern,
- den Vorschlag für undurchführbar erklären,
- die Möglichkeit zu X-en negativ bewerten,
- einen Grund angeben, warum man nicht X-en kann oder will[18].

---

[18] Das entspricht der „argumentativen Ablehnung" bei Hindelang (1980: 59).

Bei Bonacchi (2013: 201) wird der Sprechhandlungstyp VERWEIGERN als Teil des illokutionären Ja ------ vielleicht ------ Nein-Kontinuums aufgefasst, das dem perlokutionären Kontinuum Zusage/Bereitschaft zur Zusammenarbeit ------ Unsicherheit/Ungewissheit ------ Verweigerung/Konkurrenz entspricht. Verweigerungen gehören demgemäß zu den kritischen Sprechakten, „die gegen das Kooperationsprinzip verstoßen, da sie den Einklang zwischen Interaktanten gefährden." (Bonacchi 2013: 202).

Die Absageschreiben sind also Reaktionen auf bestimmte Stimuli impressiven Charakters (= Bewerbungen), deren Ziel darin besteht, bei dem Empfänger (= der angeschriebene Arbeitgeber) eine Reaktion (= Annahme oder Absage) hervorzurufen. Damit dieses zu Stande kommt, müssen bestimmte Bedingungen erfüllt werden[19], die Gałczyńska (2003: 34) folgendermaßen definiert:
- Einleitebedingung: der Empfänger ist im Stande, X zu tun;
- Aufrichtigkeitsbedingung: der Sender will, dass der Empfänger X tut;
- propositionaler Gehalt: der Sender stellt die künftige Handlung X dar, die von dem Empfänger vollzogen werden soll;
- wesentliche Regel: der Sender versucht den Empfänger zu zwingen, X zu tun.

5 Zur (Un)Höflichkeit in den Absageschreiben

Im Falle der kritischen Sprechakte, zu denen ABLEHNEN zweifelsohne gehört, wie Bonacchi (2011b: 112) anführt: „Verweigerungen gehören zu den kritischen Sprechakten, die auf pragmatischer Ebene gegen das Kooperationsprinzip verstoßen, da sie den Einklang zwischen Interaktanten gefährden.", ist es besonders wichtig, diesen mit entsprechenden sprachlichen Mitteln Ausdruck zu verleihen, um die Kosten und Folgen der Äußerung derartiger Intentionen zu minimieren, wie Schmitt-Sasse (1991: 93-94) expliziert: „Die Wahl der sprachlichen Mittel wird durch die Regeln der Höflichkeit gesteuert, die die Sprecher vor allem auf die korrekte Ehrerbietung gegenüber dem Gesprächspartner verpflichten; auch hier müssen die gewählten Mittel miteinander harmonieren."

Die Notwendigkeit, eine Absage zu formulieren und auszudrücken, empfinden die Kommunikationsteilnehmer als äußerst unkomfortabel, was auch Marcjanik (2006: 257) unterstreicht: „[...] konieczność odmowy odczuwana jest jako dyskomfort. Dlatego wypowiedzi o funkcji odmowy obudowywane są wypowie-

---

[19] Die Analyse von Gałczyńska (2003) betrifft die polnische Sprache, aber die von der Autorin angeführten Bedingungen treffen auch in Bezug auf Deutsch zu.

dziami łagodzącymi."[20] Dabei wird sehr oft gegen das Grice'sche Kooperationsprinzip verstoßen, indem gewisse Strategien, v.a. Höflichkeit eingesetzt werden, denn „stosowana przez uczestników wszystkich form komunikacji językowej (...) grzeczność służy dobremu nastawieniu odbiorcy do nadawcy, aby ten w optymalny sposób osiągnął zamierzony cel komunikacyjny. (...) grzeczność służy efektywnej współpracy"[21] (Marcjanik 2007: 20). Dies wird auch von Gałczyńska (2003: 181) hervorgehoben: „Jeżeli Polacy odmawiają, to starają się to zrobić w taki sposób, aby nie naruszać pozytywnej twarzy partnera i zachować się w sposób jak najbardziej zbliżony do tego, którego oczekuje współrozmówca. Robią tak, ponieważ jako potencjalni odbiorcy takich zachowań zdają sobie sprawę, czego w podobnych sytuacjach oczekiwaliby od swoich partnerów."[22] In Bezug auf das Polnische räumt Marcjanik (2014: 197) zwar noch ein, dass „odmowa nie pociąga za sobą żadnych poważnych sankcji [...]"[23], aber die anderen Folgen sind umso deutlicher spürbar: „(...) konsekwencje towarzyskie odmowy są na tyle uciążliwe, że Polakom – nie przyjmującym w większości postawy asertywnej – odmawianie przychodzi z trudnością."[24]

Aus diesem Grunde ist die kulturelle Prägung der Strategien des Neinsagens unbedingt zu beachten, wie Bonacchi (2013: 215) anführt

> Die ‚Beherrschung' der Strategien des Neinsagens kann daher nicht auf die Beherrschung eines Inventars an Instruktionen Soll/Muss reduziert werden, sondern sie setzt eine hohe (inter-)kulturelle kommunikative Höflichkeitskompetenz voraus, die zur Beherrschung von komplexen (fremd)kulturellen Deutungsmustern befähigt.

Bisherige Untersuchungen im Bereich des ABLEHNENs/ABSAGENs, wie z.B. in Bonacchi (2011a, 2011b, 2013) bestätigen die These, dass höfliche Verweigerun-

---

20 „(...) Die Notwendigkeit einer Ablehnung wird als Unbehagen empfunden. Aus diesem Grunde werden Äußerungen mit der Funktion der Ablehnung mit abmildernden Ausdrücken ausgeschmückt" (Übersetzung J.S.).
21 „Die von allen Teilnehmern der sprachlichen Kommunikation (...) verwendete Höflichkeit dient der positiven Einstellung des Empfängers gegenüber dem Sender, damit dieser sein beabsichtigtes kommunikatives Ziel optimal erreicht. (...) Die Höflichkeit dient der effektiven Zusammenarbeit" (Übersetzung J.S.).
22 „Wenn die Polen absagen, dann bemühen sie sich, dies auf eine Art und Weise zu tun, die das positive Gesicht des Partners nicht bedroht, und sich maximal so zu verhalten, wie es der Partner erwartet. Sie tun dies, weil sie sich als potentielle Adressaten eines solchen Verhaltens bewusst sind, was sie in gleichen Situationen von ihren Partnern erwarten würden" (Übersetzung J.S.).
23 „die Ablehnung keine ernsten Folgen nach sich (...) zieht" (Übersetzung J.S.).
24 „Die gesellschaftlichen Folgen einer Ablehnung sind so weit störend, dass Polen – die am häufigsten nicht-assertiv sind – Ablehnen schwerfällt" (Übersetzung J.S.).

gen durch Gebote und Verbote gesteuert werden, die kulturell verankert sind. Für das Polnische und Italienische nennt Bonacchi (2013: 213) z.B. folgende:
Gebote:

> Berücksichtige Deinen Gesprächspartner, unterstütze ihn!
> Minimalisiere Deine Verdienste und Deine Leistungen!

Verbote:

> Verletze Deinen Partner nicht, auch auf Kosten deiner Individualität!
> Wecke nicht den Neid Deines Partners!

Zugleich merkt sie an, dass für beide erwähnten Sprachen eher Minimierungsstrategien typisch sind. Für Deutsch gelten nach Bonacchi (2013: 214) folgende Strategien:
Gebote:

> Handle konsequent, sei kohärent in Wort und Tat! Betone Deine Individualität, Du wirst dafür geschätzt!
> Schütze Dein Recht auf Privatraum und Privatleben!

Verbote:

> Überschreite den Handlungsspielraum Deines Partners nicht!

In der einschlägigen Literatur findet man auch verschiedene Typologien von ablehnenden Reaktionen, die als Strategien des Neinsagens interpretiert werden können. Es sei hier z.B. auf Gass/Houck (1999), Labov/Fanshel (1977), Beebe/Cummings (1990), Rubin (1983), Ueda (1972), Grein (2007), Nixdorf (2002) u.a. hingewiesen.

6 Strategien zur Wahrung des Gesichts in den Absageschreiben

Aus dem konfliktiven Charakter des Neinsagens ergibt sich die potenzielle Bedrohung des Sender- und Empfänger-Gesichts.

In den Absageschreiben, in denen ABLEHNEN als Hauptillokution identifiziert wird, lassen sich einige gesichtsbedrohende Sprechakte (vgl. Brown/Levinson 1978, 1987) identifizieren (vgl. Szczęk 2012), die entweder das negative Gesicht des Empfängers bedrohen, z.B.: Versprechen seitens des Absageschreibers: *Bei einer freien Startposition werden wir uns mit Ihnen in Verbindung setzen*; *Sobald wir eine neue Kollegin suchen, werden wir uns bei Ihnen melden, versprochen!*; *Wir werden uns wieder bei Ihnen melden*; *Wir werden Sie über die getroffene Entscheidung so bald wie möglich informieren*; oder eine Gefahr für das negative Gesicht des Senders darstellen, z.B.: Danksagungen: *Vielen Dank für die Zusendung Ihrer Bewerbung, die wir mit großem Interesse gelesen haben*; *Ich danke Ihnen für Ihr Schreiben vom...*; *Vielen Dank für Ihre Zeilen, die uns über unsere Personalabteilung erreichten*; Entschuldigungen: *Bitte nicht böse sein*; *Bitte haben Sie Verständnis dafür, dass wir unsere Entscheidung nicht näher begründen können*; *Es tut mir leid, Ihnen nur diese negative Antwort geben zu können*; *Entschuldigen Sie, dass wir Ihnen erst jetzt antworten*;

Wegen der potentiellen Gesichtsbedrohung ist es bei der Realisierung der Absagesprechakte nötig, durch Einsatz zielgerichteter kommunikativer Handlungen das eigene Gesicht und das Gesicht des Gegenübers zu schützen und aufzuwerten, wie Harting (2007: 112) expliziert: „wenn Ereignisse das Gesicht besser als erwartet erscheinen lassen, fühlt man sich gut, wenn sie es schlechter als erwartet erscheinen lassen, fühlt man sich schlecht oder verletzt. Daher gilt es, Gesichtsbedrohungen zu vermeiden." (Harting 2007: 112). Und dies erfolgt u.a. durch Einsatz von Höflichkeit, denn „sprachliche Höflichkeit ist als Strategie der Konfliktvermeidung zweifellos universal" (Harting 2007: 111).

In den Absageschreiben kann man folgende Formulierungen finden, die diese Ziele verfolgen (vgl. Szczęk 2013):
1. Wahren des eigenen Gesichts (= Gesicht des „Absageschreibers" → der Firma):
a. sich bedanken:
- für die Bewerbung: *Wir danken Ihnen für die Zusendung Ihrer Bewerbung*; *vielen Dank für die Zusendung Ihrer Bewerbung, die wir mit großem Interesse gelesen haben*; *Ich danke Ihnen für Ihr Schreiben vom ...*;
- für das Interesse an der Arbeit: *Wir danken Ihnen für das Interesse an der Mitarbeit*; *Vielen Dank für die Bewerbung, mit der Sie Interesse für eine Tätigkeit in unserem Hause zum Ausdruck bringen*; *Wir möchten uns für das entgegengebrachte Vertrauen und Interesse bedanken*; *Wir danken für das in uns gesetzte Vertrauen*;
- Bedauern: *Wir bedauern, Ihnen keinen günstigeren Bescheid geben zu können*; *Wir bedauern sehr, Ihnen nicht behilflich sein zu können*; *Es tut uns leid, aber etwas anderes können wir Ihnen nicht sagen*;
b. Bitte um Verständnis: *Bitte haben Sie Verständnis dafür, dass wir unsere Entscheidung nicht näher begründen können*; *Sicher werden Sie Verständnis dafür haben*; *Sicher werden Sie Verständnis dafür haben, dass bei mehreren guten Bewerbungen bei der Auswahl nur Details entscheiden*;

c. Verweis auf einen äußeren Zwang: *Aufgrund dieser Situation wurde uns ein absoluter Einstellungsstopp auferlegt, dem wir uns beugen müssen*;
d. Versprechung: *Sie kommen auf unsere Bewerberliste, bei Bedarf oder veränderter wirtschaftlicher Situation werden wir uns bei Ihnen melden*;
2. Wahren des fremden Gesichts (= Gesicht des Gegenübers → Bewerber):
a. Aufwertung: *Bitte betrachten Sie die Entscheidung nicht als Wertung Ihrer kreativen Leistung*; *wenn wir Ihnen hiermit absagen, ist das kein Werturteil*; *Sehen Sie kein Werturteil darin, wenn wir Ihnen heute mitteilen müssen, dass unsere Entscheidung leider nicht zu Ihren Gunsten ausgefallen ist*; *Dass wir Ihre Bewerbung leider nicht berücksichtigen können, ist keinesfalls als ein Werturteil Ihrer bisherigen Arbeit anzusehen*; *Ihre fachliche Qualifizierung steht für uns außer Frage*;
b. Ermutigung: *Wir hoffen, dass Sie dieses Ergebnis bei Ihrer Suche nach einem neuen Wirkungskreis nicht entmutigt*;
c. Verständnis gegenüber dem Bewerber: *Wir wissen, wie viel Arbeit es macht, eine Bewerbung aufzusetzen und die Unterlagen zusammenzustellen. Oft sitzt man ganze Wochen daran. Auch werden Sie viel Zeit investiert haben, umso mehr bedauern wir, dass wir Ihnen heute eine Absage erteilen müssen*;
d. Gut gemeinte Wünsche für die weitere Arbeitssuche: *Wir wünschen Ihnen für Ihren weiteren beruflichen Lebensweg alles Gute*; *Wir wünschen Ihnen, dass Sie bald einen interessanten beruflichen Wirkungskreis finden werden*; *Für Ihren weiteren beruflichen und privaten (Lebens-)Weg viel Erfolg sowie persönlich alles Gute*; *Wir hoffen, dass Sie bald eine Ihren Qualifikationen, Fähigkeiten und Neigungen entsprechende Stelle finden*; *Wir wünschen Ihnen viel Erfolg bei Ihren Bemühungen um einen beruflichen Neuanfang*;

Daraus lassen sich in Anlehnung an Brown/Levinson (1978, 1987) folgende Typen von Reaktionen auf Bewerbungen in den Absageschreiben unterscheiden (vgl. Szczęk 2012):
1. keine Reaktion,
2. eine Reaktion,
a. die implizit ausgedrückt wird („off record"): *Eine Anzahl von Bewerbern impliziert zwangsläufig auch eine Vielzahl von Absagen*; *Bei mehreren gleich qualifizierten Bewerbern sind schon kleine Details ausschlaggebend*; *Nach weiteren Etatkürzungen sehen wir uns gezwungen, Einsparungen vorzunehmen*; *Heute haben wir das Bewerbungsverfahren für unsere ...stelle abgeschlossen. Aufgrund der Fülle an Bewerbungen konnten wir leider nicht alle Bewerber berücksichtigen. Dies bedauere ich sehr, dennoch hat uns die hohe Bewerberzahl zu einer sehr engen Auswahl gezwungen.*
b. die explizit ausgedrückt wird („on record"):

- direkt und klar ohne Rücksicht auf das Wahren des Gesichts, z.B.: *Wir nehmen keine Einstellung vor*; *Leider ist es nicht möglich, Ihrer Bewerbung zu entsprechen*; *Wir haben auch in absehbarer Zeit keine Stelle frei*; *Wir erteilen Ihnen eine Absage, wir haben keine Beschäftigungsperspektive anzubieten*; *Ihre Bewerbung können wir nicht berücksichtigen*; *leider haben wir derzeit kein Interesse*; *Wir können keine Einstellungen vornehmen*; *Wir können Ihnen keine entsprechende Stelle anbieten, wir verfügen über keinerlei Vakanz*;
- höflich, mit Rücksicht auf das Wahren des Gesichts:
  - mit Rücksicht auf das Wahren des positiven Gesichts des Adressaten, im Sinne der positiven Höflichkeit, wenn der Sprecher nur andeutet, die Wünsche des Adressaten realisieren zu wollen, z.B.: *Gern hätten wir Ihnen einen positiven Bescheid erteilt*;
  - mit Rücksicht auf das Wahren des negativen Gesichts des Adressaten[25], im Sinne der negativen Höflichkeit, wenn der Sprecher andeutet, die Interessen des Adressaten so weit wie möglich zu respektieren und eigene Interessen einzuschränken, z.B.: *Ich komme gerne auf Sie zurück*; *Ihr Bewerbungsschreiben lege ich gern auf Wiedervorlage, um zu gegebener Zeit darauf zurückgreifen zu können*; *Bei einer freien Startposition werden wir uns mit Ihnen in Verbindung setzen*; *Sobald wir eine neue Kollegin suchen, werden wir uns bei Ihnen melden, versprochen*.

7 Zur Unhöflichkeit in den Absageschreiben

Wie oben ausgeführt wird in den Absageschreiben besonders darauf geachtet, die Kraft der mitgeteilten Information – Absage – mittels Höflichkeit abzumildern. Andererseits aber lassen sich in den Schreiben Fragmente finden, in denen mit dem Bewerber nicht besonders höflich umgegangen wird. Sie lassen sich der Unhöflichkeit zuordnen, also „einer intentional gesichtsbedrohenden Strategie" (Bonacchi 2013: 78), die „den sozialen Frieden gefährdet und soziale Störung verursacht" (Culpeper 1996: 350, zit. in Bonacchi 2013: 81).

In der einschlägigen Literatur werden fünf Formen der Unhöflichkeit unterschieden, in denen Bezug auf das Höflichkeitskonzept von Brown/Levinson (1978, 1987) genommen wird. Es handelt sich um[26] 1. *on-record impoliteness*, „die

---

[25] Diese Strategie kommt besonders deutlich in den sog. Aperitif- und Eisschreiben vor, vgl. hierzu: Szczęk (2008, 2009).
[26] Die Strategien in Anlehnung an Culpeper (1996, 2008) zit. in Bonacchi (2013: 82).

in Situationen auftritt, in denen *facework* nicht notwendig oder nicht relevant ist" (Bonacchi 2013: 82); 2. *positive impoliteness*, „bei der die Bedürfnisse des Hörers nach Anerkennung des eigenen Gesichts (positive Gesichtsbedürfnisse) nicht berücksichtigt werden" (Bonacchi 2013: 82), und die sich in folgenden Formen äußert (vgl. Culpeper 1996: 357–358 zit. in Bonacchi 2013: 82): ignore, snub the other, exclude the other from an activity, dissiciate from the other, be disinterested, unconcerned, unsympathetic, use inappriopriate identity markers, use obscure secretive language, seek disagreement, make the other feel uncomfortable, use taboo words, call the other names; 3. *negative impoliteness*, „bei der die Bedürfnisse nach uneingeschränkter Handlungsfreiheit des Hörers (negative Gesichtsbedürfnisse) nicht berücksichtigt werden" (Bonacchi 2013: 82), und die in folgenden Strategien sichtbar ist: frighten condescend, scorn or ridicule, invade the other's space, explicitely associate the other with a negative aspect, put the other's indebeteness on record (Bonacchi 2013: 82); 4. Sarkasmus; 5. *withhold politeness*, „die auftritt, wenn Höflichkeit ausbleibt, wo sie präferentiell ist bzw. erwartet wird" (Bonacchi 2013: 82).

In Bezug auf die Bewertung von Sprechhandlungen, die als höflich bzw. unhöflich gelten, muss noch darauf hingewiesen werden, dass menschliches Verhalten nur dann als höflich, nicht höflich oder unhöflich zu interpretieren ist, wenn auf die in der jeweiligen Gesellschaft geltenden sozialen Normen, auf die Realisierung sozialer Zwecke und die in der jeweiligen Gesellschaft geltenden Wertschemata (vgl. Bonacchi 2013: 84) Bezug genommen wird.

Die in den Absageschreiben eingesetzten Strategien des Ablehnens lassen sich demgemäß auf der von Bonacchi (2013) erstellten Skala höflich – nicht höflich – unhöflich verorten, wobei Ausdrücke des Nicht-Höflich-Seins und des Unhöflich-Seins im Vergleich zu jenen des Höflich-Seins viel seltener vorkommen. Im Falle des unhöflich ausgedrückten Sprechakts ABSAGEN werden auch andere Intentionen mit ausgedrückt, wie es Gałczyńska (2005: 117) explizit: „Odmawiając niegrzecznie, nadawca komunikuje odbiorcy (i innym uczestnikom interakcji), iż nie darzy go szacunkiem, nie jest dla niego ważny, że go lekceważy."[27] Unhöflichkeit in Absageschreiben bezieht sich sowohl auf die Form, als auch auf die sprachliche Seite. Zum einen handelt es sich um die Form der Absage, die Formulierungen enthält, durch die keine explizit ausgedrückte ABLEHNUNG erfolgt. Die Bedeutung des ABLEHNENs ist nur aus dem Kontext verstehbar und wird durch den Einsatz anderer Sprechakte angedeutet. Man

---

27 Wenn man unhöflich absagt, kommuniziert der Sender dem Empfänger (und den anderen Kommunikationsteilnehmern), dass er ihm gegenüber keinen Respekt erweist, dass er für ihn nicht wichtig ist und er ihn geringschätzt.

kann die Absage durch die Kombination des Sprechaktes DANKEN mit der INFORMATION über die Zurücksendung der Unterlagen ausdrücken, z.B.: *Vielen Dank für Ihre Bewerbung und das Interesse an der Mitarbeit in unserer Agentur. Anbei erhalten Sie Ihre Unterlagen zu unserer Entlastung zurück.*, wobei diese Sequenz für die Muster der Absageschreiben eher untypisch ist. Die ABLEHNUNG ist für den Empfänger in diesem Kontext nur aus dem Zusammenhang verstehbar, da sie nicht explizit ausgedrückt wird. Die bloße Zusammenstellung der genannten Sprechakte ohne Hinzufügung anderer, z.B. der BEGRÜNDUNG, und einer explizit ausgedrückten ABLEHNUNG kann als eine Strategie der Vermeidung gedeutet werden, wobei aber ein gegensätzlicher Effekt erreicht wird: das Schreiben gilt als unhöflich und die nicht formulierte, jedoch gemeinte Absage gewinnt dadurch an Intensität. Bezogen auf den sprachlichen Ausdruck lassen sich in den Absageschreiben Formulierungen finden, die nicht höflich sind. Sie kommen im thematischen Teil: Formulieren der Absage, vor, z.B.: *Bezüglich Ihrer Frage nach freier Mitarbeit müssen wir Sie enttäuschen*; *Von Ihrer Bewerbung kann ich keinen Gebrauch machen*, wobei die unverblümte Direktheit und Offenheit im Ausdruck überrascht und das Absageschreiben als wenig höflich wirken lässt, zumal keine abmildernden sprachlichen Mittel eingesetzt werden. Unhöflich klingen auch manche Begründungen, die gegen das „Allgemeine Gleichbehandlungsgesetz"[28] im Deutschen verstoßen, indem als Begründung das Kriterium des Bewerberalters angeführt wird, z.B.: *Wie Sie aus dem aktuellen Merkblatt ersehen, ist das Höchstalter für Bewerber/innen um ... bei ... auf 30 Jahre festgelegt worden. Da Sie diese Altersgrenze überschritten haben, können wir Ihre Bewerbung leider nicht in das nächste Auswahlverfahren einbeziehen.* Das entsprechende Gesetz besagt nämlich, dass ein Absageschreiben vor allem keinen Hinweis auf eines der acht in § 1 AGG geschützten Kriterien (Rasse, ethnische Herkunft, Geschlecht, Religion oder Weltanschauung, Behinderung, Alter oder sexuelle Identität) enthalten darf. Es finden sich auch Beispiele für unhöfliche Formulierungen, die in einem offensichtlichen Gegensatz zu den Ratschlägen und Empfehlungen in den Briefstellern und Ratgebern stehen, die sich auf das Erstellen von Absageschreiben spezialisieren. So liest man z.B. bei Hovermann (2009: 79): „Vermeiden Sie daher möglichst eine Rechtfertigung Ihrer Entscheidung. Die Begründung für eine Ablehnung könnte als Diskriminierung angesehen werden."

Enttäuschend und unhöflich klingen auch Formulierungen der Art: *Leider müssen wir Ihnen mitteilen, dass wir die Stelle zwischenzeitlich an einen anderen Bewerber vergeben haben*, in denen dem Bewerber Hoffnung geraubt wird.

---

28 Vgl. http://www.gesetze-im-internet.de/agg/BJNR189710006.html ‹8.08.2014›.

Interessant sind auch Formulierungen, die sich im thematischen Teil befinden, in dem Bezug auf die Bewerbungsunterlagen genommen wird. Wenn man z.B. folgende Fragmente liest: *Aus Portoersparnissen können wir deshalb Ihnen die Unterlagen nicht mehr zurückschicken. Bitte holen Sie diese selbst ab*; *Aus Portoersparnisgründen bitte ich bei künftigen Bewerbungen einen Freiumschlag beizufügen*, entsteht der Eindruck, dass die Firmen die Bewerber für immer los werden wollen, indem sie ankündigen, dass nach dem Auswahlverfahren von den Bewerbern keine Spur im Unternehmen bleiben soll. Hinzu kommt noch das Gefühl, dass der Bewerber die jeweilige Firma mit seinen Bewerbungsunterlagen besonders „belastet", daher soll sie vom Bewerber entlastet werden, wie es z.B. in folgenden Fragmenten direkt ausgedrückt wird: *Die eingereichten Unterlagen senden wir Ihnen zu unserer Entlastung zurück*; *Die eingereichten Bewerbungsunterlagen sind zu meiner Entlastung wieder beigefügt*.

8 Schlussfolgerungen

Die bei der Bearbeitung von Bewerbungen angewendeten Strategien des Absagens erwecken den Eindruck, dass das Neinsagen in den Absageschreiben auf mehrere strukturelle Elemente dieser Texte verteilt wird. ABSAGEN/ABLEHNEN wird von anderen Sprechakten wie z.B. DANKEN, SICH ENTSCHULDIGEN begleitet, denen die Aufgabe zukommt, die Aussagekraft der Absage zu mildern, sie höflicher auszudrücken, wie es Gałczyńska (2005: 114) expliziert: „(...) aby uczynić akt odmowy grzecznym, należy dodać do niego usprawiedliwienie bądź akt grzecznościowy (przede wszystkim przeproszenie i podziękowanie)."[29] Dies bleibt auch nicht ohne Einfluss auf die Reaktion des Absage-Empfängers, denn Höflichkeitsakten kommen beim Absagen auch bestimmte Aufgaben zu (Gałczyńska 2005: 115):

> Ich wspólną funkcją jest łagodzenie kategoryczności odmowy, uniemożliwienie zastosowania w stosunku do nadawcy sankcji. Wszystkie one stwarzają atmosferę grzecznościową. Zakładają relację grzecznościową między rozmówcami. Odbiorca nie może więc – zgodnie z zasadą symetryczności zachowań językowych (Marcjanik 1997: 71–72) – zareagować wypowiedzią niegrzeczną.[30]

---

[29] „Um den Sprechakt der Ablehnung höflich zu machen, soll man eine Rechtfertigung oder einen Höflichkeitsakt (vor allem Entschuldigung und Danksagung) hinzufügen" (Übersetzung J.S.).
[30] „Ihre gemeinsame Funktion ist die Abmilderung der kategorischen Absage, das Ausführen von Sanktionen gegenüber dem Sender unmöglich zu machen. All das schafft eine höfliche

Auf Grund der analysierten Beispiele kann man die in den Absagebriefen vorkommenden Absageformulierungen auf einer Achse zwischen nicht aggressiv und aggressiv verorten, wobei folgende Kategorien unterschieden werden können:
- höflich, z.B.: *Leider müssen wir Ihnen mitteilen, dass wir nach intensiver Prüfung aller für Sie in Frage kommenden Einsatzmöglichkeiten keine Ihren Fähigkeiten und Vorstellungen entsprechende Position anbieten können*;
- nicht höflich, z.B.: *Leider müssen wir Ihnen mitteilen, dass eine Einsatzmöglichkeit in unserem Hause nicht gegeben ist*;
- überhöflich[31], z.B.: *Gern hätte ich Ihnen eine noch detailliertere Rückmeldung zu Ihren Unterlagen gegeben, um den negativen Beigeschmack einer Absage etwas zu mildern. Ich bitte um Ihr Verständnis, dass mir dies bei der Vielzahl an Bewerbern nicht möglich war.*
- unhöflich, z.B.: *Wir können jedoch zu unserem Bedauern von Ihrer Bewerbung keinen Gebrauch machen*;

Das lässt sich schematisch folgendermaßen darstellen:

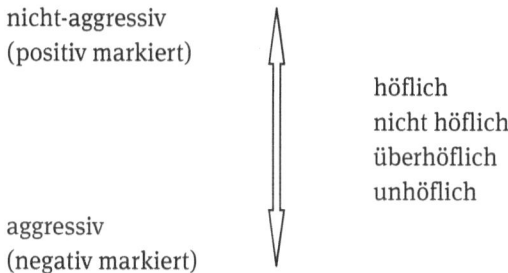

Der Grad des negativen bis aggressiven Beigeschmacks steigt, je unpersönlicher und distanzierter das Absageschreiben formuliert wird. Im Lichte des untersuchten Korpus lässt sich jedoch feststellen, dass beim Formulieren von ablehnenden Antworten auf Bewerbungen höfliche Sprechakte wesentlich dominieren. Unhöfliche oder wenig höfliche Sprechakte bilden nur eine kleine Gruppe[32]. Dies mag sich daraus ergeben, dass – wie es Gałczyńska (2005: 114) anführt – „Przyjęcie aktu odmowy i zachowanie atmosfery grzeczności jest ważne m.in. dlatego, że

---

Atmosphäre. Dies nimmt die höfliche Relation zwischen den Kommunikationspartnern an. Der Empfänger kann also nicht – entsprechend der Regel von symmetrischen sprachlichen Verhalten (Marcjanik 1997: 71–72) – mit einer unhöflichen Antwort reagieren" (Übersetzung J.S.).
31 d.h. unangemessen, inadäquat, nicht aufrichtig, zu formell, vgl. Bonacchi (2013: 163).
32 Das bestätigt auch Gałczyńska (2005: 117) in Bezug auf das Polnische.

każdy odbiorca wypowiedzi-akcji (np. prośby) może w przyszłości – po odwróceniu ról komunikacyjnych – stać się nadawcą takiej wypowiedzi."[33] Diese gegenseitige Abhängigkeit und Determiniertheit des Verhaltens seitens des Absenders und des Empfängers scheint im starken Grade das sprachliche Verhalten beider Interaktanten in der analysierten Situation zu beeinflussen, obwohl es eigentlich nichts an der Tatsache ändert, denn

> eine Absage ist und bleibt eine negative Nachricht. (…) Aber es besteht für den Empfänger ein großer Unterschied, ob diese negative Nachricht höflich und korrekt ist, völlig gleichgültig oder sogar arrogant und hochnäsig vermittelt wird. Sie sind es sich selbst und dem „Bild" des Unternehmens schuldig, eine Absage so zu vermitteln, dass sich der Empfänger ‚anständig' behandelt fühlt. (Hovermann 2009: 5).

Literatur

Austin, John, L. (1962): *How to Do Things with Words*. Cambridge MA: Harvard University Press.
Baron, Robert A./Richardson, Deborah R. (1994): *Human Aggression*. New York: Plenum Press.
Beebe, Leslie M./Takahashi, Tomoko/Uliss-Weltz, Robin (1990): „Pragmatic Transfer in ESL Refusals". In: Robin C. Scarcella/Elaine S. Andersen et al. (Hgg.): *Developing Communicative Competence in a Second Language*. New York: Heinle & Heinle, 55–73.
Bonacchi, Silvia (2011a): *Höflichkeitsausdrücke und anthropozentrische Linguistik*. Warszawa: Euro-Edukacja.
Bonacchi, Silvia (2011b): „*Ich habe leider keine Zeit* …: Kulturlinguistische Bemerkungen über höfliche Verweigerungen im deutsch-polnischen-italienischen Vergleich". In: Claus Ehrhardt/Eva Neuland et al. (Hgg.): *Sprachliche Höflichkeit zwischen Etikette und kommunikativer Kompetenz*. Frankfurt a.M.: Lang, 111–128.
Bonacchi, Silvia (2012): „Zu den idiokulturellen und polykulturellen Bedingungen von aggressiven Äußerungen im Vergleich Polnisch – Deutsch – Italienisch". In: Magdalena Olpińska-Szkiełko/Sambor Grucza et al. (Hgg.): *Der Mensch und seine Sprachen*. Festschrift für Professor Franciszek Grucza. Frankfurt a.M. et al.: Lang, 130–148.
Bonacchi, Silvia (2013): *(Un)Höflichkeit. Eine kulturologische Analyse Deutsch – Italienisch – Polnisch*. Frankfurt a.M. et al.: Lang.
Brown, Penelope/Levinson, Stephen C. (1978): „Universals of Language Usage: Politeness Phenomena". In: Esther N. Goody (Hg.): *Questions and Politeness*. Cambridge: Cambridge University Press, 56–289.

---

[33] „Die Annahme eines Absagesprechaktes und das Wahren der höflichen Atmosphäre ist u.a. deswegen wichtig, weil jeder Sender der Aktionsäußerung (z.B. einer Bitte) in der Zukunft – nach einem Wechsel von kommunikativen Rollen – zum Sender einer solchen Äußerung werden kann" (Übersetzung J.S.).

Brown, Penelope/Levinson, Stephen C. (1987): *Politeness: Some Universals in Language Usage*. Cambridge et al.: Cambridge University Press.
Culpeper, Jonathan (1996): „Towards an Anatomy of Impoliteness". In: *Journal of Pragmatics* 25(3), 349–367.
Culpeper, Jonathan (2008): „Reflections on Impoliteness, Relational Work and Power". In: Derek Bousfield/Miriam A. Locher (Hgg.): *Impoliteness in Language*. Berlin: de Gruyter, 17–44.
Drescher, Martina (1994): „Für zukünftige Bewerbungen wünschen wir Ihnen mehr Erfolg. Zur Formelhaftigkeit von Absagebriefen". In: *Deutsche Sprache* 2, 117–137.
Duden (2010): *Briefe und E-Mails gut und richtig schreiben*. Mannheim et al.: Dudenverlag.
Duszak, Anna (2003): „O emocjach bez emocji. Gniew w perspektywie lingwistycznej". In: Anna Duszak/Nina Pawlak (Hgg.): *Anatomia gniewu. Emocje negatywne w językach i kulturach świata*. Warszawa: WUW, 13–23.
Engel, Ulrich/Tomiczek, Eugeniusz (2010): *Wie wir reden? Sprechen im deutsch-polnischen Kontrast*. Wrocław, Dresden: Atut-Neisse Verlag.
Ernst, Peter (2002): *Pragmalinguistik. Grundlagen, Anwendungen, Probleme*. Berlin, New York: Lang.
Fetzer, Anita (1998): „NEIN-SAGEN". In: Robert Pittner/Karen Pittner (Hgg.): *Beiträge zu Sprache & Sprachen. 5. Münchener Linguistik Tage*. München, 183–191.
Franke, Wilhelm (1990): *Elementare Dialogstrukturen*. Tübingen: Niemeyer.
Fritz, Gerd (1982): „*Kohärenz: Grundfragen der linguistischen Kommunikationsanalyse*". Tübingen: Narr.
Gajda, Stanisław (2002): „Agresja językowa w stosunkach międzyludzkich". In: Włodzimierz Gruszczyński (Hg.): *Język narzędziem mżślenia i działania*. Warszawa: Elipsa, 59–66.
Gałczyńska, Anna (2003): *Akty odmowy we współczesnym języku polskim*. Kielce: Wydawnictwo Akademii Świętokrzyskiej.
Gass, Susan M./Houck, Noël (1999): *Interlanguage Refusals*. Berlin et al.: de Gruyter.
Grein, Marion (2007): *Kommunikative Grammatik im Sprachvergleich. Die Sprechaktsequenz Direktiv und Ablehnung im Deutschen und Japanischen*. Tübingen: Niemeyer.
Grein, Marion (2008): „Der Sprechakt des Kompliments im interkulturellen Vergleich". In: M.Grein (Hg.): *Dialogue in and between Different Cultures*, Iada 1/08, 15–32. Online unter: http://iada-web.org/download/iada.online.series_volume01.pdf <7.10.2013>.
Greń, Zbigniew (1994): *Semantyka i składnia czasowników oznaczających akty mowy w języku polskim i czeskim*. Warszawa: Slawistyczny Ośrodek Wydawniczy.
Harting, Axel (2007): „Höflichkeit in deutschen und japanischen Bitten: ein Forschungsüberblick". In: *Hiroshima Gaikokugokyoikukenkyu* 10, 109–126.
Havryliv, Oksana (2009): *Verbale Aggression. Formen und Funktionen am Beispiel des Wienerischen*. Frankfurt a.M. et al.: Lang.
Hovermann, Claudia (2009): *Stilvolle Absagen im Geschäftsalltag: Wie Sie negative Informationen freundlich und konstruktiv vermitteln*. Bonn: Verlag Dt. Wirtschaft.
Hindelang, Götz (1980): „Argumentatives Ablehnen". In: Wolfgang Kühlwein/Albert Raasch (Hgg.): *Sprache und Verstehen*. Kongreßberichte der 10. Jahrestagung der Gesellschaft für Angewandte Linguistik, Mainz 1979. Mainz: Narr, 58–68.
Hindelang, Götz (⁵2010): *Einführung in die Sprechakttheorie: Sprechakte, Äußerungsformen, Sprechaktsequenzen*. Berlin, New York: de Gruyter.
Kasper, Gabriele (1981): *Pragmatische Aspekte der Interimsprache. Eine Untersuchung des Englischen fortgeschrittener deutscher Lerner*. Tübingen: Narr.

Kotorova, Elizaveta (2013): "Die kommissiven Sprechakte im deutschen und russischen Diskurs". In: E. Knipf-Komlósi/P. Öhl et al. (Hgg.): *Dynamik der Sprache(n) und der Disziplinen.* 21. internationale Linguistiktage der Gesellschaft für Sprache und Sprachen in Budapest. Budapest: ELTE Germanistisches Institut, 347–354. (= Budapester Beiträge zur Germanistik, Band 70)

Krüger, Elke (1993): *"Zustimmen" und "Ablehnen": Sprechhandlungen des Akzeptierens und Formen ihrer Realisierung in spanischen Interviews unter besonderer Berücksichtigung kooperativer Bestätigungen.* Unveröff. Diss., Mannheim.

Labov, William/David, D. Fanshel (1977): *Therapeutic Discourse: Psychotherapy as Conversation.* New York: Academic Press.

Leech, Goeffrey (1983): *Principles of Pragmatics.* London et al.: Longman.

Marcjanik, Małgorzata (2006): *Retoryka codzienności. Zwyczaje językowe współczesnych Polaków.* Warszawa: TRIO.

Marcjanik, Małgorzata (2007): *Grzeczność na krańcach świata.* Warszawa: Oficyna Wydawnicza Łośgraf.

Marcjanik, Małgorzata (2014): *Słownik językowego savoir-vivre'u.* Warszawa: WUW.

Menzel, Wolfgang/Kuhn, Michael (1997): *Korrespondenz. Erfolgreiche Briefe – geschäftlich und privat für jeden Anlass.* München: Compactverlag.

Merz, Ferdinand (1965): "Aggression und Aggressionstrieb". In: Hans Thomae (Hg.): *Handbuch der Psychologie.* Bd. 2: *Allgemeine Psychologie.* Göttingen: Hogrefe 1965, 569–691.

Mikołajczyk, Beata (2007): "Der Sprechakt DROHEN und seine Ausführung im Deutschen und im Polnischen". In: Franciszek Grucza/Magdalena Olpińska et al. (Hgg.): *Germanistische Wahrnehmungen der Multimedialität, Multilingualität und Multikulturalität.* Warszawa: Euro-Edukacja, 256–268.

Nixdorf, Nina (2002): *Höflichkeit im Englischen, Deutschen, Russischen: ein interkultureller Vergleich am Beispiel von Ablehnungen und Komplimenterwiderungen.* Marburg: Tectum Verlag.

Peisert, Maria (2004): *Formy i funkcje agresji werbalnej. Próba typologii.* Wrocław: WUWr.

Rubin, Joan (1983): "How to Tell When Someone Is Saying ‚No' Revisited". In: Nessa Wolfson/ Judd Eliot (Hgg.): *Sociolinguistics and Language Acquisition.* Rowley/Maas: Newbury House Pub, 10–17.

Schmitt-Sasse, Joachim (1991): "Ein Zeichen, das an Pflicht erinnert. Kommunikationsvorstellungen in J.B. von Rohrs Einleitungen zur Ceremoniel-Wissenschaft". In: Alain Montandon (Hg.): *Über die deutsche Höflichkeit: Entwicklung der Kommunikationsvorstellungen in den Schriften über Umgangsformen in den deutschsprachigen Ländern.* Bern et al.: Lang, 61–99.

Searle, John R./Vanderveken, Daniel (1985): *Foundations of Illocutionary Logic.* Cambridge: Cambridge University Press.

Szczęk, Joanna (2006a): "Absageschreiben im Deutschen – Auf der Suche nach einer neuen (?) Textsorte". In: M.L. Kotin et al. (Hgg.): *Das Deutsche als Forschungsobjekt und als Studienfach. Synchronie–Diachronie–Sprachkontrast–Glottodidaktik.* Akten der Internationalen Fachtagung anlässlich des 30jährigen Bestehens der Germanistik in Zielona Góra/ Grünberg (= Sprache – System und Tätigkeit 53). Frankfurt a.M. et al.: Lang, 319–325.

Szczęk, Joanna (2006b): "Formelhaft aber höflich abgefertigt – Zur Analyse der deutschen Absageschreiben auf Bewerbungen". In: Bernd Balzer/Eugeniusz Tomiczek (Hgg.): *Wrocław–Berlin. Germanistischer Brückenschlag im deutsch-polnischen Dialog.* II. Kongress der Breslauer Germanistik, Bd. 1. Sprachwissenschaft. Wrocław, Dresden: Atut-Neisse Verlag, 236–246.

Szczęk, Joanna (2007): „Die Kunst des Absagens im Deutschen (am Beispiel der Analyse von Absageschreiben auf Bewerbungen)". In: *Orbis Linguarum* 32, 283–297.

Szczęk, Joanna (2008): „Formen der Persuasion in den Antworttexten auf Bewerbungen (Absageschreiben, Aperitif-Briefe, Eisschreiben)". In: *Acta Philologica*, 71–80.

Szczęk, Joanna (2009a): „Ganz schön aufs Eis gelegt"–Zur Analyse der deutschen „Eisschreiben". In: Zsuzsanna Fekete-Csizmazia et al. (Hgg.): *Sprache–Kultur–Berührungen* Szombathely: University Press/Praesens Verlag, 197–208. (= Acta Germanistica Savariensia 10).

Szczęk, Joanna (2009b): „Bei mehreren gleich qualifizierten Bewerbern sind schon kleine Details ausschlaggebend. Zu den Argumentationsstrategien in den Absageschreiben auf Bewerbungen im Deutschen". In: *Studia Germanistica* 5, Ostrava, 103–112.

Szczęk, Joanna (2012): „Zur positiven und negativen Höflichkeit in den deutschen Absageschreiben". In: *Studia Germanica Gedanensia* 27, 2012, 66–78.

Szczęk, Joanna (2013): „Das Gesicht wahren oder verlieren? – Zur Analyse der deutschen Absageschreiben im Lichte der Höflichkeitstheorie. In: Knipf-Komlósi, Elisabeth/Öhl, Peter/Péteri, Atilla/V. Rada, Roberta (Hgg.): *Dynamik der Sprache(n) und der Disziplinen. 21. internationale Linguistiktage der Gesellschaft für Sprache und Sprachen in Budapest* Budapest: ELTE Germanistisches Institut, 97–104. (= Budapester Beiträge zur Germanistik, Bd. 70).

Szczęk, Joanna (2015): *Absageschreiben auf Bewerbungen. Eine pragmalinguistische Studie*. Berlin: Frank & Timme.

Taras, Bożena (2013): *Agresja. Studium semantyczno-pragmatyczne*. Rzeszów: WUR.

Tomiczek, Eugeniusz (1992): Z badań nad istotą grzeczności językowej. In: Janusz Anusiewicz/Małgorzata Marcjanik (Hgg.): *Polska etykieta językowa*. Wrocław: WUWr, 15–25. (= Język a Kultura 6)

Ueda, Keiko (1972): „Sixteen Ways to Avoid Saying ‚No' in Japan". In: John C. Condon/Mitsuko Saito (Hgg.): *Intercultural Encounters with Japan*. Tokyo: Simul Press.

Unwerth, Heinz-Jürgen von/Buschmann, Ulrich (1981): „Konfliktive Sprechakte und Lehrwerktext". In: *Konfrontative Semantik*, 60–71.

Wagner, Klaus (2001): *Pragmatik der deutschen Sprache*. Frankfurt a.M. et al.: Lang.

Weigand, Edda (2003): *Sprache als Dialog. Sprechakttaxonomie und kommunikative Grammatik*. Tübingen: Niemeyer.

Wierzbicka, Anna (1987): *English Speech Act Verbs. A Semantic Dictionary*. Sydney: Academic Press.

Witorska, Alicja (2005): „Co to jest agresja? Studium semantyczne". In: *Język a Kultura* 17, 145–153.

Wojtak, Maria/Brus, Beata (2005): „Przejawy agresji w wypowiedziach nauczycieli". In: *Język a Kultura* 17, 195–202.

Wunderlich, Dieter (1976): *Studien zur Sprechakttheorie*. Frankfurt a.M.: Suhrkamp.

Teil III: **Hassrede und Ideologie**

Maria Paola Tenchini
Zur Multi-Akt-Semantik der Ethnophaulismen

Abstract: This article aims to advance a theory of the semantic status of ethnic epithets able to account for their use in acts of verbal aggression. The starting point of the analysis is the use in discourse of the epithet *Zigeuner*, which identifies mainly the traditional "nomadic" Roma and Sinti people in a derogatory way. In this paper, the current approaches to the topic *ethnophaulism*, and *slur* in general, are considered and some of their drawbacks are illustrated. A solution based on the speech-act theory is then advanced. On this view, by uttering e.g. *Zigeuner* in a declarative sentence, a speaker performs two different speech acts: a representative one corresponding to that performed by means of the sentence containing the neutral counterpart of "Zigeuner" (i.e. member of the Roma or Sinti people) and an expressive one, by which the speaker expresses her/his contempt toward Roma and Sinti people. This approach explains why the uttering of a sentence containing an ethnic slur always conveys a derogatory content (apart from their "appropriated" use in certain contexts), independently of the sets of stereotypes, (negative) images, emotions or prejudices a speaker can associate to them over time. The defended theory is thus in line with those which consider the connotative meaning of ethnic epithets as semantically expressed and part of the linguistic meaning.

Wir sind doch keine Zigeuner im grünen Wagen, sondern anständige Leute.
(Th. Mann, *Tonio Kröger*)

1 Einleitung

Unter Ethnophaulismen (auch: pejorative exonymische Ethnonyme bzw. Ethnika, ethnische Schimpfnamen) werden pejorative, abwertende, herabsetzende und verunglimpfende Bezeichnungen für eine ethnische Gruppe oder ein Volk verstanden. In dieser Hinsicht fallen Ethnophaulismen unter die allgemeinere Klasse der *slurs* – im weitesten Sinn gehören sie zur Klasse der pejorativen Ausdrücke und zur Kategorie der Hassrede (vgl. Meibauer 2013) –, die eine negative Einstellung gegenüber den Eigenschaften ausdrücken, die den betreffenden Personen oder Gruppen zugeschrieben werden. Wie Faloppa (2009: 512) hervorhebt, handelt es sich um „ein heterogenes Sprachmaterial", das sich im Laufe der Jahrhunderte sedimentiert hat, das aber immer wieder auftaucht: Dadurch wird die Vorstellung der Anderen (der Fremden) verändert und konditioniert und folglich die Selbstwahrnehmung geformt und verstärkt. Es handelt sich also um Ausdrücke, die verwendet werden, um die Gegenüberstellung zwischen der eigenen Identität und einer (angeblichen bzw. als solchen wahrgenommenen) Andersartigkeit darzustellen und zu etikettieren. Um „die Anderen" zu beschimpfen bzw. abzuwerten oder um sie einfach auf der Basis von Stereotypen und Vorurteilen zu kategorisieren, werden in den meisten Fällen Eigenschaften miteinbezogen, die mit ‚Rasse' und mit äußerlichen Merkmalen (*Schlitzaugen* ‚Asiaten', *Nigger* ‚Afrikaner'), Nationalität oder Herkunft (*Itaker* oder *Itaka* ‚Italiener'), Religionszugehörigkeit (*Kopftuchschrulle* ‚Muslima'), Kultur (Sprache, Sitten, Essgewohnheiten und andere Charakteristika: *Yid* ‚Jude' (aus Jiddisch), *Froschesser* ‚Franzose', *Kümmeltürke* ‚Türke', *Frühlingsrolle* ‚Asiate', *Makkaroni* bzw. *Makkaronifresser* ‚Italiener', *Steuerfresser* ‚Ausländer'), Geschlecht (*Sack* ‚Mann', *Schlampe* ‚Frau'), sexueller Orientierung (*Schwuler* ‚Homosexueller'), sozialem Status (*Proll* ‚Proletarier') oder Gesundheit (*Spasti, Mongo* ‚behinderte Person') zu tun haben (vgl. u.a. Winkler 1994, Markefka 1999). Wie Meibauer betont, „[...] gibt [es] im Prinzip keine menschliche Eigenschaft, die nicht zum Gegenstand des Hasses gemacht werden kann" (Meibauer 2013: 2).

Es ist zwar möglich, wie in den oben angeführten Ausdrücken, neutrale Entsprechungen zu finden (z.B. ‚Italiener' für *Makkaronifresser*), nichtsdestotrotz sind sie nicht äquivalent, denn der Versuch, die abwertende und verunglimpfende Stärke dieser Ausdrücke durch eine Periphrase auszudrücken, erweist sich in linguistischer und pragmatischer Hinsicht als nicht ganz glücklich, denn eines der Hauptmerkmale dieser Ausdrücke ist ihre „descriptive ineffability" („deskriptive Unsagbarkeit") (Potts 2007: 116, 176–177; Hom 2010).

Es handelt sich nämlich um stark „konnotierte" Ausdrücke. Nach Kerbrat-Orecchioni (1977: 12) wird hier unter „Konnotation" die Gesamtheit der zur referentiellen Kernbedeutung eines Wortes hinzutretenden Nebenbedeutungen verstanden, die weder zur Intension noch zur Extension gehören, obwohl sie Bestandteil der semantischen Bedeutung sind. Wenn die Extension die Gesamtheit der Individuen ist, auf die sich ein Begriff erstreckt, und die Intension die Gesamtheit der Merkmale oder Eigenschaften, die die Individuen besitzen müssen, um unter den Begriff zu fallen, dann ist die Konnotation die Gesamtheit der zusätzlichen peripheren semantischen Bedeutungskomponenten, die nicht zu diesen beiden Aspekten der Bedeutung gehören[1]. In einem ethnischen Schimpfnamen wie z.B.

---

[1] Dies ist nicht die einzig mögliche Lesart von „Konnotation". Ein synthetischer und dennoch umfassender Überblick über diesen in der Sprachwissenschaft sehr umstrittenen Begriff und

Makkaronifresser für ‚Italiener' besteht die Extension aus allen Italienern/Italienerinnen, während die Intension aus jenen Eigenschaften besteht, die die Klasse inhaltlich charakterisieren (z.B. in Italien geboren sein, in Italien ansässig sein, einen italienischen Reisepass haben). Diese zwei Aspekte der Bedeutung sind sowohl den *Makkaronifressern* als auch den *Italienern* gemeinsam, d.h. diese Ausdrücke haben dieselbe Extension und dieselbe Intension. Der Erste unterscheidet sich vom Zweiten dadurch, dass er eine negative Konnotation hat, und wenn er benutzt wird, gilt diese für die Individuen, die zur Extension jenes Ausdrucks gehören. Wir bezeichnen hier den „neutralen Inhalt" eines Ethnophaulismus als seine Intension und den „abwertenden Inhalt" als seine Konnotation.

Die Verwendung jeglicher Form solch konnotierter Ausdrücke wie Ethnophaulismen ist ein deutliches Signal von sprachlicher Aggression. In linguistischer und pragmatischer, aber auch soziologischer, anthropologischer und juristischer Hinsicht (zu einem Überblick vgl. Faloppa 2009) werden ethnische Schimpfnamen als „echte verbale Angriffe" betrachtet bzw. als „gewalttätige Handlungen, denn sie beschränken sich nicht darauf, die Gewalt darzustellen, sondern sind an sich Gewalt" (Faloppa 2010): Es handelt sich um Wörter, die „als Waffen" benutzt werden (Faloppa 2010). Wie Butler (1997) betont, sind Ausdrücke dieser Art performative Akte, die, wenn sie einmal vollzogen sind, nicht ungeschehen gemacht werden können, da sie Hass- und Beleidigungskontexte reaktualisieren und bekräftigen und ähnliche zukünftige Ereignisse ankündigen. Das Besondere an diesen Ausdrücken ist, dass sie immer die ganze Klasse, zu der ein Individuum gehört, negativ bezeichnen bzw. bewerten, obwohl die NPen (Nominalphrasen) in dem konkreten Sprechakt nur auf ein Individuum/einen Referenten bezogen werden oder bezogen werden können. Durch die Diskriminierung eines Einzelnen wird also eine „kollektive" Diskriminierung vollzogen. Die expressive Stärke und die daraus folgenden perlokutiven Effekte dieser Ausdrücke sind aber nicht einheitlich. Die Variabilität der Stärke kann sowohl auf synchronischer Ebene deutlich werden (*Neger* ist abwertender als *Makkaronifresser*), als auch auf diachronischer Ebene (it. *terrone* ‚Süditaliener' oder *polentone* ‚Norditaliener' werden heute als weniger abwertend empfunden als vor vierzig Jahren), oder auf diatopischer Ebene (z.B. werden im Sprachatlas des Dolomitenladinischen und angrenzender Dialekte die Varianten des Ausdrucks *crucco* ‚Deutscher bzw. Deutschsprachiger', d.h. *kruk, krúke* o *krúki*[2], je nach Ort teils als „abwertend", teils als „nicht zu sehr abwertend", teils ohne Spezifizierung angegeben: vgl.

---

dessen Entwicklung in den linguistischen und sprachphilosophischen Ansätzen findet sich in Rigotti/Rocci 2006.
2 Die graphische Form ist vereinfacht worden.

Goebl 2012: 2. Bd.: 242). Außerdem werden solche Ausdrücke meistens als „Tabuwörter" bzw. „verboten" betrachtet und ihre Verwendung wird – zumindest in einigen sozialen Kontexten – für unpassend gehalten, außer wenn es um die sog. ‚angeeignete' Verwendung (*appropriated use*) der *slurs* geht (Croom 2013, Bianchi 2014). Eine solche ‚angeeignete' Wortverwendung ist dann gegeben, wenn die Mitglieder der Zielgruppe, die durch einen bestimmten Ausdruck abwertend oder negativ bezeichnet werden, eben diesen Ausdruck auf freundschaftliche Weise benutzen, um ein Gefühl von Gemeinsamkeit, Zugehörigkeit und Zusammenhalt zu schaffen. Zum Beispiel ist es unter den Afro-Amerikanern ziemlich verbreitet, sich selbst als *nigger* oder *nigga* zu bezeichnen.

Die Semantik der *slurs* im Allgemeinen und der Ethnophaulismen im Besonderen ist vielschichtig. Der vorliegende Beitrag zielt darauf ab, eine Theorie des semantischen Status der Ethnophaulismen vorzuschlagen. Nach einem kurzen Überblick über die bekanntesten und angesehensten theoretischen Ansätze zu diesem Thema wird eine eigene Theorie dargestellt, die in eine semantische Perspektive einzuordnen ist und die Sprechakttheorie als theoretischen Rahmen benutzt. Ausgangspunkt der Analyse ist das Ethnonym *Zigeuner*, das im Allgemeinen die Angehörigen einer meistens mit Sinti oder Roma identifizierten ‚nomadischen' Bevölkerungsgruppe bezeichnet und von diesen selbst als diskriminierend empfunden wird. Wenn eine sprachliche Äußerung als diskriminierend empfunden wird, soll das heißen, dass ein Sprechakt der Diskriminierung bzw. der verbalen Aggression vollzogen worden ist.

2 *Zigeuner:* ein vielschichtiges Ethnonym

Das Wort *Zigeuner* ist eine Fremdbezeichnung. Es ist ein allgemeiner Ausdruck, mit dem man eine Volksgruppe verschiedener Ethnien mutmaßlich nordindischen Ursprungs bezeichnet, die zumindest in der Vergangenheit eine gemeinsame Sprache, das Romanes oder Romani, hatten.

Nach den meisten Forschern stammt dieses Volk aus einer Gegend zwischen dem heutigen nordwestlichen Indien und dem östlichen Pakistan, seine Sprache (das Romanes) zählt zu den indoarischen Sprachen, auch die somatischen Züge und historiografische Belege beweisen ihre antike Anwesenheit in jenem Gebiet (Kenrick ²2007: 189).

Anfang des 11. Jhs., in der Zeit der Eroberungszüge des Mahmud von Ghazni, mussten diese Volksgruppen Indien verlassen. Vermutlich sind sie durch den Iran gezogen und haben sich zuerst in Armenien (ihre Sprache enthält Lehnwörter aus dem Armenischen: vgl. Turner 1926) niedergelassen. Danach sind sie in die Gebiete des Byzantinischen Reiches gelangt: Nach einer hagiographischen Schrift über das Leben des Heiligen Georg Antonsik ist ihre Anwesenheit in Byzanz schon im Jahr 1050 bewiesen. In der Schrift wurden sie als *Adsinkani* erwähnt. Diese Bezeichnung geht auf das mgr. Wort *Athinganoi* (‚Unberührbare', mlat. *acinganus*) zurück. Dieses Wort bezeichnete die Anhänger einer alten gnostischen Sekte, die sich um das 7. Jh. in Phrygien und Lakonien verbreitet hatte, und wurde im übertragenen Sinn auch für die zugewanderten Gruppen indischer Herkunft verwendet (vgl. u.a. Vossen 1983: 20-21 und Faloppa 2009: 549). In der zweiten Hälfte des 14. Jhs. verließen diese Volksgruppen wegen der Ausdehnung des osmanischen Reiches Griechenland und zerstreuten sich auf dem Balkan. Der Donau-Balkanraum war der wichtigste Ausgangspunkt für die spätere Ausbreitung (Kenrick ²2007).

Ihre Anwesenheit auf ‚deutschem' Boden ist 1417 schriftlich bezeugt. Wie im historischen *Deutsches Wörterbuch* der Brüder Grimm (fortan DWB) erwähnt wird, ist der erste Beleg, der darüber berichtet, die *cronica novella* von Hermann Korner (1420-1466), in der neben einer summarischen Beschreibung ihrer physischen Züge („swart unde eyslik" ‚schwarz und hässlich') und ihrer Sitten („se toghen dorch de stede unde leghen in deme velde" ‚sie ziehen durch die Städte und liegen auf dem Feld') auch ihre Selbstbezeichnung als *Secanen*[3] (vom mlat. *secanus, sechanus*) enthalten ist. Albert Krantz schreibt in seinem *Saxonia* (1520), dass die einheimische Bevölkerung sie wegen ihres Aussehens *Tartaros* benannte[4], denn sie glaubte, dass die Zigeuner ursprünglich Tartaren-Horden aus dem Heer Timurs seien. Diese Bezeichnung findet sich auch in anderen schriftlichen Belegen (DWB 1951: 31, 1259).

Gleichzeitig wird der Name *Zigeuner* (*Zeguner*) in Magdeburg in den *Chroniken der niedersächsischen Städte* (*Die Magdeburger Schöppenchronik*[5]) angeführt. Im 15. und 16. Jh. sind verschiedene Varianten dieses Ausdrucks bezeugt, z.B. *Ziguner* (westmd.), *Ziginer* (schw.), *Zingyner* (obd.), *Zigeuner* (bair.), *Zigäner*/*Ziganer* (in verschiedenen Landschaften – vgl. mnd. *sīgēner*, vereinzelt *sīgāner*, *sēkāne*). Die aus dem Slaw. entlehnte Form mit dem Tonvokal *a* (vgl. mlat. *secanus, sechanus*) ist in den (europäischen) südöstlichen Formen erkennbar, z.B. *cikān*,

---

3 Im DWB steht zu diesem Punkt: „erer was by 400 unde nomeden sic de Secanen (Sechanos se nuncupantes KORNER *cronica novella, fassung* A, 127 Schwalm; Secanos, *fassung* D, 409 Schwalm)": vgl. DWB 1951: 31, 1257.
4 „... Tartaros vulgus appellat..." (Albert Krantz *Saxonia* (1520) K 5ᵃ): vgl. DWB 1951: 31, 1257.
5 „dar na in dem sulven jare [1417] quemen hir to Madgeborch de Thataren, de Zeguner genant, swarte eislike lude" (chron. d. dt. st. 7). Vgl. DWB 1951: 31, 1257.

cigān (atschech., heute cikán), cigán (slow.), cìgan (serbok.), țigan (rumän.) e cigány (ungh.) (vgl. *Etymologisches Wörterbuch des Deutschen* ²1993: 2, 1612-1613).

Die Etymologie des Wortes Zigeuner ist unsicher. Es wird meistens auf das Mittelgriechische *(A)τσίγγανοι (A)tsíngano* zurückgeführt, alternativ auch entweder auf das Türkische çingene oder auf das Persische asinkari ('Schmiede'), oder auch auf das Indoarische atzigan (vgl. DWB 1956: 31, 1259; Kluge *Etymologisches Wörterbuch* ²²1989: 813; *Etymologisches Wörterbuch des Deutschen* (²1993: 2, 1613). Die Hypothese der Herleitung der Bezeichnung Zigeuner vom Verb ziehen[6] wegen des unsteten Umherziehens dieser Menschen ist etymologisch nicht belegt, ebenso wenig wie die Herleitung vom Ausdruck „Zieh-Gäuner ('umher-ziehende Gauner'), die volksetymologisch ist. Im DWB, am Ende der Liste der Vorkommensformen des Wortes und dessen raum- und zeitbedingter Bezeichnungsvarianten wird angeführt, dass die Bezeichnung Zigeuner von den Mitgliedern der betroffenen Gruppe abgelehnt wird: „sie selber gebrauchen den namen Zigeuner von sich nicht, sondern nennen sich *rom* mensch, mann, *romni* weib, *romani tschawe* kinder der menschen, *manusch* mensch oder *sinte* genossen und *kale* oder *melle* schwarze" (DWB 1956: 31, 1259). Zu erwähnen sind noch die Bezeichnung *Aegyptii* wegen ihrer mutmaßlichen Herkunft aus Klein-Ägypten, auf die u.a. it. *gitano*, eng. *gypsy*, fr. *gitan* und sp. *gitan* zurückzuführen sind; weiters die Bezeichnung *Boemiens* (fr. *Bohémiens*) aufgrund ihrer angeblichen Herkunft aus Böhmen und wegen des Schutzbriefes 1423 von König Sigismund, der die Zigeuner in Deutschland vor Übergriffen schützen sollte; auch der Begriff *Heidenen* oder *Heider* ('Heiden') als Gleichstellung mit den *Sarazenen*, die sich nach den Kreuzzügen in Europa angesiedelt hatten, wurde historisch verwendet (DWB 1956: 31, 1258–1259).

Jahrhundertelang ohne festen Wohnsitz, zunächst notgedrungen, später als Bestandteil ihrer Sitten, sind die Sinti und Roma heute größtenteils sesshaft und besitzen die Staatsangehörigkeit des Landes, in dem sie wohnen; trotzdem hält man sie oft weiter für „Nomaden". Sie wurden (werden noch?) wegen ihres angeblich zügellosen sittlichen Handelns („licentiosa vita loro" vgl. Milano <Ducato> 1623: 27), ihrer Kleidung und wegen illegaler oder fragwürdiger Tätigkeiten lange stigmatisiert. Im DWB sind die vielen mit dem Wort assoziierten sog. „abfälligen Bemerkungen" aufgelistet, die sich insbesondere auf Landfahrerei und Betrügerei, Räuberei – auch Kinderräuberei –, Wahrsagerei und aufdringliche Bettelei beziehen[7]. Auch ihr handwerkliches Geschick bei der Metallverarbeitung

---

6 Vgl. z.B. folgenden Beleg: „nostrati Germani eos adpellitant Zigeuner, quasi dicas zig oder ziehe einher, h. e. vagantes et vagabundos" (AHASV. FRITSCH *diatribe histor.-polit. de Zygenor. origine* (1660)). Vgl. DWB 1956: 31, 1260.

7 Einige Beispiele aus dem DWB: „verlorn volck das umbher zeugt, die leute zu betrigen" (*Adam*

wurde für verdächtig gehalten. In der Alltagskultur haben das Lexem *Zigeuner* als Grund- oder Bestimmungswort und seine Ableitungen – z.B. *zigeunern, zigeunerisch, zigeunerhaft, zigeunerbraun, zigeunerartig, Zigeunerkleid, Zigeunergesicht* usw. – dazu beigetragen, Stereotype und (Vor-)Urteile kulturell zu verfestigen (vgl. u.a. Lobenstein-Reichmann 2008: 622–625).

Trotz alledem wird sowohl im DWB als auch im historischen *Deutschen Wörterbuch* von Hermann Paul ([10]2002) eine zusätzliche nicht-negative Bedeutungskomponente erwähnt, die dem Bereich der Kunst und Literatur zuzuordnen ist: „in romantischer sicht erscheint ihre ungebundene lebensweise, ihre malerische kleidung, ihr musizieren nachahmenswert oder wenigstens unterhaltsam..." (DWB 1956: 31, 1263) und „seit späterem 18. Jh. im Bereich der Kunst und Literatur auch romantisierend mit dem Merkmal >unbekümmert, ungebunden< *Zigeunerszene* (Goe. Götz), *Zigeunerromantik, Die drei Z.* (Gedicht von Lenau 1838), im Wanderlied *Lustig ist das Zigeunerleben* (Erk/Böhme 3: 413)" (Paul [10]2002: 1205)[8].

In den heutigen Wörterbüchern finden sich aber die in den zwei oben erwähnten historischen Wörterbüchern beschriebenen stereotypischen, mit dem Wort assoziierten Merkmale nicht mehr, mit Ausnahme von „unstetes Leben" (in Bezug auf das unstete Umherziehen, die Nichtsesshaftigkeit), das heute zu der übertragenen Bedeutung gehört. Der Eintrag besteht meistens aus zwei Bedeutungen: die erste ist die wörtliche Bedeutung, die sowohl denotative als auch konnotative Aspekte enthält, die zweite ist die übertragene Bedeutung, in der der konnotativ-assoziative Aspekt vorherrscht.

Siber gemma (1579)) (DWB 1956: 31, 1260); „es ist ein stehlen gewesen, als wan lauter Zigeuner da waren gewesen, sye haben uns unsere seszel, die wir un unseren cellen gehabt, auch genommen" (Alemannia 1691: 10, 215); „des pfarrers tochter von Bollenbach, die die Zigeuner gestohlen...haben sollen" (MALER MÜLLER w. (1811: 1, 294) (DWB 1956: 31, 1260–1261); „der künig... sprach zu dem Zigeiner, der kunt warsagen" (PAULI *schimpf u. ernst* 232 *lit. ver.*). Gemäß einem Wortspiel der Zeit nannte man einen Lügner einen „schlechten Zigeuner", da er die Wahrheit nicht sagen kann: „Lügner sind schlechte Zigeuner, weil sie nicht wahr sagen können" („wahr sagen" im Sinne von „die Wahrheit sagen" vs. „wahrsagen" im Sinne von „die Zukunft vorhersagen") (HOFFMANN *polit. Jesus Sprach* (1749: 56) (DWB 1956: 31, 1261); „auch unsere leut, manchmal unhold, hexen und hexenmeister, ... Zigeuner... zu rath ziehen" (*Dannhaver catech.-milch* (1657: 1, 186) (DWB 1956: 31, 1262); „unter allen bettler zunfften sind vornehmich bekandt... die Zigeuner" (*grillenvertreiber* (1670: 3, 9) (DWB 1956: 31, 1262). Vgl. dazu auch Kronauer 1998.
8 Im DWB wird außerdem der Parallelismus zwischen *Zigeuner* und *Bohémien* betont und der zweite Ausdruck wird für geeigneter gehalten, den künstlerischen Aspekt auszudrücken: „für das ungezwungene leben in künstler-, besonders malerkolonien indessen wäre der ausdruck Zigeuner zu krasz und zu plump, wohl aber zeigt sich das franz. bohémien in wendungen wie *das leben eines bohemiens führen, wie ein bohemien leben* als geeignet". Vgl. DWB 1956: 31, 1263.

Zum Beispiel steht im *Großen Wörterbuch der deutschen Sprache* aus dem Duden Verlag (³1999, 10 Bd.) unter dem Lemma *Zigeuner* Folgendes:
Zi|geu|ner, der; -s, - [spätmhd. ze-, ziginer, H. u.]: **1.** *Angehöriger eines über viele Länder verstreut lebenden, meist nicht sesshaften u. mit Wohnwagen o.Ä. umherziehenden Volkes* (wird von den Betroffenen selbst oft als abwertend empfunden; vgl. ²Rom, Sinto). **2.** (ugs., meist abwertend*) jmd., der ein unstetes Leben führt, wie ein Zigeuner* (1) *lebt* [...]." (Duden ³1999, 10: 4634)⁹.

Das spezifisch differenzierende enzyklopädische Merkmal 'mit Wohnwagen o.Ä. umherziehenden' der denotativen Bedeutungskomponente ist heute tatsächlich nicht mehr korrekt, denn die Mehrheit von Sinti und Roma ist heute sesshaft.

Das *Duden online Wörterbuch* (http://www.duden.de/woerterbuch) vollzieht die Bedeutungen [**1.** Angehörige[r] des Volkes der Sinti und Roma; **2.** (umgangssprachlich, meist abwertend) jemand, der ein unstetes Leben führt] mit einem Hinweis auf die negative Konnotation des Wortes, in dem spezifiziert wird:
„Die Bezeichnung *Zigeuner, Zigeunerin* wird vom Zentralrat Deutscher Sinti und Roma als diskriminierend abgelehnt. Die gesamte Volksgruppe wird demnach als *Sinti und Roma* bezeichnet; die Bezeichnungen im Singular lauten *Sinto* bzw. *Sintiza* (für im deutschsprachigen Raum lebende) und *Rom* bzw. *Romni* (für im europäischen Raum lebende Angehörige der Volksgruppe). Auch in der zweiten, übertragenen Bedeutung gilt die Verwendung der Bezeichnung inzwischen als diskriminierend. Dagegen sind Zusammensetzungen mit *Zigeuner* als Bestimmungswort vereinzelt noch üblich; so verwendete die Sprachwissenschaft bis in die jüngere Zeit die ausdrücklich nicht diskriminierend gemeinte Bezeichnung *Zigeunersprache*, um die gesamte Sprachfamilie zu erfassen. Für die gelegentlich kritisierte Bezeichnung *Zigeunerschnitzel* existiert bisher keine Ausweichform¹⁰" (http://www.duden.de/suchen/dudenonline/Zigeuner)

Im *Deutsches Wörterbuch* von Brockhaus-Wahrig ist die denotative Bedeutung genauer (der indische Ursprung wird erwähnt) und eingeschränkter (kein

---

9 Dieselbe Definition ist im *Lexikon der Zeit* (2005: 19, 2727) und im *Deutschen Universalwörterbuch A–Z* von Duden (³1996: 1782) enthalten.
10 In Bezug auf *Zigeunerschnitzel* und andere kulinarische Ausdrücke mit *Zigeuner-* als Bestimmungswort, wie *Zigeunersoße*, ist die Initiative des Forums für Sinti und Roma 2013 in Hannover bekannt, mit der die Umbenennung von *Zigeunersoße* in *Paprikasoße* oder *pikante Soße* seitens der Hersteller aus Gründen der politischen Korrektheit gefordert wurde. Tatsächlich blieb diese Forderung folgenlos. Bereits zuvor hatte der Zentralrat Deutscher Sinti und Roma erklärt, dass eine Umbenennung unsinnig sei. Dagegen steht *Zigeunerschnitzel* – in Hannover, aber auch woanders („selbst in der hinterwäldlerischsten ostdeutschen Autobahnraststätte"; vgl. *Die Welt online* 15.08.2013) – nicht mehr auf den Speisekarten: Es heißt jetzt *Schnitzel Balkan Art, Balkanschnitzel* oder *Schnitzel Budapester Art*.

Hinweis auf die Wohnwagen), aber in der wörtlichen Bedeutung fehlt die konnotative Komponente. In der übertragenen Bedeutung bleibt nur der Hinweis auf das Register „umgangssprachlich", während „abwertend" fehlt; die negative Konnotation ist dem angeführten Beispiel jedoch leicht zu entnehmen:
Zi'geu·ner (m.; -s, -e) **1** *Angehöriger eines hauptsächlich in Europa verbreiteten, meist nicht sesshaften Volkes indischen Ursprungs;* → a. *Rom²*, *Sinto* **2** (umg.) unruhig lebender Mensch: er ist ein richtiger ~! [...] (Brockhaus-Wahrig 1984: 6, 839).
Im *Großwörterbuch Deutsch als Fremdsprache* aus dem Langenscheidt Verlag (2003) kommt die vom Ausdruck *Zigeuner* vermittelte negative Konnotation in der Definition wieder vor. Diese Bezeichnung wird von Sinti und Roma als diskriminierend empfunden. Der „Hinweis auf sprachliche Besonderheiten" markiert als *gespr. pej.* die übertragene Bedeutung, die sich durch einen impliziten Vergleich auf die Lebensweise bezieht:
Zi·geu·ner der; -s, -; **1** verwendet als Bezeichnung für *Sinti* und *Roma* [...] NB: Diese Bezeichnung wird von *Sinti* und *Roma* als diskriminierend empfunden **2** *gespr pej*; jemand, der ein unstetes Leben führt (Langenscheidt 2003: 1212).
In den letzten Wörterbüchern, die wir hier erwähnen, „überwiegt" die konnotative Bedeutung sogar gegenüber den denotativen; außerdem fehlt die übertragene Bedeutung.
Im *Wörterbuch Deutsch als Fremdsprache* von Kempcke *et al.* (2000) wird der emotional-negative Wert des Ausdrucks am Anfang des Eintrags als eine „politisch korrekte" Mahnung zum Ausdruck gebracht:
Zigeuner, **der**; ~s, ~ oft emot. neg. /Bez. für *Sinti* und *Roma*/: ~ *spielen Geige im Restaurant, Café* (Kempcke 2000: 1260).
Auch das „Österreichisches Wörterbuch" (³⁹2001) nimmt den pejorativen und diskriminierenden Wert vorweg; was die Denotation betrifft, beschränkt man sich hier wie bei Kempcke darauf, auf die Lemmata *Rom* und *Sinto* hinzuweisen:
Zi geu ner der, -s/- (oft als abw. und diskriminierend empfunden, im Sinne der Political Correctness bedenklich): → Rom²; Sinto || (ÖWB ³⁹2001: 721).
Schließlich führt auch *Richtiges und gutes Deutsch. Wörterbuch der sprachlichen Zweifelsfälle* aus dem Duden Verlag (2001)[11] die von diesem Ausdruck absolut vermittelte negative Konnotation an; hier wird aber die Extension des Begriffes („[...] von einigen anderen Gruppen") erweitert:

---

[11] Zu einer theoretisch-lexikologischen Einordnung der als semantische Zweifelsfälle klassifizierten Ausdrücke siehe z.B. Kilian 2003, der die Semantik von *Zigeuner* beispielhaft analysiert. Wir gehen hier nicht ins Detail, weil sich Kilians semantischer Ansatz von unserem unterscheidet.

Zigeuner: Die Bezeichnung *Zigeuner* wird vom Zentralrat Deutscher Sinti und Roma sowie von einigen anderen Gruppen als diskriminierend abgelehnt. Die vom Zentralrat gewünschte Eigenbezeichnung, der man aus Gründen der Political Correctness entsprechen kann, ist Sinti und Roma. (*Wörterbuch der sprachlichen Zweifelsfälle* [7]2001: 9, 966).

Angesichts der Tatsache, dass sowohl die wörtliche als auch die übertragene Bedeutung von *Zigeuner* einen Wert vermitteln, der gewöhnlich als *Diskriminierung* und *Abwertung* klassifiziert wird, müssen wir nun die Beziehung zwischen der denotativen und der konnotativen Bedeutung bei der Verwendung eines Ethnophaulismus erklären, um dessen semantischen Status zu bestimmen.

3 Die Semantik von *Zigeuner*

Um die vielschichtige Semantik des Ausdrucks *Zigeuner* zu erklären, die wir „Multi-Akt-Semantik" nennen, ziehen wir diejenigen Aspekte der Bedeutung in Betracht, die zur *Langue*-Ebene gehören. Wir werden also, neben der Denotation, nur die sprachlich kodifizierten Konnotationen und nicht die an bestimmte kulturelle oder individuelle stereotypische Aspekte gebundenen betrachten. Für ‚konnotative Bedeutung' des Ausdrucks *Zigeuner*, sowie der Ethnophaulismen und der *slurs* im Allgemeinen, halten wir einfach den negativen und abwertenden Wert, den diese Ausdrücke vermitteln. Wir werden also die evokativen, assoziativen und stereotypischen Konnotationen (wie z.B. (alle) Zigeuner sind Diebe, (alle) Zigeuner sind Betrüger, Zigeuner stehlen Kinder usw.), auf die der Ausdruck verweist, aus unserer Analyse ausklammern, denn diese bilden nur eine kontextuelle und okkasionelle Ergänzung, die auf verschiedene Art die schon im Ausdruck kodifizierte „abwertende" Konnotation unterstützt. In der Semantik der Ethnophaulismen sind die Stereotype nicht kodifiziert: Das bedeutet, dass es nicht notwendig ist, ein spezifisches Stereotyp zu kennen, um die abwertende und herabsetzende Bedeutung zu verstehen, die diese Ausdrücke vermitteln (vgl. dazu z.B. Vallée 2014 und Jeshion 2013)[12].

---

[12] Vallée (2014: 86) hebt hervor: „The details of emotions, prejudices, and negative images that the speaker of „boche" [ethnischer Schimpfname für Deutsche], for example, displays are not buried in the linguistic meaning of the slur category, and they are not learned when learning a specific slur. Grasping the cluster of negative ideas a slur conveys in an utterance requires non-linguistic, ordinary knowledge of the underlying prejudices against a community". Jeshion (2013: 322) stellt klar: „A racist could call someone ‚Chink' [Schimpfname für Chinesen] to express contempt for the target on the basis of her ethnicity but be entirely uninformed of stere-

Die Beziehung zwischen der denotativen und der konnotativen Bedeutung in den Ethnophaulismen ist auf der Grundlage verschiedener Ansätze zum Thema *slurs* und zu pejorativen Ausdrücken bereits eingehend analysiert worden. Diese Ansätze können in drei Gruppen unterteilt werden.

Der erste Ansatz (*Prohibitionism*) besteht in der Annahme, dass es keine pejorative Bedeutung gibt; infolgedessen seien Ethnophaulismen einfach nur ‚Tabu-Wörter'.

Der zweite Ansatz geht davon aus, dass die abwertende Bedeutung Bestandteil der wahrheitskonditionalen (*truth conditional*) Bedeutung des Ausdrucks ist. Unter Wahrheitsbedingungen (*truth conditions*) versteht man die Bedingungen, unter denen ein Satz wahr ist.

Der dritte Ansatz vertritt die Ansicht, dass die abwertende/pejorative Bedeutung der Ethnophaulismen zwar existiert, aber nicht zum wahrheitskonditionalen Bestandteil der Bedeutung, sondern zu einer sog. „gebrauchskonditionalen Dimension" (*use conditions*/Gebrauchsbedingungen: vgl. Gutzmann 2013) gehört. Unter gebrauchskonditional bzw. Gebrauchsbedingungen werden die Bedingungen für den angemessenen Gebrauch eines Satzes verstanden. Nach diesem theoretischen Rahmen gehört die abwertende/pejorative Bedeutung entweder zum pragmatischen Bestandteil oder zu einer semantischen Dimension der Bedeutung, die sich von der wahrheitskonditionalen unterscheidet.

4 Der prohibitionistische Ansatz

Diese Position wird vor allem von Anderson/Lepore 2013 vertreten, die die Existenz eines wirklichen pejorativen Inhalts abstreiten. Anderson/Lepore vertreten die Ansicht, dass Wörter wie *Zigeuner* auf Grund einer Art Anordnung seitens zuständiger Autoritäten/Behörden oder Individuen *Tabu-Wörter* seien: „once relevant individuals declare a word a slur, it becomes one" (Anderson/Lepore 2013: 39). Diese Tabu-Wörter dürfen nicht ausgesprochen werden, wenn man diejenigen, die dieses Tabu für gültig halten, nicht beleidigen will. Intuitiv kann man zwei Einwände gegen diese Position erheben: Erstens ist es unklar, warum ein Wort ohne pejorativen Inhalt zu einem Tabu-Wort werden kann, zweitens dürfte es eben der „negative" Inhalt sein, der Ausdrücke zu Tabu-Wörtern macht und nicht umgekehrt.

---

otypes of Chinese as being unfit for managerial positions, bad drivers, and so on, and when informed of these stereotype features could successfully deny endorsement of them".

5 Der wahrheitskonditionale Ansatz

Dieser Position zufolge, die von Hom (Hom 2008, 2010; Hom/May 2013) vertreten wird, setzt sich die wahrheitskonditionale Bedeutung der Ethnophaulismen aus der Konjunktion eines neutralen Inhalts und eines konnotativen Inhalts unabhängig von ihren Gebrauchsbedingungen zusammen. Der Ausdruck *Zigeuner* wäre in jedem Kontext etwa gleichbedeutend mit „Angehöriger eines hauptsächlich in Europa verbreiteten, meist nicht sesshaften (gewöhnlich mit Sinto und Roma identifizierten) Volkes [indischen Ursprungs] und aus diesem Grund verachtenswert"[13]. Es handelt sich also um eine monopropositionale semantische Position (Vallée 2014: 88), die, wie wir sehen werden, auf einige Schwierigkeiten stößt.

Hom nennt seinen Ansatz *Combinatorial Externalism*, weil er argumentiert, dass die Bedeutung eines Ethnophaulismus auf der Grundlage rassistischer Institutionen (*racist institutions*) fixiert wird, die außerhalb des Sprechers liegen, also extern sind (vgl. Hom 2008: 431). Außerdem ist er der Meinung, dass in der wahrheitskonditionalen Bedeutung der Ethnophaulismen, und der herabwürdigenden Bezeichnungen im Allgemeinen, die assoziativ-stereotypischen Konnotationen nach der Formel: „ought to be subject to such-and-such discriminatory practices for having such-and-such stereotypical properties all because of belonging to such-and-such group" (Hom 2008: 431; 2012: 394) enthalten seien. Dieser Position zufolge würde das Ethnonym *Zigeuner*, nach seinem bekannten *chink*-Beispiel[14], eine komplexe soziale Eigenschaft ausdrücken wie z.B. „sie müssen von bestimmten sozialen Rollen ausgeschlossen werden und..., weil sie Nomaden und Diebe und ... sind, und all dies, weil sie *Roma* sind". Dem zufolge hätten die Ethnophaulismen keine Extension (vgl. Hom/May 2013: 295).

Im Folgenden wird auf einige verbreitete Einwände gegen diesen Ansatz eingegangen: Zunächst ist es nicht denkbar, dass es in der wahrheitskonditionalen

---

13 Da in den Wörterbüchern der Ausdruck Zigeuner auf Sinti und Roma verweist und da *Roma* als Oberbegriff für die Angehörigen der romanessprachigen Gruppen verwendet wird, werden wir fortan als neutralen Ausdruck die Bezeichnung *Rom/Roma* verwenden und die Konjunktion als „Rom/Roma und aus diesem Grund verachtenswert" explizieren.

14 „The meanings for epithets can be presented with the following schematized, complex predicate: *ought to be subject to these discriminatory practices because of having these negative properties, all because of being NPC.* [...] For example, the epithet ‚chink' expresses a complex, socially constructed property like: *ought to be subject to higher college admissions standards, and ought to be subject to exclusion from advancement to managerial positions, and ..., because of being slanty-eyed, and devious, and good-at-laundering, and ..., all because of being Chinese*" (Hom 2008: 431).

Bedeutung eines ethnischen Schimpfnamens und in den Wahrheitsbedingungen eines Satzes, der ihn enthält, eine stereotypische, auf die Meinungen von sozialen Institutionen bezogene Komponente gibt. In einem Ethnonym sind die Stereotype nicht kodifiziert, sondern sie sind als generelle konversationelle Implikaturen zu begreifen (Vallée 2014: 88).

Zweitens bleibt die abwertende Bedeutung eines Ethnophaulismus auch in negativen, interrogativen oder modalen Kontexten erhalten. Z. B. vermitteln alle folgenden Äußerungen

(1) Ich bin einem *Zigeuner* begegnet
(2) Ich will keine *Zigeuner* treffen
(3) Wenn auf der Party *Zigeuner* sind, gehe ich lieber nicht hin

die Verachtung des Sprechers gegenüber der Klasse der *Zigeuner*, und in allen drei Beispielen wird die Existenz der Denotate behauptet – auch in (2) und (3), weil der abwertende Inhalt aus dem Skopus der Negation und der Protasis herausfällt.

Ersetzen wir aber, nach dem Ansatz der wahrheitskonditionalen Bedeutung, den Ausdruck *Zigeuner* durch die Konjunktion „Rom/a und aus diesem Grund verachtenswert", wären die neuen Sätze mit den vorigen (1), (2), (3) nicht-synonymisch:

(4) Ich bin einem Rom und aus diesem Grund verachtenswert begegnet
(5) Ich will keine Roma und aus diesem Grund verachtenswert treffen
(6) Wenn auf der Party Roma und aus diesem Grund verachtenswert sind, gehe ich lieber nicht hin

Die Wahrheit von (4), (5), (6) ist nämlich mit der Nicht-Existenz auf der realen Welt von Angehörigen der Roma-Ethnie und aus diesem Grund verachtenswert kompatibel, weil z.B. in (6) der abwertende Inhalt in der Protasis liegt und infolgedessen die Existenz solcher Menschen hypothetisch ist. Dagegen wird in (3) die Existenz der *Zigeuner* behauptet. Wenn eine Konjunktion des neutralen Inhalts und des konnotativen Inhalts in den Skopus eines Operators fällt, bleibt die konnotative Bedeutung innerhalb des hypothetischen, modalen oder Negations-Kontextes „blockiert" und der Satz drückt keine Verachtung gegenüber der Zielgruppe mehr aus. Die Verwendung eines Ethnophaulismus bringt hingegen, unabhängig von seiner syntaktischen Stellung, eine Bewertungseinstellung des Sprechers gegenüber der Zielgruppe zum Ausdruck. Das ist nicht der Fall bei den von Hom vorgeschlagenen Konjunktionen, folglich kann die Semantik der Ethnophaulismen mit jenen Konjunktionen nicht übereinstimmen.

6 Gebrauchskonditionale Ansätze

Unter den Vertretern der These, dass der konnotative Inhalt kein Bestandteil der wahrheitskonditionalen Bedeutung ist, sind zwei Ansätze zu unterscheiden. Nach dem ersten gehört die abwertende Bedeutung zu einer pragmatischen (z.B. vgl. Schlenker 2007, Predelli 2010), nach dem zweiten zu einer semantischen Dimension, die sich von der wahrheitskonditionalen unterscheidet (vgl. u.a. Potts 2007, Williamson 2009, Hornsby 2001).

7 Pragmatische Ansätze

Schlenker (2007) argumentiert, dass der beleidigende/abwertende Inhalt eine der Präsuppositionen der Äußerung sei, die das konnotierte Wort enthält, d.h. der pejorative Inhalt ist nicht Teil der eigentlichen Äußerung, sondern Teil der Voraussetzungen, die ein Sprecher im Gespräch macht.

Tatsächlich weisen Ethnophaulismen und Präsuppositionen einige Ähnlichkeiten auf: zum Beispiel bleibt der Inhalt der Ethnophaulismen, wie auch die Präsuppositionen, in negativen, interrogativen und konditionalen Kontexten unverändert erhalten. (8), (9), (10) sind so sehr beleidigend gegenüber den Roma und Sinti wie die Aussage, dass Rudko ein *Zigeuner* ist (7):

(7) Rudko ist ein *Zigeuner*
(8) Ist Rudko ein *Zigeuner*?
(9) Rudko ist kein *Zigeuner*
(10) Wenn Rudko ein *Zigeuner* ist, dann will ich ihn nicht treffen.

In Wirklichkeit verhalten sich Ethnophaulismen in linguistischer Hinsicht anders als die Wörter, die Präsuppositionen auslösen, wie schon Potts (2005: 32–36) bemerkt hatte. Erstens sind Präsuppositionen aufhebbar, d.h. es kann ihnen in der Redefortsetzung widersprochen werden, ohne dass die Äußerung deshalb verunglückt. Dagegen verunglückt sie, wenn dem abwertenden Inhalt eines Ethnophaulismus in der Redefortsetzung widersprochen wird. Satz (11) ist trotz des Widerspruchs glücklich, dagegen ist (12) unglücklich:

(11) Rudkos Frau ist nicht gekommen: tatsächlich ist Rudko unverheiratet
(12) Rudko ist ein *Zigeuner*, aber ich habe keine Vorurteile gegen Roma

Der pejorative Inhalt an sich kann also kontextuell nicht aufgehoben werden.

Zweitens, ein epistemischer Kontext (Glaubenssatz) ist ein Stöpsel (*plug*) für die Präsuppositionen, aber nicht für den pejorativen Inhalt der Ethnophaulismen; infolgedessen kann der negativ konnotierte Inhalt auf den Hauptsatz projiziert werden. In einer Äußerung wie (13)

(13) Peter glaubt, dass Rudko ein *Zigeuner* ist

fällt der abwertende Inhalt aus dem Skopus des Glaubensoperators heraus und kann dem wiedergebenden Sprecher anstatt dem Originalsprecher (Peter) zugeschrieben werden (obwohl die letzte Lesart wahrscheinlich die bevorzugte ist); dies im Unterschied zu Äußerungen wie (14), in denen es nur Peter ist, der die Existenz der Frau von Rudko präsupponiert, falls Rudko unverheiratet ist:

(14) Peter glaubt, er habe Rudkos Frau gesehen

Eine andere pragmatische Position wird von Predelli (2010) vertreten. Er stellt die These auf, dass der konnotative Inhalt Teil der Glückensbedingungen einer Äußerung sei. Diesem Ansatz zufolge ist eine Äußerung wie (15)

(15) Rudko ist ein *Zigeuner*

unangemessen, wenn sie von jemandem ausgesprochen wird, der den Sinti gegenüber keine negative Einstellung hat.

8 Semantische Ansätze

Unter den Vertretern der Position, dass die konnotierte Bedeutung Teil der Satzsemantik, nicht aber der wahrheitskonditionalen Bedeutung sei, erwähnen wir die Auffassungen von Williamson (2009), Potts (2007) und Hornsby (2001).

Williamson (2009) und Potts (2007) behaupten z.B., wenn auch mit einigen Unterschieden in ihren Ansätzen, dass die pejorative Bedeutung eine konventionelle Implikatur im Sinne von Grice sei. Demnach ist diese Bedeutung Bestandteil der konventionellen Bedeutung, sie ist nicht aufhebbar und kann nicht in den Skopus eines Operators fallen, weil die konventionellen Implikaturen Verpflichtungen sind, die der Sprecher *hic et nunc* auf Grund der Tatsache übernimmt, dass er genau jene Wörter benutzt. Auf der Basis dieser letzten Beobachtung würde eine Äußerung wie (13) den abwertenden Inhalt immer dem wiedergebenden Sprecher und nicht dem Sprecher zuschreiben, dessen Glauben wiedergegeben wird. Tatsächlich ist es möglich, (13) wie (16) zu ergänzen:

(16) Peter glaubt, dass Rudko ein *Zigeuner* ist; ich bin jedoch anderer Meinung

Nach Hornsby (2001) ist der abwertende Bestandteil der Bedeutung ein expressiver Inhalt, der illokutiv interpretierbar und mit einer Geste vergleichbar ist:
„It is as if someone who used, say, the word ‚nigger' had made a particular gesture while uttering the word's neutral counterpart. An aspect of the word's meaning is to be thought of as if it were communicated by means of this [...] gesture. The gesture is made, ineludibly, in the course of speaking, and is thus to be explicated [...] in illocutionary terms" (Hornsby 2001: 140).
Den illokutiven Aspekt enthält übrigens implizit auch die Theorie von Potts, wenn er sagt, dass ein Sprecher auf Grund der Verwendung eines Wortes bestimmte Verpflichtungen eingehe.
Unser Vorschlag (vgl. Tenchini 2013, Frigerio/Tenchini 2014) knüpft auf ideale Weise an die expressive und die illokutive Komponente von Potts' und Hornsby's Theorien an, obwohl wir sie im Rahmen einer semantischen „Multi-Akt-Theorie", die auf die Sprechakttheorie zurückgreift, weiterentwickelt haben. Wenn ein Sprecher das Wort *Zigeuner* ausspricht, *tut* er nämlich etwas.

9 Ein *Multi-Akt*-Ansatz

Nach der Sprechakttheorie dienen die meisten Äußerungen dazu, in der Kommunikation Handlungen zu vollziehen, die zur Veränderung der Realität beitragen. Laut der bekannten Klassifikation von Searle (1975) gibt es fünf Sprechakttypen: a) Assertiva (oder Repräsentativa), b) Direktiva, c) Kommissiva, d) Deklarativa, e) Expressiva.
Ausgehend von dieser Theorie vertreten wir die Ansicht, dass ein Sprecher, wenn er (17)
sagt:

(17) Rudko ist ein *Zigeuner*

zwei Sprechakte vollzieht, und zwar:
a. einen Assertiv (Repräsentativ), durch den behauptet wird, dass Rudko ein Rom ist, d.h. einen Akt, durch den sich der Sprecher auf die Wahrheit eines propositionalen Inhalts verpflichtet;

b. einen Expressiv, durch den der Sprecher seine Einstellung zur Klasse der Denotate ausdrückt, zu der das betroffene Individuum gehört. Dabei handelt es sich um eine Haltung der Abneigung und Ablehnung oder geringschätziger Bewertung. Der expressive Akt wird vom Sprecher durch die Äußerung von (17) vollzogen: Er drückt seine Verachtung gegenüber den Roma aus, indem er (17) sagt.

Wir sind der Meinung, dass beide Akte durch die Verwendung des Ausdrucks *Zigeuner* vollzogen werden. Das gilt auch für alle anderen ethnischen Schimpfnamen. Mit der Aussage

(18) Aldo ist ein Spaghettifresser

gibt der Sprecher zweierlei Auskünfte: i) der Referent ist ein Italiener und ii) die Italiener erregen in mir gewisse (negative) Gefühle, die ich gleichzeitig mit i) mitteile.

Zwischen den zwei Sprechakttypen besteht jedoch ein wesentlicher Unterschied: Der erste Sprechakt kann wahr (es ist wahr, dass Aldo ein Italiener ist) oder falsch (es ist falsch, dass Aldo ein Italiener ist) sein, während es keinen Sinn macht zu fragen, ob der zweite Akt wahr oder falsch ist. Der Grund dafür ist, dass der erste Akt einen Tatbestand beschreibt, während der zweite eine Einstellung des Sprechers ausdrückt. Einen Expressiv zu vollziehen bedeutet konventionell, bestimmte Züge in einem sozialen Spiel zu machen, wie wenn man z.B. „hallo" oder „danke" sagt, also Äußerungen, die weder wahr noch falsch sind und folglich nicht in den Bereich der wahrheitskonditionalen Semantik einzuordnen sind.

Diese Multi-Akt-Theorie (die These, wonach man auch einen expressiven Sprechakt vollzieht, indem man einen Satz ausspricht, der das Wort *Zigeuner* enthält) kann erklären, warum jemand, der einen Ethnophaulismus benutzt, auch unwillentlich beleidigt, beschimpft, diskriminiert, verleumdet, abwertet oder verletzt. Wie durch das Wort „danke" Dankbarkeit unabhängig davon ausgedrückt wird, ob man ein Gefühl von Dankbarkeit verspürt oder nicht, drückt man Verachtung gegenüber der Zielgruppe aus, wenn man einen ethnischen Schimpfnamen benutzt, und zwar unabhängig davon, ob man subjektiv ein solches Gefühl der Verachtung hegt oder nicht. Wenn der Sprecher einen solchen Satz benutzt, bringt er seine Verachtung zum Ausdruck, ohne sie zu „beschreiben".

Es gibt jedoch Kontexte, in denen der Sprecher durch die Verwendung eines Ethnophaulismus keinen Expressiv vollzieht, und aufgrund dieser Kontexte scheint unsere Theorie widerlegbar. In einer Äußerung wie (19) drückt der Sprecher z.B. keine Verachtung aus, auch wenn er den Ausdruck *Zigeuner* benutzt:

(19) Rudko ist kein *Zigeuner*, er ist ein Rom (es ist falsch, dass Rudko ein *Zigeuner* ist, er ist ein Rom)

Der konnotierte Ausdruck fällt nämlich in den Skopus des Negations-Operators und die Negation betrifft nicht den deskriptiven Bestandteil des Ausdrucks, sondern nur den expressiven. Aber ein gewisser Grad an Zweideutigkeit bleibt auch in einer Äußerung wie (7), jetzt (20), erhalten

(20) Rudko ist kein *Zigeuner*

Dieser Satz kann nämlich einfach negieren, dass Rudko ein Rom ist und trotzdem seine abwertende Stärke gegenüber der Zielgruppe erhalten, oder er kann den expressiven Akt negieren. Eben die Tatsache, dass nur einer der Bedeutungsteile (der denotative oder der expressive) des Wortes durch die Negation betroffen sein kann, bestätigt die Annahme, dass dieser Ausdruck ‚Multi-Akt' ist.

Ein weiteres Beispiel kann im Kontext der Redewiedergabe angeführt werden:

(21) Karl, der ein Rassist ist, hat gesagt, dass Rudko ein *Zigeuner* ist

Auch in diesem Fall hat der wiedergebende Sprecher keinen expressiven Akt vollzogen; um seinen Expressiv zu negieren, hat er diesen Akt jedoch Karl zuschreiben müssen, und zwar mit dem Zusatz eines disambiguierenden Kontextes („der ein Rassist ist")[15].

Ein gewisser Grad von Ambiguität hinsichtlich der Person, die einen Expressiv vollzieht, bleibt aber auch bei Äußerungen wie (22). Nehmen wir an, dass Hans sagt:

(22) Karl hat gesagt, dass Rudko ein *Zigeuner* ist

Werden die Wörter wortwörtlich wiedergegeben, dann ist es Karl, der den expressiven Akt vollzogen hat; Hans kann mit der diskriminierenden Einstellung Karls einverstanden sein oder nicht. Wenn er sicherlich nicht einverstanden ist, muss er wie in (21) seine abweichende Einstellung explizit machen.

---

15 In Gegensatz zu anderen Sprachen verfügt das Deutsche über den *Konjunktiv 1*, um die Distanz des wiedergebenden Sprechers gegenüber der wiedergegebenen Rede zu signalisieren. Durch diesen Modus wird also kenntlich gemacht, dass man nicht die eigene Meinung, sondern die Äußerung eines Dritten wiedergibt: Aus diesem Grund benutzen wir in den Beispielen (21) und (22) den Indikativ, der eine zweifache Interpretation zulässt.

Ein weiterer Einwand könnte die sog. ‚angeeignete' Verwendung (*appropriated use*) der pejorativen Ausdrücke betreffen, d.h. ein Gebrauch, „which alters its meaning for use with the group" (Hom 2008: 428). Man könnte nämlich entgegenhalten, dass unsere Theorie nicht imstande ist, folgende Verwendungen zu erklären: Die Angehörigen der Zielgruppe benutzen einen abwertenden Schimpfnamen nicht, um Abwertung und Verachtung gegen sich selbst auszudrücken, sondern um das Gruppenzusammenhalts- und Zugehörigkeitsgefühl zu betonen. Wir sind der Meinung, dass die ‚angeeignete' Verwendung nur auf den ersten Blick ein Problem für unsere Theorie darstellt, denn der pejorative Ausdruck wird hier als ‚echoische' Erwähnung (nach der Relevanztheorie: vgl. Bianchi 2014) oder als eine Art „mock impoliteness" (Croom 2013: 192) verwendet.

10 Schlussbemerkungen

In dem vorliegenden Beitrag wird, nach einem kurzen Überblick über die wichtigsten theoretischen Ansätze zum Thema *slurs* im Allgemeinen und Ethnophaulismen im Besonderen, unsere eigene interpretative Theorie dargestellt, die wir als „Multi-Akt-Theorie" bezeichnet haben. Nach dieser Theorie, die in eine semantische Perspektive einzuordnen ist, gehört die pejorative Bedeutung eines Ethnophaulismus zu einer semantischen Dimension, die sich von der wahrheitskonditionalen unterscheidet. Die Grundidee ist, dass der Sprecher, wenn er einen ethnischen Schimpfnamen benutzt, nicht nur zwei Propositionen äußert, sondern zwei Sprechakte vollzieht, von denen einer ein Expressiv ist, durch den er seine Verachtung gegenüber der Zielgruppe ausdrückt. Das bedeutet, dass wir der konnotativen Bedeutung nur die (kodifizierte) abwertende Komponente zugeordnet und die mit dem Ausdruck *Zigeuner* assoziierten Stereotypen (wie z.B. Vagabund, Dieb usw.) ausgeklammert haben, denn wir sind der Meinung, dass diese evokativen Assoziationen nicht zur wörtlichen Bedeutung gehören.

In diesem Beitrag haben wir die übertragenen Bedeutungen, bei denen hingegen die stereotypischen Aspekte im Vordergrund stehen, nicht berücksichtigt. In den Wörterbüchern wird die übertragene Bedeutung von *Zigeuner* als *umg.*, *abw.*, *pej.* markiert und bezieht sich meistens auf einen Lebensstil: herumziehen/vagabundieren, keine Wurzeln schlagen oder Rastlosigkeit, z.B.: „jmd., der ein unstetes Leben führt, wie ein Zigeuner lebt [...]" (Duden ³1999: 10, 4634); „unruhig lebender Mensch: er ist ein richtiger ~! [...]" (Brockhaus-Wahrig 1984: 6, 839); „jemand, der ein unstetes Leben führt" (Langenscheidt 2003: 1212). In seinen übertragenen Bedeutungen bedeutet also *Zigeuner* etwa „jmd., der einige stereotypische Merkmale hat, die üblicherweise mit den *Zigeunern* assoziiert werden" (in den o.a. Beispielen mit dem Nomadismus – früher waren alle Zigeuner Nomaden); infolgedessen geht der deskriptive Wert der wörtlichen Bedeutung fast völlig verloren, und die Konnotation „gewinnt" stereotypische, „enzyklopädische" Bewertungsmerkmale.

Welches das herausragendste stereotypische Merkmal ist, hängt von dem in Betracht gezogenen historischen, kulturellen und geografischen Horizont ab. Steht in den o.a. Wörterbüchern das Merkmal „Vagabund" im Mittelpunkt, werden in anderen Verwendungen andere Merkmale hervorgehoben. Wenn z.B. eine italienische Mutter zu ihrem Kind sagt:

(23) Du bist ein (richtiger) *Zigeuner* (oder: du siehst wie ein (richtiger) *Zigeuner* aus)

bezieht sie sich in den meisten Fällen darauf, dass das Kind wegen des Spielens oder irgendeiner körperlichen Betätigung sehr schmutzig ist oder dass es schlampig gekleidet ist, und nicht (oder sehr selten und nur unter bestimmten Umständen) darauf, dass es ein „Vagabund" oder ein Dieb ist. Italienische und deutsche Informanten haben diese Interpretation bestätigt. Für einige österreichische Informantinnen aus dem Salzburgerland hat dagegen *Zigeuner* in (23) eher die Bedeutung von „Lausbub" und nicht so sehr, dass sich das Kind schmutzig gemacht hat oder schlampig gekleidet ist.

Wird die Äußerung (23) an einen Erwachsenen gerichtet, dann wird sie, sowohl für Deutsche als auch für Italiener, meistens synonymisch mit (24):

(24) Du bist ein Vagabund

in Bezug auf einen Lebensstil, zu dessen Merkmalen nicht unbedingt das Schmutzigsein oder die Nachlässigkeit gehören. Ein Informant aus Wien hat mir im Übrigen mitgeteilt, dass der Ausdruck *Zigeuner* in Wien noch „romantisierend" (vgl. Pauls Wörterbuch) konnotiert ist und auf die künstlerische Szene verweist, was in Italien nicht der Fall ist. Mein Wiener Informant ist sehr gebildet und es ist nicht sicher, ob diese Interpretation tatsächlich von der ganzen Wiener (oder österreichischen) Gesellschaft geteilt wird. Tatsächlich bedeutet (24) für meine Salzburger Informantinnen „Du bist ein Dieb"[16].

Wie dem auch sei, ist die semantische Eigenschaft dieses Ausdrucks in seiner übertragenen Bedeutung die folgende: Seine Verwendung in einer Äußerung voll-

---

16 Diese verschiedenen Lesarten sind eine Bestätigung der Tatsache, dass die stereotypischen Assoziationen nicht zur wörtlichen Bedeutung gehören.

zieht ein relevanzerzeugendes Verfahren, auf Grund dessen von Mal zu Mal und kontextabhängig eines der Merkmale, die mit dem Ausdruck *Zigeuner* evokativ assoziiert sind, in den Vordergrund gestellt wird, während die anderen Merkmale in den Hintergrund rücken. Dagegen werden, von wenigen Ausnahmen abgesehen, der deskriptive und der konnotative Wert des Ausdrucks in der wörtlichen Verwendung gleichzeitig und gleichrangig aktualisiert.

Literatur

Anderson, Luvell/Lepore, Ernie (2013): „Slurring Words". In: *Noûs* 47(1), 25–48.
Bianchi, Claudia (2014): „Slurs and Appropriation: An Echoic Account". In: *Journal of Pragmatics* 66, 35–44.
Butler, Judith (1997): *Excitable Speech: A Politics of the Performative*. New York: Routledge.
Croom, Adam M. (2013): „How to do Things with Slurs: Studies in the Way of Derogatory". In: *Language & Communication* 33, 177–204.
Faloppa, Federico (2009): „Le calunnie etniche nella lingua italiana". In: Gian Luigi Beccaria (Hg.): *Lingue e Linguaggi*. Bd. 2: Cavalli Sforza/Luigi Luca (Hgg.): *La cultura italiana*. Torino: Utet, 512–587.
Faloppa, Federico (2010): „Parole come armi". In: *L'Indice*, XXVII, 11, 6.
Frigerio, Aldo/Tenchini, Maria Paola (2014): „The Semantic Status of Connotation: The Case of Slurs". In: Piotr Stalmaszczyk (Hg.): *Issues in Philosophy of Language and Linguistics*. Łódź: University of Łódź Press, 57–75. (= Łódź Studies in English and General Linguistics 2)
Goebl, Hans (Hg.) (2012): *Atlant linguistich dl ladin dolomitich y di dialec vejins, 2a pert/Atlante linguistico del ladino dolomitico e dei dialetti limitrofi, 2a parte/Sprachatlas des Dolomitenladinischen und angrenzender Dialekte*, 2. Teil. Strasbourg: Éditions de linguistique et de philologie, 7. Bd.
Gutzmann, Daniel (2013): „Expressives and Beyond. An Introduction to Varieties of Use-Conditional Meaning". In: Daniel Gutzmann/Hans-Martin Gärtner (Hgg.): *Beyond Expressives. Explorations in Use-Conditional Meaning*. Leiden: Brill, 1–58.
Hom, Christopher (2008): „The Semantics of Racial Epithets". In: *The Journal of Philosophy* 105, 416–440.
Hom, Christpher (2010): „Pejoratives". In: *Philosophy Compass* 5, 164–185.
Hom, Christopher (2012): „A Puzzle about Pejoratives". In: *Philosophical Studies* 159, 383–405.
Hom, Christopher/May, Robert (2013): „Moral and Semantic Innocence". In: *Analytic Philosophy* 54(3), 293–313.
Hornsby, Jennifer (2001): „Meaning and Uselessness: How to Think about Derogatory Words". In: *Midwest Studies in Philosophy* 25(1), 128–141.
Jeshion, Robin (2013): „Slurs and Stereotype". In: *Analytic Philosophy* 54, 314–329.
Kenrick, Donald ([2]2007): *Historical Dictionary of the Gypsies (Romanies)*. Lanham MD.: Scarecrow Press.
Kerbrat-Orecchioni, Catherine (1977): *La Connotation*. Lyon: P.U.L.
Kilian, Jörg (2003): „Wörter im Zweifel. Ansätze einer linguistisch begründeten kritischen Semantik". In: *Linguistik online* 16(4), 159–170.

Lobenstein-Reichmann, Anja (2008): „Zur Stigmatisierung der ›Zigeuner‹ in den Werken kollektiven Wissens am Beispiel des *Grimmschen Wörterbuchs*". In: Herbert Uerlings/ Iulia-Karin Patrut (Hgg.): *‚Zigeuner' und Nation. Repräsentation–Inklusion–Exklusion*. Frankfurt a.M.: Lang, 589–629.

Markefka, Manfred (1999): „Ethnische Schimpfnamen – kollektive Symbole alltäglicher Diskriminierung". In: *Muttersprache* 2, 97–123 (erster Teil); 3, 193–206 (zweiter Teil); 4, 289–302 (dritter Teil).

Meibauer, Jörg (2013): „Hassrede – von der Sprache zur Politik". In: Jörg Meibauer (Hg.): *Hassrede/Hate Speech. Interdisziplinäre Beiträge zu einer aktuellen Diskussion*. Gießener Elektronische Bibliothek, 1–16. Online unter: http://geb.uni-giessen.de/geb/volltexte/2013/9251/ ‹1.6.2016›.

Milano ‹Ducato› (1623): *Compendio di tutte le gride, bandi, et ordini, Fatti, & pubblicati nella Città, & Stato di Milano. Nel gouerno dell'Illustrissimo, & Eccellentissimo Signor Duca di Feria*. Milano: per Pandolfo & gli heredi di Marco Tulio Malatesta stampatori Regij Camerali. Online unter: https://books.google.it/books?id=fxqlnuzAgmgC&printsec=frontcover&hl=it&source=gbs_ge_summary_r&cad=0#v=onepage&q&f=false ‹1.6.2016›.

Potts, Christopher (2005): *The Logic of Conventional Implicatures*. New York: Oxford University Press.

Potts, Christopher (2007): „The Expressive Dimension". In: *Theoretical Linguistics* 33 (2), 165–198.

Predelli, Stefano (2010): „From the Expressive to the Derogatory: On the Semantic Role for Non-Truth-Conditional Meaning". In: Sarah Sawyer (Hg.): *New Waves in Philosophy of Language*. Houndmills and New York: Palgrave Macmillan, 164–185.

Rigotti, Eddo/Rocci, Andrea (²2006): „Denotation versus Connotation". In: Keith Brown (Hg.): *The Encyclopedia of Language and Linguistics*, III. Amsterdam u.a.: Elsevier, 436–444.

Searle, John R. (1975): „A Taxonomy of Illocutionary Acts". In: Keith Gunderson (Hg.): *Language, Mind and Knowledge*. Minneapolis: University of Minnesota Press, 344–369.

Schlenker, Philippe (2007): „Expressive Presuppositions". In: *Theoretical Linguistics* 33, 237–245.

Tenchini, Maria Paola (2013): „Zur Semantik der ethnischen Schimpfnamen". In: *Lingue e Linguaggi* 10, 125–136.

Turner, Ralph L. (1926): „The Position of Romani in Indo-Aryan". In: *Journal of the Gypsy Lore Society*, 3rd Series No. 5, 145–189.

Kronauer, Ulrich (1998): „Bilder vom ‚Zigeuner' in rechtssprachlichen Quellen und ihre Darstellung im ‚Deutschen Rechtswörterbuch'". In: Anita Awosusi (Hg.): *Stichwort: Zigeuner. Zur Stigmatisierung von Sinti und Roma in Lexika und Enzyklopädien*. Heidelberg: Verlag Das Wunderhorn, 97–118.

Vallée, Richard (2014): „Slurring and Common Knowledge of Ordinary Language". In: *Journal of Pragmatics* 61, 78–90.

Vossen, Rüdiger (1983): *Zigeuner. Roma, Sinti, Gitanos, Gypsies. Zwischen Verfolgung und Romantisierung*. Frankfurt a.M. et al.: Ullstein.

Williamson, Timothy (2009): „Reference, Inference, and the Semantics of Pejoratives". In: Joseph Almog/Paolo Leonardi (Hgg.): *The Philosophy of David Kaplan*. Oxford: Oxford University Press, 137–158.

Winkler, Andreas (1994): „Ethnische Schimpfwörter und übertragener Gebrauch von Ethnika". In: *Muttersprache* 4, 320–337.

Wörterbücher

Brockhaus-Wahrig (1980–1984): *Deutsches Wörterbuch in 6 Bänden*. Herausgegen von Gerhard Wahrig/Hildegard Krämer et al.: F.A. Brockhaus/Deutsche Verlags-Anstalt.
Deutsches Wörterbuch von Jakob Grimm und Wilhelm Grimm (1854–1960), 16 Bde., 32 Teilbde. Leipzig: S. Hirzel Verlag.
Die Zeit – Das Lexikon in 20 Bänden (2005). Hamburg: Zeitverlag Gerd Bucerius GmbH.
Duden. Das große Wörterbuch der deutschen Sprache in zehn Bänden (^{3}1999). Mannheim et al.: Duden Verlag.
Duden. Deutsches Universalwörterbuch A–Z (^{3}1996). Mannheim et al.: Duden Verlag.
Duden online Wörterbuch. Online unter: http://www.duden.de/woerterbuch <1.6.2016>.
Duden. Richtiges und gutes Deutsch. Wörterbuch der sprachlichen Zweifelfälle (^{7}2001). In: *Der Duden in 12 Bänden. Das Standardwerk zur deutschen Sprache*, Bd. 9. Mannheim et al.: Duden Verlag.
Etymologisches Wörterbuch des Deutschen (^{2}1993), 2 Bde. Zweite Auflage durchgesehen und ergänzt von W. Pfeifer. Berlin: Akademie Verlag.
Kempcke, Günther (2000): *Wörterbuch Deutsch als Fremdsprache*. Berlin et al.: de Gruyter.
Kluge, Friedrich (^{22}1989): *Etymologisches Wörterbuch der deutschen Sprache*. Neu bearbeitete Auflage von Elmar Seebold. Berlin: de Gruyter.
Langenscheidt Großwörterbuch Deutsch als Fremdsprache (2003). Berlin et al.; Langenscheidt Verlag.
Österreichisches Wörterbuch (^{39}2001). Herausgegeben vom Bundesministerium für Bildung, Wissenschaft und Kultur. Wien: öbv & hpt, Jugend & Volk.
Paul, Hermann (^{10}2002): *Deutsches Wörterbuch. Bedeutungsgeschichte und Aufbau unseres Wortschatzes*. Überarbeitete und erweiterte Auflage von Helmut Henne/Heidrun Kämper et al. Tübingen: Niemeyer.

Arvi Sepp
Kulturhistorische Blicke auf die Sprache des Dritten Reiches und die antisemitische Hassrede

Victor Klemperers Auseinandersetzung mit der verbalen Verletzung im Nationalsozialismus[1]

Abstract: As of the year 1942, the German-Jewish professor of Romance languages, Victor Klemperer, undertook a thoroughgoing analysis of Nazi language, anti-Semitic hate speech and verbal aggression in his diaries. In his journal, he provides concrete and painstakingly precise notes of his reflections on fascist institutions, his gradual exclusion from society as a Jew, the circumstances of ordinary people under National Socialism, including laws, working conditions, and the media. The following essay will offer a new way of approaching Klemperer's critique of language by drawing on Erving Goffman's examination of the consequences of exclusion and discrimination from the perspective of his theory of stigma, as formulated in his study *Stigma: Notes on the Management of Spoiled Identity* (1963), and on Judith Butler's analysis of the role injurious speech plays in constituting the subject in her book *Excitable Speech: A Politics of the Performative* (1997). Because the racial-biological categorization as a "Jew" functions as an illocutionary form of speech that, in the moment it is uttered, injures the subject and, through this very injuring of the subject, constitutes the subject, it performs the function of an address. This essay sets out to illustrate how the language Klemperer investigates in his diary can be understood as hate speech, arguing that the Nazis' racial classification "Jew" creates a Jewish identity among those who, like Klemperer, had both converted and assimilated into German society. By studying both direct and indirect statements and the vocabulary used in them, the diarist continuously strives to discover his interlocutors' attitudes towards the National Socialist typology of identity and therefore, by extension, towards him.

---

[1] Der vorliegende Aufsatz geht teilweise auf Sepp (2014) zurück.

1 Einleitung

Der deutsch-jüdische Romanist Victor Klemperer hat ab dem Jahr 1942 in seinen Tagebüchern konsequent die NS-Sprache analysiert. In den Tagebuchaufzeichnunegn notiert der Autor ganz konkret, mit akribischer Genauigkeit, seine Betrachtungen der faschistischen Institutionen, des Verlaufs der allmählichen Ausgrenzung, der Lebenslage der Menschen unter dem Nationalsozialismus, der Gesetze, der Arbeitsbedingungen, der Medien und ihrer Auswirkung auf die deutsche Bevölkerung.[2]

Aus der persönlichen Perspektive hebt Klemperer die totale Politisierung der Sprache durch die nationalsozialistische Ideologie hervor, die die Deutschen in linguistischer Hinsicht „vergiftet" haben soll (LTI: 126). In diesem Zusammenhang unterstreicht er die Gefahr der oftmals unbewussten und schleichenden Einflussnahme der manichäischen nationalsozialistischen Sprache auf die Mentalität der Menschen: „Worte können sein wie winzige Arsendosen: sie werden unbemerkt verschluckt, sie scheinen keine Wirkung zu tun, und nach einiger Zeit ist die Giftwirkung doch da." (LTI: 27)[3] Der Autor versucht, entgegen dieser Tendenz, sich der rassischen Klassifizierungsmacht des NS-Diskurses zu entziehen, indem er seine nationale Identität gegen die antisemitische Eugenik und den Sozialdarwinismus des Nationalsozialismus in Schutz nimmt: „Über die Zugehörigkeit der Nation entscheidet weniger das Blut als die Sprache." (ZAII: 322 [28.1.1943])

Er benutzt seine persönlichen Erfahrungen in der Diktatur, um die beschriebenen Beobachtungen zur antisemitischen Rede anschaulich darzustellen. Das Tagebuch ist somit in weiten Teilen zum Arbeitsjournal für die Sprach- und Kulturanalysen Klemperers geworden. Der Blick des Philologen erfasst den NS-Alltag als Zeichensystem, dessen Bezüge er mit bemerkenswerter Genauigkeit ins Auge fasst. Klemperer war es im Tagebuch daran gelegen, unter dem Schlagwort

---

[2] Victor Klemperer unterzieht in seinen Tagebüchern die Nazi-Ideologie und sowohl ihre sprachlichen als auch medialen Darstellungen einer kritischen Analyse. Die Tagebücher 1933–45 stellen in wichtigen Teilen ein Arbeitsjournal für seine Kultur- und Sprachanalysen in *LTI* dar, deren Genese sich in den Tagebuchnotizen textkritisch nachzeichnen lässt. Das Buch erschien 1947 mit dem Titel *LTI – Notizbuch eines Philologen* im Aufbau-Verlag (Berlin). Die Abkürzung „LTI" steht für „Lingua Tertii Imperii". Für nähere Informationen zu Klemperers Sprachkritik in *LTI* vgl. Sepp (2012).
[3] Im vorliegenden Beitrag werden die folgenden Abkürzungen für die Klemperer-Werke benutzt:
ZAI: Victor Klemperer, *Ich will Zeugnis ablegen bis zum letzten: Tagebücher 1933–1941*.
ZAII: Victor Klemperer, *Ich will Zeugnis ablegen bis zum letzten: Tagebücher 1942–1945*.
LTI: Victor Klemperer, *LTI – Notizbuch eines Philologen*.

,LTI' unterschiedlichste Informationsquellen heterogener Herkunft extensiv zu befragen, um die unreflektierte Übernahme der totalitären Sprache unter dem Nationalsozialismus zu erhellen. Beobachtungsleitend für den Philologen ist in diesem Zusammenhang die Frage, inwieweit der Nationalsozialismus im Alltag in das Denken und Handeln der gewöhnlichen Deutschen eingegriffen hat. Der Autor legt in *LTI* den Fokus mithin auf „das Gewöhnliche und das Durchschnittliche" (LTI: 363).

Im vorliegenden Beitrag soll unter Rückgriff auf Judith Butlers Analyse der Subjektkonstituierung des verletzenden Sprechens in *Haß spricht* und Erving Goffmans stigmatheoretische Untersuchung der Folgen von Ausgrenzung und Diskriminierung in *Stigma. Über Techniken der Bewältigung beschädigter Identität* eine neue Perspektive von Klemperers Sprachkritik geboten werden. In diesem Beitrag soll erläutert werden, wie die im Tagebuch untersuchte NS-Sprache als Hassrede verstanden werden kann. Die rassische Zuordnung „Jude" durch den Nationalsozialismus erschafft zugleich eine jüdische Identität bei konvertierten Assimilierten wie Klemperer. Der Tagebuchschreiber bemüht sich fortwährend, anhand direkter und indirekter Aussagen und der entsprechenden Lexik die Einstellung seiner Gesprächspartner zur nationalsozialistischen Identitätstypologie und somit zu seiner Person selbst zu ergründen.

2 Stigma

„Der Jude" als biologische Verkörperung der zweckrationalen Moderne wurde zum Mittelpunkt der nationalsozialistischen Ideologie. Durch den „reinigenden" Effekt seiner Vernichtung sollte die Technik befreit und erneut in den Dienst der Natur gestellt werden. Der reaktionäre Modernismus, der vom Nationalsozialismus vertreten wurde, bildete eine destruktive Synthese von Gegenaufklärung und Wissenschaft, Verfolgung und Rassenbiologie, Pogrom und bürokratisch organisiertem Massenmord (vgl. Traverso 2003: 149). Poliakov, Delacampagne und Girard (1984: 189–90) heben diesbezüglich in *Über den Rassismus* hervor, dass der Andere für den Rassisten stets derjenige ist, der die Verkörperung eines *Unterschieds* darstellt, den Letzterer um jeden Preis beseitigen will. Der Unterschied, der dem Rassisten dabei am meisten Angst macht, ist ohne jeden Zweifel die nicht unmittelbar erkennbare Differenz, die angeblich eine *interne* Gefahr für die Integrität des Eigenen darstellt. Der Rassismus, so argumentieren Poliakov, Delacampagne und Girard in Bezug auf den völkischen Antisemtismus, kommt umso heftiger zum Tragen, je näher der Fremde dem Rassisten ist, je enger er mit ihm zusammenlebt und je weniger er von ihm zu unterscheiden ist. In diesem

Fall, wenn selbst die Wissenschaft dazu tendiert, intrinsische Unterschiede vollkommen auszuschließen, beruft sich der Rassismus auf eine in die Irre gegangene Wissenschaft, um trotzdem das *biologische* Fundament der Unterschiede hervorzuheben. Gerade „der Jude" ist von allen „Anderen" der am wenigsten „Andere", derjenige, der am wenigsten verschieden ist. Infolge der Verquickung von Eigenem und Fremdem ist die jüdische Gemeinschaft häufig als Sündenbock missbraucht worden, insbesondere von „Individuen und Völkern, die vom Problem ihrer Integrität besessen waren, das heißt der Angst, daß sich das zerbrechliche Bild der Allmacht, mit dem sie sich identifizieren, auflösen kann." (Poliakov/Delacampagne/Girard 1984: 190)

In der nationalsozialistischen Propaganda, wie beispielsweise aus dem Lehrbuch *Geschichte als nationalpolitische Erziehung* (1939) hervorgeht, wird diese Angst vor der unsichtbaren Gefahr jüdischer „Verräter und Zerstörer" systematisch geschürt. So heißt es etwa: „Juden, die sich als Deutsche getarnt haben," hätten in Europa wesentlich „zu Niedergang und Zerfall" beigetragen (Klagge 1939: 37). Der Diarist stellt vor diesem Hintergrund den „übermäßig gesteigerte[n] Gebrauch von *tarnen*" im nationalsozialistischen Diskurs fest (ZAII: 125 [12.6.1942]), wenn es darum geht, auf den „schädlichen" Einfluss der jüdischen Bevölkerung hinzuweisen. Aufgrund dieser vermeintlichen „Tarnung" mussten Juden im Dritten Reich als solche explizit kenntlich gemacht werden. Die typologische Einordnung in die rassische Kategorie „Jude" durch den Nationalsozialismus empfand der Diarist als erniedrigendes Stigma. Klemperers graduelle Diskriminierung liest sich dementsprechend, so Petzold (1996: 396), „wie ein Kapitel ‚angewandter Stigmatheorie'". Um nun im Folgenden der Frage nachzugehen, welche Folgen diese Stigmatisierung, die Isolation und Kennzeichnung als Jude für Klemperers Selbstverständnis hatten, kann gewinnbringend auf Erving Goffmans Stigmatheorie, wie sie in seiner 1967 erschienenen Arbeit *Stigma. Über Techniken der Bewältigung beschädigter Identität* erarbeitet wurde, rekurriert werden.

Unter Stigma versteht Goffman eine substantielle Identitätsbedrohung, die durch das Gefälle zwischen diskursiv konstruierter „Normalität" und „Anormalität" gesellschaftlich hervorgerufen wird:

> Der Terminus Stigma wird [...] in bezug auf eine Eigenschaft gebraucht [...], die zutiefst diskreditierend ist, aber es sollte gesehen werden, daß es einer Begriffssprache von Relationen, nicht von Eigenschaften bedarf. Ein und dieselbe Eigenschaft vermag den einen Typus zu stigmatisieren, während sie die Normalität eines anderen bestätigt, und ist daher als ein Ding an sich weder kreditierend noch diskreditierend. (Goffman 1967: 11)

Die spannungsvolle Diskrepanz zwischen den dekretierten rassistischen Normalitätsvorstellungen und dem verordneten und vielfach akzeptierten Negativbild des „Juden" zog Klemperers Selbstverständnis im Dritten Reich erheblich in Mitleidenschaft.⁴ Dem rassischen Code ›Arier/Jude‹ unterlagen sämtliche Gesellschaftsbereiche, und auch das soziale Beziehungsgeflecht wurde größtenteils durch die rassische Norm beeinflusst bzw. aufgelöst. Die Lebenswelt wurde allmählich durch diese Zweiteilung konsequent und gewalttätig aufgespalten, wie Klemperer am Vorabend zur Boykott-Aktion feststellt:

> Immer trostloser. Morgen beginnt der Boykott. Gelbe Plakate, Wachen. Zwang, christlichen Angestellten zwei Monatsgehälter zu zahlen, jüdische zu entlassen. Auf den erschütternden Brief der Juden an den Reichspräsidenten und die Regierung keine Antwort. – Man mordet kalt oder ‚mit Verzögerung'. Es wird ‚kein Haar gekrümmt' – man läßt nur verhungern. Wenn ich meine Katzen nicht quäle, bloß ihnen nicht zu fressen gebe, bin ich dann Tierquäler? – Niemand wagt sich vor. Die Dresdener Studentenschaft hat heute Erklärung: geschlossen hinter... und es ist gegen die Ehre deutscher Studenten mit Juden in Berührung zu kommen. (ZAI: 16 [31.3.1933])

Hannah Arendt (1996: 107) hebt hervor, dass in Zeiten der Verfolgung und Diskriminierung das besagte gesellschaftliche Stigma ein wichtiges defensives Definitionsmerkmal der jüdischen Identität werden kann bzw. muss: „Wenn man als Jude angegriffen ist, muß man sich auch als Jude wehren." Eine solche *affirmative* Anerkennung der Attribuierung von außen liegt aber keineswegs in Klemperers Tagebüchern vor, weshalb der Diarist auch kaum innere Solidarität zum jüdischen Kollektiv entwickelt. Dennoch rekurriert Klemperer im Hinblick auf die rassistische Ausgrenzung kontinuierlich auf die Kollektivform „wir", um die Gruppe der jüdischen Verfolgten zu bezeichnen. Der Tagebuchautor bezeichnet sich als Jude, weil er dieser Gruppe der Verfolgten *de facto* angehört, und nicht etwa, weil sich eine innerliche Wende bzw. Wandlung vollzogen hat: „[I]ch urteile als Jude, weil ich als solcher von der jüdischen Sache im Hitlertum besonders berührt bin." (ZAI: 588 [16.4.1941]) Vor diesem Hintergrund versteht der Diarist sein Judentum lediglich als administrative, rassistische Kategorie, die ihm von den Nationalsozialisten auferlegt wurde (vgl. ZAII: 846 [25.4.1943]). Klemperers jüdische Identität ist mithin hauptsächlich negativ und extrinsisch

---

4 Goffman (1967: 10) unterscheidet vor diesem Hintergrund zwischen „virtualer sozialer Identität" und „aktualer sozialer Identität". Der erste Begriff kann als gesellschaftlich akzeptiertes und tradiertes Muster von Eigenschaften und Dispositionen verstanden werden, während der zweite auf „[d]ie Kategorie und die Attribute, deren Besitz dem Individuum tatsächlich bewiesen werden konnte", verweist. Wenn die Diskrepanz zwischen beiden Formen von sozialer Identität eklatant ist, so sei dies als Stigma zu bezeichnen. Der nationalsozialistische Totalitarismus generierte mittels Propaganda, Rassenlehre, Gesetzgebung und Sozialisation eine Kategorie des Wünschenswerten, des Normalen: die Kategorie des „Ariers", die in schroffem Gegensatz zur aktualen sozialen Identität des „Juden" stand. Vgl. in diesem Zusammenhang auch Raaz und Gentzel (2005: 17).

bedingt; nicht Volkszugehörigkeit, Geschichtsbewusstsein, Kultur oder Religion bestimmen seine Selbst-Identität, sondern Bildung, Beruf und sozialer Status, die ihrerseits indes als Bewertungsparameter in der rassistischen Codierung des Nationalsozialismus bedeutungslos geworden sind. Die von Klemperer hochgeschätzten Bewertungsmechanismen entlang beruflicher Leistung, Intelligenz und Vertrauen werden mit einem Male diskreditiert und marginalisiert. In seinem sozialen und beruflichen Umfeld erfährt Klemperer bald nach der Machtergreifung Hitlers Respektverlust, Ignoranz, Marginalisierung und letztendlich geradezu totale Isolation.

Die enge Verbindung von völkischer Propaganda, pseudowissenschaftlicher Rassenbiologie und sozialem Status generiert in der NS-Gesellschaft eine hegemoniale Kategorie des Normalen. Zwei augenfällige Themenkomplexe in der NS-Ideologie, von denen Klemperer seit Beginn des Regimes unmittelbar betroffen ist, stellen der Antisemitismus und der Antiintellektualismus dar.[5] Der Tagebuchschreiber als deutsch-jüdischer Professor, dessen Identität gerade auf den Pfeilern „Deutschtum" und „Akademikerstatus" beruht, die ihm allerdings vom nationalsozialistischen Regime abgesprochen werden, fühlt sich demzufolge vollkommen verunsichert. Vor diesem Hintergrund zeichnet der Diarist – von Schrecken und Grauen erfüllt – die Propaganda gegen jüdische Professoren auf:

> Anschlag am Studentenhaus (ähnlich an allen Universitäten): ‚Wenn der Jude deutsch schreibt, lügt er', er darf nur noch hebräisch schreiben. Jüdische Bücher in deutscher Sprache müssen als ‚Übersetzungen' gekennzeichnet werden. – Ich notiere nur das Gräßlichste, nur Bruchstücke des Wahnsinns, in den wir immerfort eingetaucht sind. (ZAI: 24 [25.4.1933])

Diese symbolischen Gewaltakte führen bei Klemperer in der Frühperiode der NS-Herrschaft zu einer Form höchster Feinfühligkeit gegenüber Gesten, Handlungen, Wortgebrauch und politischen Meinungen in seinem sozialen Umfeld. Eva und Victor Klemperer unterhielten seit jeher enge Kontakte zu sowohl jüdischen wie auch nichtjüdischen Bekannten, die sie im Rahmen von Abendgesellschaften oft zu treffen pflegten. Die kommunikative Wahrnehmung Klemperers ist in diesen Gesprächen ab 1933 stets hochgradig durch die Erfahrung seines Stigmas sensibilisiert. Der Schmerz, den der Diarist in der NS-Gesellschaft empfindet, geht

---

[5] Dem Antiintellektualismus kam Klemperer zufolge eine zentrale Stellung im nationalsozialistischen Weltbild zu. Vgl. hierzu beispielsweise ZAI: 293 [13.8.1936]; ZAI: 105 [13.5.1934]; ZAI: 190 [23.3.1935]; ZAI: 192 [17.4.1935]. Klemperers Sozial- und Bildungskapital wurde somit angesichts des völkischen Antisemitismus unbedeutend.

primär auf die plötzliche, rassistische Entsubjektivierung seiner Person zurück. In diesem Zusammenhang diagnostiziert Goffman auf allgemeiner Ebene:

> Wie [...] Individuen, die plötzlich eine Transformation ihres Lebens von dem einer normalen zu dem einer stigmatisierten Person erfahren, die Wandlung psychologisch überleben können, ist sehr schwierig zu verstehen; dennoch tun sie es sehr oft. [...] Der Schmerz plötzlicher Stigmatisierung mag [...] nicht von der Verwirrung des Individuums über seine Identität herrühren, sondern davon, daß es nur zu gut weiß, was es geworden ist. (Goffman 1967: 163–164)

Das Subjekt, das auf einmal mit einer Stigmatisierung konfrontiert und dementsprechend gesellschaftlichen Isolationsprozessen ausgesetzt ist, versucht sich durch Selbstreflexion und gesellschaftliche Relationalität neu zu bestimmen. Klemperer bemüht sich fortwährend, anhand direkter und indirekter Aussagen die Einstellung seiner Gesprächspartner zur nationalsozialistischen Identitätstypologie und somit zu seiner Person selbst zu ergründen. Im Hinblick auf seine Zwangsemeritierung zeichnet der Tagebuchautor auf: „Am Sonnabend waren Kühns bei uns, Wengler, Annemarie und Dressel. Man fand sich sehr leicht mit meiner Mattsetzung ab." (ZAI: 199 [7.5.1935]) Ihre Einstellung bestimmt seine künftige Bereitschaft zur Kommunikation mit diesen Personen. Auch Klemperers Ziehsohn Johannes Thieme, der sich während eines Besuchs begeistert zum Nationalsozialismus bekennt, wird zur *persona non grata*:

> Das war entsetzlich und war ein Ende. Mit einer solchen begeisterten Überzeugung und Verherrlichung bekannte sich Thieme – er! – zu dem neuen Regime. Alle Phrasen von Einigkeit, Aufwärts usw. gab er mit Andacht wieder. [...] *Das* verzeihe ich ihm nicht. (ZAI: 10–11 [17.3.1933]; vgl. ZAI: 27 [15.5.1933])

Durch die Nürnberger Rassengesetze wurde das Stigma des Jude-Seins juridisch gefestigt und Klemperer damit in eine verschärfte kommunikative Isolation gedrängt. Sein Beziehungsnetzwerk erleidet in den ersten Jahren des Dritten Reiches schwere Risse (vgl. z.B. ZAI: 75 [31.12.1933]). Vor dem Hintergrund seiner Ausgrenzung verfolgt Klemperer zunächst – in der Anfangsperiode der antisemitischen Maßnahmen – privative Kompensationsstrategien. Er organisiert zuhause Treffen mit Gleichgesinnten und Gleichbetroffenen, während er illoyalen Bekanntschaften den Rücken kehrt. Seine Kontakte zu Universitätskollegen beschränken sich seit der Entlassung 1935 auf den Briefwechsel mit den befreundeten emigrierten Professoren Dember und Blumenfeld. Seine privaten Kontakte werden im Laufe der Jahre immer seltener, und zu vielen früheren Freunden und Bekannten, die dem Zionismus, dem Kommunismus und der NSDAP nicht unbedingt feindlich gegenüberstehen, bricht er unmittelbar die Verbindung ab (vgl.

z.B. ZAI: 235 [1.1.1936]). Klemperer teilt seine Freunde und Bekannten im Hinblick auf deren Haltung gegenüber seiner Diskriminierung in drei unterschiedliche Kategorien ein: „Die Getreuen und Tapferen", „An dem Schandpfahl" und „Die Lauen" (ZAI: 221 [5.10.1935]; im Original kursiv). Ehemalige Freunde brechen den Kontakt zu ihm ab, während er seinerseits wiederum den Kontakt zu bestimmten, ihm untreu gewordenen Personen einstellt:

> Wir werden immer einsamer, ich werde immer mißtrauischer. Besonders seit Martha Wiechmann zur Hitlerfront eingeschwenkt ist. Warum läßt Annemarie Köhler seit Monaten nichts von sich hören? Warum haben Johannes Köhlers nicht, wie verabredet, wegen einer gemeinsamen Autofahrt telefoniert? – Isakowitz' rüsten zur Übersiedlung nach London, dann sind wir ganz allein. (ZAI: 258 [24.4.1936])

Im beruflichen Bereich geht der Großteil der Kollegenschaft dem Romanisten bald wie einer „Pestleiche" aus dem Weg (ZAI: 223 [19.10.1935]), und er sieht sich angesichts der raschen Aufhebung seiner persönlichen und sozialen Integrität durch das Regime „zur Negersklaverei, zum buchstäblichen angespuckten Pariatum verurteilt" (ZAI: 426 [2.10.1938]).

Die ab 1933 einsetzende soziale Ausgrenzung und politische Entrechtung der Juden münden im September 1941 in die verordnete Kennzeichnung mit dem so genannten „Judenstern", die für Klemperer im Nachhinein den schwersten Schlag der zwölf Jahre NS-Diktatur bedeutet (vgl. LTI: 213). Die jüdische Bevölkerung wird auf diese Weise mit einem klar erkennbaren Stigma versehen.[6] Jeder Verstoß gegen diese Verordnung wird mit schweren Geld- und/oder Haftstrafen sanktioniert. Klemperer empfindet dieses *Erinnerungszeichen* als eine Erniedrigung, die für die Zukunft nur Schlimmeres erahnen lässt:

> Die Judenbinde, als Davidsstern wahr geworden, tritt am 19.9. in Kraft. Dazu das Verbot das Weichbild der Stadt zu verlassen. Frau Kreidl sen. war in Tränen, Frau Voß hatte Herzanfall, Friedheim sagte, dies sei der bisher schlimmste Schlag, schlimmer als die Vermögensabgabe. Ich selber fühle mich zerschlagen, finde keine Fassung. [...] Die Zeitung begründet: Nachdem das Heer die Grausamkeit etc. *des* Juden am Bolschewismus kennen gelernt, müsse den Juden hier jede Tarnungsmöglichkeit genommen werden, um den Volksgenossen jede Berührung mit ihnen zu ersparen. (ZAI: 663 [15.9.1941])

---

6 Eine Ausnahme bildeten hier die „privilegierten Mischehen", die – nach den Verordnungen – aus einem jüdischen, aber getauften Eheteil bestanden und deren Kinder eine christliche Erziehung genossen bzw. genossen hatten. Der jüdische Ehepartner musste sich nicht als Jude kennzeichnen und das Ehepaar wurde nicht dazu gezwungen, die Wohnung als solche kenntlich zu machen (vgl. ZAII: 338 [2.3.1943]). Für nähere Informationen zur Spannung zwischen „Privilegierten" und „Nichtprivilegierten" sei der Leser auf LTI: 217–218 verwiesen.

Einige Tage später trägt Klemperer diesbezüglich in seinem Tagebuch ein: „Gestern, als Eva den Judenstern annähte, tobsüchtiger Verzweiflungsanfall bei mir." (ZAI: 671 [20.9.1941]) Die Einführung des Judensterns bedeutet für den Romanisten den endgültigen und expliziten Ausschluss aus der deutschen Volksgemeinschaft.

Angesichts dieser Stigmatisierung verfolgt Klemperer zunächst privative *Kompensationsmethoden*, um der antisemitischen Diskriminierung und Marginalisierung die Stirn zu bieten und die bedrückenden Geschehnisse der antisemitischen Verfolgung gewissermaßen abzumildern oder zu eskamotieren. Eine rekurrente Kompensationstaktik gegen seine erzwungene Randstellung besteht in der sprachkritischen Demontierung des Rassendenkens, um – wie in der nachstehenden Notiz – die Ungültigkeit und Illegitimität des „primitiven" Antisemitismus nachzuweisen:

> Wenn Natur < nasci als Physis genommen wird, so ist es das Kennzeichen der menschlichen Natur sich von der Natur fortzubewegen, die Physis dem Geistigen dienstbar zu machen, die Physis abzuschwächen. Mann und Frau sind nicht mehr der starke Gegensatz der primitiven Zeit, Rassen verlieren ihre Bedeutung. (ZAII: 200 [8.8.1942])

Obwohl sich Klemperer gegen die Herabwürdigung und Stigmatisierung wehrt, indem er auf seiner geistigen Universalität und Unverletzlichkeit beharrt, ist das geradezu körperliche Gefühl der Erniedrigung kaum zu umgehen (vgl. ZAI: 632–633 [23.6.–1.7.1941]). Die Beschädigung seiner Identität durch die Stigmatisierung mit dem Judenstern, durch die er darüber hinaus auch einer realen physischen Gefahr ausgesetzt ist, wird insbesondere durch die *negative Singularisierung* seiner Person in der „arischen" Gesellschaft ausgelöst:

> Dieses Warten vor den Läden, das mich häufig trifft, ist besonders schauderhaft. [...] [A]lle Welt mustert meinen Stern. Tortur – ich kann mir hundertmal vornehmen, nicht darauf zu achten, es bleibt doch Tortur. Auch weiß ich von keinem Vorübergehenden, Vorüberfahrenden, ob er nicht zur Gestapo gehört, ob er mich nicht beschimpfen, anspucken, verhaften wird. (ZAII: 117 [9.6.1942])

Dem Tagebuchschreiben und den darin vorhandenen LTI-Überlegungen kam für Klemperer der Stellenwert einer kritischen Auseinandersetzung mit dem Nationalsozialismus zu. Der Diarist beanstandet in dieser Linie das auf den ersten Blick „unkritisch" erscheinende Ausgeliefertsein der jüdischen Gemeinschaft. Victor Klemperer distanziert sich aus denselben Gründen von der jüdischen Bevölkerung (vgl. ZAI: 178 [16.1.1935]). Obschon er angesichts der Einführung des Zwangsnamens „Israel" 1939, der Eingemeindung ins „Judenhaus" 1940 und des Tragens des Davidsterns 1941 sich dazu angehalten fühlt, zum Judentum Position zu beziehen, gehen diese Stellungnahmen in der Regel kaum mit Loyalität gegenüber der jüdischen Gemeinschaft einher: „Die Juden sind bestimmt im Unglück und im Recht; aber durchweg sympathisch? Nein danke." (ZAII: 517 [20.5.1944]) Der Tagebuchschreibende zeigt sich zunehmend verärgert über die scheinbare Verinnerlichung antisemitischer Denkmuster durch die Juden, was ihm zufolge auf das desaströse Wirkungspotential der antisemitischen Hassrede schließen lässt.

3 Performanz der Hassrede

Die unterbrochene Kontinuität im eigenen Lebenslauf und die Identitätsverletzungen durch die antisemitische Vernichtungspolitik schaffen für Klemperer ein existentielles Vakuum, in dem er die Entfremdung gegenüber der eigenen Existenz mittels Tagebuchführen zu konterkarieren suchte. Eine der Funktionen jüdischen Tagebuchschreibens im Dritten Reich stellt die Identitätsbewahrung dar, eine Art Schutzmechanismus angesichts Stigmatisierung, Herabwürdigung und Todesangst, der es Victor Klemperer gewissermaßen erlaubt, sich als Mensch und Individuum zu behaupten.

In *Haß spricht* erläutert Judith Butler auf einleuchtende Weise, wie das verletzende Sprechen *subjektkonstituierend* wirkt. Sich an John L. Austins Begriff der „Performativität"[7] und Louis Althussers Konzept der „Anrufung"[8] anlehnend, versteht Butler Identität als Ergebnis einer diskursiven Bezeichnungspraxis, die durch regulierte Wiederholung materielle Effekte hervorbringt. Performative Sprechakte generieren dasjenige, was sie bezeichnen und haben somit wirklichkeitserzeugenden Charakter: Die Performativität lässt sich mithin als „ständig wiederholende und zitierende Praxis verstehen, durch die der Diskurs die Wir-

---

7 Judith Butler geht unter Rückgriff auf John L. Austins *Zur Theorie der Sprechakte* (2002) von der sprachphilosophischen These aus, dass Worte, indem sie ausgesprochen werden, Handlungen vollziehen. Im Gegensatz zu konstativen Äußerungen ist für performative Sprechakte wesentlich, dass sie einerseits zu einer *Handlung* auffordern und andererseits *glücken* oder nicht, statt wahr oder falsch zu sein (vgl. Austin 2002: 153).
8 In *Ideologie und ideologische Staatsapparate* formuliert Althusser (1977, 140) die wichtigste These seiner Ideologietheorie *in nuce* wie folgt: „Die Ideologie ruft die Individuen als Subjekte an." Laut dem französischen Philosophen kann man diesen Prozess der Subjektivierung mit einer Anrede eines Polizisten auf der Straße vergleichen: „He, Sie da!" (Althusser 1977: 142). Im Moment, wo sich jemand angesprochen fühlt und umdreht, ist er von der Ideologie schon subjektiviert worden aufgrund der Tatsache, dass er durch seine Handlung „anerkennt, dass der Anruf ‚genau' ihm galt" (Althusser 1977: 143).

kungen erzeugt, die er benennt." (Butler 1995: 22) Butler spricht wie Althusser von einem unterworfenen Subjekt, das durch die Benennung von außen eine Identität zugesprochen bekommt. Die Beschreibung dieses Prozesses, die Butler im Hinblick auf geschlechtliche Identität vornimmt, trifft auch auf rassische bzw. rassistische Kategorisierungen zu: Die rassische Zuordnung „Jude" durch den Nationalsozialismus erschafft zugleich eine jüdische Identität bei konvertierten Assimilanten wie Klemperer. Weil es sich bei der rassenbiologischen Kategorisierung um eine illokutionäre Sprachform handelt, die im Augenblick des Sprechens verletzt und das Subjekt gerade durch diese Verletzung konstituiert, übt sie eine adressierende Funktion aus (vgl. Butler 2006: 44). Für Klemperer wird der Akt der Anerkennung als Jude vor diesem Hintergrund zu einem Akt der Konstitution (vgl. Butler 2006: 46–47): Klemperer wird als jüdisches Subjekt ins Leben gerufen. Die „Aufdrängung" der jüdischen Perspektive ist ihm jedoch widerwärtig: „Da bin ich doch wieder beim jüdischen Thema angelangt. Ist es meine Schuld? Nein, es ist die Schuld des Nazismus, und nur dessen Schuld." (LTI: 109)

Obwohl dieses *negative* Verständnis von jüdischer Identität heftig umstritten ist und von verschiedenen Seiten abgelehnt wird, schreibt sich Victor Klemperer *nolens volens* in diese Logik ein. So analysiert der Diarist den NS-Alltag „durch die jüdische Brille." (ZAI: 579 [20.2.1941]) Wie bereits an früherer Stelle angesprochen, geht Klemperer von einer negativen Bestimmung jüdischer Identität aus, der eindeutig die nationalsozialistische Gewalt inhärent ist. Klemperer ist *de facto* dazu gezwungen, dem völkischen Gegensatzpaar ›deutsch/jüdisch‹ als analytischem Leitfaden seiner Beobachtungen zu folgen. Die rassische Dichotomie reduziert Menschen auf ein dominantes Merkmal, sodass ein Kollektivsubjekt entsteht, an dem Menschen gemessen und entweder akzeptiert oder zurückgewiesen werden. Die Desorientierung durch die diskriminierende Einordnungsgewalt und Ungewissheit der Zukunft führt beim Subjekt zu einer generellen Verunsicherung und einem Gefühl des totalen Kontrollverlusts:

> Durch das Sprechen verletzt zu werden bedeutet, daß man Kontext verliert, also buchstäblich nicht weiß, wo man ist. Vielleicht macht tatsächlich gerade das Unvorhersehbare des verletzenden Sprechens die Verletzung aus, der Adressat wird seiner Selbstkontrolle beraubt. (Butler 2006: 13)

In einem Runderlass des Reichsministers des Innern vom 18. August 1939, so zeichnet Klemperer detailgetreu auf, wird die jüdische Bevölkerung dazu aufgefordert, ihr Jude-Sein durch die administrative Hinzufügung „Israel" bzw. „Sara" auch namentlich kenntlich zu machen:

> Weil man [...] den deutschen Volksgenossen nicht nur vor den jüdischen Namen beschützen will, sondern noch viel mehr vor jeder Berührung mit den Juden selber, so werden diese aufs sorgfältigste abgesondert. Und eines der wesentlichsten Mittel solcher Absonderungen besteht in der Kenntlichmachung durch den Namen. Wer nicht einen unverkennbar hebräischen Namen trägt, wie etwa Baruch oder Recha, der hat seinem Vornamen ein ‚Israel' oder ‚Sara' beizufügen. (LTI: 103)

Bereits der Benennung als Israel bzw. Sara liegt die unmittelbare Ankündigung einer von den Nationalsozialisten geplanten Handlung zugrunde: Die Namen Israel und Sara stehen nicht länger für die Geburt der Benannten als Teil des auserwählten Volkes, sondern, ganz im Gegenteil, für deren Todesurteil (vgl. Günter 2002: 35). Die diskursive Herstellung von Andersheit, die Victor Klemperer auf schmerzhafte Weise zu „Ich, Victor Israel Klemperer" (ZAI: 421 [24.8.1938]) werden lässt, funktioniert über eine semantische Verschiebung, die die Bezeichnung der Zugehörigkeit zur jüdischen Religionsgemeinschaft in eine rassische Kategorie umwandelt; aus einem „Juden" wird folglich pauschalisierend „der Jude".[9] Der verallgemeinernde Gebrauch des allegorisierenden Singulars zielt auf die Herabsetzung bzw. Diffamierung der jüdischen Bevölkerung und ist als Verfahren gängiges Mittel agitierender Rede- und Textformen im Nationalsozialismus: „Bis zum letzten Wahnsinn gesteigert ist [...] die Konzentration des Hasses. Nicht England oder USA oder Rußland – *nur*, in allem nur und einzig *der Jude*." (ZAII: 74 [28.4.1942])

Der Holocaust zielt offensichtlich nicht nur auf die Vernichtung des Körpers ab, sondern schlägt sich auch in der Sprache nieder. Die sprachliche Verletzung[10] ist der Effekt des Anredemodus, der das Subjekt – so stellt Butler in

---

9 Im Kapitel „Elemente des Antisemitismus. Grenzen der Aufklärung" aus *Dialektik der Aufklärung* weisen Adorno und Horkheimer auf die Entkonkretisierung und Stereotypisierung des Judenbildes im modernen Zeitalter hin: „Die den Individualismus, das abstrakte Recht, den Begriff der Person propagierten, sind nun zur Spezies degradiert. Die das Bürgerrecht, das ihnen die Qualität der Menschheit zusprechen sollte, nie ganz ohne Sorge besitzen durften, heißen wieder Der Jude, ohne Unterschied." (Adorno/Horkheimer 2003: 199–200) Klemperers Tagebücher liefern ein aussagekräftiges Beispiel dafür, wie im Nationalsozialismus das Individuum zur Spezies reduziert wurde. In der NS-Propaganda wurde den Eigennamen jüdischer Personen immer die Gattungsbezeichnung „der Jude" hinzugefügt, wie zum Beispiel bei Karl Marx oder Heinrich Heine: „Der Jude Marx, der Jude Heine, nicht Marx oder Heine allein zu sagen, ist eine Sonderanwendung des stilistischen Einhämmerns, das schon im antiken Epitheton ornans auftritt" (LTI: 338–339).

10 Thomas Pegelow (2006) stellt überzeugend dar, wie das von der NSDAP und staatlichen Einrichtungen verbreitete rassische bzw. rassistische Kategoriensystem von „Deutschen" und „Juden" als Form „sprachlicher Gewalt" identifiziert werden kann. In diesem dichotomischen Kategoriensystem werden die soziale Stellung, berufliche Beschäftigung oder gesellschaftliches

Anlehnung an Louis Althusser fest – anruft und als solches konstituiert. Die Anrufung bzw. Kategorisierung als „der Jude" stellt die gesellschaftliche Ausgrenzung des Subjekts dar und bildet den Angelpunkt seiner Zerstörung.[11] Die verletzende Anrede – wie in „Du hast zu stehen, Jude!" (ZAII: 45 [16.3.1942]) oder „geh herein, Jude!" (ZAII: 290 [11.12.1942]) – ist in der stereotypisierenden Reduktion eines Individuums auf seine maßgebliche Volks- und Rassenzugehörigkeit zu verorten, wie sie Klemperer hinsichtlich seiner amtlichen Bezeichnung durch die Gestapo registriert: „Wenn von mir amtlich die Rede ist, heißt es immer ‚der Jude Klemperer'; wenn ich mich auf der Gestapo zu melden habe, setzt es Püffe, falls ich nicht ‚zackig' genug melde: ‚Hier ist der Jude Klemperer'." (LTI: 104)[12] Das propagierte realitätsferne Stereotyp des dämonischen „Weltjudentums" kollidiert zwangsläufig mit dem Aussehen und Verhalten konkreter jüdischer Individuen. Im persönlichen Kontakt mit der Gestapo war der Philologe dazu aufgefordert, sein – an sich unsichtbares phylogenetisches – Stigma in Erinnerung zu rufen. In der örtlichen Gestapodienststelle in der Bismarckstraße wird er demgemäß dazu gezwungen, sich explizit als „Ich bin der Jude Victor Israel Klemperer" anzumelden:

Verdienst einer Person vollkommen bedeutungslos, denn sie ist nur noch „deutsch" oder „jüdisch". Das frühere Professorenamt Klemperers ist demgemäß für die Gestapo nur ein weiterer Grund zur Demütigung: „So bin ich bespuckt worden: ‚Du hast unsere Jungen unterrichtet?!'" (ZAII: 200 [8.8.1942]) Zum Begriff der „sprachlichen Gewalt" im Nationalsozialismus vgl. ebenfalls Gay (1999: 23–24). Für eingehendere Erwägungen im Hinblick auf Klemperers Erfahrungen mit der antisemitischen Kommunikation im Dritten Reich vgl. Kämper (2000: 30–31).

11 Victor Klemperer, als preußisch geschulter Professor, war sich – geradezu übermäßig – seiner beruflich-sozialen Stellung in der Gesellschaft bewusst. Mithin war es ihm zuwider, dass ihn offizielle Machtträger in respektlosem Ton anredeten: Ein „Polizeimann [...] duzt mich: ‚Nimm deinen Mist (Mappe und Hut) vom Tisch. Setz den Hut auf. Das ist doch bei euch so. Da wo du stehst ist geheiligter Boden.'" (ZAII: 7 [12.1.1942]) In Bezug auf das Gestapo-Verhalten registriert der Tagebuchautor das Einhergehen von sprachlicher mit körperlicher Gewalt: „[D]ie Gestapo duzt, spuckt, prügelt." (ZAII: 189 [29.7.1942]; vgl. ZAII: 290 [11.12.1942])

12 Durch den Namen, den man erhält, so legt Butler (2006: 10) nahe, wird man nicht nur angeredet, sondern, je nachdem, wie verletzend diese Anrede ist, entsprechend herabgesetzt und erniedrigt. Der axiologische Effekt von *hate speech* ist äußerst wirkungsvoll – die verletzende Anrede wirkt sozusagen als „Schlag ins Gesicht": Die antisemitische Hassrede stellt somit nicht nur Gewalt dar, sie *ist* Gewalt. Die „administrative" Kennzeichnung als Jude und die Auslöschung als Jude gehen geradezu untrennbar ineinander über. Im Tagebuch zeichnet Klemperer vor diesem Hintergrund auf: „Gestern nachmittag [...] im Judenhaus Strehlener Straße. An jeder Tür ein Zettel: ‚Hier wohnte der Jude Weiler...' – ‚Hier wohnte die Jüdin...' Das sind die Evakuierten, deren Mobiliar versiegelt ist und allmählich abgeholt wird." (ZAII: 47 [16.3.1942]; vgl. ZAI: 324 [8.12.1936]; ZAI: 527 [22.5.1940]; ZAII: 582 [4.3.1941]; ZAII: 441 [7.10.1943]; ZAII: 592 [25.9.1944]).

> Ein Gestapokerl neben dem Schalter: ‚Scher dich nach hinten, du Schwein!' Oben in dem ‚milderen' Zimmer 68 [...] ein kleiner Kerl in der Tür höhnisch grob. – ‚[...] Du hast laut und deutlich zu sagen: ‚Ich bin der Jude Victor Israel Klemperer.' Jetzt gehst du heraus und kommst wieder und sagst es...' Geschieht. (ZAII: 414 [2.8.1943])[13]

Die herabsetzende und distanzierende Entmenschlichung durch das immer wiederkehrende Schimpfwort „Schwein" bzw. „Judenschwein"[14] und die Entsubjektivierung durch die verpflichtende Selbstdarstellung als „der Jude" gehen mit dem Gefühl der Ohnmacht und Rechtlosigkeit genauso wie mit einem Schwund des Selbstwertgefühls einher. Die dualistische Logik des Kollektivsymbols „Tier" in der Hassrede dient einer kategorialen Distanzierung von den Opfern. Der inflationäre und manichäische Gebrauch der Kollektivsingulare „der Deutsche" und „der Jude" stellt einen staatlichen Angriff auf die Universalität des Individuums dar und hat folgenschwere, ominöse Auswirkungen auf die „arische" Volksmeinung. Die Benutzung des NS-konformen ethnischen bzw. administrativen Gegensatzpaares ›deutsch/jüdisch‹ durch Frau Belka, eine Arbeiterin in der Firma, wo Klemperer zwangsangestellt ist, stellt für den Tagebuchautor seinen schmerzlichen Ausschluss aus der Gemeinschaft unter Beweis:

> Die Wirkung der Propaganda: Frau Belka fragte mich schon wiederholt: ‚Haben Sie eine *deutsche* Frau?' – ‚Hat Jacobi eine *deutsche* Frau?' usw. Mich erschüttert das mehr als das Fremdwort ‚arisch'. Es zeigt, wie sehr die ‚totale Abschnürung' der Juden im Volksbewußtsein geglückt ist. (ZAII: 511 [3.5.1944])

Die zitierte Frage, ohne vielleicht bewusst und unverhohlen antisemitischer Ausprägung zu sein, zeigt, wie sehr sich der Diskurs der rassischen Segregation in der Alltagssprache der „arischen" Bevölkerung eingenistet hat. Solche Aussagen wirken auf Klemperer besonders verletzend, weil sie seinen bis dahin gehegten Glauben an die deutsch-jüdische Symbiose unterminieren, deren Misslingen er auch im Dritten Reich nicht immer wahrhaben will.

Aber nicht nur in der „arischen" Bevölkerung drang das „Gift der LTI" (LTI: 27; vgl. LTI: 82; ZAII: 319 [27.1.1943]) ein, auch das jüdische Selbstverständnis ist

---

[13] Der Diarist zeichnet aber auch Ausnahmen auf, aus denen hervorgeht, dass man sich deutscherseits gelegentlich weigerte, den Namenszusatz „Israel" oder „Sara" zu verwenden. Der Straßenarbeiter, der das Schneeschippen beaufsichtigte, lässt eine solche Benennung bewusst aus: „Verteilung der Lohnbeutel. Namen ohne ‚Israel' (Straßenmeister: ‚Dazu bin ich zu taktvoll.')" (ZAII: 29 [22.2.1942]).
[14] Die Beleidigung durch das Schimpfwort „Schwein" war gang und gäbe, so stellt der Tagebuchautor im Jahr 1942 am eigenen Leibe fest. Vgl. in diesem Zusammenhang beispielsweise ZAII: 97 [25.5.1942]; ZAII: 119 [11.6.1942]; ZAII: 125 [13.6.1942]; ZAII: 220 [23.8.1942]; ZAII: 352 [16.4.1942]).

von der sprachlichen Gewalt der völkischen Ideologie betroffen, indem man sich durch die Reartikulierung der Dichotomie deutsch/jüdisch tatsächlich in die völkische Matrix einordnet. Es erweist sich als ungemein schwierig, sich dem Hegemonialdiskurs zu entziehen und von den gängigen, eingetrichterten Floskeln der Propaganda in der eigenen Rede Abstand zu halten, wie Klemperer empört hervorhebt: „Ich ärgere mich über das Nachplappern der LTI-Wörter durch die Juden und sündige doch selbst." (ZAII: 483 [6.2.1944])

Klemperer führt verschiedene Beispiele für das jüdische „Nachplappern" der LTI an, darunter Elsa Glauber und Carl Jacoby. Elsa Glauber, jüdische Leidensgefährtin im „Judenhaus" in der Dresdener Zeughausstraße, zeigt sich sehr empfänglich für die sprachliche Kontaminierung durch die NS-Lexik, indem sie betont, ihre beiden Söhne müssten „fanatische Deutsche sein," um das Vaterland „von der jetzigen Undeutschheit" reinzuwaschen (LTI: 244–245). Insbesondere weil das Adjektiv „fanatisch" ein Schlüsselwort des nationalsozialistischen Jargons darstellt (vgl. LTI: 77–83), reagiert Klemperer empört: „Wissen Sie denn nicht, daß Sie die Sprache unserer Todfeinde sprechen und sich damit besiegt geben und sich damit ausliefern und damit Verrat üben gerade an Ihrem Deutschtum." (LTI: 245)

Ungewollt wird so die judenfeindliche Logik von Juden selbst übernommen und die Fremdwahrnehmung auf die Selbstwahrnehmung projiziert. Die antisemitische Anredeweise als „Jud' x" (vgl. LTI: 104)[15], die Juden sprachlich verletzt, benachteiligt und ausschließt, wird beispielhaft vom jüdischen Dr. P., der „sich vor 1933 ganz und gar als Deutscher" fühlte, adaptiert:

> Er [= Dr. P., A.S.] eignete sich alle judenfeindlichen Äußerungen der Nazis, speziell Hitlers, an und bewegte sich immerfort derart in dieser Ausdrucksweise, daß wahrscheinlich er selber nicht mehr beurteilen konnte, wieweit er den Führer, wieweit er sich selber verspottete, und wieweit ihm diese Sprechart der Selbsterniedrigung zur Natur geworden war. So hatte er die Gewohnheit, keinen Mann seiner Judengruppe anzureden, ohne die Bezeichnung Jude vor seinen Namen zu setzen. ‚Jude Löwenstein, du sollst heute die kleine Schneidemaschine bedienen.' – ‚Jude Mann, hier ist dein Krankenschein für den Zähnejuden' (womit er unsern Zahnarzt meinte). (LTI: 248)

Der Einfluss des nationalsozialistischen Dogmas und die entsprechende Lexik führen zu einer eigenartigen Rollenverwirrung von Opfer und Täter. Die zitierte Passage rückt eindrucksvoll in den Vordergrund, wie sich die Sprache des auf-

---

15 Die herablassende, apostrophierende Rede vom „Jud' x", wie beispielsweise in *„Jud'* Mandel", ist eine eindeutig erniedrigende Bezeichnung für Juden, wie der Tagebuchautor feststellt: „Der Apostroph ist Mittelalterwürze und Pejorativ (Pessimativ)" (ZAI: 527 [22.5.1940]).

geklärten akkulturierten Bildungsbürgers Dr. P., der früher „keine Zeit an Probleme der Religion und der Rasse vergeudet[e]" (LTI: 248), ins diskursive Gegenteil verkehrt. Es ist unklar, ob es sich in der Nachahmung des antisemitischen Diskurses um Hass oder Selbsthass, Spiel oder Ernst handelt, oder eben alles zugleich zur Wirkung kommt. Sie bringt allerdings die zwiespältige Haltung des deutsch-jüdischen Assimilanten zum Ausdruck, der sein emphatisches Deutschsein unter Beweis stellen will, aber indes zum Scheitern verurteilt ist, da er für das NS-Regime aus rassischen Gründen definitiv und ausschließlich als Jude gilt. Die Übernahme der LTI deutet auf ein kaum bewältigbares Bewusstsein um seine Andersheit hin (vgl. Wohlfarth 2000: 131).

Das Einschleichen der NS-Sprache und der entsprechenden Rassenideologie in die Psyche der Opfer ist für Victor Klemperer buchstäblich höchst schmerzhaft: „Jeden Tag war es mir von neuem ein Schlag ins Gesicht, schlimmer als das Du und die Schimpfworte der Gestapo, nie bin ich mit Protest und Belehrung dagegen aufgekommen, nie bin ich dagegen abgestumpft." (LTI: 243) Gegen die rassische, „blutbedingte" Trennung von Juden und Deutschen, die ihm höchst künstlich erscheint, beharrt Klemperer auf der Vorrangigkeit von Sprache und Kultur für das nationale Zugehörigkeitsgefühl eines Individuums:

> Im Sprachstrom [...] schwimmen sämtliche Kulturelemente, die man bewußt oder unbewußt in sich aufnimmt. Musik, Malerei, Architektur geben Einzelaspekte – Sprache enthält das gesamte Geistige. Und das gesamte Geistige ist von der Sprache nicht zu trennen. [...] Bin ich einmal in einer Sprache aufgewachsen, dann bin ich ihr für immer verfallen, ich kann mich von dem Volk, dessen Geist in ihr lebt, auf keine Weise, durch keinen eigenen Willensakt abwenden, durch keinen fremden Befehl absondern lassen. – Im Sinn des Nutrimentum spiritus ist das Sprichwort umzukehren: Wes Lied ich singe, des Brot ich esse." (ZAII: 322 [28.1.1943])

Die Akzeptanz des Rassedenkens, das sich Klemperers Meinung nach beispielhaft in der generischen Verwendung des bestimmten Artikels – *der* Jude – niederschlage, werfe den Menschen auf eine animalische Existenz zurück und klammere die abendländische Zivilisation und ihre Geistesgeschichte völlig aus.[16] Angesichts der schlagartigen Bedeutungslosigkeit seiner lebenslangen Assimilationsbemühungen, seiner Bildung, durch die er sich gesellschaftliche Anerkennung erhoffte, fühlt sich der Diarist in seinem Menschsein gedemütigt

---

[16] Der Begriff „Rasse", so hebt Klemperer hervor, sei durch seine terminologische Unschärfe gekennzeichnet und stelle Unterschiedliches dar, das die Nationalsozialisten auf „das Volk" reduziert hätten: „Rasse ist [...] ein dehnbarer, ein Gummi-, ein Zwiebelbegriff. Rasse: die ganze Menschheit gegenüber Tier und Pflanze, Rasse das Volk, der Stamm, das Geschlecht gegenüber der jeweils weiteren Gruppe" (ZAII: 320–321 [28.1.1943]).

und reduziert. Im pseudowissenschaftlichen Glauben an die Rasse sieht Klemperer grundlegende Merkmale der NS-Ideologie verkörpert: Antiindividualismus, Antihumanismus, Antiintellektualismus, Pauschalisierung und Gefühlsüberschwang. Aus Victor Klemperer Tagebuchaufzeichnungen aus der NS-Zeit geht deutlich hervor, wie Klemperers Verletzung sein Streben nach Selbsterkenntnis fördert: Das Schreiben ist ein Vorgang, der dazu dient, die Ursprünge und das Spannungspotential der eigenen Identität zu reflektieren.

4 Fazit

Victor Klemperer setzt es sich in seinen Tagebuchaufzeichnungen zum Ziel, die Grundmerkmale der nationalsozialistischen Hassrede und deren ideologischen Einfluss auf das Denken und Handeln zu analysieren. Aus der Perspektive des Verfolgten unterzieht er die Stigmatisierung und den Antisemitismus einer kritischen Analyse. Klemperers Auseinandersetzung mit der verbalen Verletzung im Dritten Reich bietet aufschlussreiche Einsichten in sein Kulturverständnis und wirft ein bezeichnendes Licht auf das alltägliche Funktionieren der völkischen Ideologie.

Die zusammengetragene Materialbasis hat einen aufschlussreichen anthropologischen Erkenntniswert, da der Autor, ausgehend von der nationalsozialistischen Sprache, die kulturellen, sozialen und politischen Denk- und Verhaltensmuster zu rekonstruieren versucht und um ihre genaue mentalitätshistorische Einschätzung ringt. Die nationalsozialistische Ideologie mache „die Sprache ihrem fürchterlichen System dienstbar, gewinnt [...] an der Sprache ihr stärkstes, ihr öffentlichstes und geheimstes Werbemittel." (LTI: 27) Der Schutz vor Vergessen und Auflösung bringt die Sammlung der vielen Sprachbeispiele und -phänomene in seinen Notizen zu Sinn und Bedeutung. Victor Klemperers Auseinandersetzung mit der Lingua Tertii Imperii bietet einen aufschlussreichen Einblick in das Funktionieren der verbalen Aggression in der nationalsozialistischen Diktatur.

Literatur

Primärliteratur

Klemperer, Victor (1995a): *Ich will Zeugnis ablegen bis zum letzten: Tagebücher 1933–1941*. Band I. Herausgegeben von Walter Nowojski. Berlin: Aufbau-Verlag.
Klemperer, Victor (1995b): *Ich will Zeugnis ablegen bis zum letzten: Tagebücher 1942–1945*. Band II. Herausgegeben von Walter Nowojski. Berlin: Aufbau-Verlag.
Klemperer, Victor (2001): *LTI – Notizbuch eines Philologen*. Leipzig: Reclam.

Sekundärliteratur

Adorno, Theodor W./Horkheimer, Max (2003): *Dialektik der Aufklärung. Philosophische Fragmente*. Frankfurt a.M.: Suhrkamp.
Althusser, Louis (1977): *Ideologie und ideologische Staatsapparate. Aufsätze zur marxistischen Theorie*. Hamburg: VSA.
Arendt, Hannah (1996): *Ich will verstehen. Selbstauskünfte zu Leben und Werk*. München, Zürich: Piper.
Austin, John L. (2002): *Zur Theorie der Sprechakte (How to Do Things with Words)*. Stuttgart: Reclam.
Butler, Judith (1995): *Körper von Gewicht. Die diskursiven Grenzen des Geschlechts*. Berlin: Berlin Verlag.
Butler, Judith (2006): *Haß spricht. Zur Politik des Performativen*. Frankfurt a.M.: Suhrkamp.
Gay, Peter (1999): *Meine deutsche Frage. Jugend in Berlin 1933–1939*. München: C.H. Beck.
Goffman, Erving (1967): *Stigma. Über Techniken der Bewältigung beschädigter Identität*. Frankfurt a.M.: Suhrkamp.
Günter, Manuela (2002): „Writing Ghosts. Von den (Un-)Möglichkeiten autobiographischen Erzählens nach dem Überleben". In: Manuela Günter (Hg.): *Überleben schreiben. Zur Autobiographik der Shoah*. Würzburg: Königshausen & Neumann, 21–50.
Heidelberger-Leonard, Irene (2000): „‚Über Zwang, Jude, über Unmöglichkeit, Deutscher zu sein'. Überlegungen zu Victor Klemperers Tagebüchern 1933–1945". In: André Combes/Didier Herlem (Hgg.): *Identités – existences – résistances: Réflexions autour des Journaux 1933–1945 de Victor Klemperer*. Lille: Université Charles-de-Gaulle Lille 3, 59–70 (= Sondernummer von *Germanica* 27/2000).
Kämper, Heidrun (1996): „Zeitgeschichte – Sprachgeschichte. Gedanken bei der Lektüre des Tagebuchs eines Philologen. Über die Ausgaben von Victor Klemperers Tagebuch 1933–1945". In: *Zeitschrift für Germanistische Linguistik* 24(3), 328–341.
Kämper, Heidrun (2000): „Sprachgeschichte – Zeitgeschichte. Die Tagebücher Victor Klemperers." In: *Deutsche Sprache* 28, 25–41.
Klagge, Dietrich (1939): *Geschichte als nationalpolitische Erziehung*. Frankfurt a.M.: Volk und Führer. Deutsche Geschichte für Schulen.
Pegelow, Thomas (2006): „Determining ‚People of German Blood', ‚Jews' and ‚Mischlinge'. The Reich Kinship Office and the Competing Discourses and Powers of Nazism, 1941–1943". In: *Contemporary European History* 15(1), 43–65.

Petzold, Hilarion (1996): „Identitätsvernichtung, Identitätsarbeit, ‚Kulturarbeit' – Werkstattbericht mit persönlichen und prinzipiellen Überlegungen aus Anlaß der Tagebücher von Victor Klemperer, dem hundertsten Geburtstag von Wilhelm Reich und anderer Anstöße". In: *Integrative Therapie* 22(4), 371–451.

Poliakov, Léon/Delacampagne, Christian/Girard, Patrick (1984): *Über den Rassismus. Sechzehn Kapitel zur Anatomie, Geschichte und Deutung des Rassenwahns*. Frankfurt a.M. et al.: Klett-Cotta im Ullstein-Taschenbuch.

Raaz, Oliver/Gentzel, Peter (2005): *Die kommunikative Isolierung von Victor Klemperer zu Beginn der Diktatur des deutschen Nationalsozialismus. Eine stigmatheoretische Analyse*. Unveröff. Hauptseminararbeit, Leipzig: Universität Leipzig.

Sepp, Arvi (2012): „LTI". In: Dan Diner (Hg.): *Enzyklopädie jüdischer Geschichte und Kultur*. Stuttgart: Metzler, 566–571.

Sepp, Arvi (2014): „Stigma and Performance. Victor Klemperer's Language-Critical Reflections on Anti-Semitic Hate Speech". In: *Edinburgh German Yearbook* 8, 89–103.

Traverso, Enzo (2003): *Moderne und Gewalt. Eine europäische Genealogie des Nazi-Terrors*. Köln: ISP.

Wohlfarth, Irving (2000): „In lingua veritas. LTI mit und gegen Klemperer gelesen". In: André Combes/Didier Herlem (Hgg.): *Identités – existences – résistances: Réflexions autour des Journaux 1933–1945 de Victor Klemperer*. Lille: Université Charles-de-Gaulle – Lille 3, 103–146. (= Sondernummer von *Germanica* 27/2000).

Jörg Meibauer
„Um den Schädling zu vernichten"

Propaganda, Hass, Humor und Metapher im Kindersachbuch: „Die Kartoffelkäferfibel" (1935) und „Karl Kahlfraß und sein Lieschen" (1952)

Abstract: Two German informational books addressed to children, namely "Die Kartoffelkäferfibel" (1935) and "Karl Kahlfraß und sein Lieschen" (1952) are analysed. While they contain useful information about the Colorado beetle – that threatened the population's food security in the post-war periods – and its control, they also display propaganda directed against the French and the US American people insofar as it is suggested on a pictorial and metaphorical level that the Colorado beetles are foreign invaders or immigrants. This suggestion works in a humorous fashion, possibly being appealing to the targeted audience.

1 Einleitung

Propaganda, Hass und Humor gehen manchmal sublime Allianzen ein. Dies soll am Fall von zwei historischen Kindersachbüchern gezeigt werden, die propagandistische Zwecke in Bezug auf die Information von Kindern über den Kartoffelkäfer verfolgen. Der Kartoffelkäfer wird als Schädling dargestellt, den man mit allen Mitteln vernichten muss.

Betrachten wir die Begriffe der Propaganda, des Hasses und des Humors genauer. Stanley (2015: 53) unterscheidet zwischen zwei Arten von politischer Propaganda: unterstützende Propaganda (‚supporting propaganda') und unterminierende Propaganda (‚undermining propaganda'). Ich orientiere mich im Folgenden am Begriff der unterstützenden Propaganda.[1] Dieser Begriff wird folgendermaßen definiert:

---

[1] *Undermining propaganda*: A contribution to public discourse that is presented as an embodiment of certain ideals, yet is of a kind that tends to erode those very ideals." (Stanley 2015: 53) Hier geht es Stanley um den Konflikt zwischen dem Hochhalten eines politischen Ideals bei gleichzeitiger praktischer Destruktion.

Supporting propaganda: A contribution to public discourse that is presented as an embodiment of certain ideals, yet is of a kind that tends to increase the realization of those very ideals by either emotional or other nonrational means. (Stanley 2015: 53)

Dieser Begriff ist auf den Maßstab der Rationalität bezogen. Die unterstützten politischen Werte können gut, schlecht oder neutral sein. Dennoch ist Propaganda insofern ethisch problematisch, als es sich um einen Fall von Täuschung oder Manipulation handelt: „Insofar as a form of propaganda is a kind of manipulation of rational beings toward an end without engaging their rational will, it is a kind of deception." (Stanley 2015: 58) Emotionale oder nichtrationale Mittel der propagandistischen Unterstützung können Emotionen wie zum Beispiel Hass sein, aber auch, wie ich im Folgenden zeigen werde, Humor und Metapher.[2]

Dass Hass ein Motiv für Propaganda sein kann, ist unmittelbar einleuchtend. Nach Sternberg/Sternberg (2008: 78–110) basiert die Entwicklung von Hass auf einer Geschichte (story). Es ist vielleicht kein Zufall, dass die abgefeimtesten antisemitischen Bilderbücher wie Elvira Bauers „Trau keinem Fuchs auf grüner Heid und keinem Jud bei seinem Eid" (1936) eine Geschichte über hassenswerte Juden darstellen. Werden solche Geschichten geglaubt, kann die Geschichte selbst im Leser Gefühle des Hasses auslösen (Sternberg/Sternberg 2008: 100–104). Hass wiederum ist eine Emotion, die Aggression und Aggressivität fördern kann (Wahl 2009: 71–82).[3] Auf diese Weise kann Propaganda, die Hass schürt, zur Aggressivität beitragen.

Solche hass-basierten Geschichten, die auf die Auslösung von Hass abzielen, werden oft in einem humoristischen Rahmen präsentiert. Auf einer Demonstration einen Galgen zu zeigen, verbunden mit der Information „Reserviert für Merkel", wird von den Urhebern sicherlich als humorvoll (oder satirisch) aufgefasst. Humor, der immer mit einer enttäuschten Erwartung (einer Inkongruenz) zu tun hat, ist ein Mittel der Abfederung von Hassgeschichten, die vielleicht zunächst auf Skepsis stoßen. Kinder sind, gemäß ihrer altersgemäßen Humorentwicklung, empfänglich für alle Arten von Humor (Cross 2011: 1–24). Daher findet man auch Humor in allen Sorten von Kinderliteratur, vom Bilderbuch bis zum Adoleszenzroman.

---

2 Die Kombination solcher Mittel entspricht einem propagandistischen Design, vgl. die folgende Definition von Propaganda bei O'Donnell/Jowett (2015: 7): „The deliberate, systematic attempt to shape perceptions, manipulate cognitions, and direct behavior to achieve a response that furthers the desired intent of the propagandist."

3 Unter Aggression versteht Wahl (2009: 10) „ein Ensemble von aus der Naturgeschichte stammenden bio-psychosozialen Mechanismen, die der Selbstbehauptung oder Durchsetzung gegen andere mit schädigenden Mitteln dienen." Aggressivität ist dagegen „das individuelle Potential für aggressives Verhalten" (Wahl 2009: 10).

Genauso wie es einen kindlichen Humorerwerb gibt, gibt es einen Metaphernerwerb. Einfache Metaphern können schon recht früh verstanden werden, aber das Verstehen von komplexen Metaphern dauert noch bis zur Pubertät (Pouscoulous 2014). Für den Zusammenhang zwischen Propaganda und Hass ist es wichtig zu sehen, dass auch Metaphern eine hassunterstützende Funktion haben können. Zum Beispiel werden Bevölkerungsgruppen mit ekligen Insekten verglichen, sodass sich der Abscheu vor diesen Insekten auf die Einstellung gegenüber diesen Bevölkerungsgruppen übertragen soll. Dass Metaphern tatsächlich eine solche persuasive Kraft entfalten können, zeigen Soppory/Dillard (2002) ausführlich.

Im Folgenden wird der Zusammenhang zwischen Propaganda, Hass, Humor und Metapher am Beispiel zweier Kindersachbücher entwickelt. Im Bereich des Bilderbuchs kann man zwischen narrativen und deskriptiven Text-Bild-Kombinationen unterscheiden. Eine genaue Unterscheidung ist nicht immer einfach zu treffen. Nicht nur können narrative Texte Deskriptives enthalten; umgekehrt können auch deskriptive Texte Narratives enthalten. Auch Bilder enthalten Informationen. Diese können einen Kontext für narrative oder deskriptive Texte darstellen oder genau wie Texte beides miteinander vermischen.

Deskriptive Texte finden sich typischerweise in Sachbüchern. Sachbücher sind Bücher, die primär auf Wissensvermittlung abzielen. Daher werden sie oft in einem pädagogischen Kontext betrachtet. Das mag zwar berechtigt sein, aber es ist mindestens genauso wichtig, sie im Zusammenhang des kindlichen Spracherwerbs zu betrachten, der ja wesentlich dem Aufbau neuen Wissens (d.h. der konzeptuellen Entwicklung) dient (vgl. Siegal 2008, Harris 2012, Kümmerling-Meibauer/Meibauer 2015, Meibauer 2015).

Zwei an Kinder gerichtete Bilderbücher, die zugleich Sachbücher sind, sollen unter der Perspektive von Propaganda, Hass und Humor miteinander verglichen werden.[4] Die Leitfrage kann so formuliert werden: Wie kann über die Vermittlung von Sachinformationen der kindliche Leser ein Ziel (und Opfer) von Propaganda werden? Betrachtet werden sollen die beiden folgenden an Kinder gerichteten Bilderbücher: „Die Kartoffelkäferfibel" (1935) und „Karl Kahlfraß und sein Lieschen" (1952). Es geht dabei jeweils um einen „sachlichen" Gegenstand, den Kartoffelkäfer (Leptinotarsa decemlineata, früher: Doryphora decemlineata).

---

4 Umlauf-Lamatsch (1943) und Hemmel (1949) verfolgen eine mehr narrative Strategie und richten sich an größere Kinder. Auch hier gibt es Bilder, die aber nicht mehr so zentral sind wie in den beiden Bilderbüchern. Vgl. Fludernik (2011) zur Unterscheidung von Fiktion und Nicht-Fiktion. Deskriptive Texte (Sachbücher) können durchaus Narrative enthalten, genauso wie narrative Bücher Beschreibungen enthalten.

Unter einer *Fibel* versteht man entweder Lesebücher für den Anfangsunterricht oder bebilderte Handbücher, Ratgeber oder Nachschlagewerke zu einem spezifischen Thema. Bei der Kartoffelkäferfibel handelt es sich um eine Fibel im zweiten Sinn. Auf S. 32 wird der kindliche Leser aufgefordert, sich auch die weiteren (lustigen) Fibeln der Deutschen Landwerbung zu bestellen: „Es birgt ihr heiteres Gewand/Belehrung nach dem neuesten Stand/der auf dem Fachgebiet erreicht." Auch hier findet sich schon ein Hinweis auf die humorvolle Einbettung des Gegenstands.

Der Aufbau dieses Artikels ist wie folgt: In Abschnitt 2 gehe ich auf den Kartoffelkäfer ein, der Gegenstand der beiden Kindersachbücher ist. In den Abschnitten 3 und 4 bespreche ich die beiden Bilderbücher unter dem Aspekt von Sachinformation (mit propagandistischem Ziel). In Abschnitt 5 diskutiere ich, wie Hass auf den Kartoffelkäfer auf Menschen übertragen werden kann. Es wird sich zeigen, dass die Zusammenhänge einen gewissen Grad an Komplexität aufweisen, zumal man weder genau weiß, welche Wirkungen propagandistisch beabsichtigt waren, noch, ob diese Wirkungen überhaupt erzielt werden konnten.

2 Der Kartoffelkäfer

Der Kartoffelkäfer wird auch „Colorado-Käfer" genannt, weil er aus Colorado (USA) stammt. Er wurde zuerst 1811 in den Rocky Mountains von Colorado entdeckt, wo er zunächst auf einer Nachtschattenpflanze lebte (Hermann 2013: 388). In der Mitte des 19. Jhs. tauchte er in Europa auf. In den Jahren 1876 und 1877 wurden Kartoffelkäfer in Norddeutschland entdeckt. Gerstaecker (1877) ist wohl die erste wissenschaftliche Beschreibung des Käfers, der schon früh als eine Gefahr für die Kartoffelproduktion erkannt wurde. Er kann bis zu 95% einer Ernte vernichten. Die Kartoffel hatte sich neben dem Getreide als Hauptnahrungsmittel der Bevölkerung etabliert, nachdem sie etwa 200 Jahre zuvor importiert worden war. Es gibt daher eine Tradition der Kartoffelkäferbekämpfung, an die die *Kartoffelkäferfibel* anschließen konnte.

Die Bekämpfung des Kartoffelkäfers war schwierig, denn moderne chemische Bekämpfungsmittel waren in den ersten Jahrzehnten des 20. Jahrhunderts noch unbekannt:

> Chemische Bekämpfungsmittel mussten sich im Wesentlichen auf anorganische Gifte beschränken (zunächst meist Bleiarsenat, ab ca. 1940 Kalkarsen) und Injektion befallener Böden mit Schwefelkohlenstoff (= Kohlenstoffdisulfid, CS_2). Da organisch-synthetische Pestizide erfolgreich erst zu Beginn der 40er Jahre entwickelt (Hexachlorcyclohexan) und erst ab 1944 eingesetzt wurden, blieb als Strategie die nur weniger befriedigende Bekämpfung

mit Arsen- und Kupferkalksuspensionen – sowie das seit alttestamentarischer Zeit bewährte direkte Aufspüren und Vernichten des einzelnen Lebewesens. (Herrmann 2013: 390)

Direktes Aufspüren und Vernichten – dazu sollte in den beiden zu besprechenden Fibeln angeleitet werden. Dass diese Aufgabe mit Gefühlen des Ekels einhergehen konnte, macht der im Anhang wiedergegebene Zeitzeugenbericht deutlich. Die *Kartoffelkäferfibel*, herausgegeben vom Kartoffelkäfer-Abwehrdienst des Reichsnährstandes (Köstlin 1935), fällt in die Zeit der nationalsozialistischen Herrschaft. Nach Hopster (2005: 434–438) kann man im Bereich der Sachliteratur zum Themenfeld „Natur, Mensch, Tier" zwischen 1933 und 1945 zwischen sacherzählenden Titeln, sachkundlich erklärenden Titeln, Handbuch-/lexikonartigen Titeln, Bild- und Fotobüchern, Bestimmungsbüchern/Tabellen, Zeitschriften, Haus- und Jahrbüchern und Kalendern unterscheiden. Broschüren wie die *Kartoffelkäferfibel* scheinen eine eigene Gattung zu bilden, die in dieser Klassifikation nicht erfasst wird.

Hopster (2005: 434) stellt fest, dass die Sachliteratur im Nationalsozialismus eine gewisse Wertschätzung gefunden hat:

> Es scheint so zu sein, dass auf nationalsozialistischer Seite das Medium *Sachbuch* als ein *modernes* Medium erkannt wurde, als eine Möglichkeit, über die Vermittlung von Wissen, Einsichten, Einschätzungen *zugleich* auch Ideologie zu vermitteln. Das heißt, das *Sachbuch* wurde offenbar als ein Mittel zur Beeinflussung des *Wirklichkeitsbewusstseins* insgesamt erkannt und zu funktionalisieren versucht.

Wir werden im Folgenden überlegen, ob in diesem Sinne die *Kartoffelkäferfibel* versucht, das Wirklichkeitsbewusstsein der kindlichen Leser in einem ideologischen Sinne zu beeinflussen, d.h. in welchem Sinne die Fibel propagandistisch war.

3 „Die Kartoffelkäferfibel" (1935)

Die *Kartoffelkäferfibel* wurde von der Deutschen Landwerbung GmbH im Auftrag des Kartoffelkäfer-Abwehrdienstes herausgegeben. Es handelt sich um ein Schulheft-Format (DIN A5, 32 Seiten, Klammerheftung). Sie ist Teil einer Serie mit 12 Fibeln. Die Zeichnungen von Hans Zoozmann sind im Vierfarbdruck wiedergegeben.[5]

---

5 Bildmaterial zu beiden Büchern ist bei Huber (2011) (Internet-Ressource) einsehbar.

Ein zentrales Bildelement in der *Kartoffelkäfer-Fibel* ist die Darstellung des Kartoffelkäfers. Käferdarstellungen lassen sich unterteilen in (a) deskriptive Darstellungen, wie etwa in einem Biologiebuch, und (b) narrative Darstellungen, wie in anderen Bilderbüchern mit anthropomorphen Darstellungen von Käfern, welche in Bilderbüchern durchaus populär waren. So gibt es eine Reihe von Darstellungen, in denen die Käfer- und Insektenökologie des Waldes nach menschlichem Muster dargestellt wird. Zum Beispiel sind Bilder zu sehen, auf denen verletzte Käfer (etwa mit einem gebrochenen Bein) zum Käferdoktor humpeln, um sich dort helfen zu lassen. Dies zeigt, dass Empathie mit Käfern auch eine Möglichkeit des Bilderbuchs ist.

Der Text der *Kartoffelkäferfibel* ist in vierhebigem Versmaß und in Paarreimen verfasst. Dieses populäre Reimschema unterstützt sicher die Memorierbarkeit des Textes. Es wurde zum Beispiel auch im *Struwwelpeter* verwendet. Es finden sich Verse, die die folgenden Themen umfassen.

> Von der Bedeutung der Kartoffel, S. 3–4
> Der böse Feind im Kartoffelacker, S. 5–6
> Aus dem Leben des Kartoffelkäfers, S. 7–11
> Von der Gefährlichkeit des Kartoffelkäfers, S. 12–16
> Die Bekämpfung, S. 17–31

Zunächst wird die volkswirtschaftliche Bedeutung der Kartoffel als Nahrungsmittel, Schweinefutter, als Grundlage für Kartoffelmehl und -stärke sowie Spiritus dargestellt. Es gibt, so heißt es weiter, mehrere Bedrohungen für den Kartoffelacker, aber der Kartoffelkäfer ist die schlimmste. Er greift auch Tomaten an. Im dritten Kapitel wird ausführlich die geographische Herkunft und der Einwanderungsverlauf des Kartoffelkäfers erläutert, bevor seine Existenzformen genau beschrieben werden, insbesondere der Unterschied zwischen Käfer, Larve und Puppe. Die Abgrenzung zum Marienkäfer wird in einprägsamer Weise erklärt. In Bezug auf seine Gefährlichkeit wird besonders Folgendes hervorgehoben: seine Fruchtbarkeit, seine Gefräßigkeit und seine Verschleppbarkeit. Auf S. 14 wird daher das Dargelegte wie folgt zusammengefasst, wobei die letzte Zeile durch Absetzung, Großdruck und rote Farbe besonders hervorgehoben wird.

> Wenn man weiß, was er verzehrt,
> wie der Käfer sich vermehrt,
> wie beständig Tag für Tag
> vorzudringen er vermag
> und sogar in Frage stellt
> den Kartoffelbau der Welt,
> wird es schließlich jedem klar:
>
> Er ist eine Weltgefahr!

Das letzte Kapitel, „Die Bekämpfung", nimmt fast die Hälfte der Fibel ein. Hier wird ausführlich die Vorgehensweise zur Kartoffelkäfer-Bekämpfung nach dem „Reichsgesetz" geschildert (S. 18).

> Wer dann einen Käfer sichtet,
> ist auf jeden Fall verpflichtet,
> seinen Fund gleich anzuzeigen.
>
> Niemals darf man ihn verschweigen;
> denn mit Strafen rücksichtslos
> wird geahndet ein Verstoß.
> Selbst auch bei Befallsverdacht
> wird zur Meldung dies gebracht.

Die Verantwortung für die Käferbekämpfung hat der örtliche Bürgermeister, der stets dem Suchdienst berichten muss. Er organisiert auch zusammen mit dem Bauernführer Suchdienste. In Kolonnen werden die Felder von Kindern (auf einem Bild sind 4 Jungen zu sehen, einer trägt eine Pimpfenkluft) durchgekämmt. Sie erstatten dem Kolonnenführer Meldung. Gefangene Käfer werden in Spiritus, Petroleum oder Benzin ertränkt. Die Polizei ist zu verständigen und muss das befallene Feld überwachen. Die nächstgelegene Landwirtschaftsschule muss durch einen Sachverständigen den Fund bestätigen. Nun wird der Kartoffelkäfer-Abwehrdienst instruiert, welcher Arbeitskolonnen bestellt, die das Feld mit Kalkarsen bespritzen. Eventuell muss sogar das ganze Feld auf Larven hin durchsiebt werden, wobei der Kartoffelkäfer-Abwehrdienst Schwefelkohlenstoff benutzt.

Zum Schluss werden die kindlichen Leserinnen und Leser direkt angesprochen (S. 30f.):

> Bist du aufmerksam gewesen
> und hast alles durchgelesen,
> wird dir sicher endlich klar:
> D e n K a r t o f f e l n d r o h t G e f a h r !
> Diese wird nur überwunden,
> wenn wir alle, eng verbunden,
> uns zur Abwehr stets verpflichten,
> um den Schädling zu vernichten.
>
> Sei ein Kämpfer, sei kein Schläfer!
> A c h t' a u f d e n K a r t o f f e l k ä f e r !
> Wo du wohnst, das bleibt sich gleich,
> denn er droht dem ganzen Reich.

> Zeig im Kampfe stets Bewährung!
> Sichre unsres Volks Ernährung!
> Hilf, daß man in deutschen Gauen
> weiter kann Kartoffeln bauen!

Während mehrere an Kinder gerichtete Fibeln der Deutschen Landwerbung den Titel „Die lustige X-Fibel" tragen, heißt es bei den Büchern, die sich mit Schädlingen befassen (Kartoffelkäfer, Kornkäfer), einfach nur „Die X-Fibel". Der Hinweis auf „Lustigkeit" unterbleibt wohl angesichts des Ernsts der Sache, aber Lustiges findet sich sowohl auf der Bild- als auch auf der Textebene.

Lustige Bilder sind insbesondere diejenigen, auf denen die Käfer vermenschlicht dargestellt werden: Zum Beispiel werden sie von der gut bewachten deutschen Grenze ferngehalten, aber versuchen, auf Güterzügen einzureisen. Lustig ist es auch, einen Steckbrief mit dem Konterfei des Kartoffelkäfers zu zeigen, als sei er ein gesuchter Verbrecher im Wilden Westen.

Lustig sind auch manche Textpassagen, so wenn es heißt (S. 5):

> Ach, man macht sich oft Gedanken,
> wenn im Feld Kartoffeln kranken.
> Abbau, Schorf und Nematoden*),
> Fußvermorschung, Krebs im Boden,
> Fäulnis auch insonderheit
> oder Eisenfleckigkeit,
> irgendwas muß es schon sein,
> wenn Kartoffeln nicht gedeihn.

*) Mikroskopisch kleine Würmer, die an den Wurzeln der Kartoffeln saugen.

Es ist hier zu betonen, dass es sich um intendierten Humor handelt. Ob Kinder in der Rezeptionssituation die entsprechenden Bilder und Reime auch als lustig empfunden haben, steht auf einem anderen Blatt. Dies gilt aber auch für den Humor eines Wilhelm Busch, der bei der Konstruktion der Fibel Pate gestanden haben mag. Ist ein humoristisches Muster erst einmal im kulturellen Gedächtnis etabliert, können Andere leichter daran anknüpfen und es für ihre Zwecke ausnutzen.

4 „Karl Kahlfraß und sein Lieschen" (1952)

Das Bilderbuch „Karl Kahlfraß und sein Lieschen" wurde 1952 vom Ministerium für Land- und Forstwirtschaft der DDR herausgegeben und richtet sich, wie es im Untertitel heißt, an „große und kleine Kinder".

Auch hier finden wir wieder das vierhebige Versmaß und die Paarreime. Protagonisten sind das Kartoffelkäferpaar „Karl Kahlfraß" und seine Gattin „Lieschen". Sie reisen mit verschiedenen Verkehrsmitteln ein (insbesondere mit der Eisenbahn, aber auch mit Schiffen), und werden vor allem von amerikanischen Flugzeugen abgeworfen. Karl Kahlfraß ist nicht so sehr als vermenschlichter Käfer dargestellt, sondern als verkäferter Mensch. Der berühmte zehngestreifte Panzer des Kartoffelkäfers ist eher als ein Rucksack dargestellt. Karl Kahlfraß trägt einen großen Hut wie Uncle Sam. Dadurch wird er als amerikanischer Einwanderer gekennzeichnet. Sein Lebenszweck ist das Fressen. Hat er einen Ort leer gefressen, zieht er weiter, zum Beispiel zu dem 150 km entfernten Ort Kahlfraßhausen.

> So leben sie in Saus und Braus,
> und das Feld reicht nicht mehr aus.
> Weil das Fressen Lebenszweck,
> zieht Familie Kahlfraß weg.
> Durch das Wetter und den Wind
> kommt er vorwärts sehr geschwind.
> Auch der Ami wirft zur Nacht
> Ab den Käfer – gebt gut acht!
>
> Warte – Kahlfraß – Bösewicht,
> auf die Dauer geht das nicht!
> Dir und deinem Eheweibe
> gehen wir alle jetzt zu Leibe.
> FDJ, Jung-Pionier,
> groß und klein, die suchen hier.
> Gründlich fangen sie das an,
> helfend am Fünfjahresplan.
>
> Käfer, Larven – gleich erkannt –,
> nimmt man dann in seine Hand,
> steckt in Flaschen sie zum Schluß,
> die gefüllt mit Spiritus.
> Alles muß zu Ende gehn,
> 's ist um Kahlfraß Karl gescheh'n,
> weil man ihn am Blatt entdeckt
> und in jene Flasche steckt.

In diesem Text ist die Behauptung auffällig, dass der „Ami" nächtens Kartoffelkäfer abwerfe. Was hat es damit auf sich? Als 1950 in Sachsen sehr große Kartoffelkäferfunde gemacht wurden, entstand das Gerücht, dass diese in Zusammenhang mit amerikanischen Militärmaschinen stehen könnten, die das Gebiet überflogen hatten. Eine Untersuchungskommission wurde eingesetzt, die das

Gerücht inhaltlich bestätigte. Möglicherweise hat diese Kommission absichtlich gelogen, möglicherweise hat sie sich geirrt.[6]

Am 16. Juni 1950 brachte das „Neue Deutschland" (Zentralorgan der SED) auf der Titelseite die Schlagzeile: „Gemeinsame Abwehrmaßnahmen gegen Kartoffelkäfer" mit dem Untertitel „Außerordentliche Kommission stellt fest: USA-Flugzeuge warfen große Mengen Kartoffelkäfer ab". Im Inneren des Blattes fand sich die folgende ‚Beweisführung' über den angeblichen „verbrecherischen Anschlag der amerikanischen kapitalistischen Kriegstreiber" (zitiert nach Keil/Kellerhoff 2006: 135–136):

> Seit dem 22. Mai 1950 haben Flugzeuge, aus dem Westen kommend, über dem Gebiet der Republik Coloradokäfer in großen Massen abgeworfen. [...] Die ersten außergewöhnlichen Kartoffelkäferfunde wurden am 22., 23. und 24. Mai in Sachsen festgestellt. Aus den Kreisen der Bevölkerung wurde [...] Mitteilung gemacht, daß in dieser Zeit vom 22. bis 24. Mai Flugzeuge bemerkt worden sind, die teilweise auf einer außergewöhnlichen Flugstrecke aus der amerikanischen Zone in das Gebiet der Republik einflogen. [...] Die Kriegstreiber im amerikanischen Lager haben, den Fußspuren Hitlers und seiner japanischen Spießgesellen folgend, aus Furcht vor dem Anwachsen der Friedenskräfte und in Erkenntnis der Schwäche ihrer eigenen Position die Verschärfung des sogenannten ‚Kalten Krieges' auch durch Anwendung der Methoden bakteriologischer Kriegsführung aufgenommen. Der Abwurf der Coloradokäfer auf das Gebiet der Deutschen Demokratischen Republik ist dafür ein Beweis.

Auch Bertolt Brecht muss von der Möglichkeit eines amerikanischen Anschlags auf die DDR-Kartoffelproduktion beeindruckt gewesen sein. Er schrieb in der Nachkriegszeit das folgende Gedicht:

> Die Ammiflieger
>
> Die Ammiflieger fliegen
> silbrig im Himmelszelt:
> Kartoffelkäfer liegen
> in deutschem Feld.

Damit wollte Brecht andeuten (konversationell implikatieren), dass die amerikanischen Militär-Flugzeuge die Ursache für die Käferplage auf ostdeutschen

---

6 Gerüchte können folgendermaßen definiert werden: „(...) sachlich falsche Nachrichten über politische Zusammenhänge gleich welchen Ursprungs, die während eines politischen Prozesses aufkommen oder aufgebracht werden, die sich anonym verbreiten oder mindestens ohne Zutun ihres Urhebers weiterentwickeln, die in einer mehr oder minder großen Gruppe von Menschen geglaubt werden und die zu einem politisch wichtigen Ergebnis führen." (Keil/Kellerhoff 2006: 15)

Feldern waren, indem sie Kartoffelkäfer abwarfen. Dieses Gedicht wurde im Kontext der Brechtschen Anthologien *Kinderlieder* und *Neue Kinderlieder* geschrieben und zum ersten Mal in Brecht (1993: 218) veröffentlicht. Was Brecht von einer Veröffentlichung zum Zeitpunkt der Entstehung des Gedichts abgehalten hat, ist unbekannt. Man kann vermuten, dass ihm die Unhaltbarkeit seiner Andeutung bewusst wurde.

5 Hassrede und die Ungeziefermetapher

Der Kartoffelkäfer wurde auch als *Franzosenkäfer* bezeichnet, da er 1922 bei Bordeaux entdeckt wurde und sich von da aus in ganz Europa verbreitete. 1934 kam es zu einem vereinzelten Ausbruch bei Stade, der erfolgreich bekämpft wurde. 1936 erreichte der Käfer die deutsche Westgrenze. Ein anderer Name für den Kartoffelkäfer war *Amikäfer*, was auf seinen Ursprung aus Colorado verweist. Es ist interessant, dass *Kartoffelkäfer* auch eine (metaphorische) Bezeichnung für Kriegsflüchtlinge war (vgl. Paul Maar, „Kartoffelkäferzeiten", 1992). Da der Käfer sicher negativ bewertet wurde, liegt es nahe, die Franzosen, die Amerikaner und die Kriegsflüchtlinge in diesen negativen Bewertungszusammenhang einzubeziehen. Darauf komme ich unten zurück.

Dass Kartoffelkäfer die deutsche Landwirtschaft bedroht haben, ist ein gesichertes historisches Faktum. Sie zu vernichten konnte deshalb als eine Pflicht aller Bürger betrachtet werden. Allerdings ist es aus der nationalsozialistischen Literatur bekannt, dass auch Menschengruppen als Ungeziefer dargestellt wurden, sodass die Lizenz zu ihrer Vernichtung wenigstens metaphorisch plausibel gemacht wurde (vgl. auch Pörksen 2005 zur Ungeziefermetapher). Hopster resümiert in Bezug auf die nationalsozialistische Propaganda:

> Der übelste Sonderfall aller zum Bereich *Natur, Mensch, Tier* zählenden Genres und Textsorten ist das Buch *Der Pudelmopsdackelpinscher und andere besinnliche Erzählungen* (1940) von Ernst Hiemer, erschienen in dem für seine radikale NS-Polemik berüchtigten *Stürmer-Verlag*. Die sogenannten Erzählungen bestehen aus Parallelisierungen der zu *dem* Juden globalisierten Angehörigen des jüdischen Glaubens mit Tieren, denen negative oder schädliche Eigenschaften zugeschrieben werden (z.B. Drohne, Hyäne, Wanze, Giftschlange). Daneben werden in den Texten *„die Juden"* durch entsprechend betitelte Bilder pejorisiert, z.B. als Faulenzer, Fremdlinge, Bluthunde, Blutsauger, Völkerpest. (Hopster 2005: 438)

Es kann nicht ausgeschlossen werden, dass dies einen Hintergrund für kindliche Leser(innen) und erwachsene Vermittler(innen) im Nationalsozialismus darstellte.⁷ Prüfen wir nun, inwiefern wir eine täuschende und manipulative, auf Herstellung von Hass abzielende Propaganda feststellen können.

Die *Kartoffelkäferfibel* enthält nach dem damaligen Wissensstand zuverlässige Informationen. Man kann in Bezug auf den Text keine Lügen feststellen. Dagegen enthält *Karl Kahlfraß und sein Lieschen* eine falsche Information, die eine Lüge sein könnte:

Auch der Ami wirft zur Nacht
ab den Käfer – gebt gut acht.

Die Behauptung, dass die Amerikaner Kartoffelkäfer abgeworfen hätten, ist falsch. Es kann nun einerseits sein, (i) dass die Autoren dies tatsächlich geglaubt haben, möglicherweise weil sie einem Gerücht erlegen sind (keine Lüge), (ii) dass sie es nicht geglaubt haben und die Leser(innen) täuschen wollten (Lüge), oder (iii) dass sie einer Selbsttäuschung erlegen sind (d.h., sie schwanken zwischen ihrem Glauben an die Wahrheit der Proposition und ihrem Glauben an die Falschheit der Proposition). Eine andere Möglichkeit ist, (iv) dass es sich um Bullshit handelt, also um eine Äußerung, die indifferent gegenüber der Wahrheit ist, wobei gerade diese Indifferenz verborgen bleiben soll (vgl. Meibauer 2013).

In einer anderen Sicht enthalten beide Bücher einen klaren Täuschungsaspekt. Dieser findet sich auf der Bildebene. In der *Kartoffelkäferfibel* gibt es ein Bild, auf dem man französische Kartoffelkäfer sieht, die auf deutsche Kartoffeln schießen. Sie tun das mit altmodischen Kanonen und Kanonenkugeln. Ihr Anführer trägt einen Dreispitz mit einer Feder in den französischen Farben. Man kann daraus also Folgendes ableiten:

---

7 Bei Umlauf-Lamatsch (1943) wird ein Elf eingeführt, der das Kartoffelkäferkind Pampfi mit einem „V" markiert (ein V-ähnliches Muster befindet sich tatsächlich auf dem Panzer des Kartoffelkäfers): „Der Mond allein sieht es. Huiiiii – er malt dem schlafenden Pampfi mit dem Saft der Mohnblume ein ‚V' auf den gelben Halsschild. Just in die Mitte hinein malt er das ‚V'. Verraten, soll es heißen, **verraten**, ihr habt euch **verraten**...

Mohnblumensaft wird braun. Der Elf will das ‚V' aber schwarz haben. Er spricht einen Zauberspruch darüber, und die Zeichnung wird tiefkohlenschwarz.

So, da habt ihr's! Das geht nie mehr ab, das nimmt euch keiner mehr weg. Ein neues Kennzeichen soll es sein, sich von Kind auf Kindeskind vererben, von Kartoffelkäfer auf Kartoffelkäfer." (S. 34)

Dieses Zeichen dient dazu, die „guten" Marienkäfer von den „bösen" Kartoffelkäfern zu unterscheiden. Wir wissen nicht, ob die Markierung von Schädlingen von den Kindern mit der Markierung von Juden in Zusammenhang gebracht werden konnte oder ob die Autorin einen solchen Zusammenhang intendiert hat.

Kartoffelkäfer sind Franzosen.   (fiktionale Bildebene)
Kartoffelkäfer sind rücksichtslos zu bekämpfen.
>> Franzosen sind rücksichtslos zu bekämpfen.

Dass Kartoffelkäfer französischen Ursprungs sind in dem Sinne, dass sie bei Bordeaux entdeckt wurden und sich von da aus in Richtung Osten verbreitet haben, kann die Konzeptualisierung KARTOFFELKÄFER SIND FRANZOSEN unterstützen.

Natürlich kann die entsprechende Illustration auch nur witzig gemeint sein, worauf die anachronistische Gestaltung hindeutet. Dennoch, auch vor dem Hintergrund, dass Deutschland im 1. Weltkrieg gegen die Franzosen gekämpft hat, könnte die obige Suggestion intendiert sein und deshalb Täuschungscharakter tragen.

In *Karl Kahlfraß und sein Lieschen* sieht man, wie Kartoffelkäfer an Fallschirmen aus US-Flugzeugen abgeworfen werden. Im Gegensatz zur *Kartoffelkäferfibel* haben wir hier ein Heldenpaar. *Karl Kahlfraß* ist durch seinen Hut als Amerikaner gekennzeichnet.

Amerikaner werfen Kartoffelkäfer ab.   (Behauptung über Fakten)
Der Kartoffelkäfer Karl Kahlfraß ist ein Amerikaner. (fiktionale Bildebene)
Kartoffelkäfer sind rücksichtslos zu bekämpfen.
>> Amerikaner sind rücksichtslos zu bekämpfen.

Falls es der Fall gewesen wäre, dass die Amerikaner absichtlich Kartoffelkäfer abgeworfen hätten, um im Rahmen des „Kalten Kriegs" die DDR-Wirtschaft zu schwächen und Hungersnöte herbeizuführen, wäre ein Kampf gegen die Amerikaner nicht unberechtigt gewesen. Insofern ist die Schlussfolgerung einerseits berechtigt im Hinblick auf die Grundannahme, dass Amerikaner Kartoffelkäfer abgeworfen haben, anderseits unterstützt die Idee, dass der hybride Charakter Karl Kahlfraß ein amerikanischer Einwanderer ist, den Schluss, dass Amerikaner (= amerikanische Kartoffelkäfer) direkt die DDR angreifen. Auch diese Konzeptualisierung hat einen historischen Hintergrund, stammen die Kartoffelkäfer doch ursprünglich aus Colorado.

In beiden besprochenen Büchern findet sich noch eine weitere Metapher, die Einwanderermetapher: KARTOFFELKÄFER SIND EINWANDERER, die nur die Absicht haben, sich zum Schaden der Einheimischen zu bereichern. In diesem Sinne sind sie unerwünscht und müssen vernichtet werden. Es gibt bildliche Darstellungen, die diese Metapher unterstützen. So sieht man in der *Kartoffelkäferfibel* ein Bild, in welchem ein Kartoffelkäfer-Emigrantenpaar mit Koffern auf ein Schiff zugeht, das sie nach Europa bringen wird. Und so werden Einwanderer immer wieder als Schädlinge betrachtet, die den Einheimischen etwas wegnehmen wollen.

Ob Kinder solch eine Metapher verstehen, darüber wissen wir wenig. Dennoch kann eine solche Konstruktion natürlich dazu führen, dass ein metaphorischer Hintergrund geschaffen wird, in welchem feindselige Einstellungen gegenüber Einwanderern auf fruchtbaren Boden fallen.

6 Schluss

Beide besprochenen Bücher bedienen sich einer humoristischen bildlichen und textlichen Darstellung. Sie bieten Sachinformation über den Kartoffelkäfer. Ob sie hinsichtlich dessen Darstellung und der Notwendigkeit der Bekämpfung propagandistisch sind, ist nicht einfach zu beurteilen. Die Darstellung der Kartoffelkäfereigenschaften und seiner Bekämpfung kann durchaus als rational gelten.

Irrational und damit propagandistisch ist aber die metaphorische, möglicherweise humorvoll gemeinte Darstellung der Kartoffelkäfereindringlinge als französische Soldaten, die es zu bekämpfen gelte. In der geschichtlichen Erinnerung lag zumindest für die Elterngeneration der 1. Weltkrieg noch nicht weit zurück. Propagandistisch ist auch die Unterstellung, dass die Amerikaner im Kalten Krieg nicht vor bakteriologischer Kriegsführung zurückschreckten. Diese findet sich aber nicht direkt in „Karl Kahlfraß und sein Lieschen", wo man auf der Bild- und Textebene die gerüchtebasierte Erzählung von den Amifliegern weitertransportiert (siehe Keil/Kellerhoff 2006 zu einer genauen historischen Rekonstruktion).

Insgesamt kann man an diesen Fällen sehen, dass es für die kindlichen RezipientInnen nicht einfach sein dürfte, zuverlässige Sachinformation von mehr oder minder sublimer Propaganda zu unterscheiden. Die Vermutung ist, dass Propaganda gut funktioniert, wenn sie auf schon vorhandene Überzeugungen und Glaubenshaltungen aufbauen kann. Wird sie sachlich widerlegt, wird sie sich auf ihre gute Absicht berufen. Hass gegen die Kartoffelkäfer zu stiften, ist schließlich rational, wenn es um deren Vernichtung geht.

7 Anhang

An die ländliche Kartoffelkäfer-Jagd habe ich mehr Erinnerungen als mir lieb ist. Man musste da schon ganz früh ran, weil jede Hand gebraucht wurde. Und da uns früh klar wurde, dass unsere Ernährung daran hing (wir lebten im Wesentlichen von Kartoffeln/Kartoffelspeisen und Milch/-speisen), war es eine Ehre mitzuhelfen. Die Käfer selbst haben wir nur gehasst wegen ihrer schieren Menge und wegen der Aussichtslosigkeit des Kampfes. Aber die Larven sahen einfach eklig aus; das waren aber die Fresssäcke, und keiner wollte sie mit der Hand abklauben, es blieb aber nichts anderes übrig. Es gab in den Nachkriegsjahren, an die ich mich erinnere, überhaupt jede Menge Schädlinge an den Feldfrüchten, Maikäfer z.B. Die fraßen auf Nullkommanix einen ganzen Baum ratzekahl. Hier waren die Käfer ein beliebtes Sammelobjekt (je nach körperlichen Merkmalen und Farben). Mit meinen Geschwistern habe ich ganze Eimer voll gesammelt. Meine Mutter übergoss sie mit heißem Wasser und gab sie den Hühnern, die sich am ersten Tag gierig darauf stürzten. Am zweiten Tag war ihr Appetit schon recht gebremst, und am dritten Tag sah man an ihrem schiefgelegten Kopf und an dem langgezogenen Gackern, dass sie sich ebenso ekelten wie wir. Richtig eklig aber waren auch hier die Engerlinge, teilweise so groß wie ein kleiner Finger und weiß-gelblich. Es gab sie in ungeheurer Zahl im Gemüse- und Obstgarten, und auch sie fraßen in kürzester Zeit die Wurzeln von Kraut und Rüben und sogar von kleineren Obstbäumen ab. Heuer habe ich keinen einzigen zu Gesicht bekommen.

(Der Zeitzeuge, Jahrgang 1943, ist in Niederbayern aufgewachsen. Persönliche Mitteilung vom 2.6.2015.)

Literatur

Primärliteratur

Brecht, Bertolt (1993): *Bertolt Brecht. Gedichte 5. Gedichte und Gedichtfragmente 1940–1956. Große kommentierte Berliner und Frankfurter Ausgabe*, Bd. 15. Berlin, Weimar: Aufbau Verlag/Frankfurt a.M.: Suhrkamp.
Hemmel, Gertrud (1949): *Colorado, der Kartoffelkäfer und die Buben und Mädchen von Mühlbach*. Linz: Quatember Verlag.
Köstlin, Helmut (1935): *Die Kartoffelkäferfibel*. Vom Kartoffelkäfer-Abwehrdienst des Reichsnährstandes. Illustr. Hans Zoozmann. Berlin: Deutsche Landwerbung.
Maar, Paul (1992): *Kartoffelkäferzeiten*. Hamburg: Oetinger.
Ministerium für Land- und Forstwirtschaft der DDR (o.J.): *Karl Kahlfraß und sein Lieschen. Bilderbuch für große und kleine Kinder*. Berlin.
Umlauf-Lamatsch, Annelies (1943): *Pampf der Kartoffelkäfer*. Wien: Verlag für Jugend und Volk.

Sekundärliteratur

Amt für Information der Regierung der Deutschen Demokratischen Republik (Hg.) (1950): *Halt Amikäfer! Dokumente zum Kartoffelkäferabwurf*. Berlin: Greif.
Cross, Julie (2011): *Humor in Contemporary Junior Literature*. London: Routledge.
Fludernik, Monika (2001): „Fiction vs. Non-Fiction: Narratological Differentiations". In: Jörg Helbig (Hg.): *Erzählen und Erzähltheorie im 20. Jahrhundert*. Festschrift für Wilhelm Füger. Heidelberg: Winter, 85–103.

Gerstaecker, A. (1877): *Der Colorado-Käfer (Doryphora decemlineata) und sein Auftreten in Deutschland*. Im Auftrage des Königl. Preußischen Ministeriums für die landwirtschaftlichen Angelegenheiten nach eigenen Beobachtungen und amtlichen Quellen dargestellt. Cassel: Verlag von Theodor Fischer.

Harris, Paul L. (2012): *Trusting What You're Told. How Children Learn from Others*. Cambridge (MA), London: The Belknap Press of Harvard University Press.

Herrmann, Bernd (2011): „Die Kartoffelkäferfibel des Reichsnährstandes". In: Wolfgang Wangerin (Hg.) (2011): *Der rote Wunderschirm. Kinderbücher der Sammlung Seifert von der Frühaufklärung bis zum Nationalsozialismus*. Göttingen: Wallstein, 388–391.

Hoicka, Elena (2014): „Pragmatic Development of Humor". In: Danielle Matthews (Hg.) (2014): *Pragmatic Development in First Language Acquisition*. Amsterdam: John Benjamins, 219–237.

Hopster, Norbert (2005): „Natur, Mensch, Tier". In: Norbert Hopster/Petra Josting/Joachim Neuhaus (2005): *Kinder- und Jugendliteratur 1933–1945*. Ein Handbuch. Band 2: Darstellender Teil. Stuttgart, Weimar: Metzler, 411–466.

Huber, Ernst (2011): *Sonderausstellung im Schulmuseum [Lohr] (31. Oktober 2010–6. März 2011): „Der Amikäfer". Der Kartoffelkäfer auch ein Medium der politischen Propaganda*. (www.bnmsp.de/home/e-huber/amikaefer, letzte Einsicht: 1.6.2016).

Keil, Lars-Broder/Kellerhoff, Sven Felix (2006): *Gerüchte machen Geschichte. Folgenreiche Falschmeldungen im 20. Jahrhundert*. Berlin: Ch. Links.

Kümmerling-Meibauer, Bettina/Meibauer, Jörg (2015): „Picturebooks and Early Literacy: How Do Picturebooks Support Early Conceptual and Narrative Development?" In: Bettina Kümmerling-Meibauer/Jörg Meibauer et al. (Hgg.) (2015): *Learning from Picturebooks. Perspectives from Child Development and Literacy Studies*. London: Routledge, 13–32.

Meibauer, Jörg (2013): „Bullshit als pragmatische Kategorie". In: *Linguistische Berichte* 235, 267–292.

Meibauer, Jörg (2015): "What the Child Can Learn From Simple Descriptive Picturebooks. An Inquiry into *Lastwagen/Trucks* by Paul Stickland". In: Bettina Kümmerling-Meibauer/Jörg Meibauer et al. (Hgg.) (2015): *Learning from picturebooks. Perspectives from child development and literacy studies*. London: Routledge, 51–70.

O'Donnell, Victoria/Jowett, Garth S. (^{6}2015): *Propaganda and persuasion*. Thousand Oaks, CA: Sage.

Pörksen, Bernhard (^{2}2005): *Die Konstruktion von Feindbildern. Zum Sprachgebrauch in den neonazistischen Medien*. Wiesbaden: VS für Sozialwissenschaften.

Pouscoulous, Nausicaa (2014): „'The Elevator's Buttocks': Metaphorical Abilities in Children." In: Danielle Matthews (Hg.) (2014): *Pragmatic Development in First Language Acquisition*. Amsterdam, Philadelphia: John Benjamins, 239–260.

Siegal, Michael (2008): *Marvelous Minds. The Discovery of What Children Know*. Oxford: Oxford University Press.

Sopory, Pradeep/Dillard, James Price (2002): „The Persuasive Effects of Metaphor. A Meta-Analysis." In: *Human Communication Research* 28 (3), 382–419.

Stanley, Jason (2015): *How Propaganda Works*. Princeton, NJ: Princeton University Press.

Sternberg, Robert J./Sternberg, Karin (2008): *The Nature of Hate*. Cambridge: Cambridge University Press.

Wahl, Klaus (2009): *Aggression und Gewalt. Ein biologischer, psychologischer und sozialwissenschaftlicher Überblick*. Heidelberg: Spektrum.

Stefan Hartmann & Nora Sties
Implizite Aggression in Onlinekommentaren anlässlich der Debatte um rassistische Sprache in Kinderbüchern

Abstract: In early 2013, the publishing house Thienemann caused a quite heated controversy with the announcement to remove racist terms from a new edition of the popular German children's book "Die kleine Hexe" (The Little Witch). Drawing on a qualitative analysis of readers' comments in eleven online news-portals, we argue that many of the utterances employ simplifying negative stereotypes (so-called "limitation stereotypes") to devalue a de-individualized "out-group". However, these stereotypes, as well as the inherent aggression against said "out-group", are not spelled out explicitly but rather conveyed by means of humorous utterances or hyperbolic comparisons. In this paper, we analyze these implicitness strategies and discuss how the parameter of implicitness can be operationalized in discourse analysis more generally.

1 Einleitung

Die Ankündigung des Thienemann-Verlags, die Bezeichnungen *Neger* und *Negerlein* aus dem Kinderbuch „Die kleine Hexe" von Otfried Preußler zu entfernen, hat zu heftigen Debatten in den deutschen Feuilletons wie auch auf diversen Internetplattformen geführt. Dieser Beitrag widmet sich der Analyse der daraus hervorgegangenen Leserkommentare auf Online-Plattformen deutscher Nachrichtenmagazine.

Digitale Nachrichtenportale bieten häufig die Möglichkeit, die dort veröffentlichten Beiträge zu kommentieren und so die Perspektive der LeserInnen weitaus interaktiver in den Diskurs mit einzubinden, als es bei gedruckten Zeitschriften und Zeitungen der Fall ist. Aus diskurslinguistisch-pragmatischer Sicht ist die Textsorte des Online-Leserkommentars in mehrfacher Hinsicht besonders aufschlussreich: Erstens werden Meinungen eines relativ breiten und heterogenen Spektrums an LeserInnen repräsentiert. Zweitens unterliegt die Veröffentlichung auf moderierten Plattformen meistens festen Regeln, mindestens jedoch der sogenannten Netikette (vgl. Storrer/Waldenberger 1998), weshalb explizit aggressive Äußerungen zumeist nicht freigeschaltet werden. Wie im Folgenden zu zeigen sein wird, greifen KommentatorInnen daher auf Implizitheitsstrategien zurück, die teils in festen sprachlichen Mustern verankert sind, um ihre Beiträge gleichsam ‚publizierbar' zu machen. In diesem Beitrag werden wir am Beispiel der Kommentare zur „Kleinen Hexe" der Frage nachgehen, wie sich implizite Aggressivität durch die Dichotomisierung zwischen einer Wir-Gruppe und einer als Bedrohung konstruierten Fremdgruppe äußert und welcher sprachlichen Mittel sich die Kommentierenden bedienen, um diese Aggressivität implizit zu halten.

Der Beitrag gliedert sich in vier Abschnitte: Nach einer näheren Begriffsbestimmung impliziter sprachlicher Aggression wird das Korpus vorgestellt, das unserer Untersuchung zugrunde liegt; in diesem Zusammenhang wird auch die Textsorte des Online-Leserkommentars näher erörtert und in den Bereich der computervermittelten Kommunikation eingeordnet. Der darauf folgende Analyseteil deckt an verschiedenen Beispielen Strategien des uneigentlichen Sprechens auf, mit denen implizit-aggressive Sprechakte und implizit diskriminierende Argumentationsmuster relativiert oder annullierbar gemacht werden. Ein Fazit und ein Ausblick beschließen den Beitrag.

2 Implizite Aggression: Eine Annäherung an Formen indirekter Hassrede

Der für diese Untersuchung zentrale Begriff der Aggression ist notorisch vage (vgl. Bousfield 2008: 75). Als hilfreich kann sich jedoch die bewusst sehr allgemein gehaltene Arbeitsdefinition von Wahl (2010: 10) erweisen:

> *Aggression* nennen wir ein Ensemble von aus der Naturgeschichte stammenden bio-psychosozialen Mechanismen, die der Selbstbehauptung oder Durchsetzung gegen andere mit schädigenden Mitteln dienen.

Entscheidend ist darüber hinaus, dass Aggression sich in konkreten *Verhaltens*formen äußert, die in der sozialen Interaktion zu verorten sind (vgl. z.B. Graumann 1998: 41). Auch Sprache stellt eine Form des Handelns dar, die in konkrete soziale und interaktionale Kontexte eingebettet ist. Ebenso wie nonverbale Aggression konstituieren verbale Aggressionsakte ein Machtgefälle, in welchem die Sprecherin die jeweils höhere Position beansprucht. Letzteres verbindet verbale Aggression mit verbaler Diskriminierung, die Graumann (1998) als Subtypus der verbalen Aggression behandelt, da im Falle der Diskriminierung die eigene Gruppe als überlegen konstruiert wird. Die Verletzung und Entwertung der ausgegrenzten Personen als ‚die Anderen' zur Selbstbehauptung oder Durchsetzung des eigenen expliziten oder impliziten Überlegenheitsanspruchs wird dabei billigend in Kauf genommen oder gar intendiert.[1] Verbale Aggression stellt dabei, ebenso wie nonverbale Aggression, zumeist eine Reaktion auf eine vermeintliche oder tatsächliche Bedrohung der eigenen (Macht-) Position dar.

Aggression lässt sich jedoch nicht auf spezielle Äußerungsformen reduzieren. Vielmehr kann man in Analogie zur Kategorie Höflichkeit annehmen, dass sie „quer zu verschiedenen Sprechakttypen liegt und nicht an Direktheit oder Indirektheit gebunden ist" (Meibauer 1986: 168). Es bietet sich an, Mateo und Yus' (2013) Modell der Beleidigungen auf aggressive Äußerungen zu übertragen: Zu Beginn steht die Intention der Sprecherin, ihre Position zu behaupten und durchzusetzen, im Falle der hier untersuchten Kommentare sowohl gegenüber der journalistischen Position als auch gegenüber den Meinungen anderer ForenteilnehmerInnen. Sie wählt dazu bestimmte sprachliche Mittel. Darauf folgt eine Interpretation der Rezipientin, in unserem Fall: der Leserin. Diese ist in hohem Maße kontext-, kultur- und zeitabhängig. Drittens kann eine Reaktion der Leserin eintreten, die freilich im Falle der Leserkommentare nur dann der Interpretation zugänglich ist, wenn sie sich entscheidet, ihrerseits einen Kommentar zu verfassen und sich damit zur Meinung ihrer Vorrednerin zu positionieren.

Aggression explizit zu zeigen widerspricht freilich der gesellschaftlichen Idee und Anforderung an die Diskussionsteilnehmenden, Auseinandersetzungen rational und höflich zu führen. Nach Kotorova (2011: 78) wird Höflichkeit „als kultureller Kode verstanden, welcher das kommunikative Verhalten der Interaktanten auf solche Weise reguliert, dass ihr Selbstbewusstsein gegenseitig geachtet wird". Aggressive Äußerungen zeichnen sich gerade durch die Aberkennung dieser grundlegenden Wertschätzung von Personen durch gesichtsbedrohende Akte aus (vgl. z.B. Culpeper 2011: 20). Insbesondere wer Aggression gegenüber Einzelpersonen oder Minderheiten offen zu Tage treten lässt, läuft Gefahr, dass sein Beitrag disqualifiziert wird.

Aus dem Spannungsfeld zwischen oberflächlich höflich-sachlichen Äußerungen und hintergründiger Aggressivität entsteht eine Form des uneigentlichen, verdeckten Sprechens. Aggression kann beispielsweise durch den Einsatz von Ironie und Sarkasmus „humoristisch [ge]tarnt" (Meibauer 2013b: 2) oder

---

[1] In der einschlägigen Literatur spielt auch der Terminus der ‚verbalen Gewalt' eine bedeutende Rolle. Verbale Gewalt grenzt sich von verbaler Aggression u.E. dadurch ab, dass im Falle der Gewalt die Verletzung einer Person(engruppe) sowohl intendiert als auch vollzogen wird. Der Terminus ‚verbale Aggression' richtet das Augenmerk hingegen stärker auf das Herstellen eines Machtgefälles zur „Selbstbehauptung oder Durchsetzung gegen andere", wobei zu den „schädigenden Mitteln" explizit oder implizit verletzende Sprechakte gehören. Verbale Gewalt ist folgerichtig Mittel und Ausdrucksform von verbaler Aggression."

mit anderen Mitteln „verschleiert" (Kovács 2005: 229) werden. Unter impliziter Aggression verstehen wir im Folgenden eben diese Form aggressiven Sprechens, welche die Identifikation ihres aggressiven Gehalts der Interpretation der Leserin überlässt und sie damit prinzipiell annullierbar macht.

Implizite Aggression kann im Grenzbereich der Hassrede im Sinne des sprachlichen Ausdrucks von Hass gegen Personen oder Personengruppen (vgl. Meibauer 2013b: 1) eingeordnet werden. Auf eine direkte Ansprache, wie sie für unmittelbar gesichtsverletzende Akte wie Beleidigungen charakteristisch ist, wird ebenso verzichtet wie auf die explizite „Verwendung von Ausdrücken, die der Herabsetzung und Verunglimpfung von Bevölkerungsgruppen dienen" (Meibauer 2013b: 1)[2]. Gerade weil der aggressive Gehalt der entsprechenden Äußerungen nicht unmittelbar an der Sprachoberfläche zu erkennen ist, bleibt die Identifikation implizit-aggressiver Äußerungen in hohem Maße interpretationsabhängig. Durch den Kontext und die verwendeten sprachlichen Mittel wird jedoch die Interpretation der Äußerung im Sinne einer Bekundung von Feindseligkeit bzw. negativer Ressentiments in unterschiedlichem Maße nahegelegt. Umgekehrt ist diese Interpretation, je nachdem, wie stark sie durch den Kontext salient gemacht wird, in unterschiedlichem Maße annullierbar. Um dies an einem fiktiven Beispiel zu verdeutlichen: Sowohl der Satz *Jahaa, Karl ist ein total netter und zivilisierter Typ, is klar, ne* als auch der Satz *Karl ist ein freundlicher und allseits geschätzter Mitbürger* können als ironische und implizit-aggressive Äußerung gegen Karl gemeint sein, doch ist diese Interpretation nur im ersten Satz durch eine Vielzahl an Ironiemarkern offensichtlich, während im letzteren Fall allenfalls der Kontext ein eindeutiges Urteil erlaubt. Eine Annullierung bleibt prinzipiell möglich („Das meine ich nicht ironisch"), auch wenn diese möglicherweise wenig glaubwürdig wirkt, wenn die Äußerung in sehr ironischem Tonfall getätigt wurde.

Die Interpretation implizit-aggressiver Äußerungen erfordert über den Einbezug von Kontextfaktoren und das richtige Verständnis der jeweils verwendeten sprachlichen Muster hinaus zusätzliches Wissen über den gemeinsamen Hintergrund, den die Kommentatorin mit den LeserInnen teilt und der nur aus dem Gesamtkontext der Debatte heraus rekonstruiert werden kann. Kovács (2005: 230) betrachtet diese „Meinungen und Haltungen" als Ergänzung zum erfolgreichen Dekodieren der Äußerung. Wagner (2001: 17) konstatiert in Bezug auf Diskriminierungen, dass diese „Ergänzung der Äußerung durch Wissen" deren Interpretation angreifbar macht. Bei der Analyse und Einordnung von sprachlicher Aggression handelt es sich insofern um einen rekonstruktiven Prozess. Ziel

---

[2] Der Begriff *Neger* wird zwar in den untersuchten Kommentaren häufig verwendet, jedoch als neutrale Personenbezeichnung verteidigt.

dieses Beitrags ist es, typische Muster der sprachlich-impliziten Aggression zu benennen und ihre Funktionsweise anhand linguistischer Indikatoren an Korpusbeispielen aufzuzeigen.

3 Sprachliche Aggression und computervermittelte Kommunikation

3.1 Forenkommunikation zwischen persönlichem Gespräch und öffentlicher Debatte

Der Untersuchung computervermittelter Kommunikation (CVK) wurde in den vergangenen Jahren in der Linguistik ein hohes Maß an Aufmerksamkeit zuteil (vgl. z.B. Kleinke 2007, Herring et al. 2009). Mit dem Internet ist ein Kommunikationsraum entstanden, der zahlreiche Eigenschaften mit der persönlichen verbalen Interaktion einerseits und der schriftlichen Briefkommunikation andererseits teilt (vgl. z.B. Biber/Conrad 2009: 190), jedoch zudem ganz eigene Textsorten und -genres hervorbringt. Es bilden sich Voraussetzungen und Restriktionen, die ihn deutlich von anderen kommunikativen Kontexten unterscheiden. So verweisen Lewin/Donner (2002: 29) auf die fundamentale Textgebundenheit der CVK, die die Vermittlung nonverbal kodierter Unter- und Zwischentöne unmöglich macht. Gerade die Kompensationsstrategien, die als Reaktion auf derlei Beschränkungen entstanden sind (z.B. Emoticons/Smileys, Abkürzungen wie *lol* ‚loughing out loud' und typographische Mittel wie GROSSSCHREIBUNG für ‚Schreien'; vgl. z.B. Crystal 2006) machen die CVK zu einem für die Linguistik außerordentlich interessanten und aufschlussreichen Untersuchungsgebiet.

Die hier untersuchten Leserforen unterscheiden sich in mehrfacher Hinsicht von konventionellen Internet-Diskussionsforen, wie sie etwa Biber/Conrad (2009: 190) beschreiben. Während Letztere zumeist einem bestimmten Thema gewidmet sind, über das sich eine Gruppe Interessierter austauscht, ist die Diskussion im Leserforum thematisch auf den jeweils diskutierten Artikel ausgerichtet. Doch die Bandbreite der Artikel selbst ist so vielfältig wie das thematische Spektrum, welches das jeweilige Nachrichtenportal abdeckt. Während Foren unter Umständen erst nach Anmeldung einsehbar sind, ist die Diskussion auf Leserforen von Nachrichtenportalen grundsätzlich öffentlich. Das Leserforum kann gleichsam als interaktive Weiterführung der Textsorte Leserbrief gedacht werden, das im Unterschied zu diesem jedoch die Möglichkeit zur unmittelbaren Reaktion auf vorherige Beiträge bietet. Dabei wird in besonderem Maße deutlich, dass die Kommentierenden

> Versatzstücke verwenden, die zu der epistemisch-kognitiven Grundausstattung der Textproduzenten gehören bzw. von ihnen aus anderen, zuvor rezipierten Texten ad hoc aufgeschnappt werden (Busse 1997: 19).

Wie im nächsten Abschnitt zu zeigen sein wird, bedienen sich die Kommentierenden in der Debatte um politisch korrekte Sprache in der „Kleinen Hexe" eines relativ festen Inventars an sprachlichen Mustern sowie zitativen Verweisen (z. B. auf Orwells „1984" oder auf den politisch verordneten Sprachgebrauch in totalitären Regimes).

Während alle Beiträge grundsätzlich öffentlich einsehbar sind, können die Beitragenden anonym bleiben. Die sogenannten *Nicknames*, unter denen sie ihre Kommentare veröffentlichen, beinhalten manchmal Bestandteile ihres eigenen Namens (in wenigen Fällen auch den Klarnamen), sind in vielen Fällen aber auch kreativ und geben damit Aufschluss darüber, wie sich die betreffende Person öffentlich präsentieren möchte (vgl. Lindholm 2009: 437; Yus 2011: 42–43). So bietet sich für Diskursteilnehmende die Möglichkeit, in beliebige soziale Rollen zu schlüpfen und damit auch eine andere kommunikative Rolle als in ihrem persönlichen oder Arbeitsumfeld einzunehmen.

Gerade die Rollenverteilung ist es auch, in der sich die hier untersuchten Forendiskussionen von anderen Kommunikationsformen unterscheiden: Eine Diskussionsteilnehmerin kommentiert ein Thema entweder direkt oder sie nimmt auf den Beitrag einer anderen Diskutantin Bezug. Auch Antwortbeiträge sind dabei jedoch in aller Regel nicht individuell an eine konkrete Empfängerin gerichtet; selbst in den wenigen Fällen, in denen eine Diskutantin direkt angesprochen wird, bleibt doch zugleich die mitlesende Öffentlichkeit Adressat des jeweiligen Beitrags.

Diese spezifische Rollenkonfiguration in der Forenkommunikation bietet sich insbesondere für indirekte Aggressionsakte in Form semi-direkter Sprechakte im Sinne Graumanns (1998) an. Diese „wenden sich nicht *an* jemanden, sondern sprechen zu einem Publikum *über* jemanden. Ist diejenige, über die gesprochen wird, sogar noch anwesend, wird der im Gesagten ausgedrückte Ausschluss auch noch sprachlich performiert" (Kuch/Herrmann 2007: 198). Durch den öffentlichen Charakter der Plattformen sind die Personen oder Personengruppen, gegen die sich ein Aggressionsakt richtet, stets als potenzielle Mitlesende und Mitdiskutierende präsent. Beispielsweise entfaltet eine indirekt diskriminierende Äußerung wie *Meine Putzfrau ist echt gut, obwohl sie Türkin ist* (Bsp. aus Meibauer 2013b: 1) in einem öffentlichen Diskussionsforum eine andere Wirkung als etwa in einem Stammtischgespräch mit einer überschaubaren Anzahl an Zuhörenden, die selbst nicht der diskriminierten Personengruppe angehören. Der kommunikative Rahmen und die Handlungsparameter sind vielmehr mit einer öffentlichen Diskussionsveranstaltung vergleichbar.³

3.2 Das Untersuchungskorpus

Die insgesamt 1252 untersuchten Kommentare sind elf verschiedenen Artikeln zugeordnet und stammen von zehn Plattformen. Die Diskussionsbeiträge verteilen sich dabei höchst ungleichmäßig auf die einzelnen Artikel: Die meisten Kommentare stammen von *Spiegel Online*. Hier wurde ein Bericht von Stefan Kuzmany insgesamt 60-mal kommentiert, während es Jan Fleischhauers Kommentar, der sich explizit gegen die Änderung richtet, auf ganze 625 Kommentare bringt. Ebenfalls um Online-Auftritte von Printmedien handelt es sich bei *ZEIT Online*, *der-westen.de* (Westdeutsche Allgemeine Zeitung), *wz.de* (Westdeutsche Zeitung), *taz.de* (die tageszeitung) und *cicero.de*. Mit *zdf.de* wurde außerdem noch der Internetauftritt eines öffentlich-rechtlichen Fernsehsenders berücksichtigt. Das Material stammt hauptsächlich aus dem Januar und Februar 2013, als die Verlagsentscheidung bekannt gemacht wurde, bei der Neuauflage der „Kleinen Hexe" die Figur des *Negers* aus einer Szene, in der unterschiedliche Karnevalsverkleidungen beschrieben werden, zu tilgen. Der Verlag begründete seine Entscheidung damit, dass der Begriff heute nicht mehr als neutral angesehen werde und verwies darauf, dass Inhalt und Intention der Szene sich nicht änderten, wenn die Verkleidung in der Karnevalsfeier durch eine andere, nicht-ethnische ersetzt werde⁴.

Die Plattformen, von denen die hier untersuchten Kommentartexte stammen, wurden bewusst so ausgewählt, dass das Korpus im Blick auf die potentielle Leserschaft ein breites Spektrum abdeckt, da es von der als links geltenden *taz* bis zum eher konservativen Magazin *Cicero* – dessen Autorin Marie Amrhein

---

3 Aus diesem Grund erscheint es auch verkürzt, „nicht-gerichteten" Äußerungen generell einen geringeren Grad an Gewalttätigkeit zuzumessen, wie es König/Stathi (2010: 52) vertreten. Denn gerade die Kombination von impliziter Aggression in Verbindung mit einer nicht spezifizierten Adressatin konstruiert ein Machtgefälle, dessen Ausgleich durch das Erkennen, Benennen und Zurückweisen des aggressiven Aktes weitaus anforderungsreicher ist als im Falle explizit aggressiver Äußerungen, und zur Hilflosigkeit sowie Sprachlosigkeit der betreffenden Person(-engruppe) führen kann.
4 Vgl. die Stellungnahme des Verlags, wiedergegeben auf http://www.boersenblatt.net/587656/ ‹11.02.2015›.

sich jedoch ausdrücklich für die Änderungen ausspricht – reicht. Noch deutlich weiter ‚rechts' anzusiedeln ist die Plattform *Politically Incorrect* (pi-news.net), die sich der Sammlung von Nachrichten aus den Massenmedien widmet, die der Festigung ihres islamkritischen Standpunkts dienen sollen, und der vielfach unverhohlener Rassismus vorgeworfen wird (vgl. Schütte 2013: 121). Die hier analysierten Kommentare dokumentieren zusammen mit jenen zu einem Bericht auf *welt-online.de* das Wiederaufgreifen der Debatte im Mai 2013, als bekannt wurde, dass die „Negerlein" und die „Türken mit roten Mützen und weiten Pluderhosen" (Preußler 1957: 86), als die sich Kinder in Preußlers Original verkleiden, durch „Cowboys" bzw. „Messerwerfer" ersetzt werden. Tab. 1 gibt einen Überblick über das Korpus, wobei jeweils die Plattform und ein Kurzlink zum Artikel (alle zuletzt abgerufen im Juli 2013) angegeben sind. Eine weitere Spalte gibt an, welche Position der Autor oder die Autorin des jeweiligen Artikels, ganz unabhängig von den Meinungen der Kommentierenden, gegenüber den Änderungen vertritt; schließlich sind die Anzahl der Kommentare und der Zeitraum, aus dem diese stammen, vermerkt.

Tab. 1: Überblick über die analysierten Leserkommentare.

Plattform	Link	Position Autor/in	Anzahl Kommentare	Zeitraum
Cicero	http://bit.ly/1peMacx	Pro	38	Januar 2013
FAZ	http://bit.ly/1yJFbKt	Contra	102	Januar 2013
Spiegel	http://bit.ly/1itvnQc	Neutral	60	Januar 2013
Spiegel_Kolumne	http://bit.ly/1mavWsl	Contra	625	Januar 2013
taz	http://bit.ly/1qu8MTz	Pro	175	Januar 2013
Der Westen	http://bit.ly/1sBFUwN	Neutral	6	Januar 2013
WZ	http://bit.ly/1qGUocO	Neutral	5	Februar 2013
zdf.de	http://bit.ly/1yJBcxw	Contra	17	Januar 2013
Zeit	http://bit.ly/1v1EtUk	Contra	33	Jan./Feb. 2013
PI-News	http://bit.ly/1lmV1p3	Contra	107	Mai 2013
Welt	http://bit.ly/1q4lOU2	Pro	84	Mai 2013

4 Analyse

Die Analyse der Kommentare auf den oben genannten Plattformen gliedert sich in vier Abschnitte: Zunächst wird dargelegt, wie Kommentierende die Meinungen ihrer VorrednerInnen bzw. den Meinungskomplex einer als Feindbild konstruierten *political correctness*-Bewegung degradieren; in diesem Zusammenhang werden auch die unterschiedlichen im Zuge der Debatte geäußerten Positionen deutlich (4.1). Anschließend wird gezeigt, wie in den Kommentaren über eine Rhetorik der Dichotomisierung in eine Wir-Gruppe einerseits und Fremdgruppen andererseits Feindbilder konstruiert werden (4.2), die sich ihrerseits aus simplifizierenden negativen Stereotypen, sog. Limitationsstereotypen (4.3), speisen bzw. diese mit hervorbringen. Abschließend wird erörtert, wie der aggressive Gehalt der jeweils gegen die Fremdgruppe geäußerten Ressentiments mit sprachlichen Mitteln implizit gehalten wird (4.4).

4.1 Degradierung widersprechender Meinungen

Über alle untersuchten Foren hinweg steht im Mittelpunkt der kontroversen Debatte um die „Kleine Hexe" die Frage, ob die Verlagseingriffe legitim sind oder eine Form von Bevormundung bzw. Zensur darstellen. Von vielen Kommentierenden wird der Schritt des Verlages dabei in die umfassendere Diskussion um politisch korrekte Sprache im Allgemeinen eingeordnet. Um die eigene Position durchzusetzen, wird dabei bisweilen auf die Abwertung, zum Teil auch Verächtlichmachung gegensätzlicher Meinungen zurückgegriffen. Dabei ist zwischen Strategien zur Abwertung der thematischen Position und der Abwertung der sie vertretenden Person oder Personengruppe zu unterscheiden.

Bei der Abwertung von Einzelpersonen stehen im behandelten Korpus zwei Personen im Vordergrund, die an der Auslösung der Debatte beteiligt waren: Die damalige Familienministerin Kristina Schröder, die bereits einige Monate zuvor den Begriff „Negerkönig" im Kinderbuch „Pippi Langstrumpf" problematisiert hatte[5], und Mekonnen Mesghena von der Heinrich-Böll-Stiftung, der den Thienemann-Verlag um eine Überarbeitung der entsprechenden Passage in der „Kleinen Hexe" gebeten hatte. Sie fungieren als Repräsentanten, um „zunächst eine ganze Gruppe symbolisch [zu vertreten] und deren Kritik in der Folge als Angriff auf die gesamte Gruppe gewertet wird" (Kovács 2005: 234).

---

5 Vgl. http://bit.ly/VNJMMB ‹10.07.2014›.

(1) Hier wird von unserer Familienministerin Fräulein Schröder ein Nebenkriegsschauplatz geschaffen, der – wie üblich bei den Spielereien von Fräulein Schröder – meilenweit an der gesellschaftlichen Realität vorbeigeht. (akademischer Realist, zeit, 09.02.13)[6]

(2) Angezettelt wurde dieser Büchersturm übrigens von dem Berufsneger Mekonnen Mesghena, der in der knalldunkelgrünen Heinrich-Böll-Stiftung das „Referat Migration & Diversity" leitet. (Achot, pi, 18.05.13)

Dabei werden den betroffenen Personen durch die jeweilige Wortwahl Respekt und Wertschätzung entzogen, ihre Meinungen damit degradiert. In (1) ist die Verwendung des veralteten *Fräulein* auffällig. Wie Nübling (2011: 346) zeigt, wird diese Bezeichnung heute vorwiegend pejorativ gebraucht; den diachronen Wandel des Begriffes beschreibt sie als „soziale Degradierung/Deklassierung", die auf einer negativen Biologisierung der Frau aus Sicht männlicher Evaluationskriterien beruht. Synchron schwingen mithin in *Fräulein* stereotype Vorstellungen über (sexuell) unerfahrene, unreife und daher nicht ernstzunehmende Frauen mit. In (2) wird mit der Bezeichnung *Berufsneger* eine Person explizit und bewusst provokativ auf ihre Hautfarbe reduziert. Bildungen mit *Berufs-* werden gerne herangezogen, um Positionen und Einstellungen anderer Personen als unbegründet zurückzuweisen, wie etwa ein Blick ins Webkorpus DECOW14AX (Schäfer/Bildhauer 2012) zeigt, wo sich Bildungen wie *Berufsbetroffener* oder *Berufsskeptiker* finden:

(3) Das wurde sofort von einer Clique Berufsbetroffener gekapert, die sich heutzutage eine goldene Nase verdienen als Hohepriester des Schuldkults. (http://83273.homepagemodules.de/t3840f14-Aufarbeitung.html)

(4) er lobte den reibungslosen Ablauf beim doppelten Abitur und wies Bedenkenträger als ‚Berufsskeptiker und Miesepeter' zurecht. (http://www.cdu-hemmoor.de/index.php)

Komposita mit dem Erstglied *Berufs-* deuten zum einen eine zeitlich intensive Beschäftigung an, zum anderen ein hohes Maß an Vertrautheit mit der jeweiligen Materie (vgl. *Berufsmusiker* vs. *Laienmusiker*). Die konversationelle Implikatur, dass über diese intensive Beschäftigung mit einer Materie der Blick für Anderes verloren geht (eine Implikatur, die in einem Begriff wie *Fachidiot* explizit wird),

---

[6] Sofern nicht anders angegeben, wurden die Hervorhebungen in allen Beispielen von den Verf. hinzugefügt. Rechtschreib- und Grammatikfehler hingegen entstammen den Originalbelegen.

nutzen die in (3) und (4) zitierten *Berufs*-Komposita zur Zurückweisung bestimmter Positionen. Derlei Bildungen können als Grundlage für die Übertragung des Musters auf Eigenschaftsbezeichnungen wie *Berufsopfer* (ebenfalls in DECO-W14AX belegt) oder eben *Berufsneger* gesehen werden. Konkret im Falle von Beispiel (2) wird der Einsatz Mesghenas gegen Begriffe, die Personen seiner eigenen Hautfarbe diskriminieren, folgerichtig als unnötig, eigennützig und nicht zielführend diskreditiert. Eine solche „metasprachliche Zurückweisung" beinhaltet nach Kleinke (2007: 323) „häufig die implizite negative Bewertung nicht des propositionalen Gehaltes eines vorangegangenen Gesprächsabschnittes, sondern der Person". Dabei wird deren Gesichtsverlust billigend in Kauf genommen.

Die kritisierte Position kann aber auch einer unbestimmten, im Diskurs erst konstruierten, gleichsam durch ihre iterative Benennung in kritischen Kontexten zur Existenz gebrachten Gruppe zugeschrieben werden.

(5) leider hat die große Minderheit der „politisch korrekt sein wollenden" offensichtlich das lautere Organ, als die schweigende Mehrheit. (Stefan em, wz, 01.02.13)
(6) Die linguistischen Guerriglieros sind allgegenwärtig. (esszetthi, pi, 18.05.13)

Die Kritik gilt insbesondere „Gutmenschen" bzw. „politisch Korrekten".

(7) Auch wenn so mancher Gutmensch dies nicht wahrhaben möchte. (Madubuko, zdf, 19.01.13)

Die Abwertung dieser Fremdgruppe geht einher mit der Zurückweisung ihrer thematischen Positionen, die als irrelevant eingestuft werden, was zum Teil mit der Zurückweisung einer Person verbunden ist.

(8) Schon wieder viel heiße Luft um nichts. Was ist bloß in diesem Land? [...] Und wo ist das Problem? (sanibel, spiegel, 20.02.13)

Zugleich erfolgt die Zurückweisung der Gegenposition mit Begriffen aus dem Wortfeld *Dummheit*:

(9) Blöd. Völliger Schwachsinn (FrankH, spiegel, 20.02.13)
(10) Die ganze politische Korrektheit ist bescheuert (hudege1, waz, 23.01.13)
(11) Es handelt sich überdies wieder einmal um eine Dummheit, die aus Amerika zu uns herüber schwappt. (Andreas Bergemann, zdf, 13.01.13)

Derlei Kommentare sind natürlich nicht für diese Debatte spezifisch, ebenso wie sich viele der noch zu erörternden Stereotype auch in anderen Diskursen wiederfinden (z.B. aktuell in der Diskussion um die Integration von Geflüchteten), doch zeigen sie anschaulich auf, wie die Verlagseingriffe in größere gesellschaftliche und politische Zusammenhänge eingeordnet werden. Durch die pauschale Abwertung der Gegenposition wird gleichsam eine Hürde für Kommentare aufgebaut, die sich für die Textänderungen bzw. für *political correctness* im Allgemeinen aussprechen: Denn diese Position kann im weiteren Verlauf der Diskussion nicht mehr vertreten werden, ohne das Urteil, eine unsinnige, irrelevante, ja sogar gefährliche (s.u. 4.2 und 4.3) Meinung zu vertreten, entweder zu ignorieren oder ihm argumentativ zu begegnen.

Zur Durchsetzung der eigenen Position greifen die Kommentierenden auf ein tradiertes, aber auch kreatives Repertoire sprachlicher Mittel zurück, das unter anderem auch Diffamierungen enthält, die auf einem Kontinuum zwischen impliziter und expliziter Aggression freilich stärker am expliziten Pol anzusiedeln sind. In vielen Fällen bedienen sich die Kommentare jedoch dezidiert implizit-aggressiver Mittel, die sich gegen bestimmte Personen oder Inhalte wenden. Damit verbunden ist die Entindividualisierung von Personen, die abweichende Meinungen vertreten, durch ihre Zuordnung zu einer abstrakten Fremdgruppe im Gegensatz zur Wir-Gruppe, welcher sich der Kommentator zuordnet. Dieser Dichotomisierung widmet sich der nächste Abschnitt.

4.2 Rhetorik der Dichotomisierung

Aggressives Verhalten zeigt sich insbesondere in Äußerungen, die dichotomisierende Argumentationsstrategien nutzen, rhetorische Mittel also, die ein Wir-Sie-Gefüge konstruieren. Diese Strategien wurden in der Literatur schon häufig beschrieben (u. a. Kovács 2005; De Cillia et al. 2009; Schwarz-Friesel 2007: 330; Busse 1997). Dabei wurden zahlreiche Mittel zur Dichotomisierung zwischen Eigen- und Fremdgruppe herausgearbeitet, von denen an dieser Stelle nur einige wenige exemplarisch aufgezeigt werden können.

Wagner (2001: 15) unterscheidet zur sprachlichen Konstruktion einer Fremdgruppe die Funktionen „TRENNEN" und „FIXIEREN", die bei diskriminierenden Sprachhandlungen mit der „DEVALUATION" einhergehen. In diesem Abschnitt werden verschiedene Mittel des TRENNENs zum Zweck der Kategorisierung beschrieben, die von Wagner (2001: 18–19) in unterschiedliche Typen der Bezugnahme unterteilt werden. Er unterscheidet acht verschiedene Strategien (Tab. 2).

Tab. 2: Typen der Bezugnahme nach Wagner (2001)

Typ der Bezugnahme	Beispiel
Direkte Bezugnahme	*Was hat ein Türke hier zu suchen*
Indirekte Bezugnahme	*Korea ist ein unterentwickeltes Land*
Definite Kennzeichnung	*Da wo ihr herkommt*
Direkte Anrede	*Ihr lernt das nie*
Selbstreferentielle Bezugnahme	*Wir Deutschen wollen uns nicht für dumm verkaufen lassen*
Anaphorische Bezugnahme	*Die lassen es sich gut gehen*
Entpersonalisierte Bezugnahme	*Das sind Faulpelze*
Distanzdemonstrativa	*Die dort sind ganz anders*

Ein zentrales argumentatives Muster zur Dichotomisierung stellt das Wecken von Solidarität mit der Wir-Gruppe durch das Hervorheben gemeinsamer Eigenschaften und Anliegen dar, welche durch die Fremdgruppe bedroht werden. Dies wird von Wagner als „selbstreferentielle Bezugnahme" bezeichnet.

(12) Deutsch ist die Sprache der Deutschen, und es ist nicht einzusehen, daß uns Außenstehende (oder Übersensible oder politisch Überkorrekte wie offenbar Sie) vorschreiben wollen, was in unserer Sprache als beleidigend zu gelten hat und was nicht. (ArnoNym, spiegel, 21.02.13)

Im Unterschied zur selbstreferentiellen Bezugnahme verortet die „direkte Anrede" (Wagner 2001: 18) die jeweils angesprochene Person unmittelbar in der Fremdgruppe (*Sie* in (12)). Als Wir-Gruppe hingegen wird in den untersuchten Kommentaren eine Kerngemeinschaft der deutschen Gesellschaft konstruiert, die sich unter anderem durch eine gemeinsame, historisch gewachsene Sprache und Kultur auszeichnet, die es gegenüber der Fremdgruppe zu verteidigen und zu bewahren gilt.

(13) nachdem tür und tor für jedermann in deutschland geöffnet wurden ist es das ziel das eben jene, die irgendwann mal um hilfe flehten hier in deutschland alles mögliche seltsam in frage stellen (thomasxx, wz, 01.02.13)

(14) Literarische Säuberungsaktionen im ehemaligen Land der Dichter und Denker. (schmibrn, pi, 18.05.13)

Neben der selbstreferentiellen Bezugnahme, mit der etwa durch Nutzung des Personalpronomens *wir* die Zugehörigkeit zur eigenen Gruppe profiliert und damit die Verantwortung für die Aussage auf diese gesamte Gruppe verteilt wird, lassen sich weitere Formen des Referierens auf die Fremdgruppe als Mittel der Dichotomisierung erkennen:

(15) bleibt doch einfach da wo euer eigener pfeffer wächst und kommt nicht hierhin um mit erhobenen zeigefinger deutschlandweit für recht und ordnung zu sorgen. (thomasxx, wz, 01.02.13)

Die Formulierung „da wo euer eigener pfeffer wächst" erinnert an Wagners (2001) Beispiel für die „Definite Kennzeichnung" (s. Tab. 2 oben). Im Falle einer Formulierung wie „da wo ihr herkommt" sind „weder die soziale Kategorie noch die Herkunft lexikalisiert" (Wagner 2001: 18). Vielmehr enthält die Bezugnahme lediglich die Demonstrativa *da* und *wo*, um die unbestimmten AdressatInnen außerhalb des selbst beanspruchten Raums zu lokalisieren. Durch die Vermischung mit dem Idiom *jemanden dorthin schicken, wo der Pfeffer wächst* gewinnt der Kommentar freilich noch an Schärfe. Zur eindeutigen Bestimmung der bezeichneten Gruppe bedarf es jedoch zusätzlichen Kontextwissens. Durch die Vagheit der Bezugnahme auf eine potentielle Adressatin des Kommentars kann die Kommentatorin den Vorwurf einer fremdenfeindlichen Einstellung bei Bedarf von sich weisen. Nach Busse (1997: 26) wird an solchen Textstellen auch gut sichtbar, „wie die Rhetorik des Eigenen und Fremden eingesetzt wird, um klare materiale Interessen zu bestätigen" und in diesem Fall in einer öffentlichen Diskussion einzubringen. Diese Rhetorik tritt auch in (13) zutage, wenn MigrantInnen als (unwillkommene) Gäste konzeptualisiert werden („nachdem tür und tor für jedermann in deutschland geöffnet wurden ist").

Als weiteres Mittel zur Dichotomisierung dient die „anaphorische Bezugnahme mittels definiter Personalpronomina" (Wagner 2001: 19), hier durch das unpersönliche *Die*.

(16) <u>Die</u> sind heute doch etwas subtiler - früher wurden die Bücher komplett verbrannt, heute werden einzelne Wörter ersetzt. (sauer11mann, pi, 19.05.13)

Wie auch im Falle der definiten Kennzeichnung wird Kontextwissen auf Seiten des Rezipienten aktiviert: Es wird der Eindruck erweckt, dem Leser müsse bekannt sein, welche Gruppe gemeint ist. Auf diese Weise wird „stark an das gemeinsame Wissen der Dialogpartner appelliert und so deren Gemeinsamkeit betont" (Wagner 2001: 19), und auch die Leserin mit abweichender Meinung wird gleichsam zu „einer Art von Komplizentum" (Kovács 2005: 230) genötigt. Durch die ausschließliche Adressierung an die „Wir-Gruppe" wird die Fremdgruppe gar nicht erst in die Diskussion mit einbezogen, wodurch wiederum ein Machtgefälle konstruiert wird.

4.3 Implizite Vorurteile (Limitationsstereotype)

Sprachliche Dichotomisierung beruht zum einen auf gesellschaftlichen Kräfteverhältnissen (Kuch/Hermann 2007: 196) und ist zum anderen nicht ohne das Hinzuziehen von Wissen über gesellschaftliche Strukturen rekonstruierbar. In den analysierten Leserkommentaren treten gesellschaftlich wie individuell tief verankerte Kategorisierungsmuster zutage. Kategorisierungen werden dann gesellschaftlich problematisch, wenn sie Personen oder auch ganze Personengruppen als minderwertig konzeptualisieren und dadurch ein ungleiches oder benachteiligendes Verhalten rechtfertigen. Solchen Kategorisierungen liegen oft Limitationsstereotype im Sinne Konerdings (2001) zugrunde, d. h. simplifizierende evaluative Konzepte, die der Identitätsstiftung über Aus- und Abgrenzung dienen und sich in Mustern verbaler Diskriminierung wiederfinden. Limitationsstereotype, die Konerding von sog. Basisstereotypen abgrenzt, verfügen im Unterschied zu Letzteren nicht über eine reiche propositionale Struktur und dienen weniger der schnellen Kategorisierung als vielmehr der Abgrenzung einer (implizit oder explizit positiv bewerteten) Wir-Gruppe von einer Fremdgruppe (vgl. Konerding 2001: 166–167):

> Sie indizieren stark schematisierte Zusammenhänge zum Zweck der Einordnung, Bewertung und pauschalen Auslegung von thematischen Ereignissen bzw. Sachverhalten, wobei die Adäquatheit dieser Schemata für die Auslegung sowie die Auslegung selbst in der Regel nicht problematisiert werden (Konerding 2001: 167).

Einen besonders drastischen Fall der oben dargelegten Dichotomisierungsstrategien stellen derlei Limitationsstereotype dar, wenn sie Personen und Personengruppen eine Kategorisierung als Mensch geradezu absprechen (z. B. „Juden" als „Parasiten" in antisemitischen Hassbriefen; vgl. Schwarz-Friesel 2013). Derart drastische Kategorisierungen sind im untersuchten Korpus nicht zu finden. Indes wird auf andere Strategien der Ausgrenzung und Degradierung bis hin zur Entmenschlichung zurückgegriffen.

Auf zwei Stereotype, die in den analysierten Kommentaren eine Rolle spielen, soll im Folgenden näher eingegangen werden: Zum einen *Ausländer sind kriminell*, zum anderen *Political Correctness ist eine Gefahr*. Das Klischee *Ausländer sind kriminell* kann geradezu als Paradebeispiel eines Limitationsstereotyps gesehen werden, da es statt auf Faktenwissen auf vorurteilsbasierten routinisierten Schematisierungen beruht; „eine selten abgenötigte Explikation dieses ‚Wissens' wird in aller Regel recht dürftig ausfallen, in der Anführung von fadenscheinigen Indizien bestehen oder auf sehr spezielle aber als repräsentativ deklarierte Einzelerfahrungen ausweichen" (Konerding 2001: 167). Da die Stereotype in den in diesem Abschnitt diskutierten Beispielen implizit und durch rhetorische Stilmittel verschleiert bleiben, kann die den diskutierten Kommentaren inhärente Abwertung der Fremdgruppe als eine Form impliziter Aggression gesehen werden. Beispiel (17) zeigt jedoch erneut, dass implizite und explizite Aggression ein Kontinuum darstellen: Während sich die Aggressivität des Kommentierenden nicht gegen eine explizit genannte Gruppe richtet und damit ebenso wie das Subjekt der Evaluation (s.u.) sprachlich implizit bleibt, wird der aggressive Gehalt des Kommentars durch typographische Mittel, nämlich die Häufung von Ausrufungszeichen, explizit gemacht. Im Kontext bezieht sich der Kommentar auf ein von einem anderen Nutzer oder einer anderen Nutzerin verlinktes Video, das eine von Jugendlichen mit Migrationshintergrund begangene Straftat zeigt.

(17) Wahnsinn... immer schlimmer was da heran wächst!!! (etsi, pi, 18.05.13)

Durch das unpersönliche *was* (statt z. B. *wer da heranwächst*) findet eine „entpersonalisierte Bezugnahme" (Wagner 2001: 19) statt, welche das Bezugsobjekt „nicht als Person, sondern als Sache behandelt." (Wagner 2001: 19) In diesem Falle ist die Devaluation bereits in der Benennung enthalten. Im Gesamtkontext der Diskussion wird überdies deutlich, dass die Verlinkung des Videos in erster Linie der Untermauerung des Kriminalitätsvorurteils diente, sodass sich das entmenschlichende *was* keineswegs nur auf die Täter im Video, sondern vielmehr pauschalisierend auf die Fremdgruppe als Ganze bezieht.

Während die offen ausländerfeindliche Position vieler Kommentatoren auf PI gewiss ein Extrem darstellt, finden sich implizite Limitationsstereotype gegen MigrantInnen auch in Kommentaren auf den anderen untersuchten Plattformen. Aufschlussreich ist z.B. (18):

(18) Was machen Sie denn, wenn Sie mal von einer Person mit selbiger Hautfarbe überfallen werden (so es was soll ja gelegentlich vorkommen), und bei der Polizei Anzeige erstatten, und man Sie dort um eine Personenbeschreibung bittet? (querulant_99, spiegel_kolumne, 17.01.13)

Das Stereotyp der Kriminalität wird hier zwar oberflächlich doppelt relativiert, indem die Aussage zum einen durch den epistemischen Gebrauch des Modalverbs *sollen* als Wiedergabe einer Behauptung markiert wird, und zum anderen von einem nur *gelegentlichen* Vorkommnis die Rede ist. Doch zeigt schon eine oberflächliche Korpusrecherche, dass die Konstruktion [X *soll ja gelegentlich vorkommen*] meist als ironischer Marker dient, um auszudrücken, dass das Gesagte alltäglich und selbstverständlich ist.

(19) Zwei Menschen wollten sich scheiden lassen. Soll ja gelegentlich vorkommen. (NUN95/SEP.01505, COSMAS II)

(20) stellt nur einen Beleg für insgesamt achtzehn (!) Kommentare auf PI dar, in denen „Türken" (in ironischer Anspielung auf die Ersetzung der *Türken* in der „Kleinen Hexe" durch *Messerwerfer*) pauschalisierend als „Messerstecher" diffamiert werden. Diese auffällige Häufung kann zum einen im Sinne des kontextuellen Parameters der „Iteration" nach König/Stathi (2010: 58) interpretiert werden, der das Gewaltpotential eines Ausdrucks zu steigern vermag. Zum anderen spiegelt sich darin der Gebrauch von Textversatzstücken – in diesem Fall: Versatzstücken aus Kommentaren der VorrednerInnen –, wie ihn Busse (1997: 19) beschreibt.

(20) Die Türken durch Messerstecher, ähhh -werfer zu ersetzen zeigt schon die richtige Richtung. (felixhenn, pi, 18.05.13)
(21) heute wird ja gerne von Asiaten gesprochen, wenn garantiert keine Vietnamesen gemessert haben. (tomtom44, faz, 10.01.13)

In beiden Beispielen wird auf das Klischee der Kriminalität und damit „auf Vorurteile bzw. negative Stereotype Bezug genommen, die die Adressaten aktivieren müssen, um die entsprechenden Äußerungen zu verstehen" (König/Stathi 2010: 54). Beispiel (21) schlägt zugleich die Brücke zum zweiten der beiden oben genannten Stereotype. Der Verfasser von Kommentar (21) nutzt dabei das Stilmittel der Ironie in bemerkenswerter Weise, um seinem Unmut über vermeintliche Sprachregelungen im Diskurs um Ausländerkriminalität Ausdruck zu verleihen: Einerseits nutzt er sie zur Verdeutlichung, aber zugleich auch zur Annullierbarmachung seiner eigenen Position: Den Vorwurf nämlich, dass er Vietnamesen pauschal als kriminell darstelle, könnte er prinzipiell damit zurückweisen, dass er auf die gegenteilige Aussage an der Sprachoberfläche verweist, auch wenn die Formulierung (mit dem hyperbolischen und damit hier als Ironiemarker zu interpretierenden *garantiert*) dies als wenig glaubwürdig erscheinen ließe. Andererseits nutzt er Ironie, um an der Verschleierung von Ausländerkriminalität durch eine nicht näher spezifizierte, ins Passiv gerückte Fremdgruppe Kritik zu üben. Ebenfalls häufig anzutreffen ist die Metapher der Ausbreitung bzw. Steigerung, die beispielsweise in der Konstruktion *immer* + Komparativ sprachlich Ausdruck findet:

(22) Die politisch Korrekten gebärden sich immer dreister. (WahrerD, faz, 10.01.13)
(23) Der Schwachsinn der „Politischen Korrektheit"...treibt immer seltsamere Blüten. (Christian B., Cicero, 10.01.13)

Die Fremdgruppe der „politisch Korrekten" wird als einflussreiche Minderheit konstruiert und explizit als faschistoid eingestuft. Folgerichtig werden die geplanten Änderungen an der „Kleinen Hexe" auffällig oft mit den nationalsozialistischen Bücherverbrennungen verglichen.

(24) Bei der Bücherverbrennung hatten es die Meinungsdiktatoren nicht geschafft alle Bücher zu verbrennen. Hier aber wird versucht, die Originalschriften auszurrrrrrrotten. Heftig was alles aus unserer Kultur und aus unseren Gehirnen gelöscht werden soll. Kennen wir, alles schon dagewesen. (schmibrn, pi, 18.05.13)

(25) Die Nazis waren da konsequenter. Die deutelten nicht an einzelnen Begriffen rum, die verbrannten erst die Bücher, dann die Menschen. (Andreas R., zdf, 10.01.13)

In (24) wird die Analogie zur Zeit des Nationalsozialismus durch ein typographisches Stilmittel unterstrichen, nämlich durch die Vervielfachung des <r> als Anspielung auf Hitler. Ferner dient die Sprach- und Gedankenkontrolle in George Orwells „1984" in zahlreichen Kommentaren als Quellbereich für Vergleiche. Durch diese Parallelsetzung wird das Gefühl der Bedrohung noch gesteigert.

(26) Wir brauchen endlich ein Ministerium für Wahrheit, daß diese ganzen veralteten Begriffe durch neue ersetzt, damit es nicht länger dem Zufall überlassen bleibt, ob ein Verlag ein Buch korrigiert. (kasmo, faz, 10.01.13)
(27) Oh, wir haben 1984. (Räblein, taz, 05.01.13)

Die Limitationsstereotype *Ausländer sind kriminell* und *Political Correctness ist eine Bedrohung* lassen sich mithin in den hier diskutierten Kommentaren vielfach identifizieren, ohne aber explizit benannt zu werden. Vielmehr werden sie als geteiltes Hintergrundwissen aufgerufen und durch die vielfache Wiederholung von Aussagen, denen sie implizit zugrunde liegen, perpetuiert (z.B. *Türken* als *Messerstecher*, *Gutmenschen* als *Faschisten*). Stilmittel wie Ironie, Sarkasmus und intertextuelle Verweise bei einzelnen Kommentierenden wie auch die Entstehung iterativer Muster durch das Aufgreifen, Wiederholen oder Weiterführen von Aussagen der VorrednerInnen im Zuge der sich ergebenden Gruppendynamik unterstreichen die Aggressivität gegenüber der Fremdgruppe.

4.4 Implizitheitsstrategien: Ironie, Witz, sprachliche Kreativität

In den vorangegangenen Abschnitten wurde die Relevanz der Dichotomisierung und der Anknüpfung an Limitationsstereotype für die hier vorgeschlagene Kategorie der impliziten Aggression diskutiert. Der Parameter der Implizitheit bedarf jedoch noch der näheren Erörterung. Implizitheit kann nämlich in einem doppelten Sinne verstanden werden: als unbewusstes *Impliziert-Sein* und als bewusstes, intendiertes *Impliziert-Werden*. Einem Satz wie *Sie ist sehr fleißig, obwohl sie von Hartz IV lebt* liegt ein Vorurteil zugrunde, d. h. es ist der Äußerung implizit. Jedoch ist die Äußerung von der Sprecherin nicht primär und wohl auch nicht bewusst zur unterschwelligen Vermittlung dieses Stereotyps konzipiert. In den Korpusbelegen, die *Türken* mit *Messerstechern* gleichsetzen, wird hingegen die direkte Explizierung des Vorurteils *Türken sind kriminell* durch das ironische Aufgreifen der konkreten Änderung in der aktuellen Auflage der „Kleinen Hexe" vermieden; zugleich ist jedoch offensichtlich, dass dieses Vorurteil ausdrücklich evoziert wird. Das Limitationsstereotyp *wird* also durch sprachliche bzw. in diesem Fall auch durch intertextuelle Stilmittel implizit *gehalten*. Darüber hinaus können unterschiedliche Aspekte der Semantik einer Äußerung entweder bewusst oder unbewusst implizit gehalten werden. Auffällig ist etwa, dass in praktisch allen hier diskutierten Beispielen eine evaluierende Äußerung gemacht wird, ohne dass jedoch das Subjekt dieser Evaluation (z.B. durch Formulierungen wie *ich finde*) sprachlich explizit gemacht wird.

Zu bedenken ist dabei auch, dass die Implizithaltung des aggressiven Gehalts in vielen Fällen nicht (nur) der Kompatibilität des jeweiligen Beitrags mit der „Netikette" sowie mit allgemeinen pragmatischen Normen dient, sondern vielmehr die Aussage der Kommentatorin noch zusätzlich unterstreicht. So wird in (28) durch die Verwendung des Stilmittels der Ironie die Auffassung betont, dass die aus der „Kleinen Hexe" getilgten Begriffe nicht diskriminierend seien und die Diskussion darüber daher eigentlich irrelevant sei.

(28) Oh Gott, wie schlimm! Wie diskriminierend! (Gast, taz, 05.01.13)

In vielen Fällen beziehen sich ironische bzw. sarkastische Äußerungen in den untersuchten Kommentaren gar nicht unmittelbar auf die zur Debatte stehende Verlagsentscheidung, sondern vielmehr auf das Limitationsstereotyp der *political correctness*, deren potentielle weitere Auswüchse wiederholt an Zerrbeispielen demonstriert werden. Unter Zerrbeispielen wollen wir hier das Aufgreifen eines sprachlichen Musters und seine Weiterführung ins Groteske zum Zweck der Entlarvung bzw. der Vorführung der kommunikativen Untauglichkeit oder pragmatischen Unangemessenheit (Überzogenheit) dieses Musters verstehen. So bedienen sich die Kommentierenden beispielsweise in dergestalt verzerrender Weise reflektierter Sprache oder diskutieren die Zukunft kulinarischer Begriffe.

(29) Nein, das ist die Sprache der MenschInnen mit anders gelagerter Begabung. (trident, spiegel_kolumne, 18.01.13)
(30) Das nächste Mal in der Kneipe werde ich mir ein „Sinti-und-Roma"-Schnitzel bestellen. (Lill-Karin Bryant, cicero, 20.01.13)

Während es sich beim *Zigeunerschnitzel* um einen Begriff handelt, dessen rassistischer Gehalt tatsächlich breit und kontrovers diskutiert wird, speisen sich die Zerrbeispiele auch aus harmlosen Alltagsbegriffen:

(31) Auch die Blumenbezeichnung Stiefmütterchen muß weg weil zu frauenfeindlich. (Altenburg, pi, 18.05.13)
(32) Tagtäglich werden Berliner, Frankfurter, Hamburger, Thüringer gegessen. Dies impliziert einen rassistisch motivierten Kannibalismus an Deutschen. (Anthropos, pi, 18.05.13)

Äußerungen wie (33) und (34) ziehen ihre Wirkung gerade aus dem demonstrativen Gebrauch von Wörtern und Begriffen, die als politisch unkorrekt gelten. Zum einen soll damit in vielen Fällen die (vermeintliche) Neutralität der umstrittenen Begriffe betont, zum anderen die Hoheit des Individuums über den eigenen Sprachgebrauch performativ verdeutlicht werden.

(33) Ich steh auf Negerküsse ... ... ok, hätte ich schon nicht sagen dürfen. (Dr.pol. Emik, spiegel_kolumne, 17.01.13)
(34) Von den Wächtern und Wächterinnen über die korrekten Ausdrücke und Ausdrückinnen lasse ich mir weder den Mund noch die Mündin verbieten [...]. Ich sage Neger zum Neger, auch zu seinen Küssen und Küssinnen. (Cantaku, faz, 10.01.13)

Neben festen sprachlichen Versatzstücken, die in der Debatte immer wieder erscheinen, wird also auch eine Vielzahl kreativer Stilmittel gebraucht, um gegensätzliche Meinungen zurückzuweisen und ein Wir-Sie-Gefüge zu schaffen.

5 Fazit und Ausblick

Die in diesem Beitrag diskutierten Kommentare – die als durchaus repräsentativ für einen Großteil der unserer Analyse insgesamt zugrunde liegenden Beiträge gelten können – lassen sich in unterschiedlicher Weise als implizit-aggressive Äußerungen interpretieren, die sich gegen eine als Bedrohung konstruierte Fremdgruppe richten. Implizite Aggression tritt dabei in verschiedenen Formen auf. Wird unmittelbar auf Personen oder Personengruppen Bezug genommen, so richtet sich die Aggression zunächst vordergründig gegen deren Handlungen („einen Nebenkriegsschauplatz schaffen" in Beispiel (1), „einen Büchersturm anzetteln" in (2)), aber auch – wie in der Art und Weise der Bezugnahme deutlich wird – gegen die Person(en) selbst. Wird auf Handlungen Bezug genommen, so werden diese durch grelle, überspitzte Wortwahl und überzeichnende Analogien als widersinnig devaluiert und/oder als bedrohlich dargestellt. Gerade im Blick auf die vermeintliche Bedrohung der Hoheit des Individuums über die eigene Sprache wird die beanspruchte Überlegenheitsposition zudem performativ durch gezielte Tabubrüche verdeutlicht.

Zwischen nicht-aggressiven, implizit aggressiven und explizit aggressiven Äußerungen kann freilich keine feste Grenze gezogen werden. Vielmehr muss zwischen expliziter und impliziter Aggression ein Kontinuum angenommen werden, wobei der Parameter der Implizitheit unterschiedliche Aspekte einer Sprachhandlung betrifft. So kann die Sprecherin sich selbst gleichsam unsichtbar machen, indem sie eine evaluative Äußerung als Deklarativsatz formuliert (was natürlich nicht notwendigerweise als aggressiv zu werten ist). Der evaluative Gehalt wiederum kann durch wertende Begriffe wie *bescheuert* explizit gemacht oder aber durch Stilmittel wie Ironie und Sarkasmus implizit gehalten werden. Das gesichtsverletzende Potential einer negativen Evaluation tritt im Falle der direkten Ansprache einer Einzelperson am deutlichsten zutage. Wird hingegen eine Personengruppe negativ evaluiert, so wird die Bewertung i.d.R. zumindest im Blick auf einzelne VertreterInnen der entsprechenden Gruppe prinzipiell annullierbar gemacht und somit oberflächlich relativiert. Erfolgt keine direkte Ansprache einer Gruppe, sondern vielmehr ein Sprechen über die Gruppe im Beisein individueller VertreterInnen derselben (semi-direkter Sprechakt), so erfolgt die (potentielle) Gesichtsverletzung maximal indirekt, der gesichtsbedrohende Gehalt bleibt implizit. Implizitheit und Indirektheit können mithin als keineswegs deckungsgleiche, aber eng miteinander interagierende Kategorien gelten. Auch die Art und Weise, wie der aggressive Gehalt implizit gehalten und wie er zugleich durch kontextuelle Hinweise in unterschiedlichem Maße wieder salient gemacht wird, erweist sich als ausgesprochen heterogen. Eine Ausdifferenzierung verschiedener Spielarten impliziter Aggression stellt folgerichtig ein Desiderat für zukünftige Forschungen dar.

Von hoher gesellschaftlicher Relevanz ist dabei das Verständnis der Limitationsstereotype, die durch die hier diskutierten implizit-aggressiven Äußerungen aufgegriffen und perpetuiert werden. Dieselben Stereotype, verbunden mit den hier herausgearbeiteten sprachlichen Mitteln impliziter Aggression, kommen auch in anderen Debatten zum Vorschein, etwa in der Diskussion um Genderneutralität oder um das Sprechen über Behinderung. Auch in der seit 2015 andauernden Debatte um die Integration von Geflüchteten, die derzeit (Stand: Februar 2016) noch in vollem Gange ist, spielen gerade die hier diskutierten Limitationsstereotype eine zentrale Rolle. So stellen Stefanowitsch/Flach (2016) in ihrer Analyse von Facebook-Kommentaren auf der Seite der fremden- und islamfeindlichen Pegida-Bewegung fest, dass zwar nur selten explizite Hassrede benutzt wird, dafür jedoch Stereotype wie *Flüchtlinge sind kriminell* oder *Flüchtlinge sind faul/primitiv* zahlreichen Aussagen zugrunde liegen.

Ein differenzierteres Verständnis impliziter Aggressions- wie auch impliziter Diskriminierungsakte (vgl. zu Letzteren Wagner 2001) kann daher in ganz konkreten Bereichen Anwendung finden, wobei es freilich nicht, wie es das gegen die VertreterInnen der *political correctness* gerichtete Limitationsstereotyp behauptet, um Sprachregulierungsversuche gehen darf: Vielmehr gilt es, implizite Vorurteile aufzudecken und das allgemeine Bewusstsein dafür zu schärfen – auch und gerade um den Weg zu einer differenzierteren öffentlichen Auseinandersetzung mit Themen wie sprachlicher Diskriminierung und sprachlicher Aggression zu ebnen.

Literatur

Quellen

Preußler, Otfried (1957): *Die kleine Hexe*. Stuttgart: Thienemann.

Korpora

Deutsches Referenzkorpus (DeReKo). Online unter: https://cosmas2.ids-mannheim.de/ <01.07.2014>.
DECOW14AX, verfügbar über https://webcorpora.org/ <11.02.2015>.

Fachliteratur

Biber, Douglas/Conrad, Susan (2009): *Register, Genre, and Style*. Cambridge: Cambridge University Press.

Bousfield, Derek (2008): *Impoliteness in Interaction*. Amsterdam, Philadelphia: John Benjamins (= Pragmatics and Beyond New Series 167).
Busse, Dietrich (1997): „Das Eigene und das Fremde. Annotationen zu Funktion und Wirkung einer diskurssemantischen Grundfigur". In: Matthias Jung/Martin Wengeler et al. (Hgg.): *Die Sprache des Migrationsdiskurses. Das Reden über „Ausländer" in Medien, Politik und Alltag*. Opladen: Westdeutscher Verlag, 17–35.
Crystal, David (^{2}2006): *Language and the Internet*. Cambridge: Cambridge University Press.
Culpeper, Jonathan (2011): *Impoliteness. Using Language to Cause Offence*. Cambridge: Cambridge University Press.
De Cillia, Rudolf/Reisigl, Martin/Wodak, Ruth (2009): *The Discursive Construction of National Identity*. Edinburgh Unversity Press.
Graumann, Carl F. (1998): *Verbal Discrimination. A Neglected Chapter in the Social Psychology of Aggression*. In: Journal for the Theory of Social Behaviour 28, 41–61.
Herring, Susan C./Stein, Dieter/Virtanen, Tuija (Hgg.) (2009): *Pragmatics of Computer-Mediated Communication* (Handbooks of Pragmatics 9). Berlin, New York: de Gruyter.
Lewin, Beverly A./Donner, Jonathan (2002): „Communication in Internet Message Boards". In: *English Today* 71, 29–37.
Lindholm, Loukia (2009): „The Maxims of Online Nicknames". In: Susan C. Herring/Dieter Stein et al. (Hgg.): *Pragmatics of Computer-Mediated Communication*. Berlin, New York: de Gruyter, 437–461.
Kleinke, Sonja (2007): „Sprachliche Strategien verbaler Ablehnung in öffentlichen Diskussionsforen im Internet". In: Steffen K. Herrmann/Sybille Krämer et al. (Hgg.): *Verletzende Worte. Die Grammatik sprachlicher Missachtung*. Bielefeld: transcript, 311–336.
Konerding, Klaus-Peter (2001): „Sprache im Alltag und kognitive Linguistik. Stereotype und schematisiertes Wissen". In: Andrea Lehr/Matthias Kammerer et al. (Hgg.): *Sprache im Alltag. Beiträge zu neuen Perspektiven in der Linguistik*. Berlin, New York: de Gruyter, 151–172.
König, Ekkehard/Stathi, Katerina (2010): „Gewalt durch Sprache. Grundlagen und Manifestationen". In: Sybille Krämer/Elke Koch (Hgg.): *Gewalt in der Sprache. Rhetoriken verletzenden Sprechens*. München: Fink, 45–59.
Kotorova, Elizaveta (2011): „Indirekte Sprechakte als höfliche Äußerungsformen". In: Claus Erhardt/Eva Neuland et al. (Hgg.): *Sprachliche Höflichkeit zwischen Etikette und kommunikativer Kompetenz*. Frankfurt a.M.: Lang, 77–92.
Kovács, Monika (2005): „Kategorisierung und Diskriminierung. Antisemitismus als Gruppensprache". In: Ruth Wodak/Peter Fritz Kirsch (Hgg.): *Totalitäre Sprache–language de bois–Language of Dictatorship*. Wien: Passagen Verlag, 227–242.
Kuch, Hannes/Herrmann, Steffen K. (2007): „Symbolische Verletzbarkeit und sprachliche Gewalt". In: Steffen K. Herrmann/Sybille Krämer et al. (Hgg.): *Verletzende Worte. Die Grammatik sprachlicher Missachtung*. Bielefeld: transcript, 179–210.
Mateo, José/Yus, Francisco (2013): „Towards a Cross-Cultural Pragmatic Taxonomy of Insults". In: *Journal of Language Aggression and Conflict* 1(1), 87–114.
Meibauer, Jörg (1986): *Rhetorische Fragen*. Tübingen: Niemeyer.
Meibauer, Jörg (Hg.) (2013a): *Hassrede/Hate Speech. Interdisziplinäre Beiträge zu einer aktuellen Diskussion*. Gießen: Gießener Elektronische Bibliothek, 121–142.
Meibauer, Jörg (2013b): „Hassrede – von der Sprache zur Politik". In: Jörg Meibauer (Hg.): *Hassrede/Hate Speech. Interdisziplinäre Beiträge zu einer aktuellen Diskussion*. Gießen: Gießener Elektronische Bibliothek, 1–16.

Nübling, Damaris (2011): „Von der ‚Jungfrau' zur ‚Magd', vom ‚Mädchen' zur ‚Prostituierten': Die Pejorisierung der Frauenbezeichnungen als Zerrspiegel der Kultur und als Effekt männlicher Galanterie?" In: Jörg Riecke (Hg.): *Historische Semantik. Jahrbuch für Germanistische Sprachgeschichte*, Bd. 1. Berlin: de Gruyter, 344–359.

Schäfer, Roland/Bildhauer, Felix (2012): „Building Large Corpora from the Web Using a New Efficient Tool Chain". In: *Proceedings of LREC' 12*, 486–493.

Schütte, Christian (2013): „Zur Funktion von Hass-Zuschreibungen in Online-Diskussionen. Argumentationsstrategien auf islamkritischen Websites". In: Jörg Meibauer (Hg.): *Hassrede/Hate Speech. Interdisziplinäre Beiträge zu einer aktuellen Diskussion*. Gießen: Gießener Elektronische Bibliothek, 121–142.

Schwarz-Friesel, Monika (2007): *Sprache und Emotion*. Tübingen et al.: Francke.

Schwarz-Friesel, Monika (2013): „‚Dies ist kein Hassbrief – sondern meine eigene Meinung über Euch!'. Zur kognitiven und emotionalen Basis der aktuellen antisemitischen Hassrede". In: Jörg Meibauer (Hg.): *Hassrede/Hate Speech. Interdisziplinäre Beiträge zu einer aktuellen Diskussion*. Gießen: Gießener Elektronische Bibliothek, 143–164.

Stefanowitsch, Anatol/Flach, Susanne (2016): *Auswertung von Userkommentaren auf der offiziellen Facebook-Seite von PEGIDA*, Januar bis Dezember 2015, im Auftrag der Süddeutschen Zeitung. Online unter: http://bit.ly/20PyuHe <11.02.2016>.

Storrer, Angelika/Waldenberger, Sandra (1998): „Zwischen Grice und Knigge. Die Netiketten im Internet". In: Hans Strohner/Lorenz Sichelschmidt et al. (Hgg.): *Medium Sprache*. Frankfurt a.M.: Lang, 63–77.

Wagner, Franc (2001): *Implizite sprachliche Diskriminierung als Sprechakt. Lexikalische Indikatoren impliziter Diskriminierung in Medientexten*. Tübingen: Narr.

Wahl, Klaus (2010): *Aggression und Gewalt. Ein biologischer, psychologischer und sozialwissenschaftlicher Überblick*. Heidelberg: Spektrum.

Yus, Francisco (2011): *Cyberpragmatics. Internet-Mediated Communication in Context*. Amsterdam, Philadelphia: John Benjamins.

Liste der Tabellen (die Urheberrechte liegen bei den Autoren)

TABELLE 1: Überblick über die analysierten Leserkommentare
TABELLE 2: Typen der Bezugnahme nach Wagner (2001)

Teil IV: **Inszenierungen verbaler Aggression**

Konstanze Marx
„Doing aggressive 2.0"
Gibt es ein genderspezifisches sprachliches
Aggressionsverhalten in der Social-Media-Kommunikation?

Abstract: There are many scientific studies dealing with the differences in aggressive behavior between men and women. Women are said to be tentatively less aggressive. In contrast, verbal interaction in Social Media, such as Facebook or WhatsApp, reveal no such differences. The World Wide Web seems to offer optimal preconditions for releasing rage and anger which is crucial for considerations in terms of gender identity. Firstly, an overview over forms of female aggression is given. Furthermore, an instruction for identifying linguistic aggression potential is offered. In this context a spectrum of aggressive expressions is introduced on the basis of social media data. The paper is to be considered as prelude of a vivid interdisciplinary discussion focusing on gender constructions

> "The biggest myth, which is likely to be
> in service of mens' traditionally dominant role,
> is that women are not aggressive."
> (Paul/Baenninger 1991: 433)

1 Einleitung

Gegenstand der folgenden Ausführungen sind sprachliche Äußerungsformen weiblicher Wut im Web 2.0. Weiblicher Aggression wird eine besondere Rolle bei der Konstruktion von Geschlechteridentitäten zugewiesen (vgl. u.a. Boatca 2003). In Offline-Situationen unserer Kultur unterscheiden sich die Auslöser für Gewalt, die aggressiven Ausdrucksformen, und auch das Akzeptanzverhalten gegenüber Gewalt bei Männern und Frauen. So verbinden Frauen aggressives Verhalten oftmals mit Kontrollverlust, der wiederum zu Schuldgefühlen führt, weshalb Wut unterdrückt wird. Hinzu kommt, dass sie Rollen-Erwartungen innerhalb ihres sozialen Umfelds gerecht werden wollen und Sanktionen befürchten.

Die Social-Media-Kommunikation hingegen ermöglicht es – so meine Argumentation – Frauen wie Männern gleichermaßen, aggressive Emotionen zu kanalisieren, was mit Micus (2002: 177) Beobachtung einhergeht, „dass Frauen aggressive ‚face-to-face' Situationen eher [...] vermeiden [...], sich aber bei einer gewährleisteten Anonymität [auch: deindividuation] [...] genauso aggressiv verhalten wie Männer." Produktion und Rezeption im Web 2.0 sind durch einen Quasi-Schutzmantel gekennzeichnet, der aus optionaler Anonymität und räumlicher Distanz besteht. Zwischen den Kommunizierenden bedarf es immer eines technischen Geräts, sodass Reaktionen oder gar Sanktionen die Produzentin nicht so unmittelbar treffen, aber auch die weibliche Aggression eine Form annehmen muss, die durch ein technisches Medium übertragbar ist. Das gilt im Übrigen auch für die Übertragung männlicher Aggression. Diese Form ist häufig sprachlich. Die Überlegung ist nun, dass Konstruktionsprozesse von Geschlechteridentitäten über Gewalt durch die veränderten Kommunikationsbedingungen im Web 2.0 – und damit in einem parallelen Entfaltungsspielraum – eine Veränderung erfahren.

Ich beginne mit einem sehr komprimierten Überblick über die psychologischen Konzeptionen von Aggression und werde auch im weiteren Verlauf dieses Aufsatzes die psychologische Perspektive nicht aus dem Blick verlieren, weil die sprachwissenschaftliche Auseinandersetzung mit dem Thema dadurch wertvolle Impulse erhält. Nachfolgend unternehme ich einen rein analytischen Schritt zur Identifikation von sprachlichen Ausdrucksformen von Aggression, um die auf diese Weise herausgearbeiteten Spezifika auf das Phänomen weiblicher Wut im Aktionsraum Web 2.0 zu übertragen. Die Diskussion sprachlicher Belege ist in einem internetlinguistischen Rahmen zu verorten, der auf einer kognitionslinguistischen Drei-Stufen-Semantik basiert (Schwarz 1992) und kontextuelle Parameter – hier im Besonderen der virtuelle Kommunikationsraum – in das Rezeptionsmodell (Textweltmodell) integriert (siehe dazu Marx/Weidacher 2014). Die sprachlichen Daten entstammen einerseits einem von 2011 bis 2014 explorativ erhobenen Korpus aus Facebook-Einträgen und andererseits dem SMS-Korpus LINSE der Universität Duisburg/Essen.[1] Bei allen sprachlichen Belegen gilt das Geschlecht der Urherber/innen als gesichert. Die Anonymisierungssignaturen wurden für die Darstellung hier auf Buchstaben und die Angabe eines Genderkürzels reduziert und durch die Kennziffern der jeweiligen Beispielnummerierungen ergänzt.

---

[1] Mein Dank gilt Wolfgang Imo, der mir den Zugriff auf diese Datenbank gestattet hat.

2 Geschlechtsspezifische Aggressionskonzeptionen in der Forschung

In einem ersten Schritt möchte ich einige ausgewählte Konzeptionen von Aggression vorstellen und dabei auch auf Formen weiblicher Aggression eingehen, um sie in einem zweiten Schritt auf ihre Übertragbarkeit auf sprachliche Handlungen zu prüfen. Im Anschluss soll eine Konzeption für sprachliche Aggression(sformen) abgeleitet werden.

Es gibt eine Reihe von Erklärungsansätzen für AGGRESSION und ihre Genese, die bei Micus (2001) ausführlich erläutert und hier nur sehr verkürzt wiedergegeben werden können. Dies geschieht mit dem Ziel, Merkmale für Konzeptionen von AGGRESSION herauszuarbeiten, die für einen sprachwissenschaftlichen Zugang fruchtbar erscheinen.

In psychoanalytischen Theorien wird beispielsweise davon ausgegangen, dass jedem Individuum ein Aggressionstrieb innewohnt, der jedoch vom primären selbstdestruktiven Todestrieb abgeleitet wird (Freud 1923) und dazu eingesetzt wird, das eigene Leben zu bewahren. Auch im Rahmen des ethologischen Ansatzes wird AGGRESSION als lebens- und arterhaltender Instinkt angesehen (Lorenz 1963), der von sozialen Erfahrungen unabhängig ist und durch Schlüsselreize ausgelöst wird. Im erklärungstheoretischen Rahmen der Logotherapie und Existenzanalyse steht die Auffassung, dass Aggression als Reaktion auf verlorene existentielle Herausforderungen entsteht und mit Hilfe von sinnvollen (sinngebenden) Aufgaben getilgt werden kann (vgl. Frankl 1990: 89 und Micus 2002: 58). Lerntheoretische Erklärungsansätze gehen davon aus, dass aggressives Verhalten nicht triebhaft, sondern durch Beobachtung von Modellen (Familie, Medien, Peer-Group) erlernt wird. Entsprechend setzen Personen den Einsatz aggressiver Verhaltensweisen in Bezug zu dem erwarteten Erfolg. Solange ein positiver Anreiz für den Einsatz von Aggressionen vorhanden ist, unterscheiden sich Jungen und Mädchen nicht bei der Ausführung aggressiver Verhaltensweisen (Bandura 1979: 83). Der Frustrations-Aggressions-Hypothese liegen zwei Annahmen zugrunde. Zum einen, dass Aggression stets eine Folge von Frustration ist; zum anderen, dass Frustration stets zu einer Form von Aggression führt.[2] Frustration kann entstehen, wenn zielgerichtete Aktivitäten gestört (Dollard et al. 1939, zitiert bei Micus 2001: 42), Bedürfnisse nicht befriedigt werden oder schädigende Reize wirken. Nolting (1978) führt als Beispiele für diese Reize verbale Angriffe, Beleidigungen und Belästigungen an (vgl. Micus 2002: 42).

---

[2] Vertreter dieser Hypothese ist die sogenannte Yale-Gruppe: Dollard/Doob/Miller/Mowrer/Sears (1939), zitiert bei Micus (2002: 41).

Wir finden hier also bereits sprachliche Handlungen, die ein Aggressionspotenzial aufweisen und als verbale Gewalt auftreten, als Auslöser für hier so genannte Frustration, die wiederum zu Aggressionen führen. Interessanterweise verbindet die meisten dieser Erklärungsansätze die Idee einer kathartischen Wirkung, also eines verminderten Aggressionspotenzials nach vollzogener aggressiver Handlung. Es stellt sich die Frage, inwieweit der Modus der ausgeführten Handlung mit dem Grad der kathartischen Wirkung korreliert. Kann beispielsweise ein Akt verbaler Gewalt zu einer vergleichbaren Senkung des Aggressionspotenzials beitragen, wie es für einen Akt physischer Gewalt angenommen wird? Inwieweit spielt hier auch die Reaktion des Adressaten eine Rolle und welche Auswirkungen hat verbale Gewalt innerhalb einer kommunikativen Konfliktsituation?

3 Formen weiblicher Aggression

Die psychologische Aggressionsforschung arbeitete lange Zeit mit Methoden, die sich nur dazu eigneten, Formen männlicher Gewalt offenzulegen (vgl. Micus 2002). Damit entstand ein verzerrtes Bild im Hinblick auf das Aggressionspotenzial der Geschlechter bis hin zur Annahme von der friedfertigen Frau im Gegensatz zum gewaltbereiten Mann. Inzwischen wurde in zahlreichen Studien belegt, dass Männer und Frauen Wut, Ärger und Aggression gleichermaßen erleben (z.B. Weber/Piontek 1995[3]). Aussagen darüber, dass Jungen und Männer generell aggressiver sind, sind laut Bauer (2006: 261), „nicht haltbar". Der Umgang mit Aggressionen ist jedoch unterschiedlich. Galen/Underwood 1997 (hier zitiert nach Bauer 2006: 261) pointieren hierbei den Kontrast der männlichen physischen Gewalt gegenüber der weiblichen verbalen Gewalt: „Boys may use their fists to fight, but at least it's over with quickly; girls use their tongues, and it goes on forever". Auch Micus (2002: 161) konstatiert mit Bezug auf eine von Burbank (1987) durchgeführte Studie: „Die am meisten *gewählte* Form weiblicher Aggression ist die verbale Aggression bzw. Attacke, in Form von Beleidigungen, Spott und Streit. Gegnerinnen werden vor allem verbal attackiert [und] beschimpft, [...]" (Hervorhebung bei Micus 2002).

Untersuchungen in verschiedenen Kulturkreisen, wie etwa in Australien, Mexiko, auf den pazifischen Inseln, in Venezuela, Sambia oder China, zeigen jedoch, dass Frauen neben Hexerei und bösartigem Klatsch (vgl. die Studie von

---

[3] Weber/Piontek (1995) dokumentieren, dass sich in Laborsituationen die Reaktionen von Frauen und Männern auf Provokationen nicht unterschied. Allerdings schätzten Frauen ihr Verhalten als weniger wirksam ein.

Fry 1992 über weibliche Gewalt in Mexiko), Spottgesang, in dem sie sich über ihre Männer lustig machen (pazifische Inseln), sozialer Manipulation, Ignoranz, Zurückweisung oder Freundschaftsentzug (Argentinien, vgl. Micus 2002: 164) durchaus auch physische Gewalt ausüben. Dabei wird hauptsächlich auf das An-den-Haaren-Reißen verwiesen. Körperliche Gewalt gegen Männer richtet sich in den meisten Fällen gegen die Ehemänner. Die Form der Aggression ist offenbar abhängig von der Gesellschaftsstruktur, in der Frauen sozialisiert worden sind. Gerade in patriarchalischen Strukturen kommt es eher selten zu direkter physischer Gewalt gegen Männer (siehe Micus 2002: 164). Dabei unterliegt das aggressive Verhalten einer Untersuchung unter finnischen Kindern und Heranwachsenden von Björkvist et al. (1992) zufolge in der Entwicklung einigen Veränderungen. Bei achtjährigen Jungen ist beispielsweise die verbale Aggression ausgeprägter als bei Mädchen. Im Alter von elf Jahren zeigen sowohl Mädchen als auch Jungen gleichermaßen verbale Aggressionen und hinsichtlich der physischen Gewalt gibt es im Alter von 18 Jahren kaum noch Unterschiede zwischen weiblichen und männlichen Jugendlichen. Die Gründe dafür, dass sich gerade in unseren Breitengraden weibliche Aggression indirekt in Form von Verleumdung, übler Nachrede, dem Ausschluss aus sozialen Gemeinschaften, dem Hinter-dem-Rücken-Reden oder dem Sich-aus-Rache-mit-anderen-Befreunden (vgl. Björkvist/Östermann/Kaukianen 1992) äußert, sucht die Forschung in der Art der hiesigen Sozialisierung. So lernen bereits Mädchen, dass direkte (physische) Gewalt, die von weiblichen Individuen initiiert und ausgeführt wird, sozial nicht akzeptiert ist. Frauen betrachten Aggression als Kontrollverlust. Der von Frauen empfundene Kontrollverlust ist an Schuldgefühle gekoppelt: „Women reported more guilt and anxiety as a consequence of aggression, more vigilance about the harm that aggression causes its victims, and more concern about the danger that their aggression might bring to themselves" (Eagly/Steffen 1986: 325, zitiert bei Micus 2002: 155). Entsprechend werden Aggressionen unterdrückt (Micus 2002: 96–97) oder in Vorwurfs- und Opferhaltungen transformiert. Dadurch entsteht eine passive Aggression, „die die Frauen zumindest als moralische Siegerinnen, als bessere, friedvollere Geschöpfe erscheinen lässt, [was wiederum] deren Individuation [verhindert] und zur Aufrechterhaltung der Unterdrückung des weiblichen Geschlechts [beiträgt]" (Micus 2002: 150 mit Bezug auf Mitscherlich 1987).

Für Männer hingegen erweist sich Aggression als Mittel Kontrolle auszuüben, was mit einer Steigerung des Selbstwertgefühls einhergeht (vgl. Campbell 1995a). Die Gründe für weibliche Aggression (gegenüber Ehemännern) sind Untreue, Faulheit, Eifersucht, Konflikte um Ressourcen, Schutz der Kinder (Micus 2002: 161), Demütigung oder Notwehr (Campbell/Munger 1987). Männliche Aggression wird Campbell/Munger (1987) zufolge durch körperliche Versehrtheit und Inkompetenz anderer, aber auch durch Nichtigkeiten (dazu Albrecht 2010: 93) ausgelöst.

Für die Fragestellung dieses Aufsatzes relevant sind nun die in der psychologischen Forschung so genannten Ausprägungen indirekter Aggression. Björkvist/Östermann/Lagerspetz (1994) unterscheiden „rational-appearing aggression" und „social manipulation". Unter „rational-appearing aggression" fallen vor allen Dingen sprachlich-kommunikative Handlungen, wie das Kritisieren, das In-Frage-Stellen der Urteilsfähigkeit des Gegenübers, die Herabwürdigung seiner/ihrer Arbeit, die Reduktion des Rederechts des Gegenübers und das Unterbrechen, während er/sie sich äußert (vgl. dazu auch Luginbühl 1999 und Burger 1995, die gerade die letzten beiden Handlungen als verbale Gewalt kategorisieren). Aber auch die soziale Manipulation beinhaltet – neben dem Abstrafen durch böse Blicke und der Verweigerung der Kommunikation – sprachliche Handlungen, wie beleidigende Kommentare über das Privatleben des Gegenübers, Verleumdungen, das Verbreiten von Gerüchten und versteckte Vorwürfe. Auch Schweigen – ebenfalls ein kommunikatives Phänomen (vgl. Domke/Vollmann 2008 oder Marx 2015) – kann als Aggression gelten, wie Christlieb (1995) feststellt.

Für eine sprachwissenschaftliche Analyse ist an dieser Stelle eine terminologische Differenzierung notwendig. Die Indirektheit der Aggression liegt in den oben beschriebenen Kategorien darin, dass sie nicht körperlich ist und keine sichtbaren Verletzungen zur Folge hat. Es werden also die physische und die psychische Ebene als Handlungsspielräume unterschieden. Diese Einordnung muss klar von der linguistisch-pragmatischen Verwendungsweise des Terminus *Indirektheit* unterschieden werden, der sich ebenso auf sprachliche Äußerungen bezieht wie der Terminus *Direktheit*. Indirekte Sprechakte zeichnen sich laut Searle (1982) dadurch aus, dass sie zwei Illokutionen aufweisen, wobei nur der sekundäre illokutionäre Akt wörtlich den Vollzug dieses illokutionären Aktes bedeutet, der primäre illokutionäre Akt hingegen entspricht dem implizit Gemeinten. Der Hörer erschließt die gemeinte (primäre) Illokution abhängig von der Äußerungssituation in einem Rekonstruktionsprozess, der mit einem Implikaturenrekonstruktionsprozess (siehe Grice 1989) vergleichbar ist, der Rekonstruktion von Bedeutungen also, die über das Gesagte hinausgehen. In einer Situation, in der z.B. ein Kunde am Schalter einer Bankfiliale den Satz *Ich habe eine Waffe* äußert, wird der Bankangestellte nicht vermuten, dass diese Person einfach eine Feststellung (sekundäre Illokution) macht – nämlich im Besitz einer Waffe zu sein. Vielmehr wird der Bankangestellte rekonstruieren, dass es sich bei dieser Äußerung um die Ankündigung eines Überfalls (primäre Illokution) handelt, damit verbunden sind ggfs. die Drohung (primäre Illokution), von der Waffe Gebrauch zu machen (konversationelle Implikatur) und die Aufforderung (ebenfalls primäre Illokution) Geld herauszugeben, das nicht auf dem Konto dieses „Kunden" liegt (konversationelle Implikatur). Alle diese Illokutionen (und Implikaturen) hätten auch direkt(er) geäußert werden können, etwa: *Das ist ein Überfall. Ich fordere sie auf, mir das gesamte Geld zu geben, sonst schieße ich!*; Gewalt kann folglich auch sprachlich direkt und indirekt geäußert werden. Mehr noch: Sprachliche Gewalt kann selbst zum Handlungsinstrument werden. Sie dient also nicht nur dazu, zu Gewalt aufzurufen, sondern kann selbst eine Form der Gewalt sein (vgl. Schwarz-Friesel/Reinharz 2013, Luginbühl 1999 u.a.). Damit verbunden ist das Potenzial, Menschen emotional und kognitiv zu beeinflussen.

4 Sprachliche Aggressionsspuren

Ziel dieses Abschnitts ist es, die psychologische Unterscheidung zwischen Aggression und Gewalt in eine sprachwissenschaftliche Diskussion zu überführen und dafür zu argumentieren, hier mit den Termini *Aggressions-* respektive *Gewaltpotenzial* zu operieren.

4.1 Zur Relevanz einer sprachwissenschaftlichen Differenzierung zwischen AGGRESSION, GEWALT und GEWALTPOTENZIAL

Die Differenzierung zwischen AGGRESSION und GEWALT, die die psychologische Forschung vornimmt, ist recht vielschichtig. So wird einerseits von AGGRESSION dann gesprochen, wenn mit individuellen Handlungen schädigende Absichten verknüpft sind, während GEWALT auch Umstände und Handlungen mit zerstörender Wirkung sozialer Systeme einschließt (vgl. Micus 2001: 20). Andererseits versteht Zimbardo/Gerrig ([16]2004) AGGRESSION als eine extreme und sozial nicht akzeptierte Ausprägung von GEWALT. Ruthemann (1993) schlägt vor, AGGRESSION auf der Täterseite zu suchen und GEWALT aus der Perspektive des Opfers zu beurteilen (vgl. Micus 2001). Zu zunehmender Irritation trägt bei, dass in vielen Ansätzen zusätzlich das Konzept des ÄRGERS als eine Vorstufe der AGGRESSION (vgl. Zillmann 1988, Averill 1982) oder zumindest als ein für die AGGRESSION förderliches Element diskutiert wird (Bandura 1976). ÄRGER kann aber auch die der aggressiven Handlung zugrundeliegende Emotion sein, die durch „Spannung, Störung, Irritation und Wut" gekennzeichnet ist (Hodapp et al. 1993: 14–15, zitiert nach Micus 2001: 22, vgl. auch Weber/Piontek 1995, Mees 1991 oder Fichten 1992).

Wir sehen uns also einer sehr heterogenen Verwendungsweise beider Termini und damit auch einem sehr heterogenen Verständnis beider Konzepte gegenüber. In der sprach- und kommunikationswissenschaftlichen Literatur scheinen beide Termini überwiegend synonymisch gebraucht zu werden. So beschreibt

Sager (1988: 143) Aggression als „ein auf ALTER gerichtetes Verhalten EGOs, das [1.] geeignet ist, ALTER (oder EGO) unter Missachtung sowohl geltender Tolerierungs- wie individuell antizipierbarer Toleranzgrenzen nachteilig in seiner Integrität zu beeinflussen! [sic!] [und 2.] durch das EGO ALTER (oder anderen) interaktionell gültig zu verstehen gibt, dass er ALTER (oder sich selbst) im Sinne von (1) in seiner Integrität zu beeinflussen beabsichtigt. (Hervorhebungen im Original)". Seine Auffassung von AGGRESSION ist somit vergleichbar mit Burgers Definition von konversationeller Gewalt. So liegt konversationelle Gewalt dann vor, wenn es zu einer Destruktion der verbalen „Funktionsfähigkeit" einer Person kommt, indem Rederechtsregeln missachtet oder die Hoheit über die Themen beansprucht wird (siehe Burger 1995: 102). Auch Luginbühl (1999: 83) sieht einen Akt verbaler Gewalt dann, „wenn eine Person eine Sprechhandlung vollzieht, die, sei es intentional und feindlich oder nicht, eine am Gespräch teilnehmende Person in deren durch die Textsorte gewährtem konversationellem Spielraum in einer dramatischen Weise einschränkt und so diese Person in ihrer Integrität, ihren Einflussmöglichkeiten und ihrer sprachlichen ‚Funktionsfähigkeit' schädigt, einschränkt oder gefährdet [...]".

Man könnte nun in Anlehnung an Hodapp et al. (1993) eine terminologische Unterscheidung in der Form vorschlagen, dass Aggression als die der Gewalt zugrundeliegende Emotion beschrieben wird und damit konzeptuell in die Nähe von Ärger und Wut rückt. Eine solche Festlegung erscheint mir jedoch vor dem Hintergrund der methodischen Probleme, die sich hier für Linguisten ergeben, als recht willkürlich. Wie soll eine zugrundeliegende Emotion beschrieben werden, wenn sie in manifester (hier sprachlicher) Form schon als *Gewalt* bezeichnet wird? Eine zweite Möglichkeit wäre, in einem gesprächsanalytischen Ansatz ausgehend von Sprecherabsicht und Wirkung beim Hörer zu urteilen. Ein aggressiver Sprechakt bliebe dann ein aggressiver Sprechakt, wenn er vom Hörer nicht als Akt verbaler Gewalt durch Signale wie Intervention, Protest, Rückzug etc. rückgekoppelt würde. Damit griffe man zwar die Idee Ruthemanns (1993) auf, ignorierte aber meines Erachtens ebenfalls methodische Hürden. Wie sollte man auch Absicht und Wirkung gegeneinander aufwiegen? Hier entstünde eine künstliche und kontraintuitive Trennung zwischen für (Online)-Diskurse[4] konstitutiven Parametern.

Ich möchte mich auf Grund der Dynamik, die Verbalaggression/Verbaler Gewalt inhärent ist, für den hier entworfenen Zweck der Bestandsaufnahme

---

4 Der Terminus *Diskurs* wird hier im Spitzmüller/Warnkeschen Sinne (2011) weit verwendet und bezieht den Online-Kommunikationsraum als Raum mit all seinen technischen Funktionen als Akteur mit ein.

auf die Beschreibung von sprachlichem Aggressions- respektive Gewaltpotenzial beschränken. Die Auseinandersetzung mit Aspekten der Gerichtetheit und Wirkung stelle ich für weitere Diskussionen in Aussicht. Mit *Aggressions-* respektive *Gewaltpotenzial* knüpfe ich hier nun an das von Schwarz-Friesel (^{2}2013) in die Forschungsdiskussion eingebrachte Emotionspotenzial von Sprache an. Emotionspotenzial kann implizit oder explizit in der Sprache angelegt sein, lexikalische, syntaktische und satzübergreifende Phänomene betreffen und sich sowohl auf den Emotionsausdruck als auch auf die Emotionalisierung des Rezipienten beziehen (Schwarz-Friesel ^{2}2013: 6, 212–214). Damit sind die Ebenen, auf der mögliche Aggressionsindikatoren zu suchen sind, Wort, Satz und Text und integrieren ggfs. die oben angesprochenen dynamischen interaktiven Parameter der kommunikativen Aushandlungsprozeduren.

4.2 Wie lässt sich sprachliches Aggressionspotenzial identifizieren?

Für die Erfassung der affektiven Seite von Aggression haben Gottschalk/Gleser (1969) eine Aggressivitäts-Skala vorgeschlagen, auf die die psychologische Forschung für Sprachinhaltsanalysen gern zurückgreift. Dieses Verfahren basiert auf der Unterscheidung von nach außen gerichteter Aggressivität, nach innen gerichteter Aggressivität und ambivalenter Aggressivität[5]. Diese münden in vier Aggressionsskalen:

1. nach außen gerichtete offene Aggressionsskala (AOA) – die/der Sprechende äußert aggressive Impulse gegenüber anderen Menschen oder der Umwelt;
2. nach außen gerichtete verdeckte Aggressionsskala (AVA) – die/der Sprechende erzählt, dass andere Menschen sich anderen gegenüber aggressiv verhalten (eigener Impuls wird auf andere projiziert);
3. nach innen gerichtete Aggressionsskala (IA) – die/der Sprechende wendet aggressive Impulse gegen sich selbst;
4. ambivalente Aggressionsskala (AA) – andere Menschen verhalten sich gegenüber der/dem Interviewten aggressiv.

Die Methode wurde mit dem Anspruch entwickelt, leicht handhabbar zu sein, indem unbewusste Einstellungen anhand von natürlichen oder standardisierten Sprachproben gemessen werden können. Die Aggressivität der Probanden wird

---

[5] Ambivalente Aggressivität ist eine Kombination der beiden vorher genannten Formen, die zu einem paranoiden Erleben der eigenen Aggressivität führen kann, vgl. Schöfer (1980: 52).

abhängig von der spezifischen Form anhand von Skalen ermittelt, die typische Gewalt- oder Konflikt-Szenarien enthalten: „a töten, sterben, körperlich verletzen, etc., b berauben, im Stich lassen, verlassen, Leiden verursachen, etc. und c kritisieren, Vorwürfe machen, Ärger und Mißfallen ausdrücken, etc." (Schöfer 1980: 60).[6]

Hierbei drängt sich der Eindruck auf, dass die vielfältige Funktionalität von Sprache komplett außer Acht gelassen wird. Inhalte werden ungeachtet der sprachlichen Form extrahiert und kodiert, Kodierungseinheiten gehen nicht über Satzlängen hinaus. Unberücksichtigt bleibt, in welcher Situation die Texte generiert wurden und inwieweit sich bei Probanden allein durch das vorgegebene Thema der Druck aufbaut, einen adäquaten Text zu produzieren. Gerade durch Instruktionen wie *Erzählen Sie von Ihrem letzten Ärger mit Ihrem Partner* bei der standardisierten Erhebung von Sprachproben (siehe Schöfer 1980: 69) wird bereits ein schematischer Rahmen vorgegeben, den die Probanden nur noch füllen müssen, indem sie über etwas erzählen. Was aber sagt das über ihre Aggressivität aus? Wie können Rückschlüsse gezogen werden, wenn in die Auswertung nicht einfließt, wie etwas gesagt worden ist. Hinzu kommt, dass alle Signale, die außerhalb des oben genannten Themenbereichs liegen, gar nicht erfasst werden. Es handelt sich hier zwar um ein recht verbreitetes Verfahren, eine Anwendbarkeit für linguistische Analysen halte ich jedoch auch deshalb für fragwürdig, weil Sprache hier als reines „Mittel zum Zweck der Übertragung von Inhalten" betrachtet wird. Einzuräumen ist jedoch, dass es sich hier um eine diagnostische Methode im Bereich der Psychiatrie/Psychotherapie handelt, die dem Anspruch für sprachwissenschaftliche Analysen anwendbar zu sein gar nicht genügen muss.

Insofern scheint es fast folgerichtig, dass Krämer ein Lexikon der verbalen Gewalt ganz in Abrede stellt: „einer einzelnen Äußerung ist (zumeist) ihre verletzende Kraft gar nicht abzulesen; ihre Semantik bleibt opak gegenüber dem ihr eigenen Kränkungsgehalt" (Krämer 2007: 35). Gerade deshalb erachte ich die Unterscheidung von Aggressions- respektive Gewaltpotenzial, das Eigenschaft einer sprachlichen Äußerung ist, und sprachlicher Aggression respektive sprachlicher Gewalt, die das Ergebnis kommunikativer Konstruktion in einer spezifi-

---

6 Nach außen gerichtete offene Aggressivität würde z.B. dann ermittelt werden, wenn der Proband andere Menschen beraubt, sie verletzt, im Stich lässt oder diese Taten zumindest androht. Hingegen würde sich verdeckte nach außen gerichtete Aggressivität u.a. darin zeigen, dass der Proband äußert, dass andere Menschen andere verletzen, berauben, beschuldigen etc. Nach innen gerichtete Aggressivität zeige sich, wenn der Proband droht, sich selbst zu töten, Verzweiflung, Hoffnungslosigkeit oder Enttäuschung äußert etc. (vgl. Schöfer 1980).

schen Situation sind (vgl. dazu auch Meiers Konzept von Beleidigungen, 2007), für wichtig.

Dass es Lexeme gibt, deren semantischer Gehalt Aggressionspotenzial indiziert, weil sie auf negativ besetzte Referenten oder referenzielle Sachverhalte verweisen oder pejorativ konnotiert sind, sollte dennoch nicht ausgeblendet werden; vgl. dazu auch Luginbühl (1999: 82), der als Beispiel eine Schweizer Fernsehdiskussion anführt, in der der Moderator den amerikanischen Präsidenten als „Arschloch" bezeichnet hatte. Es handelt sich hier um eine „eindeutige Beschimpfung", bei der die „Entschuldigung [...], keine schädigende Intention gehabt zu haben, wirkungslos" ist.

Selbst beim Einsatz von Schimpfwörtern mit sogenannter Banter-Funktion[7] (dazu Leech 2005: 19 und Bonacchi 2013: 61) kann die Intension des Lexems nicht einfach ausgeblendet werden. Die Negativinformation (und damit auch das Aggressionspotenzial) werden beim Abruf des Lexikoneintrags aktiviert und müssen in der Situation umgedeutet werden. Leech (2005) geht davon aus, dass die Beschimpfungen als in-group identity marker fungieren und das Zusammengehörigkeitsgefühl verstärken. Ich würde noch einen Schritt weiter gehen und auch dem Aggressionspotenzial solcher Äußerungen eine Funktion für die Regulation der Hierarchieebenen in der Peergroup zuweisen (vgl. auch Deppermann/ Schmidt 2000). Das Aggressionspotenzial hat somit nicht nur die Funktion, die Grenze zwischen In- und Out-Group zu markieren, sondern auch innerhalb der In-Group soziale Rollen zu etablieren. In diesem Sinne kann aggressives Verhalten auch konstruktiv aufgefasst werden, weil es auch bedeuten kann, dass jemand sich abgrenzt und damit auch behauptet (vgl. Bauer 2006: 260). Wichtig ist mir hier, dass das Aggressionspotenzial einer Äußerung mit Banter-Funktion eine Rolle bei der Etablierung des Textweltmodells (dazu Schwarz ³2008) spielt und die pragmatische Deutung einer Freundschaftsbekundung die semantische Information nicht einfach überlagern kann.[8] Schimpfwörter verfügen dementsprechend über ein Aggressionspotenzial. Umgekehrt ist es aber so, dass das

---

7 Es handelt sich hier um „freundschaftliches Beschimpfen", siehe Bonacchi (2013: 61).
8 Ich möchte hier eine kleine Anekdote aus meinem Semantik-Einführungsseminar einfließen lassen, die diesen Gedanken aufgreift. Thema war die pejorative Konnotation des Lexems *Schlampe*. Dazu meinte ein Student, dass aber *geile Schlampe* meliorativ konnotiert wäre. Es handelt sich hierbei um eine pragmatische Deutung, die den semantischen Gehalt der Phrase komplett ignoriert. Die Aufwertung des pejorativ konnotierten Nomens durch das Attribut *geil* ist nur scheinbar. Allein durch die pars-pro-toto-Referenz *Schlampe* wird die Referentin auf eine als negativ evaluierte Eigenschaft (hier die Eigenschaft eine unordentliche oder promiskuitive Frau zu sein) reduziert. Das Attribut *geil* legt nun den Referenzbereich auf ‚sexuell' fest und bewirkt letztlich eine potenzierte Diskriminierung.

Aggressionspotenzial von Beschimpfungen und Beleidigungen nicht zwangsläufig auf der semantischen Information beruht (siehe oben). Weitere Indikatoren, die auf sprachliches Aggressionspotenzial verweisen, sind typische Sprechakte wie Vorwurf, Kränkung, Beleidigung, Drohung, Kritik oder Indiskretion, die sprachlich auf vielfältige Weise umgesetzt werden können (siehe dazu auch Schwarz-Friesel/Marx/Damisch 2012). Um das Aggressionspotenzial eines in der Online-Kommunikation typischerweise schriftlich fixierten Textes zu beurteilen, lohnt es sich (neben der Analyse von Emoticons, vgl. dazu Marx/Weidacher 2014) auch, die Zeichensetzung und den Satzbau zu betrachten. Eine Anhäufung von Ausrufungszeichen einerseits und eine Akkumulation von syntaktischen Ellipsen andererseits deuten in (1) beispielsweise bereits bei einer rein oberflächlichen Betrachtung an, dass A1(w) negativ aufgebracht ist.

A1(w): Dat iss doch aa!!! dat hier iss deutschland,auch wenn manche meinen denen gehört dat hier!wenn ich so nen dummfug schon wieder lese,:Jung pack dir mal an kopp und sag bollerwagen roll!boah,ne iss dat schlecht!voll humorbehindert!!!und wenn ich mal überlege,wat wir uns hier so ständig gefallen lassen müssen,was so gar nix mit satire zu tun hat,müssten wir täglich mehrfach anzeigen stellen!!!!! (Nuhr-Debatte[9], Facebook, 2014–10–25).

Der Eindruck, dass ein Text Aggressionspotenzial aufweist, kann auch dadurch entstehen, dass er eine für die Textsorte ungewöhnliche Länge hat oder vom erwarteten Textmuster abweicht. Auch das Thema eines Textes kann bereits Aggressionspotenzial indizieren, insbesondere dann, wenn es (beispielsweise politisch) polarisiert. Die „ungewöhnliche" Länge ist keine absolute Größe, sie muss relational für den entsprechenden (Online)-Diskurs ermittelt werden. Das sei an dem Beispiel eines GDL-Shitstorms (GDL steht für Gewerkschaft Deutscher Lokomotivführer) verdeutlicht, der durch die folgende Statusmeldung initiiert worden ist: „Dieser Streikaufruf macht nur noch sprachlos und ist reine Schikane."[10] Der Shitstorm bestand zum Speicherzeitpunkt aus 284 Beiträgen, die im Durchschnitt 265 Zeichen umfassen. Ein Beitrag, der 5136 Zeichen umfasst, gelangt hier deswegen ins Zentrum der Aufmerksamkeit, weil er im Vergleich zu allen Beiträgen innerhalb des Shitstorms deutlich länger ausfällt, aber auch im Vergleich zur Länge von Facebook-Kommentaren insgesamt. Damit ist noch nicht

---

9 Dieter Nuhr war auf Grund eines kabarettistischen Auftritts dem Vorwurf ausgesetzt, antiislamische Hetze zu betreiben und war von Erhat Toka angezeigt worden.
10 Kommentar zu einem Beitrag von heute.de zum Thema „Vier Tage Ausnahmezustand für die Bahnkunden", Facebook, 2014–11–06.

gesagt, dass dieser Beitrag auch sprachliches Aggressionspotenzial aufweist. Die Anzeige des Kommentars auf dem Bildschirm bedeutet jedoch, dass die Kommentare vorher und nachher aus dem Sichtfeld des Rezipienten rücken, es liegt also räumliche Verdrängung vor, die mit aggressivem Agieren assoziiert werden darf. Der Rezipient kann zudem den Beitrag nicht vollständig lesen, wenn er nicht auf „mehr anzeigen" (z.B. bei Facebook) klickt, was als Störfaktor in einer durch Beschleunigung gekennzeichneten Rezeptionssituation empfunden werden kann.[11] Der internetlinguistische Erklärungsrahmen für Indikatoren von Aggressionspotenzial in sprachlichen Äußerungen sieht neben den oben erwähnten Eigenschaften auch die Betrachtung des Übertragungswegs vor, der im Falle des World Wide Webs einen eigenen Kommunikationsraum konstituiert. Auch das sei an einem Beispiel spezifiziert: In der Phrase *zum Kotzen* in Beispiel (2) ist das Aggressionspotenzial unverkennbar. Semantischer Gehalt, elliptische Form und Vierfachausrufungszeichen verweisen darauf, dass sich A2(w) in einem potenziell aggressiven emotionalen Zustand befindet.

(2) A2(w): Zum Kotzen hier !!!! (2011–10–29, 16:05:05, SMS #1217)
    B2(m): Hier auch ...:(((2011–10–29, 16:06:05, SMS #1217)

B2(m) bleibt davon jedoch insofern unberührt, als er nicht Adressat dieser Verbalattacke ist. Dabei bleibt auch die Frage ungeklärt, ob in diesem Fall überhaupt von einer Verbalattacke gesprochen werden kann. Dennoch lassen die Informationen auf der sprachlichen Oberfläche und auch der Inhalt Rückschlüsse darauf zu, dass diese Äußerung ein Aggressionspotenzial aufweist. Zwei Parameter sind hier für die Entschlüsselung von A2(w)s Absicht relevant: erstens der Verweisraum, der jedoch auch in anderen Kontexten eine Rolle spielt, und zweitens das Übertragungsmedium der Botschaft, was die Notwendigkeit einer internetlinguistischen Betrachtung unterstreicht. Die durch ein Aggressionspotenzial gekennzeichnete Botschaft richtet sich hier nicht gegen den Empfänger, sondern sie soll ihm übermittelt und dadurch mit ihm „geteilt" werden, was sogar dazu führen kann, dass sich beide Kommunikationsteilnehmer einander näher fühlen. Es kommt also nicht zu einer Facegefährdung (vgl. Brown/Levinson 1987), sondern zu einer empathischen Reaktion von B2(m). Befänden sich beide Personen im gleichen Raum, wenn sich A2(w) äußert, ergäbe sich möglicherweise eine andere Situation, vor allem dann, wenn B2(m) die Situation „hier" zu verantworten hätte

---

[11] Vergleichbar mit mündlicher Kommunikation wären die von Luginbühl (1999) u.a. als verbale Gewalt kategorisierten Unterbrechungen oder ungebührlich langen Redezeiten in Talkshows.

(etwa als Gastgeber der als „zum Kotzen" eingestuften Party). Interessanterweise könnte das Aggressionspotenzial aber auch Auswirkungen auf B2(m) haben, wenn er keinerlei Verantwortung für die Situation tragen würde. Er sähe sich vielleicht aufgefordert, dennoch Abhilfe zu schaffen und für eine Veränderung zu sorgen (etwa das Verlassen der Party vorzuschlagen oder bessere Musik einzufordern). Die klare räumliche Trennung bei zeitlicher Quasi-Synchronizität sorgt dafür, dass B2(m) zwar die Negativbotschaft versteht, aber keine Handlungsverpflichtung empfindet, das Aggressionspotenzial zu reduzieren. Stattdessen bestärkt er A2(w) durch inhaltliche Zustimmung (wenn auch mit Bezug auf einen anderen Referenzraum) und unter Zuhilfenahme eines Emoticons, das Ärger, Wut oder Traurigkeit sogar doppelt markiert. Damit wird das Aggressionspotenzial nicht gesenkt, sondern bleibt auf gleichem Niveau oder steigt.

5 Genderspezifische Aggression aus internetlinguistischer Perspektive

Im Folgenden soll überlegt werden, ob das WWW und hier insbesondere die Sozialen-Netzwerk-Seiten als Plattform für weibliche Wut fungieren (können). Im Anschluss werden sprachliche Belege von Sprachproduzentinnen diskutiert. Dabei spielt die Frage eine Rolle, inwieweit sich die Verwendung von Aggressionsbezeichnungen und die Verwendung von Aggressionsausdrücken in verschiedenen Modalitäten auf das Aggressionspotenzial einer Äußerung auswirken.

5.1 Das WWW als Forum für weibliche Wut?

Oben habe ich dargestellt, dass sich weibliche Aggression gerade in unserer Kultur auf verbale Handlungen konzentriert oder aus Angst vor sozialer Missachtung ganz unterdrückt wird. Aggressive Handlungen werden mit Kontrollverlust in Verbindung gebracht, der bei Frauen wiederum zu Schuldgefühlen führt. Das WWW bietet nun eine ideale Plattform für alle in psychologischer Terminologie als indirekt bezeichneten Aggressionsformen, wie Verleumdung, üble Nachrede, den Ausschluss aus sozialen Gemeinschaften, das Hinter-dem-Rücken-reden oder Sich-aus-Rache-mit-anderen-Befreunden, weil Soziale-Netzwerk-Seiten und Messenger-Dienste für einige dieser Aggressionsformen sogar technische Funktionen bereitstellen. Ich beziehe mich hierbei insbesondere auf das Bilden von neutralen Gruppen, das den Ausschluss von anderen bedingt, aber auch das Bilden von speziellen Läster- und Hassgruppen sowie das rasante Be- und Entfreunden und Blockieren von Personen. Gerade im Kontext von Cybermobbing – einer deutlichen Ausprägung von Aggression und Gewalt – fällt auf, dass es mittlerweile kaum noch Unterschiede im aggressiven Verhalten von Jungen und Mädchen gibt (vgl. Katzer 2014: 82).

In der Online-Kommunikation, die Textproduzenten ein ganzes Spektrum an Reaktionen des Adressaten vorenthält, lässt sich aggressives Verhalten proben. Das ist einerseits vor dem Hintergrund, dass aggressivem Verhalten auch eine kathartische Wirkung zugesprochen wird, relevant. Andererseits spielt es auch für Veränderungen im Geschlechterverhältnis eine Rolle, die von Boatca (2003) mit einer veränderten Relation zwischen Geschlecht und Gewalt verknüpft wird (vgl. auch Bereswill 2006: 50). Das WWW könnte entsprechend als Forum fungieren, in dem weibliche Wut nicht nur zugelassen, sondern auch kontrolliert kanalisiert wird.

Dass es als Experimentierraum im Hinblick auf genderspezifische Kodierungen für gewalttätiges Handeln dient, zeigen gewaltintegrierende weibliche Charaktere in (Online)-Spielen, beispielsweise Miranda Lawson (Mass Effect) oder Ada Wong (Resident Evil), aber auch die passive Präsidententochter Ashley Graham (Resident Evil 4) als männlichen Schutzes bedürfende Figur. Die Darstellung und Funktion der Charaktere soll hier nicht im Hinblick auf stereotype Weiblichkeitsbilder analysiert werden (siehe dazu Jensen/Sarkeesian 2011), sondern lediglich als Indikator dafür zitiert werden, dass Wahrnehmung und Evaluierung gewaltbereiter weiblicher Charaktere spielerisch zur Diskussion gestellt werden.[12] Virtuelle Welten bieten also als weiblich deutlich zu identifizierende Kunstfiguren an, deren gewaltbereites Verhalten keiner unmittelbaren sozialen Sanktionierung ausgesetzt ist. Mehr noch wird dieses – in Spielumgebungen – mit Attraktivität attribuiert.

Vorteil der Online-Umgebung ist auch, dass die Ausgangspositionen für beide Geschlechter gleich erscheinen, ein Ungleichgewicht aufgrund unterschiedlicher physischer Voraussetzungen kommt in diesem Kommunikationsraum ebenso wenig zum Tragen wie eine eventuelle patriarchische Kontrollgewalt. Die Kommunikationsteilnehmer müssen nicht einmal ihr Geschlecht preisgeben oder können in von Anonymität geprägten Foren gar ein anderes Geschlecht annehmen und geben die Kontrolle über ihre Äußerungen und Handlungen mit dem Absenden in den virtuellen Raum gleichermaßen ab. Die Voraussetzungen für die

---

12 So gibt es beispielsweise auch ein Spiel mit dem Titel „No Male Heroes" des Berliner Spielentwicklers „waza games". Dieser Titel indiziert, dass hier die Genderthematik in eine Spielumgebung integriert worden ist.

Konstruktion von Genderidentitäten im sozialen Onlineraum sind also denkbar vorteilbehaftet.

In Beispiel (3) kann man den oben thematisierten spielerischen Umgang mit Geschlechterrollen gut nachvollziehen. Es handelt sich hier um eine Kommentarsequenz, an der sich Freunde von A3(w) beteiligen und das kommentieren, was A3(w) kurz zuvor auf Facebook eingestellt hat.

(3) A3(w) hat ihr Profilbild geändert.
B3(w): Modell schlechtgelaunter Sekretariatsvorstand
C3(m): Halloween?
B3(w): autsch
A3(w): Schnauzeee
[...]
D3(m): Coole Brille .... aber mit m Gesicht musst du unbedingt was machen ......
A3(w): Herr D. haste das Leben satt?
C3(m): Sag ich doch gleich gibts links rechts an die badekappe
(privates Profil, Facebook, 2014-10-31)

C3(m) und D3(m) versuchen hier humorvoll und indirekt zu übermitteln, dass ihnen das neue Profilfoto nicht wirklich gefällt. Die rhetorische Frage von C3(m) aktiviert die mentale Repräsentation einer gruseligen Maske unter Rückgriff auf das zum angegebenen Datum diskurssaliente Halloween-Schema. Die Originalität des Kommentars wird hier positiv gegen dessen Beleidigungspotenzial abgewogen. D3(m) hebt die Brille als einziges *coole*[s] Element des Bildes hervor und rät zu Veränderungen *mit m Gesicht* – eine (spielerische) Provokation. A3(w) geht darauf ein, indem sie C3(m) mit einem rüden, dehumanisierenden Ausdruck, der durch die e-Iteration noch impulsiver wirkt, das Wort verbietet. Gegenüber D3(m) formuliert sie gar eine Morddrohung, zwar indirekt, aber in der stark konventionalisierten Form einer typischen rhetorischen Frage. Lexemwahl und Androhung von Gewalt tragen hier dazu bei, dass das Aggressionspotenzial im Vergleich zu den Kommentaren von C3(m) und D3(m) als unangemessen hoch erscheint. Mit dem Hintergrundwissen über die enge soziale Beziehung, die zwischen A3(w), C3(m) und D3(m) offline besteht, kann diese Unangemessenheit als Indikator dafür herangezogen werden, dass sich A3(w) mittels offensichtlich überzogener Aggressivität an der Scherzkommunikation beteiligt. C3(m) fasst das offenbar auch richtig auf (und ist nicht durch A3(w)s rüde Aggression beleidigt), was sich darin zeigt, dass er sich a) noch einmal zu Wort meldet und b) das Aggressionspotenzial der Morddrohung reduziert, indem er die Androhung von Gewalt als Ohrfeigen *links rechts an die Badekappe* spezifiziert. Wichtig sind hierbei zwei

Aspekte: Zum einen wird die Situation, in der eine Frau körperliche Gewalt gegen einen Mann einsetzt, spielerisch als denkbares Szenario skizziert. Zum anderen fällt das Aggressionspotenzial der männlichen Kommunikationsteilnehmer deutlich gegen das der Kommunikationsteilnehmerin ab.

5.2 Weibliche Wut im WWW – Eine erste Bestandsaufnahme

In diesem Abschnitt möchte ich auf einige explorativ erhobene Belege genauer eingehen. Es geht mir hier darum, Facetten weiblicher Wut aufzuzeigen, Spezifika zu beschreiben und ggfs. männliches Verhalten gegenzuspiegeln. Damit wird keinesfalls dem Anspruch Genüge getan, das gesamte Spektrum sprachlicher Ausdrucksformen von weiblicher Wut abzubilden. Vielmehr soll anhand von ausgewählten Phänomenen für die interdisziplinäre Diskussionswürdigkeit des Themas plädiert werden.

5.2.1 Verwendung von Aggressionsbezeichnungen[13]

In (4) beschreibt A4(w) ihren Gefühlszustand mit den Lexemen *mega sauer*. Mit *sauer* wird auf einen negativen (aggressiven, weil durch Wut gekennzeichneten) emotionalen Zustand Bezug genommen, der Zusatz *mega* verstärkt diese. Der Auslöser liegt hier im Verhalten einer dritten weiblichen Person, die an der SMS-Kommunikation nicht beteiligt ist. In der vorliegenden SMS-Sequenz scheinen beide Kommunikationsteilnehmerinnen darüber in Kenntnis, der genaue Grund wird nicht genannt. Beide einigen sich auf ein Telefonat, das im Anschluss an die SMS-Sequenz stattfinden soll.

(4) A4(w): ich bin grad mega sauer (2014–04–18, 16:57:05, SMS #3293)

Im (5) bezeichnet A5(w) ihre Reaktion auf die „niveaulose Art" von Attila Hildmann als *richtig wütend*. Zweifellos ist mit der expliziten Verbalisierung eines mit Aggression assoziierten Gefühlzustandes das Aggressionspotenzial dieser sprachlichen Äußerung markiert.

---

[13] in Anlehnung an Schwarz-Friesel (²2013), die emotionsbezeichnende und emotionsausdrückende Lexeme voneinander unterscheidet. Anders als emotionsbeschreibende Lexeme referieren emotionsausdrückende Lexeme „nicht auf Emotionen, sondern vermitteln über ihre semantische Information primär emotionale Eindrücke und Einstellungen" (Schwarz-Friesel ²2013: 151).

(5) A5(w) Ich finde Attilas Rezepte toll, aber was er in letzter Zeit für eine niveaulose Art an den Tag legt, macht mich richtig wütend. Ich kann sein ganzes Theater überhaupt nicht nachvollziehen (Vegane-Gesellschaft-Debatte[14], Facebook, 2014-03-15)

5.2.2 Verwendung von Aggressionsausdrücken – Evaluation von Verhalten oder Charaktereigenschaften

In Beispiel (6) wird hingegen nicht auf den Gefühlszustand der Textproduzentinnen Bezug genommen, um Wut zu kodieren. Stattdessen äußern A6(w) und B6(w) deutlich, dass ihnen das Verhalten einer dritten, nicht an der SMS-Kommunikation beteiligten Person missfällt. Sie bewerten deren Absage (zu einer Tupperparty) als *mega asi* und *voll behindert*. Über diese Bewertungen (die als Aggressionsausdrücke fungieren) lassen sich Rückschlüsse auf den negativen emotionalen Aufruhr von A6(w) und B6(w) ziehen. Unterstützt wird das durch einen roten böse dreinschauenden Smiley, der Wut symbolisiert. Zudem kritisiert A6(w) hier mit einem indirekten Sprechakt *Das weiß man natürlich erst seit 2 stunden*, dass XYZ kurzfristig abgesagt hat.

(6) A6(w): [...] XYZ hat eben abgesagt nach dem ich gefragt hab ob sie kommt *roter böse guckender Smiley* find ich echt mega asi auf nachfrage ab zu sagen ... als ob sie das erst seit eben weiß (2014-01-18, 16:39, SMS #3399)
B6(w): [...] oh mann ...-.- ja voll behindert. was hat sie denn gesagt? (2014-01-18, 16:43, SMS #3399)
A6(w): ja das sie lernen muss weil ne klausur die sie montag schreibt unterschätzt hat und außerdem hätte sie eh kein geld und bräuchte auch nix Das weiß man natürlich   erst seit 2 stunden ...(2014-01-18, 16:43, SMS #3399)
B6(w): eeeeehm ookay ...also außerdem hätte sie dir das auch mal von alleine sagen können (2014-01-18, 16:46, SMS #3399)

Dass Textproduzenten auf indirekte Sprechakte zurückgreifen, wird in der Literatur oftmals mit Höflichkeit assoziiert (u.a. bei Meibauer ²2001). Im vorliegenden

---

14 Attila Hildmann hat zahlreiche vegane Kochbücher geschrieben. In einem Interview mit der Berliner Morgenpost am 12. März 2014 distanzierte er sich jedoch deutlich von den Veganern, die einzig ethische und moralische Gründe für den Verzicht auf tierische Produkte zulassen.

Fall jedoch trägt gerade auch die indirekte Form dazu bei, dass Wut übermittelt wird und damit das Aggressionspotenzial der Äußerung gesteigert wird. Das lässt sich an der Aber-Probe zeigen, die eine Streichung der E-Implikatur (dazu Schwarz-Friesel 2010) fragwürdig erscheinen lässt: ?*Das weiß man natürlich erst seit 2 stunden aber das macht nichts, ich hab Verständnis dafür*? Eine Kritik mit weniger Aggressionspotenzial wäre in diesem Fall eine graduell direktere Form wie *Ich finde es nicht richtig, dass sie so kurzfristig abgesagt hat*. B6(w) sorgt hier durch ihren Kommentar *voll behindert*, die Nachfrage *was hat sie denn gesagt* und die Angabe eines weiteren Grunds zum Wütendsein (*hätte sie [...] auch mal von alleine sagen können*) dafür, dass das Aggressionsniveau beibehalten bleibt.

Aggressionspotenzial zeigt sich auch, wenn zum Zwecke der Evaluation Dritter auf die Referenzdomäne Sexualität zurückgegriffen wird, wie das an den folgenden Belegen (7)–(11) deutlich wird. Die Beispiele (7)–(9) entstammen einem Facebook-Shitstorm vom 6. Juni 2013. Dieser richtete sich gegen die Reality-Soap-Teilnehmerin Georgina Fleur, die am 2. Juni 2013 inmitten der Hochwasserkatastrophe in Heidelberg für Fotoaufnahmen posiert hatte. Die Beispiele (10) und (11) sind der Facebook-Seite der Komikerin Carolin Kebekus entnommen, es handelt sich um Kommentare von Facebook-Nutzern, die am 28. Oktober 2014 zu einer Helene-Fischer-Parodie eingestellt worden sind.

(7) A7(m): Spring du schlampe, aber bind dir vorher noch ein paar Steine um!!!!!!
(8) A8(m): Die muss mal richtig gebumst werden ... Dann klappt es auch wieder im Kopf!
(9) A9(w): Hure
(10) A10(m): die alte hu..ntochter sollte erstmal singunterricht nehmen bevor sie über helen fischer lästert..[...]
(11) A11(m): Dumme Fotze
B11(m): Also Wolfram... bitte um mehr Respekt... außerdem... eine F... ist niemals dumm sondern geil !!

Diese Kommentare sind als frauendiskriminierend einzustufen, weil sie Frauen pejorativ als Anbieter sexueller Dienstleistungen (*schlampe* in (7), *Hure* in (9), *hu[re]ntochter* in (10)) klassifizieren und durch die pars-pro-toto-Referenz auf weibliche Geschlechtsmerkmale (11) reduzieren. Vulgarismen sind per se durch ein hohes Aggressionspotenzial gekennzeichnet, in den vorliegenden Fällen werden sie explizit dazu verwendet, Frauen abzuwerten, interessanterweise auch von Frauen, wie Beispiel (9) zeigt.

Ein dritter Aspekt, der relevant wird, wenn es um Aggressionsausdrücke geht, sind Androhungen von Gewalt oder Gewaltphantasien.

(12) A12(w): Die hätte man mit dem ersten Badewasser gleich mit ersäufen sollen dann wäre der Welt viel erspart geblieben. (Facebook, 2013–06–06)

(13) A13(w): wer zum Geier ist diese Schnepfe ??!.... gleich mit ab ins Wasser und mal sehn ob einer sie rausfischt... glaube kaum das das passiert... (Facebook, 2013–06–06)

(14) A14(w): Das ist eine Anzeige gegen alle normaldenkende Menschen! Es ist nicht zu spät Religiotismus zu bekämpfen! Wir haben noch gar nicht erst angefangen! (Facebook, 2014–10–26)

(15) A15(w): Ganz ehrlich wird zeit für bezahlte kopfgeldjäger hat am anderen stellen a geholfen (Facebook, 2014–10–26)

(16) A16(w): Kranke Untermenschen. Und wenn nicht bald eingegriffen wird, wird sich diese grausame barbarische Pest auch in anderen Ländern verbreiten. Wenns nicht schon zu spät ist. [...] (Facebook, 2014–10–26)

Die Beispiele (12) und (13) sind Teil des oben erwähnten Shitstorms gegen Georgina Fleur, bei den Beispielen (14)–(16) handelt es um Facebook-Kommentare zur Nuhr-Debatte. Durch den Kommentar von A12(w) wird ein besonders drastisches Szenario getriggert, die Ermordung eines Neugeborenen und zwar in einer Situation, die für Eltern und Kind im Normalfall von tiefempfundenen positiven Emotionen und liebevoller Fürsorge geprägt ist. Dieses Schema durch eine Gewalttat ins Negative zu verkehren, bedeutet gleichzeitig ein jähes Umschalten vom emotional-positiven Extrempol zum emotional-negativen Extrempol, was das Aggressionspotenzial der Äußerung deutlich erhöht. Vergleichsweise harmlos wirkt dagegen die Aufforderung A13(w)s, die *Schnepfe* ins Wasser zu werfen. Im Falle starker Strömung würde das Lebensgefahr bedeuten. Dass dieser Ernstfall hier visualisiert wird, wird erst am Ende des Kommentars deutlich, wenn A13(w) vermutet, dass sich kein Retter finden wird. Das Lexem *rausfischt* aktiviert zunächst lediglich das Schema eines eher unkomfortablen Moments, in dem ein Mensch in nasser Kleidung versucht, aus dem Wasser zu klettern. In Beispiel (14) bleibt der Aufruf zur Gewalt sehr diffus, was dazu führt, dass ein allgemeines KAMPF-Schema aktiviert und das Aggressionspotenzial des Textes über die Kopplung an dieses Schema evaluiert wird. Konkreter fordert A15(w) den Einsatz von *kopfgeldjäger*[n] mit der Begründung, dass das auch in anderen Kontexten eine hilfreiche Methode war. Sie äußert sich hier nicht dezidiert darüber, wen diese Kopfgeldjäger aufspüren sollen, sie lässt also die Patiensrolle unbesetzt. Diskursbestimmend ist zu diesem Zeitpunkt die überwiegend unsachliche Kritik an der Anzeige von Erhat Toka, in der die Kommentatoren eine Einschränkung der Meinungsfreiheit einerseits sehen, und mit der sie andererseits die Äußerung von Ressentiments gegenüber dem Islam rechtfertigen. Das Aggressionspotenzial basiert hier also darauf, dass inhaltlich auf einen brutalen Gewaltakt referiert wird, dessen Auswirkungen (durch die unbesetzte Patiensrolle) nicht abzuschätzen sind. Eingeleitet wird dieser Kommentar durch *Ganz ehrlich*, womit die Kommentatorin versucht, ihre Aussage zu legitimieren, indem sie der Destruktivität ihrer Aussage eine hohe moralische Komponente (Ehrlichkeit) gegenüberstellt. In 2.2 habe ich referiert, dass gerade in unserer Kultur weibliche Aggression an einen Schuld generierenden Kontrollverlust geknüpft wird. Es könnte dieser Hintergrund sein, der sich in der Phrase *Ganz ehrlich* sprachlich manifestiert und Indikator dafür ist, dass die Kommentatorin die Notwendigkeit sieht, ihre Äußerung zu legitimieren. Der Kommentar von A16(w) ist aufgrund des verwendeten Vokabulars eindeutig dem rechtsradikalen Milieu zuzuordnen, Muslime werden als *Kranke Untermenschen* tituliert, eine Bezeichnung, die direkt aus dem antisemitischen Kontext „geborgt" wird, um ein Feindbild zu konstruieren. Mit der Metapher *grausame barbarische Pest* wird ein Bedrohungsszenario entworfen. Dem Islam die Eigenschaften einer Pandemie zuzuweisen, bedeutet auch Angst zu evozieren und Konzeptualisierungen zur VERTEIDIGUNG DES EIGENEN LEBENS und GEGENWEHR zu aktivieren. Die Phrase *Wenns nicht schon zu spät ist* wirkt hier verstärkend, weil die Verfasserin den dringenden Handlungsbedarf „einzugreifen" deutlich zu machen versucht. Der unmittelbare Kontext, der von negativen Attribuierungen geprägt ist, indiziert hier keinesfalls, dass eine friedliche Lösung angestrebt ist, folglich liegt hier ein hohes Aggressionspotenzial vor.

6 Weniger Fazit. Mehr: Offene Fragen

Ziel des vorliegenden Diskussionsauftakts war es, für die Thematik zu sensibilisieren und den Kommunikationsraum Web 2.0 als Ebene wahrzunehmen, auf der starre Rollenmuster aufgeweicht werden können. Am Beispiel der Online-Äußerungsformen weiblicher Wut sollte gezeigt werden, dass das Web 2.0 als Parameter, der die gesellschaftliche Konstruktion von Geschlechteridentitäten beeinflusst, in Erwägung gezogen werden kann.

Die hier zusammengetragenen Ideen motivieren zu der Annahme, dass die Gründe, die dazu beitragen, dass Frauen in unserer Kultur Aggressionen und Wut offline nur sehr eingeschränkt und abgeschwächt zulassen, in einer Online-Umgebung in den Hintergrund rücken. Erste explorative Daten lassen zumindest keine eindeutigen geschlechtsspezifischen Unterschiede erkennen. Das ist relevant, weil in prekären Konfliktsituationen eine Web 2.0-Umgebung als Deeskalationsraum fungieren könnte. Aggressionen müssen hier nicht unterdrückt werden, was für die Person wichtig ist, die wütend ist (vgl. Thürmer-Rohr 1985:

67), die Hass als Mittel der Erkenntnis betrachtet, das Frauen verwehrt bleibe, oder Becker/Stillke (1987), die betonen, wie wichtig es für die Identitätsfindung ist, dass Frauen ihre aggressiven Seiten wahrnehmen.

Gleichfalls ist der Adressat/die Adressatin dieser Wut aber nicht unmittelbar ausgesetzt. Das wiederum kann sich positiv (im Sinne von: Aggressionspotenzial senkend) auf die dynamische Entwicklung dessen/deren Aggressionspotenzials auswirken (vgl. Hodapp/Bongard/Heiligtag 1992 und Häfner/Denzler/Förster 2013). Der virtuelle Kommunikationsraum kann hier quasi als Puffer dienen, in dem stereotypes Anspruchsverhalten und soziale Sanktionen nivelliert werden.

Ich gehe davon aus, dass eine umfassende Analyse von sprachlichen Online-Ausdrucksformen weiblicher Wut fruchtbar für psychologische Therapieansätze sein kann. In eine solche Analyse sollte die Rolle und Funktion indirekter Sprechakte einfließen. Lässt sich möglicherweise eine weibliche Tendenz zum Rückzug auf indirekte Sprechakte im Rahmen der Wutkommunikation ausmachen? Ebenso erachte ich eine differenzierte Betrachtung der Referenz auf Konzepte der Sexualitätsdomäne für wichtig. Die oben zitierten Belege zeigen zwar, dass Frauen sich auch an sexueller Diskriminierung beteiligen, es könnte aber sein, dass hier noch einmal Unterschiede hinsichtlich spezifischer Unterthemen auftreten. Referieren Frauen wie Männer in aggressiv-geprägten Situationen z.B. gleichermaßen auf bestimmte Sexualpraktiken oder beschränkt sich die Äußerung weiblicher Wut möglicherweise einzig darauf, die andere als moralisch zu verurteilendes Lustobjekt zu klassifizieren, um sich selbst deutlich abzugrenzen? Damit verbunden ist auch die theoretische Frage, inwieweit Diskriminierung eine Äußerungsform von Wut sein kann.

Literatur

Albrecht, Hans-Jörg (2010): „Männliche Aggressivität". In: Freiburger Interventionsprojekt gegen häusliche Gewalt (Hg.): *Gender und häusliche Gewalt. Wie beeinflussen die Rollenerwartungen die mit häuslicher Gewalt befassten Professionen?* Freiburg: Schwarz auf weiß, 83–96.
Averill, James R. (1982): *Anger and Aggression. An Essay on Emotion.* New York et al.: Springer.
Bandura, Albert (1979): *Aggression. Eine sozial-lerntheoretische Analyse.* Stuttgart: Klett-Cotta.
Bauer, Brigitte (2006): „Sanftmütige Männer – dominante Frauen: Wut und Aggression unter der Geschlechterperspektive". In: Margherita Zander/Luise Hartwig et al. (Hgg.): *Geschlecht Nebensache? Zur Aktualität einer Gender-Perspektive in der Sozialen Arbeit.* Wiesbaden: VS, 258–270.
Becker, Sophinette/Stillke, Cordelia (1987): „Von der Bosheit der Frau". In: Karola Brede et al. (Hgg.): *Befreiung zum Widerstand. Aufsätze zu Feminismus, Psychoanalyse und Politik.* Frankfurt a.M.: Fischer, 13–23.

Bereswill, Mechthild (2006): „Weiblichkeit und Gewalt – grundsätzliche Überlegungen zu einer undurchsichtigen Beziehung". In: Margherita Zander/Luise Hartwig et al. (Hgg.): *Geschlecht Nebensache? Zur Aktualität einer Gender-Perspektive in der Sozialen Arbeit.* Wiesbaden: VS, 245–257.

Björkvist, Kaij/Niemelä, Pirkko (Hgg.) (1992): *Of Mice and Women. Aspects of Female Aggression.* San Diego: Academic Press.

Björkvist, Kaij/Östermann, Karin/Kaukiainen, Ari (1992): „The Development of Direct and Indirect Aggressive Strategies in Males and Females". In: Kaij Björkvist/Pirkko Niemelä (Hgg.): *Of Mice and Women. Aspects of Female Aggression.* San Diego: Academic Press, 51–64.

Björkvist, Kaij/Östermann, Karin/Lagerspetz, Kirsti (1994): „Sex Differences in Covert Aggression Among Adults". In: *Aggressive Behavior* 20, 27–33.

Boatca, Manuela (2003): „Kulturcode Gewalt". In: Siegfried Lamnek/Manuela Boatca (Hgg.): *Geschlecht Gewalt Gesellschaft.* Otto-von-Freising-Tagungen der Katholischen Universität Eichstätt-Ingolstadt, Band 4. Opladen: Leske & Budrich, 55–70.

Bonacchi, Silvia (2013): *(Un)Höflichkeit. Eine kulturologische Analyse Deutsch – Italienisch – Polnisch.* Frankfurt a.M. et al.: Lang.

Brown, Penelope/Levinson, Stephen C. (1987): *Politeness: Some Universals in Language Usage.* Cambridge et al.: Cambridge University Press.

Burbank, Victoria (1987): „Female Aggression in Cross-Cultural Perspective". In: *Behavior Science Research* 21, 70–100.

Burger, Harald (1995): „Fernsehdialoge – Entwicklungen und Tendenzen". In: *Nouveaux Cahiers d'Allemand* 13(2), 183–196.

Campbell, Anne (1995): *Zornige Frauen, wütende Männer. Wie das Geschlecht unser Aggressionsverhalten beeinflusst.* Frankfurt a.M.: Fischer.

Campbell, Anne/Munger, Steven (1987): „Models of Anger and Aggression in the Social Talk of Women and Men". In: *Journal of the Theory of Social Behaviour*, 17(4), 489–511.

Christlieb, Martina (1995): „Damenringkämpfe im Behandlungszimmer". In: Hamburger Arbeitskreis für Psychoanalyse und Feminismus (Hg.): *Evas Biss. Weibliche Aggressivität und ihre Wirklichkeiten.* Freiburg: Psychosozial-Verlag, 129–172.

Deppermann, Arnulf/Schmidt, Axel (2000): „Disrespecting. A Conversational Practice for the Negotiation of Status in Juvenile Peer-Groups" . In: Enicö Németh (Hg.): *Pragmatics in 2000. Selected Papers from the 7th International Pragmatics Conference.* Vol. 2. International Pragmatics Association, 156–164.

Dollard, John/Doob, Leonard W./Miller, Neal E./Mowrer, O. Hobart/Sears, Robert R. (1939): *Frustration and Aggression.* New Haven, CT: Yale University Press.

Domke, Christine/Vollmann, Justin (2008): „Merkmale des Unsagbaren. Überlegungen zum Verschweigen als zentralem Bestandteil der Liebeskommunikation". In: *Aptum* 3, 193–213.

Eagly, Alice H./Steffen, Valerie J. (1986): „Gender and Aggressive Behavior: A Meta-Analytic Review of the Social Psychological Literature". In: *Psychological Bulletin*, 100(3), 309–330.

Fichten, Wolfgang (1992): „Probleme und Ergebnisse der Ärgerforschung". In: Ulrich Mees (Hg.): *Psychologie des Ärgers.* Göttingen: Hogrefe, 88–114.

Freud, Sigmund (1923): *Gesammelte Werke*, XIII. London: Imago.

Frankl, Viktor (1990): *Der leidende Mensch.* München: Piper.

Fry, Douglas P. (1992): „Gender and Aggression among the Zapotec of Oaxaca". In: Kaij Björkvist/Pirkko Niemelä (Hgg.): *Of Mice and Women. Aspects of female aggression.* San Diego: Academic Press, 187–199.

Galen, B.R./Underwood, M.K. (1997): „A Developmental Investigation of Social Aggression among Children". In: *Developmental Psychology* 33, 589–600.
Gottschalk, Louis A./Gleser, Goldine C. (1969): „Spezifische Aspekte unseres sprachinhaltsanalytischen Ansatzes". In: Gerd Schöfer (Hg.): *Gottschalk-Gleser Sprachinhaltsanalyse Theorie und Technik. Studien zur Messung ängstlicher und aggressiver Affekte*. Weinheim: Beltz, 15–42.
Grice, Paul (1989): „Logic and Conversation". In: Paul Grice: *Studies in the Way of Words*. Cambridge, MA et al.: Harvard University Press, 22–40.
Häfner, Michael/Denzler, Markus/Förster, Jens (2013): „Die Wirkung aggressiver (Online-) Computerspiele auf die Verfügbarkeit aggressiver Gedanken". In: Konstanze Marx/Monika Schwarz-Friesel (Hgg.): *Sprache und Kommunikation im technischen Zeitalter. Wieviel Internet (v)erträgt unsere Gesellschaft?* Berlin, New York: de Gruyter, 312–321.
Hodapp, Volker/Bongard, Stephan/Heiligtag, Ulrich (1992): „Active Coping, Expression of Anger, and Cardiovascular Reactivity". In: *Personality and Individual Differences* 13(10), 1069–1076.
Hodapp, Volker/Bongard, Stephan/Heinrichs, André/Oltmanns, Karin (1993): „Theorie und Messung der Ärgeremotion: Ein experimenteller Ansatz". In: Volker Hodapp/Peter Schwenzmezger (Hgg.): *Ärger und Ärgerausdruck*. Bern: Hans Huber, 11–33.
Jenson, Jennifer/Sarkeesian, Anita (2011): „Buffy vs. Bella: The Re-Emergence of the Archetypal Feminine in Vampire Stories". In: Gareth Schott/Kirstine Moffat (Hgg.): *Fanpires: Audience Consumption of the Modern Vampire*. New Academia Publishing, 55–72.
Katzer, Catarina (2014): *Cybermobbing. Wenn das Internet zur W@ffe wird*. Berlin, Heidelberg: Springer.
Krämer, Sybille (2007): „Sprache als Gewalt oder: Warum verletzen Worte?" In: Steffen K. Herrmann/Sybille Krämer et al. (Hgg.): *Verletzende Worte. Die Grammatik sprachlicher Missachtung*. Bielefeld: transcript, 31–48.
Leech, Geoffrey (2005): „Politeness: Is There an East-West-Divide?" In: *Journal of Foreign Languages* 6, 1–30.
Lorenz, Konrad (1963): *Das sogenannte Böse. Zur Naturgeschichte der Aggression*. Wien: Borotha-Schoeler Verlag.
Luginbühl, Martin (1999): *Gewalt im Gespräch. Verbale Gewalt in politischen Fernsehdiskussionen am Beispiel der „Arena"*. Frankfurt a.M. et al.: Lang (= Zürcher Germanistische Studien 54).
Marx, Konstanze (2015): „Silences as a Linguistic Strategy. Remarks on the Role of the Unsaid in Romantic Relationships on the Internet". In: Ulrike M. Lüdtke (Hg.). *Emotion in Language*. Amsterdam: John Benjamins, 325–339.
Marx, Konstanze/Weidacher, Georg (2014): *Internetlinguistik. Ein Lehr- und Arbeitsbuch*. Tübingen: Niemeyer.
Mees, Ulrich (1991) (Hg.): *Die Struktur der Emotionen*. Göttingen: Hogrefe.
Meibauer, Jörg (^{2}2001): *Pragmatik. Eine Einführung*. Tübingen: Stauffenburg.
Meier, Simon (2007): *Beleidigungen. Eine Untersuchung über Ehre und Ehrverletzung in der Alltagskommunikation*. Aachen: Skaker.
Micus-Loos, Christiane (2001): *Friedfertige Frauen und wütende Männer? Theorien und Ergebnisse zum Umgang der Geschlechter mit Aggression*. Weinheim: Juventa.
Mitscherlich, Margarete (1987): *Die friedfertige Frau. Eine psychoanalytische Untersuchung zu Aggression der Geschlechter*. Frankfurt a.M.: Fischer.

Nolting, Hans-Peter (1978): *Lernfall Aggression. Wie sie entsteht – wie sie zu vermindern ist. Theorie und Empirie aggressiven Verhaltens und seiner Alternativen*. Reinbek: Rororo.
Paul, Luci/Baenninger, Mary Ann (1991): „Aggression by Women: Mores, Myths, and Methods". In: Ronald Baenninger (Hg.): *Targets of Violence and Aggression*. Amsterdam et al.: Elsevier, 401–442.
Ruthemann, Ursula (1993): *Aggression und Gewalt im Altenheim. Verständnishilfen und Lösungswege für die Praxis*. Basel: Recom.
Sager, Sven F. (1988): *Reflexionen zu einer linguistischen Ethologie*. Hamburg: Akademion.
Schöfer, Gert (1980) (Hg.): *Gottschalk-Gleser-Sprachinhaltsanalyse. Theorie und Technik. Studien zur Messung ängstlicher und aggressiver Affekte*. Weinheim: Beltz.
Schwarz, Monika (1992): *Kognitive Semantiktheorie und neuropsychologische Realität. Repräsentationale und prozedurale Aspekte der semantischen Kompetenz*. Tübingen: Niemeyer.
Schwarz, Monika (^{3}2008): *Einführung in die kognitive Linguistik*. Tübingen: Francke.
Schwarz-Friesel, Monika (^{2}2013): *Sprache und Emotion*. Tübingen et al.: Francke.
Schwarz-Friesel, Monika (2010): „Expressive Bedeutung und E-Implikaturen – Zur Relevanz konzeptueller Bewertungen bei indirekten Sprechakten: Das Streichbarkeitskriterium und seine kognitive Realität". In: W. Rudnitzky (Hg.), 2010. *Kultura kak tekst* (Kultur als Text). Moskau: SGT, 12–27.
Schwarz-Friesel, Monika/Marx, Konstanze/Damisch, Sally (2012): „Persuasive Strategien der affektiven Verunsicherung im aktuellen Diskurs: Ironisieren, Kritisieren und Beleidigen in öffentlichen Streitgesprächen". In: Inge Pohl/Horst Ehrhardt (Hgg.): *Sprache und Emotion in öffentlicher Kommunikation*. Frankfurt a.M. et al.: Lang, 227–254.
Schwarz-Friesel, Monika/Reinharz, Jehuda (2013): *Die Sprache der Judenfeindschaft im 21. Jahrhundert*. Berlin, New York: de Gruyter.
Searle, John R. (1982): ‚Indirekte Sprechakte'. In: John R. Searle: *Ausdruck und Bedeutung*. Frankfurt a.M.: Suhrkamp, 51–79.
Spitzmüller, Jürgen/Warnke, Ingo H. (2011): *Diskurslinguistik. Eine Einführung in Theorien und Methoden der transtextuellen Sprachanalyse*. Berlin et al.: de Gruyter.
Thürmer-Rohr, Christina (1985): „Hassverbot für Frauen. Friedfertigkeit als therapeutische Aktion". In: *Psychologie Heute* 9, 64–67.
Weber, Hannelore/Piontek, Rosemarie (1995): „Geschlechtsunterschiede in der Bewältigung von Ärger – ein Mythos?" In: *Zeitschrift für Gesundheitspsychologie* 3(1), 59–83.
Zander, Margherita/Hartwig, Luise/Jansen, Irma (Hgg.) (2006): *Geschlecht Nebensache? Zur Aktualität einer Gender-Perspektive in der Sozialen Arbeit*. Wiesbaden: VS.
Zillmann, Dolf (1988): „Cognition-Excitation Interdependencies in Aggressive Behavior". In: *Aggressive Behavior* 14, 51–64.
Zimbardo, Philip/Gerrig, Richard (^{16}2004): *Psychologie*. Berlin: Addison-Wesley.

Francesca D'Errico, Isabella Poggi & Rocco Corriero
The leader's voice and communicative aggression in social media

Abstract: The paper presents a socio-cognitive model of discredit in political communication and focuses on aggressive language used on the web by analyzing different types of speech acts like insults and evaluative comments. Based on this model a case study is presented on the aggressiveness of a political leader and of his followers on social media, trying to disentangle the social and linguistic mechanisms implied in this kind of communicative exchange. In particular the case study allows us to explore the role played by the "social media tone" where the political leader's directness, the use of (sexual) provocation and the absence of dissent contribute to an increase in supporters'/followers' aggressive language.

1 Introduction

Politics has always been an outstanding arena for aggressive communication. Since ancient times several types of verbal expressions, from single words to entire texts, whether insults or invectives, libels or pamphlets, have been devoted to blaming opponents, to hitting them with the hammer of language. In the web era, communicative aggressiveness has landed on social media, in both personal interaction and political blogs and forums, where it seems even harsher than in face-to-face interaction, perhaps due to the idea that escalation to physical aggression is ruled out. This paper presents a case study on aggressive communication on the web, analyzing some of its typical verbal forms – criticism, accusations, comments, insults – and the role of a political leader and his followers in aggressing a political opponent.

2 Aggressive communication in social media. Previous studies and new research questions

Literature on aggressive language in political media has investigated the antecedents and situational aspects that affect what in communicative fields is called "flaming" or "impoliteness" (Papacharissi 2004). This becomes central when discussing how the media can become instruments of democracy. Among the contributions arguing for or against the view that social media is a democratic tool, some identify the individual and contextual factors determining aggressive or impolite language. Within individual ones, the factor of *political knowledge participation* emerges: flaming sometimes occurs because activists tend to be more partisan and thus more verbally conflictive (Hutchens 2014). Strangely, anonymity is not a significant factor, contrary to what has been suggested by the well-known theory of de-personalization (Spears/Lea 1992). As to contextual factors, the hypothesis of "network heterogeneity" is reinforced (Scheufele et al. 2006); according to this, discussion with different points of view promotes divergent views, strengthens arguments and forces individuals to evaluate different positions.

But the cited studies often deal with restricted contexts such as journalism, politics or experts. The primary concern of this paper is to investigate the effect of aggressive communication strategies as used by a political leader on supporters/followers as individuals: do "followers" follow the leader's position uncritically by simply adding compliant comments (Asch 1955), or are there conditions in which "followers" become an active minority (Moscovici 1976), in the end producing divergent knowledge and condemning the aggressive behavior of their leaders?

This question is central to the field of political communication, in which verbal aggression may undermine the voters' trust toward institutions and politics (Castelfranchi 2013; Mutz/Reeves 2005); however, it might also challenge stereotypical beliefs (Maass et al. 1995) and promote the democratic management of dissent by giving the right weight to leader and followers.

Another question is whether and how the type of social media employed affects communicative aggression. Actually, the very choice of certain media (mono-ideological such as a fan page on Facebook, or cross-ideological such as Twitter, which structurally promotes the exchange of opinions), can strongly determine higher or lower aggressive behavior: participants commenting aggressively on a fan page feels part of a group and shares its norms and values, while those knowing they will meet dissenting comments and opinions can be led to mitigation of aggressiveness, to show they are able to discuss the political theme with full awareness.

3 Evaluation and communicative aggression

Evaluation is a continuous activity in our life because evaluating means assessing what objects, people, or events are conducive or noxious to our goals. An *evaluation* (Miceli/Castelfranchi 1998) is a belief about how something has or gives you the power to achieve some goal: it is positive when some object, person or event is likely to let you achieve the goal, and negative if it is not. There are two kinds of negative evaluations: one of inadequacy, when something lacks the power necessary for some goals; and one of noxiousness, if it has power, but a negative power that risks thwarting some goals. For example, a voter may judge leader C negatively because, despite his/her honesty and moral integrity, s/he is not smart in political strategy (lack of power), or because, though being very smart, s/he is not honest or s/he abuses his power (noxiousness). People are evaluated positively or negatively according to several criteria (several goals): beautiful/ugly, altruistic/selfish, just/unjust, intelligent/stupid, honest/dishonest. The set of positive and negative evaluations one elicits from others makes up his/her image, which determines the social relationships s/he finally entertains with other people. Therefore positive evaluations are looked for, while negative ones are strongly avoided.

Many words and speech acts, and more generally communicative acts, in every language or culture are devoted to conveying evaluation. Here, by *speech act* we mean (after Poggi 2007) any word (for instance, an interjection) or sequence of words, that by its meaning conveys both a performative (an illocutionary force) and a propositional content. A speech act is a subset of the class of communicative acts: all those signals, even performed by the body or graphic visual signs (a gesture, an icon) that convey a performative and a propositional content.

When it comes to evaluative words, adjectives (*good, bad, stupid, ugly, useful, noxious....*), verbs (*to praise, to reproach*), nouns (*accusation, threat, promise*) adverbs (*hopefully, unfortunately...*) contain a semantic component of positive or negative evaluation; as for speech acts, criticisms, accusations, insults, and negative comments do as well. Criticism and accusation (Miceli/Castelfranchi 1998) are speech acts concerning the negative evaluation of some action: in *criticism*, Sender S claims that some property or action (including a communicative act stating some opinion), presupposed as characterizing a Target person T, or performed by T, is bad, wrong, negative; in an *accusation* S presupposes that a wrong action has been performed by someone, and asserts that this is T. Thus, both criticisms and accusations are about negative actions, but in the former the action is presupposed, and its being negative is asserted, in an accusation it is the other way around. An *insult* is a speech act that attributes such negative properties to a Target as to finally include him in an abasing category, with the intent of offending him and spoiling his image and self-image (Poggi et al. 2015). It is generally an informative act of the form "you are an X", or an exclamatory summon of the form "Hey, X!", through which S claims T belongs to a "degrading category", a category of entities X not worthy of respect or admiration, in the opinion of both S and T, because they are characterized by a very negative property and then subject to a very negative evaluation. If the form *"you are an X"* is already abasing for T, the form *"X!"* is even more offensive since, looking like a summons calling T – X, as if it were T's name, it not only states the belonging of T to that category, but even characterizes T only by the feature of being an X – denying any other nobler characterization of T (Poggi et al. 2015). Moreover, the insulter has the goal of not only communicating to others a negative property of T, but also of communicating to T his intention of offending him, i.e. to publicly spoil his image, and even his self-image: to let him feel disgusted by his very self. One more evaluative speech act is the *comment* (Poggi et al. 2013): a speech act or communicative act in which the information provided is generally additional with respect to one of the previous turns, pertinent but not requested by it, and aimed at facilitating an interpretation or providing an evaluation on the object of the previous turns. Therefore a comment may be either positive or negative, depending on the valence of the expressed evaluation.

4 Discredit in political debates

Political persuasion often implies some level of aggressive communication, because in any political debate, be it today in a TV studio, in a web blog, or long ago in the Roman Senate, each Orator tries to convince the Audience that his Opponent's proposals are less convenient, effective or ethical than his own; and since people are persuaded not only by what the Orator *tells* them, but also by how the Orator *is*, each Orator will tend to convince the Audience that he is more trustworthy than the other, and this may sometimes require as a precondition convincing the listeners that the other is not so. In brief, any politician tries to project a positive image of himself, and to prevent people from being persuaded by opponents, may try to spoil their image: to discredit the Opponent before the Audience. In this article we analyse a case in which people from a certain political side perform aggressive discrediting communication against a political opponent.

Discrediting (D'Errico/Poggi 2012) is the spoiling of a person T's image before some third party A (a person or a whole audience), caused, either deliberately or not, by a person S using communicative acts that mention actions or qualities of T considered negative by third party A. Criticism, accusation, negative comments and insults all are communicative acts mentioning a negative evaluation, but they are performed as a means to discredit T only if they are addressed only to an audience A (like in gossip or calumny), or both to T himself and to the Audience.

Previous works (D'Errico et al. 2013) have analyzed the discrediting moves of politicians in political debates, performed by verbal language (words and speech acts containing negative evaluations) or physical acts (e.g. *ironic smiles*), and either directly (e.g. by an explicit insult like *"You are a liar and a rascal!"*), or indirectly (e.g. by a counterfactual: *"If only the deputy-minister knew the difference between the crime of expressing an ideological opinion and writing false..."*). Discrediting moves were distinguished in terms of the flaw they attribute to the other, which can be grouped according to three criteria:

- BENEVOLENCE: caring about the electors' goals, working on behalf of their interests and not one's own, being trustworthy, honest, ethical (a negative evaluation concerning this criterion is one of noxiousness);
- COMPETENCE: the politician's expertise, knowledge, intelligence, planning skills (if negative, an evaluation of inadequacy);
- DOMINANCE: the capacity to influence others and impose one's will. If negative, this criterion is subject to an evaluation of inadequacy; but if one is seen as too strong and dominant, this is re-categorized as a negative evaluation against the criterion of benevolence, and considered immoral (D'Errico et al. 2014).

5 Evaluation criteria in everyday and political aggressive communication

What the contents of communicative acts of evaluation are in general, and of discrediting communicative acts in particular, tells us a lot about the values considered important in a given group or culture. If the studies above highlighted the criteria of benevolence, competence and dominance, in contexts different from debates held in political talk shows other criteria pop up. For example, the criterion of beauty – aesthetic or sexual attractiveness – has recently started to seem relevant in Italy when arguing about politicians. To find out these criteria, we ran a pilot study aimed at exploring the negative evaluations implied by Italian insults. By asking 20 students to generate insults typical of their region or country, we clustered 48 insults around specific criteria of evaluation. The criteria of benevolence, competence and dominance are represented in this small corpus, but within these some subcategories can be distinguished, and other criteria emerge to cover all the listed insults.

Insults like *capra* (goat), *idiota* (idiot), and *mongoloide* (a person with down syndrome) refer to the criterion of COMPETENCE; but this also subsumes a criterion of MENTAL SANITY, referred to by insults like *"tu non sei normale"* (you're not normal). Insults related to the criterion of BENEVOLENCE, that is, one of honesty and morality, are *Fijo de na'...* (son of a...), *stronzo* (bullshit), *carogna* (swine), and *infame* (infamous), while *cagna* (bitch) and *poco di buono* (rogue) concern a subtype of it, SEXUAL MORALITY. Regarding DOMINANCE, two cases can be distinguished: insults referring to LOW DOMINANCE, like *patetico* (pathetic), *ridicolo* (ridiculous), *non vali un cazzo* (you are worth nothing), *non fai paura a nessuno* (no one is afraid of you), *inutile* (useless); and ones implying TOO HIGH DOMINANCE, better subsumed again to BENEVOLENCE, since they imply the high strength of the Target which allows behaviors aimed at hurting others, e.g. *bastardo* (bastard) and *figlio di puttana* (son of a bitch). The criterion AESTHETIC-PERCEPTIVE ATTRACTIVENESS generates evaluations like *quanto sei brutto* (how ugly you are), *"faccio prima a saltarti in testa che a girarti intorno"*, (I'd rather jump over you than go around you), *fai schifo* (you suck), and *ciccione* (fatty). Other insults, like *finocchio* (fag), *femminuccia* (sissy) or *sei frigida* (you are frigid), refer to SEXUAL INADEQUACY, which might be seen as a case of low COMPETENCE, if this also includes more general capacities or skills than just intellectual ones; but to the extent to which sexual capacity is a paradigmatic case of potency, they may be a stigma of LOW DOMINANCE. Finally, insults like *rompipalle* (pain in the ass) refer to lack of SOCIAL SKILLS. Equipped with this classification, we can now study aggressive communication in the social media.

6 Followers' reactions to the "tone" of social media: Insults and other divergent comments

Based on the categorization of insults above, we carried out a study into insults and other forms of aggressive communication in a social network. Our aim was to understand what actions and reactions are triggered when a political leader eggs on his followers to attack some opponent through provocation.

6.1 Instigation on the web: a case study in the political domain

The aim of this study is to investigate the aggressive language used by followers and "friends" in social media as a result of comments by their political leader. The variables we focus on in our study follow the "faceted" model of computer-mediated discourse (Herring 2007) according to which specific discursive and communicative modalities affect the followers' reactions. Other, contextual, factors concern what we shall call the "tone" of a particular branch of social media. This includes the communicative strategies of moderators, leaders and followers (for instance the use of aggressive and sexist language, directness of aggressive communicative acts). In addition we also explore the level of membership claimed and implicitly accepted by the followers, starting from the hypothesis that in relationship-based media – like a fan page on Facebook, which is mono-ideological – the level of membership is high, while in content-based media such as Twitter it is lower.

We analyzed a recent political event in an Italian social network involving Laura Boldrini (a Member of the Italian Parliament and Chamber President) and Beppe Grillo, the leader of a large opposition movement, "Movimento 5 stelle". The story starts with the so-called "Boldrini Guillotine case". During a parliamentary session in which a decree was to be approved, members of "Movimento 5 stelle" tried to filibuster, dragging out the discussion with long speeches to block the vote, but President Boldrini applied the "guillotine", a legal device to break up the discussion in order to have the decree approved in time.

Boldrini was strongly criticized by the whole "Movimento 5 stelle", and later Beppe Grillo posted a provocative question on his Facebook page: "What would you do if you were alone in a car with Boldrini?" A flood of extreme reactions followed, including a high level of communicative aggression (D'Errico et al. 2014).

Regarding this "casus belli", the present work more specifically investigates the effects of a political leader's (sexual) provocation and those of the leader's speech acts (direct vs. indirect insults) on the followers' subsequent speech acts (type and directness of comments and insults). As pointed out above, an insult can be direct or indirect and this can affect the increase in followers' aggressive speech acts. So, the questions put by this study are the following:

– What does a sexual provocation by a political leader cause, and how are the supporters' comments most frequently phrased? What are the targets of the insults? What is their level of indirectness? Is there aggressive language only, or also divergent comments stigmatizing the leader's language from a normative or functional point of view, and/or aimed at political criticism?
– What type of insult targets of the supporters' comments are there, how (in)direct are the insults/general aggressive language/divergent comments/political criticism when a political leader uses an indirect insult discrediting the opponent's dominance or when he uses direct provocation focused on the opponent as a sexual target?
– What is the most frequent type of comment made by the supporters/followers (regarding insult target, indirectness, aggressive language with divergent comments and political criticism) when followers discuss in a mono-ideological (fan page of Facebook) vs cross-ideological social media (Twitter)?

6.2 A textual and lexical analysis of Grillo's Facebook page

In a previous study (D'Errico et al. 2014) we performed an automatic quantitative-qualitative analysis on the discussion by Grillo's followers after the Boldrini case. These subjects' comments were analysed by *TalTac* ("Lexical and Textual Automatic Processing for Content Analysis", Bolasco, 2013), a software programme for textual data analysis based on a "lexicometric approach": the application of statistical principles to textual corpora. "Textual statistics" (Lebart 1994) extracts the semantic level in a text from a list of words obtained by statistical analysis; e.g., in specificity analysis, the software extracts a list of significant words, the "characteristic lexicon". By means of the characteristic lexicon we identified frequent topics and their most frequently used associated words.

From more than two thousand comments extracted in one week before and after Beppe Grillo's provocation, we obtained a corpus of 96,526 (V) occurrences with 1,624,109 (N) different words and a high lexical richness index [(V/N)*100], equal to 5.9%[1], usable for lexico-graphic analysis. As to ecological validity, the analysis related to social media, which display dynamics of *self-presentation* (Turkle, 1997) different from those in "real" contexts. In this corpus all typical modes and forms of digital aggressive language are used, including so-called "flaming" (Steele, 1983), hostile and insulting interaction between Internet users, and all possible devices of web aggression appear: typographic attributes as capital letters, repetition of the interrogative, exclamation marks, dots after an allusive attack, as well as very common usage of sarcasm, intimidation, and insults. In that study (D'Errico et al. 2014), we investigated the effects of a leader provoking attacks (Beppe Grillo against Laura Boldrini), dividing the corpus into subtypes following the *Comment Time* (Before vs. After Grillo's attack on Boldrini, January 31st, 2014).

In their comments Grillo's followers answer by describing the strong contrast that is "Us vs. them" and their responses consist almost entirely of insults and denigrations accompanied by bad words (*cazzo* (male sexual organ), *merda* (excrement), *schifo* (disgust)...), curses and direct insults, or indirect insults obtained through puns (e.g. *Boldracca*: a pun on the name "**Boldr**ini" and the noun "bal***dracca***", prostitute). As to the variable Time, the relevant differences in the words used by Grillo's followers in the posts before versus after his provocative question allow us to better understand how the dynamic leader's provocation dramatically enhances the followers' level of aggressiveness.

---

[1] Bolasco (2013) acknowledges that the reference value (V/N) of good text richness is below 20%.

The main topics that emerge before the provocation are:
- the high level of anger, mainly expressed through insults addressed to the whole category of politicians (COWARD, slaves, MURDERESS, ignorant, need, CORRUPT, CORRUPTS, idiot, stupid, criminal, indecent, clown, demented, vulgar, stupid, ... (excrement), ... (male sexual organ), delinquent, Worm, rogue, BASTARD, mafioso, BANDIT, pimps, PIMP)
- incitation to collective actions and riots to be carried out together: verbs always in the first person plural highlight very strong group cohesion (Revolution, WE DECIDE, STRIKE, proposals, bitter end, WE TAKE, WE WANT, WE DO, let us wake up, let us fill, let us rise up, get free, let us go down, WAR, let us expropriate, let us transform them, let us organize, rise up, let us abandon, we will get out, we denounce)
- though to a lesser extent, the followers ask the leader to take action in the Parliament; here the verbs – frequently incitations to Grillo in the imperative – actually seem a way of organizing anger and imagining a reaction to a generalized negative political situation (Do it!, Abolish!, complain, impeachment, spread out, put, expropriate, send him, get angry, denounce it).

Analyzing the words in the period immediately after Boldrini's episode, we find out that the Leader's provocation has a very strong impact on his followers' lexicon: they pass from a generalized category of "corrupt people and assassins" to a selected enemy, a "scapegoat" represented by Laura Boldrini, who is the target of the followers' anger previously expressed toward various politicians. In terms of occurrences, the name "*Boldrini*" passes from 314 to 4350 occurrences after the provocation, focusing attention exclusively on her. Results obtained by lexicographic analysis after Grillo's provocation highlight as the main topics, on one hand, the *expression of happiness and enthusiasm* – a way of increasing persistence in action and of reinforcing group values and group cohesion – and on the other, *group conformism and compliance with authority (Kicks, prostitute, bad luck, dump, make her eat excrement, abandon, I would kick her away, I would throw her away; car, sidewalks, guard rail, door, ride, get off, walk around, running, gas, gas pipe, door, ring road)*. This is represented by the words used by followers who passively comply with their leader's aggressive communicative style: compliant answers. In this case what becomes most widespread and immensely popular are aggressive acts toward the identified scapegoat (*I'll kick her in the ass, I'd take her to the pond kicking her along the sidewalks*), but also mentions of properties that mainly claim contempt for her sexual morality.

6.3 Analysis of compliant and divergent reactions to the leader's provocation

Our results focus on three topics: the general distribution of followers' reactions, the effects of the directness/indirectness of the leader's insults, and the effect of the general "tone" of communication in the social media.

1) *The Political Leader's sexual provocation*

From our data two different reactions from Grillo's followers emerge. On the one hand, there are "fanatic" followers, who totally comply with the leader and his provocation via ever more extreme communicative aggression; on the other hand, there are a few "followers" that appear quite scandalized by the aggressive and vulgar trend of posts and provide "divergent" responses, trying to slow it down and extenuate it. To better understand the real seriousness of the *"followers' compliance"* and to measure both compliant and divergent reactions to Grillo's provocation, we selected 630 concordances on the basis of the word *"Boldrini"* (before and after Grillo's sexual provocation), to compute how many of them are insults, and of what type, distinguishing them from other verbal reactions. We used the categories of insult types outlined in the pilot study above, but we also coded "other reactions", to classify divergent comments (non-compliant followers' answers) too.

Comparing the periods before and after Grillo's provocative question, the types of insults change significantly [$\chi^2(7) = 86,159$, $p<0.000$]: in the "before" period they simply discredit Boldrini concerning her institutional role: insults mention her lack of *benevolence* (23.5%) because she applied the "guillotine" in an unfair way. They attribute to her an excess of dominance (7.8% for example by saying *"she is fascist"*) or, conversely, low dominance (7.8%, e.g. *"she is a servant of strong powers"*), or finally low competence (7.8% *"she can't apply parliamentary laws correctly"*). After Grillo's provocation, his followers' insults directed at Boldrini regard strictly personal dimensions: her "SEXUAL MORALITY" (19.2 %) and "AESTHETIC attractiveness" (11.9%), and at a lower percentage her lack of DOMINANCE (4.6%) and lack of COMPETENCE (3%). These data clearly show what aggressive reactions a leader can cause by provoking his/her followers in a digital context. (Figure 1)

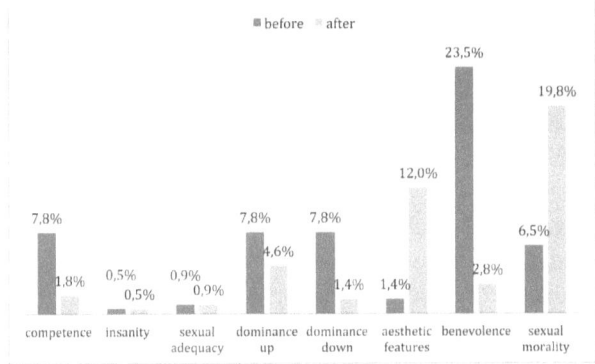

Figure 1: Target of the insult*Comment Time (Sexual PROVOCATION)

If we consider the comment's directness we observe an inversion of the trend between direct and indirect comments: before the provocation indirect ones prevail (31.85% vs 20.38%), while after the leader's provocation direct insults against President Boldrini increase to up to 41.40% (vs. 6.37%) of the whole extracted corpus [c2(2) = 3,422, p<0.05] (Figure 2).

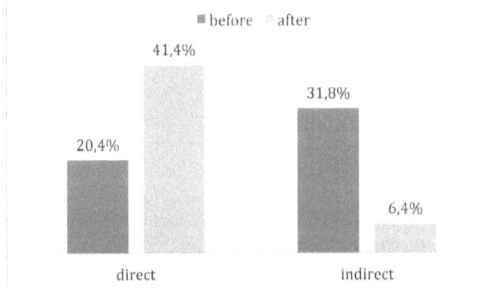

Figure 2: Comments' indirectness*Comment Time

Looking at responses to Grillo's question, other than insults, we coded the following reactions: *threats, counter-insults* and *divergent comments*. Threats are plans and commitments to cause some damage to the Interlocutor in the event of non-compliance with the Speaker's conditions (Castelfranchi/Guerini 2007), and in this case they are close to what we previously named "aggressive actions"; *counter-insults* or come-backs are a restitution of the insults to the insulters, in this case in defense of the insulted person, Laura Boldrini. The last category represents the civil and positive reactions to insult escalation: *divergent comments*. Within this category we include "comments" (Poggi et al. 2013), namely, third party evaluative sentences aimed at breaking or neutralizing insult escalation:

in particular, reproaches, expressions of indignation, normative comments, and criticism of the insult or the Insulter.

An analysis of the whole corpus of comments shows that verbal insults change significantly [$\chi^2(5)$ = 86,159, p<0.000], decreasing from 41.2% to 29.9% while threats grow from 2.8% to 5.7% and no trace of political criticism is present any more (they go from 0.9% to 0%); but the interesting thing is that divergent comments increase significantly passing from 0.7% to 7.2% after Grillo's provocation (Figure 3). No differences were found for counter-insults addressed to the leader, perhaps due to there being an administrator's "filter".

These results support the so-called "boomerang effect" (*Backlash effect*, Haddock and Zanna 1997): when a leader or authority increases his/her aggressive communication, s/he gets negative feedback from the audience.

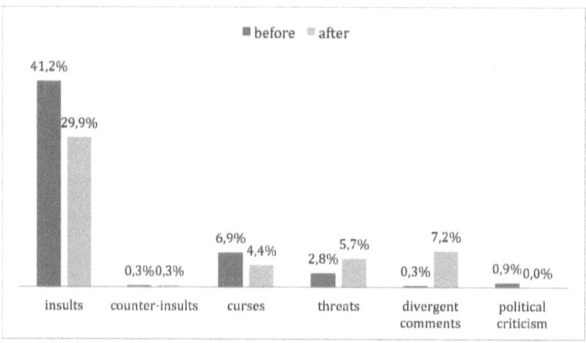

Figure 3: Comment Type *Comment Time

What kind of divergent comments grow in number after Grillo's provocation? The quantitative-qualitative method adopted allows us to extract the divergent comments reported below, by means of simple and semantic concordance analysis (respectively, with the word "*Boldrini*" only and with the words *Boldrini, troppi* (too many), *scusa* (apologize), *vergognatevi* (shame on you), *esagerando* (exaggerating), and *turpiloquio* (bad words).

The divergent comments – as we can see in the examples below – consist of reproaches and expressions of indignation that are close to normative comments or to remarks on violations of a norm that the leader has to repair. In comments like *Vergogna!* (shame on you!), *Devi chiedere scusa!* (you must apologize!), addressed to Grillo, these followers acknowledge Boldrini as a victim. Other divergent comments are "*politically functional*": followers simply recognize that bad language is not useful for political strategies; in this case they don't acknowledge Boldrini as a victim. Within the divergent comments the normative ones are more widespread than the functional ones (63% vs 37%), but they share an attempt to go beyond the conflictual and aggressive verbal strategy to rationalize and reach a meta-communicative level beyond pure compliance toward a "digital" leader.

6.4 Selected divergent comments by the leader's followers

Normative comments

*Beppe devi chiedere **scusa**, per il post sciagurato, eppure mi piacevi*
Beppe you must **apologize** for the unfortunate post, however I liked you

*Movimento 5 stelle è stato perfetto fino alla vile **bassezza contro la boldrini***
Movimento 5 stelle was perfect until the vile **baseness against boldrini** (sic)

***Vergognatevi**!!*
Shame on you!!

*E' semplicemente **disgustosa** la violenza verso una donna che **istighi** povero Beppe, e che i tuoi adepti esternano fieri.*
It 's just **disgusting** the violence against a woman that you **incite**, poor Beppe, and that your followers give vent to so proudly.

*Manco la buona **educazione** conosci, altro che democrazia 2.0.*
You do not even know good **manners**, let alone democracy 2.0.

Politically functional (divergent) comments

*Il post è servito solo a scatenare commenti di una **ignoranza** pazzesca*
The post was only good to trigger tremendously **ignorant** comments

*E' il **turpiloquio** è il vostro modo di fare politica, prendete pure bossi e il trota che al vostro confronto è un docente universitario*
It is **bad language** it is your way of making politics, just take Bossi and his son the "trout" who compared to you is a university professor

*Non hanno capito che **l'immagine** che fa male al paese è la loro*
They did not understand that the **image** that hurts the country is theirs

*Ma questi insulti sessisti **gratuiti** sono necessary?*
But are these **pointless** sexist insults necessary?

2) *Directness of the leader's insults*

To check how the directness of an insult uttered by a political leader influences the severity of followers' comments, we extracted comments following, respectively, a direct provocation of a sexual nature ("What would you do in the car with Boldrini?") and an indirect insult discrediting the benevolence of the politician (*In viaggio con Lady Tagliola*[2]= traveling with Lady Trap).

In the social media domain, as Hutchens et al. (2014) have demonstrated, political scenarios that directly challenge participants promote the intention to "flame" (Steel, 1997). Here we observe what really happens in a social media group: real followers' comments, insults (their target), the type of aggressive language generally used, whether reactions are compliant or divergent, and their level of (in)directness in response to the verbal aggression of the leader. As emerges from Fig. 4, the directness of the insult significantly increases [$\chi^2(7)$ = 3,422, p<0.05] the seriousness of Grillo's supporters' comments, grouped mainly around the dimension of sexual morality (28.9%) and aesthetic features (17.4%). With indirectness, instead, even if the insult concerns the dimension of dominance (the attribute "Lady Trap" represents a woman exploiting her power in order to achieve a negative goal), more indirect language produces a spread of insults concerning dimensions related to Boldrini's political and institutional role (Dominance down: 10.7%; Benevolence: 8.7%; dominance up: 6.7%, competence: 4.0%; Figure 4). This shows the importance of the political leader in determining the "tone" of the group when pitted against his opponent, and an acceptable way of communicating political dissent towards opponents.

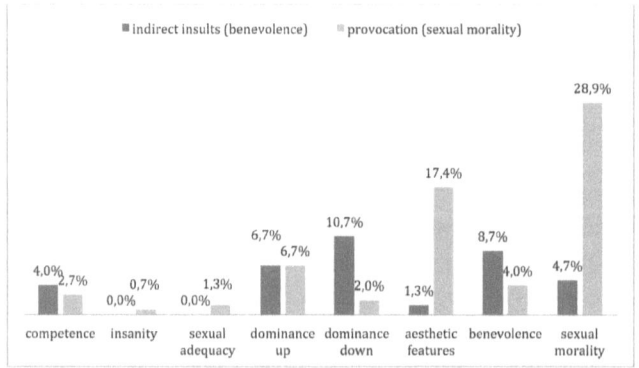

Figure 4: Comment Target *Leader's indirectness

---

2 Tagliola (trap) is another name for the parliamentary device of the "guillotine".

The so called "social accountability" of the leader, i.e. the responsibility for the moral consequences of his/her communication strategies or rhetorical maneuverings (Shotter 1989), is even clearer as we consider the more general use of aggressive language by followers, listed below: first, the indirectness of the leader's insult determines a significant decrease in the followers' [16.7% vs. 29.3%, $\chi^2(5) = 66,001$, p<0.000]), but secondly it determines a marked increase in divergent comments (13%) – mostly on the *normative*, then the *"functional"* dimension of the followers (64% vs 36%) – and finally the *"political criticism"* one (7.4%). The latter focused on the real issue rather than on discrediting Boldrini's image. An indirect speech act can significantly moderate the followers' comments but also promote a proactive and wise exchange of political opinions also when dissent is severe; in fact the sum of divergent comments and political criticism dramatically changes in the case of indirectness (20.37% vs 8.94; Figure 5).

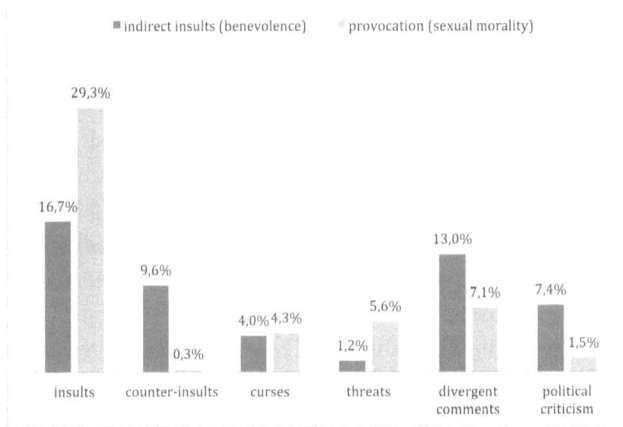

Figure 5: Comment type*leader's indirectness

The leader's use of indirect insults significantly impacts on the expressive modalities of his supporters, more than direct insults do (indirect insults accounted for 26.15% vs. direct ones – 16.15%); this contrasts with the provocation concerning sexual morality, which triggers more than 50% direct insults. [$\chi^2(1) = 33,31$, p<0.000; Figure 6]

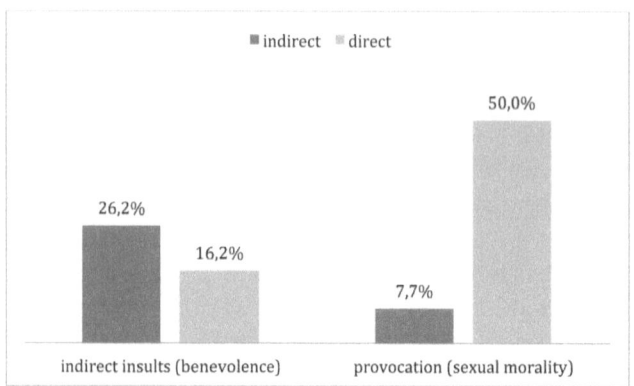

Figure 6: Supporters' insult indirectness*leader's indirectness

3) *Type of social media and level of political membership*

Another contextual variable that may affect supporters' aggressive and insulting comments is the type of social media. In fact, the data described so far come from the political leader's group on Facebook, where supporters generally ask to become friends. What happens, however, when the provocation is launched by a form of social media not based on any relationship with a leader but on specific contents, such as "content-based" Twitter? Certainly the level of belonging and adherence to certain political views is dramatically reduced, Twitter being cross-politically oriented. For this purpose, comments were collected regarding a tweet sent by Grillo, and its re-tweets, in which he was likewise launching the same sexual provocation ("What would you do in a car with Laura Boldrini?"). In this case too the amount of comments is large (more than 700) but less than on Facebook. After coding the comments obtained following the categories of insult type, aggressive language type and insult indirectness, we ran a statistical analysis. Results show a distinct communicative reaction by supporters/followers [$\chi^2(5)$ = 75,035, p<0.000]: Facebook focuses primarily on insults (37.3%), different from Twitter (9.8%); in the former insults are also accompanied by curses (5.5%) and threats (7.1%), while in the latter they are under 1% (Figure 7). Secondly, followers in a cross-political place can comment and discuss political themes and criticize politely (7.5% vs. 2%) or feel free to stigmatize politicians' verbal aggressiveness by divergent comments (15.3% vs 9%).

Regarding the severity of insults, they are focused on political dimensions (dominance "down" and competence 9%, and benevolence 7%, calculated by counting all of the Facebook and Twitter insults), rather than personal dimensions as happened mainly on Facebook; furthermore, indirect insults on Twitter are twice as common as direct ones. On the other hand, on Twitter divergent comments are more often based on the moral stigmatization of the followers, rather than on the functional dimension (59% vs. 41%); (Figure 7).

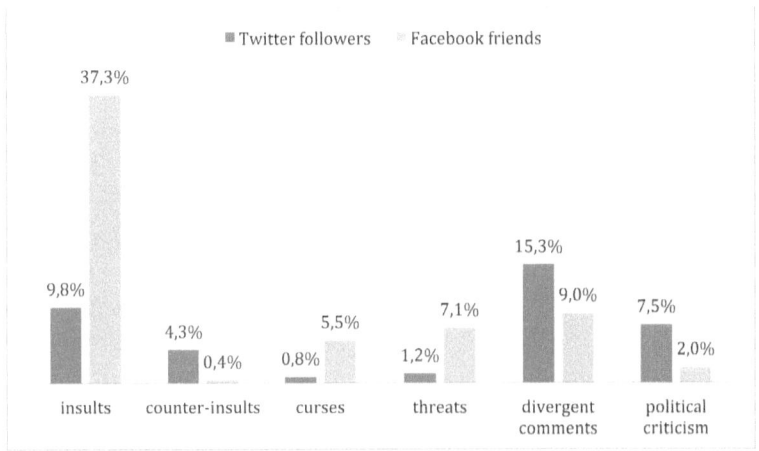

Figure 7: Social media type*comment's type

7 Conclusion

"A last trick is to become personal, insulting and rude as soon as you perceive that your opponent has the upper hand" (Schopenhauer 1831: 64). In suggesting this trick as a strategic motivation for a politician to insult an opponent, Schopenhauer could not have anticipated that this would have also been the possible reaction of a leader's followers on Facebook. This work starts with a socio-cognitive model of discrediting to identify the evaluation processes made explicit in aggressive communication. Discrediting through social media becomes a discursive strategy of delegitimization that determines an increase in hate speech, but first of all it aims at what Bar-Tal (1990) defines as rhetorical strategies of *dehumanization*, where the other is given non-human labels, categorizing it as an animal, a machine, an inorganic or somehow non-self-regulated object; and this right in an arena which should allow and encourage democratic dialogue!

The types of discrediting found in previous works also appear exhaustive for the analysis of aggressive digital communication: the categories proposed allow us to measure the seriousness of insults and other negative reactions like threats or counter-insults, but also to distinguish positive and polite ones like "divergent comments". Moreover, parallel to the aggressive comments, *divergent* ones allow us to better understand the increasing reaction of an "active minority" (Moscovici 1976), triggered when a political leader uses hostile tones by advocating violence, which seems coherent with the so called *backlash effect* (Haddock/Zanna 1997) seen in real life contexts. In his studies on the influence of the majority and authority, Asch (1955) found out that people (sometimes as many as 60%) are often easily led astray by other authoritative, often multiple, people, in such a way as to lose track of all rational and sensible thought and behavior. This also happens in today's social networks, in which followers give up their reasoning skills and become even more ferocious than their leader.

According to our data the political leader's speech act (provocation regarding a sexual target) is part of what in social media studies is called "tone" (Herring 2007), in which other contextual variables also converge, such as the directness or indirectness of the speech act itself. In this study we observed that when a leader does not mitigate his/her language, supporters/friends are also compliant with his directness by using more severe discrediting targets (sexual morality or aesthetic features), that are definitely beyond any democratic criticism toward political opponents. In contrast, indirect forms of aggressive language to a significant extent promote divergent comments – more on the normative floor than on the strategic one – also taking up a role of moral stigmatization of verbal violence, as well as providing political criticism focused on the actual theme.

In the same vein the supporters/followers in choosing a particular type of social media also know what "tone" they might meet when giving their comments: a fan page on Facebook is mono-ideological, while a Tweet can be cross-ideological.

According to our data it turns out that leaving a comment congruent with the leader's speech act ("What would you do in the car with Boldrini?") very likely gives rise to an aggressive comment or an insult (on Boldrini's "sexual morality"), whereas on Twitter political criticism or divergent comments prevail. Our results support the idea that in certain conditions discussing matters in a context with different opinions reinforces one's own argumentation (Hutchens et al. 2014), but it also moderates aggressive language, promoting political criticism and "normative" divergent comments toward a provocative and aggressive leader. Where verbal aggressiveness becomes the norm – affecting the whole "tone" of the social network – supporters' comments too are mostly aggressive, becoming widespread and hence leading people to consider their aggressiveness to be more acceptable. But – fortunately – when followers also converse while facing different opinions, aggressive language tends to leave the floor to a more polite political criticism and opposition.

References

Asch, Solomon E. (1955): "Opinions and Social Pressure". In: E. Aronson (ed.): *Readings about the Social Animal* 193, New York: Worth Publishers, 17–26.

Bar-Tal, Daniel (1990): "Causes and Consequences of Delegitimization: Models of Conflict and Ethnocentrism". In: *Journal of Social Issues* 46(1), 65–81.

Bolasco, Sergio (2013): *L'analisi automatica dei testi. Fare ricerca con il text mining*. Roma: Carocci.

Castelfranchi, Cristiano/Guerini Marco (2007): "Is it a Promise or a Threat?" In: *Pragmatics & Cognition* 15(2): 277–311.

Castelfranchi, Cristiano (2013): "La paradossale 'sfiducia' degli italiani nelle istituzioni". In: *Sistemi Intelligenti* 1, 113–121.

D'Errico, Francesca/Poggi, Isabella (2012): "Blame the Opponent! Effects of Multimodal Discrediting Moves in Public Debates". In: *Cognitive Computation*, 4(4): 460–476.

D'Errico, Francesca/Poggi, Isabella/Corriero, Rocco (2014): "Aggressive Language and Insults in Digital Political Participation". In: *Proceedings of Multiconference on Computer Science and Information Systems: Web Based Communities and Social Media 2014*. University of Lisbon, 105–114.

D'Errico, Francesca/Poggi, Isabella/Vincze, Laura (2013): "Discrediting Body. A Multimodal Strategy to Spoil the Other's Image". In: I. Poggi et al. (eds.): *Multimodal Communication in Political Speech Shaping Minds and Social Action*. Springer, LNAI 7688, 181–206.

Haddock, Geoffrey/Zanna, Mark P. (1997): "Impact of Negative Advertising on Evaluations of Political Candidates: The 1993 Canadian Federal Election". In: *Basic and Applied Social Psychology* 19, 205–223.

Herring, Susan. (2007): "A Faceted Classification Scheme for Computer-Mediated Discourse". In: *Language@Internet* 4(1), 1–37.

Hutchens, Myiah J./Cicchirillo, Vincent J./Hmielowski, Jay D. (2014): "How Could You Think That?!?!: Understanding Intentions to Engage in Political Flaming". In: *New Media and Society* 16(5), 1–19.

Lebart, Ludovic/Salem, André (1994): *Statistique textuelle*. Paris: Dunod.

Maass, Anne/Milesi, Angela/Zabbini, Silvia/Stahlberg, Dagmar (1995): "The Linguistic Intergroup Bias: Differential Expectancies or Ingroup Protection?" In: *Journal of Personality and Social Psychology* 68, 116–126.

Miceli, Maria/Castelfranchi, Cristiano (1998): *The Role of Evaluation in Cognition and Social Interaction. Human Cognition and Agent Technology*. Amsterdam: John Benjamins.

Moscovici, Serge (1976): *Social Influence and Social Change*. New York: Academy Press.

Mutz, Diana C./Reeves, Byron (2005): "The New Videomalaise: Effects of Television Incivility on Political Trust". In: *Political Science Review* 99(1): 1–15.

Papacharissi, Zizi (2004): "Democracy Online: Civility, Politeness, and the Democratic Potential of Online Political Discussion Groups". In: *New Media & Society* 6(2), 259–283.

Poggi, Isabella (2007): *Mind, Hands, Face and Body. A Goal and Belief View of Multimodal Communication*. Berlin: Weidler.

Poggi, Isabella/D'Errico, Francesca/Vincze, Laura (2013): "Comments in Words, Face and Body". In: *Journal of Multimodal Users Interface* 7, Issue 1, 67–78.

Poggi, Isabella/D'Errico, Francesca/Vincze, Laura (2015): "Direct and Indirect Verbal and Bodily Insults and Other Forms of Aggressive Communication". In: F. D'Errico/I. Poggi et al. (eds.): *Conflict and Multimodal Communication. Social Research and Machine Intelligence.* Berlin: Springer, 243–264.

Scheufele Dietram/Hardy, Bruce/Brossard, Dominique (2006): "Democracy Based on Difference: Examining the Links Between Structural Heterogeneity, Heterogeneity of Discussion Networks, and Democratic Citizenship". In: *Journal of Communication* 56(4), 728–753.

Schopenhauer, Arthur (1831) "Eristische Dialektik: Die Kunst, Recht zu behalten". In: Grayling, A.C. (transl.) (2004): *The Art of Always Being Right: Thirty Eight Ways to Win When You Are Defeated,* London: Gibson Square Books.

Shotter, John (1989): "Social Accountability and the Social Construction of 'You'". In: J. Shotter/K.J. Gergen (eds.): *Texts of Identity*. London: Sage Publications Ltd., 133–151.

Spears, Russell/Lea, Martin (1992): "Social influence and the influence of the 'social' in computer-mediated communication". In: Martin Lea (ed.): *Contexts of Computer-Mediated Communication*. London: Harvester Wheatsheaf, 30–65.

Steele, Guy (1997): *The New Hacker's Dictonary*. New York: MIT Press.

Turkle, Shirley (1997): *Life on the Screen. Identity in the Age of the Internet*. New York: Touchstone.

List of figures (the copyright is held by the authors)

FIGURE 1: Target of the insult*Comment Time (Sexual PROVOCATION)
FIGURE 2: Comments' indirectness*Comment Time
FIGURE 3: Comment Type *Comment Time
FIGURE 4: Comment Target *Leader's indirectness
FIGURE 5: Comment type*leader's indirectness
FIGURE 6: Supporters' insult indirectness*leader's indirectness
FIGURE 7: Social media type*comment's type

Giulia Pelillo-Hestermeyer
Politische Clowns in Klartext-Manier: Expressivität und Aggressivität in Zeiten transnationaler Öffentlichkeit

Abstract: This contribution focuses on the transnational discussion in the media of a diplomatic conflict between Peer Steinbrück and Giorgio Napolitano, who were, respectively, at the time of the events in 2013, candidate for the German chancellory and Italian president. The conflict was generated by a comment made by Peer Steinbrück related to the results of the recent Italian elections: during a campaign event he stated that "two clowns" had been elected, referring to Silvio Berlusconi and Beppe Grillo. As a consequence, Giorgio Napolitano, who was in Germany at that time for a state visit, refused to meet the candidate, considering his comment to be an insult to the Italian people he represented. The paper analyses, from a pragmalinguistic and discourse analysis perspective, a corpus of different kinds of media discourses and texts (newspapers, blogs, YouTube videos etc.) in German, Italian, Spanish and English. The analysis highlights how the conflict has been recontextualized in different public spheres and media. In Germany for example the discussion mostly focuses on Steinbrück's behaviour and its compatibility with the role of chancellor, a problem that was not mentioned in the Italian public sphere. But even within the same public spheres the conflict generates a multiplicity of discussions that are not linked to the original debate. By crossing media spaces and contexts the degree of aggressiveness grows and expands to various political, social and cultural fields. This illustrates a "context-deficit" in the inter- and transnational communication, a problem that is of relevance – not only – with regard to the development of a European public sphere.

1 Der Konflikt Steinbrück-Napolitano als pragmalinguistisches und mediendiskursives Fallbeispiel

Jede/r kennt aus der Kindheit das Spiel „Stille Post", in dem die Übertragung einer Botschaft von einem Ohr zum anderen schließlich zu unterhaltsamen Deformierungen und überraschenden Verwirrungen führt. Der vorliegende Beitrag untersucht einen vergleichbaren, wenn auch komplexeren kommunikativen Prozess, in dem die Übertragung einer Nachricht in der transnationalen Öffentlichkeit[1] zur Multiplizierung der Deutungen sowie zur Verstärkung der Aggressivität führte.

Am 26. Februar 2013, kurz nach den Parlamentswahlen in Italien und zu Beginn der Wahlkampagne in Deutschland, kommentierte der Kanzlerkandidat Peer Steinbrück während der politischen Veranstaltung „Klartext" in Potsdam die Ergebnisse der italienischen Wahl mit folgenden Worten:

01 Ich teile die Sorge und auch die (-) einen gewissen Frust über das Ergebnis der Wahlen in Italien
02 bis einem gewissen Grad bin ich entsetzt dass zwei (.) Clowns (.) gewonnen haben
03 (Lachen im Publikum)
04 ein beruflich tätiger Clown der auch nicht beleidigt ist wenn man ihn so nenne
05 ee Grillo
06 und ein Anderer der definitiv ein Clown ist mit einem besonderen Testosteronschub ist (Applaus)
(literarische Umschrift aus: https://youtu.be/moCJq7KeRgk)

Die beiden italienischen Politiker Silvio Berlusconi – damaliger Parteichef der Mitterechts Partei „Popolo della Libertà" („Volk der Freiheit") – und Beppe Grillo – Chef und Mitbegründer der als freie Bürgerversammlung konzipierten „Movimento 5 Stelle" („Fünf-Sterne-Bewegung") – wurden damit als Clowns bezeichnet. Der damalige italienische Staatspräsident Giorgio Napolitano, der sich gerade in jenen Tagen auf Staatsbesuch in Deutschland befand, reagierte auf den Kommentar mit der Absage des geplanten Treffens mit dem Kanzlerkandidaten im Berliner Hotel „Adlon" (https://www.youtube.com/watch?v=9DK4OAQnfSg). Die italienische Botschaft bestätigte die Absage ohne Angabe von Gründen. Das Ereignis wurde in den darauffolgenden Tagen und Wochen in der deutschen und in der italienischen Presse ausführlich kommentiert, Stellungnahmen zum Verhalten des deutschen Kanzlerkandidaten Peer Steinbrück teilten die Öffentlichkeit in zwei Lager: Steinbrück-Unterstützer und Steinbrück-Kritiker. Die „Affäre" wurde dann in der ausländischen

---

[1] Mit transnationaler Öffentlichkeit bezeichnet man nach Brüggemann et al. (2009: 395): „Räume der Verdichtung von Prozessen öffentlicher, medial vermittelter politischer Kommunikation [...] die den nationalen Bezugsrahmen übersteigen". Im Hinblick auf die im Folgenden ausgeführte Analyse ist es wichtig festzuhalten, dass eine transnationale Öffentlichkeit sich als Transnationalisierung nationaler Öffentlichkeiten entwickelt und nicht im Gegensatz zu diesen steht (Wessler/Brüggemann 2012: 64).

Presse weiter ausgeführt und reichlich von Lesern und Leserinnen in verschiedenen Medien (Leserbriefe, Internet-Blogs, E-Diskussionsrunden, Chats) kommentiert. Ziemlich klar nahm die Auseinandersetzung die Züge einer Konfrontation zwischen zwei unterschiedlichen Selbst- und Fremdwahrnehmungen an, die sich deutlich in den weiteren Aussagen der beteiligten Akteure manifestierten: Steinbrück meinte, er habe „Klartext" geredet, habe einfach einen Tatbestand benannt; der italienische Staatspräsident Napolitano meinte, ein Politiker sollte wissen, wie er mit wem wann zu sprechen hat. Daraus entwickelten sich lokale, nationale und transnationale Diskussionen, bei denen sich der ursprüngliche Konflikt über Steinbrücks je nach Leser kritisiertes oder verteidigtes Verhalten auf weitere Aspekte des politischen und kommunikativen Handelns erweiterte: War Steinbrücks Motto „Klartext reden" als eine Form der Ehrlichkeit zu verstehen oder war es ein Zeichen seiner diplomatischen Inkompetenz? War Napolitanos Reaktion dementsprechend richtig oder übertrieben? Welche Fähigkeiten und welche Eigenschaften muss eine politische Führungskraft im europäischen Kontext beweisen? Die Meinungen teilten sich und die Diskussion erfasste gar Fragen der nationalen Identität und der Staatsangehörigkeit. Eine Verflechtung aktueller Themen aus lokalen sowie nationalen Öffentlichkeiten zirkulierte transmedial und führte zu neuen Auseinandersetzungen, deren analytische Beschreibung einen transnationalen Querschnitt der komplexen Rezeption internationaler Konflikte in Europa zeigt.

Dieser Aufsatz verfolgt das Ziel, den diplomatischen Vorfall und den daraus entstandenen Konflikt in einer Mikrodiachronie zu untersuchen, in der einerseits die ursprüngliche „Beleidigung" nach der Darstellung der Beteiligten pragmalinguistisch analysiert wird; andererseits wird die Erweiterung des Konflikts durch die Berichterstattung und die Online-Kommentare der Leserinnen und Leser transnational verfolgt. Anhand der aufgezeigten transmedialen Verflechtungen zwischen lokaler, nationaler und transnationaler Öffentlichkeit wird auf den problematischen Umgang mit immer neuen Kontextualisierungen des Konflikts und die daraus resultierende Steigerung der Aggressivität eingegangen. Schließlich wird auf einige soziokulturelle Folgen der Transnationalisierung des Konflikts im Hinblick auf eine sich noch ausbauende europäische Kommunikationsgemeinschaft hingewiesen.

2 Der Konflikt um Werte und Regeln der Politik: die Beleidigung und die Beleidigten

Am Anfang des Konflikts steht eine Unstimmigkeit bezüglich des Geschehens selbst. In einem Gespräch mit dem Journal der Deutschen Welle am 27. Februar antwortete Peer Steinbrück auf die Frage, ob er beabsichtigte, sich offiziell für seine Aussage zu entschuldigen:

01 Ich habe gestern eine Veranstaltung gehabt die nannte sich Klartext
02 und ich habe Klartext geredet
03 so nichts anderes
04 und insofern habe ich es auch nicht zurückzunehmen
(literarische Umschrift aus: http://youtu.be/FNWGLuGtw1E.)

Nochmals am selben Tag von RTL befragt, fügte Steinbrück einen Hinweis auf den Kontext der Veranstaltung hinzu, der eine Rechtfertigung des Tons seiner Aussage liefern sollte:

01 Ich habe das gestern im Rahmen einer Veranstaltung gemacht
02 wo es auch launig und unterhaltsam zuging
03 bezogen auf Herrn Grillo
04 er bezeichnet sich selber als Komiker wie wir wissen habe ich nicht den Eindruck
05 dass ich mich da vergaloppiert habe
(literarische Umschrift aus: http://www.handelsblatt.com/politik/deutschland/rueffel-fuer-steinbrueck-clown-vergleich-finden-italiener-gar-nicht-lustig/7855306.html)

Der italienische Staatspräsident zeigte sich seinerseits ganz anderer Meinung. Nach der Absage des ursprünglich mit Peer Steinbrück geplanten Treffens eröffnete er am 27. Februar, ohne expliziten Bezug auf die Äußerungen des Kanzlerkandidaten, eine Veranstaltung mit der italienischen Gemeinde Münchens mit folgenden, vom italienischen öffentlich-rechtlichen Fernsehen Rai bei der Tagesschau am Abend übertragenen Worten:

01 Noi rispettiamo
02 e naturalmente esigiamo rispetto per il nostro paese
(literarische Umschrift aus: http://www.tg1.rai.it/dl/tg1/2010/articoli/ContentItem-1196f18a-9db4-4617-90ba-338964ee4680.html)2

Auf die direkte Nachfrage der Journalisten nach der Veranstaltung, warum das Treffen mit dem Kanzlerkandidaten abgesagt worden sei, antwortete er:

---

2 Übersetzung (G. P.-H.): „Wir respektieren und verlangen natürlich Respekt für unser Land".

01 Non mi pare che ci fossero le condizioni perché si tenesse
02 viste le (.) dichiarazioni fuori lu del tutto fuori luogo
03 e peggio (.) che ha fatto
(literarische Umschrift aus http://www.tg1.rai.it/dl/tg1/2010/articoli/ContentItem-1196f18a-9db4-4617-90ba-338964ee4680.html) 3

Einen Tag später, bei einem Treffen mit dem deutschen Bundespräsidenten Joachim Gauck, bezog sich Napolitano wieder auf die *causa* Steinbrück und warf dem Kanzlerkandidat indirekt vor, einen Mangel an Diskretion und Respekt gezeigt zu haben:

01 Quando si (.) parla
02 di cose che riguardano un altro paese (.) un paese amico ed alleato
03 cose che riguardano (.) il risultato di libere elezioni
04 bisogna essere (.) molto ponderati nei giudizi
05 e non deve mai venire meno una regola /
06 di discrezione e di rispetto nei rapporti tra paesi amici
(literarische Umschrift aus http://video.repubblica.it/politica/napolitano-quando-si-parla-di-elezioni-ci-vuole-rispetto/120935/119420)4

Die Beteiligten stellten somit zwei Interpretationen des Geschehens dar, die in Zusammenhang mit einem unterschiedlichen Verständnis des kommunikativen Kontextes[5], in dem die Äußerung gefallen war, stark voneinander abweichen: Während Napolitano Steinbrücks Aussage als öffentliche Stellungnahme eines Kanzlerkandidaten bei einer politischen Veranstaltung interpretierte, für welche ein diplomatisches Verhalten angebracht gewesen wäre (Respekt und Diskretion), reduzierte Steinbrück den Kontext auf eine Veranstaltung der SPD im Vorwahlkampf, bei der „es auch launig und unterhaltsam" zuging und bei der dementsprechend ganz andere Regeln gelten würden. Durch diese Beschränkung des Kontextes minimierte Steinbrück das Aggressionspotential seiner Aussage und stellte sie als „Klartext" dar. Napolitano hingegen sah die Veranstaltung als

---

3 Übersetzung (G. P.-H.): „Mir erscheint, dass aufgrund seiner völlig unangebrachten, oder schlimmer noch, Äußerungen, die Voraussetzungen für ein Treffen nicht erfüllt waren".
4 Übersetzung (G. P.-H.): „Wenn man über Dinge eines anderen, eines befreundeten und verbündeten Landes spricht, Dinge, die sich auf das Resultat freier Wahlen beziehen, muss man sehr vorsichtig mit den Urteilen sein. Nie darf eine Regel von Diskretion und Respekt in den Beziehungen zwischen befreundeten Ländern verletzt werden".
5 Mit Kontext werden hier nach van Dijk (2009a) und van Dijk (2009b) soziokognitive Modelle gemeint, welche die Art regulieren, in der Kommunikation geführt wird.

öffentliche Bühne mit internationaler Sichtbarkeit und interpretierte Steinbrücks „Klartext" als Beleidigung des – von ihm repräsentierten – italienischen Volks, das für die Wahlergebnisse direkt verantwortlich war.

Dieser Konflikt um die Definition des Kontextes verschiebt die Deutung des Geschehnisses von der kommunikativen (hat sich Steinbrück inkompetent verhalten?) zur kulturellen Ebene (welche politischen Werte werden im Streit vertreten?): für Steinbrück ist das Motto „Klartext reden" ein Plädoyer für Ehrlichkeit; ganz im Gegensatz dazu ist Napolitanos Eintreten für Diskretion zu sehen, die als Ausdruck von Respekt für die Demokratie und die staatlichen Strukturen gilt. Die Wichtigkeit des kulturellen Wissens bei der Herausbildung von Kontexten in der Produktion und Rezeption von unhöflichen und höflichen Äußerungen wird von Bonacchi (2013a) aus pragmalinguistischer und kulturologischer Perspektive ausführlich dokumentiert. Hierbei zeigt sich, wie (un)höfliches Verhalten einer komplexen Dynamik zwischen Routine (Ritualisierung, Konventionalisierung und Zeremonialisierung) und Kreativität unterliegt, deren Analyse „[...] sprachliches und kulturelles Wissen, kulturelle Normen und Werte (widerspiegelt), die vom Individuum als Teil der Gesellschaft internalisiert und rituell vergegenwärtig werden" (Bonacchi 2013a: 240). Der von Napolitano und Steinbrück geführte Streit um den Kontext zeigt exemplarisch den Versuch, sich auf ein konventionalisiertes kulturelles – und deswegen legitimierendes – Wissen zu berufen, indem ein entsprechender dazu passender Kontext individuell sprachlich konstruiert wird[6].

Die sprachstilistischen Unterschiede zwischen den beiden Politikern bestätigen diese Dynamik: Peer Steinbrück gestaltete seine politische Figur um das Motto „Klartext reden", er verwendete bewusst immer wieder umgangssprachliche Redewendungen sowie niedrig markierte Sprachregister, um einen entsprechenden Eindruck von sich selbst zu vermitteln. Interessanterweise scheint er sich in dieser Hinsicht den zwei Politikern anzunähern, die er als Clowns bezeichnete und die sich durch einen „direkten Sprachstil" vom sogenannten *politichese*[7] distanzieren wollten. Ganz im Gegensatz dazu positionierte sich Napolitano in seinen Statements während des Staatsbesuchs in Deutschland, in denen er den diplomatischen Vorfall mit besonderer Vagheit auf syntaktischer sowie auf lexi-

---

[6] Ein ähnlicher Versuch der Interpretation eines Konfliktes durch den Bezug auf kulturelle Unterschiede zwischen Deutschen und Polen (betr. der sogenannten „Kartoffel-Affäre") liegt bei Bonacchi 2013b vor.

[7] Mit *politichese* bezeichnet man in Italien einen für Politiker als typisch gehaltenen Sprachstil, der für den Großteil der Bevölkerung unverständlich bleibt.

kalischer Ebene (quando *si parla* di *cose* che riguardano *un* altro paese [...] *cose* che riguardano il risultato di libere elezioni [...])[8] kommentierte.

Daraus ergibt sich folgendes Schema, das die Entwicklung des Konflikts durch die ersten Reaktionen der Beteiligten aufzeigt:

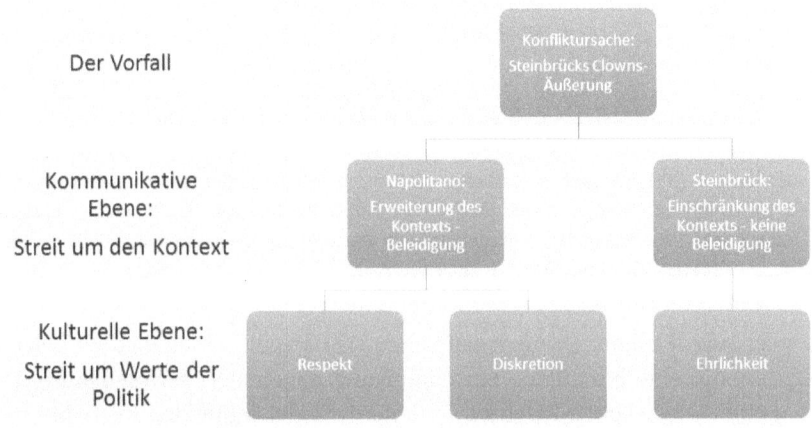

Abb. 1: Entwicklung des Konflikts zwischen Giorgio Napolitano und Peer Steinbrück durch die ersten Reaktionen der Beteiligten.

3 Die Debatte um das Kanzleramt in der deutschen Öffentlichkeit

In der deutschen Öffentlichkeit wurde die Berichterstattung über den diplomatischen Zwischenfall im Rahmen der Wahlkampagne thematisch eingegliedert: Einige Politiker der konservativen Parteien (insbesondere der CDU) sahen den Kommentar über die beiden „Clowns" als das letzte einer Reihe von „Fettnäpfchen", in die der Kanzlerkandidat der SPD getreten war, die ihn für das angestrebte Amt disqualifizierten. In diesem Zusammenhang verschob sich die Debatte von der Frage „war Steinbrücks Aussage eine Beleidigung?" zur Frage „Ist Steinbrück für das Kanzleramt geeignet?".

---

8 Übersetzung (G. P.-H.): „Wenn man über *Dinge eines anderen*, eines befreundeten und verbündeten Landes spricht, *Dinge*, die sich auf das Resultat freier Wahlen beziehen [...]".

In den Online-Kommentaren im Anschluss an die Berichterstattung sowie in den Kommentaren zu den auf YouTube gestellten Videos übernahmen Steinbrücks Verteidiger das Motto „Klartext reden" als Aufruf zur „Ehrlichkeit", während Steinbrücks Kritiker ihn als schlechten Diplomaten darstellten und ihn demzufolge als ungeeignet für das Kanzleramt betrachteten. Hierzu als Beispiel:

> H. Steinbrück nimmt zu jeder Rede seine eigenen Fettnäpfe mit, man brauch diese nicht auszustellen, das macht er selber. Es mag ja lustig klingen aber ist es die Sprache eines evtl. zukünftigen Kanzlers???[9]

> da gehts nicht um eier, sondern um integrität, die Steinbrück allemal hat.

> Ich bin kein SPD-fan... Aber mit diesem wahlkampf, den steinbrück macht, nicht auf wähler sondern auf wahrheit gerichtet, glaube ich er hat in der heutigen zeit eine chance. Honig ums maul wurde uns zu lange geschmiert. Ich glaube die menschen haben lust auf jemanden der sagt was er denkt. Und das tut steinbrück

Die negativen Reaktionen hingegen sahen den Vorfall als eindeutige Beleidigung, für die eine öffentliche Entschuldigung angebracht gewesen wäre. Die sich daraus entwickelten Diskurse variierten von der indirekten Kritik bis zum direkten Angriff, wobei die Kommentare erwartungsgemäß emotional geladener waren.

Insgesamt blieb bei der Rezeption des Konflikts in der deutschen Öffentlichkeit die Frage der Erwartungen an Politiker und insbesondere an Kanzlerkandidaten zentral: Soll ein Kanzler – oder eine Kanzlerin – „das Land" als abstrakte Einheit repräsentieren und dementsprechend neutral bleiben oder soll er offen die eigene Meinung aussprechen? Dabei wurde die Frage des Kontextes nicht behandelt: wenn über die „Klartext-Veranstaltung" lediglich die nationalen Medien berichtet hätten, wäre das Geschehen nicht zum diplomatischen Zwischenfall geworden. Seine Mediatisierung und die Sichtbarkeit, die es durch Napolitanos Absage des Treffens erhielt, bot der „Veranstaltung, bei der es auch launig und unterhaltsam" zuging, eine internationale Bühne, bei der die Einhaltung diplomatischerer Kommunikationsregeln erwartet werden konnte. Nur, in welchem Rahmen ist das Geschehen einzuordnen, dem lokalen (die politische Veranstaltung in Potsdam), dem nationalen (die Bundestagswahlen) oder dem internationalen (die Stellungnahme eines Kanzlerkandidaten zu ausländischen

---

[9] In diesem wie in den folgenden zitierten Beispielen werden die Texte wörtlich ohne Korrektur eventueller grammatikalischer Ungenauigkeiten wiedergegeben. Die entsprechenden Links wurden von der Verfasserin dieses Aufsatzes 2013 und 2014 abgerufen. Vor der Veröffentlichung des vorliegenden Sammelbandes wurden sie aus dem Netz entfernt.

Wahlergebnissen)? In Deutschland wurde der ursprüngliche Konflikt hauptsächlich in Zusammenhang mit Steinbrücks Kandidatur für das Kanzleramt gedeutet und kommentiert. Die Berichterstattung sowie die Kommentare aus der internationalen Online-Presse geben zumindest Indizien dafür, wie viel vom ursprünglichen Rahmen bei der Rezeption im Ausland erhalten blieb.

4 Rezeption des diplomatischen Vorfalls in der italienischen Öffentlichkeit

Von der italienischen Presse wurde der Vorfall um Steinbrücks Äußerung unmittelbar in Zusammenhang mit der Absage des Treffens von Seiten des Präsidenten Napolitano gebracht. Zur Zeit des Geschehens wurde intensiv sowohl das Ergebnis der Parlamentswahlen, als auch die bevorstehende Wahl des Staatspräsidenten diskutiert, die im April 2013 zur Wiederwahl von Giorgio Napolitano führen würde. Über Steinbrück wurde von der Presse einerseits im Kontext der ausländischen Reaktionen auf die Parlamentswahl berichtet, andererseits überschnitt sich das Thema mit der Berichterstattung über die Reise des Präsidenten Napolitano nach Deutschland. Ausführlicher als von der deutschen Presse wurde erwartungsgemäß über die verschiedenen Etappen der Reise sowie über Napolitanos Begegnungen mit der italienischen Gemeinde Münchens, mit einer Gruppe deutscher Intellektueller und schließlich mit dem Bundespräsidenten Joachim Gauck berichtet. Die italienische Presse zeigte außerdem Interesse an den Reaktionen der deutschen Parteien auf Steinbrücks Äußerung, die nach der Berichterstattung eine Polarisierung zwischen Minimierung (von Seite der SPD) und Maximierung (von Seite der FDP und der CDU) des Grads der Beleidigung von Steinbrück aufzeigten. Steinbrücks Äußerung über die „Clowns" wurde dabei als eine der Reaktionen aus Deutschland auf das Wahlergebnis eingeordnet und mit anderen Reaktionen in Verbindung gebracht, die Präsident Napolitano während seiner Reise kommentierte. Aus diesem Grund stießen die Stimmen aus Deutschland auf größere Resonanz in der italienischen Öffentlichkeit als jene aus anderen Ländern. So bezog sich beispielsweise Napolitano in seiner Rede beim Treffen mit Gauck auf die von Finanzminister Schäuble befürchtete „Ansteckungsgefahr" hinsichtlich der wirtschaftlichen Instabilität für Europa:

01 Non c'é un'Italia allo sbando
02 e non vedo alcun rischio di contagio
03 anche perché per contagiarsi
04 c'é bisogno di prendersi una malattia

05 e noi non abbiamo malattia.
(literarische Umschrift aus: http://www.ansa.it/web/notizie/elezioni2013/news/2013/02/26/Commissione-Ue-piena-fiducia-processo-democratico-_8314655.html)10

Die thematische Eingliederung der politischen Reaktionen in die Berichterstattung über die diplomatischen Beziehungen zwischen beiden Ländern begünstigte eine semantische Akzentuierung der (inter)nationalen Komponente des Konflikts, die sowohl in den Pressetexten als auch in den Kommentaren ersichtlich wird. Generell kann man festhalten, dass die Darstellung des Vorfalls in der italienischen Öffentlichkeit der Diskussion über Steinbrücks Motiv des „Klartexts" weniger Platz einräumte, während die Figur des Staatspräsidenten Napolitano in den Vordergrund rückte. Dementsprechend schien die generelle Debatte über die Werte der Politik und die Angemessenheit von Steinbrücks Verhalten auch in den Kommentaren nicht so zentral zu sein, während das Thema der nationalen Identität aufgrund von Napolitanos Reaktion bei der Beurteilung des Ereignisses eine wichtigere Rolle spielte. So drückte eine Kommentatorin die Meinung aus, Napolitanos Absage des Treffens habe die italienische „Ehre" gerettet, weil Steinbrücks Beleidigung in Italien nicht wahrgenommen worden wäre, wenn der Staatspräsident durch sein Verhalten die Öffentlichkeit nicht darauf aufmerksam gemacht hätte. Impliziert wurde dabei, dass Italiener sich nicht für Politik und generell für den Staat interessieren, aber auch, dass eine Beleidigung eines Kanzlerkandidaten unbedingt „aus Berlin", und insofern repräsentativ aus allen Deutschen, kommt:

01 Probabilmente (.) se il presidente della Repubblica
02 non avesse preso la decisione di cancellare l'appuntamento
03 in quanto reputa le parole di Steinbruck fuori luogo e peggio
04 in Italia nessuno si sarebbe accorto dell'insulto arrivato da Berlino a una parte dell'elettorato italiano
(literarische Umschrift aus: http://www.huffingtonpost.it/2013/02/27/elezioni-2013-annullato-incontro-gaffeur-steinbrueck-napolitano-difende-dignita-nazionale-riparo-legislatura_n_2773738.html)[11]

---

[10] Übersetzung (G. P.-H.): „Es gibt kein orientierungsloses Italien und ich sehe keine Ansteckungsgefahr unter anderem weil, um sich anzustecken, muss man eine Krankheit bekommen, und wir sind nicht krank".
[11] Übersetzung (G. P.-H.): „Mit einiger Wahrscheinlichkeit wenn der Staatspräsident das Treffen nicht abgesagt hätte, weil er die Worte Steinbrücks für ‚völlig unangebrachte oder schlimmer noch' hält, hätte niemand in Italien die Beleidigung aus Berlin gegenüber einem Teil der italienischen Wählerschaft mitbekommen".

Die zirkulierenden Stereotype über den „eigenen" und den „fremden" nationalen Charakter beeinflussen die Interpretation des Geschehens, selbst wenn es manchmal zu ganz unterschiedlichen Schlussfolgerungen führt, die von der Selbstkritik bis zur Beleidigung des „Anderen" reichen. Diejenigen, die die nationale Identität vor einem „Angriff" aus Deutschland verteidigen wollten, bezogen sich – mit stärker oder schwächer ausgeprägter Aggressivität – auf die negativ konnotierten Stereotype über die Deutschen, wie zum Beispiel auf ihren angeblich mangelnden Humor:

> questo è il massimo dello humour teutonico?[12]

Andere hingegen betrachteten die „Kritik aus Deutschland" als Anregung zur Selbstreflexion oder zur Selbstkritik:

> Queste affermazioni teutoniche attivano in noi quell'orgoglio made in Italy che ci conduce al biasimo e a porci sulla difensiva. Diciamo: „ma come si permettono questi tedeschi di giudicarci così? Che si facciano i fatti loro". E se invece cogliessimo un insegnamento dallo sguardo dei nostri vicini?[13]

> Napolitano ha fatto bene a indignarsi, ma i più indignati dovremmo essere noi Italiani che abbiamo dato l'ennesima fiducia ad un clown che ci sta prendendo in giro ormai da quasi vent'anni. Purtroppo quello che si andava dicendo della reputazione dell'omino di plastica e nanostatista in europa e nel mondo intero era conosciuta da tutti. Ma noi vogliamo continuamente farci del male, a noi Italiani non piace una vita tranquilla senza problemi economici dove un partito governa e l'altro fa opposizione per poi magari ribaltarsi i risultati alle elezioni successive senza però creare sconquassi... A noi piace ridere e quindi vogliamo i clown che ci tengano allegri...[14]

---

12 Übersetzung (G. P.-H.): „Ist das das Höchstmaß des teutonischen Humors? (das Adjektiv ‚teutonisch' steht im Italienischen mit ironischer oder pejorativer Konnotation für ‚deutsch'. Oft bezieht es sich auf übertriebene Disziplin und Ordnung)".

13 Übersetzung (G. P.-H.): „Solche teutonische Äußerungen regen in uns jenen Stolz ‚made in Italy' an, der uns zum Tadel und zur Defensive führt. Wir sagen: ‚Wie erlauben sich diese Deutschen, uns zu beurteilen, anstatt sich um ihre eigenen Angelegenheiten zu kümmern?' Und wenn wir hingegen aus dem Blick unserer Nachbarn eine Lehre ziehen würden?"

14 Napolitano hat sich zurecht empört, aber wir Italiener sollten die Empörtesten sein, da wir zum x-ten Mal unser Vertrauen einem Clown geliehen haben, der uns seit fast zwanzig Jahren an der Nase herumführt. Leider war die Reputation des Plastik-Männchens und Zwergstaatsmannes [hiermit ist Silvio Berlusconi gemeint: der erste Ausdruck ist eine Anspielung auf dessen wiederholten Gebrauch von Schönheitschirurgie, der Zweite parodiert dessen Körpergröße Anm.d.Verf.] in Europa und in der ganzen Welt wohl bekannt. Aber wir wollen uns kontinuierlich schaden, uns Italienern gefällt kein ruhiges Leben ohne ökonomische Probleme, in dem die eine Partei regiert und die Andere Opposition macht, damit sich dann bei den nächsten Wahlen die Ergeb-

Sei es mit selbstkritischer oder mit beleidigender Absicht, die nationale Stereotypisierung spielt bei der Deutung und bei der Beurteilung des Ereignisses eine wichtige Rolle; auch hierbei steigt der Emotionsgrad bis zur aggressiven Beleidigung:

– è ora di dirlo senza mezzi termini: siamo un popolo di merdicchia[15]

– FORZA GRANDE ED UNICA ITALIA!!!!!!!!!!VIA IL PAPA TEDESCO CHE TORNASSE NELLA SUA TANA......VECCHI LUPI AVETE FINITO DI MANGIARE SULLE MACERIE UMANE!!!!!!!POLITICI TUTTI CORROTTI!!!!!FORZA MOVIMENTO 5STELLE!!!!!!!![16]

Die Dekodierung des in der Presse berichteten Geschehens als internationale Auseinandersetzung trägt zur Verstärkung der Emotionalität und des Aggressivitätsgrades der Kommentare bei.

So wurde der ursprüngliche Konflikt in der italienischen Öffentlichkeit nochmals neu kontextualisiert und führte zu weiteren Deutungen: Aus der Berichterstattung über Steinbrücks Äußerung entwickelten sich neue Debatten über die Wahrnehmung der Wahlergebnisse im Ausland, das Handeln des Staatspräsidenten Napolitano sowie über die internationalen Beziehungen im Kontext der europäischen Integration. Über Steinbrücks politischen Stil des „Klartextes" wurde hingegen wenig diskutiert.

Neben der Generierung neuer Debatten erzeugte außerdem die ursprüngliche Beleidigung neue und stärkere Formen verbaler Aggression, die sich von den ursprünglichen Clowns auf die ganze deutsche bzw. italienische Bevölkerung erstreckten und zahlreiche weitere – vor allem nationale stereotype – aggressive Verhaltensweisen auslösten. Dabei wurden nationale Stereotypen zur wichtigen Quelle für die Erzeugung stärkerer Aggression.

Die „nationale" Deutung des Konflikts wurde in der italienischen Öffentlichkeit von der Diskussion über einen am 26.02.2013 (vor der Steinbrück-Äußerung) in der *Bild Zeitung* erschienenen Artikel über die Wahlergebnisse begünstigt, der sich reichlich nationaler Symbole sowie emotionsgeladener Verbildlichungen bediente. Mit diesem Artikel, auf den im Folgenden genauer eingegangen wird, ist die italienische Berichterstattung intertextuell stärker verbunden als die deutsche.

---

nisse ohne Zusammenkrachen vielleicht umkehren... Uns gefällt es, zu lachen und deswegen wollen wir Clowns, die uns erheitern.

15 Übersetzung (G. P.-H.): „Die Zeit ist gekommen, es ganz offen zu sagen: wir sind ein Scheißvolk".

16 Übersetzung (G. P.-H.): „Auf geht's großes und einzigartiges Italien!!!!!!!!! Raus deutscher Papst, möge er in seine Höhle zurückkehren..... alte Wölfe, die Zeit des Fressens menschlicher Trümmer ist vorbei!!!!!! Alle Politiker sind korrupt!!!! Auf geht's Movimento 5 Stelle!!!!!!"

5 Transnationalisierung des Konflikts

Das Wort „Clown" war in der Woche der italienischen Wahlen schon einmal öffentlich gefallen: Am 26. Februar 2013, dem Tag, an dem die SPD Parteiveranstaltung stattfand, erschien in der *Bild-Zeitung* ein Artikel mit dem Titel „Pizza quattro stagnazioni", in dem der Begriff „Clown" schon im Zusammenhang mit der italienischen Wahl verwendet wurde:

> Eine demokratische Wahl in einer ehrwürdigen europäischen Demokratie verschafft einem alternden Polit-Clown mit der Gesichtshaut eines überprall aufgepumpten Fußballs so viel Macht, dass er alle sinnvollen Gesetze blockieren kann. Assistiert wird ihm von einem zweiten, jüngeren Clown, dessen einziger Programmpunkt bislang „Nein zu allem" heißt.[17]

Das den Artikel illustrierende Bild stellte das italienische Wahlergebnis durch eine in vier Stücke geteilte Pizza symbolisch dar und wurde in der Unterschrift als „Die Pizza zum italienischen Politik-Wahnsinn" erläutert.

Abb. 2: Pizza quattro stagnazioni (Die Pizza zum italienischen Politik-Wahnsinn) *(Quelle: Bild [23.02.2013])*

Die Clown-Metapher wurde dann im Text wieder aufgegriffen durch die Beobachtung, die italienische Wahl würde durchaus negative Folgen in Deutschland zeitigen (u.a. durch die Instabilität des Euros), ohne dass die Deutschen irgendeinen Einfluss auf den Wahlausgang hätten. Die deutsche Bevölkerung wurde dadurch als Opfer des italienischen „Wahl-Wahnsinns" dargestellt:

---

[17] http://www.bild.de/politik/ausland/wahlenin-ternational/italien-wahl-der-frust-danach-zwischenruf-von-nikolaus-blome-29281078.bild.html.

> Ok, am Tag danach kann man eine Menge Witze reißen über den italienischen Wahl-Wahnsinn: Pizza Quattro Stagnazioni! Macht zu viel Pasta doch blöd? Jetzt hat Italien Sch... am Stiefel!
> **Aber in Wahrheit ist es zum Weinen.**[18]

Der Artikel suggeriert den deutschen Lesern nicht nur durch zahlreiche Metaphern, sondern auch durch einen generell emotionsgeladenen Stil bedrückende Gefühle von Angst und Machtlosigkeit, die möglicherweise bei der Rezeption des diplomatischen Vorfalls Steinbrück-Napolitano von Seiten der Leserschaft eine Rolle spielten:

> Aber eines hat sich geändert, und deshalb bleibt einem das Lachen im Halse stecken: Früher konnte der Rest Europas manchen Polit-Kapriolen der Italiener zuschauen wie ulkigen Schimpansen im Zoo. Heute trifft es ein anderes Bild besser: Alle Europäer sitzen in einem Boot, rudern mit ganzer Kraft gegen den Krisensturm – und einer im Boot haut plötzlich ein Loch in den Boden.

Die Clown-Metapher erscheint in diesem Kontext mit einer ganz anderen Konnotation, weil die „Clowns" als machtvoll, aggressiv und gefährlich dargestellt werden.

Am Tag der SPD-Parteiveranstaltung (26. Februar 2013) war der Artikel in der *Bild Zeitung* gerade erschienen und inspirierte möglicherweise Peer Steinbrücks Metapher über die Clowns. In derselben Woche veröffentlichte *The Economist* ein Cover über das italienische Wahlergebnis mit dem Titel „Send in the Clowns"; der Artikel endete mit dem Satz: „Whatever the clowns may tell you, that is not funny"[19], wobei mit den „Clowns" ebenfalls Silvio Berlusconi („a clownish prime minister") und Beppe Grillo („a genuine comedian") gemeint waren. Die Hauptthese war, dass die italienischen Wahlergebnisse ein Desaster für Italien und Europa darstellten und dass sie die Gefahr einer ökonomischen Stagnation und eines politischen Untergangs für Italien mit sich brächten. Obwohl die *Economist*-Ausgabe erst am 2. März erschien, sei das Cover laut Angaben des *Economist*-Chefredakteurs an *Die Welt* am 26. Februar schon fertig gewesen. Demzufolge habe es sich nicht um ein Zitat von Steinbrück gehandelt[20].

Sicher kann man auf jeden Fall festhalten, dass der Gebrauch des Worts „Clown" als Beleidigung, sei er ursprünglich durch die englische oder durch die deutsche Presse zirkuliert, einen breiten Erfolg genoss, sich transnational sehr schnell ver-

---

18 Fett im Text.
19 http://www.economist.com/news/leaders/21572763-how-beppe-grillo-and-silvio-berlusconi-threaten-future-italy-and-euro-send
20 http://www.welt.de/wirtschaft/article114045495/Briten-springen-Steinbrueck-in-Clown-Debatte-bei.html

breitete und für die Entstehung weiterer Konflikte sorgte. Sogar die Clown-Gilde sowie der Chef des Zirkus Roncalli kritisierten Steinbrück für den missbilligenden Gebrauch des Wortes „Clowns"[21]. Kritiker bezeichneten Steinbrück sowie zahlreiche andere Politiker als Clowns. Die Diskussion entspann sich in den darauffolgenden Tagen und Wochen um die Frage „Wer ist der *wahre* Clown?". So veröffentlichte der spanische Wirtschaftsprofessor Juan Torres López am 4. März 2013 in seinem Blog auf *publico.es*[22] einen Artikel mit dem Titel *¿Quiénes son los payasos in Europa?*[23], in dem er behauptete, die wahren Clowns seien die Berufspolitiker an der Regierung („los que nos están gobernando"), und fügte hinzu:

> El triunfo incontestable de Beppe Grillo en las recientes elecciones italianas ha venido seguido de una típica reacción del poder político y mediático: el insulto[24]

Aus Sicht von Torres López sei die Beleidigung eine typische Reaktion der „traditionellen" Politiker und Medien gewesen, die sich vor ihrem Machtverlust fürchten. Angesichts der verbreiteten Unterstützung oder zumindest Sympathie, über die Beppe Grillo in Spanien unter anderem von der Bewegung der *indignados* verfügte[25], scheint eine solche Interpretation der Clown-Beleidigung nicht sonderlich verwunderlich. Auffallend ist dennoch, dass die Kritik an Steinbrücks Aussagen weder mit dessen diplomatischer Inkompetenz noch mit der Respektlosigkeit seines Verhaltens in Verbindung gebracht wurde, wie dies nach dem oben Gesagten in Italien und Deutschland der Fall gewesen war. Die ursprüngliche Polemik zwischen Steinbrück und Napolitano wurde in der spanischen Öffentlichkeit im Rahmen der europäischen Finanzkrise und der damit verbundenen parteifernen Demonstrationen neu gedeutet. Die sich daraus entwickelnde Argumentation stellte die „Mächtigen" gegen das „Volk" dar als Beispiel misslungener Demokratie:

> ¿Quién es un payaso, quien reclama que las cuestiones económicas también se decidan democráticamente teniendo en cuenta los intereses de toda la población, o esos comisarios que actúan en las sombras y que remueven gobiernos cuando éstos no actúan como a ellos les parece, para satisfacer a los grupos a quienes sirven?

---

21 http://www.faz.net/aktuell/gesellschaft/menschen/roncalli-chef-zu-steinbrueck-ein-zirkusclown-ist-kein-depp-12098761.html
22 Publico.es zählt zu Spaniens meistgelesenen Webzeitungen, s. http://www.publico.es
23 Übersetzung (G. P.-H.): „Wer sind die Clowns in Europa?"
24 http://blogs.publico.es/juantorres/2013/03/04/quienes-son-los-payasos-en-europa/, Übersetzung (G. P.-H.): „Dem unbestreitbaren Triumph von Beppe Grillo in den jüngsten italienischen Wahlen folgte eine typische Reaktion der politischen und mediatischen Macht: die Beleidigung".
25 Schon 2011 bezeichnete der Blog Grillos *Movimento 5 stelle* als Vorbild für die *indignados*, s.: http://www.publico.es/376762/los-indignados-espanoles-tienen-un-modelo-a-seguir-en-italia

> ¿Quién es un payaso, Grillo, que reclama el poder de las urnas, o Monti, que gobierna dando un golpe de Estado y que cuando va a las elecciones hace un ridículo espantoso, demostrando que gobernaba contra el pueblo?
> ¿Quién es un payaso, Grillo, que no ha robado a nadie, o Dragui, el ex-responsable en Europa de un banco ladrón y corrupto?[26]

Wenn man diese metalinguistische Diskussion um die „richtige" Verwendung des Worts „Clown" in der spanischen und deutschen Öffentlichkeit vergleicht, stellt man fest, dass obwohl in beiden Fällen ein Teil der Argumentation Beppe Grillo verteidigt, sich die daraus resultierende Kritik gegen verschiedene Verantwortliche richtet. Zielscheibe verbaler Aggression erscheinen im oben genannten Artikel von Torres López und in den Kommentaren dazu „die Banken", „die Medien", „die Bürger", „die Politiker", „die Populisten", konzipiert als Akteure in einem transnational stattfindenden Machtkampf. Demzufolge werden sowohl im Artikel als auch in den darauf bezogenen Kommentaren keine nationalen Stereotype genannt. In der deutschen Öffentlichkeit ist die Diskussion um die Verwendung des Worts „Clowns" in eine (positive oder negative) Kritik an Peer Steinbrück eingebettet, und zwar auch im Fall (1. Beispiel) eines italienischen Lesers, der sich „Juventino Siciliano" nennt[27]:

> 1. Juventino siciliano: Das der kleine mit dem verpflanzten Haar (Berlusconi) ein Clown ist, kann ich lebhaft nachvollziehen. Grillo WAR ein Kabarettist (kein Clown), der vielen die Augen über die ausschließlich auf ihren Vorteil bedachte politische Kaste Italiens, geöffnet hat. Der die Probleme der Menschen dort anspricht und anpackt (siehe auch Regionalwahlen in Sizilien) und endlich es geschafft hat, daß Volk aus der politischen Lethargie zu wecken. Also Herr Steinbrück: Erst informieren, dann denken, dann reden!!!
>
> 2. Steinbrück weiß nicht, von wem er redet! Hast Du Dir Grillo schon mal angeschaut? Der Mann hat alleine wahrscheinlich mehr Verstand als alle CDU- und SPD-Stammwähler zusammen! Seine Wähler würde ich nicht als dumm darstellen – bei dem anspruchsvollen Bühnenprogramm sind sie das sicher nicht! Er ist der Georg Schramm Italiens, während

---

26 Übersetzung (G. P.-H.): „Wer ist der Clown? Derjenige, der dafür plädiert, dass die wirtschaftlichen Angelegenheiten auch demokratisch im Interesse der Gesamtbevölkerung gelöst werden sollten, oder diese Kommissare, die im Schatten handeln und Regierungen auflösen, wenn diese anders entscheiden, als sie gerne hätten, um die Gruppen, denen sie dienen, zufrieden zu stellen? Wer ist der Clown? Grillo, der die Macht der Wahlurne fordert, oder Monti, der durch einen Staatsstreich regiert und, indem er sich dann zur Wahl stellt, sich schrecklich lächerlich macht und allen zeigt, dass er gegen den Willen des Volks regiere? Wer ist der Clown? Grillo, der niemandem etwas klaute, oder Draghi, der für eine räuberische und korrupte Bank verantwortlich ist?"
27 Das Pseudonym „Juventino siciliano" bezieht sich einerseits auf die sizilianischen Wurzeln des Lesers, andererseits auf dessen Unterstützung der Fußballmannschaft „Juventus Turin".

man in Deutschland mit „kennste, kennste, kennste?" das Olympiastadion füllt und sich echte Charakterköpfe nur noch im Kabarett statt der Politik breit machen (sic).

Auch bei der Verteidigung von Grillo als Gegensatz zu Berlusconi zeigen sich erneut die schon genannten Stereotype, die in manchen Kommentaren zur Kritik des eigenen „Nationalcharakters" (Beispiel 1), in anderen zur Kritik des „Anderen" (Beispiel 2) führen:

> 1. A dire il vero grillo come comico ha ancora tanto da imparare dal vero clown che ci ha reso famigerati in tutto il globo ....poli compresi. Ma a noi italiani che ci frega...a noi interessa chi ha vinto il grande fratello e chi ci sarà ospite da vespa leccalecca la minetti corona o valeria marini? Il milan o la juve e leggere chi di signorini dal parrucchiere mentre ci rasiamo le sopracciglia. Siamo un popolo morto di fame e ognuno venderebbe la propria dignità al Berlusconi di turno purché ci mantenga o ci sistemi il figlio...qualche grillino eletto prima o poi passerà con il partito del bandito non appena c'è aria di rivotazione [28]

> 2. Parlano loro che sono nelle mani di Frau Merkel. Monti e Napolitano hanno eseguito gli ordini e si vede come è andata. Per non parlare della Grecia[29].

Hinsichtlich der Stereotype über „typische" Reaktionen wird ebenfalls unterschiedlich argumentiert. So bezeichnet ein deutscher Leser die „übertriebene" Selbstkritik als typisch deutsche Eigenschaft:

> sag mir bitte mal warum? Also wenn ihr mich fragt, wäre es sehr ratsam in der Politik eine offenheit und ehrlichkeit zu fördern, die sich nicht von aufhaltenden Höflichkeitsillusionen bremsen lässt – Berlusconi ist ja wohl nicht derjenige der ein Blatt vor den Mund nimmt. Es ist typisch deutsch. Wir regen uns auf, wenn ein Mann einen Clown, Clown nennt, und in Italien wählt man einen offensichtlich sexuell gestörten, perversen und oberflächlichen trottel mehrmals zu Präsidenten.

---

28 Übersetzung (G. P.-H.): In Wahrheit hat Grillo als Komiker noch viel vom echten Clown zu lernen, der uns auf der ganzen Welt (inklusiv der Pole) berüchtigt gemacht hat. Aber was kümmert uns Italiener das? Uns interessiert, wer den „Big Brother" gewonnen hat und wer bei Lutscher Vespa [Bruno Vespa ist ein italienischer Journalist und Fernsehmoderator, der das populäre und umstrittenes Fernsehprogramm „Porta a Porta" moderiert. Anm.d.Verf.] zu Gast sein wird: die Minetti, Corona oder Valeria Marini? AC Mailand oder Juventus Turin? Wir lesen „Chi" [eine Boulevardzeitung, Anm.d.Verf.] beim Frisör, während er uns die Augenbrauen zupft. Wir sind ein armseliges Volk und würden unsere Ehre dem jeweiligen Berlusconi verkaufen, wenn er unseren Sohn unterhalten oder unterbringen würde... irgendein 5-Sterne-Parteimitglieder wird früher oder später zur Partei des Kriminellen [Berlusconi Anm.d.Verf.] übergehen, sobald es nach Neuwahlen riecht.
29 Übersetzung (G. P.-H.): Es sprechen die, die in der Hand von Frau Merkel sind. Monti und Napolitano sind den Befehlen gefolgt und man sieht, wie es gelaufen ist. Um nicht von Griechenland zu reden.

Ein italienischer Leser interpretiert hingegen Steinbrücks Kommentar über die Clowns im Rahmen des „typisch deutschen" Respekts vor Regeln:

> Pensate se per noi, che siamo italiani, la politica italiana appare raccapricciante, cosa possa pensarne un tedesco...
> Un aneddoto: sono fermo davanti a una fontanella, all'ingresso di un ameno castello mitteleuropeo; si avvicina un germano e mi chiede se l'acqua sia potabile, „certo – rispondo – non c'è alcun cartello con scritto che non lo sia".
> „Appunto – dice il germano – in mancanza di un cartello che autorizzi esplicitamente a bere l'acqua, va considerato proibito!"
> Sono altre culture...[30]

So entwickelte sich die Beleidigung transnational weiter, wurde immer neu kontextualisiert, immer neuen Deutungen unterworfen und sorgte für neue Konflikte, die durch die mediale Vernetzung und die Online-Archivierung auch zu einem späteren Zeitpunkt aufgegriffen werden konnten.

6 Lokale Auswirkungen des Konflikts

Als Beispiel einer Auswirkung des Vorfalls auf die lokale Ebene, das die Verflechtung zwischen lokaler, nationaler und transnationaler Öffentlichkeit zeigt, kann ein Artikel, der am 09. März in dem *Solinger Tageblatt* unter dem Titel „Frust: Italiener gibt Pass ab" erschienen ist, gelten[31]. Der Bericht erzählt die Geschichte eines 42-jährigen deutsch-italienischen Eiscafébetreibers aus Höhscheid, der sich laut Angabe der Zeitung nach den Äußerungen Steinbrücks entschloss, die deutsche Staatsangehörigkeit mit folgender Begründung abzugeben:

> Wenn SPD-Kanzlerkandidat Peer Steinbrück den italienischen Politiker Silvio Berlusconi einen „Clown" nenne, dann heiße das doch: Ein Drittel aller Italiener müssten Idioten sein, weil sie Berlusconi gewählt haben.

---

[30] Übersetzung (G. P.-H.): Wenn die italienische Politik uns Italienern entsetzlich erscheint, stellt euch vor, was ein Deutscher davon halten kann... Eine Anekdote: Ich stehe vor einem Brunnen am Eingang eines lieblichen mitteleuropäischen Schlosses, ein Germane nähert sich und fragt mich, ob das Wasser trinkbar ist. „Mit Sicherheit", antworte ich, „Kein Schild besagt, dass man es nicht trinken darf". „Genau weil es kein Schild gibt", antwortet der Germane, „das explizit erlaubt, das Wasser zu trinken, ist es wohl verboten". Es sind andere Kulturen...
[31] http://www.solinger-tageblatt.de/Home/Solingen/Frust-Italiener-gibt-Pass-ab-175b9dec-e218-43ae-a49e-0091f543141b-ds

Die Außergewöhnlichkeit seiner Bitte um Entlassung aus der deutschen Staatsangehörigkeit und die damit verbundenen bürokratischen Schwierigkeiten weckten das Interesse der Presse, die wiederum die Geschichte in einen neuen Ko- und Kontext einband: Auf derselben Seite gab die Zeitung in einem Rechteck neben dem Artikel bekannt, dass 7.180 Einwohner in Solingen italienische Staatsbürger sind. In den 56 Kommentaren entwickelten sich weitere Diskussionen, unter anderem über die doppelte Staatsangehörigkeit:

> Doppelte Staatsbürgerschaft? Entweder oder. Wenn es einem hier nicht gefällt dann soll er wieder in sein Heimatland gehen. Es wird keiner gezwungen hier zu wohnen

Mit wenigen Ausnahmen kritisierten alle Leser das Verhalten des 42-jährigen, wobei die Kritik sogar bis zur Bedrohung führte, seine Eisdiele zu boykottieren:

> Ihr Eis schmeckt zwar lecker, trotzdem haben Sie mich als Kundin verloren. Sie regen sich über Herrn Steinbrück so auf, dass Sie Ihren deutschen Pass zurückgeben? Und was fällt Ihnen denn zu Ihrem Berlusconi ein? Wie oft hat der schon „um sich geschlagen", in dem er Deutsche Politiker beleidigt hat. Der nimmt doch kein Blatt vor den Mund. Sie sind jetzt Ausländer und haben auch den Ausländer Status. Ist es das was Sie wollten? Dann ziehen Sie doch nach Italien und verkaufen dort Ihr Eis.

> Haha, wie lächerlich... Bei dem sollte keiner mehr Eis kaufen.

Über den Vorfall diskutierten Leser des *Solinger Tageblatt*s bis zum 26. März, insgesamt 23 Tage lang. Sie tauschten unter anderem Informationen über den angeblichen Verkauf der Eisdiele und die Entscheidung des Besitzers, nach Italien zu ziehen, aus. Aus dem ursprünglichen Vorfall entwickelte sich hierbei ein lokaler Konflikt mit Auswirkungen auf die lokale Wirtschaft. Manche Leser kritisierten das *Solinger Tageblatt* dafür, dass es solchen nicht repräsentativen Geschichten Aufmerksamkeit schenkte. Ob repräsentativ oder nicht, die lokale Geschichte wurde am 24. März von *Die Welt* nochmals, wiederum mit explizitem Bezug auf das Thema der doppelten Staatsangehörigkeit, erzählt[32]. „Der Mann, der kein Deutscher mehr sein will," lautete der Titel des Artikels, der bildhaft die Geschichte aus Solingen wiedergab:

> Auf europapolitischer Ebene löste die saloppe Aussage des Kanzlerkandidaten diplomatische Verstimmungen aus, im Solinger Eiscafé führte sie zu einem regelrechten Vulkanausbruch.

---

[32] http://www.welt.de/vermischtes/article114724158/Der-Mann-der-kein-Deutscher-mehr-sein-will.html#disqus_thread

Die biographische Geschichte wurde unter besonderer Betonung der emotionalen Aspekte erzählt, wie zum Beispiel hinsichtlich der Reaktionen von Herrn Rizzello, dem Besitzer der Eisdiele, auf die beleidigenden Stereotype, denen er lange Zeit ausgesetzt war:

> Was ihn ebenfalls stört, ist das Image der Heimat seines Vaters. „Italien ist nicht Pizza, Pasta, Cappuccino und Mafia", sagt er. Mit diesen Stereotypen konnte Rizzello ja noch leben, aber als auch noch Begriffe wie „bankrott" und „Pleitegeier" die Runde machten, wurde Rizzello wütend.

Um ein Plädoyer gegen nationale Stereotype könnte es sich bei dem Bericht nur oberflächig handeln, denn der Artikel selbst unterdrückt einige davon nicht, wie zum Beispiel die Wertschätzung der deutschen Zuverlässigkeit von Seiten des Deutsch-Italieners:

> Jedenfalls stecken morgens jetzt öfters Zettel, Postkarten und Briefe unter der Tür des Eiscafés. Darauf stehen Parolen wie „Hau doch ab aus Deutschland!". Es gibt einige Menschen, die so denken. Rizzello sagt: „Ich will nicht weg von hier, ich liebe Deutschland. Wirklich." Er sagt, ihm gefalle die Zuverlässigkeit hierzulande. Und dass es ihm in Italien nicht besser gehen würde: „Dort bin ich immer nur der Deutsche." Rizzello steckt tief in einer Identitätskrise. Als der erste böse Brief unter der Café-Tür lag, hat er sich erst mal setzen müssen. Er sagt: „Ich habe hemmungslos geweint."

In den 62 Kommentaren auf den Artikel wird die Diskussion über die doppelte Staatsangehörigkeit weitergeführt, wobei ähnlich wie bei anderen zitierten Fällen gängige Stereotype verwendet werden, um die eigene Meinung zu bestärken, wie im folgenden Beispiel:

> *Hormon:* Typisch Italiener.
> *BRD Bürger an Hormon:* Der kann sich das leisten, Sie nicht. Typisch BRD-Bürger!
> *Idyoto_Protokoll an Hormon:* Genug der Klischees. Falls Sie jemals aus Unterdeddslau, oder wo auch immer Sie herkommen, herausgekommen und in Italien gewesen wären würden Sie wissen, dass es grossartige Menschen sind. Die haben nur das Pech, dass ihre Politiker noch bescheuerter und korrupter sind als unsere – that's all.
> *Guest* an *Hormon:* Ja, und für Ihre Emotionalität und Spontaneität lieben viele Deutsche die Italiener auch. Jeder Sonnenstrahl wirft Schatten.

Nach dem Erscheinen des Artikels in *Die Welt* wurde die Geschichte aus Solingen auch in der italienischen Presse bekannt: Die *Agenzia Internazionale Stampa Estera*[33] veröffentlichte am 25. März 2013 eine Pressemitteilung, in der über die

---

33 Internationale Agentur Ausländische Presse.

Zustimmung eines Abgeordneten der PDL (zu der Zeit die Partei von Silvio Berlusconi) für den Wahlkreis Europa zum Verhalten des Eisdielen-Inhabers berichtet wurde. Der Abgeordnete betrachtete das Verhalten als ein Vorbild hinsichtlich der Vaterlandsliebe. Am selben Tag veröffentlichte auch der *Corriere della Sera* einen Beitrag über die „Reaktion auf die zwei Clowns", der aber keine Kommentare hervorrief. So kehrte der Vorfall nach einem Intermezzo in der deutschen lokalen Presse mit neuen Konnotationen in die italienische und deutsche nationale Presse zurück.

7 Klartext reden in Zeiten transnationaler Öffentlichkeit

„Wie viel Klartext verträgt Deutschland?" war der Titel eines Fernseh-Gesprächs zwischen der Journalistin Anne Will und dem Kanzlerkandidat Peer Steinbrück, gesendet von der ARD am 13. März 2013. Aus soziopragmatischer Sicht wäre eine kurze, passende Antwort: „Es hängt vom Kontext ab". Schon am Anfang des Konflikts stellte sich heraus, dass Steinbrück und Napolitano ein sehr unterschiedliches Verständnis des Kontextes zeigten, in dem die „Clowns-Äußerung" fiel, und dementsprechend unterschiedliche Interpretationen des Gesagten vertraten. Was jedoch ursprünglich als ein typisches Missverständnis erscheinen konnte, erzeugte infolge der medialen Transnationalisierung des Konflikts unvorhersehbare transmediale Diskussionen, bei denen der Grad der Aggressivität deutlich stieg und unterschiedlichste Kontextualisierungen ermöglichte: Während in Deutschland Peer Steinbrück als Kanzlerkandidat im Vordergrund der Diskussion stand, wurde der Konflikt in der italienischen Presse vor allem im Rahmen der jüngsten Wahlergebnisse dargestellt und von den Lesern in diesem Zusammenhang dekodiert. Diese Verschiedenheit in der Darstellung und Rezeption des Ereignisses betrifft nicht nur die inhaltlichen Verbindungen mit aktuellen Themen oder mit gängigen Stereotypen über das „Eigene" und das „Fremde", sondern auch die emotionalen Assoziationen. Von zahlreichen deutschen Lesern wurde beispielsweise in den Kommentaren ein Gefühl der Peinlichkeit gegenüber Steinbrücks Verhalten ausgedrückt, während italienische Leser erklärten, dass sie *als Italiener* die Wahlergebnisse peinlich fanden. Dass die Rezeption von Nachrichten immer auch ein aktiver und kreativer Prozess ist, aus dem unvorhersehbare Deutungen hervorgehen können, haben mittlerweile zahlreiche Studien bewiesen. Es erscheint demzufolge wenig verwunderlich, dass der Clowns-Vorfall immer wieder anders gedeutet wurde. Dennoch regen die bewussten und womöglich manipulativen neuen Kontextualisierungen der Clowns-Äußerung beim Übergang der Nachricht von einer

Öffentlichkeit in die andere – vor allem in Anbetracht der verstärkten Aggressivität zahlreicher Leserkommentare – zur Reflexion an.

Das hier aufgeführte Beispiel zeigt, dass die durch die nationale bzw. lokale Presse vollzogene thematische Vernetzung des ursprünglichen Konflikts mit aktuellen, von den Lesern als nah empfundenen Themen, sowie die starke Intertextualität aufgrund der Online-Archivierung zu einer Steigerung der Expressivität (Metapher, Intensivierungen usw.) führen, die wiederum emotionale – und aggressive – Reaktionen bei der Leserschaft begünstigt, wie es in den Kommentaren ersichtlich wurde. Dass der Konflikt zwischen dem deutschen Kanzlerkandidat und dem italienischen Staatspräsident in der spanischen Öffentlichkeit für emotionale Reaktionen sorgte, hängt von dessen Einordnung in die Diskussion über mangelnde Demokratie in den europäischen Entscheidungsprozessen ab, eine Debatte, an der sich in Spanien zahlreiche Bürgerinnen und Bürger leidenschaftlich beteiligten. Dabei spielten auch Stereotype und zirkulierendes vereinfachtes Wissen eine wichtige Rolle. Wie das Beispiel aus dem *Solinger Tageblatt* zeigt, können solche mediatisierte Diskussionen sogar Rückwirkungen auf die Sozialität einer Ortschaft hervorbringen.

Welche Bedeutung hat das hier Ausgeführte im Hinblick auf den Auf- bzw. Ausbau einer europäischen Kommunikationsgemeinschaft? Im öffentlichkeitstheoretischen Diskurs werden hinsichtlich der Herausbildung einer europäischen Öffentlichkeit Strukturdefizite festgestellt (z.B. die mangelnden europäischen Medien), die u.a. für eine mangelnde Integration verantwortlich seien. Eine national „segmentierte Europäisierung" (Brüggemann et al. 2006) wird beobachtet, in der über EU-bezogene Themen berichtet wird, wobei die nationalen Öffentlichkeiten sich nur begrenzt füreinander öffnen (Wessler/Brüggemann 2012: 96). Das Nichtvorhandensein einer gemeinsamen Sprache erweist sich hier mit Sicherheit als Hemmnis[34]. Es werden unterschiedliche Ansichten bezüglich der Frage vertreten, ob eine gemeinsame Identität Voraussetzung oder Folge der Entstehung einer europäischen Öffentlichkeit darstellt[35]. Die Mikroanalyse der medialen Transnationalisierung der Clowns-Beleidigung zeigt, dass neben den genannten strukturellen und kulturellen Defiziten auch die komplexe Vernetzung zwischen internationalen, nationalen und lokalen Themen, die manches ein- und manches ausblendet, den Ausbau einer europäischen Kommunikationsgemeinschaft erschwert, da die scheinbare diskursive Integration[36] in Wahrheit aus fragmentierten „Kontextgemeinschaften" besteht und letztendlich zu einem „Kontextdefizit" führt.

---

[34] Über die Notwendigkeit einer gemeinsamen Sprache für eine funktionierende Demokratie in Europa s. De Mauro 2014.
[35] Für einen Überblick s. Wessler/Brüggemann 2012: 73–90.
[36] Als Indikator für die Entwicklung einer europäischen Öffentlichkeit wird u.a. die „diskursi-

Literatur

Ang, Ien (1996): *Living Room Wars: Rethinking Media Audiences for a Postmodern World*. London, New York: Routledge.
Bargiela-Chiappini, Francesca (Hg.) (2011): *Politeness across Cultures*. Basingstoke et al.: Palgrave Macmillan.
Bonacchi, Silvia (2013a): *(Un)Höflichkeit. Eine kulturologische Analyse Deutsch – Italienisch – Polnisch*. Frankfurt a.M. et al.: Lang.
Bonacchi, Silvia (2013b): „Einige Bemerkungen zum polnisch-deutschen Dialogdiskurs: Die ‚Kartoffel-Affäre' und die Rolle der diskursiven Kompetenz im interlingualen Diskurstransfer". In: Ulrike H. Meinhof/Ingo H. Warnke et al. (Hgg.): *Diskurslinguistik im Spannungsfeld von Deskription und Kritik*. Berlin: Akademie Verlag, 351–372.
Brooker, Will/Jermyn, Deborah (2003): *The Audience Studies Reader*. London, New York: Routledge.
Brown, Penelope/Levinson, Stephen C. (2009): *Politeness: Some Universals in Language Usage*. Cambridge et al.: Cambridge University Press.
Brüggemann, Michael/Hepp, Andreas et al. (2009): *Transnationale Öffentlichkeit in Europa: Forschungsstand und Perspektiven*. Heidelberg: Springer.
Brüggemann Michael/Sifft, Stefanie et al. (2006): „Segmentierte Europäisierung. Trends und Muster der Transnationalisierung von Öffentlichkeiten in Europa. In: Wolfgang R. Langenbucher/Michael Latzer (Hgg.): *Europäische Öffentlichkeit und medialer Wandel. Eine transdisziplinäre Perspektive*. Heidelberg: Springer, 214–231.
De Mauro, Tullio (2014): *In Europa son già 103: troppe lingue per una democrazia?* Roma, Bari: Laterza.
Dijk, Teun A. Van (Hg.) (1985): *Discourse and Communication: New Approaches to the Analysis of Mass Media Discourse and Communication*. Berlin et al.: de Gruyter.
Dijk, Teun A. van (2009a): *Society and Discourse: How Social Contexts Influence Text and Talk*. Cambridge, New York: Cambridge University Press.
Dijk, Teun A. van (2009b): *Discourse and Context: a Sociocognitive Approach*. Cambridge et al.: Cambridge University Press.
Dreesen, Philipp (Hg.) (2012): *Mediendiskursanalyse: Diskurse – Dispositive – Medien – Macht*. Wiesbaden: VS Verlag für Sozialwissenschaften.
Goffman, Erving (1977): *Rahmen-Analyse. Ein Versuch über die Organisation von Alltagserfahrungen*. Frankfurt a.M.: Suhrkamp.
Goffman, Erving (2009): *Interaktion im öffentlichen Raum*. Frankfurt a.M. et al.: Campus.
Gumperz, John Joseph (1982): *Discourse Strategies*. Cambridge et al.: Cambridge University Press.
Hall, Stuart (2011): *Representation: Cultural Representations and Signifying Practices*. London: Sage Publ.
Hepp, Andreas (2004): *Netzwerke der Medien: Medienkulturen und Globalisierung*. Wiesbaden: VS Verlag für Sozialwissenschaften.
Hepp, Andreas (2010): *Cultural Studies und Medienanalyse. Eine Einführung*. Wiesbaden: VS Verlag für Sozialwissenschaften.

---

ve Integration" oder „horizontale Europäisierung" berücksichtigt, verstanden als die „Beobachtung anderer Länder" und die „Zitierung von Sprechern aus diesen Ländern" (Wessler/Brüggemann 2012: 91).

Hepp, Andreas (2013): *Medienkultur. Die Kultur mediatisierter Welten*. Wiesbaden: VS Verlag für Sozialwissenschaften.
Hepp, Andreas (2014): *Transkulturelle Kommunikation*. Konstanz, München: UVK Verl.-Ges. mit UVK Lucius.
Kämper, Heidrun/Warnke, Ingo H. (Hgg.) (2015): *Diskurs – interdisziplinär: Zugänge, Gegenstände, Perspektiven*. Berlin, Boston: de Gruyter.
Lakoff, George (2010): „Why it Matters How We Frame the Environment". In: *Environmental Communication. A Journal of Nature and Culture* 4(1), 70–81.
Langenbucher, Wolfgang R. (Hg.) (2006): *Europäische Öffentlichkeit und medialer Wandel. eine transdisziplinäre Perspektive*. Wiesbaden: VS Verlag für Sozialwissenschaften.
Lundby, Knut (2009): *Mediatization. Concept, Changes, Consequences*. New York: Lang.
Machin, David/Leeuwen, Theo Van (2007): *Global Media Discourse. A Critical Introduction*. London et al.: Routledge.
Meinhof, Ulrike Hanna/Triandafyllidou, Anna (Hgg.) (2006): *Transcultural Europe. Cultural Policy in a Changing Europe*. Basingstoke et al.: Palgrave Macmillan.
Meinhof, Ulrike Hanna/Warnke, Ingo H. et al. (Hgg.) (2013): *Diskurslinguistik im Spannungsfeld von Deskription und Kritik*. Berlin: Akademie Verlag.
Morley, David/Robins, Kevin (2004): *Spaces of Identity Global Media, Electronic Landscapes and Cultural Boundaries*. London et al.: Routledge.
Pries, Ludger (2010): *Transnationalisierung. Theorie und Empirie grenzüberschreitender Vergesellschaftung*. Wiesbaden: VS Verlag für Sozialwissenschaften.
Tobler, Stefan (2010): *Transnationalisierung nationaler Öffentlichkeit. Konfliktinduzierte Kommunikationsverdichtungen und kollektive Identitätsbildung in Europa*. Wiesbaden: VS Verlag für Sozialwissenschaften.
Tomlinson, John (1999): *Globalization and Culture*. Cambridge: Polity Press.
Vertovec, Steven (2009): *Transnationalism*. London et al.: Routledge.
Wessler, Hartmut (2008): *Transnationalization of Public Spheres*. Basingstoke et al.: Palgrave Macmillan.
Wessler, Hartmut/Brüggemann, Michael (2012): *Transnationale Kommunikation. Eine Einführung*. Wiesbaden: VS Verlag für Sozialwissenschaften.
Wienand, Johannes/Wienand, Christiane (2010): *Die kulturelle Integration Europas*. Wiesbaden: VS Verlag für Sozialwissenschaften.
Wodak, Ruth (1998): *Zur diskursiven Konstruktion nationaler Identität*. Frankfurt a.M.: Suhrkamp.

Liste der Abbildungen

ABB. 1: Entwicklung des Konflikts zwischen Giorgio Napolitano und Peer Steinbrück durch die ersten Reaktionen der Beteiligten (die Urheberrechte liegen bei der Autorin)
ABB. 2: Pizza quattro stagnazioni (Die Pizza zum italienischen Politik-Wahnsinn) (Quelle: Bild [23.02.2013])

Bogusława Rolek
Verbale Aggression in parlamentarischen Debatten

Abstract: The focus of the paper is on verbal aggression in parliament debates. Verbal aggression is defined as a language behaviour (utterance and the accompanying nonverbal behaviour) with hostile intensions towards the addressee or the form that could be interpreted as such. An analysis of verbal aggression on the illocutionary level is based on the recognition of aggressive, hostile intentions which threaten the addressee, and, on the perlocutionary level, they manifest themselves in the form of specific acts of speech, text types, feelings, face expressions and gestures. The analysis of parliament debates shows the connection between verbal aggression and the principle of double dialogicality, as well as the presence of the boomerang effect in using verbal aggression. It becomes evident that verbal aggression is a threat not only to the addressee of a hostile intention, but also to the speaker if it turns out to be founded on discrimination attitudes or lies.

1 Einführende Bemerkungen

Aggression ist ein komplexes Phänomen. Auch wenn sie im Alltagsgebrauch eher einheitlich als „auf Angriff ausgerichtetes Verhalten und feindselige Einstellung" verstanden wird, spiegeln sich in den wissenschaftlichen Definitionen dieses Begriffs gravierende Divergenzen wider, die auf die Kultur- und Domänenspezifik in der begrifflichen Bestimmung dieser Äußerung zurückzuführen sind[1].

Unter sprachlicher Aggression versteht man Silvia Bonacchi zufolge „verschiedene Formen sprachlichen Verhaltens (verbale Äußerungen und sie begleitendes nonverbales Verhalten) mit feindlicher Intention dem Gesprächspartner gegenüber oder Formen, die als solche interpretiert werden (können). Unter ‚feindlicher Intention' versteht man die illokutive Kraft eines Sprechaktes, die darauf abzielt, den Gesprächspartner anzugreifen und dessen Selbstwertgefühl zu mindern, sein soziales Image zu schädigen und schließlich seinen Handlungsraum zu beschränken." (Bonacchi 2012a: 133). Silvia Bonacchi ergänzt

---
[1] Siehe dazu den Überblick über die theoretischen Ansätze bei Bonacchi (2012: 132).

die Definition im Hinblick auf den perlokutionären Effekt, indem sie präzisiert: „Sprachliches aggressives Verhalten zielt auf den perlokutiven Effekt ab, dass dem Angegriffenen sein ‚Sakrum' (im Sinne Durkheims 1994: 412–414) der Anerkennung der unantastbaren Würde des Selbst und der unantastbaren Würde des Anderen profaniert wird." (Bonacchi 2012a: 143–144).

Verbale Aggression ist als Ergebnis eines Zusammenspiels vieler Faktoren aufzufassen, wobei anzumerken ist, dass weder die Faktoren allein noch ihr Relationsgefüge, sondern v.a. die Intention des Sprechers die aggressive Qualität einer Handlung ausmacht. Die sprachliche Aggression wird nur durch die Intention des Senders indiziert. Die illokutionäre Kraft aggressiver Sprechakte resultiert aus ihrer negativen Judikativität. Im aggressiven Akt bringt der Sprecher eine negative Bewertung des Adressaten des Angriffs zum Ausdruck, mit dem Willen, ihn zu verletzen. Die Grundvoraussetzung für die Untersuchung verbaler Aggression im Bereich der Illokution ist daher die Erkennung des aggressiven Potentials der Intention und im Bereich der Perlokution ihre Manifestation in Form von konkreten Sprechakten, Textsorten (Entschuldigungen, Rechtfertigungen etc.), Gefühlen sowie Gestik und Mimik.

Der vorliegende Beitrag basiert auf dem von Silvia Bonacchi vorgeschlagenen kulturologischen Untersuchungsansatz zur Analyse der sprachlichen (Un)Höflichkeit[2]. Mit diesem vielversprechenden Modell ist es der Autorin gelungen, einen methodologisch mehrdimensionalen, zugleich aber präzisen Rahmen zu schaffen, der die Erkenntnisse der Sprechakttheorie, der Textlinguistik und der anthropozentrischen Theorie menschlicher Sprachen und Kulturen[3] integriert, also die verbale Aggression in ihrer illokutiven und perlokutiven Kraft, in ihrer idio- und polykulturellen Ausprägung in situativen Kontexten und in kulturellen Artefakten zu untersuchen. Da die Eruierung theoretischer Grundlagen dieses Ansatzes nicht das Ziel des vorliegenden Beitrags bildet, wird darauf hingewiesen, dass die vorliegenden Ausführungen in dem Konzept des positiven und negativen Gesichts von Goffman (1967), in der Politeness-Theorie von Brown/Levinson (1987), in Höflichkeitsmaximen von Leech (1983) und in der von Bonacchi vorgeschlagenen Typologie der unhöflichen Sprechakte (2012) verankert sind.

---

2 Bonacchi charakterisiert den Ansatz, wie folgt: „Der kulturologischen Ansatz in der (Un)Höflichkeitsforschung versteht sich einerseits integrativ, weil er auf schon etablierten wissenschaftlichen Herangehensweisen seine Methodologie und Begriffsbestimmung aufbaut, andererseits versucht, die Spezifik seiner methodologischen Praxis zu präzisieren und vor allem diese in der Analyse wirklicher kommunikativer Interaktionen von konkreten Menschen in ihrem jeweiligen Gruppenkontext anzuwenden." (Bonacchi 2013: 89). Dazu siehe auch Bonacchi (2014).
3 Siehe Bonacchi (2012b, 2012c), F. Grucza (2010, 2012a, 2012b), S. Grucza (2012), Bąk (2012).

2 Mechanismen verbaler Aggression in parlamentarischen Debatten

Im Folgenden wird der Versuch unternommen, die formalen Konstituenten von parlamentarischen Debatten im Hinblick daraufhin zu erörtern, inwieweit sie und ihre Konstellation einen Rahmen für verbale Aggression schaffen.

Die Makrostruktur der (deutschen) parlamentarischen Debatte ist institutionell durch die Geschäftsordnung des Deutschen Bundestags[4] bestimmt. Initiiert wird die Debatte durch den Bundestagspräsidenten, der die Reihenfolge der Redner festlegt und das Wort erteilt. Die parlamentarische Debatte besteht aus einzelnen Beiträgen, denen folgendes Schema zugrunde liegt: Ansprache des Plenums, monologische Aussage in Form einer Rede und Danksagung[5]. Die parlamentarischen Reden zielen im Allgemeinen auf die Kundgebung der eigenen Meinung, sei es in Form einer befürwortenden, sei es einer kritisch-ablehnenden Stellungnahme zu dem besprochenen Thema. Constanze Spieß resümiert: „Ziel und Zweck der politischen Rede bestehen zumeist in der Akzeptanzschaffung, Meinungsbeeinflussung oder in der Überzeugung des adressierten Publikums." (Spieß 2011: 268). Je nach dem Typ, dem Handlungsfeld sowie dem intendierten Adressaten erfüllen die parlamentarischen Reden diverse Funktionen[6]: neben der Meinungs- und Willensbildung auch die Werbungsfunktion. Um möglichst viele Gruppen des dispersen Publikums anzusprechen und sich politisch in verschiedenen sozialen Bereichen stark zu positionieren, führen die Abgeordneten einen Dialog mit doppelten Adressaten: mit den Debattenteilnehmern und der Öffentlichkeit[7].

Das Prinzip der Dialogizität ist *longus usus* der Parlamentsarbeit. Seit eh und je in Parlamentsdebatten praktiziert, hat die Dialogizität als Form politischen Debattierens infolge der Demokratisierung und Mediatisierung[8] einen wesentlichen Wandel erfahren. Die Komplexität der legislativen Prozesse hat den eigentlichen Dialog zum Zweck der Entscheidungsfindung in die Ausschüsse und Frak-

---

4 https://www.btg-bestellservice.de/pdf/10080000.pdf.
5 Dazu auch Burkhardt (2005), Ozan (2010: 72).
6 Dazu u.a. Spieß (2011: 268–270) und Klein (2000: 745).
7 In Anlehnung an Dieckmann (1981) wird diese Art Dialog in der Fachliteratur als „Trialog" bezeichnet oder als „Mehrfachadressierung" (Kühn 1995) analysiert. Siehe dazu auch Roth (2004: 146–147).
8 Man könnte den Schluss wagen, dass die fortschreitende Mediatisierung des parlamentarischen Umfelds zur Folge hat, dass die parlamentarischen Debatten zur Serien-Sendung, zu einer Art parlamentarischer Seifenoper geworden sind.

tionen verschoben[9]. Vor dem Hintergrund der vorliegenden Problemstellung bedeutet das, dass eventuelle Meinungsverschiedenheiten vor den Parlamentssitzungen ausgehandelt werden. Die ursprüngliche Dialogizität mit spontanen Äußerungen, heutzutage ins Korsett der Geschäftsordnung mit dem genau festgelegten Szenario der Debattenreden gezwängt, wird durch eine semi-spontane, d.h. inszenierte, institutionell gesteuerte Dialogizität ersetzt. Als solche wird sie u. a. durch § 28 Abs. 1 der Geschäftsordnung des Deutschen Bundestages gewährleistet, in dem Folgendes festgelegt ist: „die Sorge [soll den Präsidenten] für […] die Rücksicht auf die verschiedenen Parteirichtungen, auf Rede und Gegenrede und auf die Stärke der Fraktionen leiten; insbesondere soll nach der Rede eines Mitgliedes oder Beauftragten der Bundesregierung eine abweichende Meinung zu Wort kommen."[10]

Diese Regelung ist im vorliegenden Kontext insofern relevant, als sie das Gleichgewicht bei der Präsentation von diversen Standpunkten und Positionen und somit den Meinungspluralismus in Parlamentsdebatten gewährleistet. Die Parlamentsdebatte zielt nicht auf die Aufhebung des Meinungspluralismus. Auch der Konsens ist nicht das Ziel der Debatte, denn er erübrigt die Notwendigkeit der Debatte. Als Grundbedingung für das Debattieren ist daher der aus Differenzen resultierende Dissens anzusehen. Er gilt als Antriebsmechanismus der parlamentarischen Debatte und ihr konstitutives Merkmal zugleich. Dies legt den Schluss nahe, dass die semi-spontane Dialogizität dazu dient, den Dissens für die politischen Ziele der einzelnen Parteien und Fraktionen auszuspielen. Dem verbalisierten Dissens kann somit eine abgrenzende, kontrastierende Funktion beigemessen werden[11]. Der Dissens ist selbstverständlich nicht derjenige Faktor, der das Entstehen der verbalen Aggression determiniert. Als Meinungsverschiedenheit begriffen präsupponiert er den Angriff nicht, führt aber zur sprachlich manifestierten Polarisierung politischer Positionen und infolgedessen zum Einsatz offensiver Kommunikationsstrategien. Der Dissens kann deshalb als *secundo conditio* der verbalen Aggression betrachtet werden, denn er bildet potentiell einen fruchtbaren Boden für das Entstehen und den Einsatz verbaler Aggression in parlamentarischen Debatten.

Im Bereich der genannten semi-spontanen Dialogizität lassen sich zwei Hauptarten unterscheiden: eine emittenten- und eine empfängerinitiierte Dialogizität. Im Hinblick auf die Analyse verbaler Aggression ist diese Differenzierung insofern relevant, als sie nicht nur die Grundlage für die Bestimmung der kom-

---

9 Siehe dazu Holly (2012: 216).
10 https://www.bundestag.de/bundestag/aufgaben/rechtsgrundlagen/go_btg/go06/245164.
11 Siehe dazu Ozan (2010: 78).

munikativen Form, sondern auch der Qualität der illokutionären und perlokutionären Effekte des verbalen Angriffs bildet. Da diese Einteilung die Komplexität der stark verschachtelten und verästelten Relationen der an Parlamentsdebatten Beteiligten und Interessierten sehr stark simplifiziert, werden im Folgenden die beiden Typen genauer charakterisiert.

Der Begriff ‚emitteninitiierte Dialogizität' subsumiert alle Formen der Dialogizität, die von Parlamentsmitgliedern (Emittentenkreis) realisiert werden. Die emitteninitiierte Dialogizität kommt in monologischen Beiträgen der Abgeordneten zum Vorschein und wird durch Kontaktsignale[12] in Form intertextueller Bezugnahmen auf die parlamentarischen oder auch außerparlamentarischen Aussagen der Parlamentsmitglieder und durch Orientierungssignale, mit denen sich die Politiker an die nicht anwesenden Adressaten ihrer Reden wenden, sprachlich manifestiert. Im Bereich der emittentenintendierten Dialogizität lässt sich unter Berücksichtigung der zum jeweiligen Zeitpunkt der Debatte dominierenden sozialen Rolle des Redners die sprecherintendierte Dialogizität bestimmen, um hervorzuheben, dass die soziale Rolle und der damit zusammenhängende kognitiv-situative Kontext der Äußerung die Art der Dialogizität und folgerichtig auch die Reaktionen der Empfänger beeinflussen. Je nachdem, welche soziale Rolle des Sprechers in der Rede oder in deren Fragment überwiegt, z.B. Redner als Parteivorsitzende, als Mitglied eines Ausschusses, werden sie als rollenspezifische Typen der sprecherintendierten Dialogizität analysiert. Ihre perlokutionäre Wirkung ist unterschiedlich: Sie hängt vom illokutionären Potential des Beitrags bzw. der einzelnen Sequenz sowie vom Subjekt/Objekt der Referenz ab. Erst eine genaue Fokussierung der einzelnen Äußerungen im Hinblick auf den Sprecher als Rollenträger, unter Berücksichtigung der Adressatenorientierung[13] und der sprachlichen Manifestation des aggressiven Sprechaktes, ermöglicht eine weitere Typologie dieser Art der Dialogizität. Dadurch wird ein Einblick in die interpersonalen Beziehungen[14] innerhalb und außerhalb des Parlaments gewonnen, was zur genauen Bestimmung des Senders, des Adressaten und der eingehenden Explizierung der illokutionären Kraft des verbalen Angriffs beiträgt.

---

[12] In Anlehnung an Sager (1981) wird zwischen multipolaren und unipolaren, sowie zwischen exklusiven und inklusiven Kontaktsignalen unterschieden. Vgl. dazu Petter-Zimmer (1988: 129–131).
[13] Siehe dazu Petter-Zimmer (1990: 195) und Schröter (2006: 46).
[14] In Anlehnung an Sager (1981: 179) wird die interpersonale Beziehung als übersituationelles Handlungssystem von zwei oder mehreren Aktanten aufgefasst.

Die empfängerinitiierte Dialogizität entsteht durch das Sprengen des institutionell festgelegten monologischen Rahmens des einzelnen Redebeitrags durch den direkten Eingriff in Form eines Zwischenrufs, der entweder das Gesicht des Redners wahrt oder bedroht[15]. Bei der Analyse dieser Dialogizitätsform soll die Frage nach den Empfängern als eventuellen Opfern verbaler Aggression genauer erörtert werden. Vorwegnehmend wird klargestellt, dass der Empfänger der Debatte nicht das Opfer des verbalen Angriffs ist. Die politischen Debatten sind *de facto* an die innere und äußere Hörerschaft, an den individuellen und kollektiven Empfänger gerichtet. Obwohl die Öffentlichkeit als äußere Hörerschaft mit den direkten Adressaten der Parlamentsdebatten nicht gleichgesetzt werden kann, gilt sie als potentielle Wählerschaft als wichtigste Orientierungsinstanz für die politischen Akteure. Jede Parlamentsdebatte ist heutzutage ein komplexes, auf Entscheidungslegitimierung orientiertes, kommunikativ inszeniertes[16] Handlungsspiel, das – primär – real, d.h. in dem temporal und territorial abgegrenzten Rahmen (Parlamentssaal) mit und unter den Politikern sowie – sekundär – virtuell, durch die mediale Vermittlung und ihre (eventuelle) Resonanz mit *vox populi*, mit dem Wähler, geführt wird.

Der Einfluss der Medien auf die verbale und nonverbale Ausgestaltung der öffentlichen Auftritte ist offensichtlich. Für die vierte Macht im Staat sind nicht die sachlichen Analysen, sondern medial besonders zugkräftige Ereignisse attraktiv. Wegen ihrer Macht gelten Medien als Konstrukteure neuer Wirklichkeit, in die nur diejenigen Ereignisse und Akteure[17] Eingang finden, die das medial Interessante bzw. Relevante anzubieten haben. Nur besonders vermittlungsgerechte Aussagen der Politiker werden aufgegriffen, weiter zitiert und diskutiert. All das trägt dazu bei, dass die Imagearbeit der Politiker und Parteien an verschiedenen „Fronten" stattfindet.

Die parlamentarische Debatte dient daher eher der Demonstration der politischen Stärke einzelner Parteien und Fraktionen, der Entlarvung der Schwächen der Gegner bis zu ihrer Abgrenzung oder sogar politischen Vernichtung. Die argumentative und zugleich suggestive Profilierung der eigenen Position dient dazu, „dass neutrale Personen(gruppen) gewonnen, die eigenen Anhängerschaf-

---

[15] Zu Funktionen des Zwischenrufs siehe Stopfner (2010), Burkhardt (2004).
[16] Zur Definition der Inszenierung siehe: Dieckmann (1981), Holly (1990: 54–59).
[17] Als vermittlungsgerecht gelten im Allgemeinen Nachrichten, denen die folgenden Faktoren zugeschrieben werden können: Nähe (räumliche, politische und kulturelle Nähe und Relevanz), Negativismus (negative Ereignisse wie Krisen und Katastrophen), Konflikte sowie Elite-Personen (prominente, einflussreiche sowie politische Personen), Kontinuität (die fortlaufende Beachtung eines Ereignisses), Überraschung (unvorhergesehene oder seltene Ereignisse) und Tragweite (Auswirkungen auf den Rezipienten, persönliche Betroffenheit) Ehring (2013: 30).

ten bestärkt und die Gegner durch Demontierung ihrer Position verunsichert werden." (Klein 2011: 291).

Wie dargelegt, bildet jede Parlamentsdebatte einen komplexen und mehrdimensionalen Kommunikationsrahmen, in dem Politiker in verschiedenen sozialen Rollen agieren und in diesem Zusammenhang diverse Ziele realisieren. Bei der Analyse verbaler Aggression sollen der Dissens und seine kontrastierende und/oder polarisierende Funktion, der direkte Adressat gesichtsbedrohender Akte sowie das Publikum berücksichtigt werden.

3 Verbale Aggression und soziale Rolle

Im Hinblick auf die Untersuchung verbaler Aggression in parlamentarischen Debatten ist hervorzuheben, dass die Debattenteilnehmer als Rollenträger agieren. Daraus ergibt sich eine vorsichtige Annahme, dass ein Zusammenhang zwischen der sozialen Rolle des Redners und dem Einsatz der verbalen Aggression in parlamentarischen Debatten besteht. Denn:

> Wer als Minister Vorhaben seines Ressorts erläutert und rechtfertigt, muß nicht in erster Linie die Absicht haben, der Opposition zu denken zu geben, sondern etwa seine Rolle im Kabinett zu festigen; dies erreicht er unter Umständen nicht dadurch, dass er seine Kollegen überzeugt, sondern dass er ein vorteilhaftes Echo in den Massenmedien bewirkt, welches seine Kollegen veranlasst, ihn im gemeinsamen Interesse zu unterstützen und nicht anzugreifen. Wer als Oppositionsabgeordneter die Regierung angreift, muß nicht von der Vorstellung geleitet sein, sie dadurch eines Besseren zu belehren, sondern etwa von derjenigen, einige seiner Argumente könnten von interessierten Organisationen oder von der allgemeinen Öffentlichkeit aufgegriffen und von dort aus gegen die betreffende Ressortpolitik gewendet werden. (Zeh 1998: 926–927)

Die soziale Rolle beeinflusst das Handeln des Politikers, der als Vertreter bestimmter Interessen(gruppen) im Parlament agiert. Mit Wolfgang Zeh (2011: 926) lässt sich konstatieren, dass die Debattenteilnehmer

> nicht in erster Linie als Individuen, sondern als Rollenträger agieren. [...]. Ein Abgeordneter spricht im Parlament als Mitglied der Regierung oder Mitglied einer Regierungsfraktion, als Mitglied der Opposition, als Abgeordneter des Wahlkreises X, als Vorsitzender oder Berichterstatter des Y-Ausschusses, als Sprecher seiner Fraktion für Z-Politik, als Mitglied, Repräsentant oder Anhänger einer je unterschiedlichen Mischung von programmatischen Gruppierungen, Landesverbänden, Organisationen und Gliederungen sowie von darüber hinausreichenden Interessen- und Kompetenzschwerpunkten, die sich im Umriß seiner Person herausgebildet haben. Für Regierungsmitglieder erhält das Grundgesetz besondere Redeprivilegien, sie gelten nicht der Person, sondern dem Amt. Aber auch jeder Abgeord-

nete spricht gleichsam qua Amt, mindestens im weit verstandenen Sinne – seiner gegebenenfalls nur jeweiligen – Rolle und Aufgabe in der Politik.

Die Abgeordneten sind nicht nur z.B. durch Fraktionsdisziplin, sondern auch abgelegte Versprechen, sei es in ihren Wahlkreisen, sei es in diversen Verbänden und Interessengruppen, gebunden. Die soziale Rolle determiniert die aus diesen Interessen abgeleiteten Ziele sowie ihre Realisierung in den jeweiligen Debatten. Die Präsentation und Durchsetzung dieser Ziele ist ohne Einsatz offensiver Strategien, d.h. ohne verbale Aggression wesentlich erschwert oder gar unmöglich. Die Konzentration auf punktuelle Ziele (z.B. wahlkreisbedingt) kann die Realisierung der strategischen, langfristigen Ziele gefährden und als politisch inkonsequentes Verhalten gedeutet werden, was nicht selten von politischen Gegnern sofort in Erinnerung gerufen und in Form eines Gegenangriffs darauf beantwortet wird.

Im Folgenden wird an wahlkampfbezogenen Sequenzen exemplifiziert, wie die soziale Rolle als Kanzlerkandidat den Einsatz offensiver Kommunikationsstrategien seitens des Kandidaten und seiner politischen Gegner beeinflusst. Der Kanzlerkandidat hat meistens mit massiven Attacken zu rechnen, was die folgende Sequenz belegt.

> „Herr Präsident! Meine Damen und Herren! (1) Herr Kollege Steinbrück, ich habe Ihnen eine halbe Stunde aufmerksam zugehört. (2) Ihre Rede hat mich an den alten Glaubenssatz erinnert (3): Gott weiß alles, Peer Steinbrück weiß alles besser. (4)
>
> (Beifall bei der FDP sowie bei Abgeordneten der CDU/CSU – Zurufe von der SPD: Oh! – Dr. Frank-Walter Steinmeier [SPD]: Den Satz hatten Sie schon mal! Der ist alt!) (5)
>
> Das Hauptproblem Ihrer Kandidatur ist, die Welt von oben herab zu erklären. (6) Ich frage mich manchmal, woher Sie Ihr überbordendes Selbstbewusstsein nehmen. (7) Sie haben eine Pannenstatistik wie ein Fiat Punto, führen sich aber auf, als ob Sie ein Spitzen-BMW wären. (8) Ich erinnere mich noch gut, dass Herr Steinbrück vor einigen Jahren gefordert bzw. ernsthaft erwogen hat, die Autobahnen zu verkaufen. (9) Das ist nichts anderes als eine Pkw-Maut. (10) Ich halte nichts von einer Pkw-Maut. (11) Aber dazu, dass er sich nun bei diesem Thema so aufbläst, obwohl er selbst zuvor öffentlich darüber nachgedacht hat, kann ich nur sagen: sehr glaubwürdig, sehr glaubwürdig! (12) [...]
>
> Es waren vier gute Jahre trotz schwierigster weltwirtschaftlicher Rahmenbedingungen. (13) Dass Sie uns kritisieren, verüble ich Ihnen nicht. (14) Aufgabe der Opposition ist es, Kritik zu üben. (15) Aber dass Sie das Land schlechtreden, dass Sie ein Bild von Deutschland zeichnen, das der Realität nicht entspricht, ist eine Ohrfeige für die fleißigen Menschen in Deutschland. (16) Das haben sie nicht verdient. (17).
>
> (Beifall bei der FDP und der CDU/CSU – Dr. Frank-Walter Steinmeier [SPD]: Was hat denn Steinbrück gerade gesagt? Das Gegenteil!) (18)
>
> Das ist nicht anständig. (19)
>
> (Widerspruch bei der SPD und der LINKEN) (20)

Lassen Sie mich zum Wort „Anstand" einige Worte sagen. (21) Sie haben einen Fairnesspakt angeboten. (22) Wenn man sich die letzten Wochen vor Augen führt, dann stellt man fest, dass Sie der Einzige sind, der sich nicht im Griff hat: [...]. (23)"[18]

Blickt man auf den Tenor des Beitrags fällt auf, dass statt einer sachlichen Auseinandersetzung ein Beziehungskonflikt konstruiert wird, in dem das Image des Gegners direkt verletzt wird[19]. Die illokutionäre Kraft der negativen Evaluation und der Herabsetzung des Adressaten in seiner sozialen Rolle als Kanzlerkandidat ergibt sich aus dem Einsatz stilistischer Mittel. Um den Kanzlerkandidaten verbal anzugreifen, bedient sich der Redner des situativ modifizierten geflügelten Wortes, mit dem die Besserwisserei des Kandidaten (4)[20] bloßgestellt wird. Durch die negative Prädizierung („überbordend") einer für den Kanzlerkandidaten besonders relevanten und höchst positiven Charaktereigenschaft (Selbstbewusstsein) und durch den Vergleich, der auf der Gegenüberstellung der gegensätzlich stereotypisierten Automarken beruht (8), wird das Überlegenheitsgefühl des Kandidaten evoziert. In dem darauffolgenden Satz wird die Ironie als Mittel des verbalen Angriffs eingesetzt: die alte Idee des Kanzlerkandidaten (Verkauf der Autobahnen) wird mit dem aktuell brisant diskutierten Konzept (die Pkw-Maut) in Verbindung gesetzt und mit dem Vergleich als Pendant dargestellt. In dem konstruierten kognitiven Rahmen (Verkauf von Autobahnen = Pkw-Maut, gut = schlecht) erscheint die Idee als gut und positiv, solange sie vom aktuellen Kanzlerkandidaten vertreten worden war. Seitdem sie von der Regierungskoalition als wirtschaftsrelevantes Konzept vorgeschlagen wurde, ruft sie negative Reaktionen des Kanzlerkandidaten (das Sich-Aufblasen) hervor. Die geschickte Zusammenstellung von als bekannt, zugleich auch als brisant und kontrovers beschriebenen Tatsachen verleiht der Aussage eine aggressive Wirkung. Indirekt angeprangert werden die Inkonsequenz des Kanzlerkandidaten in der Vertretung wichtiger wirtschaftlicher Lösungen und das damit einhergehende inadäquate emotionale Engagement. Der Kanzlerkandidat wird in seinem Image verletzt, indem er indirekt als Opportunist und Wichtigtuer charakterisiert wird. Das aggressive Potenzial dieser Aussage wird illokutionär zusätzlich durch die ironische Evaluierung der Glaubwürdigkeit des Kanzlerkandidaten verstärkt. Mit dem Einsatz der Ironie erzielt der Redner höchstwahrscheinlich einen zusätzlichen Effekt. Empirische Untersuchungen im Hinblick auf die Ironie und auf die Folgen ihres Gebrauchs belegen, „dass es Solidarisierungseffekte des Hörers mit dem

---

18 http://dipbt.bundestag.de/doc/btp/17/17253.pdf, S. 32634.
19 Genau dazu Schwitalla (1987).
20 http://www.tagesspiegel.de/politik/spd-kanzlerkandidat-steinbrueck-raeumt-fehler-ein/7708438.html.

Sprecher gibt, wenn der Sprecher aus einer unterlegenen Position einen überlegenen Gegner angreift. Denn ‚Je unterlegener der Sprecher, desto legitimer die Ironie'." – so Groeben/Seemann/Drinkmann (1985: 256). Des Weiteren werden in den assertiven Aussagen die Unanständigkeit (22, 23) sowie die Unterschätzung der eigenen Nation, die der Redner als Respektlosigkeit und Beleidigung[21] (16) enttarnt, angeprangert. Mit strategischem Kalkül entlarvt der Vertreter der Regierungspartei die Charakterschwächen des Kanzlerkandidaten. Beziehungsdestabilisierend wirkt das Jonglieren mit den direkten Kontaktsignalen: mal wird der Kanzlerkandidat direkt als anwesender Gesprächspartner, mal indirekt in der 3. Person Singular als Herr Steinbrück angesprochen.

4 Perlokutionäre Effekte verbaler Aggression

Neben der Analyse der illokutionären Kraft setzt die Untersuchung der aggressiven Sprechakte die Berücksichtigung ihrer perlokutionären Effekte voraus. Wie einleitend definiert, wird die illokutionäre Kraft eines aggressiven Sprechaktes mit feindlicher Intention gleichgesetzt. Perlokutionäre Effekte werden als „Konsequenzen und Wirkungen" illokutionärer Akte, als „Handlungen, Gedanken, Anschauungen usw. der Zuhörer [...]" (Searle 2007: 42) aufgefasst. Präziser formuliert sind darunter Folgereaktionen in Form von (non)verbalen Verhaltensweisen sowie Emotionen und neuen kognitiven Einstellungen zu verstehen. Im Kommunikationsrahmen „Parlamentarische Debatte" können folgerichtig zweierlei Reaktionen in Betracht gezogen werden: die Reaktion(en) des Angegriffenen und die Reaktion(en) des Publikums.

Im Hinblick auf die Untersuchung perlokutionärer Effekte aggressiver Sprechakte ist des Weiteren zu fragen, inwieweit sie konventionell sind, d.h. inwieweit sie den Anspruch auf die gesellschaftliche Anerkennung und Legitimität erfüllen. Während die aggressiven Illokutionen nicht selten konventionell realisiert werden (z.B. „Du Dummkopf" als Beschimpfung), sind die Reaktionen auf die aggressiven Sprechakte nicht sicher vorhersehbar. Selbst auf die genannte Beleidigung kann der Angegriffene unterschiedlich reagieren, z.B. mit Schweigen, Lachen oder Gegenangriff. Unvorhersehbar sind auch die Reaktionen des Publikums, obwohl natürlich bestimmte Verhaltensweisen, z.B. verbale Verteidigung des Angegriffenen als sozial erwartbare Handlung, vermutet werden können.

---

21 Zur Definition des beleidigenden Sprechaktes siehe u.a. Mikołajczyk (2008: 190), Havryliv (2009: 71).

Zusammenfassend sei festgehalten: perlokutionäre Effekte aggressiver Sprechakte können als (nicht) beabsichtigte, (nicht) konventionelle Reaktionen des Opfers und des Publikums auf die gesichtsbedrohende Illokution analysiert werden.

Bei der Analyse der Perlokutionen, die Werner Holly als „das erfolgreiche Bewirken von Einstellungen, Gefühlen oder Handlungen des Hörers" (Holly 1979: 7) definiert, wird im Kontext der parlamentarischen Debatten klar, dass die Einbeziehung der oben für den politischen Kontext vorgenommenen Differenzierung zwischen dem Hörer und dem Opfer verbaler Aggression den pragmatisch-kommunikativen Rahmen aggressiver Sprechakte neu modelliert.

Mit aggressiven Sprechakten vollziehen die politischen Akteure einen Angriff, um das Gesicht des Adressaten zu gefährden, d.h. um seine Position als politischer Gegner bei der Wählerschaft oder auch in seiner eigenen Fraktion zu schwächen. Der aggressive Sprechakt ist gegen einen Adressaten gerichtet; er hat aber keinen konkreten und homogenen Empfänger. Mit der Mehrfachadressierung lässt sich daher die Spezifik der parlamentarischen Debatten im Hinblick auf die perlokutionären Effekte, also die „intendierten Reaktionen beim Hörer, die den Erfolg der Sprechhandlung ausmachen [...]" (Holly 1979: 10), begründen. Neben dem beabsichtigten perlokutionären Effekt seitens des Opfers kann der aggressive Sprechakt, wie oben erwähnt, mehrere, sowohl beabsichtigte als auch nicht beabsichtigte perlokutive Effekte beim Publikum bewirken.

Das Publikum – als zusätzlicher Bezugspunkt bei der Bestimmung des perlokutionären Effektes der verbalen Aggression – ist keine virtuelle Größe. Es ist nicht nur ein Beobachter, der ohne Empathie und Engagement den aggressiven Akt zur Kenntnis nimmt; es ist ein potentieller Wähler, um dessen Stimme auch mit Mitteln verbaler Aggression ununterbrochen geworben wird. Das Publikum kann, abgesehen von seinem politischen Standpunkt, wegen menschlicher/ ethnischer Solidarität und Aufrichtigkeit auch ein Mitbetroffener sein. Wird der Empfänger als sekundärer Adressat der verbalen Aggression anvisiert, kann man vom positiven empfängerbezogenen perlokutionären Effekt sprechen. Dieser Effekt kann dazu beitragen, eine neue Gemeinschaft mit gemeinsamen Zielsetzungen zu konstituieren bzw. die schon bestehende zu stärken. Solch eine inkludierende Wirkung haben z.B. aggressive Sprechakte, die individuelle bzw. kollektive Subjekte (Parteien) angreifen. Fühlt sich der Empfänger durch die verbale Aggression mit verletzt bzw. bedroht, solidarisiert er sich mit dem Angegriffenen und reagiert als Mitbetroffener. Es ist auch durchaus möglich, dass der verbale Angriff die Wähler entsetzt, infolgedessen sie ihre parteilichen Präferenzen ändern. Der Versuch, durch die verbale Aggression die Zustimmungsbereitschaft und die Akzeptanz für die gewählte Strategie zu schaffen, kann also paradoxerweise, wenn die grundlegenden menschlichen Werte verbal verletzt werden, die

Ablehnung des Angreifenden und den Sympathieverlust ihm und seiner Partei gegenüber herbeiführen. Die zwar vom Sender nicht beabsichtigte, jedoch durchaus mögliche Wirkung kann als negativer empfängerbezogener perlokutionärer Effekt bezeichnet werden.

Eine Aufforderung zur Veränderung einer bisherigen Handlung kann z.b. nicht nur einen intendierten perlokutiven Effekt (Initiierung einer Debatte, die zur Veränderung der Handlungslinie führt) hervorrufen. Die gesellschaftliche Relevanz der Aufforderung kann auch einen perlokutiven Effekt seitens außerparlamentarischer Empfänger auslösen, z.B. in Form eines Protests gegen diese Handlung. Dieser nicht beabsichtigte perlokutive Effekt kann den intendierten perlokutiven Effekt (Veränderung der Handlungslinie) insofern beeinflussen, als der Druck der Öffentlichkeit das Opfer des Angriffs zur primär nicht geplanten Reaktion zwingen kann. Diese Rückkopplung: verbale Aggression als Stimulus – Reaktion der Empfänger als „kategorischer Imperativ" für die ausbleibende Reaktion des direkten Adressaten, kann nicht in einer einfachen Sprechaktsequenz, sondern in einem zum Zeitpunkt des Angriffs temporal unbestimmten und exterritorialisierten Rahmen nachvollzogen werden. Entscheidend ist dabei die illokutionäre Kraft des Angriffs sowie seine medial vermittelte Form. Solche aggressiven Sprechakte mit dem „doppelten" perlokutionären Effekt sind besonders virulent. Sie schädigen das politische Image des Opfers zweimal: zum Zeitpunkt des Angriffs und zum Zeitpunkt der Reaktion. Aus der Perspektive der politischen Wirksamkeit werden sie als besonders effektiv angesehen, weil sich der Angreifende als Sieger etabliert.

Für die parlamentarischen Debatten sind neben den schon genannten auch verbale Angriffe charakteristisch, deren perlokutiver Effekt darauf zielt, das Opfer in einen im aggressiven Sprechakt beabsichtigten emotionalen Zustand zu versetzen, z.B. Einschüchterung bei Drohung[22], Ausgrenzung bei Diskriminierung, Abwertung bei Beleidigung. Die Reaktion des Opfers auf aggressive Illokutionen ist in solchen Fällen nicht unbedingt beobachtbar, sehr oft wird sie auch nicht verbal realisiert. In parlamentarischen Debatten kommen eher selten perlokutionäre Akte vor, mit denen das Opfer seine innere Verletzung verbalisiert, wie das in Form von folgenden Aussagen denkbar wäre: Sie haben mich beleidigt, Ich fühle mich gekränkt, Sie haben mich diffamiert. In solchen Situationen ist es allerdings aber durchaus möglich, dass der verbale Angriff einen zusätzlichen, vom Sprecher (höchstwahrscheinlich) nicht beabsichtigten perlokutiven Effekt bewirkt, z.B. die parlamentsinterne oder/und parlamentsexterne Kritik am Sprecher selbst. Die feindliche Illokution wird von Empfängern, nicht vom Opfer

---

22 Zum Sprechakt ‚Drohen' siehe Mikołajczyk (2007).

des Angriffs, instrumentalisiert und als Gegenangriff ausgeführt. Dem aggressiven Sprechakt folgt als perlokutionärer Effekt ein neuer aggressiver Akt, der mit Burkhardt/Henne (1984: 335) als „perlokutionäres Nachspiel" bezeichnet werden kann. Motiviert sind solche perlokutionären Effekte u.a. durch die Aufrichtigkeit/ Anständigkeit und Solidaritätsgefühle der parlamentarischen und außerparlamentarischen Empfänger, die das Opfer des Angriffs in Schutz nehmen und sein Gesicht verteidigen. Die Anprangerung der offensiven Kommunikationsstrategien dient also nicht nur der Wiederherstellung des rituellen Gleichgewichts der geführten Kommunikation, das durch den Angriff verletzt worden ist, sondern auch, falls sie von einem Politiker vollzogen ist, der eigenen Imagearbeit, der Stärkung der eigenen Position.

Ein aggressiver Sprechakt kann auch eine Kette perlokutionärer Effekte hervorrufen, was an folgendem Beispiel exemplifiziert wird, in dem die außerparlamentarische Kritik[23] an der Bundeskanzlerin perlokutive Effekte nicht nur in außerparlamentarischen Diskussionen, sondern auch in parlamentarischen Debatten bewirkt. Der Sprecher, der sich der als nicht intendiert deklarierten, aber zugleich als möglich inferierten, falschen Interpretation seines Angriffs bewusst ist, versucht den Angriff zu entkräften, indem er den perlokutionären Effekt zu stoppen versucht und seine Deutung des Angriffs bietet, indem er hinzufügt: „Das will ich nicht missverstanden haben als Vorwurf [...]." Obwohl er bemüht ist, das aggressive Potential sofort zu minimieren, gelingt es ihm nicht, den nicht beabsichtigten, überraschenden perlokutiven Effekt wieder gutzumachen. Seine Aussage erzeugt – von ihm sofort antizipiert – große Resonanz und ruft Reaktionen nicht nur in der Öffentlichkeit, sondern auch im Parlament hervor, was das folgende Zitat exemplifiziert.

> „[...] Kürzlich haben Sie der Bundeskanzlerin ihre ostdeutsche Herkunft vorgehalten. [...].
> Damit haben Sie die Grenze des guten Geschmacks überschritten.
> (Lothar Binding [Heidelberg] [SPD]: Das stimmt ja gar nicht!)"[24]

Dem Verweis auf den im außerparlamentarischen Raum vollzogenen Angriff folgt ein assertiver Sprechakt in Form einer Bewertung, der als vom Sprecher nicht

---

[23] Es handelt sich um die folgende Aussage des Kanzlerkandidaten: „Ich halte daran fest: Die Tatsache, dass sie jedenfalls bis 1989/1990 eine ganz andere persönliche und politische Sozialisation erlebt hat als die, die diese europäische Integration seit Anfang der 50er Jahre erlebt haben, beginnend mit den Montanverträgen, das spielt in meinen Augen schon eine Rolle." Abrufbar unter http://www.tagesspiegel.de/politik/btw13/peer-steinbrueck-im-gespraech-beim-tagesspiegel-merkel-fehlt-leidenschaft-fuer-europa-wegen-ddr-sozialisation/8592914.html.
[24] http://dipbt.bundestag.de/doc/btp/17/17253.pdf, S. 32634.

erwarteter perlokutiver Effekt gedeutet werden kann. Der Angegriffene, der mit dem pronominalen Kontaktsignal (Sie) angesprochen wird, ist mit der Interpretation der illokutionären Kraft seiner Aussage nicht einverstanden: er reagiert mit dem Zwischenruf „Quatsch!". Der verbale Angriff wird durch den Empfänger instrumentalisiert, um das Parlament und die Öffentlichkeit im Verteidigungsakt (zugleich im indirekten Gegenangriff), der in der Missbilligung der Diskriminierung (aufgrund der Herkunft) begründet ist, zu vereinigen. Die illokutionäre Kraft der ganzen Sequenz resultiert auch aus der mehrmals eingesetzten Anapher („wir können stolz sein"), die zur Expressivität der Aussage durch ihre Rhythmisierung beiträgt und zugleich Pathos verleiht. Durch die Gegenüberstellung „Wir" gegen „Sie" werden die Parteien kontrastiert, und die Position der eigenen Partei wird gestärkt. Dies veranschaulichen die folgenden Passagen:

> „Wir können stolz sein, dass 20 Jahre nach der Wiedervereinigung Menschen aus dem Osten der Republik in höchsten Staatsämtern sind. Das ist ein Erfolg, den wir vorweisen können.
> (Beifall bei der FDP und der CDU/CSU)
> Wir können stolz sein, dass jemand Vizekanzler werden kann, der in einem anderen Land geboren wurde.
> (Beifall bei der FDP und der CDU/CSU)
> Wir alle können stolz sein, dass ein Außenminister, anders als in den 50er-Jahren, seinen Partner nicht mehr verstecken muss, sondern dass das Normalität in Deutschland ist.
> (Beifall bei der FDP sowie bei Abgeordneten der CDU/CSU)
> Die christlich-liberale Koalition trägt ihre Weltoffenheit nicht wie eine Monstranz vor sich her. Das überlassen wir Ihnen. Wir leben sie einfach. Das ist der Unterschied.
> (Beifall bei der FDP sowie bei Abgeordneten der CDU/CSU)"[25]

Durch den Gebrauch des inklusiven Kontaktsignals „wir" werden einerseits Gemeinschaftsemotionen (wir als Volk) aufgebaut, andererseits wird das kollektive Image der Koalitionsparteien (die christlich-liberale Koalition) aufgewertet und gestärkt.

Der verbale Angriff gegen die Bundeskanzlerin, die zugleich als Kanzlerkandidatin die Gegnerin im Wahlkampf ist, ruft verschiedene Reaktionen unter Parteikollegen und bisher Verbündeten des Kanzlerkandidaten hervor. Zwar wird der Angreifende von einzelnen Kollegen im Parlament in Schutz genommen, indem die Interpretation seiner Aussage seitens der Opposition als Zwischenruf „Das stimmt ja gar nicht!" abgelehnt wird. Zugleich aber distanziert sich der potentielle Koalitionspartner von dem Angreifenden[26] und der Kanzlerkandidat wird im

---

25 http://dipbt.bundestag.de/doc/btp/17/17253.pdf, S. 32634.
26 Das illokutionäre Potential des Angriffs ist so stark, dass er heftige Reaktionen hervorruft, wie z.B. „Das ist eine bodenlose Unverschämtheit", wetterte auch Linken-Chef Bernd Riexinger.

„perlokutionären Nachspiel" als ‚nicht wählbar' stigmatisiert. In dem geschilderten Fall können die vom Adressaten des Angriffs und den Empfängern vollzogenen Reaktionen als Netz divergierender perlokutiver Effekte gedeutet werden.

Eine feindliche Intention können auch Appelle an die Regierung, Abgeordnete, Parteikollegen enthalten und folgerichtig als aggressive Sprechakte funktionieren, wie das angeführte Beispiel verdeutlicht.

> „Die duale Ausbildung in Deutschland ist ein Erfolgsmodell. (1) [...]. Sie ist das Modell, für das sich viele andere europäischen Länder interessieren. (2) Darauf können wir zu Recht stolz sein. (3)
>
>   (Beifall bei Abgeordneten der CDU/CSU) (4)
>
> So gerade weil wir von diesem Modell so begeistert sind und zu Recht so stolz darauf sind, möchte ich heute einen kritischen Punkt ansprechen. (5) In den vergangenen Monaten treibt die Mitglieder meiner Fraktion ein Thema um, das uns sehr große Sorgen macht und das in meinen Augen in eine solche Debatte gehört; (6) ich wundere mich, dass es bisher noch niemand angesprochen hat. (7) Es geht um die Änderungsvorschläge der Europäischen Kommission zur Berufsanerkennungsrichtlinie. (8) Da Sie schon jetzt genervt gucken, liebe Kollegen der SPD, weiß ich nicht, ob Sie die Dimension dieses Themas für unser Land wirklich erkannt haben. (9)
>
> Deswegen hat es mich überrascht und entsetzt, liebe Kollegen der SPD – da komme ich wieder zu Ihnen –, dass es in den Reihen der SPD auf EU-Ebene Parlamentarier gibt, die diese deutsche Position nicht vertreten. (10) Offensichtlich werben SPD-Parlamentarier in Brüssel für die Vorschläge der Kommission (11)
>
>   (Zurufe von der SPD: Wer denn?) (12)
>
> und schwächen damit deutlich die Verhandlungsposition unseres Landes. (13)
>
>   (Swen Schulz [Spandau] [SPD]: Nennen Sie Ross und Reiter!) (14)
>
> Ich kann Ihnen gerne die Namen nennen. (15) Ich wollte es an dieser Stelle vermeiden, aber sprechen Sie einmal mit Ihren Kolleginnen Weiler, Gebhardt und Sippel, die sich nämlich ganz anders äußern, als Sie das tun. (16)
>
>   (Uwe Schummer [CDU/CSU], an die SPD gewandt: Da müsst ihr euch mal unterhalten!) (17)
>
> Sie kämpfen hier im Deutschen Bundestag entschieden für die duale Ausbildung, aber Ihre Kolleginnen in Brüssel tun das Gegenteil. (18) Deshalb will ich an Sie appellieren: Werben Sie auch bei Ihren Parteifreunden auf europäischer Ebene für die duale Ausbildung. (19)"[27]

„Dafür muss sich Steinbrück entschuldigen, und wenn er es nicht tut, dann muss Gabriel nach Canossa gehen", sagte er der „Welt". „Das ist die schlimmste Entgleisung gegen Ostdeutsche seit Jahren." Mit seinen Äußerungen habe sich Steinbrück für die Kanzlerwahl „selbst aus dem Rennen genommen": „So jemand ist nicht wählbar." Die Linke werde jetzt offensiv im Osten um enttäuschte SPD-Wähler werben." (http://www.spiegel.de/politik/deutschland/linke-nimmt-merkel-gegen-steinbrueck-in-schutz-a-914938.html).

27 Online unter: http://dip21.bundestag.de/dip21/btp/17/17198.pdf, S. 23587.

Die kognitive Schilderung des situativen Kontextes (die Unterstützung des von der EU-Kommission entwickelten Projektes, das als Gegenprojekt des Bundestags evoziert wird) dient als hörerpräferenzielle kommunikative Strategie dem Aufbau des kognitiven Rahmens. Die Rednerin lässt den Eindruck entstehen, dass sie das rituelle Gleichgewicht der Kommunikation (das Gesicht der direkten Adressaten und der inneren und äußeren Hörerschaft) zu wahren versucht, indem sie ein Gemeinschaftsgefühl durch die Verwendung des inklusiven „Wir" herstellt und Emotionen wie Stolz und Begeisterung herbeiruft, wodurch sie ein positives Klima in der Debatte herbeiführt. Um aber das eigentliche Ziel der Rede – die Aufforderung zur Veränderung des anzuprangernden Verhaltens der EU-Abgeordneten – zu erreichen, realisiert sie folgendes Szenario: Statt sich auf die sachliche Darstellung des zur Besprechung stehenden Gegenstandes (Ausbildungsmodell) zu konzentrieren, bewertet sie ihn als Erfolgsmodell, für das sich viele Länder interessieren. In dieser Einleitung, in der, wie erwähnt, der kognitive Kontext (re-)konstruiert wird, lässt sich der Übergang vom Erfolgs-, Solidaritäts- und Zugehörigkeitsgefühl aller Parlamentsmitglieder und Empfänger (4) zur parteiischen und individuellen Ab-/Ausgrenzung beobachten. Dieser Übergang wird syntaktisch an der Textoberfläche als Einsatz der Personal- und Possessivpronomen signalisiert: meine Fraktion, uns, meine Augen, ich. Vom inklusiven „Wir" über die inklusive Gemeinschaftsbezeichnung (meine Fraktion) bis zum exklusiven „Ich", das folgerichtig in der ganzen Sequenz beibehalten wird, wird die individuelle Betroffenheit der Rednerin zum Ausdruck gebracht. Die Sprecherin stuft ihr politisches Engagement und ihre Einstellung zum besprochenen Thema hoch, indem sie illokutionär folgendes Muster realisiert: Wir als Bürger/Abgeordnete sind stolz – Wir als Fraktion sind besorgt – ich als Parlamentsmitglied bin überrascht, entsetzt, will appellieren. Nach der Präzisierung des zu besprechenden Sachverhaltes wendet sich die Rednerin an die SPD-Abgeordneten, indem sie auf ihr Verhalten (genervt) und ihre Kompetenzen (ob Sie die Dimension dieses Themas für unser Land wirklich erkannt haben) referiert. Der eindeutigen Bewertung des Verhaltens der SPD-Abgeordneten (genervt) werden die eigene Unsicherheit (ich weiß nicht) und der suggerierte Kompetenzmangel der Abgeordneten gegenübergestellt. In der „mütterlichen" Fürsorge der indirekten Bemerkung klingt aber das aggressive Potential der Ironie an. Der Anfang des Beitrags kann daher als eine intendierte psychische Provokation der anwesenden SPD-Abgeordneten interpretiert werden, zumal die direkten Adressaten, die EU-Abgeordneten, nicht präsent sind. Die Aussage (9) ist ein Beleg dafür, dass die Rednerin das Verhalten der SPD-Abgeordneten beobachtet und auf dieses sofort reagieren kann, oder aber dafür, dass sie „Regie führt", d.h. dass sie den kognitiven Rahmen so gelungen konstruiert, dass sie die Nervosität der Abgeordneten als die von ihr erwartete Reaktion der Abgeordneten involviert und/oder dass die dargebotenen

Fakten die Nervosität der Abgeordneten tatsächlich hervorrufen, worüber sie sofort öffentlich informiert. Da die Nervosität im Allgemeinen als Ausdruck der inneren Spannung, Unruhe indiziert wird, suggeriert sie den Empfängern, dass sich die anwesenden SPD-Abgeordneten, wenn nicht betroffen, dann mindestens angesprochen fühlen.

Die Verwendung der Temporalbestimmung „schon jetzt" weist darauf hin, dass sie sich nicht von der Reaktion der Ersatz-Adressaten, auf die sie gefasst zu sein scheint, überraschen lässt, sondern von ihrem Moment, der – in ihrer Einschätzung – eindeutig zu früh gekommen ist. Das kann natürlich als Indiz für den perlokutionären Effekt der verbalen Aggression gelten: die Abgeordneten haben die in die „Fürsorge" verpackte, heimtückische und dadurch auch „unterschwellige" Aggression wahrgenommen und mit Nervosität reagiert. Mit der negativen Bewertung des Verhaltens der SPD-Abgeordneten (genervt gucken), die nicht durch die neutrale Anrede „Liebe Kollegen der SPD" und die Sorge der Rednerin um das Verstehensvermögen der SPD-Abgeordneten (9) abgeschwächt, sondern im Gegenteil, durch die der Äußerung innewohnende Ironie verstärkt wird, fängt der indirekte Angriff an, der in der weiteren Sequenz fortgesetzt wird.

In der sich anschließenden Äußerung dominieren Sprechakte, in denen die Rednerin mit perlokutionären Verben ihren Gefühlszustand des Überrascht- und Entsetzt-Seins über die mangelnde Ehrlichkeit der SPD-Abgeordneten thematisiert. Der vermittelten emotionalen Reaktion der Rednerin auf den besprochenen Sachverhalt folgt die direkte Hinwendung zu den SPD-Kollegen (liebe Kollegen der SPD – da komme ich wieder zu Ihnen). Dadurch wird signalisiert, dass die anwesenden Kollegen als Adressaten direkt mit involviert werden. Obwohl das Verhalten der SPD-Parlamentarier in der EU kritisiert und desavouiert wird, werden die SPD-Bundestagsabgeordneten dem Solidaritäts- und Zugehörigkeitsprinzip nach für das regierungswidrige Handeln mitverantwortlich gemacht und zum konkreten Handeln durch den Appell im Parlament aufgerufen.

An den angeführten Sequenzen kann nachvollzogen werden, wie das Netz indirekter verbaler Angriffe (Äußerungen 8, 9, 10, 17, 18) Schritt für Schritt gesponnen wird, welche Emotionen dabei entstehen (Überraschung, Entsetzen, Enttäuschung) und welche Folgen die indirekten verbalen Attacken haben (Spaltung des parteiinternen Solidaritätsgefühls: wir – SPD-Bundestagsabgeordnete und sie – SPD-Europaabgeordnete (10, 11, 16) und Aufruf zum direkten Angriff, um das eigene Gesicht und das Gesicht der unschuldigen Parteikollegen zu retten (14)).

Die indirekte verbale Aggression, die trotz der neutralen Anrede als eine Androhung (da komme ich wieder zu Ihnen) interpretiert wird, hat – wie erwähnt – eine direkte verbale Aggression in Form eines Imperativsatzes zur Folge: Einer der SPD-Abgeordneten fordert die Rednerin dazu auf, statt mit

Andeutungen zu spielen, die konkreten Namen zu nennen (14). Eine Kettenreaktion scheint ausgelöst zu sein: der aggressiven Aufforderung soll der direkte Angriff der SPD-Parlamentarier in der EU folgen. Die verbale Attacke seitens der Rednerin wird realisiert, aber anders als erwartet moduliert und kanalisiert. Die Rednerin betont zuerst die Bereitschaft, der Aufforderung zu folgen und die Namen der EU-Abgeordneten anzugeben (15). Damit signalisiert sie ihre Konzilianz. Im nächsten Satz inszeniert sie sich als diejenige, die den direkten Angriff als Kommunikationsstrategie bewusst ablehnte (Ich wollte es an dieser vermeiden). Da sie aber wegen der direkten Aufforderung keine andere Wahl hat, nennt sie die Namen der Abgeordneten (16). Die Sequenz endet mit dem konklusiven Appell (19). Seine illokutionäre Kraft wird durch die bewusste Kontrastierung politischen Verhaltens der Bundestags- und der EU-Abgeordneten und durch die Benennung der eigentlichen „Verräter" als „Kollegen" und „Parteifreunde" gesteigert (17). Die direkten Adressaten des Angriffs sind die SPD-Parlamentarier auf der EU-Ebene. Da sie sich wegen ihrer Abwesenheit nicht verteidigen und ihr Gesicht z.B. durch die Rechtfertigung nicht wahren können, wendet sich die Rednerin mit einem Appell an die anwesenden SPD-Abgeordneten, wodurch sie als indirekte Adressaten des Angriffs entwaffnet werden. Das Gesicht der SPD wird verletzt und die SPD wird damit als eine gespaltene und unzuverlässige Partei charakterisiert, die keine gemeinsame Politik zu führen vermag, deren Parlamentarier nicht die Interessen des Landes, des eigenen Volkes vertreten.

Verbale Aggression in parlamentarischen Debatten richtet sich nicht nur gegen Parteien, sondern auch gegen einzelne Personen, wie das folgende Beispiel, das sich auf die Aufklärung der Spionage-Abhör-Affäre bezieht, belegt.

> „Diese Debatte findet statt im britischen Unterhaus. Das wird mit Leidenschaft diskutiert im amerikanischen Kongress. Doch Sie mit Ihrer Geschäftsordnungsmehrheit wollen diese Debatte im Bundestag verhindern. Sie wollen die Affäre totschweigen. Das ist armselig.
> (Beifall bei der SPD, der LINKEN und dem BÜNDNIS 90/DIE GRÜNEN)
> Bis heute sind die wichtigsten Vorwürfe von Edward Snowden nicht aufgeklärt.
> (Peer Steinbrück [SPD]: Richtig!)
> Es hat auch nicht geholfen, Frau Bundeskanzlerin, dass Sie einen Ihrer wichtigsten Minister nach Washington geschickt haben, um dort aufzuklären. Herr Friedrich ist dort katzbuckig hingefahren, und er ist wie ein begossener Pudel zurück gekehrt. Das war kein Auftritt."[28]

In diesem Fall wird die verbale Aggression nicht gegen die ganze Regierung gerichtet, sondern durch die direkte Bezugnahme auf konkrete Personen, die als politische Funktionäre und Entscheidungsträger angegriffen werden. In der

---

28 Online unter: http://dipbt.bundestag.de/doc/btp/17/17253.pdf, S. 32620.

direkten Ansprache wird ein Urteil gefällt, dass sie eine Debatte verhindern und dadurch die Spionage-Abhör-Affäre „totschweigen" wollen. Des Weiteren wird der Bundeskanzlerin unterstellt, einen falschen Entschluss hinsichtlich der Wahl eines für die Aufklärung der Spionage-Abhör-Affäre zuständigen Ministers getroffen zu haben. Zuerst im indirekten, dann im direkten Angriff wird das Gesicht des Ministers verletzt. Kritisch beleuchtet werden seine diplomatischen Kompetenzen, denn statt souverän aufzutreten, entscheidet sich der Minister für Einschmeichelungsstrategien, zeigt sich unterwürfig („katzbucklig"), was von dem Redner der Opposition als diplomatischer Misserfolg („das war kein Auftritt") bewertet wird. Der Angriff umfasst zwei Dimensionen: Die Bundeskanzlerin wird für ihre Entscheidungen in ihren Führungskompetenzen angegriffen. Indirekt wird kritisiert, dass sie die Art und Weise akzeptiert, wie die deutschen Minister die Auslandspolitik mit den USA führen.

In diesem Fall haben wir es mit einer doppelten Aggression zu tun. Der zitierte Abschnitt referiert auf zwei Personen. Die direkte Beleidigung wird in dieser Sequenz mit Offensiva[29] realisiert, die den herbeigerufenen Minister diffamieren. Der Beleidigungseffekt wird zusätzlich durch die sekundäre Illokution der Behauptung in dem vorangegangenen Satz („Frau Bundeskanzlerin, dass Sie einen Ihrer wichtigsten Minister nach Washington geschickt haben, um dort aufzuklären."), die darauffolgende beleidigende adjektivisch realisierte Bewertung („katzbucklig") und den Dysphemismus („begossener Pudel") erzielt. Der Kontext präsupponiert folgende Fragen: Wie sind die anderen Minister, wenn einer der besten so knechtisch auftritt? Sind andere, nicht die besten Minister imstande, souverän die Interessen der Deutschen zu vertreten? Die indirekte Beleidigung wird hier durch den imagebedrohenden Hinweis realisiert, dass die Kanzlerin für diese Entscheidung verantwortlich ist.

5 Zusammenfassende Bemerkungen

Ausschlaggebend für die Untersuchung der verbalen Aggression in parlamentarischen Debatten, auch in anderen kommunikativen Kontexten, sind die folgenden Faktoren: die Schädigungsabsicht und die Bestimmung des Senders und des Opfers der Aggression. Sie konstituieren aggressive Sprechakte und bedingen die illokutionäre Ausgestaltung (z.B. Beleidigung, Ablehnung, Bitte, (Gegen)Vorschlag) und Art ihrer sprachlichen Manifestation in der Kommunikation, sei es

---

29 Ausführlich dazu siehe Bonacchi (2013: 159).

offen, sei es verdeckt. Die dargelegten Ausführungen über verbale Aggression in parlamentarischen Debatten führen zu folgenden Schlussfolgerungen:
1. Es gibt keine aggressiven Sprechakte *per se*. Als aggressive Sprechakte gelten Sprechakte mit feindlicher Illokution, die gegen ein individuelles und/oder kollektives Subjekt gerichtet sind.
2. Die Analyse der verbalen Aggression in parlamentarischen Debatten umfasst die Identifizierung der feindlichen Intention und des echten/wirklichen/ intendierten Adressaten, die Bestimmung ihres illokutionären Typs aufgrund pragmatischer und sprachlicher Indikatoren und Referenzen bzw. des situativen und diskursiven Kontextes.
3. Die aggressiven Äußerungen müssen nicht nur im situativen, sondern auch im kognitiven Kontext, unter Berücksichtigung von Wissensbeständen des Senders und des Adressaten/Empfängers analysiert werden, denn nur das Wissen über bestimmte Sachverhalte und Vorstellungen über die Aufgaben und Pflichten souveräner Politiker ermöglichen eine adäquate interpretative Annäherung an das aggressive Potenzial dieser Äußerungen.
4. Die Untersuchung verbaler Aggression in parlamentarischen Debatten ist an das Prinzip der doppelten Dialogizität gebunden. Die aggressiven Sprechakte funktionieren nur in der dyadischen Relation der kommunikativen Interaktanten: Sender/„Täter" – Empfänger/Opfer/Mitbetroffene. Während der Sprecher mit dem „Täter" identisch ist, kann der Empfänger des aggressiven Sprechaktes im Kontext der parlamentarischen Debatte mit dem Opfer nicht gleichgesetzt werden. Den Empfängerkreis des aggressiven Sprechaktes bilden alle im Parlamentssaal Anwesenden und diejenigen, die den aggressiven Sprechakt als Teil einer Debatte über die verschiedensten massenmedialen Kanäle empfangen oder über ihn informiert werden. Die verbale Aggression kann sowohl gegen das individuelle oder kollektive, direkt oder indirekt angesprochene Subjekt/Opfer gerichtet werden. Als Mitbetroffene werden all diejenigen parlamentarischen und außerparlamentarischen Empfänger aufgefasst, die den verbalen Angriff im parlamentarischen oder außerparlamentarischen Kontext anprangern oder infolge des Angriffs aus dem inneren Gleichgewicht gebracht und in den Zustand des Innerlich-Gestört-Seins versetzt werden.
5. Um ihr Ziel zu erreichen, machen Politiker von der aggressiven Rhetorik Gebrauch. Verbale Aggression wird an der Textoberfläche durch den Einsatz sprachlicher Mittel manifestiert. Statt das versöhnende *Wir* zu nutzen, um die Gunst der Wähler und ihre Zustimmung zu gewinnen, verwenden sie die Pronomen *wir* und *sie*, die die Einheit zerstören und eine Dichotomie einführen.
6. Charakteristisch für verbale Aggression in parlamentarischen und außerparlamentarischen Kontexten ist der Bumerang-Effekt. Die gesichtsbedrohen-

den Äußerungen verletzen nicht nur das Gesicht des Opfers, sondern auch das des Täters. Wird die aggressive Äußerung als Diskriminierung, Lüge etc. entlarvt, führt sie zum Gesichtsverlust des Sprechers.
7. Da die direkte verbale Aggression z.B. in Form einer Beleidigung nicht nur den Adressaten, sondern auch den Sprecher stigmatisiert, bedienen sich Politiker anderer Kommunikationsstrategien, mit deren Hilfe sie die gesetzten Ziele zum Ausdruck bringen. Nicht selten hört man in parlamentarischen Debatten Äußerungen, in denen das aggressive Potenzial nicht direkt vermittelt, sondern indirekt kanalisiert wird und entsprechend – durch den Einsatz entsprechender sprachlicher Mittel und Strukturen – die Emotionalisierung moduliert wird.

Literatur

Bąk, Paweł (2012): *Euphemismen des Wirtschaftsdeutschen aus der Sicht der anthropozentrischen Linguistik*. Frankfurt a.M. et al.: Lang.
Bonacchi, Silvia (2011): *Höflichkeitsausdrücke und anthropozentrische Linguistik*. Warszawa: Euro-Edukacja.
Bonacchi, Silvia (2012): „Zu den idiokulturellen und polykulturellen Bedingungen von aggressiven Äußerungen im Vergleich Polnisch – Deutsch – Italienisch". In: Magdalena Olpińska-Szkiełko/Sambor Grucza et al. (Hgg.): *Der Mensch und seine Sprachen*. Festschrift für Professor Franciszek Grucza. Frankfurt a.M. et al.: Lang, 130–148.
Bonacchi, Silvia (2012b): „Anthropozentrische Kulturologie: Einige Überlegungen zu Grundannahmen und Forschungspraxis anhand der Analyse von Komplimenten". In: Franciszek Grucza/Grzegorz Pawłowski/Paweł Zimniak (Hgg.): *Die deutsche Sprache, Literatur und Kultur in polnisch-deutscher Interaktion*. Warszawa: Euroedukacja, 33–52.
Bonacchi, Silvia (2012c): „Einige Bemerkungen zum Begriff der Höflichkeitskompetenz". In: *Kwartalnik Neofilologiczny* 2012(1), 17–35
Bonacchi, Silvia (2013): *(Un)Höflichkeit. Eine kulturologische Analyse Deutsch – Italienisch – Polnisch*. Frankfurt a.M. et al.: Lang.
Bonacchi, Silvia (2014): „Scheinbeleidigungen und perfide Komplimente: kulturologische Bemerkungen zur obliquen Kommunikation in interkultureller Perspektive". In: Andrzej Kątny/Katarzyna Lukas et al. (Hgg.): *Deutsch im Kontakt und im Kontrast*. Festschrift für Andrzej Kątny zum 65. Geburtstag. Frankfurt a.M. et al.: Lang, 341–356.
Brown, Penelope/Levinson, Stephen C. (1987): *Politeness: Some Universals in Language Usage*. Cambridge et al.: Cambridge University Press.
Burkhardt, Armin/Henne, Helmut (1984): „Wie man einen Handlungsbegriff ‚sinnvoll' konstituiert. Zu W. Hollys, P. Kühns und u. Püschels Beitrag in ZGL 12.1984". In: *Zeitschrift für Germanistische Linguistik* 12(3), 332–251.
Burkhardt, Armin (2003): *Das Parlament und seine Sprache*. Tübingen: Niemeyer.
Burkhardt, Armin (2004): *Zwischen Dialog und Monolog. Zur Theorie, Typologie und Geschichte des Zwischenrufs im deutschen Parlamentarismus*. Tübingen: Niemeyer.

Burkhardt, Armin (2005): „Deutsch im demokratischen Parlament. Formen und Funktionen der öffentlichen und parlamentarischen Kommunikation". In: Jörg Kilian (Hg.): *Sprache und Politik im demokratischen Staat*. Mannheim: Dudenverlag, 85–98.

Dieckmann, Walter (1981): „,Inszenierte Kommunikation': Zur symbolischen Funktion politischer Verfahren in (politisch-)institutionellen Prozessen". In: Walter Dieckmann (Hg.): *Politische Sprache, politische Kommunikation. Vorträge, Aufsätze, Entwürfe*. C. Heidelberg: Winter Universitätsverlag, 255–279.

Dieckmann, Walter (1982): „Wie redet man ,zum Fenster hinaus?' Zur Realisierung des Adressatenbezugs in öffentlich-dialogischer Kommunikation am Beispiel eines Redebeitrags Brandts". In: Wolfgang Sucharowski (Hg.): *Gesprächsforschung im Vergleich. Analysen zur Bonner Runde nach der Hessenwahl 1982*. Tübingen: Niemeyer, 54–76.

Ehring, Franziska (2013): *Politik & Medien. Meinungsmacher im Bundestagswahlkampf 2009*. Hamburg: disserta Verlag.

Grucza, Franciszek (2010): „Zum ontologischen Status menschlicher Sprachen, zu ihren Funktionen, den Aufgaben der Sprachwissenschaft und des Sprachunterrichts". In: *Kwartalnik Neofilologiczny* LVII 3/2010, 257–274.

Grucza, Franciszek (2012a): „Kulturologia antropocentryczna a kulturoznawstwo". In: Katarzyna Grzywka (Hg.): *Kultura – Literatura – Język/Kultur – Literatur – Sprache*. Band 1. Warszawa: Instytut Germanistyki Uniwersytetu Warszawskiego, 79–101.

Grucza, Franciszek (2012b): „Zum Gegenstand und zu den Aufgaben der anthropozentrischen Linguistik, Kulturologie und Kommunikologie sowie zur gegenseitigen Vernetzung dieser Erkenntnisbereiche". In: *Kwartalnik Neofilologiczny* LIX 3/2012, 287–344.

Grucza, Sambor (2012): *Fachsprachenlinguistik*. Frankfurt a.M. et al.: Lang.

Havryliv, Oksana (2009): *Verbale Aggression. Formen und Funktionen am Beispiel des Wienerischen*. Frankfurt a.M. et al.: Lang.

Holly, Werner (2012): *Sprache und Politik. Pragma- und medienlinguistische Grundlagen und Analysen*. Berlin: Frank & Timme.

Klein, Josef (2000): „Textsorten im Bereich politischer Institutionen". In: Klaus Brinker/Gerd Antos et al. (Hgg.): *Text- und Gesprächslinguistik. Ein internationales Handbuch zeitgenössischer Forschung*. Berlin, New York: de Gruyter. 1. Halbband, 732–755.

Klein, Josef (2011): „Diskurse, Kampagnen, Verfahren. Politische Texte und Textsorten in Funktion". In: Christine Domke/Jörg Kilian (Hgg.): *Sprache in der Politik. Aktuelle Ansätze und Entwicklungen der politolinguistischen Forschung*. Mitteilungen des deutschen Germanistenverbandes 38, 278–288.

Kleinsteuber, Hans J. (2006): „TV-Debatten und Duelle". In: Axel Balzel/Marvin Geilich et al. (Hgg.): *Politik als Marke. Politikvermittlung zwischen Kommunikation und Inszenierung*. Berlin: LIT Verlag, 247–255.

Kühn, Peter (1995): *Mehrfachadressierung: Untersuchungen zur adressatenspezifischen Polyvalenz sprachlichen Handelns*. Tübingen: Niemeyer.

Leech, Geoffrey (1983): *Principles of Pragmatics*. London et al.: Longman.

Mikołajczyk, Beata (2007): „Der Sprechakt DROHEN und seine Ausführung im Deutschen und im Polnischen". In: Franciszek Grucza/Magdalena Olpińska et al. (Hgg.): *Germanistische Wahrnehmungen der Multimedialität, Multilingualität und Multikulturalität*. Warszawa: Euro-Edukacja, 256–268.

Mikołajczyk, Beata (2008): „Wyrażenia znieważające jako leksykalne środki realizacji aktów zagrażających twarzy na przykładzie języka niemieckiego i polskiego". In: Andrzej Kątny (Hg.): *Kontakty językowe i kulturowe w Europie*. Gdańsk: WUG, 186–197.

Petter-Zimmer, Yvonne (1990): *Politische Fernsehdiskussionen und ihre Adressaten*. Tübingen: Narr.
Roth, Kersten Sven (2004): *Politische Sprachberatung als Symbiose von Linguistik und Sprachkritik: Zu Theorie und Praxis einer kritischen Sprachwissenschaft*. Tübingen: Niemeyer.
Sager, Sven F. (1981): *Sprache und Beziehung*. Tübingen: Niemeyer.
Sager, Sven F. (1985): „Ein gesprächsanalytisches Schichtmodell dargestellt am Beispiel der Bonner Rede". In: Wolfgang Sucharowski (Hg.): *Gesprächsforschung im Vergleich. Analysen zur Bonner Runde nach der Hessenwahl 1982*. Tübingen: Niemeyer.
Searle, John R. (2007): *Sprechakte. Ein sprachphilosophischer Essay*. Frankfurt a.M: Suhrkamp.
Schröter, Melanie (2006): „Bezüge auf die Adressierten als Handelnde in der politischen öffentlichen Kommunikation". In: Heiko Girnth/Constanze Spieß (Hgg.): *Strategien politischer Kommunikation. Pragmatische Analysen*. Berlin: Erich Schmidt Verlag, 79–97.
Schwitalla, Johannes (1987): Sprachliche Mittel der Konfliktreduzierung in Streitgesprächen. In: Gerd Schank/Johannes Schwitalla (Hgg.): *Konflikte in Gesprächen*. Tübingen: Narr, 99–175.
Spieß, Constanze (2011): *Diskurshandlungen. Theorie und Methode linguistischer Diskursanalyse am Beispiel der Bioethikdebatte*. Berlin, New York: de Gruyter.
Stopfner, Maria (2013): *Streitkultur im Parlament. Linguistische Analyse der Zwischenrufe im österreichischen Nationalrat*. Tübingen: Narr.
Strauß, Gerhard (1986): „Sprachspiele, kommunikative Verfahren und Texte in der Politik." In: Gerhard Strauß (Hg.): *Der politische Wortschatz. Zur Kommunikations- und Textsortenspezifik*. Tübingen: Narr, 2–67.
Zeh, Wolfgang (2011): „Zur Theorie und Praxis der Parlamentsdebatte". In: Hans-Peter Schneider/Wolfgang Zeh (Hgg.): *Parlamentsrecht und Parlamentspraxis in der Bundesrepublik Deutschland: ein Handbuch*. Berlin, New York: de Gruyter, 917–937.

Manuel Ghilarducci
Verbale Aggression im Realsozialismus und ihre Literarisierung

Abstract: This article analyses form, structure and role of verbal aggression in three literary texts: Vladimir Sorokin's *Happy New Year*, Marek Hłasko's *The Workers* and Kurt Drawert's *Silence*. In spite of differences regarding their form, language and cultural context, these three texts share a performative reflection upon verbal aggression in Real Socialism. Not only do they reproduce the politically intended (and latent) aggression of the official discourse, but also individual (and manifest) invectives against the State. The latter are usually interpreted by scholars as attempts to a "liberation" from political oppression, but this is questionable when taking a more differentiated look at it. The struggle between the symbolic violence of the State and the *hate speech* of singular persons is far more complex and cannot be explained with the help of dichotomies. Instead of merely fighting against structural violence, literature actually feeds it: the violence appears in these works as all-encompassing. This leads to failure, as shown by the fact that the protagonists of the texts are either killed (*Happy New Year*) or fall victims to a total silence (*The Workers* and *Silence*). Through an interdisciplinary approach (linguistic, philosophy of language and theory of power) this paper shows how these texts deconstruct theoretical dichotomies and lead to a new interpretation of the relationship between language, violence and power in Real Socialism.

1 Einleitung

Das Gewaltpotential der Sprache gilt in verschiedenen Disziplinen als Tatsache (vgl. Bousfield 2008: 1–2). In der philosophischen Diskussion gilt die Anerkennung der Sprachgewalt als Voraussetzung. So hat Jacques Derrida die Unmöglichkeit eines Ausgangs aus der Sprachgewalt der abendländischen Philosophie zum zentralen Problem seiner Philosophie gemacht (vgl. Derrida 1972: 121–235), während Friedrich Nietzsche den Gewaltcharakter der Kommunikation explizit thematisiert hat: „[A]lles Mittheilen ist eigentlich ein Annehmen-Wollen, ein Fassen und Aneignen-wollen [...]. Sich mittheilen, ist also ursprünglich seine Gewalt über den Anderen ausdehnen". (Nietzsche 1988: 298).

Das Verhältnis von Gewalt und Sprache ist auch in der sozial- und sprachwissenschaftlichen Debatte ein wichtiges Thema. Niklas Luhmann betrachtet Macht als einen kommunikativen Code, der zu einer „Verallgemeinerung von Sinnorientierungen [führt], die es ermöglicht, identischen Sinn gegenüber verschiedenen Partnern in verschiedenen Situationen festzuhalten, um daraus gleiche oder ähnliche Konsequenzen zu ziehen" (Luhmann 1975: 19).

Von der Sprechakttheorie ausgehend setzt Judith Butler in ihrer Theorie der *excitable speech* wiederum die Fähigkeit der Sprache voraus, nicht nur zu beeinflussen, sondern auch zu verletzen (vgl. Butler 1998). Die Analyse direkter, indirekter, offener und verdeckter verbaler Aggressionen wird zunehmend zu einem zentralen Thema sprachwissenschaftlicher Forschung (vgl. Krämer 2006, Hermann 2007, Havryliv 2009, Meibauer 2013).

Die Sozial- und Sprachwissenschaften liefern ein produktives Instrumentarium zur Analyse literarischer Texte. Mit diesem interdisziplinären Ansatz analysiere ich in diesem Beitrag drei Texte, die sich mit verbaler Aggression in der DDR, der UdSSR und der Volksrepublik Polen befassen: Vladimir Sorokins *S Novym godom* (*Frohes Neues Jahr*, 1998), Marek Hłaskos *Robotnicy* (*Die Arbeiter*, 1955) und Kurt Drawerts *Schweigen* (1999). Gerade die Heterogenität der Texte (ein Theaterstück und zwei Erzählungen) sowie die unterschiedliche literaturgeschichtliche Situierung stellen kein Hindernis in der Analyse dar, sondern begründen ihr interpretatorisches Potential. Diese Texte zeigen relevante Gemeinsamkeiten auf und präsentieren sich als Medien, in dem die sprachliche Aggression auf der politischen und sozialen Ebene des realsozialistischen Systems reinszeniert oder problematisiert wird.

Im Einklang mit Eva Horn verstehe ich Literatur als „Objekt und Resultat sozialer Praxis und Darstellung des Gesellschaftlichen – und doch ist der literarische Text weder auf eine Struktur der ‚Darstellung' noch auf einen Inhalt namens ‚Soziales' zu reduzieren" (Horn 2008: 363). Laut Horn reflektiert die Sprache literarischer Texte die den sprachlichen Zeichen zugrunde liegenden Machtverhältnisse. Überdies verarbeitet Literatur die komplexen sozioökonomischen Tiefenstrukturen und macht sie sichtbar: Sie konstruiert mittels Sprache einen Raum, in dem die Macht-, Herrschafts- und Gewaltverhältnisse der Gesellschaft entlarvt werden[1].

---

[1] Dies kann zwar im Sinne Cesare Giacobazzis als ein Spielraum bezeichnet werden, in dem gesellschaftliche und politische Prozesse dekonstruiert werden (vgl. Giacobazzi 2011: 25–30). Allerdings bedeutet dies nicht, dass die literarische Praxis immer gewaltfrei ist, wie von Giacobazzi behauptet (vgl. Giacobazzi 2011: 25–40). Die Rezeption von Sorokins Texten in der russischen Öffentlichkeit hat bewiesen, dass die Literarisierung verbaler Aggression eine politische Bedeu-

Die Textanalysen meines Beitrags werden zeigen, dass die allgemein akzeptierte Unterscheidung zwischen institutionalisierter (*potestas*) und nicht-institutionalisierter (*violentia*) Gewalt in der Literarisierung zwar erhalten bleibt, aber ihre Grenzen ständig verschwimmen. Zum einen dekonstruieren die literarischen Texte diese Dichotomie, indem sie zeigen, dass beide Gewaltformen politisch intendiert sind. Zum anderen nutzen sie Formen nicht-institutionalisierter Sprachgewalt als Mittel zur Entlarvung der symbolischen Gewalt, die auf der Grundlage politischer Diskurse basiert. Somit bringen diese drei Texte einen Kurzschluss ans Licht, indem sie zeigen, dass ein Ausstieg aus dem Feld der Sprachgewalt absolut unmöglich ist.

2 Sprachliche Aggression im Politischen: Gewalt als *potestas*

Wie ich angedeutet habe, kann eine Trennlinie zwischen institutionalisierter (*potestas*) – auch Staatsgewalt und politische Gewalt genannt – und nicht-institutionalisierter Gewalt (*violentia*) gezogen werden. Mit *violentia* wird der Akzent zunächst auf die materielle Dimension des Phänomens gelegt: Dabei geht es um das konkrete Gewaltantun zwischen Individuen oder sozialen Gruppen, die das explizite Ziel der Kränkung oder der Verletzung haben. Die Person oder die Gruppe hat in diesem Fall kein institutionelles Recht und keine politische Legitimation zur durchgeführten Aggression. Verfügt die Person über das Recht zur Gewaltausübung, so hat man mit *potestas* zu tun.

Diese Unterscheidung ist allerdings schon allein aus etymologischer Sicht nicht unproblematisch. In den polnischen Begriffen *gwałt* und *przemoc* sowie im deutschen ‚Gewalt' und im russischen *nasilie* wird keine klare Trennlinie zwischen institutionalisierter und nicht-institutionalisierter Gewalt gezogen. Alle diese Begriffe übersetzen sowohl das Lateinische *violentia* als auch *potestas*. So wird *gwałt* im altpolnischen Wörterbuch übersetzt als „przestępstwo dokonane przemocą, niezgodny z prawem czyn przemocy, crimen, [...] *legis violatio*, iniuria,

---

tung annehmen kann. Ich beziehe mich auf zwei Vorkommnisse, die den Schriftsteller betrafen. Erstens, die Aufforderung der putinistischen politischen Bewegung *Iduščie vmeste* (*Gemeinsam gehen*), Sorokin wegen pornographischer Darstellungen im Roman *Goluboe salo* zu verurteilen. Zweitens, den Skandal nach der Premiere von *Deti Rozentala* (*Rosenthals Kinder*) im Bol'šoj Theater. Vgl.: http://www.newsru.com/background/23mar2005/sorokin_idvm.html ‹2.7.2014› und http://www.newsru.com/cinema/23mar2005/libretto.html ‹2.7.2014›.

vis"[2] (Polska Akademia Nauk 1956–59: 524, Hervorhebung M.G.). Auch das altslawische **nasila/*nasilъ* trennte nicht zwischen *violentia* und *potestas* (vgl. ESSJ 1996, 44–46). Der institutionelle Charakter der Gewaltausübung der *potestas* wird z.B. ins Polnische als *władza* übersetzt (vgl. Plezia 1974: 220). Obwohl *władza* eine direkte Verbindung mit dem Politischen hat, behält das Substantiv den Bezug auf die konkrete Dimension der Gewaltimplikation.

Im politischen System beruht verbale Aggression im Sinne der *potestas* auf gesellschaftlichen Asymmetrien und politischen Macht- und Herrschaftsverhältnissen, die im Sprechakt reproduziert werden. Der individuelle und intentionale Charakter der Aggression ist im Fall der *potestas* keinesfalls ausgeschlossen; er verbindet sich mit einem semantischen Überschuss, der die Sphäre des agierenden Subjektes transzendiert und den Übergang zur Dimension der sozialen und politischen Herrschaftsverhältnisse darstellt. Dieses Spannungsfeld von *potestas* und *violentia* wird im Begriff der Hassrede veranschaulicht: „*Hate speech* ruft die Position der Herrschaft wieder auf und rekonsolidiert sie im Augenblick der Äußerung. Als sprachliche Reartikulation gesellschaftlicher Herrschaft wird *hate speech* [...] zum Schauplatz einer [...] Reproduktion der Macht" (Butler 1998: 34). Somit werden Subjekte zugleich in ihrer privat und sozial verorteten Dimension verleumdet. Wird ein Individuum z. B. als politischer Feind bezeichnet, so wird es zum Opfer des gesamten politischen Systems. Die Grenzen zwischen *potestas* und *violentia* werden hier labil: Ein politisch intendierter Beschimpfungsakt seitens einer Person, die nicht die Autorität des Staates repräsentiert, ist ein Knotenpunkt, der die Dichotomie von *potestas* und *violentia* verschwimmen lässt.

Auf eine komplexe Gewaltform, die nicht primär an handelnde Subjekte gebunden ist und die Rolle der Sprache in den Vordergrund rückt, weist auch Pierre Bourdieus Begriff der symbolischen Gewalt hin. Darunter versteht der Kultursoziologe „jede Macht, der es gelingt, Bedeutungen durchzusetzen und sie als legitim durchzusetzen, indem sie die Kräfteverhältnisse verschleiert, die ihrer Kraft zugrunde liegen" (Bourdieu/Passeron 1973: 12). Der sprachliche Gewaltakt stiftet gleichwohl die Subjektivität des Opfers und bestimmt seine politische Position in der Gesellschaft. Personen, so Elke Koch, sind raumzeitlich und zugleich sozial verortet: einerseits als materielle Körper und andererseits durch symbolische Praktiken. Daraus schlussfolgert Koch: „Die soziale Verortung einer Person

---

2 „[E]in mit Gewalt begangenes Verbrechen, ein Gewaltakt gegen das Gesetz, crimen, [...] *legis violatio, iniuria, vis*" (Übersetzung: M.G.). Besonders relevant ist hier meines Erachtens die Gegenüberstellung von *vis* und *legis violatio*: Der erste Begriff weist ja auf die Kraft bzw. auf reine Gewalt (auf *violentia*) hin, während der zweite explizit mit der Verletzung des Gesetzes zusammenhängt.

ist mit einer symbolischen Körperlichkeit verbunden, welche ebenso wie die physische verletzbar ist" (Koch 2010: 13)[3].

Wie reflektiert die Literatur dieses komplexe Feld? Politisch motivierte Sprachgewalt wird in den von mir ausgewählten Texten nicht nur problematisiert, sondern auch reinszeniert. Das bedeutet, dass diese Texte auf Sprachgewalt mit Sprachgewalt *reagieren* und somit die asymmetrischen[4] Gewalt- und Machtverhältnisse der realsozialistischen Gesellschaft bloßlegen. Eine Seite des Gewaltaktes verfügt über die durch das Recht codierte Macht, aus ideologischen und politischen Gründen symbolische bzw. Sprachgewalt auszuüben. Dieses Recht wird dem anderen nicht zuerkannt. Beide Instanzen aber – der literarische Text und der politische Diskurs – sind Teil desselben Systems. Beide üben Formen sprachlicher Aggression aus, die auf politischen Elementen beruht. Was sich unterscheidet, sind die sprachlichen Merkmale der Gewaltausübung.

Bevor ich auf die einzelnen Textanalysen eingehe, soll die Struktur der verbalen Aggression seitens des realsozialistischen Staates anhand sprachwissenschaftlicher Kategorien dargelegt werden.

3 Newspeak und *langue de bois*

Der politische Sprachgebrauch realsozialistischer Systeme hat das Interesse von Politik- und Sprachwissenschaftlern seit den 1960er Jahren in der BRD[5], in

---

[3] Auf die soziale und symbolische Ebene weist auch Erving Goffmans Begriff der *face* hin (Bousfield 2008: 33–42). Nach Goffmans Terminologie kann man behaupten, dass verbale Aggressionen im politischen System sich auf „the [...] social value of a person" (Goffman 1967: 5) richten.
[4] Wie Ekkehard König und Katerina Stathi zu Recht behauptet haben, werden asymmetrische Machtverhältnisse als besonders bedrohlich empfunden: „Zu den relevanten kontextuellen Dimensionen für eine Typologie verbaler Aggressionen gehören auch die Beziehungen zwischen den Teilnehmern an den kommunikativen Akten, sowohl im Sinne von gesellschaftlichem Status oder Macht als auch im Sinne von persönlichen Beziehungen. [...] [A]symmetrische Machtverhältnisse > Symmetrie" (König/Stathi 2010: 55–56).
[5] Die Forschungsbeiträge aus der BRD sind von den innerdeutschen politischen Gegebenheiten geprägt (S.: Schumann 1970, Moser 1962, Moser 1964, Moser 1967, Handt 1966). Oft wird in diesen Beiträgen versucht, die DDR in einem schlechten Licht darzustellen. Dies spiegelt sich in den Bezeichnungen für den politischen Sprachgebrauch der DDR wider, die tatsächlich als Pejorativa wirken: ‚Sowjetdeutsch', ‚Zonendeutsch', ‚SED-Deutsch'. Horst Dietrich Schlosser ist der Meinung, das ‚DDR-Deutsch' sei vom sowjetischen *novojaz* so stark beeinflusst, dass seine ‚Genitivketten' eine bloße Übertragung einer für das Russische typischen grammatikalischen Struktur seien (Schlosser 1999: 25). Obgleich der Genitiv im Russischen häufiger als im Deutschen vor-

Frankreich und in der damaligen Volksrepublik Polen geweckt. Die Forschung hat die Begriffe *Newspeak* und *langue de bois* (vgl. Bod 1975; Bourmeyster 1989; Seriot 1982; Thom 1989; Pineira/Tournier 1989) aufgegriffen, die aber keine relevanten Unterschiede aus der Sicht ihrer Begriffsbestimmung aufweisen. Orwells *Newspeak*[6] hatte schon früh ein Echo im Russischen (*novojaz* – vgl. Weiss 1986) und im Polnischen (*nowomowa*, vgl. Rokoszowa 1981, Bralczyk 1987, Głowiński 1991, Głowiński 1993) gefunden. Auch *langue de bois* wird, wenngleich seltener, im Russischen (*dubovyj jazyk*) und im Polnischen (*drętwa mowa*) verwendet.

Obgleich, wie Andrzej Zwoliński und Jörg Meibauer[7] zu Recht behaupten, Hassrede Bestandteil jedes politischen Systems ist, stellt das *Newspeak* einen aus sprachlicher Sicht besonderen Fall dar. Seine Spezifizität manifestiert sich in den folgenden Merkmalen:

1. in der Dominanz der phatischen und appellierenden Funktion über die informative (vgl. Bralczyk 1987: 25; Głowiński 1993: 166; Thom 1989: 91–93) und in der Schöpfung von ideologisch aufgeladenen Neologismen (vgl. Schlosser 1999: 13; Reich 1968: 283–306);
2. in der Unterwerfung des semantischen Inhaltes zu ideologischen und moralisierenden Zwecken (vgl. Głowiński 1993: 164–165; Reich 1968: 267–269,

---

kommt, sind lange Genitivketten auch im Russischen ein Kennzeichen bürokratischer Sprache.

6 ‚Newspeak' ist bekanntlich kein sprachwissenschaftlicher Begriff. In Orwells *Nineteen Eighty-Four* ist Newspeak die offizielle Sprache von Oceania, die hauptsächlich das Ziel hat, ideologisierte Weltanschauungen und Meinungen durchzusetzen. Durch die Auslöschung bestimmter Begriffe aus dem Sprachgebrauch versucht die politische Elite, eine Gesellschaft aufzubauen, in der Widerstand *sprachlich unartikulierbar* wird. Das ‚Neue' in dieser Sprache bestünde folglich darin, dass Begriffe und Bezeichnungen des vorherigen politischen Systems an den Rand des Diskurses gedrängt werden und dass eine neue ideologisierte Wertehierarchie installiert wird. In der Durchsetzung dieser neuen Hierarchie manifestiert sich die Sprachgewalt (als *potestas*) des Newspeak.

7 Andrzej Zwoliński nennt *nowa nowomowa* (neue nowomowa) den Sprachgebrauch der heutigen polnischen Politik und betont, dass auch in demokratischen Systemen Mechanismen identifiziert werden können, die auf die Steuerung der kollektiven Meinung sowie auf die Vereinheitlichung der sozialen Verhaltensweisen zielen. In diesen Prozessen spiele Sprache eine zentrale Rolle, weil der Erfolg der Steuerung von der Manipulation und Beeinflussung des individuellen Sprachgebrauchs abhängt. Diese Prozesse seien Akte der symbolischen Gewalt, weil mittels Sprache bestimmte Symbole und Werte durchgesetzt werden (Zwoliński 2003: 138). Zwoliński betrachtet insbesondere die politische Korrektheit, die ein typisches Merkmal demokratischer Systeme ist, als eine Form von verdeckter Sprachgewalt (vgl. Zwoliński 2003: 139). Auch Jörg Meibauer betrachtet die politische Hassrede als universales Phänomen (vgl. Meibauer 2013: 8–10). Die Aktualität sprachlicher Gewalt in der polnischen Politik (mit Bezügen auf Komorowski, Tusk und Kaczyński) wurde auch in der Zeitschrift Polityka vom Februar 2014 diskutiert (vgl. Janicki/Władyka 2014: 14–16).

277–281; Thom 1989: 136–140; Bednarczuk 1985: 31). In der Durchsetzung einer politischen Wertehierarchie manifestieren sich asymmetrische gesellschaftliche Beziehungen, die besonders wegen der Durchsetzung von Werten beim Rezipienten ein Gefühl der Ausweglosigkeit und der Frustration erzeugen (vgl. Bralczyk 1987: 219);
3. in einem rituellen (vgl. Głowiński 1990: 10–15; Bednarczuk 1985: 31), pseudoliturgischen (vgl. Bralczyk 1987: 32, 52) Stil, der zu Anaphern und Floskeln neigt. Die Ritualität sollte den Rezipienten an die bestehenden Herrschaftsverhältnisse erinnern und zur Selbstlegitimierung des Systems dienen;
4. in einer von binären Oppositionen und Dichotomien geprägten Denkweise (vgl. Bralczyk 1987: 84–85; Thom 1989: 28–32). Invektiven gegen (meist konstruierte) politische Feinde sind ein häufiges Phänomen und dienen sowohl zum Angriff auf die *face* (s. Anm. 3), als auch zur Selbstlegitimierung der Asymmetrien und zur Aufrechthaltung der gegebenen Ordnung. Dabei spielen Pejorativa, Militarismen und Kampfmetaphern (vgl. Reich 1968: 265–266; Schlosser 1999: 73) eine wesentliche Rolle. Die sprachliche Aggression des Newspeak zieht Demarkationslinien: „[E]ine Kommunikation teilt die Welt nicht mit, sie teilt sie ein. Wie jede Operation [...] bewirkt die Kommunikation eine Zäsur. Sie sagt, was sie sagt; sie sagt nicht, was sie nicht sagt. Sie differenziert" (Luhmann/Fuchs 1989: 7);
5. in einem Anspruch auf Totalität (vgl. Wat 1979: 61–62), der in der Verwendung von Superlativa und Formeln der Ausschließlichkeit bzw. Einmaligkeit (vgl. Thom 1989: 53–57) zu sehen ist. Durch Nivellierung der Differenzen zielt das Newspeak darauf, ein kompaktes Kollektiv *zu inszenieren*: Dem Rezipienten bleibt nur die Möglichkeit der Integration oder der Auschließung. Diese Möglichkeit bietet schon die Sprache als System an: „[W]eil Sprache darauf beruht, vom Einzelnen zu abstrahieren, um damit das Ungleiche auf einen Nenner zu bringen, [...] ist Sprache von Beginn an gewaltsam" (Herrmann/Kuch 2007: 16);
6. in der Produktion approximativer Aussagen. Dieses Phänomen beruht einerseits auf der eben genannten Tendenz zur Verallgemeinerung und andererseits auf der Intention, ungünstige Fragen nicht zu thematisieren. Hier werden Euphemismen[8], Periphrasen und Tabuisierungsprozesse

---

8 Ich schließe mich der Definition des Euphemismus von Leonid Krysin an: „слова с ‚диффузной' семантикой [...], номинации с [...] общим смыслом, [...] иноязычне слова и термины, [...] аббревиатуры" („Wörter mit einer ‚diffusen' Semantik [...], Nominalisierungen mit einer generellen Bedeutung, [...] Fremdwörter und -termini, [...] Abkürzungen". Krysin 1994, Übersetzung: M.G.).

eingesetzt. Da die Willkürlichkeit der Aussagen (vgl. Bednarczuk 1985: 31) verschleiert wird, darf hier von symbolischer Macht die Rede sein, „eine[r] Macht, die in dem Maße existiert, wie es ihr gelingt, sich anerkennen zu lassen [...] d.h. eine [...] Macht, die die Macht hat, sich in ihrer Wahrheit als Macht, als Gewalt, als Willkür verkennen zu lassen" (Bourdieu 1992: 82).

4 Monologische Beschimpfung als sprachlicher Kampf: Vladimir Sorokins *S Novym godom*

Sorokins Theaterstück *S Novym godom* (*Frohes Neues Jahr*, 1998) inszeniert eine sprachliche Auseinandersetzung zwischen dem *novojaz* (als Instanz der *potestas*) und der Hassrede des Protagonisten (als Instanz der *violentia*), die in der Form einer monologischen Beschimpfung erscheint (Kiener 1983: 129–132). Sprachliche Gewalt ersetzt Handlung: Auf der Bühne ist nur der Protagonist Rogov zu sehen, der am Silvesterabend die offizielle Rede zum Neujahr 1987 ansieht. Rogov trinkt Rum, raucht und sieht fern; regelmäßig schaltet er den Ton aus und parodiert das *novojaz*. Bis zum Schluss des Stückes, als ein Polizist und einige Handwerker in Rogovs Wohnung einbrechen und ihn mit zwei großen Rundsägen töten, darf das Publikum nur eine ununterbrochene sprachliche Aggression genießen.

Der Übergang von der diskursiven zur körperlichen Gewalt ist ein übliches Verfahren für Sorokin: „Sprachlichkeit bei Sorokin meint Gewalt, und Gewalttätigkeit meint Sprache" (Burkhart 1999: 14). Das blutige Schlachtopfer des Protagonisten am Ende des Stückes *karnalisiert* die Metaphorik gesellschaftlicher Asymmetrien. Als *karnalizacija* [*carnalization*][9] bezeichnet Mark Lipoveckij „Sorokin's trademark transformation of verbal concepts into corporeal images, or, more generally, the translation of discursive implications and rhetorical presuppositions into a language of bodily gestures" (Lipoveckij 2013: 26). Laut Lipoveckij kann dieses Verfahren als Sorokins zentrale Trope angesehen werden: „[T]his trope [...] functions as Sorokin's master-trope, and can be traced right through from his earliest works to the most recent. Sorokin methodically transforms discursive elements into living, active and suffering bodies. [...] [C]arnalization [...] exposes graphically represented physiological and gory aspects typically concealed in the discourse" (Lipoveckij 2013: 27). *Karnalizacija* verschwimmt die

---

9 *Karnalizacija* ist ein Neologismus von Lipoveckij. Der Begriff verweist zum einen auf Michail Bachtins Konzept der Karnevalisierung und zum anderen auf das Lateinische *carnālis* [leiblich, fleischlich] (vgl. Lipoveckij 2013: 27).

Grenzen zwischen „the abject and the sacred, the corporeal and the transcendental" (Lipoveckij 2013: 46)[10]. Im Rahmen meiner Untersuchung kann Lipoveckijs Definition ergänzt werden: Sorokins *karnalizacija* expliziert den Zusammenhang zwischen sprachlicher und körperlicher Gewalt und löst dabei auch die Grenzen zwischen *violentia* und *potestas* auf. Sorokin verbildlicht die *potestas* der Diskurse in Szenen von *violentia* und dekonstruiert dadurch diese Dichotomie zugleich auf der diskursiven und nicht-diskursiven Ebene (vgl. Lipoveckij 2013: 47). Diese dekonstruktivistischen Techniken verbinden sich in *Frohes Neues Jahr* mit der Inszenierung verbaler Aggression, die im Zentrum meiner Analyse ist[11].

Rogovs sprachliche Aggression kann nach der Frustrations-Aggressionstheorie (vgl. Dollard/Doob 1973) interpretiert werden. Die Invektiven des Protagonisten können meines Erachtens als Resultat seiner Frustration gelesen werden, die von der Unmöglichkeit des Vollzugs seiner Zielreaktion – eine direkte Beschimpfung der Herrschaftsorgane – verursacht wird (vgl. Dollard/Doob 1973: 14–17). Rogovs verbale Aggression ist daher kontextabhängig und realisiert sich in der Form einer Ersatzreaktion (Dollard/Doob 1973: 17–19): Seine Frustration richtet sich auf die Simulakra der Macht und auf Gegenstände (er nennt den Rum „говно кубинское"[12] – Sorokin 2002: 325).

Im Text spielen Pejorativa der nicht-normativen Lexik (*russkij mat*)[13] und insbesondere aus der Sphäre der Sexualität und der Koprophagie eine zentrale Rolle. Nach Oksana Havryliv gehören Pejorativa zur emotiven Lexik und drücken ein negatives Sem aus (vgl. Havryliv 2009: 33): „ТВ. ‚[...] Это единственное пока в Кустанайской области предприятие по добыче топлива набирает темпы. На 1987 год коллектив принял обязательство увеличить добычу бурого угля...'. Рогов. До размеров грузинского хуя!"[14] (Sorokin 2002: 322).

---

[10] Il'ja Kalinin ist der Meinung, dass Sorokins ‚Naturalisierung des Symbolischen' (vgl. Lipoveckij 2008: 412) zur Aufhebung der Opposition zwischen dem Symbolischen bzw. Metaphorischen und dem Buchstäblichen führt. Dieses Verfahren zeige somit, dass die Sprache stets Gewalt innehabe und dass Sorokins Poetik deshalb nicht nur als Kritik an den politischen Diskursen zu betrachten sei (vgl. Kalinin 2013).
[11] Die Struktur und die Funktion verbaler Aggression in Sorokins Texten werden weder von Lipoveckij noch von Kalinin ausführlich untersucht (vgl. Lipoveckij 2013, Kalinin 2013).
[12] „Kubanischer Scheiß" (Übersetzung: M.G).
[13] Noch heute zeigt sich die russische Regierung gegenüber der Verwendung von Schimpfwörtern in der Öffentlichkeit und in Kunstwerken restriktiv. Am 1. Juli 2014 wurde das Inkrafttreten eines Gesetzes gegen nicht-normative Lexika bekanntgegeben. S. http://www.vesti.ru/doc.html?id=1747629 ‹27.07.2014›.
[14] TV: „[...] Im Moment ist das der einzige Betrieb in der Provinz von Qostanay, der in der Gewinnung von Treibstoff im Tempo zulegt. Für das Jahr 1987 hat sich das Kollektiv dazu verpflichtet, die Gewinnung von Braunkohle zu erhöhen...". Rogov: „Bis zur Dimension eines georgischen

Die Formeln der Einmaligkeit (*edinstvennoe* – einmalig) und der Notwendigkeit (*prinjat' objazatel'stvo* – sich verpflichten) sind deutlich erkennbar; künftige, geplante Errungenschaften werden im Voraus gefeiert.

Die Floskelhaftigkeit des Berichtes wirkt auf den Protagonisten frustrierend: Seine Reaktion besteht aus einer ironischen und vulgären Beschimpfung, bei der sich das Schimpfwort *chuj* (Schwanz) im Genitiv mit *ugol'* (Kohle) im selben Kasus reimt. In dieser Juxtaposition sind zwei Abwertungen zugleich möglich: Entweder vergleicht Rogov die kleine Größe des Geschlechtsorgans mit dem Kohlenmangel, der im offiziellen Diskurs verschwiegen wird, oder er parodiert die Pomphaftigkeit der politischen Rhetorik mit einer Anspielung auf sexuelle Manie. Das Adjektiv *gruzinskij* (georgisch) zu ‚Schwanz' rekurriert entweder auf Stalin oder hat damit zu tun, dass der Protagonist Kasachstan (wo sich die Provinz von Qostanai befindet) mit Georgien verwechselt, etwa aus einer rassistischen und russozentrischen Perspektive, nach der ‚Alles Andere' gleich fremd ist. Jedenfalls wehrt sich das tabubrechende Potential dieser Beschimpfung gegen die offizielle Rhetorik und stellt politischen Euphemismen Tabuwörter gegenüber. Dadurch wird das gesellschaftlich gebotene Sprachreglement gezielt gebrochen (vgl. Havryliv 2009: 151).

So wird Rogovs ‚Kreativität' fortgesetzt:

> Рогов. Пизди, пизди, золотая рыбка. [...].
> ТВ. „[...] уходящий год *ясно свидетельствует*: [...] *Совершенствуется*, меняется стиль работы партийных комитетов. Преодолевая инерцию прошлых лет, разрыв между словом и делом, они [...] *ищут наиболее эффективные пути решения ключевых задач развития*. *Важные* перемены происходят в экономике. Вместе с *усилением эффективности* планого..."
> Рогов. Говноедтсва, усиливается и плановое говноебство. А также распиздяйство, долбоебство, пиздаболство и другие положительные тенденции... (Sorokin 2002: 322, Hervorhebung M.G.)[15]

Schwanzes!" (Übersetzung: M.G.). Der Reim von ‚Kohle' und ‚Schwanz' kann im Deutschen nicht beibehalten werden.

15 „Rogov: Laber, laber weiter, goldenes Fischchen [...]. TV: [...] Das vergangene Jahr *zeugt klar davon*: [...] Die Arbeit der Parteikomitees ändert sich, *vervollkommnt sich*. Die Arbeiter überwinden die Trägheit der vergangenen Jahre, überbrücken die Kluft zwischen Wort und Tat und [...] suchen nach *effektiveren* Wegen *zur Ausführung der entscheidenden Entwicklungsarbeiten*. *Wichtige* Veränderungen geschehen im Bereich der Ökonomie. Zusammen mit der *Steigerung der Effektivität* der planmäßigen... Rogov: ...Scheißfresserei, steigert auch die planmäßige Scheißfickerei. Und steigern noch andere gediegene Tendenzen, wie die Laberei, die Hirnfickerei und die Quatscherei..." (Übersetzung: M.G.). „Goldenes Fischchen" ist ein Verweis auf Puškins Märchen mit demselben Titel. Intertextuelle Bezüge sind bekanntlich ein wesentliches Merkmal des literarischen Postmodernismus und demnach auch des literarischen Verfahrens von Sorokin.

Als ob Rogovs vulgäre Aufforderung[16] an den Fernseher, weiter zu ‚labern', eine konkrete Wirkung hätte, fährt der Bericht über die Verbesserung der ökonomischen Lage fort. Auch hier sind Ausschließlichkeitsausdrücke (die ich kursiv gesetzt habe) sowie die Hauptmerkmale der phatischen Funktion des *novojaz* zu sehen – Ritualität und Persuasivität (vgl. Bralczyk 1987: 25, 49; Bednarczuk 1985: 35). Die subversive Umkehrung des *novojaz* erfolgt in vulgären Sprachspielen mit dem Adjektiv *planyj* (planmäßig) – Verbkomposita, die durch die für das Russische übliche Suffigierung auf *-stvo* gebildet werden. Verben werden substantiviert und suffigiert, während der erste Teil des Kompositums aus einem Vulgarismus aus der skatologischen und/oder sexuellen Sphäre besteht:

1   *govnoedstvo*: Zusammensetzung vom Verb *est'* (essen) mit dem Substantiv *govno* (Scheiße). Das Sem gehört zur Sphäre der Koprophagie;
2   *govnoëbstvo*: Kompositum aus dem substantivierten Verb *ebat'* (ficken, bumsen) und dem Substantiv *govno*;
3   *raspizdjajstvo*: Dieser Vulgarismus wird durch Suffigierung des Schimpfwortes *pizda* (Fotze) gebildet. Das Präfix *ras-* drückt den ‚diffusen' Charakter der Handlung aus;
4   *dolboëbstvo*: neutrale Suffigierung des Substantives *dolboëb* (Hirngefickter), das aus den Verben *ebat'* und *dolbit'* (laut oder stark schlagen) besteht;
5   *pizdabolstvo*: Suffigierung einer Wortbildung aus den Verben *pizdet'* und *boltat'* (labern).

Die kreative Beschimpfung im Text übernimmt eine weitere Funktion: Sie richtet sich gegen Euphemismen und legt ihren Charakter bloß. In der Rede wird die Perestrojka als eine schwierige, aber dennoch wichtige Erfahrung dargestellt. Rogov enthüllt die durch den Euphemismus verschleierte Wahrheit: „ТВ. ‚[...] Этим важным знанием обогатил нас опыт, обретенный за прожитый год, год перестройки...'. Рогов. Год стучания хуем по столу, бля..." (Sorokin 2002: 323)[17].

Nach Havryliv kann der Sprechakt ‚Beschimpfung' als eine „präsensindikative Äußerung des Sprechers an den anwesenden oder abwesenden Adressaten in Form einer Prädikation" definiert werden, „die sich mit dem Ziel, Emotionen abzureagieren und/oder den Adressaten zu beleidigen, vollzieht" (Havryliv 2009: 64). Dieser Sprechakt kann eine emotive und eine

---

16 Rogov verwendet das nicht-normative Verb *pizdet'*, ein Pejorativum für ‚quatschen'. Der Stamm besteht aus dem Wort *pizda* (‚Möse' oder ‚Fotze').
17 „TV: [...] Mit diesem wichtigen Wissen hat uns die Erfahrung bereichert, die wir im erlebten Jahr gesammelt haben, im Jahr der Perestrojka... Rogov: Im Jahr des Schlagens des Schwanzes auf den Tisch, verdammte Scheiße..." (Übersetzung: M.G.).

pragmatische Funktion erfüllen (vgl. Havryliv 2009: 64). In *Frohes Neues Jahr* erfüllen Rogovs Beschimpfungen die Funktion der Repräsentationsabsicht (vgl. Searle 1991: 208–209). Nach Searle ist die Repräsentationsabsicht unabhängig von der Kommunikationsabsicht (vgl. Rolf 1994: 78). Rogovs monologische Beschimpfungen veranschaulichen diese These: In ihrer Selbstreferenzialität werden die Asymmetrien der gesellschaftlichen Herrschaftsverhältnisse reflektiert. Diese kommen in der Gegenüberstellung einer politischen (*god perestrojki*) und einer vulgären Formulierung (*god stučania chujem po stolu*) ans Licht. Die binäre Struktur dieser Gegenüberstellung *versprachlicht* und *literarisiert* die Binarität der Herrschaftsverhältnisse. Soziale Asymmetrie entspricht hier verbaler Asymmetrie. Im offiziellen Diskurs kommt der Standpunkt eines normalen Bürgers nicht öffentlich zum Ausdruck. Er bleibt demnach im Rahmen eines vulgären Monologs. Dieser zeigt die Auswirkungen symbolischer Sprachgewalt: Die Unmöglichkeit, mit dem Außen zu kommunizieren.

Die sprachliche Auseinandersetzung zwischen Rogov und dem politischen Diskurs literarisiert die Dichotomie von *violentia* (in den Beschimpfungsakten) und *potestas* (in der symbolischen Gewalt des offiziellen Diskurses) und zeigt dabei auch, dass beide Gewaltformen in diesem Kontext politisch intendiert sind. Die Beschimpfungsakte mithilfe skatologischer und sexueller Lexik materialisieren die subtile Gewalt und die semantische Leere politischer Floskeln. Der Übergang zur körperlichen Gewalt am Ende des Stückes veranschaulicht die Herrschaftsverhältnisse der sowjetischen Gesellschaft. Durch das ständige Wechselspiel von *violentia* und *potestas* liefert Sorokin ein Bild, in dem *alles* gewalttätig ist und kein Ausstieg aus der Gewalt möglich ist.

5 Verbale Aggression und Sprachlosigkeit: Marek Hłaskos *Robotnicy*

In Marek Hłaskos *Robotnicy* (*Die Arbeiter*, 1955) wird sprachliche Aggression als Folge der Sprachlosigkeit präsentiert. Hłasko erzählt von einer Arbeitsbrigade, die sich am Bau einer Brücke beteiligt. Evident ist die Kritik nicht nur an den Arbeitsbedingungen der damaligen Volksrepublik Polen, sondern auch – auf der Metaebene – am Sozialistischen Realismus. Gegen die kulturpolitischen Dogmen, Arbeit als eine ausschließlich positive, erbauliche Erfahrung darzustellen, berichtet der Ich-Erzähler über Schwierigkeiten und akute Probleme der Arbeitsbedingungen. Zudem kommen metasprachliche Elemente zur Geltung. Zum einen wird die Sprachlosigkeit der Arbeiter explizit thematisiert, die die schweren Lebensbedingungen in der Brigade sprachlich nicht vermitteln können. Zum anderen begegnet der/die Leser*in am Ende der Erzählung einer Kollision zwischen der *nowomowa* und einem Beschimpfungsakt.

Die Arbeit erzeugt bei den Charakteren negative Gefühle, die – etwa wie bei Sorokin – als Ersatzreaktion gegen die Brücke gerichtet werden. Diese wird als „przeklęty" (verdammt) bezeichnet (Hłasko 2002: 101). In den Invektiven der Arbeiter kommen übliche Beschimpfungen vor: „Co, do diabła spuchniętego! Gdybym nie był partyjniakiem, uciekłbym stąd do wszystkich choler"[18] (Hłasko 2002: 103); „Po co tu, cholera, przyjechałem?"[19] (Hłasko 2002: 102). In Anlehnung an die von Maciej Grochowski vorgeschlagene Klassifikation der Bedeutungen polnischer Beschimpfungsakte[20] bezeichne ich diese Schimpfwörter als ‚expressiv' und ‚bewertend': „Za ich pomocą osoba [...] może ujawniać swój stan emocjonalny wywołany określonym stosunkiem do pewnego fragmentu rzeczywistości [...]. [...] Hipotezę, że dane przekleństwo jest wykładnikiem określonej emocji, stawia się z reguły w wyniku analizy jego kontekstu, a nie tylko samego przekleństwa"[21] (Grochowski 1995: 13).

Die Kommunikation gerät in eine Sackgasse und lässt Raum für ein kreatives Schimpfen: „Dobieraliśmy ohydne przekleństwa; przestaliśmy mówić – porozumiewaliśmy się klątwami. Gdy ktoś z nas użył zwykłego słowa, reszta patrzyła nań ze zdumieniem. Kazimierz gryzł się z tego powodu i klął najbardziej złowieszczo. Stefan [...] klął przez godzinę i kwadrans bez przerwy, nie powtarzając ani jednego przekleństwa"[22] (Hłasko 2002: 105). Die Umkehrung der normalen kommunikativen Verhältnisse soll in meinen Augen als Subversionsakt gegen die herrschenden Arbeitsbedingungen gelesen werden. Es wird von den Arbeitern erwartet, dass sie miteinander kommunizieren, aber sie können ausschließ-

---

18 „Was, in drei Teufels Namen; wenn ich nicht in der Partei wäre, würde ich von hier ausreißen und mich zur Hölle scheren" (Hłasko 1958: 341, Übersetzung von Hans Goerke).
19 „Warum, zum Teufel, bin ich hierhergekommen?" (Hłasko 1958: 339, Übersetzung von Hans Goerke).
20 Grochowski unterscheidet zwischen bewertender (sens wartościujący), instrumentaler (sens instrumentalny) und expressiver Bedeutung (sens wyrażeniowy) einer Beschimpfung (vgl. Grochowski 1995: 12–13).
21 „Mit deren Hilfe kann eine Person den emotionalen Zustand offenbaren, der von ihrem Verhältnis zu einem bestimmten Fragment der Wirklichkeit ausgelöst wird. [...]. [...] Die Hypothese, dass diese Verfluchung Ausdruck bestimmter Gefühle ist, stellt man in der Regel infolge der Analyse ihres Kontextes – und nicht nur der Verfluchung an sich – auf" (Übersetzung: M.G.).
22 „Wir hatten uns die scheußlichsten Verwünschungen angewöhnt; wir redeten nicht mehr – die Flüche genügten zur Verständigung. Gebrauchte jemand von uns ein gewöhnliches Wort, so sahen die anderen ihn verwundert an. Kasimir wurmte das schon, und so fluchte er am ärgsten. Stefan [...] fluchte fünf Viertelstunden lang ohne Unterbrechung und gebrauchte keine einzige Verwünschung zweimal" (Hłasko 1958: 339, Übersetzung von Hans Goerke).

lich ihre Frustration zum Ausdruck bringen. Somit kristallisiert sich die binäre Opposition zwischen *violentia* und *potestas* heraus, die auch in *Frohes Neues Jahr* zentral ist. Als *violentia* ist hier die befreiende Sprachgewalt der Arbeiter, als *potestas* die symbolische Gewalt der ‚delegierten Macht' zu sehen. Beide kommen zu einer direkten Auseinandersetzung anlässlich der Feierlichkeit zur Fertigstellung des Brückenbaus:

> Widzimy twarze budowniczych tego mostu. Są pełne wielkiej dumy i radości. Widzimy przowodników pracy i młodzież, która wychowała się na budowie tego mostu. *Masa kwiatów!* [...] To *wspaniały* dzień *dla wszystkich* budowniczych tego mostu! Widzimy twarz towarzysza Kazimierza Rogalskiego, sekretarza organizacji zakładowej. To twarz człowieka, który jest *dumny i szczęśliwy* ze spełnionego obowiązku. To *na pewno najszczęśliwy dzień w życiu* tego człowieka. (Hłasko 2002: 106, Hervorhebung M.G.)[23]

Die Rede weist übliche Merkmale der *nowomowa* auf – sie besteht aus Floskeln und ideologisierten Begriffen (die Freude, die Jugend) sowie üblichen Formeln der Kollektivität und der Ausschließlichkeit (in Kursiv von mir hervorgehoben). Hier vollzieht sich der Sprechakt Beschimpfung, der den Apex der Erzählung darstellt: Einerseits, weil dieser die sonst arme ‚Story' der Erzählung dynamisiert; andererseits, weil er die Thematisierung des Verhältnisses von Sprache und Herrschaft kondensiert. Kazimierz drückt seine Aggressivität in Anwesenheit der Zuhörenden aus. Seine Beschimpfung vereint *violentia* und *potestas*, weil Kazimierz Arbeiter und zugleich Sekretär der Betriebsorganisation ist: „Kazimierz podbiegł do spikera, wyrwał mu mikrofon i podniósłszy go na wysokość swej wykrzywionej wściekłością twarzy, ryknął: — Gówno!"[24] (Hłasko 2002: 106). Sein Sprechakt führt zum Vollzug seiner Zielreaktion (vgl. Dollard/Doob 1973: 14–17). Die Aggressivität manifestiert sich sowohl im Entreißen des Mikrofons als auch in der öffentlichen Beschimpfung: „vollzieht sich der Sprechakt ‚Beschimpfung' vor dem Hörer, so kann es dem Sprecher darum gehen, sich vor dem Hörer seiner negativen Emotionen [...] zu entledigen" (Havryliv 2009: 74). Nicht nur die Anwesenheit der Personen vor Ort, sondern auch und vor allem die des Publikums, das am Radio

---

23 „Wir sehen die Gesichter derer, die an dieser Brücke gebaut haben. Sie sind voller Stolz und Freude. Wir sehen die Aktivisten der Arbeit und die Jugend, die an dem Bau dieser Brücke gereift ist. Eine Fülle von Blumen! [...] Ein herrlicher Tag für diejenigen, die an dieser Brücke gebaut haben! Wir sehen das Gesicht des Genossen Kasimir Rogalski, des Sekretärs der Betriebsorganisation. Es ist das Gesicht eines Mannes, den die geleistete Pflicht mit Glück und Stolz erfüllt. Dies ist bestimmt der glücklichste Tag im Leben dieses Mannes" (Hłasko 1958: 343, Übersetzung von Hans Goerke).

24 „Kasimir lief auf den Sprecher zu, entriß ihm das Mikrofon, hob es an sein wutverzerrtes Gesicht und brüllte: ‚Scheiße!'" (Hłasko 2002: 106, Übersetzung von Hans Goerke).

mithört, spielt eine wesentliche Rolle: *gówno* (Scheiße), ein Vulgarismus aus der skatologischen Lexik, verletzt die *face* (s. Anm. 3) des Redners und zugleich die Kollektivität.

Der Vulgarismus erfüllt auch eine tabubrechende Funktion, besonders in dem von Hłasko inszenierten Kontext. Ähnlich wie bei Sorokin bricht die skatologische Lexik sprachliche und kulturelle Konventionen und richtet sich gegen die ‚Sittlichkeit' der offiziellen Rede: „[W]ulgaryzm to [...] jednostka leksykalna, za pomocą której mówiący ujawnia swoje emocje względem czegoś lub kogoś, łamiąc przy tym tabu językowe"[25] (Grochowski 1995: 15). Darin ist die Besonderheit des Vulgarismus zu sehen, der zwar korreliert, aber nicht identisch mit einem Beschimpfungsakt ist. Kazimierz erreicht hier auch ein konkretes Ziel: Die Feierlichkeit ist verdorben. Der illokutionäre Beschimpfungsakt ist zum perlokutionären übergegangen und erweist sich als Reaktion sowohl auf die *nowomowa* als auch auf die eigene Sprachlosigkeit.

Die Inszenierung sprachlicher Aggression in *Die Arbeiter* vollzieht sich in Gegensatz zu Sorokins Text in einer einzigen direkten Beschimpfung. Ohne auf körperliche Gewalt zurückzugreifen gelingt es Hłasko, die Komplexität der sprachlichen Aggression in einem einzigen Beschimpfungsakt zu vereinen. Dieser kristallisiert politische (die Empörung gegen den ideologisierten Sprachgebrauch), soziale (die Kritik an den Arbeitsverhältnissen) und sprachphilosophische (die Thematisierung der Sprachlosigkeit) Implikationen heraus. „Gówno!" ist zwar ein Befreiungsakt gegen die *nowomowa*, aber die Arbeiter kehren am Ende der Erzählung nach Hause zurück – in einem gleicherweise sprachlosen und erschöpften Zustand. Ähnlich wie Sorokin, aber ohne Brutalität, literarisiert Hłasko die Selbstreferenzialität verbaler Aggression und bringt die Unmöglichkeit zum Ausdruck, die Asymmetrie der politischen und sozialen Verhältnisse zu überwinden.

6 Die Logik des Sündenbocks: Kurt Drawerts *Schweigen*

Die Texte in Kurt Drawerts Band *Steinzeit* (1999) haben die Auseinandersetzung mit dem System DDR als gemeinsamen Referenzpunkt. In der Erzählung *Schwei-*

---

[25] „Ein Vulgarismus ist [...] eine lexikalische Einheit, mit deren Hilfe der Sprecher seine Emotionen gegenüber etwas oder jemandem zum Ausdruck bringt und dabei Sprachtabus bricht" (Übersetzung: M.G.).

gen befasst sich Drawert mit sprachlicher und körperlicher Gewalt in einer Schule zu DDR-Zeiten.

Schweigen präsentiert ein eher übersichtliches Handlungsgeschehen. Die Reflexion des Ich-Erzählers über verbale Aggression ist aber sehr prägnant. Zum einen thematisiert sie die Folgen der Sprachgewalt mit besonderer Berücksichtigung ihrer politischen Implikationen. Zum anderen liefert sie das Bild einer Gesellschaft, in der die symbolische Gewalt des realsozialistischen Diskurses sich mit den Traumata aus der nationalsozialistischen Epoche vereint.

Der Protagonist und Erzähler ist Opfer fortwährender verbaler Angriffe seitens der Schulkameraden, die mit deutlicher Anspielung auf den Nationalsozialismus ‚Führer' genannt werden und an deren Spitze Robert steht, der Sohn des Schuldirektors. Die Narration präsentiert sich demnach als Literarisierung des *Bullying*. Als *Bullying* können wiederholte Erniedrigungen eines wehrlosen Opfers bezeichnet werden, die von Gruppen oder einzelnen Individuen geführt werden und sich in unterschiedlichen (verbalen oder körperlichen) Formen manifestieren (vgl. Riebel 2008: 1). Die Frustration des Protagonisten wächst, die Militarisierung der Atmosphäre während der Pause eskaliert und die sprachliche Aggression wiederholt sich täglich, bis er Robert einen Pfeil ins Auge schießt. Robert und seine Schulkameraden verwenden Seme aus der politischen und rassistischen Sphäre:

> Sie hetzten mich über den Schulhof, weil ich ein *Jude* war, *ein roter Jude*, ein *Kommunistenjude*, eine *Judensau*. Dann, weil ich ein *Nigger* war, *ein dreckiger Nigger, ein stinkender Nigger*. Dann, weil ich *ein verschlagener, gefährlicher Russe* gewesen bin. Es hing vom Wochentag ab, was ich war und als welche Kreatur ich gekillt werden sollte (Drawert 1999: 139, Hervorhebung M.G.).

Die Konstellation besteht aus nationalen/ethnischen und politischen Bezeichnungen. Zur ersten Gruppe gehören ‚Jude' und ‚Nigger', zur zweiten ‚Kommunist'. ‚Russe' kann beiden Gruppen zugeordnet werden, da das Wort zwar auf den ersten Blick auf den ethnischen Aspekt rekurriert, aber im DDR-Kontext zugleich politische Implikationen aufruft. Die Verwendung von z.B. ‚dreckig' oder ‚stinkend', die stereotypisierte rassistische (*injurious speech*) Bilder liefert, intensiviert die Wirkung der Pejorativa. Die Logik dieser verbalen Aggressionen ist binär und abgrenzend. Juden und Russen übernehmen die Funktion des Feindes und zugleich des Opfers, die einem stilisierten Bild der ‚Deutschen' („Deutsche hauen nicht ab", heißt es fortwährend im Text) gegenübergestellt werden: „Das Fremde […] wird zum Feind oder zum Sündenbock, wodurch die eigene kollektive Identität verstärkt wird" (Bonacchi 2012: 138). Die hier inszenierten Pejorisierungsprozesse sind diskriminierende Benennungspraktiken. Die pejorative Nuance von ‚Jude' und ‚Russe' hängt vom historisch-politischen Kontext ab:

> Sprachliche Benennungspraktiken, pragmatisch als Appellationen bezeichnet, machen u.a. auch Menschen über zugeschriebene Eigenschaften, soziale Positionierungen, kollektive Zu-Schreibungen und sprachlich vollzogene Identitätskonstruktionen, mit denen diese zu Angehörigen von Gruppen und zu differenzierbaren Individuen werden, wahrnehmbar. Mit diesen sprachlichen Kategorisierungen [...] können Bewertungen eingehen, die situativ und kontextuell geschaffen werden. Sie bauen [...] auf [...] Vorwissen auf, die [...] reproduziert werden (Hornscheidt et al. 2011: 8).

Die propagierte ‚antifaschistische Tradition' der Gegend (Drawert 1999: 143) erscheint in der Erzählung in Kontinuität mit der nationalsozialistischen Logik des Feindes. Die Schüler brauchen ein Opfer: „Wie sie mich an einem im Schulhof hinter der Knabenlatrine abgestellten Barren zu binden und mir *das kommunistische* oder *das jüdische* oder *das faschistische Maul* zu stopfen hatten" (Drawert 1999: 141, Hervorhebung M.G.). Diese Vulgarismen sind effektiv, indem sie gleichzeitig die Tabubereiche der nationalsozialistischen Vergangenheit und des Rassismus betreffen (vgl. Bonacchi 2012: 136). Sie führen zur Erniedrigung des Opfers und zu seiner Ausschließung aus der Kollektivität:

> Deutsche hauen nicht ab. Ganz anders in den polnischen Fortsetzungsfilmen [...], in denen vier Partisanen zahllose Nazis vertrieben, im ständigen Rückzug stolpernde Karikaturdeutsche, lächerliche [...] Verbrechenfiguren, Faschistenpack mit zu großen Mützen und zu weiten Hosen. Witzvorlagen, wäre der Krieg nur nicht eine so ernste, blutige Fabrik. Da wollten wir aber alle nicht zugehörig sein, und die Führer beschlossen an einem Montag, ich sei doch in Wahrheit *ein elendes, niederträchtiges Nazischwein* (Drawert 1999: 140–141, Hervorhebung M.G.)

In den sprachlichen Aggressionen reproduzieren die Schüler die Rituale asymmetrischer Herrschaft. Die herrschende politische Ordnung benötigt stets Feinde, um sich zu legitimieren: Diese werden von der politischen Rhetorik konstruiert. Der politische Diskurs wird bei Drawert – im Gegensatz zu Sorokin und Hłasko – nicht in der Rede bestimmter Figuren reproduziert; er bleibt aber in der Textur präsent und durchquert den ganzen Text, wie im folgenden Passus deutlich wird:

> Freitod ist eine Schande gewesen in meinem *aufgeklärten, der Zukunft zugewandten* Gebiet. Meine *aufgeklärte, der Zukunft zugewandte Klasse* hatte so auch keine Schweigeminute zu halten zur Stunde von Schröders Begräbnis. [...] [A]ußerdem, sagte Meier, wäre er *ein durch die Maschen juristischer Gerechtigkeit gegangener Nazi* gewesen, die es ja auch noch gäbe in dieser unserer *traditionsgemäß antifaschistischen Gegend*. [...] Schließlich war mein kleines, *der Zukunft zugewandtes Gebiet* umstellt gewesen von Feinden, hinter den Bahngleisen schon, hinter den Minenfeldern und Drahtverhauen. Feindliches Land war überall, und friedliches Land war ein gesichertes Rechteck im feindlichen Land. Wer das nicht wußte, gehörte nicht an *diese Schule mit ihren sehr klaren Zielen* und wurde, im Namen der Führer, in der Pause gekillt. (Drawert 1999: 142–143, Hervorhebung M.G.)

Dieser Mikrokosmos, der im Kleinen das ganze DDR-System allegorisiert, funktioniert ausschließlich nach Mechanismen der Ausschließung und Konstruktion von Feinden. Dabei spielt die *injurious speech* aufgrund ihrer Performativität eine wesentliche Rolle: Feinde werden in perlokutionären und illokutionären Akten zunächst *gezeigt* und *benannt*, um dann eliminiert zu werden. Solche Eliminierungsrituale sind die Grundlage, auf der die Gesellschaft beruht: Das semiotische System der Kollektivität muss Ausgestoßene identifizieren oder kreieren, um sich zu stabilisieren. In diesem Rahmen funktioniert auch das Schweigen als perlokutionärer Akt: Es lässt die Subjekte in einem Vakuum schweben, wo es noch nicht klar wird, wann sie sprachlich oder körperlich bestraft werden:

> ein Angriff auf Robert sei wie ein Angriff auf ihn, Direktor Meier, und ein Angriff auf ihn, Meier, sei wie ein Angriff auf die Partei, die ihn berief [...]. Als Meier in die Klasse trat, rechnete jeder damit, daß er etwas über Roberts Zustand sagen würde [...]. Meier aber fuhr unverzüglich mit dem Unterricht fort [...]. Dafür beobachtete er mich [...] und mir schien, er hätte denselben jagenden Blick, den ich von den Pausen her kannte [...]. Wann würde er mir [...] die kalte Hand in den Nacken strecken, daß ich [...] nur seine Stimme zu hören hätte, wie sie [...] mir prophezeite, mich zu vernichten, [...] zu zerdrücken, aus mir Streufutter zu machen?, nein, er blitzte mich nur in Abständen an, als wollte er sagen, mein Blick wird dein Strick sein und mein Schweigen der Text, der dich richtet (Drawert 1999: 144–145).

Das Schweigen ersetzt demnach die verbale Aggression nicht, sondern präsentiert sich als ihre Kontinuation in einer anderen Form. Drawerts Erzählung bringt somit ein Gefühl der Ausweglosigkeit zum Ausdruck und liefert ein Bild, in dem sich die Grenzen zwischen *violentia* und *potestas* verwischen: Die Sprachgewalt konstituiert den Kern der gesamten sozialen und politischen Mechanismen der DDR-Gesellschaft.

7 Fazit

Der politische Sprachgebrauch im Realsozialismus kann als aggressionsmotivierte und aggressionserzeugende Hassrede angesehen werden. Seine sprachliche und rhetorische Struktur reflektiert die Intention, Werte durchzusetzen und (politische) Feinde zu identifizieren. Dies kann bei den Rezipienten Frustration und Widerstand erzeugen und zu einer direkten oder indirekten Auseinandersetzung zwischen institutionalisierter und nicht-institutionalisierter Sprachgewalt führen.

Literatur fungiert als Seismograph des soziopolitischen Geschehens. Die hier behandelten literarischen Texte veranschaulichen die symbolische Gewalt des politischen Diskurses und bringen die Asymmetrien der jeweiligen realsozialistischen Gesellschaften ans Licht. Diese Ziele werden durch die Literarisierung verbaler Aggression verfolgt. Sorokin veranschaulicht die Gewalt der Diskurse mithilfe von Vulgarismen aus der skatologischen und sexuellen Lexik. Hłasko inszeniert einen Befreiungsakt in der Form einer Beschimpfung, die die *face* der Autoritäten verletzt, aber zu keinem konkreten Widerstandsakt führt. Drawert zeichnet das Bild einer traumatisierten Gesellschaft, in der die national- und die realsozialistische Logik des Sündenbocks koexistieren und sich in Akten des *Bullying* manifestieren.

Alle drei Texte bringen die Unmöglichkeit zum Ausdruck, aus der Sprachgewalt der realsozialistischen Gesellschaft auszusteigen. Indem sie das Wechselspiel von *violentia* und *potestas* literarisieren, legen sie die Komplexität der sprachlichen Gewalt bloß: Diese kann nicht anhand von klaren Dichotomien verstanden werden. *Frohes Neues Jahr*, *Die Arbeiter* und *Schweigen* können aus den oben genannten Gründen als Linsen zur Beobachtung von Gewaltphänomenen auf politischer und sozialer Ebene betrachtet werden.

Literatur

Bednarczuk, Leszek (1985): „Nowo-mowa (Zarys problematyki i perspektywy badawcze)". In: Jolanta Rokoszowa (Hg.): *Nowo-mowa*. Materiały z sesji naukowej poświęconej problemom współczesnego języka polskiego odbytej na Uniwersytecie Jagiellońskim w dniach 16 i 17 stycznia 1981. London: Polonia, 27–41.

Bod, Ladislav (1975): „Langage et pouvoir politique. Réflexions sur le stalinisme". In: *Étude* 342, 177–213.

Bourmeyster, Annette (1989): „Perestroïka et nouvelles formes d'écriture du discours soviétique". In: *Mots. Les langages du politique* 21, 32–49.

Bonacchi, Silvia (2012): „Zu den idiokulturellen und polykulturellen Bedingungen von aggressiven Äußerungen im Vergleich Polnisch – Deutsch – Italienisch". In: Magdalena Olpińska-Szkiełko/Sambor Grucza et al. (Hgg.): *Der Mensch und seine Sprachen*. Festschrift für Professor Franciszek Grucza. Frankfurt a.M. et al.: Lang, 130–148.

Bourdieu, Pierre (1992): „Die verborgenen Mechanismen der Macht enthüllen". In: Pierre Bourdieu: *Die verborgenen Mechanismen der Macht. Schriften zur Politik und Kultur 1*. Hamburg: VSA, 81–86.

Bourdieu, Pierre/Passeron, Jean Claude (1973): *Grundlagen einer Theorie der symbolischen Gewalt*. Frankfurt a.M.: Suhrkamp.

Bousfield, Derek (2008): *Impoliteness in Interaction*. Amsterdam, Philadelphia: John Benjamins (= Pragmatics and Beyond New Series 167).

Bralczyk, Jerzy (1987): *O języku polskiej propagandy politycznej lat siedemdziesiątych*. Uppsala: Uppsala University.

Burkhart, Dagmar (1999): „Ästhetik der Häßlichkeit und Pastiche im Werk von Vladimir Sorokin". In: Dagmar Burkhart (Hg.): *Poetik der Metadiskursivität. Zum postmodernen Prosa-, Film- und Dramenwerk von Vladimir Sorokin*. München: Sagner, 9–20.

Butler, Judith (1998): *Haß spricht. Zur Politik des Performativen*. Berlin: Berlin Verlag.
Corbineau-Hoffmann, Angelika/Pascal, Niklas (2000): *Gewalt der Sprache – Sprache der Gewalt*. In: Angelika Corbineau-Hoffmann/Niklas Pascal (Hgg.): *Gewalt der Sprache – Sprache der Gewalt*. Hildesheim, Zürich, New York: Olms, 1–18.
Derrida, Jacques (1972): *Die Schrift und die Differenz*. Frankfurt a.M.: Suhrkamp.
Dollard, John/Doob, Leonard W. (1973): *Frustration und Aggression*. Weinheim: Beltz.
Drawert, Kurt (1999): „Schweigen". In: Kurt Drawert (Hg.): *Steinzeit*. Frankfurt a.M.: Suhrkamp, 139–145.
ESSJ (1996): *Etimologičeskij slovar' slavjanskich jazykov*. Vypusk 23. Moskva: Nauka.
Giacobazzi, Cesare (2011): „Literatur als gewaltlose Praxis". In: Moritz Baßler/Cesare Giacobazzi et al. (Hgg.): *(Be-)richten und Erzählen. Literatur als gewaltfreier Diskurs?*. München: Fink, 25–46.
Głowiński, Michał (1991): *Nowomowa po polsku*. Warszawa: PEN.
Głowiński, Michał (1993): „Nowomowa". In: Jerzy Bartmiński (Hg.): *Współczesny język polski*. Wrocław: Wiedza o kulturze, 163–172.
Goffman, Erving (1967): *Interaction Ritual. Essays on Face-to-Face Behavior*. New York: Anchor Books.
Grochowski, Maciej (1995): *Słownik polskich przekleństw i wulgaryzmów*. Warszawa: PWN.
Handt, Friedrich (1966): *Deutsch – gefrorene Sprache in einem gefrorenen Land? Polemik, Analyse, Aufsätze*. Berlin: Literarisches Colloquium.
Havryliv, Oksana (2009): *Verbale Aggression. Formen und Funktionen am Beispiel des Wienerischen*. Frankfurt a.M. et al.: Lang.
Herrmann, Steffen K./Kuch, Hannes (2007): „Verletzende Worte. Eine Einleitung". In: Steffen K. Herrmann/Hannes Kuch (Hgg.): *Verletzende Worte. Die Grammatik sprachlicher Missachtung*. Bielefeld: transcript.
Hłasko, Marek (1958): „Die Arbeiter". In: Marek Hłasko: *Der achte Tag der Woche und andere Erzählungen*. Deutsche Übersetzung von Hans Goerke. Köln: Kiepenheuer & Witsch, 339–344.
Hłasko, Marek (2002): „Robotnicy". In: Marek Hłasko: *Opowiadania*. Warszawa: ELF, 101–107.
Horn, Eva (2008): „Literatur. Gibt es Gesellschaft im Text?". In: Stephan Moebius/Andreas Reckwitz (Hgg.): *Poststrukturalistische Sozialwissenschaften*. Frankfurt a.M.: Suhrkamp, 363–381.
Hornscheidt, Lann et al. (2011): „Einleitung". In: Lann Hornscheidt et al. (Hgg.): *Schimpfwörter – Beschimpfungen – Pejorisierungen. Wie in Sprache Macht und Identitäten verhandelt werden*. Frankfurt a.M.: Brandes & Apsel, 7–14.
Janicki, Mariusz/Władyka, Wiesław (2014): „Polityczna wredna mowa". In: *Polityka* 8 (2946), 14–16.
Kalinin, Il'ja (2013): „Vladimir Sorokin: Ritual uničtoženija istorii". In: *NLO* 120. Online unter: http://www.nlobooks.ru/node/3383 <8.3.2016>.
Kiener, Franz (1983): *Das Wort als Waffe. Zur Psychologie der verbalen Aggression*. Göttingen: Vandenhoeck & Ruprecht.
Koch, Elke (2010): „Gewalt in der Sprache. Ein nicht alltägliches Beispiel in drei Stationen. In: Sybille Krämer/Elke Koch (Hgg.): *Gewalt in der Sprache. Rhetoriken verletzenden Sprechens*. München: Fink, 9–20.
König, Ekkehard/Stathi, Katerina (2010): „Gewalt durch Sprache. Grundlagen und Manifestationen". In: Sybille Krämer/Elke Koch (Hgg.): *Gewalt in der Sprache. Rhetoriken verletzenden Sprechens*. München: Fink, 45–59.

Kopperschmidt, Josef (1998): „Zwischen ‚Zauber des Wortes' und ‚Wort als Waffe'. Versuch, über die ‚Macht des Wortes' zu reden". In: Franz Januschek/Klaus Gloy (Hgg.): *Sprache und/oder Gewalt?* Osnabrücker Beiträge zur Sprachtheorie 57. Oldenburg: OBST, 13–30.
Krysin, Leonid Petrovič (1992): *Evfemizmy v sovremennoj russkoj reči*. Online unter: http://www.philology.ru/linguistics2/krysin-94.htm <30.06.2014>.
Lipoveckij, Mark (2008): *Paralogii. Transformacii (post)modernistskogo diskursa v russkoj kul'ture 1920–2000-x godov*. Moskva: NLO.
Lipoveckij, Mark (2013): „Fleshing/Flashing Discourse: Sorokin's Master Trope". In: Tine Roesen/Dirk Uffelmann (Hgg.): *Vladimir Sorokin's Languages*. Bergen: University of Bergen, 25–47.
Luhmann, Niklas (1975): *Macht*. Stuttgart: Enke.
Luhmann, Niklas/Fuchs, Peter (1989): *Reden und Schweigen*. Frankfurt a.M.: Suhrkamp.
Lunde, Ingunn (2008): „LIS (Lingua imperii sovietici): Filologiens håndtering av den nære språklige fortid i Russland". In: Ingunn Lunde/Susanna Witt (Hgg.): *Terminal Øst. Totalitære og posttotalitære diskurer*. Bergen: Spartacus, 169–183.
Meibauer, Jörg (2013) (Hg.): *Hassrede/Hate Speech. Interdisziplinäre Beiträge zu einer aktuellen Diskussion*. Gießen: Gießener Elektronische Bibliothek. Online unter: http://geb.uni-giessen.de/geb/volltexte/2013/9251/ <10.11.2013>.
Moser, Hugo (1962): *Sprachliche Folgen der politischen Teilung Deutschlands*. Düsseldorf: Schwann.
Moser, Hugo (1964): *Aueler Protokoll. Deutsche Sprache in Spannungsfeld zwischen Ost und West*. Düsseldorf: Schwann.
Moser, Hugo (1967): *Sprache – Freiheit oder Lenkung? Zum Verhältnis von Sprachnorm, Sprachwandel, Sprachpflege*. Mannheim: Bibliographisches Institut.
Nietzsche, Friedrich (1988): *Sämtliche Werke*. Bd. 10. München, Berlin, New York: dtv.
Petermann, Franz (2003): *Klinische Kinderpsychologie*. Bd. 8. Göttingen: Hogrefe.
Pineira, Carmen/Tournier, Maurice (1989): De quel bois se chauffe-t-on? Origines et contextes actuels de l'expression langue de bois. In: *Mots* 21, 5–19.
Plezia, Marian (1974) (Hg.): *Słownik łacińsko-polski*. Tom IV. Warzsawa: PWN.
Polska Akademia Nauk (1956–59) (Hg.): *Słownik staropolski 1956–59*. Tom II: Wrocław: Polska Akademia Nauk.
Prechtl, Peter/Burkard, Franz-Peter (2008) (Hg.): *Metzler Lexikon Philosophie. Begriffe und Definitionen*. Stuttgart/Weimar: Metzler.
Reich, Hans (1968): *Sprache und Politik. Untersuchungen zu Wortschatz und Wortwahl des offiziellen Sprachgebrauchs in der DDR*. München: Fink.
Riebel, Julia (2008): *Spotten, Schimpfen, Schlagen. Gewalt unter Schülern: Bullying und Cyberbullying*. Landau: Empirische Pädagogik.
Rolf, Eckard (1994): *Sagen und Meinen. Paul Grices Theorie der Konversations-Implikaturen*. Opladen: Westdeutscher Verlag.
Sarnov, Benedikt (2005): *Naš soveckij novojaz. Malen'kaja enciklopedija real'nogo socializma*. Moskva: Eksmo.
Schlosser, Horst Dietrich (1999): *Die deutsche Sprache in der DDR zwischen Stalinismus und Demokratie*. Köln: Wissenschaft und Politik.
Schroeter, Sabina (1994): *Die Sprache der DDR im Spiegel ihrer Literatur. Studien zum DDR-typischen Wortschatz*. Berlin, New York: de Gruyter.
Schumann, Hans-Gerd (1970): „Die ideologische Handhabung der Sprache. Technokratischer und revolutionärer Jargon in der Bundesrepublik". In: Lothar Romain/Gotthart Schwarz (Hgg.): *Abschied von der autoritären Demokratie. Die Bundesrepublik im Übergang*. München: Piper, 168–192.

Searle, John R. (1991): *Intentionalität. Eine Abhandlung zur Philosophie des Geistes.* Frankfurt a.M: Suhrkamp.
Seriot, Patrick (1982): „Langue de bois et discours de vent". In: *Essais sur le discours soviétique* 2, 5–39.
Seriot, Patrick (1998): „Derevjannyj jazyk, čužoj jazyj i svoj jazyk. Poisk nastojaščej reči v socialističeskoj Evrope 1980-ch godov". In: *Političeskaja lingvistika* 25, 162–169.
Sorokin, Vladimir (2002): „S novym godom". In: Vladimir Sorokin: *Očered'*. Moskva: Ad Marginem, 320–329.
Thom, François (1989): *Newspeak. The Language of Soviet Communism (Le langue de bois).* London, Lexington: The Claridge Press.
Wat, Aleksander (1979): „Semantyka języka stalinowskiego". In: *Aneks* 21, 56–70.
Weiss, Daniel (1986): „Was ist neu am ‚Newspeak'? Reflexionen zur Sprache der Politik in der Sowjetunion". In: Renate Rathmayr (Hg.): *Slavistische Linguistik 1985*. Referate des XI. Konstanzer Slavistischen Arbeitstreffens. München: Sagner, 247–321.
Zwoliński, Andrzej (2003): *Słowo w relacjach społecznych.* Kraków: WAM.

Monika Leipelt-Tsai
Inszenierte Aggression in poetischer Sprache

Herta Müllers Romane *Herztier* und *Atemschaukel*

Abstract: Violence cannot solely be considered as a social phenomenon. The language can formulate border transgressions as well, although language commonly is said to stand as a peaceful means outside of violence. Therefore, this issue is not just a problem among many, but rather the relationship between language and violence is particularly worthy of attention. The article at hand examines the relationship between language, violence, and aggression thematically, as well as a structural aspect by analyzing exemplary texts of the Romanian-German writer and Nobel Prize winner Herta Müller. Concerning theory, the article draws especially on Monika Leipelt-Tsai's *Aggression in lyrischer Dichtung* (2008), where the terms "violence" and "aggression" were first theoretically distinguished in literary discourse, and the performative aggression in a written text is considered. This subsequently opens up another thinking of aggression that no longer considers the aggression as purely negative. It becomes clear that linguistically violent transgression to the Other can be found in some parts of Herta Müller's novels. In other text excerpts, aggression can be read as something that in its touch does not produce any violence. But there is also a rhetoric which does not clearly allow to make this decision (for example, in the case of subtle irony). In linguistically sophisticated formulations it is not always clear due to an ambiguity whether that transgression has occurred or not. The particular form of perception in Herta Müller's texts shifts the relationship to things and opens up new perspectives on aggression and violence.

1 Einleitung

Gewalt kann nicht allein als soziales Phänomen betrachtet werden. Auch die Sprache vermag Grenzübertretungen zu formulieren, obwohl sie gemeinhin als friedliches Mittel außerhalb von Gewalt stehen soll. Deshalb ist das Spannungsverhältnis von Gewalt und Aggression bedenkenswert. Dies soll im Folgenden sowohl thematisch als auch als strukturelles Moment in deutschsprachigen Texten untersucht werden.

Die Texte der rumäniendeutschen Schriftstellerin Herta Müller erscheinen zu einer Untersuchung besonders geeignet, wenn Norbert Otto Eke schreibt, dass bereits in ihrem ersten Roman „Niederungen" der Tod als „letzter Ausdruck einer täglich erfahrenen Gewalt" (Eke 1991b: 75) das Zentrum bildet. Auch im Gespräch mit der Autorin selbst wird Gewalt angesprochen, welche in ihrer „Prosa nicht nur von den Menschen, sondern auch von der Natur und Gegenständen" (Kroeger-Groth 1995: 226) ausgeht. So wurde in der literaturwissenschaftlichen Forschung (u.a. Prediou 2001: 119–121) bei der Untersuchung der Naturmotivik in Müllers Roman „Der Fuchs war damals schon der Jäger" unter dem Aspekt ihrer „Auseinandersetzung mit dem (ehemaligen) politischen System in Rumänien" (Hoffmann/Schulz 1997: 79) darauf hingewiesen, dass Müller die Natur „niemals einfach mimetisch" (Hoffmann/Schulz 1997: 81) beschreibt, sondern im Schreiben künstlerisch transformiert, wenn z.B. die Pappeln zu Messern werden und anscheinend „zu Aggressivität auslösenden Instrumenten, die das passiv sitzende Subjekt angreifen" (Prediou 2001: 119–120). Natur ist bei Müller meist negativ konnotiert und erscheint nicht als Fluchtpunkt vor den Beschränkungen des Alltags, sondern als bedrückendes „Sinnbild für das umfassende Ausgeliefertsein des Individuums an das System" (Hoffmann/Schulz 1997: 82). Diese interessanten Hinweise auf Gewalt und Aggression erscheinen vielversprechend. Auch in anderen Texten Müllers lässt sich dies aufzeigen:

> Ich ging quer durch das Gras auf dem Weg, den ich beim Kommen zertreten hatte. Malven aus lauter lila Fingerhüten, Königskerzen griffen in die Luft. [...] Jeder Grashalm stach an den Waden. (Herztier, 67)[1]

In diesem Textbeispiel enthält das Zertreten von Gras auf dem Weg eine Gewalt, die gegen die Natur gerichtet scheint; umgekehrt zeigt sich im Stechen des Grases eine Gewalt gegen das erzählende Ich.[2] Doch die metonymische Aktivität der Blumen agiert eher verdeckt und kann weder als Gewalt charakterisiert werden, noch ist sie „Aggressivität auslösend", denn Aggressivität bezeichnet als länger andauernde Haltung eine Disposition dessen, der Aggression erzeugt.[3] Vielmehr kann ihr Greifen als strukturelle Aggression gekennzeichnet werden. Deshalb sollen nun, der polymethodologischen Offenheit des gegenwärtigen

---

[1] Die untersuchten Romane Müllers werden zur besseren Lesbarkeit im Folgenden mit ihrem Titel zitiert.
[2] Die oszillierende Metaphorik des Grases kann als Verweis auf den Tod und die Todesfälle in Zusammenhang mit der Diktatur gelesen werden (vgl. Schmidt 1998: 62–63).
[3] Auf die Problematik dieser Verhaltensdisposition (vgl. Leipelt-Tsai 2008: 40–41) kann hier nicht eingegangen werden.

literaturwissenschaftlichen Diskurses folgend, Texte von Herta Müller in Konstellation mit Konzepten bzw. Texten von Theoretikern (u.a. von Jacques Lacan) einem *Close Reading* unterzogen und bezüglich der Problematik der Aggression analysiert werden.

Theoretisch kann hier an die Verschiebung des Denkens von Aggression (vgl. Leipelt-Tsai 2008) angeknüpft werden, welche das Performative von Aggression im Text bedenkt und die Aggression nicht mehr als rein negativ betrachtet. Das Substantiv „Aggression" stammt aus der Nominalisierung *aggressio* des lateinischen Verbs *aggredi*. Dies enthält das differenzielle Moment einer semantischen Vieldeutigkeit: Es bedeutet einerseits ‚herangehen', andererseits ‚sich an jemanden wenden', (mit einem Ziel z.B. der Sympathiegewinnung oder Bestechung) ‚jemanden angehen'; zum dritten trägt es die Bedeutung ‚angreifen' (vgl. Stowasser 1979: 22). Als Partizip Perfekt Aktiv *aggressus sum* hat es also nicht allein die Bedeutung ‚ich habe angegriffen', sondern ebenso ‚ich bin herangegangen' oder ‚ich bin jemanden angegangen' bzw. ‚ich habe mich an jemanden gewandt'. Im Hinblick auf den lateinischen Begriff kann so eine Bedeutungsvielfalt des Begriffs Aggression betont werden.[4] Es soll nun von dieser Mehrwertigkeit des Begriffs ausgegangen werden, dass der Antrieb zum Angriff auch einer zum Angreifen ist, und nicht allein destruktiv, sondern auch konstruktiv wirkt. Im literaturwissenschaftlichen Diskurs wurde die Differenz der Begriffe „Gewalt" und „Aggression" erstmalig theoretisch unterschieden. Demnach erzeugt Aggression

> das Gefühl einer Art von Berührung, auf die reagiert werden kann (so kann z.B. ein Bild aggressiv wirken und eine Reaktion des Betrachtenden auslösen). Sie ist wie ein Impuls fühlbar, d.h. Aggression hat etwas mit Gefühl zu tun. (Leipelt-Tsai 2008: 43)

---

[4] Diese Bedeutungsweite wurde bereits genau entfaltet: „Das Herangehen an etwas oder an jemanden steht zuerst einmal für eine Bewegung oder Fortbewegung, eine Kontaktaufnahme mit der Umwelt, auf deren Folge durch die Präposition ‚an' eine Nähe betont wird. Das Sich-an-jemanden-Wenden weist dagegen auf eine Anfrage, um eine Information zu erhalten oder eine (große oder kleine) Bitte erfüllt zu bekommen. Das Angehen dagegen kann ein neutrales oder freundliches Sich-Annähern einer Person an jemanden oder etwas bezeichnen, um eine Bitte zu äußern, es kann jedoch auch ein ‚Angehen um etwas' sein im Sinne einer Forderung nach Sympathie, Hilfe, einer Gabe oder einem teuren Geschenk. Diese Forderung kann auch eine gewisse Drohung beinhalten, um das Ziel zu erreichen, wie beispielsweise bei einer Bestechung. Das Angreifen hingegen kann etwas Sprachliches sein, dass nur ein unbestimmtes Gefühl des Angegriffenseins hinterlässt, es kann aber auch eine Berührung der angegriffenen Person beinhalten, und – in freundlicher oder bedrohlicher Form bis hin zum Handgreiflichen – einer Forderung Nachdruck verleihen. Das Angreifen kann so auch ein Angriff sein, muss es aber nicht." (Leipelt-Tsai 2008: 30–31).

Aggression erscheint als zeitlich nicht festlegbares, ereignishaftes Gefühl, das allein in der Performanz zum Tragen kommt und erst im Nachhinein als Kontakt realisiert werden kann.[5] Aggression ist also nicht auf Dauer angelegt und ist niemals präsent. Sie

> kann sich also nicht (re)präsentieren. Bei ihrer Berührung zeigt sie sich als das Moment vor einer nachfolgenden Veränderung und ist als solches nicht selbst zwischen positiv und negativ zu differenzieren, sondern nur dessen Auswirkung. Aggression als Angreifen ist eher als ein Moment denkbar, das zugleich im Kontakt des Angreifens und Ergreifens eine Art von Beziehung oder Bezug herstellt. (Leipelt-Tsai 2008: 43)

Der Begriff der Gewalt, der mit Aggression in einem Zusammenhang steht, kann als eine Kraft problematisiert werden, die in bestimmter Art auf jemanden oder etwas einwirkt und oft als Ausdruck für eine die Sitte oder das Recht übertretende Handlung in Form von roher Gewaltanwendung oder deren Androhung benutzt wird.

> Man kann auch sagen, der Begriff [Gewalt] wird verwendet, wenn die fehlende Anerkennung oder der Verlust eines (rechtlich gesicherten oder nicht gesicherten) Machtverhältnisses zu einer Unterwerfung durch ein Gewaltverhältnis führt. Man kommt bei der Erwähnung von Gewalt nicht umhin, auch an eine Verletzung zu denken. Im Unterschied zur Aggression, die eher dem Imaginären zugehörig scheint, geht sie auf das Reale (insbesondere auf das Körperliche) hinaus, d.h. Gewalt als Verletzung, Wunde, Schnitt, Schlag, Hieb usf. wäre real. Gewalt kann auf eine Materialität zielen, muss es jedoch nicht immer. Sie kann eine Verletzung nach sich ziehen, muss es aber nicht. (Leipelt-Tsai 2008: 46)

Man kann jedoch mit Samuel Weber sagen, dass Gewalt stets eine „gewisse Kontamination" (Weber 1994: 186) beinhaltet, d.h. eine (un)bestimmte Art von Verletzung infolge einer Berührung mit etwas Fremdem. Mit Kontamination ist eine Art von sichtbarer oder unsichtbarer Verunreinigung gemeint, die am Berührten haften bleibt und sich als Kriterium für Gewalt erweisen kann. Es besteht dabei ein Kontakt zum Anderen, in dem Gewalt in Missachtung der Ansprüche des Anderen als eine Kontamination oder Verletzung ausgeübt werden kann. Im Unterschied zu Gewalt muss Aggression als Berührung nicht zu einer Kontamination führen. Demnach wird eine Grenze deutlich, die bei Aggression nicht über-

---

5 Dieser Aggressionsbegriff wurde vom Ur-Sprung der Tragödie und der Ambiguität des Dionysos her entwickelt, wie sie Nietzsche in seiner Lektüre der Bakchen des Euripides sah. Im Außer-sich-Sein des Dionysos und der Mänaden als Ent-Äußerung lässt sich in der Metapher des Sturmwinds eine Aggression entdecken. Diese ist mit Destruktion verkettet, und kann mit Benjamin als zeitloser Moment gelesen werden (vgl. Leipelt-Tsai 2008: 35–39).

schritten, sondern nur berührt, ergriffen oder angegriffen wird. Das Übertreten der Grenze aber hat als Auswirkung Gewalt.

Jacques Lacan schreibt in seinem Buch „Die vier Grundbegriffe der Psychoanalyse" über die Geste in den Kämpfen der Pekingoper. Darin kann allein die Andeutung eines Angriffs oder Angreifens schon eine entsprechende Wirkung haben, wie auch beim Ausdruck einer gestischen Bewegung, die die Rede begleitet. Die Kampfhandlung wird aufgeschoben und kommt nur als „terminales Stockensmoment" (Lacan 1996a: 124) zum Ausdruck. In Anknüpfung an die bildliche Geste bei Lacan wurde dies auf sprachliche Texte übertragen (vgl. Leipelt-Tsai 2008: 62–63). In dem Ansatz von Lacan findet sich eine Affinität zur textuellen Aggression, wenn im Gestus der Schrift etwas indirekt ausgedrückt wird. Aggression wird im Text zu einer Bewegung, die sehen lässt bzw. in der Berührung auf etwas hinweist. Sie ist weniger bewusst und dabei (wie bei der Pekingoper) nicht auf eine gewaltsame Bewegung zu reduzieren. Mit dem an Lacan anschließenden, neuartig formulierten Ansatz des literaturwissenschaftlichen Diskurses zum Genre ‚sprachliche Texte'[6] soll der Fokus dieser Analyse von Aggression und Gewalt in der Sprache auf die aktuelle Gegenwart gerichtet und erstmals das Genre der Romanerzählungen untersucht werden. Es werden aus Müllers Roman „Atemschaukel", für den sie 2009 den Nobelpreis erhielt, und ihrem Roman „Herztier", für den sie 1994 den Kleist-Preis erhielt, exemplarische Ausschnitte mit *Close Reading* analysiert. Neben dem strukturellen Moment soll dies zugleich auch thematisch auf der Textebene der Signifikanten untersucht werden. Es schließen sich Fragen an: Welche Formen von Aggression (als Berührung des Anderen ohne gewaltsame Grenzüberschreitung) lassen sich in Müllers Texten lesen, und im Vergleich dazu, welche Formen von Gewalt (als Grenzübertritt zum Anderen hin) finden sich? Kann im Text ein Grenzübertritt stets deutlich von einer Berührung differenziert werden? Welche Schreibstrategien werden bezüglich Aggression und Gewalt beim Schreiben einer unter dem Druck von Diktatur und jahrzehntelanger Verfolgung beeinflussten Autorin wie Herta Müller sichtbar?

---

6 Im Rückgriff auf den gegenwärtigen literaturwissenschaftliche Diskurs wird hier der Terminus ‚sprachliche Texte' im Unterschied zu ‚kulturellen Texten' verwendet, welche das geschriebene oder gesprochene Wort überschreiten und in Images, Ritualen, Theater und Gesten lesbar sind (vgl. Bachmann-Medick 2004: 7–66).

2 Wortlose Rechtsprechung

Im Roman „Atemschaukel", in dem das Lagerleben deutschstämmiger Zwangsarbeiter in Russland beschrieben wird, findet sich das Kapitel „Der Kriminalfall mit dem Brot" (Atemschaukel: 107–114). Darin bringt die nicht ausreichende Lebensmittelversorgung einen der Lagerinsassen dazu, die versteckte Brotration eines anderen zu stehlen, woraufhin er von den Mitbewohnern des Lagers beinahe umgebracht wird, wenn es heißt:

> Das Brot war nicht da, und Karli Halmen saß in der Unterwäsche auf seinem Bett. Albert Gideon brachte sich vor ihm in Stellung und gab ihm, ohne ein Wort, drei Fäuste auf den Mund. Karli Halmen spuckte, ohne ein Wort, zwei Zähne aufs Bett. Der Akkordeonspieler führte Karli am Nacken zum Wassereimer und drückte seinen Kopf unters Wasser. Es blubberte aus Mund und Nase, dann röchelte es, dann wurde es still. [...] Der Advokat Paul Gast [...] riss mir den Schuh weg und warf ihn an die Wand. Der Trommler zog den Kopf aus dem Wasser und würgte ihm den Hals [...] Mir hatte die Mordlust den Verstand geschluckt. Nicht nur mir, wir waren eine Meute. Wir schleppten den Karli in der blutigen, verpissten Unterwäsche neben die Baracke hinaus in die Nacht. Es war Februar. [...] Und weil wir schon mal vor dem Schlafengehen waren, pissten wir Karli Halmen nacheinander ins Gesicht. (Atemschaukel: 112–113)

Dieser Ausschnitt der Erzählung bringt thematisch verschiedene Formen von Aggression und Gewalt zur Sprache. In der lakonischen Feststellung „Das Brot war nicht da" wird der Vorgang des Stehlens als gewaltsame Überschreitung der Grenze des persönlichen Eigentums nur in seinem Resultat deutlich. Der Lagerinsasse „Albert", der zuvor gehungert und sich das nun gestohlene Brot im wahrsten Sinn des Wortes vom Mund abgespart hat, erscheint durch sein Sich-Annähern, Herangehen und sein „In-Stellung-Bringen" vor dem Verdächtigten im Nachhinein aggressiv. Dabei erweist der Fortgang der Erzählung, dass dieses als bedrohlich einzuschätzen ist. In der Folge reagiert die Figur „Albert" ohne zu zweifeln und ohne nachzuforschen mit brutalen Schlägen (als Synekdoche „drei Fäuste"), die eine Körperverletzung des vermeintlichen Diebes zur Folge haben. Allein das Vorhandensein des Letzteren scheint als Beweis seiner Schuld zu genügen. Es folgen verschiedene gemeinschaftlich verübte, tätliche Übergriffe, die den Tod des Diebes bewirken sollen (Ertränken, Erwürgen und Totschlagen). Doch einer der Insassen, „der Advokat", verhindert letztlich, dass der Mord stattfindet. Das lateinische Wort *advocare* bedeutet ‚herbeirufen', und so springt der *advocatus*, der Herbeigerufene, dem ‚Opfer' kontingent bei und erweist sich – korrespondierend zu seinem früheren Beruf als Rechtsanwalt – als eine Art Anwalt des ‚Opfers', indem er einen zur Waffe tauglichen Holzschuh an die Wand wirft. Statt des Mordes findet danach vor der Baracke ein gemeinschaftliches Urinieren auf den vermeintlichen Dieb statt, an dem der Advokat teilnimmt. Wenn „pejorative Sprechakte, Beleidigungen, Beschimpfungen, Verunglimpfungen mit Sicherheit Fälle von Unhöflichkeit" (Meibauer 2013: 5) sind, so wird bei Herta Müller eine Art von wortloser Verunglimpfung in Szene gesetzt, deren herabsetzende Wirkung die pejorativen Sprechakte in beinah unglaublicher Weise noch übertrifft. Diese erscheint thematisch als eine weitere Form der Gewalt, welche tiefe Verachtung ausdrückt und eine starke soziale Degradierung zum Ziel hat.

Zum anderen kann Aggression im Kapitel „Der Kriminalfall mit dem Brot" auch als strukturelles Moment gelesen werden. So liest sich im ersten Exzerpt von „Atemschaukel" ein aggressives Moment in der Namenlosigkeit der Figuren „der Akkordeonspieler" und „der Trommler". Das Benennen durch eine einzige Fähigkeit (als Musiker) ist eine entindividualisierende Festschreibung des Subjekts auf eine bestimmte Eigenschaft. Es enteignet den Namensträger und versucht, sich seiner in dieser festsetzenden Benennung zu bemächtigen (was mit Jacques Derrida als eine Form von nichtempirischer Gewalt gelesen werden kann).[7] Das Individuelle und Singuläre des Subjekts wird durch diese Benennung berührt, was auf strukturelle Aggression weist, und möglicherweise untergraben, wenn eine einzige Funktion des Menschen innerhalb der Gemeinschaft betont wird. Ferner findet sich im Textausschnitt in Müllers Wortsemantik auch eine sprachliche Degradierung der Gruppe der Lagerinsassen. Die Insassen werden vom Icherzähler mit dem dysphemistischen Nomen „Meute" bezeichnet, das die Differenz untereinander aggressiv angreift, ausstreicht und eine Zuordnung zum Tierischen impliziert, wenn der Mensch nicht allein, wie bei Darwin, dem Affen nahe steht, sondern einem Rudel Hunde gleicht. Zudem lässt sich in dem Textausschnitt in der Wiederholung der drei Worte „ohne ein Wort" eine spezielle Rhetorik lesen, die Figur der *repetitio*, die für Müller charakteristisch ist. Sie führt in der Erzählung gerade das Gegenteil von dem vor, was Rechtsprechung eigentlich erwirken soll. Es wird ein sozialer Zustand hervorgebracht, den Müller mit dem neologistischen Kompositum „Brotgerechtigkeit" benennt (Atemschaukel:

---

[7] Die Sprache selbst kann als Machtäußerung bzw. Gewalt aufgefasst werden. In der Namensgebung wird das Objekt in einer Besitznahme unterworfen. Diese Wirkung des Symbolischen als bewusster Zugriff kann als eine erste Gewalt aufgefasst werden, die jedoch nicht mit einer empirischen Gewalt vergleichbar ist. Jacques Derrida bezeichnet diesen Sinn-Ursprung in einem Transzendentalen als „Ur-Schrift" (Derrida 1974: 194). Jedes Nomen wird dementsprechend von Derrida als ein gewaltsamer Übertritt aufgefasst. Diese so genannte ‚Gewalt der Differenz' ist schon vor der Sprache enthalten und wird nicht in der Performanz herangetragen. Der Diskurs ist demnach gewaltsam, auch wenn sein Ziel Gewaltlosigkeit sein mag. In diesem Sinne kann auch jegliche einseitig festlegende Interpretation als gewaltsam aufgefasst werden.

114).⁸ Mit diesem Wort wird angedeutet, dass Gerechtigkeit in Ausnahmezuständen auf andere Weise erscheint: Das vermeintliche ‚Rechtsprechen' erweist sich bei Müller in einer Wortlosigkeit, die so in zweifacher Weise der hergebrachten Auffassung davon widerspricht; es erfolgt nicht nur sprachlos, sondern auch in einem mehr oder weniger rechtsfreien Raum.⁹

3 Passivität als Aggression

Sprachlosigkeit mit einem Bezug zu Aggression findet sich auf völlig andere Weise zu Anfang in Müllers Roman „Herztier", in dem im Rumänien der 1980er Jahre die Figur einer Kommilitonin der Icherzählerin beschrieben wird. Die Russischstudentin „Lola" wohnt demnach mit Letzterer in einem Sechsbettzimmer des Studentenwohnheims. Lola stammt aus dem armgebliebenen Süden Rumäniens und hat das Ziel, nach dem Studium mit einem „Mann, der etwas studiert [...] [und] saubere Fingernägel" (Herztier: 11) hat, in ihr Dorf zurückzukehren. Kurz bevor Lola sich entschließt, Parteimitglied zu werden, wird von der Icherzählerin über ein Vorkommnis in der Turnhalle berichtet, wenn

> [...] Lola nicht über den Bock springen kann. Weil sie ihre Ellbogen unter dem Bauch biegt, statt sie hart zu strecken, weil sie ihre Knie weich hinaufzieht, statt die Beine zu spreizen wie eine Schere. Lola blieb hängen und rutschte mit dem Hintern über den Bock. [...] Sie flog nie darüber. Sie fiel mit dem Gesicht auf die Matte, nicht mit den Füßen. Sie blieb auf der Matte liegen, bis der Turnlehrer schrie.
> Lola wußte, daß der Turnlehrer sie an den Schultern, am Hintern, an den Hüften hochheben würde. Daß er sie, wenn sein Wutanfall vorbei ist, anfassen würde, wo es kam. Und Lola machte sich schwer, damit er sie fester anfassen mußte.
> Alle Mädchen blieben stehen hinter dem Bock, niemand sprang [...], weil Lola vom Turnlehrer ein Glas kaltes Wasser bekam. Er brachte es aus der Garderobe und hielt es an ihren Mund. Lola wußte, daß er ihr den Kopf länger halten würde, wenn sie das Wasser langsam trank.
> Nach der Turnstunde standen die Mädchen vor den schmalen Schränken in der Garderobe und zogen ihre Kleider wieder an. Jemand sagte, du hast meine Bluse an. Lola sagte, ich fresse sie nicht, ich brauche sie nur heute, ich habe was vor. (Herztier: 24–25)

---

8 Die Wortneuschöpfungen Herta Müllers bestehen nicht allein in Übertragungen aus dem Rumänischen (Müller verschmolz die rumänischen Substantive *animal* und *inima* zum Romantitel „Herztier", vgl. Prediou 2001: 183–184), sondern können im Sinne von *aggressio* als Angriff auf die Einheit der Ebene der Signifikanten gelesen werden.
9 Dabei kann der Ausnahmezustand des Lagers als Ort des Dazwischen problematisiert werden. Siehe weiter dazu Giorgio Agambens „Homo sacer. Die souveräne Macht und das nackte Leben".

Aus der Perspektive der Icherzählerin bleibt die Studentin „Lola", nachdem sie beim Sportunterricht aufs Gesicht fiel, mit Absicht liegen, um eine bestimmte Reaktion des namenlos bleibenden Turnlehrers hervorzurufen. Es bleibt unklar, ob der Sturz bewusst geplant war. Der anscheinend erhoffte Körperkontakt geht zwar tatsächlich vom Turnlehrer aus. Er ist jedoch unvermeidbar, denn es gehört zu den Pflichten eines Sportlehrers, einzuschreiten und bei möglichen Verletzungen zu helfen. Der Satz „Lola machte sich schwer" lässt eine Bewegungslosigkeit vermuten und verdeckt die Tatsache, dass es unmöglich ist, sich schwerer zu machen, als man ist. Es lässt sich auf der thematischen Ebene demnach keine Gewalt in Form einer Grenzüberschreitung finden. Es erweist sich aber, dass eine Passivität und das Nichtbewegen der Figur „Lola" als intendiertes und gerichtetes ‚Herangehen' oder ‚Angehen' im Sinne von *aggressio* gelesen werden kann, ohne dass es von ihrer Seite aus zu einer Berührung mit dem Gegenüber kommt. Diese (nicht repräsentierte) Aggression erweist sich als Moment vor der nachfolgenden Veränderung und stellt als Auswirkung eine Art von Beziehung her. Die anschließende Allerweltsweisheit „daß er ihr den Kopf länger halten würde, wenn sie das Wasser langsam trank" (Herztier: 25) verweist erneut auf die Vermutung der Icherzählerin, die Schutzbefohlene würde die Performance des Wassertrinkens bewusst als Annäherung ausnutzen. Da es der Figur des Lehrenden völlig frei steht, nach der Szene nicht weiter an „Lola" zu denken, kann letzterer keine Gewalt zugesprochen werden. Demnach lässt sich die Szene als Aggression lesen, der keine Gewalt folgt.

In der nachfolgenden Ankleideszene könnte der Vorgang des Ankleidens der Bluse thematisch als gewaltsame Überschreitung der Grenze des persönlichen Eigentums aufgefasst werden. Doch die lakonische Bemerkung „du hast meine Bluse an" statt eines anklagenden Aufschreis der Eigentümerin sowie die lakonische Affirmation der Rückgabe („ich fresse sie nicht, ich brauche sie nur heute", Herztier: 25) lassen die Handlung als nachträglich akzeptiertes, kostenloses Ausleihen zwischen Gewalt und Gewaltlosigkeit oszillieren. Dabei wird durch Müllers Wortwahl des Prädikats ‚fresse' im übertriebenen Vergleich mit der tierischen Nahrungsaufnahme eine hyperbolische Emphase angedeutet, welche die Belanglosigkeit des Vorgangs herausstellen soll. Die Nutzung des geborgten Kleidungsstücks durch Lola wird demnach nicht unmäßig überschritten. Eine „gewisse Kontamination" (Weber 1994: 186) erscheint bei der Blusennutzung aber trotz, oder gerade wegen der Abschätzigkeit dieser parodistischen Manier. Lolas Aussage „ich habe was vor" (Herztier: 25) verdeutlicht, dass nunmehr ein aktives Herangehen intendiert wird. Was darauf folgt, liest die Icherzählerin in Lolas aufgefundenem Heft:

> Der Turnlehrer hat mich abends in die Turnhalle gerufen und von innen zugesperrt. Nur die dicken Lederbälle schauten zu. (Herztier: 31)

Nach Anweisung des Turnlehrers muss Lola in der Turnhalle erscheinen. Der Hinweis, dass „nur" Sportutensilien „[zu]schauten", verknüpft die rhetorische Figur der Katachrese (als konventionalisierte Metapher) mit dem ungenannten Körperteil „Auge", welches dem Bereich der Mensch- und Tierwelt entstammt. Indem – sehr bezeichnend für Müller[10] – einzig das Unbelebte zum Beobachter wird, betont dies indirekt die zuvor stets vorhandene Kontrolle durch die Gesellschaft. Im Nichtgesagten, d.h. in der Lücke des Textes kommt es zum Tabubruch zwischen Studentin und Lehrer. Kann das, was passiert, Verführung genannt werden? Wenn Verführung im Ideal spielerisch erscheint und sich immer einer konkreten Deutung entzieht, so wird sie von Jean Baudrillard (1983: 41, 48) als oppositionell zur Liebe verstanden und in einen Gegensatz zum Machtverhältnis gestellt. In Müllers Text scheint jedoch keine spielerische Beziehung eines Nebeneinanders (ohne Unterwerfung) vorzuliegen, denn das Machtverhältnis Lehrer-Schülerin und die Anweisung sprechen gegen eine Handlungsfreiheit.[11] Doch bleibt die Frage einer zeitweiligen erotischen Macht über den Lehrer offen. Das Türabschließen seitens des Lehrers kann mehrdeutig als Schutz vor Entdeckung oder Störungen, aber auch als Teil eines erzwungenen Akts gelesen werden, dem sich die Studentin nicht entziehen kann. In der Grauzone von studentischer Folgsamkeit, Aggression des aktiven Herangehens („ich habe was vor") und dem, was von Lola im Voraus „meine Liebe" (Herztier: 13) genannt wird, scheint die Frage nach einer Gewalt nicht eindeutig festlegbar zu sein.

Obwohl der Vorfall auch als Missbrauch von Schutzbefohlenen aufgefasst und der Lehrer angezeigt werden könnte, zeigt dieser Lola dann beim Lehrstuhl an, weil sie ihn verfolge (vgl. Herztier: 31). In Lolas aufgefundenem Heft heißt es dazu:

> Einmal hätte ihm gereicht. Ich aber bin ihm heimlich nachgegangen und hab sein Haus gefunden. [...] Er hat mich beim Lehrstuhl angezeigt. Ich werde die Dürre nie los. Was ich tun muß, wird Gott nicht verzeihen. Aber mein Kind wird niemals Schafe mit roten Füßen treiben. (Herztier: 31)

---

[10] Siehe z.B. den Satz „Ich wollte weg aus [...] der kleinen Stadt, wo alle Steine Augen hatten." (Herztier: 7).
[11] Stellt die Sprache an sich eine Gewalt dar, bedeutet das, dass Macht als solche schweigen muss, denn eine Äußerung von Macht wäre bereits Gewalt (vgl. Leipelt-Tsai 2008: 54).

Der Vertrauensbruch in der Denunziation durch den Geliebten überschreitet die Grenzen, welche ein intimes Verhältnis gebieten. Als Ursache für ihre Notlage erscheint eine Schwangerschaft („mein Kind", Herztier: 31), zu der sich der Lehrer und Parteibonze (vgl. Herztier: 29) nicht bekennt. Demnach wollte Lola kein Kind in der Armut ihrer ausgetrockneten Heimat[12] aufziehen, und eine Abtreibung war von Religion und Staat verboten. Lola wird mit dem Gürtel[13] der Icherzählerin im Spind des Studentenzimmers erhängt aufgefunden (vgl. Herztier: 30). Der autoaggressive Akt des Suizids liest sich als gewaltsame Zerstörung des eigenen Körpers. Er verweist durch seine Örtlichkeit auf eine gedankliche Enge der Gesellschaft, die die Luft zum Atmen nimmt. Als Konsequenz wird Lolas Foto im Glaskasten ausgestellt und sie als „Schande für das ganze Land" (Herztier: 30) verurteilt. Es folgt per Abstimmung (vgl. Herztier: 35) ein perfider Akt der symbolischen Ausschließung:

> Die erhängte Lola wurde zwei Tage später am Nachmittag um vier Uhr in der großen Aula aus der Partei ausgeschlossen und von der Hochschule exmatrikuliert. Hunderte waren dabei. (Herztier: 32)

In der durch das Patriarchalische organisierten und dominierten Welt des Rumäniens unter Ceauçescu wird so die Nichtzugehörigkeit der Studentin öffentlich vorgeführt. Die Ausschließung als soziale Ausgrenzung erfolgt hier gleich zweifach und erweist symptomatisch die Struktur des universitären Lebens und der kommunistischen Partei im Totalitarismus als ein „Paradigma des politischen Raumes in der Moderne" (Agamben 2002: 131). Die Trennung der Sphären von Leben und Tod wird dabei aggressiv angegriffen. Das Öffentliche und das Private werden so miteinander verwoben, dass die Studentin nicht nur vor ihrem Tod (durch die Anzeige des Lehrers), sondern selbst nach dem Tode absolut rechtlos erscheint. Wenn der Zugriff der rumänischen Staatspartei auf das menschliche Subjekt über den Tod hinausgeht, kann mit Agamben von einer Art andauerndem Ausnahmezustand (vgl. Agamben 2002: 162) gesprochen werden. Es geht dabei nicht mehr um politische inhaltliche Unterscheidungen, sondern um den biopolitischen Raum. Trotzdem das biologische Leben (i.e. das ‚nackte Leben' oder *zoe* mit Agamben 2002: 11) der Studentin bereits verloren ist, untersagt die Staatspartei die eigenmächtige Auflösung der sozialen Bindungen und demonstriert post mortem in der Öffentlichkeit ihre Kontrolle über das Subjekt als gesellschaftliches

---

[12] Das Motiv der „roten Füße" deutet in diesem Kontext auf die Rückbleibsel von zerquetschten Wassermelonen auf den Feldern, durch welche die rumänischen Schäfer liefen.
[13] Zum Gürtelmotiv siehe Schmidt, siehe ebenso Prediou 2001: 130–136.

Wesen. In dieser bedingungslosen Unterwerfung über den Tod hinaus erscheint demnach eine gewaltsame Grenzübertretung im Symbolischen durch die absolute Souveränität der Staatspartei.

Was Müller hier zu lesen gibt, erweist sich strukturell gesehen für die Leser auch im Leseprozess performativ als eine Aggression. Denn ein literarischer Text adressiert die Leser, spricht sie an und berührt sie. An die Geste bei Lacan anknüpfend (s.o.), kann man sagen, dass auch im Gestus der Schrift etwas indirekt ausgedrückt wird. Im Ansprechen als sprachlichem Vorgang (des Zu-Lesen-Gebens) liegt nicht nur eine Äußerung, sondern darin tritt zuvor immer schon Aggression auf.

> Ansprechen erscheint meist zweigeteilt als ein punktuelles Angreifen oder Ergreifen (in) einer meist weniger bewussten Aggression, welche nicht unterwirft, performativ vom Anderen entdifferenziert und dem Benennen immer vorausgeht. Nachfolgend wird im Ansprechen eine Äußerung (im Sagen) bewusster formuliert. Dabei ist der Akt der Signifizierung eine Machtäußerung [...] Im Ansprechen findet sich ein Appell, der als gerichteter [...] einen Anspruch an den Anderen beinhaltet; dieser Anspruch folgt der Aggression, ist aber als sprachliche Äußerung nicht selbst Aggression, sondern mit ihr verknüpft. Die Artikulation des Anspruchs ist dabei der Versuch eines Zugriffs auf den Anderen, um diesen zu [...] [etwas] zu bewegen. (Leipelt-Tsai 2008: 66–67)

In Verbindung mit dem Appell spricht die Geste der Berührung die Leser an. Die Wirkung von Aggression im textuellen Ansprechen zeigt sich im Textausschnitt aus „Herztier" besonders deutlich. Im Leseprozess wird den Lesern die Armut der Figur „Lola" vor Augen geführt, wenn die eigene Kleidung für das Rendezvous nicht ausreicht und selbst im Suizid auf einen fremden Gürtel zurückgegriffen wird. Die Armut, das Leid und die Ausweglosigkeit der Figur „Lola" in einem Konflikt, der keine Auflösung kennt, erregen bei den Lesern verschiedene Affekte. Diese Wirkung des *movere* (zur mannigfachen Bedeutung vgl. Stowasser 1979: 288)[14] verweist verdeckt zurück auf eine Aggression im Text, welche strukturell in einem emotionalen Angreifen während des Leseprozesses auf die Leser wirkt. Im Akt des Zugriffs auf die Leser wird Aggression als nicht repräsentiert deutlich, wenn sie nur in ihrer Wirkung lesbar wird.[15]

---

14 Zu „erregen", *movere*, gehört zu den drei Aufgaben des klassischen Redners (vgl. Groddeck 1995: 94). Man denke dabei an Affekte wie Mitleid und/oder Furcht aus der Aristotelischen Poetik (vgl. Aristoteles 1980: 30), was einer prinzipiellen Singularität jedes Leseaktes nicht entgegensteht.

15 Abhängig von den Leserintentionen und dem Leseprozess kann die Berührung mit dem Fremden für die Leser auch zu einer Grenzüberschreitung bzw. Gewalt führen, z.B. durch Verletzung ihrer Ansprüche bezüglich einer bestimmten Moral. (In dieser Berührung allein liegt

4 Aggression im Spiel

Im Roman „Herztier" führt Müller die Figur eines Securitateoffiziers, der die Icherzählerin und ihre Freunde wegen verbotener Gedichte verhört, mit den Worten „Hauptmann Pjele, der so hieß wie sein Hund" (Herztier: 87–88) in die Erzählung ein. Die Figur wird mit einer besonderen Form der Parodie verschränkt, wenn sie mit dem Tier in Vergleich gesetzt wird. Bereits nach Sigmund Freud entspringt die komische Wirkung einer „Vergleichung" (Kiener 1983: 69), und im Rückgriff auf diesen bescheinigt Franz Kiener der Parodie einen „aggressiven Charakter" (Kiener 1983: 70). Ziel einer Parodie ist das Lächerlichmachen und die Verspottung. In Müllers Tauschlogik der Namensnennung repräsentiert und parodiert jedoch nicht der Hund sein Herrchen, sondern überraschender Weise der Mann des Geheimdienstes seinen Hund. In der Übertragung aus der Sphäre des Animalischen auf die des Menschen wird eine Grenzüberschreitung und somit eine Gewalt lesbar. Das Wort *piele* bedeutet auf Rumänisch „Haut", und kann auf die (beim zynisch-brutalen Hauptmann vermeintlich reduziert vorhandene) Verletzlichkeit des Körperäußeren verweisen (vgl. Patrut 2006: 178). Müller verknüpft dies in ihren Poetikvorlesungen mit Rechtlosigkeit, wenn sie sagt:

> In Kleidern ist man ein Mensch, und ohne Kleider ist man keiner. Die ganze große Fläche Haut. (Müller 1991: 24)

„Pjele" bzw. nur Haut zu sein, kann damit als rechtlos oder entmenschlicht gelesen werden. Der Name „Pjele" könnte auch als Ironiesignal auf eine sichtbare Hautfläche des Hauptmanns verweisen, z.B. eine Glatze. Im raffinierten Homonym spiegelt die Figur des Verhörenden als nachahmende Variation nur den Hund und erhält eine Art dysphemistisch klonisierte Identität, was seine Individualität unterminiert. Diese mit der Rhetorik der Ironie verknüpfte Subversion von Autorität lässt sich auch andernorts bei Müller finden. So wohnt die Icherzählerin im weiteren Verlauf der Erzählung „Herztier" als junge Erwachsene nach ihrer Entlassung als Übersetzerin zur Miete. Um das dafür nötige Geld zu verdienen, gibt sie als Privatlehrerin Deutschstunden und kommt von einem Hausbesuch zurück.

> Als ich in den Hof kam, saß der Enkel von Frau Grauberg auf der Treppe. Herr Feyerabend bürstete seine Schuhe vor der Tür. Der Enkel spielte Fahrkartenkontrolleur mit sich selber.

---

jedoch noch keine Grenzüberschreitung bzw. Gewalt, da textuelle Aggression im Zu-lesen-Geben auch als unentscheidbares Spiel möglich ist.) So kann derselbe Text von einem Leser z.B. in jugendlichem Alter anders gelesen werden als im Greisenalter.

> Wenn er saß, war er Passagier. Wenn er stand, war er Kontrolleur. Er sagte: Die Fahrkarten bitte. Er zog sich die Fahrkarte mit der einen Hand aus der anderen Hand. Die linke Hand war Passagier, die rechte Kontrolleur.
> Herr Feyerabend sagte: Komm her, dann spiele ich die Passagiere. Ich bin lieber alles zusammen, sagte das Kind, dann weiß ich, wer seine Karte nicht findet. (Herztier: 194)

Auf den ersten Blick erscheint das Kinderspiel für Müllers Narration unwichtig. Fahrkartenkontrolleure arbeiten gewöhnlich im Zug oder öffentlichen Nahverkehr und stellen sicher, dass jeder Fahrgast eine Fahrkarte gekauft hat. Das Kind spielt Kontrolleur und zugleich die Passagiere, indem es diesen Perspektivwechsel anhand des Wechsels seiner Körperposition (Sitzen/Stehen) und seiner Hände (rechte/linke) anzeigt. Seine Rhythmik der Wiederholung in Verbindung einer Substitution des Abwesenden erinnert an Sigmund Freuds Interpretation des „Fort-Da"-Spiels in „Jenseits des Lustprinzips" (Freud 1982: 225). Freuds Enkel spielt dabei in Abwesenheit der Mutter wiederholt mit einer Holzspule. Freud führt aus, dass das Spiel eine Inszenierung des Fortgehens und Wiederkommens der Mutter sei, um Kontrolle über seine Angst zu erlangen: Wirft das Kind die Spule weg (und äußert ein „o-o-o-o" als „Fort"), symbolisiere dies ihre Abwesenheit; holt es die Spule mit einem daran befestigten Faden zurück („Da"), wird ihre Anwesenheit symbolisiert. Freud schließt daraus, dass das Spiel einen früheren Zustand wiederherzustellen sucht und paradoxal ein Lustgewinn aus einem eigentlich Unlust hervorrufenden Geschehen (i.e. die Abwesenheit der Mutter) gezogen wird, wenn das Kind sich sozusagen zum „Herr[n] der Situation" (Freud 1982: 225) macht.

Aus dieser Perspektive scheint das Spiel „Fahrkartenkontrolleur" in Müllers Roman „Herztier" ebenfalls als ein Lustgewinn aus einem Unlust hervorrufenden Geschehen lesbar. Das Phänomen der Wiederholung setzt Müller performativ um, wie es sich in ihren Texten auch oft rhetorisch in der Figur der *repetitio* zeigt (s.o.). Die Kontrolle, die eigentlich ein Erwachsener im Zug ausübt und dadurch Unlust hervorruft, eignet sich „Frau Grauberg[s]" Enkel in seinem Spiel an. Er wird vom Nachbarn angegangen und mit einer Imperativform („Komm her", Herztier: 194) angesprochen. Im Ansprechen liegt ein Appell, der hier direkt an den Enkel gerichtet ist und – der Aggression nachfolgend – einen Anspruch beinhaltet. Die Artikulation des Anspruchs ist dabei der Versuch eines Zugriffs[16] auf den Enkel, um ihn zum gemeinsamen Spiel zu bewegen. Doch dieser lehnt das

---

[16] Im Unterschied zu Butlers Annahme, dass im Vollzug der Anrufung eine fortwährende Unterwerfung des Angerufenen stattfinde (vgl. Butler 1998: 33, 45), also eine Gewalt, wird hier von einem Anspruch an den Anderen ausgegangen, der im Appell beinhaltet ist und der Aggression nachfolgt (vgl. Leipelt-Tsai 2008: 64–70).

Angebot des Nachbarn, sich am Spiel zu beteiligen, mit der Begründung ab, „Ich bin lieber alles zusammen [...], dann weiß ich, wer seine Karte nicht findet" (Herztier: 194). Es geht ihm demnach nicht um ein gemeinsames Vergnügen, sondern neben Lustgewinn um einen Drang nach zuvorkommendem Wissen, welches in der paradoxalen Vorkenntnis der Regelverstöße eine absolute Kontrolle ermöglicht. Im Unterschied zu Freuds Enkel übernimmt er dabei jedoch in einer Spaltung zugleich autoaggressiv die passive Rolle des Überwachten. In der Figur von „Frau Grauberg[s]" Enkel zeigen sich beide Register in der Dualität eines hybriden Pendelns zwischen Macht und Ohnmacht vereint. Es lässt sich somit fragen, ob dieses Spiel bei Müller tatsächlich eines ist. Es erscheint ohne Offenheit zum Anderen hin, es findet kein Austausch statt, und es besteht keine Offenheit des Spielhergangs oder -ausgangs, weil die Regelverstöße schon vorher bekannt sind. Diese Eigenschaften lassen kein freies Spiel zu. Vielmehr erweist sich dieses in der zugrunde liegenden inneren Spaltung als demonstrative Performance eines inneren Panoptismus.[17]

Nach einem kurzen Dialog mit der Icherzählerin verlässt der Nachbar die Szene:

> [...] [dann] legte er die Bürste in den einen Schuh, stand auf und wollte an dem Kind vorbeigehen. Das Kind streckte den Arm aus und sagte: Hier wechselt niemand den Wagen, Sie bleiben, wo Sie sind. Herr Feyerabend hob ohne ein Wort den Arm des Kindes, wie sich eine Schranke hochhebt. Er hatte den Arm zu fest angefaßt. Man sah seine Finger am Arm des Kindes, als Herr Feyerabend [...] in den Buchsbaumgarten ging. (Herztier, 194–195)

Wenn das Kind den Arm ausstreckt und befehlend sagt: „Hier wechselt niemand den Wagen, Sie bleiben, wo Sie sind", obwohl „Herr Feyerabend" nicht Passagier spielen soll, erscheint diese Lakonik unhöflich. Das Kind maßt sich in diesem der Aggression nachfolgenden Ansprechen durch die limitierende Imperativform an, Macht über sein Gegenüber zu gewinnen, und will mit seiner Geste eine Flucht verhindern. Doch zugleich imitiert es im Rollenspiel einen Fahrkartenkontrolleur, was die Frage nach Adäquatheit[18] ironisch subvertiert. Im ritualisierten Rahmen dieses Spiels werden die sozialen Normen unterlaufen, sodass die Semantik trotz genaueren Lesens des Kontextes mehrdeutig bleibt. Das Problem der Angemessenheit und Motivation ist hier auch nicht mit einer skalaren Methode durch Graduation bestimmbar.

---

[17] Zu diesem Überwachungsmechanismus vgl. Foucault 1994, insbes. 251–253.
[18] Zum Problem der Adäquatheit und Angemessenheit einer Kommunikationsstrategie siehe Bonacchi 2013: 94–95.

Erneut liest sich im Herangehen des Nachbarn Aggression, nun wortlos durch Anfassen des Armes. Diese Gegebenheit enthält noch keine Gewalt. Erst wenn seine Aktion gegen die Untersagung Griffspuren auf dem Arm des Enkels hinterlässt, tritt neben der Berührung eine Verletzung zutage. In diesem Kontext ruft der Vergleich mit der sich bewegenden „Schranke" (Herztier: 194) verschiedene Assoziationsfelder auf. Er lässt zum einen auf eine Bahnschranke schließen, was vermuten ließe, dass der Nachbar seinerseits doch im Spiel involviert ist und den Wagenwechsel oder ein Aussteigen andeutet. Zugleich bezeichnet „Schranke" einen Schlagbaum zum Sperren des Weges an einer Grenzstation, sodass das Heben auch eine Ausreise andeuten kann. Kohärent zu dieser Lesart wird im folgenden Absatz von der Icherzählerin und ihren Freunden erstmalig ebenfalls eine Ausreise aus dem Heimatland als „letzte[r] Station" (Herztier: 195) der Repressionen angesprochen. Das Kinderspiel, das keines ist, deutet ironisch auf die Hintergründe und Folgen der verschiedenen Repressionsmittel des diktatorisch herrschenden Regimes. Müller führt persiflierend den Mechanismus der Überwachung und Unterdrückung vor, der selbst den Alltag der rumänischen Kinder indoktriniert. In der Aggression gegenüber „Herrn Feyerabend" ahmt der „Enkel von Frau Grauberg" die Erwachsenen nach und setzt damit in Szene, vor welchem Hintergrund die Ordnung der rumänischen Gesellschaft in der Diktatur funktionierte. Angst erscheint damit wie bei Freuds Enkel im Geltendmachen der Herrschaft aufgehoben, verbleibt aber zwiespältig im Subjekt. Der Text spiegelt mit dem vermeintlich Ordnung schaffenden, Grenzen bauenden und das Selbst entzweienden Spiel auch die gesellschaftliche Vereinzelung, Erstarrung und menschliche Isolation in der Diktatur wider. Indem die Relevanz dieses neuartigen ‚Fort/Da'-Spiels der Macht' für Müllers Kritik ersichtlich wird, erweist sich das Spiel „Fahrkartenkontrolleur" als eine Parabel des Totalitarismus.

5 Sehen als Zerstören

In der literaturwissenschaftlichen Forschung wurde bereits eine „Schnittechnik" (Haupt-Cucuiu 1996: 67) Müllers herausgestellt, welche den Perspektiv- und Bildwechsel markiert und ‚Lücken' schafft. Herta Müller selbst hat in ihren Poetikvorlesungen Sehen und Zerstörung in einen direkten Zusammenhang gestellt (vgl. Eke 1991a: 13), wenn sie schreibt:

> Der Eindruck, daß genaues Hinsehen zerstören heißt, verdichtet sich mehr und mehr. Der Satz: ‚Der Teufel sitzt im Spiegel' wußte das. Wenn man Menschen, auch, wenn sie einem nahestehen, ansieht, wird man schonungslos. Man zerlegt sie. Das Detail wird größer als das Ganze. Man schaut in sie hinein. Man sieht nichts, doch man ahnt, was innen ist. Weil

es bei der Ahnung bleiben muß, wird diese zum Sehen, das sich ganz erfindet. Da wird die Wahrnehmung, die sich erfinden muß, blutiger, als wenn man hineinsehen würde. (Müller 1991: 25-26)

Müllers besondere Form der Wahrnehmung, die in dieser Formulierung deutlich wird, verschiebt das Verhältnis zu den Dingen und lässt es fremd erscheinen. Eine komplexe Verschränkung von Sehen, Aggression und Gewaltsamkeit entfaltet sich hier. Wenn der „Teufel" im Spiegel sitzt, wie Müller eine Warnung der Großmutter (vgl. Müller 1991: 22) zitiert, dann erscheint das, was reflektiert wird, demnach auch etwas Teuflisches zu sein: das hineinblickende Subjekt. Die Aufteilung und Zerlegung in Details, die bei der (bildlichen sowie gedanklichen) Reflexion deutlich wird, wird so nicht allein als eine Berührung wahrgenommen, sondern „blutiger" (Müller 1991: 22), als ein gewaltsames Zerlegen und Zerstören eines Zusammenhangs, der zumindest implizit noch als zuvor gegeben erscheint. Damit geht der Blick über das Taktile hinaus und wird zur gewaltsamen Geste. Indem das Detail im Spiegel „größer als das Ganze" erscheint, wird das Gegenüber zerlegt und fragmentiert. Ebenso geht Müller auch in ihren Texten vor. Im Unterschied zu Lacans bekanntem „Spiegelstadium",[19] in dem das Spiegelbild als Ideal verkannt wird, überträgt Müller die Fragmentierung des Subjekts durch den Blick auch auf das Gegenüber, den Anderen. Diese Transformation durch die Wahrnehmung zeigt eine Perspektive, welche Friedmar Apel bereits in den frühen Texten Herta Müllers als „eigensinnigen Blick" analysiert:

> So kann Hinsehen bei Herta Müller Zerstören heißen, Zerlegen, aus dem Zusammenhang reißen, Trennen, Sezieren. Trennungen setzen in Distanz, bringen den Verlust der Nähe zu Menschen und Dingen, ihr Gewinn ist selbst Negativität, Nichtakzeptieren von Einschließungsverhältnissen. (Apel 1991: 23)

Der Effekt erscheint als Verlust durch Distanz und zugleich als Gewinn im Eröffnen von (zuvor) Fixiertem. Dieses Aufbrechen durch den Blick lässt sich anhand eines Ausschnitts aus „Atemschaukel" demonstrieren. Im zweiten Jahr nach der Heimkehr aus dem Lager, bevor er sich seiner Familie durch Heirat und schließlich die Flucht in den Westen entzieht, geht der Protagonist im Winter zum Schwimmbad. In der Wiederaufnahme bzw. Epanalepse einer Szene des ersten Kapitels (s. Atemschaukel: 9) verlangt er Eintritt, doch er trifft diesmal auf Hindernisse:

---

[19] Die Ursprünge der Ichbildung beruhen demnach auf einer Verkennung im Wechsel mit Erkennen, sowie narzisstischer Spiegelverhaftung und Aggression; vgl. Lacan 1996b: 67, vgl. ebenso Lacan 1996a: 59.

> Die Kassenfrau war neu. Aber die Halle erkannte mich, der blaue Boden, die Mittelsäule, die Bleiverglasung am Schalter, die Kachelwände mit dem Seerosenmuster. (Atemschaukel: 286)

Dingen aus der alltäglichen Umgebung werden hier die Eigenschaften von Menschen zugesprochen. Die sogenannte ‚Negativität', von der Apel schreibt, entsteht im Textausschnitt indirekt durch Müllers lakonische Aufzählung, die implizit die Trennlinie zwischen Belebtem und Unbelebtem in einer Ellipse („Die Kassenfrau war neu [und erkannte mich nicht]") dieser akkumulativen Reihung untergräbt. In Konnexion mit der Nähe zum unbelebten Ding wird die „Kassenfrau" in die Aufzählung der Signifikanten „Halle" – „Boden" – „-säule" usf. eingereiht und verdinglichend zu einem Objekt degradiert, während das Unbelebte zur Wahrnehmung befähigt scheint, wie schon bei der Beschreibung der Bälle in „Herztier" (s.o.). Müllers Geste einer schneidenden Bewegung gemahnt an expressionistische Verfahren, z.B. das Obduzieren bzw. die Schnitttechnik bei Gottfried Benn (vgl. Leipelt-Tsai 2008: 135). Die Technik des Aufbrechens, welche sich in Müllers Romanen andeutet, findet sich auch verwandelt in ihrer neu geschaffenen Form lyrischer Dichtung wieder: Es sind geklebte Wörtercollagen, die mit der Schere aus fremden Texten geschnitten sind und als Wortschnipsel neue Texte ergeben, deren Sinn nicht eindeutig lesbar wird (s. Müller 2012). Wenn Bildausschnitte isoliert und in Ununterschiedenheit aneinandergereiht werden, kann dies nicht allein als eine strukturelle Aggression betrachtet werden, die die anthropozentrische Opposition zwischen Mensch und Ding stört. Vielmehr findet hier in der fragmentierenden Wahrnehmung durch die lakonische Verdinglichung ein gewaltsames Übergreifen statt, das die Möglichkeit von Repräsentation zerstreut bzw. untergräbt, sowie Differenzen und hierarchische Ordnungen stört.

6 Rückblick

Mit der Betonung der Bedeutungsvielfalt des lateinischen Begriffs von Aggression wurde im vorliegenden Aufsatz davon ausgegangen, dass der performative Antrieb zum Angriff auch einer zum Angreifen ist, und sowohl in seiner Wirkung destruktiv als auch konstruktiv erscheinen kann. Eine Einwirkung von Gewalt hingegen zeigt sich nicht nur als Berührung, vielmehr als Grenzüberschreitung. In der Theorie lassen sich demnach die Begriffe „Gewalt" und „Aggression" unterscheiden, insbesondere, wenn man mit Weber davon ausgeht, dass bei Gewalt eine Kontamination zurückbleibt. Verkürzt gesagt kann Aggression im Text als vorgängiger performativer Teil des Ansprechens formuliert werden.

Es geht in Müllers Texten um die Frage der Macht, was sich besonders deutlich im Terror von den Alltag bestimmenden totalitären Kontrollpraktiken zeigt. Zur Verdeutlichung nutzt Müller insbesondere Orte der Verflechtung von Politik und Leben, welche einen Ausnahmezustand aufzeigen (wie in „Atemschaukel" das russische Arbeitslager in der Ukraine zur Zeit des zweiten Weltkriegs und in „Herztier" die Diktatur Ceauçescus im Rumänien der 1980er Jahre). Müller veranschaulicht, dass in solchen Topographien Kontrolle bereits von Kindern spielerisch eingeübt wird, die den restriktiven panoptischen Blick der Macht gebrochen internalisieren. Die ausgewählten Ausschnitte aus Müllers Romanen „Herztier" und „Atemschaukel" brachten bei der Analyse mit *Close Reading* verschiedenste Ausdrucksmodi von Aggression und Gewalt zur Sprache. Zum einen erwies sich, dass Müller mit einer Strategie der Verschiebung[20] arbeitet, wenn in den Textausschnitten Aggression von der Natur ausgeht, beispielsweise metonymisch als ein (In-die-Luft-)Greifen der Flora mit dem möglichen Ziel eines Er- oder Angreifens. Daneben wurde auch eine der Aggression nachfolgende Gewalt in der Aktivität des stechenden Grases gelesen. Im „Kriminalfall mit dem Brot" las sich Aggression als strukturelles Moment in der symbolischen Festschreibung der Musiker als Untergrabung des (vermeintlich) Eigenen. Eine Verschränkung von Aggression mit Wortlosigkeit fand sich thematisch durch das In-Stellung-Bringen der Figur „Albert" (s.o.), sowie verknüpft mit Gewalt in tätlichen Übergriffen und dem Gruppenurinieren als Rechtsprechung.[21] Eine Strategie der Verfremdung zeigt sich im Roman „Atemschaukel" in der Übertragung aus der Sphäre des Tierischen auf den Menschen (in der dysphemistischen Metapher „Meute") und in „Herztier" durch Anthropomorphismus, indem menschliche Eigenschaften unbelebten Dingen zugesprochen werden (die Aktivität der Lederbälle). Besonders wichtig war das Erschließen von Aggression, auf die thematisch keine Gewalt folgt, in einer Passivität des Liegenbleibens der Figur „Lola". Das Aus-

---

20 Die Strategien sind teilweise untereinander verquickt und können nicht stets singulär bestimmt werden; hier wird sich jedoch auf die im untersuchten Textausschnitt dominanten Schreibstrategien beschränkt.

21 Dies wirft überdies die Frage des Schweigens auf. Im Schweigen erfolgt kein (Her)Angehen, demnach findet sich keine Aggression. Wenn die Möglichkeit der Vermittlung bewusst unterbunden wird, liegt in der Unterbrechung jeglicher sprachlicher Kommunikation aber verdeckt eine Form von Gewalt. Nach Derrida ist der Diskurs ursprünglich gewaltsam, einzig das Ziel, nicht aber das Wesen des Diskurses sei die Gewaltlosigkeit. Der Frieden und das Schweigen stehen laut Derrida als Vokationen einer „durch sich außer sich gerufenen Sprache" (Derrida 1974: 178) in Opposition zur Gewalt; hingegen sei das endliche Schweigen eine Form von Gewalt. Demnach kann man im „Kriminalfall mit dem Brot" das Nicht-zur-Sprache-Bringen der Anklage (ohne Verteidigungsmöglichkeit) als endliches Schweigen ansehen, das sich als gewaltsam erweist.

leihen der Bluse erschien erst gewaltlos, blieb aber aufgrund der Abschätzigkeit problematisch. Die Frage, ob das abendliche Geschehen in der Turnhalle als ein Spiel der Verführung oder als Unterwerfung lesbar ist, konnte nicht beantwortet werden. Zudem erwies sich auf der inhaltlichen Ebene autoaggressive Gewalt im Suizid. Strukturelle Gewalt zeigte sich im Akt der posthumen, doppelten symbolischen Ausschließung aus der sozialen Ordnung, die auf eine Rechtlosigkeit im politischen Raum der Moderne deutet.

Auf der Ebene des Leseprozesses wurde das *movere* der Leser als Modus struktureller Aggression (ohne nachgängige Gewalt) aufgefasst, zumal der Leseprozess von ihnen abgebrochen werden kann. Ferner bewirkt Müllers Strategie der Entstellung eine Subversion der Autorität, die sich in der rhetorischen Figur der Parodie (der Zoomorphismus von „Hauptmann Pjele") und in der Ironie des Spiels „Fahrkartenkontrolleur" erschloss. Im Kinderspiel wurde thematisch im Ansprechen ein Angreifen im Sinne von *aggressio* lesbar, und zudem strukturell Aggression als hybrid aggressiv-autoaggressive Variante im Versuch, Macht über die eigene Angst zu gewinnen. Die Gewissheit eines Grenzübertritts fand sich thematisch nur in der auf dem Arm hinterlassenen Druckspur, während eine mögliche Unhöflichkeit im Kinderspiel unentscheidbar war. Müllers Strategie der Auslassung wirkt nicht nur thematisch (indem das Tabu in der Turnhalle in „Herztier" tatsächlich nicht beschrieben wird), sondern auch auf syntaktischer Ebene (in der Wahrnehmung des Schwimmbads in „Atemschaukel"). Abschließend wurde gezeigt, dass sich in Müllers Observationstechnik des „eigensinnigen Blicks" nicht nur ein Angreifen im Sinne von *aggressio* verbirgt. Vielmehr kann diese im zerstörenden (Hin)Sehen als eine Berührung mit nachfolgender Grenzüberschreitung formuliert werden. Sie greift u.a. auf der Ebene der Syntax an,[22] und arbeitet gewaltsam gegen die vermeintliche Einheit des Subjekts, logozentrisches Denken und Authentizitätsansprüche. Demnach operiert Müllers Dichtung im ‚Sehen als Zerstören' mit einer Form von Aggression, an die sich eine Gewalt anschließt und im Leseprozess eine unbestimmte Art von Verletzung bzw. Kontamination hinterlässt. Als Konsequenz daraus unterbindet ihre Narration die Stiftung von Identität, und berührt bzw. bricht Lesekonventionen auf. Der Begriff der Aggression

---

[22] An dieser Stelle können nicht alle Ebenen angesprochen werden. Beispielsweise arbeitet Aggression auch gegen das literarische Genre, wenn Müller in „Herztier" nicht am Formprinzip eines durchgehenden Handlungsstrangs und einer verbindlichen Chronologie festhält. Die Handlungsstränge werden lose durch die Protagonistin verbunden und es gibt zeitliche Sprünge, was es den Lesern nicht einfach macht und zu genauem Lesen zwingt. Diesem Zwang haftet auch etwas Aggressives an, das als ein Angreifen der Leser angesehen werden kann. (Ähnliches kann auch von den Ellipsen, also dem, was nicht ausdrücklich ausgesprochen wird und sich durch Unsichtbarkeit auszeichnet, gesagt werden.)

wurde entfaltet und vorgeführt, wie er sich vom Begriff der Gewalt theoretisch trennen lässt. Mit den Lektüren Müller'scher Texte wurde demonstriert, dass in einigen Textauschnitten sprachlich ein gewaltsamer Übertritt (z.B. zum Anderen hin) auszumachen ist. In anderen wiederum las sich eine Aggression, die in der Berührung keine Gewalt verdeutlicht. Um zwischen Aggression und Gewalt differenzieren zu können, sind stets Semantik, Form und Kontext relational zu bedenken. Wesentlich für den Effekt der Aggression erscheinen die Momente, in denen der Text von formalen und inhaltlichen Konventionen abweicht. Es fand sich aber auch eine Rhetorik, die diese Entscheidung nicht eindeutig zulässt, wonach in den sprachlichen Formulierungen aufgrund einer narrativen Ambiguität nicht immer entscheidbar war, ob eine Grenzüberschreitung stattfand oder nur eine Grenze berührt wurde. Exemplarisch dafür lasen sich bei Müller eine Vagheit durch Textauslassung (als Verführung bzw. Machtmissbrauch) und eine Mehrdeutigkeit im ironischen Spiel (in Müllers ‚Fort/Da'-Spiel der Macht'). Daher muss die Frage, ob im Text ein Grenzübertritt stets deutlich von einer Berührung der Grenze differenziert werden kann, verneint werden.

Als besonders bedenkenswert erwies sich, dass einige Lektüren eine Beunruhigung an der Schnittstelle zwischen Aggression und Gewalt produzierten. Eine womöglich erwünschte Kontrollierbarkeit von Sprache als eindeutige Gewalt wurde so in Müllers poetischen Texten untergraben. Die Differenz zwischen Aggression und Grenzüberschritt als Gewalt erschien problematisch, wenn die Frage einer Adäquatheit oszillierte bzw. unentscheidbar blieb. So, wie die Sprache nicht von einer (scheinbar nur dem Körper verbundenen) Gewalt zu trennen ist, ist also in der Praxis des Lesens das idealistische Denken einer scharfen Trennlinie zwischen Aggression und Gewalt, wie sie in der Theorie vorgeführt wurde, nicht in vollem Umfang haltbar. Der Sprache eignet auf semantischer Ebene eine Ambiguität, welche verhindert, dass die Bedeutung eines Textes auf einen einzigen Sinn reduziert werden kann. Burkhard Meyer-Sickendiek stellt zu deren Funktionalität im sprachtheoretischen Kontext unter Berufung auf Judith Butler dar:

> Genau diese Unkontrollierbarkeit der Sprache, ihr rhetorischer ‚Mehrwert', ist die Wurzel des politischen Widerstands, auch und gerade gegen die *hate speech*. Und die beiden grundlegenden Prinzipien dieses rhetorischen Widerstandes sind ‚Wiederholung' und ‚Verschiebung', wie Butler unter Berufung auf Derrida ausführt (Meyer-Sickendiek 2013: 97)

Meyer-Sickendiek spricht von einer Strategie des politischen Widerstands, welche die Ambiguität der Sprache nutzt, um die Sprache selbst und dadurch schließlich die gesellschaftlichen Verhältnisse zu verändern. Widerstand als rhetorischer stellt sich demnach insbesondere als eine Form von „Iterabilität" (Butler 1998:

215) und „Transformation" (Butler 1998: 214) der Sprache dar. Gerade die Ambiguität als Mehrwert der Sprache ermöglicht verschiedene Lesarten, wie sie auch Herta Müllers Texte zu lesen geben. Müller verwendet in ihren sprachlich raffinierten Formulierungen die Ambiguität der Sprache als Instrument, z.B. in der Strategie der Ironie, welche in der inhärenten Instabilität der Referenzsignale den Bezug nicht eindeutig klärt und die Frage der Repräsentation problematisiert. In unserer Analyse erwies sich ferner, dass Aggression und Gewalt in den Romanen „Atemschaukel" und „Herztier" mit den transformierenden Schreibstrategien von Verfremdung, Verschiebung, Auslassung und Entstellung bzw. Transposition verknüpft wurden. Diese wurden eingesetzt, um Autorität zu subvertieren und gewohnte Denkschemata (z.B. die syntaktische Form) und hierarchische Oppositionen (z.B. die Differenz von Lebewesen und Dingen) aufzubrechen. Die Veränderbarkeit der Sprache und damit der gesellschaftlichen Verhältnisse und aufgerufenen Normen wirkt auch in Müllers Texten als ein Prinzip des politischen Widerstands, der nicht allein eine „politisch-theoretische Alternative" (Meyer-Sickendiek 2013: 97) gegen verbale Diskriminierung bietet, sondern sogar weitergehend gegen totalitaristische Repression und Unterdrückung arbeitet. Die Frage von Aggression und Gewalt erhält so eine zentrale Position in ihren Texten. Müllers Verfahren des „eigensinnigen Blicks" zerstört Relationen und macht das Schreiben zu einem gewaltsamen Akt der Observation, der auf eine Dislozierung zielt. Müllers besondere Form der Wahrnehmung zerstört die Illusion der Sprache als ein feststehendes Medium der Erkenntnis, verschiebt das Verhältnis zu den Dingen, und eröffnet so neue Perspektiven auf Aggression und Gewalt.

Literatur

Agamben, Giorgio (^{9}2002): *Die souveräne Macht und das nackte Leben*. Frankfurt a.M.: Suhrkamp.
Apel, Friedmar (1991): „Schreiben, Trennen. Zur Poetik des eigensinnigen Blicks bei Herta Müller". In: Norbert Otto Eke (Hg.): *Die erfundene Wahrnehmung. Annäherung an Herta Müller*. Hamburg: Igel, 22–31.
Aristoteles (1980): *Poetik*. Stuttgart: Reclam.
Bachmann-Medick, Doris (^{2}2004): *Kultur als Text. Die anthropologische Wende in der Literaturwissenschaft*. Tübingen: UTB.
Baudrillard, Jean (1983): *Laßt euch nicht verführen!* Berlin: Merve.
Benjamin, Walter (1977): „Das Kunstwerk im Zeitalter seiner technischen Reproduzierbarkeit". In: Walter Benjamin: *Illuminationen. Ausgewählte Schriften I*. Frankfurt a.M.: Suhrkamp, 136–169.
Bonacchi, Silvia (2013): *(Un)Höflichkeit. Eine kulturologische Analyse Deutsch – Italienisch – Polnisch*. Frankfurt a.M. et al.: Lang.

Butler, Judith (1998): *Haß spricht. Zur Politik des Performativen*. Berlin: Berlin Verlag.
Derrida, Jacques (1974): *Grammatologie*. Frankfurt a.M.: Suhrkamp.
Eke, Norbert Otto (1991a): „Augen/Blicke oder: Die Wahrnehmung der Welt in den Bildern. Annäherung an Herta Müller". In: Norbert Otto Eke (Hg.): *Die erfundene Wahrnehmung. Annäherung an Herta Müller*. Hamburg: Igel, 5–19.
Eke, Norbert Otto (1991b): „‚Überall, wo man den Tod gesehen hat'. Zeitlichkeit und Tod. Anmerkungen zu einem Motivzusammenhang". In: Norbert Otto Eke (Hg.): *Die erfundene Wahrnehmung. Annäherung an Herta Müller*. Hamburg: Igel, 66–86.
Foucault, Michel (1994): *Überwachen und Strafen. Die Geburt des Gefängnisses*. Frankfurt a.M.: Suhrkamp Verlag.
Freud, Sigmund (1982): „Jenseits des Lustprinzips". In: Sigmund Freud: *Gesammelte Werke. Studienausgabe*. Bd. 3. Frankfurt a.M.: Fischer.
Groddeck, Wolfram (1995): *Reden über Rhetorik. Zur Stilistik des Lesens*. Frankfurt a.M.: Stroemfeld/Nexus.
Haupt-Cucuiu, Herta (1996): *Eine Poesie der Sinne. Herta Müllers ‚Diskurs des Alleinseins' und seine Wurzeln*. Paderborn: Igel.
Hoffmann, Martina/Schulz, Kerstin (1997): „‚Im Hauch der Angst". Naturmotivik in Müllers Roman *Der Fuchs war damals schon der Jäger*". In: Ralph Köhnen (Hg.): *Der Druck der Erfahrung treibt die Sprache in die Dichtung. Bildlichkeit in Texten Herta Müllers*. Frankfurt a.M.: Lang, 79–94.
Kiener, Franz (1983): *Das Wort als Waffe. Zur Psychologie der verbalen Aggression*. Göttingen: Vandenhoeck & Ruprecht.
Kroeger-Groth, Elisabeth (1995): „Der Brunnen ist kein Fenster und kein Spiegel" oder: Wie Wahrnehmung sich erfindet. Ein Gespräch mit Herta Müller, geführt von Elisabeth Kroeger-Groth. In: *Diskussion Deutsch* 143, 223–230.
Lacan, Jacques (^{4}1996a): *Die vier Grundbegriffe der Psychoanalyse. Das Seminar XI*. Weinheim: Quadriga.
Lacan, Jacques (^{4}1996b): *Schriften I*. Weinheim: Quadriga.
Leipelt-Tsai, Monika (2008): *Aggression in lyrischer Dichtung. Georg Heym – Gottfried Benn – Else Lasker-Schüler*. Bielefeld: transcript.
Meibauer, Jörg (Hg.) (2013): *Hassrede/Hatespeech. Interdisziplinäre Beiträge zu einer aktuellen Diskussion*. Gießen: Gießener Elektronische Bibliothek.
Meyer-Sickendiek, Burkhard (2013): „Hate speech als literarische Rhetorik, oder: Wie man mit Judith Butler sarkastische Texte lesen kann". In: Jörg Meibauer (Hg.): *Hassrede/Hatespeech. Interdisziplinäre Beiträge zu einer aktuellen Diskussion*. Gießen: Gießener Elektronische Bibliothek, 104–120.
Müller, Herta (1991): *Der Teufel sitzt im Spiegel. Wie Wahrnehmung sich erfindet*. Berlin: Rotbuch.
Müller, Herta (2009a): *Atemschaukel*. München: Hanser.
Müller, Herta (2009b): *Herztier*. 5. Auflage, Frankfurt a.M.: Fischer.
Müller, Herta (2012): *Vater telefoniert mit den Fliegen*. München: Hanser.
Patrut, Iulia-Karin (2006): *Schwarze Schwester, Teufelsjunge: Ethnizität und Geschlecht bei Paul Celan und Herta Müller*. Köln: Böhlau.
Prediou, Graziella (2001): *Faszination und Provokation bei Herta Müller. Eine thematische und motivische Auseinandersetzung*. Frankfurt a.M.: Lang

Schmidt, Ricarda (1998/²2010): „Metapher, Metonymie und Moral. Zu Herta Müllers *Herztier*."
   In: Brigid Haines (Hg.): *Herta Müller*. Cardiff University of Wales Press, 57–74.
   (= Contemporary German Writers)
Stowasser, J.M./Petschenig, M./Skutsch, F. (1979): *Der kleine Stowasser. Lateinisch-Deutsches Schulwörterbuch*. München: G. Freytag.
Weber, Samuel (1994): „Dekonstruktion vor dem Namen: Einige vorläufige Bemerkungen zu Dekonstruktion und Gewalt". In: Anselm Haverkamp (Hg.): *Gewalt und Gerechtigkeit. Derrida – Benjamin*. Frankfurt a.M.: Suhrkamp, 185–195.

Autorinnen und Autoren

Marie-Luise Alder
M.A., Psychologin, seit 2014 wissenschaftliche Mitarbeiterin im CEMPP Projekt an der International Psychoanalytic University Berlin (IPU) und Doktorandin im Promotionsbegleitprogramm PSAID der IPU, eingeschrieben als Promovendin an der Humboldt-Universität zu Berlin.
Forschungsschwerpunkte: konversationsanalytische Untersuchung von Therapiegesprächen.
Veröffentlichungen (Auswahl): „Fehlleistungen als Empathie-Chance – die Gegenläufigkeit von ‚Projekten' der Patientin und der Therapeutin" (2016) (zusammen mit E.L. Brakemeier/M. Dittmann/F. Dreyer/M.B. Buchholz). In: *Psychotherapie Forum* 21(1), 2–10.
Kontakt: International Psychoanalytic University Berlin (IPU), Stromstr. 3b, 10555 Berlin, marie-luise.alder@ipu-berlin.de

Bistra Andreeva
PD, Dr habil., akademische Rätin am Institut für Computerlinguistik und Phonetik an der Universität des Saarlandes.
Forschungsschwerpunkte: Phonetik und Phonologie der Intonation, Rhythmus mit Schwerpunkt auf sprachübergreifende und individuelle Unterschiede in der Produktion und Wahrnehmung von Prominenz in typologisch unterschiedlichen Sprachen.
Veröffentlichungen (Auswahl): „Prosodic cues of genuine and mock impoliteness in German and Polish" (2016) (zusammen mit S. Bonacchi, W. Barry). In: *Proc. Speech Prosody 2016,* 999–1003; „Linguistic Measures of Pitch Range in Slavic and Germanic Languages" (2015) (zusammen mit B. Möbius/G. Demenko/F. Zimmerer/J. Jügler). In: *Proc. Interspeech 2015. Speech beyond Speech: Towards a Better Understanding of the Most Important Biosignal.* Dresden, 968–972; „Differences of Pitch Profiles in Germanic and Slavic Languages" (2014) (zusammen mit B. Möbius/G. Demenko/F. Zimmerer/J. Jügler/M. Jastrzebska). In: *Proc. Interspeech 2014.* Singapore, 1307–1311.
Kontakt: Universität des Saarlandes, FR 4.7 Computerlinguistik und Phonetik, andreeva@coli.uni-saarland.de

Paweł Bąk
Prof. Dr. habil., Sprach- und Übersetzungswissenschaftler, Leiter der Fachabteilung für Pragmalinguistik und Translatorik am Institut für Germanistik an der Universität Rzeszów (Polen).
Forschungsschwerpunkte: kontrastive Linguistik, Euphemismus- und Metaphernforschung, Diskursanalyse, Pragmalinguistik und Translationswissenschaft.
Veröffentlichungen (Auswahl): *Euphemismen des Wirtschaftsdeutschen aus Sicht der anthropozentrischen Linguistik* (2012), Frankfurt et al.; „Euphemismus als Charakteristikum von Textsorten und Diskursen am Beispiel der Arbeitszeugnisse" (2016). In: E. Garavelli/H.E. Lenk (Hgg.): *Verhüllender Sprachgebrauch. Textsorten- und diskurstypische Euphemismen.* Berlin, 39–59.
Kontakt: Universität Rzeszów, Philologische Fakultät, Institut für Germanistik, Al. mjr. W. Kopisto 2B, 35-315 Rzeszów (Polen), wort.pb@wp.pl

Silvia Bonacchi
Prof. Dr. habil., Sprachwissenschaftlerin und Kulturologin, Leiterin der Forschungsstelle „MCCA – Multimodal Communication: Culturological Analysis" und des Labors für Multimodale Kommunikation am Institut für Fachkommunikation und interkulturelle Studien der Universität Warschau (Polen). Herausgeberin des „Journal for Multimodal Communication Studies".
Forschungsschwerpunkte: Interkulturelle Kommunikation, Pragmalinguistik, Gesprächslinguistik, kulturelle Pragmatik, (Un)Höflichkeit und verbale Aggression.
Veröffentlichungen (Auswahl):
Monographien: *(Un)Höflichkeit. Eine kulturologische Analyse Deutsch – Italienisch – Polnisch* (2013), Frankfurt et al.; *Höflichkeitsausdrücke und anthropozentrische Linguistik* (2011), Warschau.
Aufsätze: „Warum machen uns Bilder Angst? Zum multimodalen Charakter von Schreckbildern aus diskurslinguistischer Perspektive" (2016). In: *Publikationen der Internationalen Vereinigung für Germanistik: Diskursbedeutung und Grammatik – Transtextuelle und gesprächsübergreifende Aspekte grammatischer Inventare,* betreut und bearbeitet von Ingo H. Warnke/Martin Reisigl/Wei Han. Frankfurt a.M. et al., 285–290; „Prosodic cues of genuine and mock impoliteness in German and Polish" (2016) (zusammen mit B. Andreeva/W. Barry). In: Jon Barnes/Alejna Brugos et al. (Hgg.): *Proceedings of Speech Prosody* (SP8) 2016, Boston; „Scheinbeleidigungen und perfide Komplimente: kulturologische Bemerkungen zur obliquen Kommunikation in interkultureller Perspektive" (2014). In: Katarzyna Lukas/Izabela Olszewska (Hgg.): *Deutsch im Kontakt und im Kontrast.* Frankfurt a.M., 341–356; „Zu den idiokulturellen und polykulturellen Bedingungen von aggressiven Äußerungen im Vergleich Polnisch–Deutsch–Italienisch" (2012). In: M. Olpińska-Szkiełko/S. Grucza et al. (Hgg.): *Der Mensch und seine Sprachen.* Frankfurt a.M. et al., 130–148; „Die Darstellung der Grausamkeit: Prinzipien der Text(de)komposition in Elfriede Jelineks Theaterstück ‚Babel'" (2009). In: *Kwartalnik Neofilologiczny* LVI, 4/2009, 411–426.
Kontakt: Universität Warschau, Fakultät Angewandte Linguistik, Institut für Fachkommunikation und interkulturelle Studien, ul. Szturmowa 4, 02-678 Warschau (Polen), s.bonacchi@uw.edu.pl

Michael B. Buchholz
Prof. Dr. habil., Psychoanalytiker, Professor für Sozialpsychologie an der International Psychoanalytic University Berlin (IPU).
Forschungsschwerpunkte: Mikroanalysen sozialer Interaktionen.
Veröffentlichungen (Auswahl): „Über schwierige therapeutische Situationen" (2016). In: *International Journal of Psychological Studies* 8(3), 134–153. Online unter: http://www.ccsenet.org/journal/index.php/ijps/article/view/61990; „Rhythm and Blues – Amalie's 152nd session. From Psychoanalysis to Conversation and Metaphor Analysis – and back again" (2015) (zusammen mit J. Spiekermann/H. Kächele). In: *International Journal of Psychoanalysis* 96(3), 877–910; „Dancing Insight. How a Psychotherapist uses Change of Positioning in Order to Complement Split-Off Areas of Experience" (2015) (zuammen mit U. Reich). In: *Chaos and Complexity Letters* 8(2–3), 121–146; „Empathy – A musical dimension" (2014). In: *Frontiers in Psychology* Vol. 5/29.04.2014. Online unter: http://journal.frontiersin.org/Journal/10.3389/fpsyg.2014.00349/abstract.
Kontakt: PSAID (Postgraduate Studies for the Advancement of Individual Dissertations & Social Psychology), International Psychoanalytic University Berlin (IPU), Stromstr. 3b, 10555 Berlin, buchholz.mbb@t-online.de

Rocco Corriero
M.A., Analyst für Big Data und Business Intelligence. Mitarbeit bei der Analyse und Visualisierung von Massendaten (Politecnico Turin) und im Bereich Sozialer Psychologie (Uninettuno Universität, Rom).
Forschungsschwerpunkte: Big Data Analysis, Visualisierung von Raum- und Zeitdaten.
Veröffentlichungen (Auswahl): „Minority group discussions as resilience strategy in social media. The case of ‚roars' in the Italian academic context" (2015) (zusammen mit I. Poggi). In: *Proceeding Ceur Essem 2015. Emotion and Sentiment in Social and Expressive Media: opportunities and challenges for emotion-aware multi agent systems*. Vol. 1351, 116–126; „Aggressive language and insults in digital political participation" (2014) (zusammen mit F. D'Errico/I. Poggi I.). In: *Proceedings of Multiconference on computer science and Information systems: Web Based Communities and Social Media 2014*, 105–114.
Kontakt: Altran consulting, Via Tiburtina – 00174 Roma (Italien), r.corriero@gmail.com

Francesca D'Errico
Dr. phil., Assistant Professor für Soziale Psychologie, Ethik und Kommunikationspsychologie. Mitglied der European Research Net of Excellence SSPNet (empirische und experimentelle Analyse von sozialen Signalen in zwischenmenschlichen Interaktionen und in der politischen Kommunikation).
Forschungsschwerpunkte: Verbales und nonverbales aggressives Verhalten in der politischen Kommunikation und in den *Social Media*, Konflikt, emotionsbasierte Kommunikation.
Veröffentlichungen (Auswahl): „With different words. The arguments that can empower an e-minority" (2016). In: *Computers in human behaviour*, Vol. 61, 205–212; „‚The Bitter laughter'. When parody is a moral and affective priming in political persuasion" (2016) (zusammen mit I. Poggi). In: *Frontiers in Psychology* 7:1144.
Mitherausgeberin: *Conflict and multimodal communication: Social research and machine intelligence* (2015), New York et al. *Multimodal Communication in Political Speech. Shaping Minds and Social Action* (2013), London et al.
Kontakt: Psychology Faculty, Uninettuno University, Corso Vittorio Emanuele II, 39 – 00174 Roma (Italien), f.derrico@uninettunouniversity.net

Manuel Ghilarducci
M.A., Literaturwissenschaftler, Mitarbeiter am Institut für Slawistik der HU Berlin, Lehrstuhl für Westlawische Literaturen und Kulturen.
Forschungsschwerpunkte: russische, polnische und deutsche Literatur, Verflechtung von Literatur und Politik, Ästhetik der Gewalt und der Macht, Dekonstruktion, Geopoetik.
Veröffentlichungen (Auswahl): „‚W bajce o życiu', oder: Wie erzählt man Geschichte, Sprache und Raum? ‚Sońka' von Ignacy Karpowicz" (2016). In: Mirja Lecke/Oleksandr Zabirko (Hgg.): *Verflechtungsgeschichten. Konflikt und Kontakt in osteuropäischen Kulturen*. Münster, 239–255; „Gert Neumanns Etablierung eines ‚sprachlichen Widerstandes' in der DDR" (2014). In: *Revista de filologia alemana* 22/2014, 107–126; „Symbolische Gewalt in der deutschen und russischen Literatur nach dem Zusammenbruch der DDR und der UdSSR am Beispiel von Kurt Drawert, Gert Neumann und Vladimir Sorokin" (2013). In: T. Erthel/C. Färber/N. Freund (Hgg.): *Spannungsfelder: Literatur und Gewalt. Tagungsband des 3. Studierendenkongresses der Komparatistik*, Frankfurt a.M., 171–185.
Kontakt: Humboldt-Universität zu Berlin, Institut für Slawistik, Dorotheenstr. 65, 10117 Berlin, Raum 5.26, manuel.ghilarducci@hu-berlin.de

Stefan Hartmann
Dr phil., forscht und lehrt im Bereich historische Sprachwissenschaft des Deutschen an der Universität Hamburg. Zuvor promovierte er 2010–2015 mit einem Stipendium der Friedrich-Ebert-Stiftung an der Johannes Gutenberg-Universität Mainz, wo er 2014–2016 als wissenschaftlicher Mitarbeiter tätig war.
Forschungsschwerpunkte: historische Wortbildung, diachrone Konstruktionsgrammatik, graphematischer Wandel. Sein besonderes Interesse gilt der Schnittstelle von Sprache, Kultur und Kognition.
Veröffentlichungen (Auswahl):
Monographien: *Wortbildungswandel. Eine diachrone Studie zu deutschen Nominalisierungsmustern (2016)*, Berlin et al.
Aufsätze: „Usage-based perspectives on diachronic morphology: A mixed-methods approach towards English ing-nominals". (2016) (zusammen mit L. Fonteyn). In: Linguistics Vanguard 2016; „Mögliche und unmögliche Wörter. Wortbildungsrestriktionen im diachronen Wandel" (2014). In: R. Babel/N. Feßler et al. (Hgg.): *Alles Mögliche. Sprechen, Denken und Schreiben des (Un)Möglichen*. Würzburg, 223–235; „What drives morphological change? A case study from the history of German" (2014). In: Linguisticae Investigationes 37(2), 275–289; „Nominalization Taken Literally. A Diachronic Corpus Study of German Word-Formation Pattern" (2014). In: Italian Journal of Linguistics 26/2014, 123–156; „Zwischen Transparenz und Lexikalisierung: Das Wortbildungsmuster X-ung(e) im Mittelhochdeutschen" (2013). In: Beiträge zur Geschichte der deutschen Sprache und Literatur 135, 159–183; „Sterben in Metaphern. Liebestod und Kognitive Poetik" (2013). In: D. Buschinger/F. Gabaude et al. (Hgg.): *Tristan et Yseut, ou L'Eternel Retour* (= Médiévales 56). Amiens, 136–147; „Linguistische Kategorien und derivationsmorphologischer Wandel. Prototypenansätze in der Sprachwissenschaft am Beispiel der diachronen Entwicklung der ung-Nominalisierung" (2012). In: E. Fritz/R. Rieger et al. (Hgg.): *Kategorien zwischen Denkform, Analysewerkzeug und historischem Diskurs*. Heidelberg, 143–158.
Kontakt: Universität Hamburg, Fakultät für Geisteswissenschaften, FB Sprache, Literatur, Medien (SLM I), Institut für Germanistik, Von-Melle-Park 6, 20146 Hamburg, stefan.hartmann@uni-hamburg.de

Giulia Pelillo-Hestermeyer
Dr. phil., Sprach- und Kulturwissenschaftlerin, akademische Mitarbeiterin am Romanischen Seminar der Universität Heidelberg und Junior Fellow am Heidelberg Centre for Transcultural Studies, Cluster of Excellence „Asia and Europe in a Global Context".
Forschungsschwerpunkte: kulturwissenschaftlich orientierte Sozio- und Pragmalinguistik, Mediendiskursanalyse, Inter- und Transkulturelle Kommunikation, Mehrsprachigkeit, (Auto)biografie.
Veröffentlichungen (Auswahl): (Monographie) L'intervista *radiofonica tra realtà e spettacolarizzazione. Un'analisi linguistica* (2011), Firenze; Aufsätze: „Mehrsprachiger und lokaler Radiojournalismus: Ein interdisziplinärer Ansatz zur Förderung von Medien- und Sprachkompetenzen" (2015). In: S. Witzigmann/J. Rymarczyk (Hgg.): *Mehrsprachigkeit als Chance – Herausforderungen und Potentiale individueller und gesellschaftlicher Mehrsprachigkeit*. Frankfurt et al., 273–285; „Il racconto mediatizzato della vita di Margherita Hack. Un intreccio – quasi – inestricabile tra biografia e autobiografia" (2013). In: *Mnemosyne o la costruzione del senso* 6. Louvain-la-Neuve, 187–200.
Kontakt: Universität Heidelberg, Romanisches Seminar, Seminarstr. 3, 69117 Heidelberg, giulia.pelillo@urz.uni-heidelberg.de

Monika Leipelt-Tsai
Dr. phil., Literatur- und Kulturwissenschaftlerin, Associate Professorin am Department of European Languages and Literatures (DELC) der National Chengchi University (NCCU) in Taipeh. Forschungsschwerpunkte: Neuere deutschsprachige Literatur, insbesondere Gedichte und Prosa des 20. und 21. Jahrhunderts, Kulturwissenschaften, Interkulturelle Kommunikation und Literaturdidaktik, Images deutscher Popmusik, transkulturelle Autorinnen, Identitätsbildung in Verbindung mit Gender Studies, Psychoanalyse, Reader-Response-Kritik, postmodernen und postkolonialen Theorien.
Veröffentlichungen (Auswahl):
Monographien: *Aggression in lyrischer Dichtung. Georg Heym – Gottfried Benn – Else Lasker-Schüler* (2008), Bielefeld; *Spalten – Herta Müllers Textologie zwischen Psychoanalyse und Kulturtheorie* (2015), Frankfurt a.M.
Kontakt: National Chengchi University (NCCU), Dept. of European Languages and Cultures, Research Building, Rm. 810, No. 64, Sec. 2, Zhinan Rd., Taipei City, 11605 TAIWAN, R.O.C.
E-Mail: leipelt@nccu.edu.tw, http://monikaleipelttsai.wordpress.com/

Konstanze Marx
Prof. Dr., Sprach- und Kommunikationswissenschaftlerin an der Universität Mannheim in Verbindung mit einer Tätigkeit am Institut für Deutsche Sprache in der Abteilung Pragmatik. Forschungsschwerpunkte: Internetlinguistik, insbesondere Interaktion in Sozialen Medien, Cybermobbing, Sprache und Emotion, Textlinguistik, digitale Forschungsinfrastrukturen und medienlinguistische Prävention.
Monographien: *Internetlinguistik–Ein Arbeitsbuch* (2014) (mit Georg Weidacher), Tübingen; *Die Verarbeitung von Komplex-Anaphern. Neurolinguistische Untersuchungen zur kognitiven Textverstehenstheorie* (2011), Berlin.
Kontakt: Institut für Deutsche Sprache, Abteilung Pragmatik, R5, 6-13, 68161 Mannheim, Konstanze.Marx@ids-mannheim.de

Jörg Meibauer
Prof. Dr. habil., Inhaber des Lehrstuhls für Sprachwissenschaft des Deutschen, Johannes-Gutenberg-Universität Mainz. Editorial Board der „Zeitschrift für Sprachwissenschaft", „Semantics & Pragmatics". Mitherausgeber der „Zeitschrift für Wortbildung/Journal of Word-formation" und der Buchreihe „Kurze Einführungen in die germanistische Linguistik" (KEGLI).
Forschungsschwerpunkte: Grammatik (Satztypen, Partikeln), Pragmatik (Sprechakte, Implikaturen), Wortbildung (Derivation, Komposition), Interpunktion, Spracherwerb, Linguistik und Kinderliteratur.
Veröffentlichungen (Auswahl):
Monographien: *Lying at the Semantics-Pragmatics Interface* (2014), Berlin et al.; *Pragmatik* (1999), Tübingen; *Modaler Kontrast und konzeptuelle Verschiebung* (1994), Berlin et al.; *Rhetorische Fragen* (1986), Berlin et al.
Aktuelle (mit-) herausgegebene Werke: *Hassrede / Hate Speech* (2009), Gießen: Gießener Elektronische Bibliothek; *Satztypen des Deutschen* (2013), Berlin et al.; *Satztypen und Konstruktionen* (2016), Berlin et al.; *Pejoration* (2016), Amsterdam et al.; *The Oxford Handbook of Lying* (erscheint), Oxford.
Kontakt: Johannes Gutenberg-Universität Mainz, Deutsches Institut, Welderweg 18, 55099 Mainz, Deutschland, meibauer@uni-mainz.de

Magdalena Olpińska-Szkiełko
Dr. habil., Sprachwissenschaftlerin und Glottodidaktikerin, Leiterin des Fachbereichs Sprach- und Spracherwerbstheorie am Institut für Fachkommunikation und interkulturelle Studien der Universität Warschau (Polen).
Forschungsschwerpunkte: Glottodidaktik, DaF-Unterricht, Young Learners, Bilingualer Unterricht, CLIL, Fachsprachenforschung, Translatorik.
Veröffentlichungen (Auswahl): *Bilinguale Kindererziehung: ein Konzept für den polnischen Kindergarten* (2013), Warschau; *Nauczanie dwujęzyczne w świetle badań glottodydaktycznych* (Bilingualer Unterricht im Lichte glottodidaktischer Forschung) (2009/2013), Warschau.
Adresse: Universität Warschau, Fakultät Angewandte Linguistik, Institut für Fachkommunikation und interkulturelle Studien, ul. Szturmowa 4, 02-678 Warschau, m.olpinska@uw.edu.pl

Agnieszka Piskorska
Dr. habil., Sprachwissenschaftlerin, Assistant Professor am Institut für Anglistik der Universität Warschau.
Forschungsschwerpunkte: Relevanztheorie, Ironie, Aggression, emotive Kommunikation.
Veröffentlichungen: *Po co rozmawiamy? O funkcjach komunikacji w ujęciu teorii relewancji* (2016), Kraków; „Echo and inadequacy in ironic utterances" (2016). In: *Journal of Pragmatics* 101/2016, 54–65.
Kontakt: University of Warsaw, Institute of English Studies, ul. Hoża 69, Warsaw, a.piskorska@uw.edu.pl

Isabella Poggi
Prof. Dr. habil., Professor für Allgemeine Psychologie und Psychologie der Kommunikation, Psychologie des Sozialen Einflusses. Mitglied der European Research Net of Excellence SSPNet (empirische und experimentelle Analyse von sozialen Signalen in zwischenmenschlichen Interaktionen und in der politischen Kommunikation).
Forschungsschwerpunkte: Pragmatik (Persuasion, Manipulation, Vagheit, politische Rede), Emotionen (Scham, Schuld, Stolz, Demütigung, Begeisterung, Bitterkeit, Bewunderung, Empathie, Beeinflussung, Emotionen in der Arbeit und in der Schule), soziale Beziehungen (Bildung, Machtverhältnisse, Mobbing, Leadership, Charisma), verbale und multimodale Kommunikation (virtuelle Agenten), soziale Signale (Dominanz, Diskreditierung, Ironie, Parodie).
Veröffentlichung (Auswahl): Monographien: *Mind, hands, face and body. A goal and belief view of multimodal communication* (2007), Berlin; Mitherausgeberin: *Multimodal Communication in Political Speech. Shaping Minds and Social Action* (2013), Berlin; *Social Signals: from theory to applications*. Special Issue of *Cognitive Processing* (2012), Berlin et al.
Kontakt: Dipartimento di Filosofia, Comunicazione e Spettacolo, Università Roma Tre, Via Ostiense 234 – 00146 Roma (Italien), isabella.poggi@uniroma3.it

Bogusława Rolek
Dr. phil., Sprachwissenschaftlerin.
Forschungsschwerpunkte: Fachtextlinguistik, Textsortenlinguistik, Wissenschaftssprache und Pragmalinguistik.
Veröffentlichungen (Auswahl): „Verbale Aggression und Fragesätze. Zum aggressiven Potenzial rheorischer Fragen in parlamentarischen Debatten" (2015). In: M. Wierzbicka/B. Rolek (Hgg.):

Grammatische Strukturen 4. Rzeszów, 77–99; *Zur Kulturspezifik von wissenschaftlichen Beiträgen und Abstracts im Deutschen und im Polnischen* (erscheint); Mitherausgeberin: *Grammatische Strukturen im Text und im Diskurs* (2014, 2015); *Text–Satz–Wort* (2015); *Sprache und Kommunikation* (2015).
Kontakt: Universität Rzeszów, Philologische Fakultät, Institut für Germanistik, Al. mjr. W. Kopisto 2B, 35-315 Rzeszów (Polen), boguslawarolek@poczta.onet.pl

Arvi Sepp
Prof. Dr., Literatur- und Kulturwissenschaftler, Professor für deutsche Literatur an der Universität Antwerpen und Professor für Übersetzungswissenschaft an der Vrije Universiteit Brussel, Ko-Direktor der interuniversitären Forschungsgruppe „Centre for Literature in Translation" (CLIV), Gastprofessor am Institut für Jüdische Studien (IJS) in Antwerpen.
Forschungsschwerpunkte: Literaturtheorie, deutsch-jüdische Literatur, Autobiographie und Tagebuch, Literatur und Diktatur, Übersetzungswissenschaft, Migration und Mehrsprachigkeit in der Literatur.
Veröffentlichungen (Auswahl): *Topographie des Alltags. Eine kulturwissenschaftliche Lektüre von Victor Klemperers Tagebüchern 1933–1945* (2016), Paderborn.
Kontakt: Universität Antwerpen, Geisteswissenschaftliche Fakultät, Abteilung Literaturwissenschaft, Grote Kauwenberg 18, D.122, 2000 Antwerpen, Belgien, Vrije Universiteit Brussel (VUB), Geisteswissenschaftliche Fakultät, Abteilung Übersetzungswissenschaft, Pleinlaan 2, 1050 Brüssel, Belgien, arvi.sepp@uantwerpen.ac.be, arvi.sepp@vub.ac.be

Nora Sties
M.A., Sprachwissenschaftlerin und von 2010–2014 Promotionsstipendiatin des Research Center of Social and Cultural Studies der Johannes Gutenberg-Universität Mainz (SoCuM).
Forschungsschwerpunkte: kognitiv-empirische Semantik, Bilderbuchanalyse und semantischer Spracherwerb, Disability Studies und Hate-Speech-Forschung.
Veröffentlichungen (Auswahl): „Diskursive Produktion von Behinderung" (2012). In: Jörg Meibauer (Hg.): *Hassrede / Hate Speech. Interdisziplinäre Beiträge des gleichnamigen Workshops*, Mainz 2009. Gießen: Gießener Elektronische Bibliothek; „Beleidigungen in realistischen Bilderbüchern. Form und Funktion eines aggressiven Sprechaktes" (2015). In: H. Rösch/H. Hahn et al. (Hgg.): *Wörter raus!? Zur Kinderbuchdebatte um eine diskriminierungsfreie Sprache*. München, 117–137.
Kontakt: Grünberger Straße 35, 55129 Mainz. n.sties@gmx.de

Joanna Szczęk
Dr. habil., Sprachwissenschaftlerin, seit 2004 Assistant Professor am Lehrstuhl für Deutsche Sprache am Institut für Germanische Philologie der Universität Wrocław, seit Juni 2013 Interimsleiterin des Lehrstuhls für Angewandte Linguistik, seit September 2016 Leiterin des Lehrstuhls für Angewandte Linguistik. Mitglied des Redaktionskomitees der Zeitschrift „Linguistische Treffen in Wrocław", Sekretärin der Zeitschrift „Germanica Wratislaviensia".
Forschungsschwerpunkte: Phraseologie des Deutschen und Polnischen, Textlinguistik, Pragmalinguistik, Onomastik, Didaktik des DaF, Translatorik.
Monographien: *Auf der Suche nach der phraseologischen Motiviertheit im Deutschen (am lexikographischen Material)* (2010), Wrocław; *Absageschreiben auf Bewerbungen. Eine pragmalinguistische Studie* (2015), Berlin.
Kontakt: Universität Wrocław, Institut für germanische Philologie, Lehrstuhl für Angewandte Linguistik, Pl. Nankiera 15b, 50-140 Wrocław (Polen), joanna.szczek@uwr.edu.pl

Björn Technau
Dr. phil., Sprachwissenschaftler, Associate Director der German Immersion School „Kinderhaus" in Brooklyn (New York). Wissenschaftlicher Mitarbeiter an der Johannes-Gutenberg-Universität in Mainz (2010, 2014–2015), Experte für Unterricht am Goethe-Institut New York (2011–2014), DAAD-Lektor an der Nanjing University, China (2015–2016).
Forschungsschwerpunkte: Pejoration, Semantik/Pragmatik-Schnittstelle.
Veröffentlichungen (Auswahl): „The Meaning and Use of Slurs: An Account Based on Empirical Data" (2016). In: J. Meibauer et al. (Hgg.): *Pejoration*. Amsterdam et al., 187–218; „Sprachreflexion über politisch inkorrekte Wörter. Eine konversationsanalytische Studie" (2013). In: J. Meibauer (Hg.): *Hassrede / Hatespeech*. Interdisziplinäre Beiträge zu einer aktuellen Diskussion. Gießen, 223–256.
Kontakt: 416 68th Street, Brooklyn, NY 11220 (USA), bjoerntechnau@gmail.com

Maria Paola Tenchini
Dr. phil., Professor für Allgemeine Sprachwissenschaft an der Katholischen Universität in Brescia.
Forschungsschwerpunkte: die Semantik der Ethnika und der pejorativen Ausdrücke, pragmatische und funktionale Ansätze in Philipp Wegeners Werken sowie in der deutschen Sprachwissenschaft zwischen dem 19. und dem 20. Jh., die Wortstellung im Deutschen, die Strukturen und Funktionen der Redewiedergabe.
Veröffentlichungen (Auswahl): *Il Wortsatz di Philipp Wegener ovvero dell'unità comunicativa minima* (2016), Milano-Udine; „A multi-act perspective on slurs" (2016) (zusammen mit A. Frigerio). In: R. Finkbeiner/J. Meibauer (Hgg.): *Pejoration*, Amsterdam/Philadelphia, 167–185; „On the Semantic Status of Connotation: the Case of Slurs" (2014) (zusammen mit A. Frigerio). In: P. Stalmaszczyk (Hg.): *Issues in Philosophy of Language and Linguistics*, Łódź, 57–75; „Zur Semantik der ethnischen Schimpfnamen" (2013). In: *Lingue e Linguaggi* 10, 125–136; *Aspetti funzionali e pragmatici nel pensiero linguistico di Philipp Wegener* (2008), Brescia.
Kontakt: Università Cattolica del Sacro Cuore, Facoltà di Scienze linguistiche e letterature straniere, via Trieste 17, 25121 Brescia (Italien), paola.tenchini@unicatt.it

Urszula Topczewska
Dr. habil., Sprach- und Literaturwissenschaftlerin, Assistant Professor am Institut für Angewandte Linguistik der Universität Warschau.
Forschungsschwerpunkte: Semantik, Linguistische Pragmatik, Narratologie.
Veröffentlichungen (Auswahl): *Leonardo Sciascia: un classico del giallo italiano?* (2009), Roma; *Konnotationen oder konventionelle Implikaturen?* (2012), Warschau.
Kontakt: Universität Warschau, Institut für Angewandte Linguistik, Fakultät Angewandte Linguistik, ul. Dobra 55, 00-312 Warszawa, u.topczewska@uw.edu.pl

Ewa Wałaszewska
Dr. habil., Sprachwissenschaftlerin, Senior Lecturer im Institut für Anglistik der Universität Warschau. Ko-Organisatorin des Konferenzzyklus „Interpreting for Relevance".
Forschungsschwerpunkte: Lüge an der Schnittstelle von Semantik und Pragmatik, Relevanztheorie.
Veröffentlichungen (Auswahl): *Relevance-Theoretic Lexical Pragmatics: Theory and Applications* (2015), Newcastle.
Kontakt: Institute of English Studies, University of Warsaw, ul. Hoża 69, 00-681 Warszawa (Polen), e.walaszewska@uw.edu.pl

Namenregister

Adorno, Theodor W. 280, 286
Agamben, Giorgio 454, 457, 468
Aho, James 174, 201
Albani, Cornelia 189, 205
Albrecht, Hans-Jörg 335, 352
Alder, Marie-Luise 22, 24, 171, 471
Allan, Keith 148, 153, 161, 166
Allott, Nicholas 82, 87
Althusser, Louis 278, 279, 281, 286
Andreeva, Bistra 15, 20, 23, 123, 141, 471, 472
Ang, Ien 399
Angus, Lynne E. 203
Antaki, Charles 177, 206
Apel, Friedmar 463, 464, 468
Archer, John 8, 9, 26, 28
Arendt, Hannah 13, 26, 273, 286
Aristoteles 458, 468
Arndt, Horst 124, 141
Arnott, John L. 128, 143
Arundale, Robert B. 91, 94, 120
Asch, Solomon E. 358, 374, 375
Austin, John L. 14, 10, 15, 17, 26, 35, 36, 37, 38, 39, 41, 42, 49, 54, 69, 147, 149, 166, 238, 278, 286
Averill, James R. 337, 352
Awdiejew, Aleksy 161, 166
Axer, Jerzy 214, 217
Bachem, Rolf 154, 161, 163, 166
Bach, Kent 39, 49
Bachmann-Medick, Doris 451, 468
Baenninger, Mary Ann 331, 355
Bąk, Paweł 15, 23, 27, 121, 145, 146, 147, 152, 159, 160, 161, 163, 164, 166, 402, 421, 471
Balzer, Bernd 161, 166, 240
Bandura, Albert 6, 8, 26, 333, 337, 352
Bargiela-Chiappini, Francesca 53, 69, 399
Baron, Robert A. 220, 238
Barry, William J. 141, 471, 472
Bar-Tal, Daniel 373, 375
Bartels, Astrid 143
Baudrillard, Jean 456, 468
Bauer, Brigitte 4, 26, 334, 341, 352
Baumann, Stefan 130, 131, 142

Bax, Marcel M.H. 91, 96, 98, 101, 102, 113, 117, 121
Becker, Sophinette 352
Beckman, Mary E. 131, 141, 143
Bednarczuk, Leszek 431, 432, 435, 443
Beebe, Leslie M. 230, 238
Benjamin, Lorna Smith 175, 201
Benjamin, Walter 450, 468, 470
Bento, Tiago 206
Benzmüller, Ralf 131, 142
Bereswill, Mechthild 4, 27, 345, 353
Bergmann, Jörg R. 178, 201, 204, 205, 206
Berkowitz, Leonard 6, 7, 27
Berlusconi, Silvio 377, 378, 387, 390, 392, 393, 394, 395, 397
Berntson, Gary G. 121
Bianchi, Claudia 55, 69, 98, 120, 248, 263, 265
Biber, Douglas 309, 326
Biel, Łucja 76, 87
Bildhauer, Felix 314, 328
Bion, Wilfred R. 198, 201
Björkvist, Kaij 335, 336, 353
Blakemore, Diane 54, 55, 69, 124, 141
Boatca, Manuela 331, 345, 353
Bod, Ladislav 430, 443
Bolasco, Sergio 364, 375
Bolden, Galina B. 189, 204
Boldrini, Laura 25, 363, 364, 365, 366, 367, 368, 369, 370, 371, 372, 374
Bolinger, Dwight L. 126, 141
Bonacchi, Silvia 3, 5, 15, 16, 19, 20, 23, 27, 42, 49, 76, 87, 91, 92, 94, 96, 100, 101, 102, 120, 121, 123, 124, 128, 141, 145, 146, 147, 148, 149, 150, 151, 152, 154, 155, 156, 157, 158, 159, 161, 162, 163, 166, 211, 213, 214, 215, 217, 219, 220, 228, 229, 230, 233, 234, 237, 238, 341, 353, 382, 399, 401, 402, 419, 421, 440, 441, 443, 461, 468, 471, 472
Bonacker, Thorsten 12, 13, 27
Bongard, Stephan 352, 354
Bourdieu, Pierre 13, 27, 180, 184, 201, 428, 432, 443

Bourmeyster, Annette 430, 443
Bousfield, Derek 19, 20, 27, 29, 30, 90, 97, 101, 102, 121, 142, 239, 306, 327, 425, 429, 443
Bralczyk, Jerzy 430, 431, 435, 443
Braten, Stein 180, 201, 203
Brecht, Bertolt 298, 299, 303
Breithaupt, F. 193, 201
Breyer, Thiemo 193, 201, 205, 206
Brontsema, Robin 102, 121
Brooker, Will 399
Brossard, Dominique 376
Brown, Penelope 53, 56, 69, 71, 90, 91, 121, 124, 125, 141, 146, 157, 159, 166, 206, 230, 232, 233, 238, 239, 343, 353, 399, 402, 421
Brüggemann, Michael 378, 398, 399, 400
Brus, Beata 220, 241
Buchholz, Michael B. 22, 24, 171, 173, 175, 177, 180, 181, 184, 189, 194, 195, 196, 199, 201, 202, 205, 471, 472
Bühler, Karl 41, 42, 49
Burbank, Victoria 334, 353
Burger, Harald 336, 338, 353
Burkard, Franz-Peter 445
Burkhardt, Armin 403, 406, 413, 421, 422
Burkhart, Dagmar 432, 443
Burridge, Kate 148, 153, 161, 166
Burton, Leslie 4, 27
Buschmann, Ulrich 219, 241
Bushman, Brad J. 28, 173, 201, 202
Busse, Dietrich 310, 316, 318, 321, 327
Butler, Judith 12, 24, 27, 247, 265, 269, 271, 278, 279, 280, 281, 286, 426, 428, 444, 460, 467, 468, 469
Cairns, Beverley D. 8, 27
Cairns, Robert B. 8, 9, 27
Campbell, Anne 335, 353
Camp, Elisabeth 13, 27
Capone, Alessandro 56, 65, 69
Caprara, Gian Vittorio 35, 49
Carston, Robyn 58, 59, 69, 70, 82, 83, 84, 87, 88, 124, 142
Castelfranchi, Cristiano 358, 359, 367, 375
Chamizo Domínguez, Pedro 74, 76, 77, 87
Cheang, Henry S. 125, 142
Chen, Aoju 126, 142

Christlieb, Martina 336, 353
Cicchirillo, Vincent J. 375
Clark, Billy 82, 87
Clayman, Steven E. 179, 202
Clément, Fabrice 19, 30, 71
Collins, Randall 174, 201, 202, 203
Colston, Herbert L. 55, 70, 122
Conrad, Susan 309, 326
Corbineau-Hoffmann, Angelika 444
Corder, Stephen Pit 210, 217
Corriero, Rocco 25, 357, 375, 473
Corrin, Juliette 188, 203
Cosmides, Leda 103, 122
Couper-Kuhlen, Elizabeth 182, 203
Crespo Fernández, Eliecer 146, 148, 161, 166
Croom, Adam M. 17, 27, 55, 70, 102, 103, 121, 248, 263, 265
Cross, Julie 290, 303
Crystal, David 309, 327
Culpeper, Jonathan 19, 20, 28, 52, 53, 56, 70, 90, 91, 92, 94, 96, 98, 100, 101, 102, 121, 124, 125, 142, 147, 233, 234, 239, 307, 327
Cunha, Carla 206
Czetwertyńska, Grażyna 212, 214, 216, 217
Damisch, Sally 342, 355
Danico, Mary Yu 117, 122
Dausendschön-Gay, Ulrich 182, 203
De Cillia, Rudolf 316, 327
Deignan, Alice 74, 87
Delacampagne, Christian 271, 272, 287
Delgado, Richard 18, 28
De Mauro, Tullio 398, 399
Dembska, Katarzyna 148, 166
Denzler, Markus 352, 354
Deppermann, Arnulf 177, 189, 203, 341, 353
D'Errico, Francesca 25, 27, 357, 360, 361, 363, 364, 375, 473
Derrida, Jacques 425, 444, 453, 465, 467, 469, 470
Deutsch, Morton 188, 203
deWall, C. Nathan 8, 28
Dieckmann, Walter 403, 406, 422
Dijk, Teun A. van 381, 399
Dillard, James Price 291, 304
Di Paolo, Ezequiel A. 180, 203

Dollard, John 6, 7, 28, 333, 353, 433, 438, 444
Domke, Christine 336, 353, 422
Donner, Jonathan 309, 327
Doob, Leonard W. 6, 7, 28, 333, 353, 433, 438, 444
Drawert, Kurt 26, 425, 426, 439, 440, 441, 442, 443, 444, 473
Dreesen, Philipp 399
Drescher, Martina 221, 239
Du Plessis, Neeltje 117, 121
Duszak, Anna 220, 239
Eagly, Alice H. 335, 353
Egbert, Maria M. 181, 203
Ehlich, Konrad 20, 30, 205
Ehring, Franziska 406, 422
Eke, Norbert Otto 448, 462, 468, 469
Emde, Robert N. 188, 203
Enfield, Nick J. 179, 181, 204, 205, 206
Engel, Ulrich 222, 226, 239
Englert, Christina 206
Erhardt, Ingrid 189, 203
Ermen, Ilse 36, 49
Ernst, Peter 239
Faber, Karl-Georg 12, 28
Faloppa, Federico 245, 247, 249, 265
Feilke, Helmuth 39, 49
Ferrari, Pier Francesco 193, 203
Feshbach, Seymour 8, 28
Fetzer, Anita 225, 226, 239
Fichten, Wolfgang 337, 353
Finkbeiner, Rita 16, 17, 28, 122, 143, 478
Fischer, Fiorenza 146, 148, 161, 166
Flach, Susanne 326, 328
Fludernik, Monika 291, 303
Forster, Iris 152, 166
Förster, Jens 352, 354
Foucault, Michel 49, 461, 469
Franke, Elk 182, 203
Franke, Wilhelm 226, 239
Frankel, Ze'ev 173, 203
Frankl, Viktor 333, 353
Freese, Peter 162, 163, 166
Frei, Michael 176, 203
Freud, Sigmund 6, 28, 179, 180, 204, 333, 353, 459, 460, 461, 462, 469
Frigerio, Aldo 260, 265, 478

Fritz, Gerd 98, 121, 227, 239
Fromm, Erich 7, 13, 28
Fry, Douglas P. 335, 353
Fuchs, Peter 431, 445
Gabbard, Glens O. 171, 172, 204
Gabler, Hartmut 4, 28
Gajda, Stanisław 220, 239
Gałczyńska, Anna 225, 226, 228, 229, 234, 236, 237, 239
Galen, Britt Rachelle 334, 354
Gallese, Vittorio 193, 203, 204
Galtung, Johan 13, 28
Gass, Susan M. 230, 239
Gauck, Joachim 381, 385
Gay, Peter 281, 286
Gendreau, Paul 8, 9, 28
Gentzel, Peter 273, 287
Gerber, Karien 117, 121
Gerrig, Richard 337, 355
Gerstaecker, A. 292, 304
Ghilarducci, Manuel 12, 14, 16, 21, 26, 425, 473
Giacobazzi, Cesare 426, 444
Gibbs, Raymond W. 55, 70, 71, 88, 122, 124, 142
Giles, Howard 56, 70
Gleser, Goldine C. 339, 354
Głowiński, Michał 430, 431, 444
Glück, Helmut 162, 163, 167
Glucksberg, Sam 74, 87
Goatly, Andrew 79, 87
Gödde, Günter 175, 202
Goebl, Hans 248, 265
Goffman, Erving 19, 24, 28, 52, 53, 70, 90, 91, 92, 93, 98, 100, 121, 142, 146, 147, 157, 158, 159, 160, 167, 194, 198, 199, 204, 269, 271, 272, 273, 275, 286, 399, 402, 429, 444
Golato, Andrea 181, 203
Goldman, Alvin I. 193, 204
Goodwin, Charles 181, 198, 204, 207
Gottschalk, Louis A. 339, 354
Graumann, Carl F. 306, 310, 327
Grauwunder, Sven 126, 142
Greenberg, Leslie S. 203
Greenspan, Stanley I. 195, 204
Grein, Marion 224, 226, 230, 239

Greń, Zbigniew 239
Grice, Herbert Paul 18, 28, 46, 49, 51, 54, 56, 58, 61, 70, 90, 121, 130, 131, 142, 154, 157, 167, 178, 204, 229, 259, 328, 336, 354, 445
Grimm, Jakob 249, 266, 267
Grimm, Wilhelm 249, 266, 267
Grochowski, Maciej 437, 439, 444
Groddeck, Wolfram 458, 469
Grucza, Franciszek 27, 29, 49, 141, 166, 167, 217, 238, 240, 402, 421, 422, 443
Grucza, Sambor 27, 49, 141, 166, 217, 238, 402, 421, 422, 443, 472
Guerini Marco 367, 375
Gülich, Elisabeth 206
Gumbrecht, Hans Ulrich 180, 204
Gumperz, John Joseph 399
Günter, Manuela 280, 286
Günthner, Susanne 91, 121
Gussenhoven, Carlos 125, 126, 137, 142
Gutzmann, Daniel 10, 11, 16, 28, 255, 265
Gu, Yueguo 39, 40, 49
Gwiazdowska, Agnieszka 75, 87
Haddock, Geoffrey 368, 374, 375
Hafetz, Jessica 4, 27
Häfner, Michael 352, 354
Haidt, Jonathan 122
Haiman, John 124, 142
Hall, Stuart 399
Halupka-Rešetar, Sabina 75, 76, 87
Handt, Friedrich 429, 444
Hardy, Bruce 376
Harnish, Robert M. 39, 49
Harris, Paul L. 291, 304
Harten, Hans Christian 6, 29
Harting, Axel 231, 239
Hartmann, Stefan 22, 25, 305, 474
Hartwig, Luise 27, 31, 352, 353, 355
Haslam, Nick 77, 78, 87
Haugh, Michael 52, 53, 56, 57, 65, 66, 69, 70, 90, 91, 92, 93, 94, 97, 99, 100, 101, 102, 104, 109, 121, 142
Haupt-Cucuiu, Herta 462, 469
Havryliv, Oksana 15, 17, 19, 29, 36, 49, 147, 154, 167, 220, 239, 410, 422, 426, 433, 434, 435, 436, 438, 444
Hayashi, Makoto 206

Heidelberger-Leonard, Irene 286
Heiligtag, Ulrich 352, 354
Heinemann, Trine 206
Heinrichs, André 354
Heintz, Christophe 30, 71
Heinze, Jürgen 6, 29
Hemmel, Gertrud 291, 303
Henne, Helmut 267, 413, 421
Henninger, Debra 27
Henn-Memmesheimer, Beate 40, 49
Henry, William P. 207
Hepburn, Alexa 189, 204
Hepp, Andreas 399, 400
Heritage, John C. 194, 196, 197, 204
Hermanns, Fritz 38, 41, 47, 49, 50
Herring, Susan C. 309, 327, 362, 374, 375
Herrmann, Steffen K. 29, 166, 205, 310, 431, 327, 354, 444
Heschen, Claus 181, 204
Hindelang, Götz 226, 227, 239
Hitler, Adolf 273, 274, 276, 283, 298, 322
Hitzler, Sarah 177, 205
Hłasko, Marek 26, 425, 426, 436, 437, 438, 439, 441, 443, 444
Hmielowski, Jay D. 375
Hodapp, Volker 337, 338, 352, 354
Hoffmann, Martina 448, 469
Hoicka, Elena 304
Holland, Elise 77, 78, 87
Holly, Werner 404, 406, 411, 421, 422
Hom, Christopher 15, 17, 18, 29, 102, 121, 246, 256, 257, 263, 265
Hopster, Norbert 293, 299, 304
Horkheimer, Max 280, 286
Horn, Eva 426, 444
Hornsby, Jennifer 15, 17, 29, 258, 259, 260, 265
Hornscheidt, Lann 441, 444
Houck, Noël 230, 239
House, Jill 140, 142
Hovermann, Claudia 219, 235, 238, 239
Hsieh, Shelley Ching-yu 75, 87
Huber, Ernst 293, 304
Hundsnurscher, Franz 42, 43, 49
Ide, Sachiko 20, 30
Ilting, Karl-Heinz 12, 28
Imbusch, Peter 12, 13, 27
Jaegher, Hanne de 180, 203

Jakobson, Roman 181, 205
Janicki, Mariusz 430, 444
Janney, Richard W. 124, 141
Jansen, Irma 31, 355
Jefferson, Gail 179, 196, 205, 206
Jenson, Jennifer 354
Jermyn, Deborah 399
Jeshion, Robin 254, 265
Jodłowiec, Maria 61, 64, 70
Johnson, Mark 180, 205
Jowett, Garth S. 290, 304
Kächele, Horst 173, 184, 189, 202, 205, 206, 207, 472
Kádár, Dániel Z. 91, 96, 98, 101, 102, 113, 117, 121
Kalinin, Il'ja 433, 444
Kamińska, Jolanta 211, 217
Kämper, Heidrun 267, 281, 286, 400
Kaplan, David 10, 17, 29, 31, 266
Karnik, Nirianjan S. 30, 122
Kasper, Gabriele 219, 239
Katzer, Catarina 15, 29, 345, 354
Kaufer, David S. 124, 142
Kaukiainen, Ari 353
Keil, Lars-Broder 298, 302, 304
Kellerhoff, Sven Felix 298, 302, 304
Kempcke, Günther 253, 267
Kenrick, Donald 248, 249, 265
Kerbrat-Orecchioni, Catherine 246, 265
Kiełtyka, Robert 79, 87
Kiener, Franz 42, 49, 432, 444, 459, 469
Kilian, Jörg 253, 265, 422
Kissine, Mikhail 37, 39, 40, 47, 49
Kitzinger, Celia 181, 205
Klagge, Dietrich 272, 286
Klein, Josef 403, 407, 422
Kleinke, Sonja 309, 315, 327
Kleinsteuber, Hans J. 422
Klemperer, Victor 24, 269, 270, 271, 272, 273, 274, 275, 276, 277, 278, 279, 280, 281, 282, 283, 284, 285, 286, 287, 477
Kleparski, Grzegorz A. 79, 87
Kluge, Friedrich 250, 267
Koch, Elke 327, 428, 429, 444
Konerding, Klaus-Peter 319, 327
König, Ekkehard 311, 321, 327, 429, 444

Königs, Frank G. 209, 210, 211, 213, 215, 216, 217
Kopperschmidt, Josef 445
Köstlin, Helmut 293, 303
Kotorova, Elizaveta 240, 307, 327
Kotthoff, Helga 90, 91, 94, 95, 101, 102, 109, 121
Kovács, Monika 308, 313, 316, 318, 327
Kövecses, Zoltán 80, 87
Krafft, Ulrich 182, 203
Krämer, Sybille 121, 166, 175, 181, 205, 327, 340, 354, 426, 444
Kroeger-Groth, Elisabeth 448, 469
Kronauer, Ulrich 251, 266
Krüger, Elke 225, 226, 227, 240
Krysin, Leonid Petrovič 431, 445
Kuch, Hannes 12, 29, 310, 319, 327, 431, 444
Kuhn, Michael 222, 240
Kühn, Peter 403, 421, 422
Kümmerling-Meibauer, Bettina 291, 304
Kupetz, Maxi 205
Kurzon, Dennis 39, 50
Labov, William 11, 29, 230, 240
Lacan, Jacques 449, 451, 458, 463, 469
Ladd, D. Robert 142
Lagerspetz, Kirsti 336, 353
Lakoff, George 79, 80, 88, 180, 205, 400
Lamott, Franziska 196, 202
Langenbucher, Wolfgang R. 399, 400
Langton, Rae 26, 29
Larsen, Jeff T. 103, 121
Lawrence, Elizabeth 74, 75, 88, 206
Leach, Edmund 80, 81, 88
Lea, Martin 358, 376
LeBaron, Curtis D. 181, 207
Lebart, Ludovic 364, 375
Leech, Geoffrey 90, 92, 94, 95, 102, 114, 115, 121, 123, 124, 125, 142, 146, 151, 154, 157, 159, 162, 167, 240, 341, 354, 402, 422
Leets, Laura 56, 70
Leeuwen, Theo Van 400
Leggitt, John S. 142
Leipelt-Tsai, Monika 5, 12, 14, 21, 26, 29, 447, 448, 449, 450, 451, 456, 458, 460, 464, 469, 475
Lepore, Ernest 18, 26, 102, 120, 255, 265

Levinson, Stephen C. 46, 50, 53, 56, 69, 90, 91, 121, 124, 125, 141, 146, 157, 159, 166, 179, 181, 205, 206, 230, 232, 233, 238, 239, 343, 353, 399, 402, 421
Lévi-Strauss, Claude 74, 88
Levitt, Heidi M. 173, 203
Levy, Raymond A. 189, 203
Lewin, Beverly A. 309, 327
Lindholm, Loukia 310, 327
Lipoveckij, Mark 432, 433, 445
Lippe, Anna L. von der 174, 200, 205
Lobenstein-Reichmann, Anja 251, 266
Locher, Miriam A. 19, 29, 30, 52, 70, 239
Locke, John L. 102, 122
López Rodríguez, Irene 77, 80, 88
Lorenz, Konrad 6, 29, 333, 354
Loughnan, Steve 77, 78, 87
Lovejoy, Arthur O. 79, 88
Low, Graham D. 75, 88
Luchtenberg, Sigrid 152, 160, 167
Lucius-Hoene, Gabriele 189, 202, 203
Luginbühl, Martin 44, 50, 336, 337, 338, 341, 343, 354
Luhmann, Niklas 426, 431, 445
Lundby, Knut 400
Lunde, Ingunn 445
Maar, Paul 299, 303
Maass, Anne 358, 375
Machin, David 400
Machowicz, Iwona 210, 211, 216, 217
Marcjanik, Małgorzata 228, 229, 236, 237, 240, 241
Marcu, Daniel 39, 50
Markefka, Manfred 246, 266
Martinez, Claudio 205, 207
Martsa, Sándor 76, 88
Marx, Konstanze 22, 25, 331, 332, 336, 342, 354, 355, 475
Mascaro, Olivier 53, 70
Mateo, José 19, 29, 55, 70, 124, 142, 307, 327
Mayer, Andreas 205
May, Robert 15, 17, 18, 29, 102, 121, 256, 265
Mazur, Allan 174, 205
Mazzarella, Diana 59, 70
McCready, Eric 11, 28
McKinnon, Sean 20, 29, 99, 103, 104, 122, 125, 126, 128, 142

Mead, George H. 180, 205
Medina, Lorena 205
Mees, Ulrich 337, 353, 354
Meibauer, Jörg 15, 16, 17, 18, 25, 28, 29, 90, 122, 124, 128, 142, 143, 147, 148, 149, 150, 151, 155, 156, 167, 245, 246, 266, 289, 291, 300, 304, 307, 308, 310, 327, 328, 348, 354, 426, 430, 445, 453, 469, 475, 477, 478
Meinhof, Ulrike Hanna 399, 400
Mela, Mariusz 19, 27
Mellies, Rüdiger 181, 205
Menary, Richard 180, 205
Menzel, Wolfgang 222, 240
Mergenthaler, Erhard 189, 206
Merz, Ferdinand 220, 240
Meyer-Sickendiek, Burghard 467, 468, 469
Miceli, Maria 359, 375
Michel, Konrad 176, 203
Micus-Loos, Christiane 331, 333, 334, 335, 337, 354
Mikołajczyk, Beata 15, 29, 147, 158, 167, 224, 240, 410, 412, 422
Milesi, Angela 375
Miller, Neal E. 28, 333, 353
Mitscherlich, Margarete 335, 354
Moeschler, Jacques 85, 88
Monsen, Jon T. 174, 205
Morley, David 400
Mörtl, Kathrin 196, 202
Morton, Eugene S. 126, 143
Moscovici, Serge 358, 374, 375
Moser, Hugo 429, 445
Motsch, Wolfgang 42, 43, 50
Mouridsen, Kim 207
Mowrer, O. Hobart 28, 333, 353
Moyer, Kenneth E. 8, 30
Mulkay, Michael Joseph 91, 97, 98, 100, 104, 122
Müller, Herta 26, 447, 448, 449, 451, 453, 454, 455, 456, 458, 459, 460, 461, 462, 463, 464, 465, 466, 467, 468, 469, 470, 475
Munger, Steven 335, 353
Murray-Close, Dianna 93, 102, 122
Murray, David M. 203
Murray, Iain R. 128, 143

Namenregister — 485

Mutz, Diana C. 358, 375
Nakassis, Constantine 125, 143
Napolitano, Giorgio 377, 378, 379, 381, 382, 383, 384, 385, 386, 387, 388, 390, 391, 393, 397, 400
Neckerman, Holly J. 27
Newmark, Peter 75, 88
Nicolle, Steve 54, 71
Niemelä, Pirkko 353
Nietzsche, Friedrich 425, 445, 450
Nixdorf, Nina 230, 240
Niżegorodcew, Anna 209, 217
Nolting, Hans-Peter 333, 355
Nowik-Dziewicka, Ewa 55, 71, 124, 143
Nübling, Damaris 314, 328
Nunberg, Geoffrey 101, 122
Ocampo, Anthony Christian 117, 122
Ohala, John J. 126, 143
Olpińska-Szkiełko, Magdalena 22, 24, 27, 29, 49, 141, 166, 167, 209, 217, 238, 240, 421, 422, 443, 472, 476
Oltmanns, Karin 354
Østergaard, Leif 207
Östermann, Karin 335, 336, 353
Ostrov, Jamie M. 122
Padilla Cruz, Manuel 59, 71
Panksepp, Jaak 9, 30
Papacharissi, Zizi 357, 375
Pascal, Niklas 444
Pasch, Renate 42, 43, 50
Passeron, Jean Claude 428, 443
Pastorelli, Concetta 35, 49
Patrut, Iulia-Karin 266, 459, 469
Paul, Hermann 251, 264, 267
Paul, Luci 331, 355
Pegelow, Thomas 280, 286
Peisert, Maria 15, 30, 36, 50, 220, 240
Pelillo-Hestermeyer, Giulia 21, 22, 25, 377, 474
Pell, Marc D. 125, 142
Peräkylä, Anssi 177, 203, 206
Petermann, Franz 445
Petrus, Klaus 38, 40, 50
Petschenig, Michael 470
Petter-Zimmer, Yvonne 405, 423
Petzold, Hilarion 272, 287
Pfänder, Stefan 206

Pierrehumbert, Janet B. 131, 141, 143
Pilkington, Adrian 83, 88
Pineira, Carmen 430, 445
Piontek, Rosemarie 334, 337, 355
Piskorska, Agnieszka 15, 18, 23, 51, 71, 124, 143, 476
Plezia, Marian 428, 445
Poggi, Isabella 18, 21, 22, 25, 27, 357, 359, 360, 367, 375, 473, 476
Poliakov, Léon 271, 272, 287
Pörksen, Bernhard 299, 304
Potts, Christopher 11, 17, 30, 55, 71, 246, 258, 259, 260, 266
Pouscoulous, Nausicaa 291, 304
Prechtl, Peter 445
Predelli, Stefano 258, 259, 266
Prediou, Graziella 448, 454, 457, 469
Prędota, Stanisław 148, 161, 163, 167
Preußler, Otfried 25, 305, 312, 326
Pries, Ludger 400
Prieto, Pilar 20, 29, 99, 103, 104, 122, 125, 126, 128, 142
Raaz, Oliver 273, 287
Rada, Roberta 152, 156, 167, 241
Radcliffe-Brown, Alfred R. 97, 102, 109, 110, 122
Radić, Biljana 75, 76, 87
Radvansky, Gabriel 144
Ramseyer, Fabian 207
Reeves, Byron 358, 375
Reich, Uli 177, 202, 472
Reinharz, Jehuda 337, 355
Reisigl, Martin 327, 472
Reutner, Ursula 147, 152, 153, 154, 157, 162, 163, 167
Richard, Mark 10, 30, 124, 143
Richardson, Deborah R. 220, 238
Riebel, Julia 440, 445
Rietveld, Toni 142
Rigotti, Eddo 247, 266
Ritchie, L. David 74, 88
Robins, Kevin 400
Robinson, Jeffrey D. 203
Rocci, Andrea 247, 266
Rockwell, Patricia 124, 143
Roepstorff, Andreas 207
Rohde, Marieke 180, 203

Rolek, Bogusława 21, 22, 26, 27, 121, 401, 476
Rolf, Eckard 436, 445
Rost, Wolfgang 4, 30
Roth, Kersten Sven 403, 423
Röttgers, Kurt 12, 30
Rozin, Paul 117, 122
Rubin, Joan 230, 240
Ruthemann, Ursula 337, 338, 355
Sacks, Harvey 171, 179, 206
Sadock, Jerrold M. 61, 71
Sager, Sven F. 338, 355, 405, 423
Sahner, Heinz 12, 30
Saka, Paul 10, 30, 102, 122
Salem, André 375
Salgado, João 177, 206
Sarkeesian, Anita 345, 354
Sarnov, Benedikt 445
Sauer, Wolfgang Werner 162, 163, 167
Scarvaglieri, Claudio 180, 206
Schäfer, Roland 314, 328
Schegloff, Emanuel A. 177, 179, 181, 183, 184, 204, 206
Scheufele Dietram 358, 376
Schlenker, Philippe 258, 266
Schlicht, Tobias 193, 206
Schlosser, Horst Dietrich 429, 430, 431, 445
Schmitt-Sasse, Joachim 228, 240
Schöfer, Gert 339, 340, 354, 355
Schopenhauer, Arthur 373, 376
Schroeter, Sabina 445
Schröter, Melanie 405, 423
Schulz, Kerstin 448, 469
Schütte, Christian 312, 328
Schütz, Alfred 185, 206
Schwarz-Friesel, Monika 38, 50, 149, 151, 167, 316, 319, 328, 337, 339, 342, 347, 349, 354, 355
Schwarz, Monika 332, 341, 355
Schwitalla, Johannes 409, 423
Searle, John R. 10, 14, 15, 17, 30, 36, 37, 40, 41, 44, 50, 51, 71, 74, 88, 123, 124, 143, 147, 167, 226, 240, 260, 266, 336, 355, 410, 423, 436, 446
Sears, Robert R. 28, 333, 353
Seebold, Elmar 12, 30, 267
Selting, Margret 122, 182

Sendlmaier, Walter 125, 143
Sepp, Arvi 14, 18, 24, 197, 198, 269, 270, 287, 477
Seriot, Patrick 430, 446
Sevinç, Elif Topkaya 15, 30
Shanker, Stuart G. 195, 204
Shapiro, Lawrence A. 180, 206
Shotter, John 371, 376
Sidnell, Jack 177, 181, 202, 203, 204, 205, 206
Siegal, Michael 291, 304
Sifft, Stefanie 399
Sifianou, Maria 96, 122
Sigusch, Volkmar 4, 30
Silverman, Melissa 20, 30, 122
Simon-Vandenbergen, Anne-Marie 74, 88
Skinner, Burrhus Frederic 8, 30
Skutsch, Franz 470
Snedeker, Jesse 125, 143
Sopory, Pradeep 304
Sorokin, Vladimir 26, 425, 426, 427, 432, 433, 434, 435, 436, 437, 439, 441, 443, 444, 445, 446, 473
Spears, Russell 358, 376
Sperber, Dan 18, 19, 30, 52, 53, 54, 56, 58, 59, 60, 61, 62, 66, 69, 70, 71, 81, 82, 83, 84, 85, 88, 98, 122, 124, 143
Spiekermann, Jane 173, 189, 202, 472
Spieß, Constanze 42, 50, 403, 423
Spitzmüller, Jürgen 338, 355
Stadler, Stefanie Alexa 125, 143
Stahlberg, Dagmar 375
Stalin, Josef 434
Stanley, Jason 289, 290, 304
Stathi, Katerina 311, 321, 327, 429, 444
Steele, Guy 364, 376
Stefancic, Jean 18, 28
Stefanowitsch, Anatol 87, 326, 328
Steffen, Valerie J. 353, 335
Steinbrück, Peer 377, 378, 379, 380, 381, 382, 383, 384, 385, 386, 388, 390, 391, 392, 394, 395, 397, 400, 408, 410, 415, 418
Stein, Dieter 327
Steiner, Hans 20, 30, 93, 122
Sties, Nora 22, 25, 154, 163, 167, 305, 477
Stillke, Cordelia 352

Stivers, Tanya 177, 179, 181, 202, 204, 205, 206
Stopfner, Maria 406, 423
Storrer, Angelika 305, 328
Stowasser, Josef M. 449, 458, 470
Strauß, Gerhard 423
Strupp, Hans Hermann 207
Stueber, Karsten R. 193, 207
Sun, Pamela 77, 87
Szczęk, Joanna 15, 24, 219, 220, 221, 222, 230, 231, 232, 233, 240, 241, 477
Takahashi, Tomoko 238
Taras, Bożena 15, 30, 220, 241
Technau, Björn 10, 15, 17, 23, 30, 89, 98, 103, 114, 122, 124, 125, 143, 478
Tenchini, Maria Paola 18, 24, 245, 260, 265, 266, 478
Terkourafi, Marina 19, 20, 30, 56, 71
Tesch, Gerd 148, 168
Thomä, Helmut 184, 189, 205, 207
Thom, François 430, 431, 446
Thürmer-Rohr, Christina 351, 355
Tobler, Stefan 400
Tomicic, Alemka 173, 205, 207
Tomiczek, Eugeniusz 224, 226, 239, 240, 241
Tomlinson, John 400
Tooby, John 103, 122
Topczewska, Urszula 15, 23, 35, 42, 46, 50, 478
Tournier, Maurice 430, 445
Traverso, Enzo 271, 287
Tress, Wolfgang 175, 207
Triandafyllidou, Anna 400
Trömel-Plötz, Senta 12, 30
Tschacher, Wolfgang 173, 207
Turkle, Shirley 364, 376
Ueda, Keiko 230, 241
Uliss-Weltz, Robin 238
Umlauf-Lamatsch, Annelies 291, 300, 303
Underwood, Marion K. 334, 354
Unwerth, Heinz-Jürgen von 219, 241
Valach, Ladislav 176, 203
Vallée, Richard 254, 256, 257, 266
Vanderveken, Daniel 226, 240
Vangelisti, Anita L. 52, 71
Vega Moreno, Rosa E. 82, 88
Vertovec, Steven 400

Vincze, Laura 375, 376
Virtanen, Tuija 327
Vollmann, Justin 336, 353
Vossen, Rüdiger 249, 266
Vuust, Peter 182, 207
Wahl, Klaus 3, 5, 31, 92, 93, 95, 96, 114, 122, 290, 304, 306, 328
Wałaszewska, Ewa 18, 23, 56, 71, 73, 143, 478
Waldenberger, Sandra 305, 328
Wallentin, Mikkel 182, 207
Warnke, Ingo H. 49, 338, 355, 399, 400, 472
Wartenburg, Thomas 71
Wat, Aleksander 431, 446
Watts, Richard J. 19, 20, 29, 30
Weber, Samuel 450, 455, 464, 470
Weidacher, Georg 332, 354, 442, 475
Weigand, Edda 226, 241
Weiss, Daniel 430, 446
Werbińska, Dorota 209, 210, 217
Wessler, Hartmut 378, 398, 399, 400
Wharton, Tim 140, 143
Whiting, Daniel 17, 31
Wichmann, Anne 142
Wierzbicka, Anna 226, 241
Wiese, Heike 28
Williamson, Timothy 17, 31, 258, 259, 266
Wilson, Deirdre 18, 30, 52, 54, 55, 56, 58, 59, 60, 61, 62, 66, 69, 71, 81, 82, 83, 84, 85, 86, 88, 98, 122, 124, 140, 143, 144
Winkler, Andreas 246, 266
Winnecken, Andreas 205
Winter, Bodo 126, 142
Witorska, Alicja 220, 241
Władyka, Wiesław 430, 444
Wodak, Ruth 327, 400
Wohlfarth, Irving 284, 287
Wojtak, Maria 220, 241
Woltersdorff, Volker 13, 30
Wunderlich, Dieter 226, 241
Yus, Francisco 19, 29, 55, 64, 70, 71, 124, 142, 307, 310, 327, 328
Zabbini, Silvia 375
Zander, Margherita 26, 27, 31, 352, 353, 355
Zanna, Mark P. 368, 374, 375
Zawisławska, Magdalena 74, 76, 77, 87
Žegarac, Vladimir 124, 144

Zeh, Wolfgang 407, 423
Zillmann, Dolf 337, 355
Zimbardo, Philip 77, 78, 88, 337, 355
Zöllner, Nicole 146, 147, 148, 149, 151, 152, 153, 154, 155, 157, 162, 168
Zwaan, Rolf 144
Zwoliński, Andrzej 430, 446

Sachregister

Abgrenzung 3, 19, 23, 161, 225, 294, 319, 406
Ablehnung 13, 187, 222, 224, 225, 227, 229, 234, 236, 239, 261, 327, 412, 419
Ablehnungsschreiben 220
Absage 219, 220, 221, 222, 223, 224, 225, 227, 228, 230, 231, 232, 233, 234, 236, 237, 238, 240, 241, 348, 378, 380, 384, 385, 386, 477
abuse (→ Missbrauch)
Aggressionsakt 4, 10, 11, 15, 16, 17, 19, 21, 22, 306, 310
Aggressiver Sprechakt (= Arrogativ, Offensiv, Unreziproke, Limitativ) 17, 18, 21, 23, 35, 36, 42, 43, 44, 47, 48, 147, 149, 150, 338, 363, 402, 405, 410, 411, 412, 413, 415, 419, 420, 438
Aggressivität 3, 4, 25, 26, 149, 165, 200, 213, 215, 290, 306, 307, 320, 322, 339, 340, 346, 352, 353, 377, 378, 379, 387, 388, 397, 398, 438, 448
Ambiguität 5, 124, 262, 450, 467, 468
animal metaphor (→ Tiermetapher)
Anthropomorphismus 8, 465
Antisemitismus 274, 277, 280, 285, 327
Assertiv 11, 260
Ausgrenzung 24, 270, 271, 273, 275, 276, 281, 319, 412, 416, 457
autoaggressiv (= selbstaggressiv) 461
autoaggressive Gewalt 466
Banter 15, 20, 23, 52, 55, 71, 89, 90, 91, 92, 93, 94, 95, 96, 97, 98, 99, 100, 101, 102, 103, 104, 105, 108, 109, 110, 113, 115, 117, 118, 119, 120, 123, 125, 143, 148, 341
Beleidigung 10, 11, 15, 18, 19, 21, 23, 25, 44, 48, 124, 128, 137, 148, 149, 154, 161, 164, 213, 247, 282, 307, 308, 333, 334, 341, 342, 346, 379, 382, 383, 384, 385, 386, 387, 388, 390, 391, 394, 398, 410, 412, 419, 421, 453
Beleidigungswort 10, 15, 30, 143
Beschimpfung 36, 44, 50, 154, 155, 341, 342, 410, 432, 433, 434, 435, 436, 437, 438, 443, 453

Bewerbung 24, 219, 220, 221, 222, 223, 224, 225, 228, 231, 232, 233, 235, 236, 237, 477
Bilderbuch 290, 291, 292, 294, 296, 303, 477
Blog 25, 357, 360, 377, 379, 391
Bullying 440, 443, 445
Bürokratensprache (→ langue de bois)
Code switching 113
computer-mediated (→ computervermittelt)
computervermittelt 306, 309, 362, 375, 376
computervermittelte Kommunikation (CVK) 309
conversational maxim (→ Konversationsmaxime)
cooperative principle (→ Kooperationsprinzip)
counter-insult (→ Gegenbeleidigung)
Dehumanisierung (dehumanization) 73, 77, 78, 86, 346, 373
dehumanization (→ Dehumanisierung)
derogativ 20, 52, 55, 57, 63, 67, 76, 80, 98, 114, 124, 126, 127, 128, 129, 136, 139, 140, 141, 245
Dialogizität 26, 403, 404, 405, 406, 420
Dichotomisierung 306, 313, 316, 317, 318, 319, 323
Diminutiv 16
directness (→ Direktheit)
Direktheit 17, 149, 235, 307, 336, 357, 363, 366, 367, 370, 374
Direktiv 17, 239, 260
discursive competency (→ diskursive Kompetenz, Diskurskompetenz)
Diskriminierung 16, 24, 163, 235, 247, 248, 254, 266, 271, 272, 273, 276, 277, 306, 308, 319, 326, 327, 328, 341, 352, 412, 414, 421, 468
diskursive Kompetenz 96, 165
Diskurskompetenz 96, 165
Dominanz 4, 20, 126, 175, 213, 214, 361, 362, 363, 366, 370, 372, 430, 476
Dysphemismus 5, 16, 23, 24, 76, 145, 146, 147, 148, 153, 154, 155, 161, 419
dysphemistisch 146, 147, 148, 149, 151, 153, 155, 157, 161, 164, 453, 459, 465

Sachregister

Echo-Effekt 19, 55, 98, 108, 119, 263
Einwanderer 297, 301, 302
Eisschreiben 220, 222, 233, 241
embodied cognition 180, 206
Emotionen 5, 7, 10, 11, 14, 15, 20, 21, 30, 35, 36, 38, 41, 43, 44, 52, 74, 78, 79, 81, 85, 86, 92, 93, 95, 96, 103, 149, 156, 157, 174, 190, 214, 217, 219, 220, 253, 254, 290, 331, 337, 338, 339, 343, 347, 348, 350, 354, 384, 388, 390, 396, 397, 398, 409, 410, 412, 414, 416, 417, 421, 435, 437, 438, 439, 458, 476
Empathie-Blender 193
Enaktivismus 180
endearment 75, 76
ethnische Schimpfnamen 245, 246, 247, 254, 257, 261, 263, 266, 440
Ethnonym 24, 77, 245, 248, 256, 257
Ethnophaulismen 24, 245, 247, 248, 254, 255, 256, 257, 258, 259, 261, 263
Ethologie 3, 6, 11, 143, 333, 355
Etymologie 5, 250, 427
Euphemismus 15, 23, 24, 145, 146, 147, 148, 151, 152, 153, 154, 155, 156, 157, 158, 159, 160, 161, 162, 163, 164, 165, 166, 167, 168, 421, 431, 434, 435, 471
explicit communication 52
Expressiv 36, 260, 261, 262, 263
expressive Bedeutung 11, 17, 437
Expressivität 21, 25, 35, 149, 377, 398, 414
extended mind 180, 205
face 19, 52, 63, 66, 68, 90, 91, 102, 109, 115, 147, 401, 429, 431, 439, 443
face-saving practices 98, 119
face-threat 91, 93, 118
face-threatening 56, 65, 66, 93, 98, 117, 119, 123
Fehlerkorrektur 24, 209, 210, 211, 212, 213, 214, 215, 216, 217
feindliche Intention 35, 36, 42, 47, 145, 220, 212, 401, 410, 415, 420
Fremdsprachenunterricht 15, 24, 209, 210, 213, 214
Frustration 6, 7, 36, 149, 152, 164, 165, 214, 333, 334, 431, 433, 438, 440, 442
gebrauchskonditional 255, 258

Gegenbeleidigung (counter-insult) 367, 368, 373
Geschlecht 27, 31, 235, 246, 279, 284, 286, 331, 332, 333, 334, 335, 345, 346, 349, 351, 352, 353, 354, 355, 434, 469
Gesicht, negativ/positiv 19, 146, 150, 157, 158, 159, 215, 229, 230, 231, 232, 233, 234, 241, 402, 406, 411, 413, 416, 417, 418, 419, 421
Gesichtsbedrohung 151, 159, 160, 164, 229, 230, 231, 233, 307, 325, 406, 407, 411, 420
Gestik 10, 16, 20, 23, 29, 47, 103, 104, 124, 125, 162, 180, 181, 182, 202, 203, 204, 213, 260, 359, 402, 432, 451
Gewalt 4, 12, 13, 14, 16, 17, 20, 24, 25, 26, 27, 28, 29, 30, 31, 50, 121, 122, 151, 171, 172, 173, 174, 175, 176, 177, 192, 193, 194, 199, 200, 205, 247, 274, 279, 280, 281, 283, 287, 304, 307, 327, 328, 331, 332, 334, 335, 336, 337, 338, 340, 343, 345, 346, 347, 349, 350, 352, 353, 354, 355, 425, 426, 427, 428, 429, 430, 432, 433, 436, 438, 439, 440, 442, 443, 444, 445, 447, 448, 449, 450, 451, 452, 453, 455, 456, 458, 459, 460, 462, 464, 465, 466, 467, 468, 470
Glottodidaktik 209, 210, 214, 215, 216, 217, 476
Great Chain of Being 73, 79, 86, 87, 88
Grobianismus 20
Hassrede (excitable speech, Hate-Speech) 15, 18, 23, 24, 25, 29, 167, 243, 245, 266, 269, 271, 278, 281, 282, 285, 299, 306, 308, 326, 327, 328, 373, 426, 428, 430, 432, 442, 445, 467, 469, 475, 477, 478
Hate-Speech (→ Hassrede)
Höflichkeit, negative/positive 20, 27, 30, 51, 52, 53, 56, 71, 87, 90, 95, 97, 99, 100, 104, 115, 119, 120, 121, 122, 123, 124, 126, 141, 142, 143, 146, 147, 152, 155, 157, 159, 162, 166, 219, 228, 229, 231, 233, 234, 238, 239, 240, 241, 307, 327, 348, 353, 375, 399, 402, 421, 468, 472
Höflichkeitsmaximen 157, 402
Höflichkeitsprinzip 90, 119

Sachregister

Humor 91, 95, 97, 104, 113, 121, 203, 289, 290, 291, 296, 303, 387
Identität 154, 158, 205, 235, 246, 270, 271, 272, 273, 274, 275, 277, 278, 279, 285, 286, 319, 331, 332, 346, 351, 352, 379, 386, 387, 396, 398, 400, 440, 441, 459, 466
Illokution 14, 17, 19, 20, 35, 36, 38, 39, 40, 42, 43, 45, 47, 48, 92, 123, 124, 145, 150, 151, 152, 153, 154, 155, 156, 157, 158, 160, 161, 162, 163, 164, 165, 226, 260, 336, 402, 411, 412, 419, 420
illokutionäre Kraft 17, 38, 54, 100, 359, 402, 405, 409, 410, 412, 414, 418
Image 44, 146, 149, 158, 212, 219, 220, 396, 401, 409, 412, 414
Implikatur 23, 39, 43, 51, 52, 53, 56, 57, 58, 60, 61, 62, 64, 65, 66, 67, 68, 82, 85, 86, 87, 90, 139, 150, 151, 153, 154, 156, 157, 164, 257, 259, 314, 336
implizite Aggression 19, 25, 56, 308, 309, 311 320, 323, 325, 326
impoliteness (→ Unhöflichkeit)
Indexikalität 9, 10, 11, 17
Indirectness (→ Indirektheit)
Indirektheit (indirectness) 4, 14, 15, 19, 23, 25, 35, 47, 56, 90, 123, 124, 125, 139, 146, 149, 150, 151, 156, 157, 158, 160, 164, 165, 213, 220, 306, 307, 310, 325, 335, 336, 337, 344, 348, 352, 361, 363, 364, 366, 367, 370, 371, 372, 374, 381, 384, 409, 414, 416, 417, 418, 419, 420, 421, 426, 442, 451, 456
In-Gruppe 19, 55, 56, 89, 91, 94, 96, 97, 98, 101, 105, 110, 114, 124, 341
interaktionale Macht 14, 16, 151
Internet 22, 25, 29, 136, 309, 327, 328, 354, 364, 375, 376
Internetlinguistik 354, 475
Intonation 47, 131, 135, 139, 140, 141, 142, 143, 178, 191, 199, 200, 201, 471
Ironie 19, 25, 55, 60, 68, 90, 113, 115, 124, 158, 162, 214, 307, 321, 322, 323, 325, 361, 409, 416, 417, 459, 466, 468, 476
Ironieprinzip (Irony Principle) 90, 115, 162
Irony Principle (→ Ironieprinzip)
Katharsis 5

kathartische Wirkung 4, 7, 149, 334, 345
Kinderliteratur 290, 475
Klischee 319, 321, 396
Ko-Konstruktion 193, 204
kommunikative Gewalt 24, 171, 172, 173, 174, 176, 192, 194
kommunikatives Display 21
Kompensationsstrategien 275, 309
Konflikt 27, 91, 93, 108, 154, 289, 335, 358, 369, 377, 379, 382, 385, 388, 391, 394, 395, 397, 398, 406, 458, 473
Konfliktvermeidung 158, 231
Konnotation 163, 165, 245, 246, 251, 252, 253, 254, 255, 256, 257, 258, 259, 263, 264, 265, 341, 387, 390, 397
Kontext 18, 24, 36, 37, 42, 43, 44, 45, 46, 47, 48, 52, 53, 59, 65, 66, 67, 68, 69, 78, 81, 89, 90, 91, 94, 96, 97, 98, 99, 100, 101, 103, 104, 114, 118, 119, 124, 128, 140, 146, 149, 165, 185, 186, 189, 192, 196, 221, 234, 248, 256, 257, 258, 259, 262, 279, 291, 299, 308, 309, 315, 320, 343, 345, 351, 358, 361, 362, 364, 366, 372, 374, 379, 380, 381, 382, 385, 388, 390, 395, 397, 402, 404, 405, 411, 416, 419, 420, 436, 437, 439, 440, 457, 461, 462, 467
Konversationsmaxime (conversational maxims) 90, 157
Kooperationsprinzip (cooperative principle) 90, 228, 229
Korrektur 44, 187, 188, 189, 194, 209, 212, 213, 214, 215, 216, 384
kultureller Kode 307
langue de bois (= Bürokratensprache) 429, 430, 445, 446
Literaturwissenschaft 11, 14, 152, 448, 449, 451, 462, 468, 477
Litotes 159, 178
Lokution 14, 15, 17, 23, 37, 38, 39, 41, 42, 47, 139, 153
Macht 12, 13, 14, 16, 19, 28, 52, 91, 92, 95, 98, 100, 118, 126, 173, 214, 281, 306, 307, 311, 318, 359, 370, 389, 390, 391, 392, 399, 406, 426, 428, 429, 432, 433, 438, 443, 445, 450, 453, 454, 456, 458, 461, 462, 465, 466, 467, 468, 473

Machtmissbrauch 92, 359, 467
Manipulation 148, 152, 155, 160, 161, 290, 300, 335, 336, 397, 430, 476
Melioration 16, 146, 148, 164, 341
Metapher (metaphor) 12, 16, 23, 71, 73, 74, 75, 76, 77, 78, 79, 80, 81, 82, 83, 84, 85, 86, 87, 88, 146, 160, 166, 180, 181, 184, 189, 202, 289, 290, 291, 299, 301, 302, 304, 321, 351, 389, 390, 398, 431, 432, 433, 448, 450, 456, 465, 470, 472
Metaphor (→ Metapher)
Methodenübertragung 11
Metonymie 16, 448, 465, 470
Mimik 10, 16, 20, 23, 103, 124, 162, 180, 402
Missbrauch (abuse) 22, 73, 75, 76, 88, 90, 92, 102, 121, 171, 172, 197, 198, 272, 456
Mock impoliteness 15, 20, 23, 55, 90, 91, 93, 99, 103, 104, 119, 121, 123, 124, 139, 140, 263
Motiv 7, 9, 14, 19, 26, 75, 76, 78, 91, 92, 94, 95, 108, 115, 118, 119, 152, 154, 155, 162, 184, 185, 187, 199, 216, 217, 290, 324, 351, 373, 386, 413, 429, 442, 457, 461
Multi-Akt-Semantik 24, 245, 254
Multi-Akt-Theorie 260, 261, 263
multimodale Analyse 21
Multimodalität 178
Nationalität 103, 246
Neinsagen 219, 221, 225, 229, 230, 236
Netikette 305, 323
Newspeak 429, 430, 431, 432, 435, 437, 438, 439, 445, 446
nonverbal 10, 16, 43, 45, 103, 126, 149, 213, 306, 307, 309, 401, 406
novojaz (→ Newspeak)
nowomowa (→ Newspeak)
Oberflächenstruktur 10, 11, 14, 16, 19, 20, 92, 140, 151, 153, 162, 163
offene Aggression 47, 339, 340,
Öffentlichkeit 26, 310, 377, 378, 379, 383, 384, 385, 386, 388, 391, 392, 394, 397, 398, 399, 400, 403, 406, 407, 412, 413, 414, 426, 433, 457
Online-Kommentare 379, 384
Out-Gruppe 19, 90, 94, 101, 305, 341
Parlamentsdebatte 26, 403, 404, 405, 406, 407, 423

Parodie 349, 387, 432, 434, 459, 466, 476
Pause 173, 177, 178, 179, 182, 183, 194, 195, 197, 199, 200
Pejoration 15, 16, 28, 122, 143, 148, 475, 478
Pejorativ 10, 16, 17, 55, 79, 98, 102, 103, 114, 146, 148, 149, 151, 155, 163, 164, 245, 253, 255, 258, 259, 263, 283, 314, 341, 349, 387, 429, 431, 433, 435, 440, 453
pejorative Bedeutung 17, 255, 259, 263
Perlokution 14, 36, 38, 39, 40, 42, 43, 44, 45, 47, 48, 158, 402
perlokutionärer Effekt 15, 35, 38, 39, 40, 41, 43, 45, 47, 48, 54, 62, 67, 139, 402, 405, 410, 411, 412, 413, 417
phatischer Akt 37
phonetischer Akt 37, 47
physische Gewalt 334, 335
PIP 20, 93, 102, 371
Poetik 433, 443, 458, 468, 474
politeness (→ Höflichkeit)
Politeness Principle (→ Höflichkeitsprinzip)
Political Correctness (→ politische Korrektheit)
Politik (politics) 22, 27, 121, 161, 167, 266, 286, 327, 352, 358, 369, 379, 386, 393, 394, 408, 418, 422, 423, 429, 430, 443, 444, 445, 446, 465, 469, 473
politische Korrektheit 154, 162, 166, 252, 253, 254, 313, 315, 316, 319, 321, 322, 323, 326, 430
Positionierung 19, 177, 188, 190, 203, 441
Pragmalinguistik 14, 152, 155, 239, 471, 472, 474, 476, 477
Pragmatik 17, 30, 46, 49, 53, 82, 123, 143, 167, 241, 354, 472, 475, 476, 478
Presse 378, 379, 385, 386, 388, 390, 395, 396, 397, 398
prohibitionistischer Ansatz 255
Propaganda 25, 78, 161, 272, 273, 274, 280, 282, 283, 289, 290, 291, 292, 299, 300, 302, 304
Proposition 10, 14, 37, 38, 39, 41, 43, 51, 53, 55, 57, 60, 62, 64, 65, 67, 68, 82, 83, 85, 86, 228, 256, 260, 263, 300, 315, 319, 359
Prosodie 16, 20, 23, 98, 103, 125, 126, 127, 139, 140, 182, 193

proxemisches Verhalten 10, 16, 20
Psychologie 3, 6, 11, 49, 52, 76, 77, 81, 86, 92, 152, 172, 173, 174, 188, 240, 275, 332, 334, 336, 337, 339, 344, 352, 353, 355, 444, 469, 473, 476
Psychotherapie 24, 171, 172, 174, 179, 181, 203, 204, 206, 207, 340, 471
RADI 20, 52, 54, 85, 93, 473
Rasse 235, 246, 271, 272, 273, 274, 275, 277, 279, 280, 281, 282, 284, 285
Rassismus 4, 25, 256, 262, 270, 271, 272, 273, 274, 275, 279, 280, 282, 284, 287, 305, 312, 324, 434, 440, 441
Rechtlosigkeit 282, 457, 459, 466
Redeübergabe 179, 184
Relevance Theory (→ Relevanztheorie)
referentielle Bedeutung 17
Relevanzprinzip (principle of relevance) 59
Relevanztheorie (Relevance Theory) 14, 18, 19, 21, 23, 51, 52, 53, 68, 71, 82, 83, 84, 85, 86, 87, 143, 144, 263, 476, 478
Religion 13, 28, 103, 128, 235, 246, 274, 280, 284, 350, 457
Reparatur 181, 188, 216, 368
Repräsentativ 226, 260
rhetischer Akt 37
Rhetorik 152, 201, 313, 316, 318, 420, 434, 441, 453, 459, 467, 469
Ritual 4, 5, 28, 70, 96, 97, 99, 100, 101, 102, 104, 114, 116, 117, 121, 167, 204, 382, 431, 435, 441, 442, 444, 451, 461
Sakrum 158, 402
sanfte Gewalt 13, 27
Sarkasmus 19, 20, 124, 125, 151, 162, 163, 164, 165, 234, 307, 322, 323, 325, 364
SED 298
Selbstinszenierung (Selbstdarstellung, self-presentation): 19, 282, 364
Selbstkorrektur 178, 216
Semantik 10, 17, 24, 30, 37, 42, 46, 47, 49, 79, 98, 121, 143, 152, 154, 188, 241, 248, 253, 254, 255, 257, 259, 261, 265, 266, 323, 328, 340, 364, 431, 461, 467, 477, 478
Semantizität der Sprache 42
skalare Bedeutung 17

Social Media 4, 25, 331, 357, 358, 362, 363, 364, 366, 370, 372, 373, 374, 375, 473
Sprachgewalt 26, 425, 427, 429, 430, 436, 438, 440, 442, 443
Sprachhandlung 219, 221, 224, 225, 316, 325
sprachliches Aggressionspotenzial 63, 65, 66, 67, 68, 86, 146, 331, 339, 341, 342, 343, 344, 349, 350, 381, 402, 416, 425
Sprachlosigkeit 311, 436, 439, 454
Sprechakt (speech act): 12, 15, 17, 18, 19, 21, 23, 24, 29, 35, 36, 40, 42, 43, 44, 45, 46, 47, 48, 54, 60, 91, 99, 100, 123, 124, 125, 126, 139, 140, 147, 148, 149, 151, 152, 153, 160, 167, 212, 225, 226, 227, 228, 230, 231, 234, 235, 236, 237, 238, 239, 240, 245, 247, 248, 261, 263, 278, 306, 307, 310, 325, 328, 336, 338, 342, 348, 352, 359, 360, 361, 363, 371, 374, 401, 402, 405, 410, 411, 412, 413, 415, 417, 419, 420, 422, 428, 435, 438
Sprechakttheorie (speech act theory): 14, 17, 19, 21, 24, 35, 36, 40, 41, 42, 47, 49, 51, 147, 154, 239, 241, 245, 48, 260, 402, 426
Sprecherintention (speaker's intention): 19, 21, 35, 36, 38, 39, 40, 42, 43, 44, 45, 47, 52, 53, 54, 55, 57, 60, 63, 68, 69, 91, 93, 94, 97, 99, 100, 115, 118, 123, 124, 125, 139, 145, 152, 155, 163, 182, 212, 220, 222, 307, 360, 401, 402, 410, 415
Sprechhandlung 35, 36, 39, 40, 41, 42, 46, 47, 48, 225, 226, 228, 234, 338, 411
soziale Rolle 256, 310, 341, 405, 407, 408, 409
sozialer Status 246, 274
Stereotyp 25, 83, 113, 117, 118, 245, 246, 251, 254, 255, 256, 257, 263, 264, 280, 281, 313, 314, 316, 319, 320, 321, 322, 323, 326, 345, 352, 358, 387, 388, 392, 393, 396, 397, 398, 409, 440
Stigma 4, 24, 164, 250, 269, 271, 272, 273, 274, 275, 276, 277, 278, 281, 285, 286, 287, 362, 363, 372, 373, 374, 415, 421
strukturelle Gewalt 13, 425, 466
Suizid 457, 458, 466
Sündenbock 19, 28, 272, 365, 439, 440, 443

supportiv 19, 20, 23, 123, 124, 126, 127, 128, 129, 136, 138, 139, 140, 147, 158
symbolische Gewalt 13, 24, 274, 425, 427, 428, 430, 436, 438, 440, 442
Symbolizität 9, 10
Taboo (→ Tabu)
Tabu (Taboo) 6, 28, 29, 47, 73, 80, 81, 86, 91, 128, 148, 152, 153, 154, 155, 160, 167, 234, 248, 255, 325, 434, 439, 441, 456 466
Tabuisierung 156, 164, 165, 172, 431
Tact maxim (→ Taktmaxime)
Taktmaxime (Tact maxim) 90
Text-Bild-Kombination 291, 302
Textsorte 24, 155, 211, 221, 222, 240, 299, 305, 306, 309, 338, 342, 402
textuelle Aggression 451, 459
Tiefenstruktur 14, 16, 23, 140, 426
Tiermetapher (animal metaphor) 23, 73, 74, 75, 76, 77, 78, 79, 80, 81, 85, 86, 87
transnational 25, 377, 379, 390, 392, 394, 397
Transnationalisierung 25, 378, 379, 389, 397, 398, 399, 400
truth conditional (→ wahrheitskonditional)
Understatement 159, 160
Unhöflichkeit (impoliteness) 15, 19, 20, 29, 30, 52, 55, 56, 57, 66, 70, 89, 90, 91, 92, 93, 94, 95, 96, 97, 98, 99, 103, 115, 119, 122, 123, 124, 126, 139, 140, 141, 142, 147, 149, 150, 154, 215, 219, 233, 234, 235, 237, 239, 263, 357, 358, 382, 402, 453, 461, 466, 471, 472
Unhöflichkeit, on-record/off-record 19, 20, 124, 125, 126, 147, 149, 150, 233, 234, 453, 466

use conditional (→ gebrauchskonditional)
verbale Aggression (verbal aggression) 7, 9, 11, 12, 16, 20, 21, 23, 25, 26, 35, 36, 47, 74, 75, 86, 145, 148, 149, 150, 152, 220, 245, 269, 306, 307, 334, 335, 358, 370, 372, 374, 388, 392, 401, 402, 403, 404, 406, 407, 408, 410, 411, 412, 417, 418, 420, 421, 425, 426, 428, 429, 433, 439, 440, 442, 443, 472
Verbum Proprium 146, 153, 154, 160, 163, 165
verdeckte Aggression 23, 43, 146, 152, 165, 339
Verführung 456, 466, 467
Verneinen 151, 195, 196, 225
versteckte Aggression 23, 47, 145
verweigern 16, 175, 225, 226, 227, 228, 229, 336
violentia 12, 26, 427, 428, 432, 433, 436, 438, 442, 443
Vorurteil 323
Wahlkampagne 378, 383
wahrheitskonditional (truth conditional) 11, 255, 256, 257, 258, 259, 261, 263
weibliche Aggression 331, 332, 333, 334, 335, 344, 351
Wertesystem 35, 92, 150
Widerstand 200, 201, 352, 430, 442, 443, 467, 468
Wissensvermittlung 291, 293
Wut 5, 9, 11, 26, 36, 45, 149, 174, 331, 332, 334, 337, 338, 344, 345, 347, 348, 349, 351, 352
Zigeuner 24, 245, 248, 249, 250, 251, 252, 253, 254, 255, 256, 257, 258, 259, 260, 261, 262, 263, 264, 265, 266

www.ingramcontent.com/pod-product-compliance
Lightning Source LLC
Chambersburg PA
CBHW051202300426
44116CB00006B/405